管理信息系统概论

流程、系统与信息

戴维·M·克伦克　　小厄尔·H·麦金尼／著
David M. Kroenke　　Earl H. McKinney, Jr.

赵苹　李焱　姜祎／译

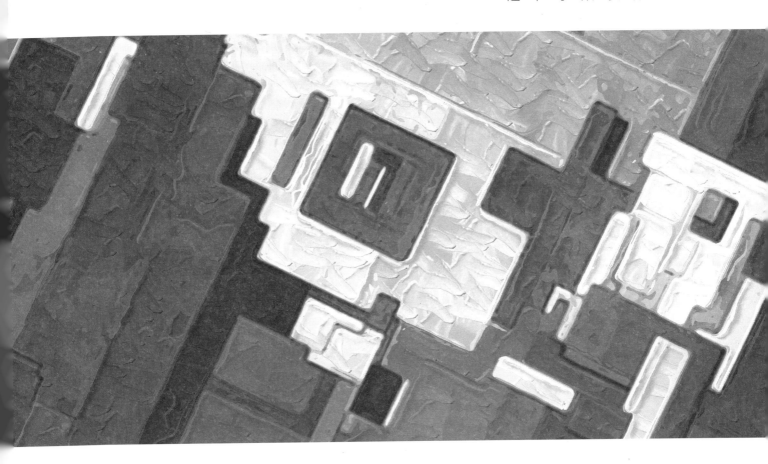

Processes, Systems, and Information
An Introduction to MIS

中国人民大学出版社
·北京·

译者序

　　信息技术的发展异常迅猛。以移动互联网、物联网、云计算、大数据、人工智能为代表的新一代信息技术层出不穷，把我们带入了一个崭新的时代。一方面，各种信息系统的应用逐渐普及，渗透到社会生活的方方面面，比如仓库管理的自动补货系统，物流管理的智能配送系统，智能手机的无线支付系统，等等。学生们从高校毕业后的第一份工作，就会涉及好几个信息系统的使用。另一方面，复杂的信息技术平台在逐渐退居幕后，信息存储和数据处理会远在千里之外，信息系统开发也变成了由专业人员提供的服务项目，像水电和燃气一样，人们可自主选择和使用信息服务。此时，对高校中非信息技术专业的学生来说，最需要掌握的MIS知识不再是系统功能逻辑，或分析与设计原理，更不是某个系统的操作，而是要懂得如何根据自身需要对系统做出选择，懂得评价系统和信息服务的效果，懂得如何利用信息系统支持商业流程，提升工作质量和效率。

　　克伦克和麦金尼都是管理信息系统领域的知名教育家。本教程的突出特点是从信息时代的要求出发，对MIS教学的传统导向做出了调整，从信息系统转到了业务流程。本教程基于业务流程导向，构建了新的教学框架，以流程、系统和信息为主要内容，深入浅出地介绍了管理信息系统的基本理论。本教程是基于这个新框架推出的第一本教材。它非常适合经济管理类专业的本科教学，对于其他对业务流程感兴趣的读者也是不错的参考教程。

　　这本教程还有很多值得点赞的亮点。第一，课程教学起点较低。它不要求学生事先学过企业管理课程，或先熟悉商业企业的运作，也不需要学生有很强的信息技术知识基础。这便于在高校新生课程表中安排MIS概论课程。第二，案例教学设计精巧而周到。作者用三个虚构的组织（健身企业、学校和自行车厂），搭建起从理论到实际的桥梁。在教程中不断利用这些组织来解析抽象的管理概念，梳理复杂的业务流程关系，展示和演绎重要的原理。这种方法赋予枯燥的教程以现实感，拉近了理论与现实的距离。同时，在各章开头都设计了一则生动的情景案例，直接将学生带入主题；在各章结尾提供了一个现实案例，帮助学生理解知识的实际应用场合或出现的管理问题。第三，该教程的第7、8章附录与一个实际可用的系统——SAP公司的全球模拟教学平台相对接。学生们可远程接入实际可用的管理信息系统，而不只是在书本上看看。SAP联盟成员高校可以直接进入该平台完成这两章中的练习题，了解系统平台界面和功能，尝试使用或实现创意。若忽略这些练习，对知识的完整掌握并无很大影响，这体现了教学设计框架的灵活性。第四，本教程对信息技术应用伦理的安排独具匠心，每章后面都有相关伦理问题的讨论。这与当前信息环境的变动和要求契合程度很高，在同类教程中也是不多的。

　　本书的翻译是在多位译者的共同努力下完成的。其中：赵苹负责全书统稿，以及序言、第1章和第3章部分内容的初译；李焱完成了第7章和第8章的初译，以及两个附录中的平台练习题，值得一提的是她曾利用SAP的GBI模拟平台对所有练习题做了认真的实际测试；姜祎负责第4、5、6章的初译；肖佳杰负责第9、10、11章和第3章部分内容的初译；吕君君负责第12章的初译；刘伟骁、金世棋负责第2章的初译；陈彦凤负责术语表的初译。这里对所有初稿译者表示诚挚的感谢。同时感谢的还有中国人民大学商学院管理科

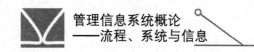
学与工程系的王刊良、王保林、李平、吴江华、王珊老师，在与他们的交流中获益良多。非常感谢本书责任编辑王美玲的认真把关。诚挚感谢中国人民大学出版社的刘晶老师和李丽娜编辑，谢谢她们对本书的选择和提供的各种帮助。

准确再现大师风采，译出顺畅表达的中文教程是我们的目标。但由于水平有限，译文中的错漏在所难免，热忱欢迎读者指正。

赵 苹

2016 年 3 月于人大明德楼

自从 20 世纪 90 年代初 ERP 系统和 EAI 系统问世以来，管理信息系统（MIS）的教程就经历着缓慢且持续不断的变革。早先的 MIS 教程侧重于信息系统的使用和管理，然而越来越多的跨部门应用使得使用这些信息系统的流程逐渐成为核心问题。但是，我们却发现现有的 MIS 教科书，特别是一些入门性的概论知识介绍，并未充分地反映这种核心内容上的变化。为此，我们特地编纂了这样一本非常关注业务流程的 MIS 教程。

背　景

业务流程和信息系统之间的关系是复杂的，它们并不是一回事。一个业务流程可能会使用好几个信息系统，同样，一个信息系统可能会支持各种不同的业务流程。所以，我们不能说某个流程涵盖了所有的信息系统，也不能说某个信息系统涵盖了所有的流程。

部分源于这种复杂关系的存在，我们所指的管理信息系统（MIS），是通过对**流程、信息系统和信息**的管理与使用，来帮助组织实现其战略的（第 1 章）。进一步说，我们所说的**管理**也不是传统意义上的计划、组织、控制和人员的概念，而是指**流程、系统和信息的创建、监测与适应过程**。这种理解和定义成为贯穿全书的主要内容。

本教程非常适用于那些关注企业业务流程，或将其作为教学大纲中的重要内容来讲授的单位。这包括所有 SAP 大学联盟（SAP University Alliance）合作成员高校、Microsoft Dynamics 学术联盟合作成员高校以及其他以业务流程为导向的机构。第 7 章和第 8 章提供了使用 SAP 系统的具体例子，这些章中还有练习指南，方便大家使用 SAP 大学联盟采用的模拟企业——全球自行车公司（GBI）的案例。

在我们看来，教程的内容必须远远超过第 7 章和第 8 章所述的运营流程。当然运营流程是最重要的，教程中用了五章专门讨论了运营流程。然而，其他的动态流程也很重要，如协作、项目管理、问题解决、商业智能、社交网络等。因此，我们认为，本教程所涉及的内容远远超过了 SAP 所涵盖的流程。

内容特点

流程导向的 MIS 概论教学面临一个挑战，这就是大多数学生缺乏商业业务知识和实践经验。许多大学将

1

MIS 概论课程安排给大学二年级甚至一年级新生。这些学生中绝大多数几乎没有学过任何商业管理课程。即使在高年级学生中讲授这门课，他们也鲜有企业业务或流程方面的经验。他们或许做过保安或酒吧招待员。当我们想讨论诸如流程变化对部门权力的影响这类话题时，学生们可能完全摸不着头脑。他们可能会记住某些术语，但往往抓不住所讨论问题的本质。本教程进行的独到设计，可以在某种程度上解决这个问题。

▣ 开篇案例

我们在每章的开头设计了一个小情境案例作为片头曲，提出企业出现的某种业务状况或问题，它与该章的知识内容有关。我们设计了三个虚拟的组织用于对开篇案例情境的描述：

1. 一家受欢迎的健身房：FlexTime。
2. 一所大学：科罗拉多中部大学。
3. 一家自行车制造企业：查克自行车厂（Chuck's Bikes），它是全球自行车公司（GBI）的竞争对手。

每个开篇案例所呈现的情况都是每章的知识内容在现实情况下的应用场景。绝大多数情境都引出了一些问题，需要应用该章的知识了解和解决。

▣ MIS 课堂练习

每章还设计了一个小组练习，需要学生们在课堂上完成。小组练习的目的是让学生参与和领会该章的知识。这些练习在每一章中既可作为实验使用，也可作为案例使用。在我们的实践中，其中一些情境曾引发了热烈的讨论。如果时间足够，我们可以让这些情境的讨论持续 2 个或 3 个课时。

▣ SAP 指南练习

第 7 章和第 8 章的附录是关于 SAP 联盟使用的 GBI 模拟流程的指南练习。该联盟成员机构的教师可以使用该指南来指导学生做 GBI 模拟演练。鉴于这本书的用户并不都是该联盟的成员，所以我们将该指南练习作为附录供大家自主选择。即使不做该部分练习，在知识的连续性上也不会有损失。

我们希望这些练习对了解相关知识饶有帮助，尽管这不太容易做到。我们的目标是使那些没有参与过 SAP 大学培训项目的助教和教师们也能够使用这些练习。为此，我们提供了非常丰富的教学参考材料。

指南练习的作者厄尔·麦金尼（Earl McKinney），曾在博灵格林州立大学（BGSU）教授了五年的 SAP 系统课程。本书中的指南练习曾在 BGSU 的实验室环境中为 MIS 概论课程的学生广泛应用。厄尔写了非常详细的教学指南，包括该如何最好地使用各种练习材料、使用要点和关键环节、教学经验以及最易困扰学生的难点问题等。

经过这些年来的教学，厄尔深知，在 SAP 系统课程教学过程中，让学生们照猫画虎地完成操作其实是很容易的事，问题是他们完全不清楚自己做的是什么或者为什么要这样做。基于这种经历和体会，我们设计了第 7 章和第 8 章基于采购和销售的业务流程，相信这些内容以及相应的自我练习能够帮助学生超越简单的操作照搬模式，使他们了解 SAP 系统中的各种操作究竟意味着什么，了解流程导向型软件的特质，以及软件在组织中所发挥的作用。

如同所有使用了 GBI 模拟的人一样，我们非常感谢 SAP 联盟，感谢模拟练习的制作者。秉承 SAP 联盟的通信规则约定及其基本精神，我们已把这些练习在 SAP 大学联盟的网站上公开发布了。我们希望你使用本教程时，能领会这些材料对改进自身课堂教学的价值；当然，即使你不使用这本教程，也可以使用这些练习。

顺便说一下,第 7 章和第 8 章的课文中以查克自行车公司(CBI)作为例子,而没有以 GBI 作为例子。之所以做出这个调整,也是为了顺应 SAP 联盟的规则。该联盟的要求是作者不得在 GBI 上添加新材料,更改任何字符或制作视频。为了不破坏规则,我们新建了这个 CBI 公司,同时提供了与 GBI 完全兼容却比它更为详细的业务情景。

以问题为中心的教学

得克萨斯大学心理学系玛丽拉·斯文尼奇(Marilla Svinicki)的研究表明,需要帮助现在的学生改善其对时间的管理。她提出,我们绝不能留这样的家庭作业,例如"阅读教科书的第 75~95 页"。这样会有很明显的问题,学生们可能会花半个小时去翻书阅读,却不知道什么时候自己算是学会了。她建议采取与之相反的做法,给学生列一个问题清单并说明回答的要求,让他们能够把这些问题搞清楚。当他们能对这些问题做出解答的时候,学习也就算完成了。

我们已经在课堂教学过程中采用了这种方法,感到这的确是最有效的学习方式,学生们也很欢迎。因此,本教程也采用了列问题清单的方式,对章节中的内容进行组织。

伦理问题讨论

我们认为,在 MIS 概论课程中,商业伦理是极为重要的组成部分,伦理教学的最佳方式是基于案例情况及背景进行分析。我们还认为,伦理道德本不该仅限于在某一章甚或某一节中单独讨论。把伦理问题归置一处的做法会产生一种对教育不利的"免疫"想法:"伦理问题可以不去管它,因为我们已经讨论过了"。其实,本教程在每一章中都用了两页左右的文字来进行伦理道德方面的讨论,比如,第 11 章的伦理问题讨论就是其中一个示例。

协作练习题

诚如第 1 章所言,协作是当今商务人士必备的关键技能。因此,我们认为,教学中的协作、协作流程和协作信息系统也是本课程的重要组成部分。为达到此目的,各章都安排了一个需要学生团队合作完成的协作练习项目。我们知道,所有这些项目不可能都由一个学生团队完成。因此,我们的建议是每学期建立三个或四个团队。

在做这些练习时,我们建议学生们不要直接面对面合作,至少大多数时间是彼此分开的,只使用现代化的协作工具来组织讨论,比如可以使用 Google Docs 和相关的工具。我们推荐学生们使用 Office 365 和 Microsoft SharePoint 作为协作工具。如果你选择这样做,培生教育出版集团将负责为本书的读者提供 SharePoint 用户服务。可以联系当地的培生教育销售代理,以了解在课堂上使用 SharePoint 的方法。

片尾案例

每章的片头案例虽然来自现实中的经历,但所描述的组织均是虚构的。之所以要用虚构的公司,是因为我们希望学生们能够从组织所犯的错误,甚至有些愚蠢的行为中吸取教训。但在现实中我们找不到愿意让我们如此分享它们的经历的公司;况且,假如我们先要求某个组织与自己合作,然后一转身又去公布它内部的问题,这无论如何是说不过去的。

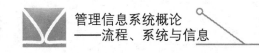
但是，我们的确认为学生需要看到 MIS 在实际组织中如何起作用的真实例子，帮助他们将书本内容与现实世界联系起来。因此，在每章的最后都安排了一个片尾案例，展示该章中的部分内容在现实企业中的情况。与开篇案例不同，所有片尾案例的结局都是不错的。

◼ 复习题

每章结尾均有复习题，用来帮助学生确保自己学到了最重要的核心内容。这些复习题也可作为潜在的考试题目备选，用来帮助学生准备考试。

◼ 应用练习题

对于那些使用 Microsoft Office 组件的课程，我们还在每章中制定了一系列 Excel 和 Access 练习题。这些练习题从 399 页开始，只需要学生初步掌握这些产品的操作知识。题目的难度是逐步递增的。

◼ 对内容的缩减

本教程仍旧保留了传统的 12 章的格局，因为这是绝大多数课程最容易安排的合适长度。由于要添加大量关于流程方面的材料，这意味着我们必须要从典型的 MIS 概论教程中删减一些内容。

本书中删减和缩减了对硬件、软件和数据通信的介绍，将其归为一章。此外，我们还缩减了对信息系统开发的讨论。最后，你会发现本教程没有提及 IS 部门的管理。这些内容被缩减或删除并非由于其不重要，而是我们感到缩减这些话题的机会成本是最低的。

本书中的一些素材在戴维·克伦克先期出版的教科书《MIS 的应用》（*Using MIS*）中也使用过。两本教科书的差别在于《MIS 的应用》的核心内容是信息系统，而这本书的核心内容是业务流程。这两本教程都将持续发行更新。由于这种差异，本教程从业务流程的角度出发重新审视和组织了全部文字，对相关内容也做出了或多或少的调整。比如对协作的讨论在本教程中被重新定义，纳入了动态业务流程的框架。这就是说，本书中绝大部分材料是新的。

各章内容简介

本书分为五大部分：概述、技术、结构化流程、动态流程和管理。

◼ 概述

第 1 章是基础知识，介绍为什么要学习本课程，并重点告诉学生该采用什么样的方式和技巧来学习本课程并有所收获。它说明了管理信息系统的含义，对组织利用 MIS 所要达到的目标和结果做了概括性描述，介绍了波特的五力模型和价值链模型。

第 2 章对流程、信息系统和信息的定义及内涵做了介绍，并借用美国大学校内联赛的例子说明了流程和信息系统之间的关系。此外，该章还采用格雷戈里·贝特森（Gregory Bateson）的定义，说明了信息就是导致差异的不同点。

技术

第 3 章和第 4 章谈的是技术。第 3 章简单概述了硬件、软件、网络产品和技术。第 4 章介绍了数据库的处理过程。这些章为后续章节的讨论奠定了技术性知识的基础。

结构化流程

第 5 章至第 8 章讨论了结构化流程，及与之相关的信息系统和信息。第 5 章对业务流程的范围和目标做了简单概述，具体讨论了流程的适应性和流程的改善问题，以及流程变革过程中的目标和评估指标的设定方法。第 6 章是对 EAI 和 ERP 信息系统的具体观察，分析了这些系统的好处及面临的挑战。

第 7 章和第 8 章是"实际应用"方面的内容，分别展示了在两个最具代表性的流程——采购和销售流程中如何使用 SAP 系统。通过对这两个流程的分析，学生将能理解什么是所有流程共有的东西，以及不同流程彼此间的差别。采购和销售这两大流程是所有企业中最为基础的业务，使用范围极为广泛。每一章中分别包括一个附录，用来供学生做 SAP 联盟的 GBI 模拟软件的实验练习。

动态流程

第 9 章至第 11 章介绍了我们所谓的动态流程。这类流程并不像运营流程那般具有良好的结构化程度，也不是固定不变的。我们不喜欢用非结构化流程这个术语来描述这类流程，因为我们认为这类流程其实是有结构的，至少在元数据级是结构化的。因此，我们将其称为动态流程。

第 9 章讨论了协作流程，主要是解决问题时和做项目管理时的协作流程。我们讨论了当今的协作信息系统，并特别注意微软的 Office 365 套件，该套件包括 Office、Outlook、Lync 和 SharePoint Online 等软件。

第 10 章讨论了企业组织对 Web 2.0 和社交媒体的使用。我们讨论了林（Lin）的社会资本理论，用该理论来说明组织中社交媒体系统的使用，对社交媒体系统支持下的流程进行了观察分析。第 11 章介绍了商业智能（BI）系统支持下的流程，并讨论了 BI 系统、数据仓库和数据挖掘等主题。

IS 管理流程

第五部分只有一个单章——第 12 章。该章介绍了信息系统的管理流程。其内容包括业务流程管理（BPM）、系统开发生命周期（SDLC）和安全性问题。该章中对于创建和采用组织安全规划的具体流程进行了讨论分析。

附　录

通过访问网上教师资源中心的网站 www.pearsonhighered.com/kroenke，你还可以获得更多的参考资料。

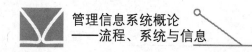

教师手册

教师手册由北达科他大学的蒂莫西·奥基夫（Timothy O'Keefe）编写，其内容包括内容大纲、重要术语表、MIS 课堂问题的解答及各章后所有问题的答案。

测试项目文件

本书的测试项目文件由 ANSR Source 公司制作，内有 1 500 多道测试题，包括多项选择题、判断题和论述题。对每道题均提供了正确答案，说明了与之相关的学习目标、可供参考的书页、所在的 AACSB 归类和难度等级。

PowerPoint 演示文稿

本书的 PPT 文稿由佐治亚南方大学的罗伯特·斯齐曼斯基（Robert Szymanski）提供，该演示文稿突出了学习重点和核心内容，为教学中做课堂演示和讲授提供了很好的帮助。

图片库

其中汇集了教程中所用的图表，可对教学需要的课堂演示和 PPT 制作提供进一步帮助。

题库

从 www.pearsonhighered.com/irc 可以下载培生教育出版集团的测试题生成软件（TestGens）。该软件兼容 PC 和 MAC 终端，预装了测试项目文件中的全部测试题。您可以手动或随机查看测试题，通过拖放方式创建测试卷。如果需要，还可以添加或修改题库中的问题。该题库经过转换可以在 BlackBoard 和 WebCT 教学平台上使用，转换方法可以在教师资源中心（Instructor's Resource Center）找到。要想在 Moodle、D2L 或 Angel 教学平台上使用，可以咨询本地的培生教育销售代理了解转换使用的方式。

MyMISLab 网站（www.mymislab.com）

MyMISLab 网站是一个易用性很好的在线工具，可以帮助你对课程内容进行个性化设计，对个人和整个课堂的表现做自动化评估并生成报告。所有有助于你授课成功的皆汇聚于此，其灵活性和易用性均会适应你的课程教学过程。学生们可以购买培生教育出版集团的 eText 卡来访问 MyMISLab 网站的全部内容，没有 eText 卡的学生也可以登录 www.mymislab.com 网站。他们还可以以折扣价从 www.pearsonhighered.com 买到访问课程内容的打包卡。

微软的 SharePoint

培生教育出版集团乐于为你的学生使用微软的 SharePoint 提供网站服务支持。你提出申请后，我们将为你创建一个专门的集合站点，供你与你的学生使用。你将被授予对该集合站点的管理员权限，可以针对不同的部分创建出子网站、团队和项目。每个集合站点都有模板，供学生们在回答每章末尾的协作练习时使用。你可以联系本地的培生教育销售代理，进一步了解如何在课堂上使用 SharePoint 的更多信息。

CourseSmart 服务商

服务企业 CourseSmart 建立的 eTextbooks 是帮助学生寻找和推荐所需电子教科书的服务平台。学生只需输入电子教科书的标题或作者，就可以用信用卡立刻购买到上课期间对该电子书的内容进行访问和阅读的权限，在 eText 平台上看书，学生可以搜索特定的关键字或页码，做随机笔记，打印出阅读作业的内容和相关的讲义，给主要的段落做标记以便随后复习查看。欲了解更多信息或购买 eText 电子教科书，请访问 www. coursesmart. com。

致　谢

首先，我们要感谢众多的来访教授和专家，是他们促成了本书的写作，而且在本教程编写的全过程中他们始终不遗余力地提供着各种有益的帮助。特别要感谢的是：威得恩大学的 Yvonne Antonucci，拉玛尔大学的 Cynthia Barnes，SAP 公司的 John Baxter，宾夕法尼亚州立大学约克分校的 William Cantor，SAP 公司的 Gail Corbitt，阿尔贝图斯–马格纳斯学院的 Darice Corey，俄勒冈州立大学的 Mike Curry，SAP 公司的 Heather Czech，微软公司的 Janelle Daugherty，休斯敦大学中心校区的 Peter DeVries，瑞德大学的 Lauren Eder，佐治亚南方大学的 Kevin Elder，内布拉斯加大学奥马哈分校的 John Erickson，莫海德州立大学的 Donna Everett，蒙大拿大学的 David Firth，印第安纳波利斯大学的 Jerry Flatto，微软公司的 Kent Foster，丹佛大都会州立学院的 Biswadip Ghosh，得克萨斯大学奥斯汀分校的 Bin Gu，威斯康星大学密尔沃基分校的 William Haseman，密歇根大学迪尔伯恩分校的 Jun He，中密歇根大学的 Mark Hwang，卡罗尔大学的 Gerald Isaacs，拉马波大学的 Stephen Klein，北肯塔基大学的 Ben Martz，蒙冬娜大学的 William McMillan，纽约州立大学弗雷多尼亚校区的 Natalie Nazarenko，北达科他大学的 Timothy O'Keefe，东田纳西州立大学的 Tony Pittarese，博灵格林州立大学的 Martin Ruddy，加州州立大学奇科分校的 James Sager，圣玛丽学院的 Narcissus Shambare，佐治亚南方大学的 Robert Szymanski，美国得州大学达拉斯分校的 Lou Thompson，加州州立大学的 Ming Wang。

我们要感谢使本教程得以完成的令人难以置信的创作团队。首先，特别感谢我们的编辑鲍勃·霍兰（Bob Horan），长久以来他一直积极促成这样一本面向流程的 MIS 概论教程，他对本书的整个创作过程提供了不懈的支持。还要感谢我们的开发编辑劳拉·唐（Laura Town），正是在她的指导、建议和坚韧努力下，本书的业绩和回报才得以不断提升。劳拉超常的职业素养使我们的合作共事过程充满愉快。我们还要特别感谢凯利·洛夫特斯（Kelly Loftus），感谢他全心全意地帮助我们利用培生的生产流程完成了本书的全部内容和所有参考材料的制作。我们感谢 Bookmasters 的珍·韦尔奇（Jen Welsch）对此项目的管理，也感谢珍妮·斯洛维克（Janet Slowik）艺术总监和她的团队对本书的设计。

感谢我们的朋友和同事，刘易斯堡学院的查克·约斯（Chuck Yoos），为了搞清楚信息的含义以及信息对组织的作用，我们一次次地、耗时数小时地长谈。查克的见解使我们搞清楚了**感知的数据**和**所接受的信息**之间的区别，也搞清楚了另外一些重要的概念，这对本书的构思起到了关键作用。查克自行车公司（Chuck's Bikes）就是以他的名字命名的。

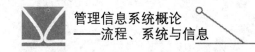

我本人（戴维）在此尤其要感谢东卡罗来纳大学的哈罗德·怀斯（Harold Wise），我们曾就在 MIS 概论课程中如何讲授 ERP 进行了极为深入而富有成果的讨论。哈罗德在 SAP 的产业应用领域中有着异常丰富的实践经验，对我在本教程中所提供的内容给予过非常清晰的指导。哈罗德和我一起经历了对教科书《MIS 实务》进行修订的过程，我们曾将与流程相关的参考材料逐渐补充进这本教材中，但最终决定应该彻底转变话题，还这些材料以本来面目并重起炉灶，用新的概念重新定义管理信息系统，直接将流程包含在内。

最后，我们向自己的妻子和家人表示深切的感激，感谢她们在本书写作的过程中，始终给我们以不懈的关爱和贴心支持。

戴维·克伦克
于华盛顿州西雅图
小厄尔·麦金尼
于俄亥俄州博灵格林州立大学

戴维·克伦克：戴维·克伦克曾在科罗拉多州立大学、西雅图大学和华盛顿大学任教多年，有丰富的教学经验。他曾组织过数十个由大学教授参加的信息系统与技术方面的教学研讨会，1991年被国际信息系统协会评为"计算机教育年度人物"。2009年，戴维被信息技术专业教育协会特别兴趣组（AITP-EDSIG）评为"年度教育家"。

戴维曾在美国空军和波音公司计算机服务部工作过。他曾是三家公司的主要发起人。他担任过Microrim集团公司的副总裁，主要负责产品营销和开发；做过Wall Data公司数据库部的技术负责人。他是语义对象数据模型的创始人。IBM、微软、CSC以及许多规模较小的公司都是戴维的咨询客户。最近，戴维主要专注于教育和产业领域中的信息系统协作应用。

他的《数据库处理》（*Database Processing*）教程于1977年首次出版，现在已是第12版。他是许多教科书的作者，先后出版了《数据库的概念（第5版）》（*Database Concepts*，5th ed.，2011）、《MIS的应用（第5版）》（*Using MIS*，5th ed.，2013）、《MIS实务（第3版）》（*Experiencing MIS*，3rd ed.，2012）、《MIS基础（第2版）》（*MIS Essentials*，2nd ed.，2012）、《学用SharePoint》（*SharePoint for Students*，2012）和《企业中的Office 365》（*Office 365 in Business*，2012）。戴维已经结婚并住在西雅图，有两个孩子和三个孙辈。

小厄尔·麦金尼：小厄尔·麦金尼20年来一直热衷于讲授MIS概论课程。他最初步入此行是在母校美国空军学院任职期间，后来，到博灵格林州立大学任教后继续热衷于此。厄尔一边为本科生和研究生讲授该课程和其他一些课程，一边推出了六七门新课程，包括信息安全、社会媒体、ERP和信息。他曾多次获得来自系和学院学生及同行教师的教学成果奖。他的兴趣涵盖了管理类课程中较宽的领域，这可以从他发表的论著中反映出来，他曾获得过决策科学研究所颁发的国家教学创新奖。

厄尔的研究包括电子商务、危机期间的小团队沟通、信息概念的理论解析等，他的研究成果曾发表在《行为和信息技术》（*Behavior and Information Technology*）、《人力因素》（*Human Factors*）、《信息及管理》（*Information and Management*）、《管理信息系统季刊》（*MIS Quarterly*）杂志上。他曾为英国石油公司咨询过国家运输安全委员会前负责人詹姆斯·霍尔，并就人力因素和航空通信等问题咨询过美国林务局和多家空军机构。

他拥有空军学院的经济学学士学位、康奈尔大学的工程硕士学位和得克萨斯大学的MIS博士学位。厄尔曾是一名空军战斗机飞行员，目前与他的妻子和两个成年的儿子一起住在博灵格林市。

目 录

第三部分　操作流程

第四部分　动态流程和信息系统

第五部分　MIS 管理流程

第一部分
MIS 和你

信息系统知识对你们取得事业上的成功至关重要。假如你现在的专业是会计、市场营销、企业管理等，或许并不觉得这些知识对你有多么重要。本书第一部分将具体阐述为什么这门课程对每个从事管理专业的人来说都很重要，并帮助你们了解一些关键的术语和重要概念。

第1章是基本介绍，我们首先讨论为什么这门课程对所有管理专业的学生来说都很重要。实际上，MIS是你们将要学习的所有课程中最重要的一门课。然后我们将定义什么是MIS，并说明组织战略如何决定了MIS的要素结构和功能。

第2章将对业务流程、信息系统和信息进行定义和解释。你们会看到这三个概念其实是紧密相关的。搞清楚这些概念之间的关系将为后面课程的学习打下基础。

在每章开头我们都设计了一个小的企业情境案例，以帮助你们将本章的概念和企业现实联系起来。第1章介绍的是FlexTime。这是一家专门从事髋部锻炼的专业健身房，位于印第安纳波利斯的繁华商业区，是20年前由凯丽·萨默斯（Kelly Summers）创建的。在创办FlexTime之前她曾是另一家公司的健身教练。最初凯丽的业务规模不大，健身房就建在印第安纳波利斯市中心办公大楼的后面，每周开几次课。随着业务的增长，办公业务后台记录的保存和使用变得越来越复杂了，她便聘用尼尔·维斯特（Neil West）帮助自己建立了一个信息系统。五年多了，他们一直用这个信息系统来追踪会员情况、发送账单、收账等，这个系统基于一个数据库来操作，尼尔称这个数据库是FlexTime最为重要的资产。在第1章开篇案例中凯丽解聘了一位员工，具体原因你们将会看到。

第2章的开篇案例将介绍一所虚拟的大学——科罗拉多中部大学的体育系。该系采用了两个信息系统，一个仅用来支持系内事务，另一个是覆盖全校的系统。你们将会看到，该系某个临时雇员犯错后引发了客户服务的故障。

第1章
MIS 概述

"解雇? 你是说要解雇我吗?"

"是的,解雇这个词很难听,但是……这么说吧,Flex-Time 真的不再需要你来做事了。"

"但是凯丽,我实在搞不明白,我工作非常努力,你让我做的所有工作我都完成了啊。"

"詹妮弗,问题就在这里。你只是做了我让你做的一切。"

"我在工作上花了这么长的时间,而你竟然要开除我????"

"我们给你的工作是了解现有会员的情况,并从中找到收入提升的方法。"

"是啊,我就是这样做的呀。"

"不,你并没有做到。你只不过被动地完成了我提出的要求。而我们所要的人不是仅会照我说的做,而是要有好的想法,知道该做些什么,并把自己的想法告诉我……要这样去工作。"

"你怎么能这样来要求我呢? 我到这里工作才四个月。"

"这是需要团队配合才能完成的任务。当然,你刚来不久接触不多,但是我已经告诉过所有的高管,你随时可以联系他们……"

"我一直不想打扰他们。"

"是啊,你的确做到了。但是当我问贾森他对你制定的工作计划有什么想法时,他却反问我'谁是詹妮弗'。"

"但是,他不是上夜班吗?"

"对,他负责夜班员工……咱们 37% 的周末业务都在晚上七点之后,你其实真的该找他谈谈。"

"我马上去找!"

"詹妮弗,你看到问题了吗? 我说出了我的想法,而你说你马上就去做。这其实并不是我所需要的。我需要的是你自己找到解决问题的办法。"

"我工作非常努力，总是加班做事，这些报表都是我做的。"

"有人看过这些报表吗？"

"其中有些我告诉过你的，但是报表一直在我手里，我想把它们做得更完善些。"

"还是的，你不应该这样做事。我们有了什么想法就要让周围的人知道，没有人会知道所有答案。我们的计划都是大家反复讨论后逐步修订完善的……我想我告诉过你。"

"你或许讲过，但我不习惯这样做。"

"可惜，在这儿工作必须要这样才行。"

"我知道自己能够胜任这份工作。"

"詹妮弗，你来了快四个月了。你有管理学学位。几个星期前，我问你对于提升客户销售有什么初步的想法，你还记得你怎么回答的吗？"

"记得。我不知道该如何着手。我不想冒冒失失地抛出不成熟的意见。"

"但是你怎么知道这些想法行不行呢？"

"我不想让企业白花钱……"

"那是当然了。当你有了初步想法时，我反过来找你，让你做个客户的生命周期图给我……说明我们如何让客户上门，如何让他们来上第一次课，如何让他们随后不断来上课……"

"是啊，我已经把图给了你。"

"詹妮弗，那个图根本就没有用。在你的图中，客户还没有入门，却提前被纳入到尼尔的采购部账户中。"

"我知道那个流程的，只不过我还没有把它画出来。我会重新画一个！"

"噢，这种态度很好，但时间太有限了。我们可不能凡事都等着你去现学。前一段经济形势好的时候，我们还可以容纳你，给你点时间去熟悉业务，但是现在真的做不到了。"

"那么，我的工作评价会怎么写呢？"

"我很愿意告诉别人你是一个可靠的人，你每周工作 40～45 小时，你很诚实而且守信。"

"这些都很重要！"

"的确重要。但是，当今时代仅有这些是不够的。"

（参见 www.youtube.com/watch？v＝8UQx-zUuGf4。）

简 介

"但是，当今时代仅有这些是不够的。"

你读到这句话蕴含的警示性了吗？如果当今时代努力工作还不够，那么怎么做才可以呢？本教程就从讨论詹妮弗（或者你们自己）该具备哪些关键的技能开始，说明为什么这门课是商学院中能够教会你这些技能的唯一且最好的课程。

你们或许真搞不懂这最后一句话。像大多数学生一样，你们并不知道管理信息系统（MIS）课会讲些什么。如果有人问你，"这门课要教什么？"你可能回答说这门课与计算机有关，或许要学些编程之类的。如果人家进一步追问，让你讲具体点，你也许会说"这门课是讲商业管理中的计算机的事"，或者"我们要学习如何利用计算机中的制表软件或应用程序来解决商业管理问题"。那么，凭什么说这门课是商学院中最重要的课程呢？

4

我们就从这个问题开始谈。只要你懂得了这门课对于你的职业生涯的重要性，我们就开始讨论基本概念。我们将联系现实问题来说明你需要学会的各项关键技能。

问题 1 为什么在商学院中"管理信息系统概论"是最重要的课程？

管理信息系统概论是商学院中最重要的课程，这句话在 2005 年时并不成立，到了 2022 年或许也不成立，但是它在 2012 年却是千真万确的。为什么？

最根本的原因与人们常说的**摩尔定律**（Moore's Law）有关。戈登·摩尔（Gordon Moore）是英特尔公司的创始人之一。他在 1965 年指出，由于电子芯片设计和制造技术的创新，"集成芯片上每平方英寸的晶体管数量每 18 个月将翻一番"。后来这个说法被广泛误传为"计算机的速度每 18 个月将翻一番"。虽然说的并不准确，却抓住了该定律的本质。

由于摩尔定律的作用，计算机性能与价格的比率已经从每标准计算设备 4 000 美元左右跌落到了每计算设备 1 美分[①]，参见图 1—1。

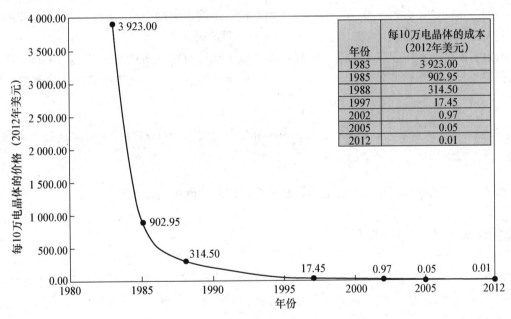

年份	每10万电晶体的成本（2012年美元）
1983	3 923.00
1985	902.95
1988	314.50
1997	17.45
2002	0.97
2005	0.05
2012	0.01

图 1—1 处理器性价比的变动

然而，作为未来从事企业管理的专业人员，你无须在意你公司花 100 美元购买的计算机的处理速度有多快，这不是关键问题。关键问题是：

正是由于摩尔定律，数据通信和数据存储的成本几乎为零了。

在急着看下文之前请先好好想一想，在这些成本几近于零的情况下将会发生什么？下面就是一些结果：

---

① 这些数据表示每 10 万电晶体的成本，可以近似地用来表示每单位计算设备。计算细节对说明此问题并无影响。如果对此有质疑，不妨看一下你花 49 美元购买的手机，你可以意识到你每月的使用费不过 40 美元。

- YouTube
- iPhone
- Facebook
- Second Life
- Pandora
- Twitter
- LinkedIn
- foursquare
- Google+

这些名堂在 2005 年的时候并不流行。实际上，绝大部分在 2005 年时根本就不存在。

■ Facebook 和 Twitter 上有成本效益不错的商业应用吗？

当然有。FlexTime 目前利用它们给企业带来的收益就不少。健身教练利用 Twitter 发布公告。FlexTime 收集这些 tweets（Twitter 上的消息）并将其贴在自己的 Facebook 页面上。FlexTime 付出的软件总成本是多少呢？零。

但这里再问一个问题：Facebook 和 Twitter 上面有没有浪费很大的、有害的、无用的商业应用呢？当然有。我有必要关注给我的车换润滑油的技工的 tweets 吗？没必要。

但这里面也有问题。或许是我的创造力不够，那个技工或许有很充分的理由借助 Twitter 发布消息给他的客户，而我只是没有使用这些信息。这就引出了我们的管理信息系统概论之所以成为最重要的课程的第一个原因：

> 未来从事管理工作的专业人员（business professional）需要具备对新兴信息技术的商业应用进行估算、评价和采用的能力。

这门课程的知识将帮助你们得到此种能力，从而提高你们的就业保障水平。

■ 我的就业保障水平该如何提高？

一位明智且经验丰富的企业高管曾经说过，唯一的就业保障就是"市场需要的技能（marketable skill）和采用技能的勇气"，他认为，"就业保障不存在于任何一家企业、任何一个政府项目、任何一笔投资或任何一个社会福利项目之中"。他说的一点都不错。

那么什么是市场需要的技能呢？以前它是指某种能明确表述的特定技能，如计算机编程、税务会计或营销。但今天由于摩尔定律的缘故，数据存储和数据通信的成本基本上是零，任何常规性技能都可以被或早或晚地外包给出价更低的人去做。如果你生活在美国、加拿大、澳大利亚、欧洲等地，做这些事的大概不是你。有许多家机构组织和专家都在研究这个问题，即人的职业生涯中什么样的技能才是就业市场所需要的。这里介绍其中一家机构。*

先来看一下美国的智库机构兰德公司（RAND Corporation）。它位于加利福尼亚州的圣莫尼卡，60 多年来一直盛产颇具创新性和突破性的想法，包括因特网的初始设计。2004 年，兰德公司在发布的一份描述 21

---

* 原文说介绍其中两家机构，实际上下文只谈了兰德公司一家。原文有误。——译者注

世纪就业者所需技能的报告中指出：

> 技术的快速变动和国际竞争的不断升级，使得人们对劳动力技能和储备都极为关注，特别是他们适应不断变化的技术和需求转换的能力。组织特性不断变化……需要人们具备很强的非常规化认知技能。[1]

无论你是主修会计、市场营销、财务还是信息系统，都需要开发强有力的非常规化认知技能。

这些技能指什么呢？美国前劳工部长罗伯特·赖克（Robert Reich）提出了四大能力构成要素：[2]

- 抽象推理；
- 系统思考；
- 协作；
- 实验。

图 1—2 对每一种能力均给出了例证。再回过头来看篇头 FlexTime 的案例，你将发现詹妮弗失去工作的原因就在于她在工作中没有表现出这些技能。

技能	举例	詹妮弗的问题
抽象推理	构建模型或表述模型	不能够建立客户生命周期模型
系统思考	用元素搭建系统模型，显示系统元素之间如何通过输入输出建立联系	不清楚客户该在何时、通过什么方式接触采购账户
协作	和他人一起创造出想法和计划，提出或接受批评反馈	不愿意与他人合作改进计划方案
实验	凭借既有的可用资源，创建和尝试有潜在价值的新方案	因害怕失败而不去讨论新的想法

图 1—2　赖克的四项关键技能需求

■ 管理信息系统概论课程如何帮助你们学习非常规化技能？

在商学院中，管理信息系统概论是学习这四种技能的最好课程，因为课程中的每个主题都需要你应用和实践这些技能，如下所示。

抽象推理　抽象推理（abstract reasoning）是构建和操纵模型的能力。课程的每项主题及每一章都会让你们接触一个或更多模型。例如在第 2 章中，你们将学会构建企业流程模型，还将学习一个信息系统的五要素模型。

在这门课程中，你们不仅仅是利用上面介绍的模型，也不只操作老师建立的模型，你们还必须建立自己的模型。例如在第 4 章将学习如何建立数据模型，在第 5 章将学习如何构建流程模型。

系统思考　当你们在超市看到了一罐青豆时，能否将这罐青豆和美国的移民政策联系起来？当你们看到挖掘机伐倒树木用来造纸的时候，能否将毁坏的林木垃圾与摩尔定律联系起来？你知道为什么 YouTube 的最大受益者是思科公司吗？

寻找这些问题的答案需要进行系统思考。**系统思考**（system thinking）是指这样一种能力：构建由系统元素组成的模型，连接元素间的输入和输出关系使之成为一个有意义的整体，从而能够解释观察到的现象。比如，为什么这些商品摆到了沃尔玛的货架上？它是靠供应链、业务流程和计算机网络完成的，但是怎么做的呢？

在这门课上你们将要学习信息系统。我们将会讨论并展示一些系统，由你们来提出批评。你们需要比较各种系统，并把不同的系统用于不同的场景。通过这些活动的锻炼，将使你们具备系统思考的专业技能。

---

[1]　Lynn A. Karoly and Constantijn W. A. Panis, *The 21st Century at Work* (Santa Monica, CA：RAND Corporation, 2004), p. xiv.

[2]　Robert B. Reich, *The Work of Nations* (New York：Alfred A. Knopf, 1991), p. 229.

协作　第 9 章将教会你们协作的技巧并展示几个信息系统协作的例证。这部教程中的每一章都有协作练习题，既可以在课堂上练习，也可以作为家庭作业。

现实状况会出乎许多学生的意料——有效协作并不是一件轻松愉快的事。根据实际调查的结果，要进行有效协作，唯一的、最为重要的技能就是要能提出并且听取批评意见。如果你提出的业务改进建议与市场营销副总裁所奉行的规则相悖，可能立刻就会被晓以颜色。有效的协作技能和去邻居家赴宴的规矩完全不同。比如，你该如何向心怀不悦的营销副总裁提出自己的想法，并且不至于丢掉饭碗？这门课将教你们一些协作的信息系统和相关的协作技能，更难得的是你们还有很多机会将这些技能付诸实践。

实验

"我以前从没做过。"

"我不知道该怎么做。"

"这能行吗？"

"这要是放在市场上太怪异了吧？"

害怕失败，被这种恐惧扼杀的好人和好创意数不胜数。在企业业务发展非常稳健的时候，在新想法表现得与现有节奏极不合拍的时候，管理者很容易因畏惧失败而却步。

不妨再回想一下将社交网络用到汽车润滑油业务上的事。社交网络本身有什么正儿八经的应用方式吗？即使有，曾经有人做过吗？世界上有人能告诉你们该做什么吗？能告诉你们怎么做吗？没有。赖克所言极是，21 世纪从事管理的人要大胆去做实验。

成功的实验并不是说对所有的异想天开都去大把烧钱。**实验法**（experimentation）的含义是指要对机会进行谨慎而理智的分析，构想出有潜力的产品、解决方案或技术应用，并对那些最有前景的、与自身资源相匹配的创意做出积极的开发。成功的实验还讲究从以往经验中不断学习。成功时知道为什么成功；失败了也知道为什么会失败。

课程还要求你们使用以往不熟悉的东西，比如 Microsoft Access、Visio、SAP 的产品，或者 Blackboard 中你们没有用过的功能。你们还要使用微软的 Office 365、Google Docs 和 Google＋。会有教师给你们仔细讲授这些功能的使用方法吗？不会。教师们只把任务交给你们，你们自己将去实验，去尝试新的可能性，在规定时间内完成各种可能的尝试。

说到这里可以得到什么结论呢？这门课将是商学院中最为重要的一门课，因为：

> 1. 它所涉及的基础知识，是你们将来对新兴信息技术的商业影响进行估算、评价和应用时必须具备的。
> 2. 可对你们将来就业提供保障——给你市场所需的技能，助你学会抽象推理、系统思考、协作和实验。

介绍到此为止，现在学习正式开始！①

问题 2　什么是管理信息系统？

我们所说的**管理信息系统**（management information systems，**MIS**），是指组织用来实现其战略而管理与使用的流程、信息系统和信息。这个定义有三大核心要素：

---

① 要更多地了解这些技能的重要性，请参见 http://www.nytimes.com/2011/07/13/opinion/13friedman.html?_r=1。

- 流程、信息系统和信息；
- 管理与使用；
- 组织战略。

下面分别讨论每个要素。先来看第一个要素：流程、信息系统和信息。

流程、信息系统和信息

这三个术语和它们之间的联系我们会在第 2 章中再详细讨论，现在先给出一些直白的定义。流程通常用来指业务流程，即某事的行事方式。FlexTime 健身房有吸收新会员的流程。这个流程包括收集新会员的信息、收取会费、将会员信息输入计算机数据库，等等。组织中的工作是按流程进行的，专注这些流程对于提高组织运作的效益和效率都有重要作用。本书将会对此进行介绍。

信息系统是由不同组成部分构成的集合，包括用来存储和提取数据并且生成信息的电脑。信息系统和业务流程并不是一回事。一个流程可能会用到好几个信息系统，反之，一个信息系统可能涉及许多不同的流程。应搞清楚这两者的区别，避免概念混淆。最后，信息是某种形式的知识，用来帮助员工完成自己的工作。

在第 2 章我们会给出更规范的定义，具体解释这些概念并讨论概念之间的关系，现在不必谈得过深。作为起步，先做这样的简单定义就够用了。

管理和使用

在本书中我们没有采用通行的经典概念来阐释管理的含义，不是泛谈"计划、组织、控制、员工"等，而是从 MIS 自身的性质出发，将（MIS 的）**管理** [management（of MIS）] 定义为对流程、信息系统和信息的创建、监控和改进。

以 FlexTime 健身房吸收新会员的流程为例，这个流程不是像雨后的蘑菇一样随意冒出来的，而是有人根据 FlexTime 的需要专门设立的。随着时间的推移，对流程的需要会有变化，FlexTime 还可能会引入一套新的入会机制，可能有更多的步骤要求。它需要随时监控其业务流程并观察新的情况，在变动出现时及时调整业务流程，使之能够适应新的需要。

信息系统也是如此。系统需要被人创建，合理安排计算机、软件、数据库和其他要素的关系，以满足它所支持的业务流程的需要。和流程一样，还需要对信息系统进行监控，保证它能满足企业的要求，在达不到要求时要做出调整。

信息还是如此。FlexTime 的管理者借助一套报表来反映会员们来健身房锻炼的频度。过一段时间之后，对管理者课程设计决策的监控或许会发现，还需要获得更多的新信息，才能帮助管理者完成对课程内容进行改善的决策。此时，就需要对信息系统进行调整，以得到这些新信息。

图 1—3 显示了 MIS 的范围，但其中的格子还是空的。本书的主要目标之一就是帮助你们填上这些空格。

此时你或许会说："等一下，我的专业是财务（或者会计、管理），并不是信息系统。我并不需要知道该如何建立或如何修改那些业务流程，甚至信息系统。"

	流程	信息系统	信息
创建			
监控			
改进			

图 1—3 MIS 的范围

这样讲的人很可能会成为木偶一样的被动角色，就像詹妮弗。其实在你们的职业生涯中，无论选择什么职业，都会同流程、信息系统和信息打交道。你们要成为主动的人，积极管理这些要素，让它们满足自己的要求。即使你们不做业务分析师、程序员、数据库设计师，或者任何与IT专业沾边儿的工作，你也要积极主动地参与流程、系统和信息需求的设定，参与系统开发项目的建设、采纳等管理工作。如果你不能积极尽职地参与，想得到满足自己需要的流程、信息系统和信息，无异于天上掉馅饼。

除了参与开发之外，你们还将在MIS的使用中发挥重要作用。你们显然要学会如何贯彻业务流程，如何选择信息系统去实现自己的目标。同时你们还要履行更多的重要职能。比如在信息系统的使用过程中，你们有责任保护系统数据和系统本身的安全；要能够承担数据备份的任务；在系统宕机时（有时难以避免）要知道该做些什么，才能够正确而迅速地帮助系统恢复运作。

贯彻组织战略

MIS定义中最后一点，即MIS的目的是要帮助企业实现其组织战略。先要看到这个说法中的潜台词：任何企业都不会去自己"做事"。企业不是活物，无法采取行动。从事销售、购买、设计、生产、财务、营销、会计和管理等工作的是企业中的人。因此，MIS之所以存在是要帮助在企业中工作的人，使他们能完成该企业的战略。

信息技术本身具有诱惑力，有时候企业要专注于自己的经营战略并不容易。"咱们的对手使用Twitter发布产品了，最好咱们也赶快用。"信息技术进步的速度非常快，很容易仅仅出于对时尚化的追求，或者受"企业2.0公司"的诱惑就建立了信息系统。为了这些名头构建系统的做法很不明智，既浪费钱又浪费时间。流程、系统和信息都需要根据组织的战略目标来构建，不能听由信息技术部说建就去建，也不能公司觉得自己"技术上落伍了"就去建。

这个观点看起来很简单，让人觉得根本不应该是问题。但是，几乎每天都有企业以完全错误的理由在建设新系统。此时此刻在世界上的某个角落，肯定正有某家公司要建社交网站，它建设该网站的唯一原因就是"别的企业都有了"。该公司没有问这样的问题："社交网站是用来做什么的？"或者"它对我们的战略目标有什么用？"或者"建网站的收益能够弥补成本吗？"而这些问题才是它应该问的！

更严重的是，此时此刻某个IS主管刚被某服务商的销售团队说服，或者刚接受了某商业杂志上某篇文章的观点，认为自己的公司必须采用某种最新、最先进的高科技成果。该IS主管正绞尽脑汁，欲使自己的上司相信此昂贵的技术升级对公司有利。我们希望该公司中有人能提出这样的问题，"这种技术投资对公司的战略目标究竟有什么好处？"

作为未来的企业管理专业人员，你们要学会只能从业务需要这个角度出发来考察信息系统和信息技术。"所有这些技术都很棒，从各方面看都很不错。但是它能给我们带来什么？对我们的企业和具体的战略有什么用？"

鉴于战略对于MIS如此重要，下一步我们来讨论MIS和战略之间的关系。在本章的最后，我们还将进一步分析MIS和价值链等相关概念之间的关系。

问题3 管理信息系统和组织战略是如何关联的？

我们曾谈到，MIS之所以存在是为了帮助组织实现其战略。但是战略又从何而来呢？管理和企业战略课程将会给你们讲授创建、管理和改进组织战略的理论与方法，这些内容已经超出了MIS课程的范畴。但是，由于战略和 MIS 之间的关系非常紧密，我们需要了解一些基础性的知识和基本概念。因此，这里将介绍迈克尔·波特（Michael Porter）提出的企业模型，这些模型被称为企业战略的黄金标准。我们将介绍波特的产业结构模型、比较战略模型和价值链模型。其实战略模型还不止这些，但这几个模型广为人知，可以为你们的 MIS 学习打下良好的基础。

图 1—4 概括了这些模型与 MIS 的关系。简单地说，组织要审视自身所在行业的结构，确定自己的竞争战略。该战略决定了企业的价值链，这个价值链会影响到组织的业务流程，业务流程又进一步影响到信息系统。在第 2 章你们还会发现，业务流程和信息系统之间的关系是很复杂的，在有些情况下必须要对信息系统的能力有所制约，有时信息系统的特点和功能还决定了业务流程的结构。图 1—4 还表明，信息系统负责提供信息。要看懂这张图，我们先来讨论波特的五力模型。

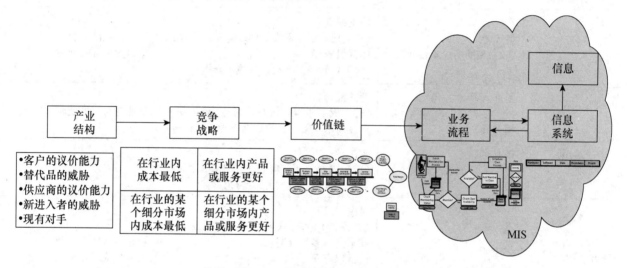

图 1—4 影响 MIS 的组织战略

问题 4 哪五种力量决定了产业结构？

波特创建了**五力模型**（five forces model）[1]，并用此模型来说明某个行业的潜在盈利能力。多年以来，人们还将此模型用于另一种用途，即用五力模型来分析组织的竞争环境，并基于这种认识来描述组织的竞争战略。我们将对此进行介绍。

波特的五种竞争力可分为两股力量：一股是与竞争有关的力量，另一股是与供应链竞价有关的力量。

竞争力量：

- 与替代品供应商的竞争；
- 与新对手的竞争；
- 与现有对手的竞争。

竞价力量：

- 供应商的议价能力；

---

[1] Michael Porter, *Competitive Strategy: Techniques for Analyzing Industries and Competitors* (New York: Free Press, 1980).

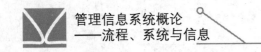

● 客户的议价能力。

波特通过评价这五种力量来判定一个行业的特性，说明该行业的盈利能力及盈利的可持续性。我们想用此模型解决另一个问题，即用它来分析强势竞争力的来源，并依据这种认识找到应对强势力量的竞争战略。为了便于理解，我们主要考虑将该模型用在 FlexTime 所在的健身市场上会是什么情况。

三种竞争力量主要展示了客户流失的情况。如同图 1—5 中第一列所示，与三种竞争力量有关的两大实力因素是转换成本和客户忠诚度。如果客户到别处健身的转换成本很高，竞争力量就会减弱；如果客户对公司或品牌的忠诚度很高，竞争力量也会减弱。

两股力量 （实力因素）	竞争力 （实力因素）	对 FlexTime 的威胁 （因素评价）	FlexTime 的力量评价
竞争力量 （转换成本，客户忠诚度）	替代者 （收益相同而成本较低）	居家锻炼 （转换成本低，便宜，体验完全不一样） 体育俱乐部 （昂贵，转换成本高，环境不熟悉）	居家锻炼的威胁：中 体育俱乐部的威胁：弱
	新进入者 （进入壁垒，资本需求，相关资源）	新的健身房 （转换成本中等，客户忠诚于 FlexTime，资金需求中等，客户数据库为进入壁垒）	新的健身房的威胁：弱
	现有对手 （价格、质量、创新、营销）	效仿者 （转换成本中等，客户忠诚于 FlexTime，客户受价格/质量/创新/营销影响）	效仿者的威胁：强
竞价力量 （替代品可得性，相对规模）	供应商	房东 （有停车位的建筑不多，FlexTime 转换成本高，多年合同） 设备供应商 （替代品较多，转换成本低，品牌不重要）	房东竞价能力威胁：强 设备供应商竞价能力威胁：弱
	客户	现有会员 （相对规模：单个客户的竞价能力弱）	会员竞价能力威胁：弱

图 1—5　FlexTime 的五种竞争力

现在我们来逐个讨论每种竞争力。如果替代者的价格较低而且客户得到的服务收益差不多，替代者的威胁力就会很强。如图 1—5 所示，FlexTime 将居家锻炼、体育俱乐部和乡村俱乐部视为替代者。FlexTime 将居家锻炼的威胁标为中等，因为它感到居家锻炼方式尽管很经济，转换成本很低，但是其体验和激励作用与 FlexTime 不可比。为了应对这种威胁，FlexTime 要保证其会员客户能够得到在自己家里享受不到的超值健身体验。

体育或乡村俱乐部对 FlexTime 的威胁力较弱，因为它们的收费高，转换成本高（人们需要去申请入会并交纳年费），在体验方面也缺少邻里间的熟悉感。FlexTime 应对此类威胁的办法就是要保持住家庭式的氛围。

从图 1—5 还可以看到 FlexTime 是如何看待来自新进入者和竞争对手（效仿者）的威胁的。它认为新进入者的威胁不大，因为建成一个大型客户数据库的成本很高，需要经历好几个月甚至好几年的时间。因此 FlexTime 的客户数据库会为新进入者设置障碍。

而来自现有对手的威胁很强，被 FlexTime 视为最大的威胁所在。FlexTime 需要保证自己能够采取有效的竞争战略来战胜其他对手。

图 1—5 的下面两行具体分析了来自供应商和客户的竞价力量。如图所示，竞争力量的强弱取决于是否

有可用的替代者，以及企业规模（指 FlexTime）与供应商和客户比起来是大还是小。以大学为例，一位获得过诺贝尔奖的科学家具备很强的竞价能力，因为这类人风毛麟角；与之相反，短期聘用的讲师几乎没有竞价能力，因为可做讲师的备选者很多。但是，若短期聘用的雇员组建了工会，工会就会具备较强的竞价能力，因为其规模变大了。

类似的，你们作为个人与学校打交道时并没有什么竞价能力，别人很容易取代你们的位置。个人试图与一个大型组织去竞价是占不到便宜的。但是，若是甲骨文、微软或者谷歌这类大企业来对阵学校，为自己雇员竞价的能力就会很强。

仔细看一下图 1—5 你们就会找到答案，为什么 FlexTime 认为其房东的竞价能力强，而设备供应商的竞价能力弱，为什么单个客户的竞价能力也很弱。

概而言之，FlexTime 得到的最终结论是，其 MIS 要想做得好，无论如何要贯彻这样的原则：绝对不能弱化 FlexTime 与现有对手竞争的力量，也不能弱化其与现有房东竞价的力量。进一步地，它非常期待着新的 MIS 构成（流程、信息系统及信息）能够使自己在现有对手面前胜出，并提升与房东的竞价能力。

问题 5 　什么是竞争战略？

企业组织可通过竞争战略的选择满足行业结构的要求。波特在创建了五力模型后，又进一步建立了四大竞争战略模型[①]，如图 1—6 所示。波特提出，企业可以在四个基本的竞争战略中选择一个。它可以实行成本领先战略，以最低的成本提供行业产品；也可以专注于提升产品价值，用差异化战略使自己在竞争中脱颖而出。在此基础上，企业还可以决定成本领先战略或者差异化战略的覆盖水平，是覆盖整个行业市场，还是只聚焦于该行业的某个细分市场。

	成本	差异化
全行业市场	在行业内成本最低	在行业内产品或服务更好
焦点市场	在行业的某个细分市场内成本最低	在行业的某个细分市场内产品或服务更好

图 1—6　波特的四大竞争战略

以汽车租赁业为例来讨论。从图 1—6 的第一列看，某汽车租赁公司可以努力成为租赁行业内成本最低的企业，也可以考虑只在某个细分的租赁市场内（如美国国内商务旅行者）提供最低成本。再看第二列，汽车租赁公司可以在竞争过程中采用产品差异化战略。它可以有多种方式来实现这个目标，比如提供款式多样的高档汽车、建立最佳的预订系统、提供卫生状况最好的车辆、租车手续最为快捷等很多方式。该公司既可以针对整个租赁行业市场提供差异化产品，也可以针对特定的细分市场（如美国国内商务旅行者）提供差异化产品。

波特认为，企业的目标、准则、文化和活动等必须与组织的战略保持一致才会真正有效。MIS 也是一样，其搭建的所有流程、信息系统和信息都应对组织的竞争战略提供支持。也就是说，需要建立必要的流程对 MIS 支持组织竞争战略的持续水平进行监控。

仍旧以 FlexTime 为例。这是一家位于城市的、以髋部锻炼为主的、为成年人服务的企业，它专注于市

[①]　Michael Porter, *Competitive Strategy* (New York: Free Press, 1980).

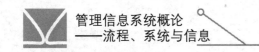

场细分战略。如前所述,它主要的竞争威胁来自该细分市场中的竞争对手。FlexTime 要应对这些威胁可以采取低成本战略,或者通过丰富健身体验过程使自己有别于竞争对手。FlexTime 目前采用了独特的增加锻炼强度的方式。如尼尔所说,"人们从这里出去的时候都气喘吁吁,酣畅淋漓!"

FlexTime 的盈利并不如店主所期望的那么好。为了提升盈利水平,FlexTime 决定找到降低成本的方法。但是无论它采用哪种方法来降低成本,都不能放弃高强度锻炼这一点,这是它领先于竞争对手的法宝。

问题6　竞争战略如何决定价值链的结构?

企业分析自身所处的行业结构,并通过这种分析规划设计出竞争战略,之后还要有相应的管理和组织措施来贯彻该战略。比如,在制定了成本领先的竞争战略之后,企业的所有活动安排都需要做到以尽可能最低的成本提供必要的功能。

选择差异化战略的企业则不会以成本最小化为追求安排各种活动。这样的企业反而会有选择地开发一些昂贵的流程,但是只有在这些流程所提供的收益超过其风险的时候才值得去做。波特将**价值**定义为顾客愿意为其资源、产品或服务所支付的金额。**利润**是指某项活动所带来的价值和该活动的成本之间的差额。实行差异化战略的企业只有在一项活动的利润为正的情况下才会提升该活动的成本。

价值链(value chain)是由价值创造活动形成的网络。根据波特的定义,一般价值链包含五项**主要活动**(primary activities)和四项**支持活动**(support activities)。

价值链分析借助制造业的例子最容易理解。因此,我们暂不用 FlexTime 的例子,而是用一个自行车制造商的例子来说明价值链。

■ 价值链中的主要活动

图1—7概括了价值链中的主要活动。进货物流活动获得原材料,运营/生产活动制造出产品和商品,这些产品和商品通过出货物流活动被运送到客户处,同时企业还进行着销售和营销活动以及客户服务活动。

主要活动	具体任务
进货物流	收货、存储、分派各项投入到各产品线
运营/生产	将投入转变为最终产品
出货物流	收集、存储、将实物产品分送给买主
销售和营销	促使买主购买,提供适宜的方式让他们购买产品
客户服务	帮助客户使用产品,以保持和提升产品价值

图1—7　价值链中的主要活动

我们借助一个小型的自行车制造商来说明这些活动的要点(见图1—8)。首先,制造商需要获取自行车的零部件(进货物流),这些活动主要包括原材料及各种辅助物料投入的接收和处理。这些物料的累积会增加价值,也就是说,未组装零部件的储备对顾客而言是物有所值的。货架上放满了组装自行车用的零部件后总要比空空如也的货架价值要高。这里的价值绝不仅仅指零部件本身的花费,还包括时间价值,包括与供货商确定零部件的供货以及与对方保持业务联系、订购零部件、货物接收入库等所花费的时间。

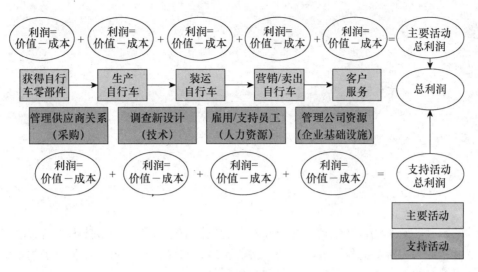

图 1—8　自行车制造商的价值链

在制造自行车（运营/生产）的活动中，自行车制造商将原材料转换为自行车成品，这个流程进一步增加了价值。下一步，公司将把产品运输（出货物流）到客户手中。当然，如果没有销售和营销活动，也就没有等待送货的自行车客户。最后，服务活动会给购买了自行车的用户提供相应的客户支持。

一般价值链的每项活动都逐步地增加产品的成本和价值，最终的净产出是整个价值链的总利润，即累加后的总价值和发生的总成本之间的差额。

■ 价值链中的支持活动

在一般价值链中，支持活动是间接地对所有主要价值链活动提供辅助支持的，其中包括采购。采购是指发现供应商、建立合约、进行价格谈判的过程（这个过程不同于进厂物流，进厂物流完成的是订货和收货过程，是依据采购活动所确立的合约进行的）。

MIS 课堂练习 1

产业结构→竞争战略→价值链→业务流程→信息系统

在图 1—4 中我们看到，信息系统是企业组织对产业结构及价值链等各种模式进行分析后的合理选择。因此，你们应该能够从企业所在的行业出发，通过对组织结构和企业网站内容的观察，推知它所采用的竞争战略，或许进一步推断出企业的活动和流程。这种推理过程对你们将来准备求职面试也很有用。

三人一组（或根据老师的要求）分为不同小组做下述练习。先分头工作，然后达成本组的一致意见。

1. 下述每对网站店面的业务都有交叉，请分别访问每对网站：

www.sportsauthority.com 和 www.soccer.com

www.target.com 和 www.sephora.com

www.woot.com 和 www.amazon.com

www.petco.com 和 www.healthyfoodforpets.com

www.llbean.com 和 www.rei.com

2. 从上述网站中选出两对来，针对这两对企业回答下述问题：

a. 这两家公司的细分市场有什么不同？

b. 它们的竞争压力有哪些不同？

c. 它们的竞争战略有哪些不同？

d. 它们的网站看起来有哪些不同？

e. 它们网站的用户界面看起来有哪些不同？

f. 哪家公司的网站需要做哪些改进，才能更好地贯彻公司战略？

g. 上述改进是否需要该公司改变其业务活动？请具体陈述理由。

3. 利用第 2 题的分析解释这个观点："企业信息系统（这里指网站）的结构取决于其竞争战略"。梳理你们的分析，以便能够在求职面试时利用其来阐述你在企业规划方面的知识。

4. 在课堂上向其他同学做小组演讲。

波特对技术的定义非常宽泛，既包括研究与开发，也包括企业为了开发新技术、新方法或新流程所从事的其他活动。他所指的人力资源涵盖了人员招聘、薪酬管理、测评、对专职及兼职员工的培训等。最后，企业基础设施包括了综合管理、财务、会计、法务和政务。

支持职能会增加价值，当然只是间接地增加，但这些职能也要花费成本。恰如图 1—8 所示，辅助的支持活动也会提供利润。支持活动的利润不太容易计算，因为这些活动（比如厂家说客在政界的游说）具体提升了什么价值很难说。但是确实有价值增值，有成本付出，也会有利润，即使这些东西还只是概念性的。

◻ 价值链关联关系

波特的企业活动模型中还有许多**关联**（linkages），用关联箭头表明了价值活动中的交互关系。例如，生产制造系统可通过关联作用来减少库存成本。这个系统利用销售预测对生产进行规划，并利用生产计划来决定原材料需求，再利用原材料需求来安排采购，最终会使库存变得刚好满足需要（just-in-time），库存量和库存成本就都降低了。

> 在离开竞争战略话题之前，可考虑一下本章的伦理问题讨论。此话题涉及公司竞争战略对员工的潜在影响。

价值链分析在制造业企业中可以直接应用，比如自行车制造商。同时，在服务型组织中也存在价值链，比如 FlexTime。具体差别是绝大多数服务业企业中的价值一般都是由运营、营销和销售以及服务活动产生的，而不是靠进货物流和出货物流。

问题 7　价值链如何决定业务流程和信息系统？

要说明这个问题还需要具备更多知识，你们应该能在这门课结束后给出更好的回答。但是现在，你们可以通过两个自行车租赁公司的流程和信息系统，来初步地了解竞争战略是如何影响价值链进而影响到 MIS 的。这两家公司都聚焦在某个细分市场上，其中一家采用的是低成本战略，另一家采用的是提供高档服务的差异化战略。

具体内容参见图 1—9。该图的最上面一行显示了四种很具体的经营活动。第二行描述了针对大学生群体提供低成本租赁的公司所采用的业务流程，注意该业务流程的支持环节中并没有信息系统的存在。

价值链活动		迎接客人 ————→	确定需求 ————→	租赁自行车 ————→	归还自行车并付费
针对学生的低成本租赁	传递竞争战略的信息	"要租自行车吗?"	"自行车在那边,去挑一辆。"	"请填张表,填好后交给我。"	"把自行车给我吧。""好的,请付费 23.5 美元。"
	业务流程支持	无	设置环境和流程,防止车被盗	印好的表格和存放表格的盒子	存表格的盒子,简易的刷卡或现金收付工具
针对度假村会议商务人士的高档服务租赁	传递竞争战略的信息	"您好!亨利女士,很高兴再次见面。您还想用和上次一样的 W-4.5 款自行车吗?"	"其实,我觉得那款 WS 豪华版的或许更适合您用。它更加……"	"请稍候,我要先扫描一下这辆车的编号,然后为您调好车座。"	"您感觉满意吗?""我来吧,我还需要再扫描一下标签,表格马上就打印好。""您要喝点什么吗?""您是想与住店费用一起结算,还是单独付费?"
	业务流程支持	客户追踪及以往销售活动记录	员工培训,借信息系统匹配客户和自行车,力求销售更高端产品	自动化库存系统,可检查自行车供应短缺情况	自动化系统收车入库,准备支付票据,与度假村收付款系统集成

图 1—9　两家汽车租赁公司的流程示例

该图最下面显示的是为度假村商务人士提供高档自行车租赁服务的公司,显示了它在此价值链的同样环节中可能采取的竞争战略。

值得关注的是两家公司的价值链活动都是一样的。它们都会迎接顾客,确定顾客的需求,出租并且收回车辆。但是每家公司从事这些活动的方式却都遵循着各自的竞争战略。

低成本租赁公司只建立了非常简易的设施,用最少的流程活动支撑起了价值链。提供高档服务的公司却打造了更为精致的业务流程(在信息系统的支持下运作),这使得该公司的服务与其他租赁公司区别开来。但恰如波特所言,这些流程和系统必须创造出足够的盈利来弥补其成本。如果不能,这些系统的利润就将是负的。

如果一个价值链的利润是负的,公司就必须做出变革,或者设法增加价值,或者设法降低价值链的成本。

伦理问题讨论

雅克自行车

假定你是一家年销售额达 2 000 万美元的高档山地自行车制造商雅克自行车公司(Yikes! Bikes)的运营经理。雅克自行车公司建厂已经超过 25 年了。最近它的创始人及唯一所有人将企业卖给了 MC 投资集团。你对该企业的易主一无所知,直到你的老板将你介绍给 MC 投资集团的合伙人安德莉亚·帕克斯。她是此次收购的负责人。帕克斯告诉你雅克公司已经出售给了 MC 投资集团,由她来任临时总经理。她表示新主人非常看好你的潜力,希望在并购期间争取得到你的倾力合作。她还暗示说,如果你确实表现不凡,很有可能会出任雅克的总经理。

帕克斯解释说,高档山地自行车行业的竞争过于激烈,他们想要改变雅克的竞争战略,从面向高档市场的差异化战略向低成本战略转型。因此,他们将关掉位于本地的制造企业,从中国进口自行车。她接着谈到,MC

17

投资集团还认为现在亟须减少费用支出，初步计划全面裁员10%，同时砍掉三分之二的顾客支持部门。新的雅克自行车在质量上不如现在的雅克车，价格也会便宜不少。雅克的新主人确信，人们要好几年后才会发现，市场上卖的雅克自行车质量今非昔比。最后，帕克斯邀请你出席她与企业创始人和全体员工的见面会。

在这个见面会上企业创始人解释说，由于年龄及个人健康原因，他决定将雅克出售给MC投资集团，从当天开始将由帕克斯担任企业总经理。他衷心感谢员工们多年来的服务，在祝福了所有员工之后便转身离开了。帕克斯做了自我介绍，表示说MC投资集团非常荣幸能够拥有这样一家有着优质品牌的优秀企业。她说自己会花几个星期的时间来熟悉业务和企业环境，目前还没有计划对公司做大的改变。

可是当帕克斯让你去她的办公室为她准备两份报告时，你被彻底地搞糊涂了。一份报告要的是制造部门全部员工的名单，要按照工资高低排序（包括拿计时工资的人员）。她告诉你，她打算先动手裁掉那些工资最高的员工。她还说："我觉得这事不必办得太死板。如果你认为谁该留下来就告诉我，我们会再考虑的。"

她要的另一份是顾客支持部门员工的名单，要按照每位客户代表花在客户身上的平均时间来排序。她解释说，"顾客服务人员工资的高低并不重要。我不在意给这些员工付了多少钱，而是他们将多少时间耗费在了客户身上。我们将建立一个精明强干的服务支持部门，必须要甩掉那些啰嗦却不办事的人。"

不用说，你的惊诧非同小可。你震惊的不止是企业竟这么快就换了主人，更重要的是你绝不认为如此对待员工是雅克创始人的原意。于是你回家后就抓起电话，把发生的一切原原本本地告诉了他。

他是这样解释的："你看，我在卖公司的时候，已经嘱咐他们一定要善待员工，他们也答应了。我会再打电话给安德莉亚。但是到了这一步我也无能为力了，这是他们自己的事了。"

闻听此言你极度失望，发现自己已不想再在雅克待下去了。但是你的妻子恰好身怀六甲，这可是你们的第一个孩子。你需要保证她怀孕期间万事平安，无论如何也要让孩子顺利出生。但是在此之前，你非要被迫去做这么不近人情的事吗？你还料到如果表现出丝毫的手软或退缩，帕克斯便会毫不犹豫地解雇你。

下班的时候你碰到了萝莉，萝莉是最受欢迎的客户服务代表，也是公司最棒的员工之一。萝莉问你："嗨，会上说的事你怎么看？你相信安德莉亚说的话吗？你真的认为他们会让我们继续生产质量上乘的自行车吗？"

讨论题：

1. 企业新主人的做法有没有违法？有什么证据吗？
2. 帕克斯对全体员工做的事有悖伦理吗？为什么？如果从道德角度提出质疑，她会如何辩解？
3. 在你告诉了雅克创始人之后，如果他打电话给帕克斯，帕克斯会怎么讲？创始人会诉诸法律吗？MC投资集团对他做的事有悖伦理吗？为什么？
4. 帕克斯将根据排序信息来裁员，她的依据是什么？从伦理角度看，她是否该考虑其他条件，比如服务年限、员工评价等？
5. 你该怎么回答萝莉？若坦陈实情后果会如何？若撒谎隐瞒后果会如何？若推脱搪塞后果又会如何？
6. 如果设身处地从现实出发，你会离开该公司吗？为什么？
7. 在商学院里，我们热衷于从学术规则出发讨论竞争战略之类的话题。但是就像你从雅克案例中看到的一样，竞争战略决策会影响到人。面对人的需要和艰难的商业决策相冲突的情况，你该如何处理？
8. 你对就业保障是如何认识的？

复习题

复习题用来帮助学生检测对本章知识的掌握程度。你可以先读完本章的全部内容，然后去完成所有的复习题；也可以读完与题目相关的内容后立即去做复习题，做完一道再做另一道。

问题 1　为什么在商学院中"管理信息系统概论"是最重要的课程？

看摩尔定律的定义。说明为什么其影响力对于管理专业人士很重要，说明管理专业人士该如何关注新兴的信息技术。给出"就业保障"的文字定义，借助赖克列出的四项关键技能解释这门课如何能够帮助你们提高就业能力。

问题 2　什么是管理信息系统？

给出 MIS 的定义。像本章一样，说明你对流程、信息系统和信息含义的直观理解。对"（MIS）管理"这个术语进行定义；简要说明为什么这个术语对所有的管理人员都很重要，而不止限于 MIS 专业人士；说明"组织实现其战略"的说法有什么含混不清之处，有哪些原因会使企业不易实现 MIS 与组织战略的一致性。

问题 3　管理信息系统和组织战略是如何关联的？

概括说明波特的模型和 MIS 之间为什么是相关的；作图解释产业结构、竞争战略、价值链、业务流程、信息系统和信息之间的联系；说明为什么不能贸然地说信息系统总是由业务流程决定的。

问题 4　哪五种力量决定了产业结构？

说明五力模型的最初目的，以及在本章使用的着眼点有什么不同。指出该模型包含哪两股力量，每股力量分别涉及哪些竞争力。说明竞争力量由哪三种竞争力构成，每种竞争力中的实力因素是什么；供应链竞价力量有哪两种。概括 FlexTime 中的强势竞争力因素。

问题 5　什么是竞争战略？

说明波特定义了哪四种不同的竞争战略，针对每一种战略分别举出一个公司的战略实例。

问题 6　竞争战略如何决定价值链的结构？

给出价值、利润和价值链的定义；说明为什么实行差异化战略的企业要设定价值约束，不能随意提高差异化成本投入量；说明价值链中有哪些主要活动和支持活动，解释这些活动的作用。说明关联的概念。

问题 7　价值链如何决定业务流程和信息系统？

价值链和业务流程之间的关系是什么？业务流程与竞争战略有什么关联？信息系统和竞争战略有什么关联？对图 1—9 中的两个"业务流程支持"行进行评价。

概念及术语

抽象推理	竞争战略	实验法	五力模型
关联	管理信息系统	（MIS 的）管理	利润
摩尔定律	主要活动	支持活动	系统思考
价值	价值链		

知识拓展题

1. 在商学院中，这门课程真的最重要吗？难道会计课不比它重要吗？无论哪家企业都离不开会计。管理学课程不是也挺重要的吗？如果你能够对人进行管理，为什么非要知道如何做技术创新呢？你可以聘用其他人帮你操心创新的事。

但是，哪一个要素会像 IS 一样影响企业的方方面面呢？精通 IS 和 IT 知识对未来就业和事业成功难道不重要吗？认真思考这个问题，写一页短文来说明你对此问题的认识并给出主要理由。

2. 说出你通过这门课要达到的 3～5 个目标。这些目标与 GPA 成绩并无关系，主要与你个人的专业、兴趣和想从事的事业有关，越具体越好。假定本学期结束时你要用这些目标来评价自己的学习，目标设计得越具体，评价也就越容易。

3. 假定你要创办一家企业，帮助学生们找夏季实习岗位，帮助合适的学生找到对口的工作。你要知道有哪些岗位要招人，哪些学生适合应聘相关工作。你的公司开业后会与当地报纸、Craigslist 网站（www.craigslist.org）和你的学校形成竞争，还可能遇到其他一些对手。

 a. 采用波特的五力模型分析这个行业的结构。

 b. 根据你在 a 中的分析，推荐一个竞争战略。

 c. 简要描述这家企业的价值链。

 d. 确定招聘学生的业务流程。

 e. 描述可以支持 d 中业务流程的信息系统。

 f. 解释你在 d 中建立的流程和在 e 中建立的系统如何反映了你公司的竞争战略。

4. 考察图 1—9 中的两家自行车租赁公司，想一想它们用来出租的自行车。显然，学生用车会是那种只要能骑就可以过关的水平；而商务人士用车却必须是新的、锃光瓦亮的、外形极好的车。

 a. 从自行车管理的角度，对这两家公司的运营价值链进行对比。

 b. 分析这两家企业对自行车进行维护的流程。

 c. 分别讨论这两家企业获取自行车的业务流程。

 d. 分别讨论这两家企业处置自行车的业务流程。

 e. 结合前面几个问题，你认为信息系统的作用是什么？这个信息系统该由企业自己研发，还是可采用和别人（如 Craigslist）类似的系统？

5. 萨曼莎·格林现在经营着一家林木修剪服务企业。萨曼莎毕业于附近一所大学的林木专业，曾在一家大型的景观设计企业效力，专门从事树木修剪和移栽工作。有了多年工作经验之后，她自己买了卡车、树桩粉碎机和其他设备，在密苏里州的圣路易斯开办了自己的公司。

她的许多业务都是一次性的，如移掉树木或者树桩；但也有不少是常年循环性的，如有些树木需要每年修剪或者隔年修剪。在业务比较清淡的季节，她会给以前的老顾客打电话，让他们想着自己的服务，提醒客户们树木需要经常修剪才好。

萨曼莎从未听说过迈克尔·波特，不了解他的理论，她的经营完全是凭自己的感觉。

 a. 说明五力模型分析如何能够帮助萨曼莎。

 b. 你认为萨曼莎有竞争战略吗？什么样的竞争战略对她来说会比较有用？

 c. 她对竞争战略的了解是如何帮助她做市场营销的？

 d. 描述一下，一般而言，她需要什么样的信息系统来帮助自己做市场营销。

协作练习题 1

找几个同学一起完成下面的作业。这部分练习不要用面对面交谈的方式去做，采用 SharePoint、Office 365、Google Docs 及 Google＋等类似的协作应用工具会更容易完成（参阅第 9 章）。最终的结论要反映出团队的整体意见，而不是一两个人的见解。

1. 抽象推理。

a. 说明抽象推理的含义，并解释为什么这种能力对企业管理人员来说非常重要。

b. 说明库存物品名称和数量清单如何都能抽象地反映出现实库存水平。

c. 举出另外三个例子，解释企业管理中是如何应用"抽象"方法的。

d. 说明詹妮弗在抽象推理能力上有哪些不足。

e. 人的抽象推理能力能够提高吗？如果能，该如何提高？如果不能，为什么？

2. 系统思考。

a. 说明系统思考的含义，并解释为什么这种能力对企业管理人员来说非常重要。

b. 试用系统思考的方法具体解释：为什么摩尔定律会导致农场主挖掉用来做造纸原料的树木。列举此系统中包含的元素，并说明这些元素间的关系。

c. 用系统思考的方法举出另外三个例证，解释摩尔定律的后果。

d. 说明詹妮弗在系统思考能力上有哪些不足。

e. 人的系统思考能力能够提高吗？如果能，该如何提高？如果不能，为什么？

3. 协作。

a. 说明协作的含义，并解释为什么这种能力对企业管理人员来说非常重要。

b. 解释协作如何帮助你们找到了这部分作业的答案，说明哪些方法对你们小组有用，哪些方法没有用。

c. 你们小组一起工作的结果比每个人单独完成的结果要好吗？如果答案是否定的，说明你们小组协作的效果不好。假如真是这样，请解释原因。

d. 不能面对面交谈是否妨碍了你们的协作能力？如果是，妨碍了什么？

e. 说明詹妮弗在有效协作能力上有哪些不足。

f. 人的协作能力能够提高吗？如果能，该如何提高？如果不能，为什么？

4. 实验。

a. 说明实验的含义，并解释为什么这种能力对企业管理人员来说非常重要。

b. 说明可以用哪些创造性的实验方法来回答这个问题。

c. 害怕失败的心理如何妨碍了你们尝试 b 中的某些想法？

d. 说明詹妮弗在实验能力上有哪些不足。

e. 人的实验能力能够提高吗？如果能，该如何提高？如果不能，为什么？

f. 你们认为信息系统使得实验更容易还是更难？

5. 就业保障。

a. 说明本章对就业保障的定义。

b. 评价本章对就业保障的定义，该定义清晰吗？如果不，更合适的定义是什么？

c. 你们是否真的认为改善上述四种能力会提高就业保障水平？

d. 你们是否认为技术能力（精通会计和财务分析等）会提高就业保障水平？为什么？1980 年前后的状况与现在不同吗？为什么？

案例研究 1

盖蒂图片社利润惊人，YouTube 飞速壮大

第1章告诉我们，数据通信和数据存储的成本几乎为零，这为商业企业提供了前所未有的巨大利润空

21

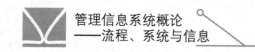

间，这里我们来看两家企业：盖蒂图片社（Getty Images*）和 YouTube。

盖蒂图片社创立于 1995 年。它通过并购众多的小企业使原本分散的影像图片市场连为一体，为合并后的实体企业制定了商业规则，并建立了现代化的信息系统。Web 的问世把企业推向了电子商务，在这个过程中，盖蒂图片社也改变了整个专业数字视觉产业的工作流程和经营方式。到 2004 年，盖蒂图片社从一个名不见经传的小公司发展为一家高盈利的全球化公司，企业公开上市，年收入超过 6 亿美元。到 2007 年，盖蒂图片社的收入又攀升到 8.8 亿美元以上。之所以没有更近期的财务数据，是因为盖蒂图片社已经于 2008 年 7 月以 24 亿美元的高价被私募股权投资公司海曼傅莱曼（Hellman & Friedman）有限公司收购。

盖蒂图片社拥有世界上最大的私有影像图片制品库，它用合同方式从摄影师和各类艺术家手中得到影像资源（照片、视频和音乐）。它还拥有专业摄影师团队，在世界各地专门从事新闻、体育和娱乐事件的摄影。除了自有的照片和摄影作品之外，盖蒂图片社都和原作品的制作者分享收入。盖蒂图片社既是影像的生产者，也是经销者，其所有产品均采用电子商务方式在网上销售。

盖蒂图片社共有三种授权方式。第一种是订阅方式，客户需要先签署订阅合同，使用影像图片时既不受数量限制，也不受次数限制（这适用于新闻、体育和娱乐影像）。第二种方式是免版税方式，客户需要根据图片作品文件的大小支付一定的费用，此后便可不限次数和使用方式地使用该作品。但此类客户不能排除其竞争对手同时采用同一作品。

第三种方式是授权使用，即针对创意影像的许可证方式。这种方式是盖蒂图片社最大的收入来源。用户需要付费才能获得特定的使用权，使用权会涉及使用规模、行业、地域、版面位置、频率、独享权等。它在网站上写道：

> 盖蒂图片社以提供免版税的影像图片著称，是第一家在网络上推行图像版权的公司，并以此推动了整个在线行业的变革。同时，它也是第一家聘用创意研究人员为世界各地的媒体提供视觉产品的公司（http://corporate.gettyimages.com/source/company.html，2007 年 12 月访问）。

由于盖蒂图片社以数字方式出售照片版权，它用于制作的变动成本几近于零。一旦公司得到了照片，将其放到商用数据库中以后，将照片传递给客户的成本就是零了。当然，盖蒂图片社必须付出管理成本和商业网站的运营成本；还有影像资料的相关费用，如聘用摄影师的成本，发现户外摄影师并与之保持良好关系的成本；对有些影像它还要支付技术使用费。但是，支付了这些成本之后，制作照片就是零成本了。这就是说，随着盖蒂图片社产品使用量的增长，其利润也会迅速增加。

为什么海曼傅莱曼要购买盖蒂图片社呢？它在网站上是这样说的，海曼傅莱曼"致力于投资优势企业，这类企业有模式清晰的专营业务，有可预见的收入和盈利增长，因而能够带来高水平的自由现金流，或者资本再投入的业务回报非常可观"。由于盖蒂图片社的生产成本近乎为零，它产生高水平自由现金流的潜力就非常大！

在盖蒂图片社这家公开上市公司的业绩如日中天的时候，另外一群创业者也发现了一种近乎免费地开展数据传播和存储业务的新方式。2005 年 2 月 15 日，查德·赫利（Chad Hurley）、陈士骏（Steve Chen）和贾德·卡里姆（Jawed Karim）注册了"YouTube"的域名，并在 4 月 23 日贴出了他们的第一段视频。到了 11 月，YouTube 已经拥有了 20 万名注册用户，每日发布的视频达 200 万条。YouTube 从零跃升为拥有 20 万名用户的企业仅仅用了九个月。

2006 年 1 月，YouTube 的员工只有 20 人，但是它每日播放的视频达到了 2 500 万个。2006 年 5 月，YouTube 上播放的视频占到整个因特网视频总量的 43%。2006 年 7 月，用户每日观看的视频数达到 1 亿个，每日上传的新视频也达 6.5 万个。试想一下，30 个员工每日经手 1 亿条视频，每个员工大约要处理 333 万个，实现所有这些成功仅仅用了一年多时间。

---

* 盖蒂图片社在中国建立了合资公司，名为"华盖创意（北京）图像技术有限公司"。——译者注

现在 YouTube 每天提供播放的视频有 20 亿个，全天 24 小时的每分每秒都有视频上传。据 Viralblog 统计，YouTube 的访问量 70% 以上都来自美国本土之外。

YouTube 的成功在 2006 年 10 月达到顶峰，它以 16.5 亿美元的价格被谷歌收购。仅用 20 个月，YouTube 的创建者就把一文不名的创意想法转换成了 16.5 亿美元，相当于每天都增值 275 万美元。

这些例子说明了什么？机会出现在了 1995 年，出现在了 2005 年，今天也同样会出现。尽管你不一定也取得如此这般的成功，但是很值得去想一想：你们的企业该如何好好地利用无偿的数据通信和数据存储呢？或者在面试的时候，你们会如何给未来的老板提这类建议呢？

讨论题：

1. 访问网站 www.gettyimages.com，选择路径"Images/Creative/Search royalty-free"，查找你喜欢的城市的影像，选择一张照片并给该照片估个价，通过链接查找该摄影师的其他照片。

2. 参考第 1 章的内容，说明盖蒂图片社的商业模式如何利用了 IT 提供的优势机会。

3. 利用波特的五力模型对摄影市场进行分析，你认为盖蒂图片社的边际成本具有可持续性吗？其价格具有可持续性吗？若要继续保持成功，什么是最重要的？

4. 盖蒂图片社的竞争战略是什么？

5. 说明盖蒂图片社如何通过信息系统的使用提升了公司的并购价值。

6. YouTube 是如何利用数据传播和数据存储的零成本而获得成功的？如果没有这几近为零的成本能力，YouTube 还能成功吗？

7. 尽管数据传播和数据存储的成本非常低，像 YouTube 这样的运作规模，其成本花销依旧很大。YouTube 是如何支付这些花销的？（在网络上查找相关信息，了解 YouTube 的历史并回答此问题。）

8. YouTube（已属于 Google）的收入来自哪里？

利用盖蒂图片社和 YouTube 的例子回答下述问题：

9. 在附近另找一家企业进行了解，该企业是如何利用数据传播和数据存储的低成本优势的？

10. 提出三种创新方法，帮助该企业利用好数据传播和数据存储的低成本优势。

11. 假定你想展示自己对新兴技术的了解和思维创新能力，写一份求职面试用的大纲。以习题 9 和习题 10 中的企业为例，对数据存储和数据传播近乎零成本的重要趋势进行分析。

资料来源：www.gettyimages.com（2004 年 12 月、2007 年 5 月、2009 年 6 月、2011 年 5 月访问）；www.hf.com（2009 年 6 月访问）；www.youtube.com/watch?v=X2NQiVcdZRY（2011 年 5 月访问）；www.viralblog.com/research/youtube-statistics（2011 年 5 月访问）。

第 2 章
业务流程、信息系统和信息

"你说我不是一个有效（valid）的学生是什么意思？"卡特·杰克逊是科罗拉多中部大学的学生，正在与大学体育联盟运动器材部的兼职员工德克交涉，试图从中心借出足球器械。

"有效？对的，我说的就是这个。看，据我所知你可能是个好学生，但这台电脑告诉我你有未清账单。"德克看着卡特后面排着的长长的队伍说。

"什么账单？"

"我不知道，这它没说。"

"嘿，"卡特试图让自己表现得冷静一些，"我是直升机队的教练，我们的队伍是联盟里最棒的足球队。30 分钟内，队伍就要过来训练了，我需要借足球球衣、锥形立柱和其他所有物品好开始训练。"

"哦，我听说过直升机队，是支不错的队伍……至少去年是的。"

"所以，请把器械给我，然后我好离开这里。"卡特看到了一丝希望。

"不行，我不能把球衣借给一个在学校账户里没信誉的人，或者上了电脑黑名单的人。"德克很固执。

"你看，现在财务部门已经下班了，这个问题我现在解决不了。"

"对啊，你早该付掉那笔账单了。"

"我每笔账都付过了，真不知道这是怎么回事。你把器械借给我好吗？"

"我不能这样做。"德克看了看卡特后面更长的队伍。

"好吧，我看到我们有个球员正在那边，我让她过来然后你借给她。"

"她的名字叫卡特·杰克逊吗？"

"不，你个笨蛋。我的名字叫卡特·杰克逊，我早就跟你说过了。"卡特已经生气了。

"嘿，别这么暴躁，我会叫保安的。"

"好的，不好意思。我的名字叫卡特·杰克逊，她的名字叫希瑟·尼利。"

"我确定她是个不错的人，但她不能借足球器械。直升机队唯一能借器械的人是队伍的教练，一个叫卡特·杰克逊的人。"德克听起来就像在跟一个两岁小孩说话一样。

"那就是我!"

"对。但是你欠账了。先去还欠账，否则不能借器械。"

"我确定我已经付清了所有的账单。我不知道到底发生了什么，但明天我会弄清楚的。我给你一张信用卡能行吗?"卡特已经绝望了。

"我们不收信用卡，只收学生卡。"

"我已经给你我的学生卡了。"

"是啊，一张伪造的假卡。"

"这不是假卡，你个笨蛋!"

"不管你叫卡特还是希瑟，请马上离开这儿。你后面已经排了 10 个人了，先让一下，我好给这些人借装备。"

"对啊哥们，别叫了。让我们拿装备吧。"队伍里有人在说。

"哦，他是直升机队的教练，可能在抱怨他拿到的球太旧吧，觉得自己很厉害啊。"另一个人揶揄道。

第二天，在财务处…

"嗨，我的名字是卡特·杰克逊，我来这看看我的账户上有什么问题。"

"好的，请把学生卡给我。"琼·马布尔在财务处已经工作了 30 年。

"当然。"

琼扫描了学生卡，然后看着她的电脑:"你想要了解的问题是什么?"琼问道。

"我不确定，昨晚我试图为直升机借装备……"

"直升机? 你确定自己来对地方了?"琼忍不住嘲笑他。

"直升机是校内足球队的名字，好吗? 不管这些，我试图借出一些装备，然后有个傻瓜告诉我说我有欠账未还。"

"嗯，我没发现你的账户有什么问题。你这个月有一些费用记录，但我们还没有送出这个月的账单，不要担心。"琼打算离开柜台了。

"但他偏说我的账户有不良记录什么的。"

"让他打电话给我。"

"他今天 6 点 30 分才上班。"

"可我 5 点就下班了。"琼回过头再次看着电脑屏幕。"嘿，等一下，这还有一个叫卡特·杰克逊的人，欠下了……哦，这事我不能和你讲，但我猜是他们把你俩的账户给搞混了。"

简　介

在第 1 章，我们把 MIS 定义为组织用来实现其战略而管理与使用的业务流程、信息系统和信息。这一章将对该定义的三个基本术语——业务流程、信息系统和信息——做进一步讨论，分别给出定义和描述。我们将从业务流程开始，描述它的构成，然后介绍业务流程管理标注的标准方式 BPMN；接着我们会定义信息系统及信息系统的组件；随后将解释业务流程和信息系统是如何相互关联的。此后，我们将介绍对信息的几种不同定义，探寻信息在何处及如何生成。最后，我们将讨论影响信息质量的因素并回到最初的问题，即组织如何运用信息系统。最后，我们将概括说明这些概念在本书中将如何使用。

问题 1　什么是业务流程？

业务流程（business process）是以实现某个功能为目的的一系列活动。例如，大学中有如下一些业务流程：

- 在教学课表中添加新的课程；
- 在某个课程大纲中增加新的章节；
- 为课程分配教室；
- 删除课程中的章节；
- 记录最终成绩。

活动（activity）是业务流程中的一个任务。例如记录最终成绩这个流程中的部分活动有：

- 计算最终成绩；
- 填写成绩报告单；
- 向部门管理员提交成绩记录表。

业务流程也包括相应的资源，比如人员、计算机、数据和文档集等。为了便于理解，我们先来考虑本章开篇所讲的借装备的业务流程。

业务流程的例子

负责借出运动器材的德克就是在遵照某种业务流程办事。当然，目前我们还不清楚具体的流程是什么，但很明显，它包括了只能把器材借给团队教练，而且只能借给在学校财务处账户中记录正常的教练这两项。

业务流程的标记。 为了清晰地讨论业务流程问题，我们需要记录业务流程的方法。或者，像第 1 章中的赖克所说的，我们要将业务流程抽象化。这些年，计算机产业已经创造了许多记录描述业务流程的技术，本书中我们采用一种叫做**业务流程管理标注**（BPMN）**标准**（Business Process Management Notation（BPMN）standard）的方法。之所以用这种方法，一方面由于它是全球性标准，另一方面是因为它在业界有广泛的运用。例如微软的 Visio Premium 软件①就包含了 BPMN 业务流程建模所需的模板。

图 2—1 是一个 BPMN 模型，它是运动器材部所采用的业务流程的抽象图。每一长列顶端都有该列的名称，例如团队队长和器械管理员。这些名称定义了不同的**角色**（role），即业务流程中的某个活动子集，它由某个具体的行动主体负责。**行动主体**（actor）可以是人，如本章开头的德克履行的就是器械管理员的角色。之后你们将看到行动主体也可以是电脑，这里暂不考虑这一点。

---

① Visio 是微软注册的绘图软件。如果大学加入了微软学术联盟（Microsoft Academic Alliance），你们就可以免费获得 Visio 拷贝。如果要用 BPMN 绘图，需要确定该软件是 Premium 版本的，这可以从学术联盟获得。

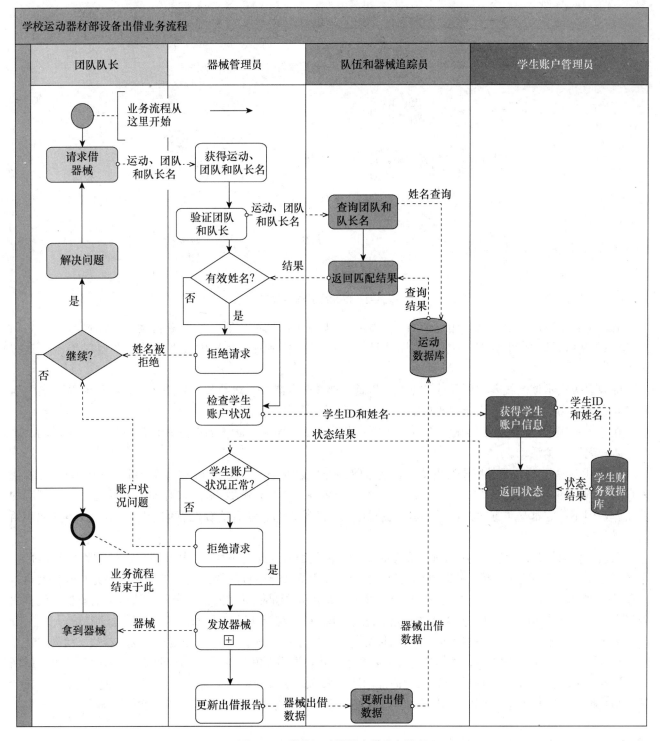

图 2—1　学校运动器材出借业务流程

图 2—1 的各个长列叫做**泳道**（swimlanes），每列中包括了该角色进行的所有活动。泳道清晰地确定了每个角色该进行什么活动。根据 BPMN 标准，业务流程从一个细线圆圈开始，用一个粗线圆圈结束。因此，在图 2—1 中，业务流程从团队队长泳道的顶端开始，在该泳道末端的粗线圆圈处结束。BPMN 标准定义了大量的标注符号，图 2—2 中概括了本书所要使用的标注符号。

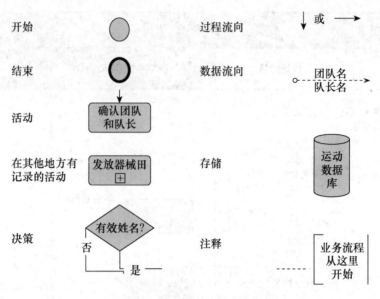

图 2—2　BPMN 的标注符号

活动用圆角矩形表示，决策用菱形表示。实线箭头表示活动的流程。在"获得运动、团队和队长名"、"验证团队和队长"之间有实线箭头，说明器械管理员获得名字后，流程中接下去的任务就是要验证这些名字。

虚线箭头表示该箭线名称所示的数据流。因此，"请求借器械"活动和"获得运动、团队和队长名"运动之间有虚线箭头，表示箭线标明的数据从一个活动流向了另一个活动。

在这个案例中，"请求借器械"这项活动会使得"运动、团队、队长名"这些信息流向"获得运动、团队和队长名"这项活动。

存储（repository）是某些事物的集合，通常收集的是数据记录。图 2—1 中像个小罐子一样的符号就代表存储。图中的一个存储名为"运动数据库"，另一个名为"学生财务数据库"。存储通常就是个名副其实的数据库，但不一定都是数据库，也可能是个装满记录卡的硬纸箱。还有些存储就像仓库一样，收集其他东西而不是数据。

需要细化到什么程度？ 作为一个抽象的表述，业务流程图只选择性地表明了某些细节，而忽略了其他细节。它必须如此，啰嗦一些显而易见的细节常识会使图长达几百页。显然没必要说器械管理员需要先打开柜台窗口再和顾客讲话，或者在用电脑前要先打开电脑。然而，却需要用足够细化的描述来避免认识上的模糊。流程中若只有一个"出借器械"的活动显然太过粗略。这样作图根本就看不出只有队长才有权外借运动器械。

为了简化业务流程图，有些活动的细节可以另外作图描述。在图 2—1 中，仔细看"发放器械"活动（在器械管理员泳道的底端）。这项活动的标注符号上有个小加号，说明"发放器械"活动的细节会另附其他图。就像之前说的，用附加图的方法可以简化图表。附加图还用来描述主流程中的子流程或某些不太重要的细节，或者某些细节不为人知的情况。例如，信用卡机构这类的外部中介所进行的活动细节并不为我们所知。

■ 为什么组织要将业务流程标准化？

除非公司很小，绝大部分企业都会将业务流程标准化。首先，标准的业务流程使得业务规定得以执行。运动器材部决定器械只能由经过授权和审核的队长来借，队长设在学校财务处的账户必须是没有问题的。如果每位器械管理员都各行其是地自设流程，这些规定就无法贯彻执行。

其次，标准化的业务流程保证了结果的一致性。当每个雇员都执行同样的流程和步骤时，结果也必然是相同的，无论谁当班都一样。

再次，标准化的业务流程是可以复制的。如果运动器材部决定在大学分校区再开第三个或者第四个运动中心，有了标准化的业务流程做起来就容易多了。

最后，标准化的业务流程可降低风险。在每个雇员都执行相同流程的情况下，误差和严重失误的出现概率便会大大降低。

你们可能在想，既然标准化的业务流程这么厉害，为什么卡特还是没有为自己的球队借到器械？为了回答这个问题，你们还需要理解信息系统，并了解它同业务流程的关系，这也是我们接下来要讲到的。你很快就会明白卡特遇到了什么事情。

问题2　什么是信息系统？

系统（system）是为达到某个目的而发生相互作用的一组元素。你们可能会推测说，**信息系统**（information system，IS）就是为生产信息而发生相互作用的一组元素。这句话虽然不错，却有一个新的问题：这些相互作用并产生信息的元素是什么？

图2—3展示的是**五要素结构**（five-component framework）——这是信息系统构成元素的模型：**计算机硬件**（computer hardware）、**软件**（software）、**数据**（data）、**程序**（procedures）和**人员**（people）。从最简单到最复杂的信息系统，这五大要素在每个信息系统中都会出现。例如，你们用电脑写一份课堂作业，将会用到硬件（电脑、磁盘、键盘和显示器）、软件（Word、WordPerfect 或者其他文字处理程序）、数据（单词、句子和段落）、程序（开启程序、输入文档、打印、存储和备份文档）和人员（你自己）。

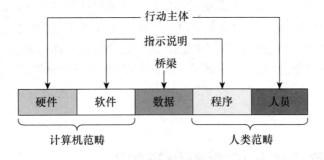

图2—3　信息系统的五大要素

比较复杂些的例子是航空公司的订票系统。它也是由这五个要素构成的，但是每一个要素本身都要复杂得多。硬件由大量的电子通信设施相互连接的计算机构成；有成百上千个不同的软件在这些计算机中并行运行，还有其他的程序负责预订和相关的服务操作；此外，系统中存储了亿万字节关于航班、顾客、预订和其他业务的数据；航空公司的员工、旅行社和顾客执行着数百个各种各样的操作程序；最后，信息系统还包括了人，不仅指系统的用户，还有操作和维护计算机的人、数据库维护人员以及负责计算机网络连接的人员。

这五大要素之间保持着对称性。硬件和人员是行动主体，会主动做事情。软件和程序是指令。软件告诉硬件做些什么，软件告诉人做些什么。数据是机器方（硬件和软件）和人员方（流程和人）之间的桥梁。

要强调的一点是图2—3的五要素模型适用于所有的信息系统，从最小的到最大的。当考虑任意信息系统，包括第1章讨论的最新的社交网络时，试着寻找其中的五大要素。还需要注意，信息系统并非只有一台计算机和一个程序，而是有一组计算机、软件、数据、程序和人员。

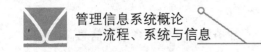

当然，五要素中无论哪个被忽视都会引发问题。常见的错误想法是把硬件和软件看成了新系统所需的全部投入。事实上，设计和描述流程的开销，以及训练雇员使用这些流程的人工成本开销，可能会远远超过新系统的硬件和软件成本。

MIS 课堂练习 2

认识日常生活中的业务流程

业务流程的管理和运用对于专业管理人士的成功有着决定性意义。尽管人们可能没有意识到这一点，但业务流程存在于我们生活的方方面面。为了便于理解，请分小组完成以下任务。

1. 找出学校中使用的三个重要的业务流程，涉及财务流程、经营流程、市场营销流程。
2. 对每一项业务流程执行以下操作：
a）为业务流程命名。
b）定义和简要描述该业务流程中的3～5项关键活动。
c）说明管理人员用来评定该流程的绩效准则。
d）如果过程是由信息系统支持的，请具体说明如何支持。如果不知道该流程是否由信息系统支持，根据自己的想法说明信息系统该如何使用。
3. 向班级展示小组的成果。

这五大要素还意味着，要构建或者使用一个信息系统，除了对硬件设计师和计算机程序员的技术要求外，还需要不同领域的更多技巧。需要有人设计数据库以便保存所需数据，需要有人设计流程以便人们执行。为了运用和操作系统，需要有管理者负责训练能使用和操作系统的员工。本章后面我们还会提到这个五要素模型，全书中其他章节也会不断提到它。

在继续讨论之前需要强调一下，我们上面定义的信息系统是包括计算机在内的。有人会说这种系统其实是**基于计算机的信息系统**（computer-based information system）。他们会指出还有不包含计算机的信息系统，比如在会议室墙外挂个日历，用来安排会议室的使用时间，企业使用的这种系统已延续好几个世纪了。这当然没错。但这本教程主要关注的是计算机信息系统。为简化起见，我们讲的信息系统都是指基于计算机的信息系统。

问题3　业务流程和信息系统如何相互关联？

为了明确这个关键性问题，我们再回到图2—1。图中扮演相应角色的有哪些行动主体？团队队长这个角色是一个经过主管机构认可的、身为运动队队长的人。而器械管理员呢？从本章片头情景案例和章节中的对话可以看出，器械管理员这个角色是由一个或多个兼职员工担任的。但是此角色是不是一定要由人来担任呢？它可以由某个计算机系统扮演吗？当然可以。这可以在浏览器上实现。唯一必须由人来从事的活动是"发放器械"，这是一个含有角色自身活动的子活动。其他的事都可以由计算机系统完成。

再来看"队伍和器械追踪员"以及"学生账户管理员"的角色，他们是不是也可以由人来扮演呢？当然，在20世纪50年代和更早些的时候，这些角色都是由人工操作的，由人去翻阅处理放在文件柜中的数据。因此，图2—1中整个业务流程都可以由人去完成。但是，由于电脑的低成本和在数据存取通信上的几乎零损耗，2012 年之后，这些角色绝大部分都由电脑和事先编好的软件程序指令代替了。食品杂货店也是如此。过去收银台都需要人工收账，现在的很多商店都由顾客自己扫描商品、自己付账，收银员的角色已经被扫描仪和电脑所替代。

在业务流程背景下的信息系统

我们假设"队伍和器械追踪员"以及"学生账户管理员"的角色都由电脑来扮演。为了便于理解，参看图 2—4，这张图将这两个角色和与之相关的活动从图 2—1 中分离了出来。* 其中的"器械管理员"角色有"检查学生账户状况"这个活动，它要向"获得学生账户信息"活动发送学生 ID 和姓名。

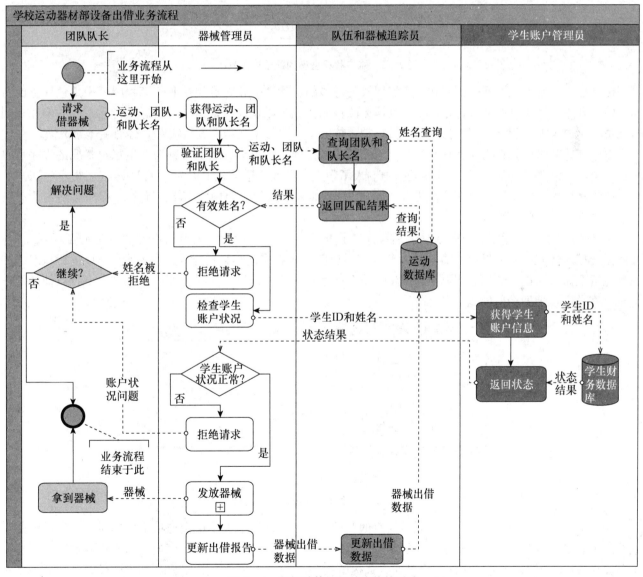

图 2—4 包括计算机行动主体的活动

"检查学生账户状况"活动使用了一个计算机系统，需要编出程序来指导管理员如何调用系统和传输数

---

* 但这两个图完全一样，原文如此。——译者注

据。我们假设程序已经告诉管理员如何访问系统，要填写的是图2—5中的数据输入表单。"获得学生账户信息"这项活动是由电脑进行的，即通过程序编码实现。这个程序会访问"学生财务数据库"，从中得到学生账户状况信息。

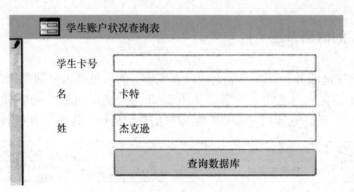

图2—5　账户状况查询的数据输入表

再重点看一看五大要素是如何和业务流程融为一体的。计算机和人员是在业务流程中承担角色任务的行动主体。利用计算机系统从事特定活动的具体方法被制作成了流程，用来指导人员这一行动主体的操作；同时也被编制成了电脑程序，用来指导计算机行动主体的运行。数据充当了连接这两大行动主体的桥梁。

以上这些就可以解释为什么直升机队要借器械却被拒绝了。用信息系统来查询学生账户状况的程序可以通过两个模式进入。如果在图2—5的表格中输入了学生卡号（信息系统中称为学生ID），"获得学生账户状况"的程序会返回一个账户（或者查无此人）。但是，如果输入的表单中没有学生卡号，程序会给出所有符合输入的姓或名的学生账户。

图2—6是执行"返回状态"活动之后程序给出的数据。可以看到，表单最下行表明返回了两条记录。按照系统程序的规定，如果没有输入学生卡号，用户就应该将系统返回的学生卡号与学生ID进行核对。如果德克这么做了，他就会注意到返回的学生记录有两条，而第二条记录才属于他面前的这个卡特。他的账户记录良好，应该把器械借给他。

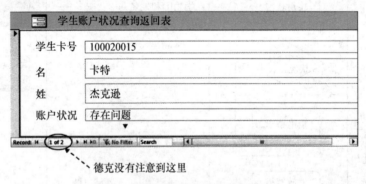

图2—6　学生账户状况查询返回表

那么问题从何而来呢？一种可能是对德克的培训不到位，他还不太了解做这项工作的流程；也可能是窗前排着的长队使得他忙中出错；还有可能是所运行的系统的设计有问题，不应该拥有两种输入模式；再有可能就是图2—6的设计不好，应该用更好的方式提醒用户返回了不止一个账户，而不是只有表格底部一个小小的数字。从我们的角度看这些都无关紧要，重要的是作为未来的管理者，要清楚地认识到训练员工按照设计好的流程运用信息系统有多么重要。

图2—7把业务流程中的活动和五大要素模型联系到了一起，可以清楚地看出信息系统的各个要素是如何与业务流程的具体元素建立联系的。

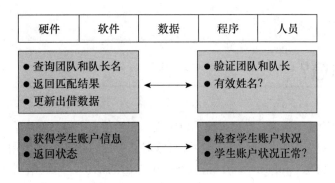

硬件	软件	数据	程序	人员

- 查询团队和队长名
- 返回匹配结果
- 更新出借数据

↔

- 验证团队和队长
- 有效姓名?

- 获得学生账户信息
- 返回状态

↔

- 检查学生账户状况
- 学生账户状况正常?

图 2—7　五要素模型和活动

这个例子还暴露出一个烦心事。运动器材部用"学生 ID"来识别学生。学校的学生账户系统则是通过"学生卡号"来识别学生。同一个东西却让人起了两个不同的名字。为什么？这可能有各种各样的原因。或许是由不同的团体在不同的时间分别设立的；或者他们的文化背景不同，运动器材部的经理用"学生 ID"这个词可能源于他做研究生时的习惯，另外一个词则是运动器材信息系统开发团队的惯用术语。不管原因如何，这样的同义词在使用不同信息系统时很常见。你和同事们都觉得这种一物多名的情况既没必要又容易混淆，但在旁人眼里你们不会有丝毫问题。

■ 业务流程和信息系统有不同的覆盖面

我们要先搞清楚一点，然后才能讲下面的内容，以免有的学生会感到困惑，甚至很多专业管理人士也会有误解。业务流程和信息系统的覆盖范围是不同的。图 2—1 中的业务流程用了两个不同的信息系统：一个局部范围的和一个全校性的。通常而言，一个业务流程可能使用零个、一个或多个不同的信息系统。

同样，这两个信息系统也被其他很多的业务流程所使用，尽管在图 2—1 中并没有体现出来。担任"队伍和器械追踪员"角色的系统同样会在其他业务流程中承担任务，比如在"器械回收"流程中和在"队伍时间安排"流程中；扮演"学生账户管理员"角色的系统也在"运动会门票购买"和"支付住宿费"等流程中扮演角色。通常，一个信息系统会在一个或者多个业务流程中扮演角色。

因此，业务流程的覆盖范围和支持这些流程的信息系统的覆盖范围会相互重叠，但它们各自的范围是不同的，就像图 2—8 中展示的那样。

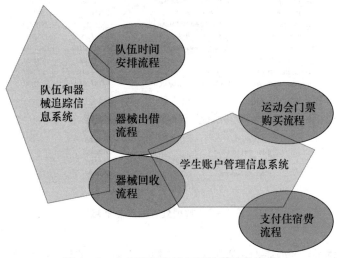

图 2—8　业务流程和信息系统范围的重叠

33

问题4　什么是信息?

信息是我们每天都用到的基本术语,却出奇地难以定义。要给信息下定义就像给"活着"和"真相"这种词下定义一样复杂。我们都知道这些词说的是什么,至少在日常对话中我们都自认为挺明白的,但是它们很难定义。

可能最常用的定义是,**信息**(information)是从数据中导出的知识,而数据则是记录下来的事实或者数字。因此,雇员詹姆斯·史密斯每小时工资为17.50美元以及玛丽·琼斯每小时工资为25.00美元的事实是数据;而器械管理员的每小时平均工资是22.37美元这个表述就是信息。平均工资是从个人工资的数据中导出的知识。

另一个常用定义是,信息是数据内在意义的呈现。杰夫·帕克斯每小时赚10美元的事实是数据(data)①,而杰夫·帕克斯的工资不到器械管理员平均工资的一半这个表述则是信息。这就是数据在有意义的语境下的呈现。

还有一个定义是,信息是加工后的数据;或者这么说,信息是经过排序、过滤、分组、比较、汇总、平均或其他类似处理之后得到的数据。这个定义的基本思想是我们对数据做一些处理从而产生信息。在图2—9(a)中列出的订单是数据;订单数据经过分类、过滤、分组和计算之后,便生成了图2—9(b)。

Adams, James	JA3@somewhere.com	1/15/2012	$145.00
Angel, Kathy	KA@righthere.com	9/15/2012	$195.00
Ashley, Jane	JA@somewhere.com	5/5/2012	$110.00
Austin, James	JA7@somewhere.com	1/15/2011	$55.00
Bernard, Steven	SB@ourcompany.com	9/17/2012	$78.00
Casimiro, Amanda	AC@somewhere.com	12/7/2011	$52.00
Ching, Kam Hoong	KHC@somewhere.com	5/17/2012	$55.00
Corning,Sandra	KD@somewhereelse.com	7/7/2012	$375.00
Corning,Sandra	SC@somewhereelse.com	2/4/2011	$195.00
Corovic,Jose	JC@somewhere.com	11/12/2012	$55.00
Daniel, James	JD@somewhere.com	1/18/2012	$52.00
Dixon, James T	JTD@somewhere.com	4/3/2011	$285.00
Dixon,Eleonor	ED@somewhere.com	5/17/2012	$108.00
Drew, Richard	RD@righthere.com	10/3/2011	$42.00
Duong,Linda	LD@righthere.com	5/17/2011	$485.00
Garrett, James	JG@ourcompany.com	3/14/2012	$38.00
Jordan, Matthew	MJ@righthere.com	3/14/2011	$645.00
La Pierre,Anna	DJ@righthere.com	12/7/2011	$175.00
La Pierre,Anna	SG@righthere.com	9/22/2012	$120.00
La Pierre,Anna	TR@righthere.com	9/22/2011	$580.00
La Pierre,Anna	ALP@somewhereelse.com	3/15/2011	$52.00
La Pierre,Anna	JQ@somewhere.com	4/12/2012	$44.00
La Pierre,Anna	WS@somewhere.com	3/14/2011	$47.50
Lee,Brandon	BL@somewhereelse.com	5/5/2010	$74.00
Lunden,Haley	HL@somewhere.com	11/17/2009	$52.00
McGovern, Adrian	BL@righthere.com	11/12/2010	$47.00
McGovern, Adrian	AM@ourcompany.com	3/17/2011	$52.00
Menstell,Lori Lee	LLM@ourcompany.com	10/18/2012	$72.00
Menstell,Lori Lee	VB@ourcompany.com	9/24/2012	$120.00

(a) 数据

顾客名	订单量	共计消费
La Pierre,Anna	6	$1,018.50
Rikki, Nicole	2	$330.00
Menstell,Lori Lee	2	$192.00
McGovern, Adrian	2	$99.00
Corning,Sandra	2	$570.00

(b) 信息

图2—9　数据处理后产生信息

---

① 实际上,单词"data"是复数形式;为准确起见,我们应该使用单数形式"datum"。然而,"datum"听起来有点过于讲究,因而本书中我们避免这么使用。

第四个定义源于心理学家乔治·贝特森（George Bateson），他认为信息就是导致差异的不同点。在本章开篇案例中，德克认为卡特的账户有欠款或者存在不良问题，这个认识就是某种差异；结果由于运动器材部有规定，导致了业务流程的不同。差异引发了一个差异。

这些定义没有一个是完美的。每个定义在特定环境中都可以成立，也都存在问题。目前，不妨把这四个定义看成"信息"这个单词的四条边界线。

然而，信息有个典型特征可能会让你们茅塞顿开，了解这个特征有助于你们成为非常明智的管理信息系统的消费者。让我们先从"信息在哪里"这个问题开始。

信息在哪里？

细看一下图 2—10 中的数据。先将这些数据放到你家小狗面前，这个信息对你的狗有什么意义吗？没有。它对于小狗毫无意义。小狗可以感知信息，但这是从书本的气味中得来的，例如"今天中午有人吃了玉米饼"。

Christianson	140	42
Abernathy	107	25
Green	98	21
Moss	137	38
Baker	118	32
Jackson	127	38
Lloyd	119	29
Dudley	111	22
McPherson	128	33
Jefferson	107	24
Nielsen	112	33
Thomas	118	29

图 2—10 样本数据

现在，把这份数据给一个减肥小组的教练看，让他解释这些数据的含义。他可能说第一列是人的名字，第二列是每个人现在的体重，第三列是减掉的体重数。如果他看得更仔细些，可能会发现这样的信息：体重越重的人，减重也最多（数据表中第二列数字越大，第三列数字也越大）。

现在，再把这份数据给一个成人 IQ 测试中心的主管看，让她解释数据的含义。她会认为第一列是人名，第二列是人的 IQ 测试值，第三列是人的年龄。此外，她也可能会从这份数据中看出随着年龄增长 IQ 也会提升这样的信息。

我们还可以继续给保龄球协会的主管做这个思维实验，但至少在上面的案例中道理已经很明显了：人感知到了数据，而信息却是在感知者的头脑中。出现这个结果只是由于我们没有给数据设标题吗？假如我们给图 2—10 的每一列写上标题，信息就会跃然纸上了吗？不可能。有了列标题的数据仍然只是纸上的符号。所有的领悟、任何信息的制作都发生在看到这些数据的人的头脑中。因此，在本书中我们认为，人们感知了数据并通过构想得到了信息。

图 2—11 再一次向我们展示了信息系统的五要素模型。根据这个图，硬件运行着软件，软件处理数据并将数据展现出来，展示的数据要由人去感知，再通过感知者的思维过程构造出信息。这个感知过程会受程序引导，却包含了极为关键的、超出基本程序的思考技能。

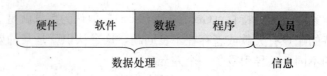

图 2—11 数据处理和信息

因此，不言而喻，在信息系统中，只有人这个要素才能产生和理解信息。或许再过 30 年，人工智能领域会诞生出模拟人类构造信息能力的机器。即使现在就有这样的系统存在，它们也极为罕见，对主流商业管理来说可以忽略不计。

问题5 信息质量受哪些因素影响？

图 2—12 总结了影响信息质量的因素。有些因素涉及的是用来感知信息的数据，而有些因素涉及的是创造信息的人的能力和特点。

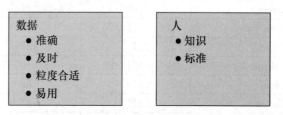

图 2—12 影响信息质量的因素

数据因素

第一，数据必须准确。它必须要准确、完整地反映所测度的对象。如果数据经过了处理，处理的过程一定要正确，要符合期望和标准。

第二，数据必须是及时的。迟到了 6 周的月报表很可能就没有用了。数据在决策制定后很久才到，所需的相关信息就没用了。如果某信息系统在你发出货之后才告知你该客户信用不良，该系统肯定无用而且惹你愤怒。注意，所谓数据的及时性既可以根据日历时间来衡量（晚了 6 周），也可以针对事件来衡量（发货之前）。

在参与信息系统的开发时，及时性是需要详尽说明的系统需求。及时性需求既要合适，也要现实。有的时候，建设一个提供高度实时数据的信息系统比数据滞后几小时的系统要昂贵和困难得多。因此，如果能够接受略微滞后几小时的数据，就要在需求说明书中阐明。

来看一个例子。假设你在营销部工作，需要评估新的在线广告程序的有效性。你想要的信息系统不仅能够在网络上发布广告，而且能让你知道顾客点击这些广告的频率。如果想获得近乎实时的点击率，这种系统会非常昂贵，采用批量存储和处理方式提供滞后几个小时的数据要简单和便宜得多。如果你可以接受滞后一到两天的数据，系统就会更便宜，也更容易实施。

第三，数据的粒度必须合适。粒度过细时数据的细节过多；粒度过粗时数据的概括性过高。在对不同页面设计产生的收入进行分析时，提供了包含数百万条网页点击记录的文件显然粒度过细了；在对城市销售区域的效果进行分析时，提供全国性的销售数据显然粒度过粗了。理想的情况是，数据应被细化到足够且刚好能够满足目标的程度。

可以采用组合的方法来改善粒度过细的数据，使之达到合适的粒度；但是粒度过粗的数据却无法再做细分。因此，在说明需求时，如果难免出错，也最好犯数据过细的错。

最后，数据要易于使用。图 2—6 中的数据正确、及时且粒度级别合适，但是不易使用。那个 "2" 展示的不明显，不易被人看到。而易用的展示可能会列出两个名叫卡特·杰克逊的学生的照片，这样有两个同名者的情况就会一目了然了。

■ 人的因素

我们再次强调，人们感知了数据并且构造出了信息。因此，所得信息的质量也会受到感知的人自身特点的影响，而且其影响绝对不比所用数据的影响小。

构想数据时的第一个重要因素是知识。几十年的心理学研究表明人们的认知水平极大地影响其感知能力。所以，人们所注意的数据在某种程度上由其具备的知识决定。另外，当人们感知到了某种差异时，其知识将会帮助他判断哪种差异会使得对问题的认识有所不同。所以，人们对一个领域的见识将会决定其构思的信息的质量。

在影响信息质量的人的因素中，第二个因素是用来解释数据的**标准**（criteria）。为了理解这一点，可以看看某营销分析员如何从图 2—9（a）的销售数据中找出信息。图 2—13 是已经对原始数据过滤、分组且加总后的数据。

顾客姓名	订单数量	总购买额
La Pierre, Anna	6	$1 018.50
Corning, Sandra	2	$570.00
Rikki, Nicole	2	$330.00
Menstell, Lori Lee	2	$192.00
McGovern, Adrian	2	$99.00

（a）按照总购买额排序的数据

顾客姓名	订单数量	总购买额	平均订单额
La Pierre, Anna	6	$1 018.50	$169.75
Corning, Sandra	2	$570.00	$285.00
Rikki, Nicole	2	$330.00	$165.00
Menstell, Lori Lee	2	$192.00	$96.00
McGovern, Adrian	2	$99.00	$49.50

（b）有平均订单额的数据

图 2—13　按标准处理过的数据

这个分析员用了好几个标准来构建这份报表。第一，仅购买一次的客户被从报表中过滤掉了，所以一个准则是"只考虑重复购买的顾客"，而且这张报表是按照总购买额降序排列的。第二个标准很明显就是"先考虑总购买额最大的顾客"。现在假设该分析员注意到表单里只有一名男性，因此还可以再考虑一个标准，即"考虑顾客按性别分组的销量"。

图 2—13（b）用了相同的数据，但是包括了平均订单额的计算。可以看出顾客的排序已经改变了。按照平均订单额，Sandra Corning 该排第一；而按照总购买额，Anna La Pierre 才是排第一的顾客。所以，平均订单似乎对顾客的相对优点产生了影响。如果分析员关注的是订单总量的增长，他很可能会用"平均数"来做标准。到目前为止，我们有 4 个标准可用来判断哪些差异会产生不同结果：

- 仅包含重复顾客；
- 考虑总购买额或者平均购买额；
- 按顾客性别分组；
- 使用平均订单额。

这是一套好的标准吗？如果这套标准能帮助企业管理者更成功，就是好标准；如果这套标准能帮助管理者更明智地决策、更有效地对待雇员和顾客，或者制定更好的战略战术，就是好标准。

这个主题内容很丰富，还有很多值得深入探索的地方。[①] 但是到现在为止，最该记住的重要观点是数据是外在的、客观的，且对所有人都很类似。而信息是内在的、因人而异的，且对所有人都会不同。因此，两个人可以感知相同的数据，却会从该数据中构想出不同的信息。

■ 团队是如何构想信息的？

你们可能会说，"稍等一下，如果每个人都从个人角度来构想和理解信息，岂不是所有的事都难以确定？为什么团队成员不会没完没了地争论下去呢？如果遇到争论不休的团队我们又该如何去管理呢？"

由于信息是个人构想出来的，因此大家的认识很可能会彼此分歧。但是这种冲突局面不太可能出现。为什么？因为人们的精神结构是相同的。事实上，生物学家亨伯特·马图拉纳（Humberto Maturana）提出，人们不断认知和交流的结果只允许人们组织起集体行为。[②] 他认为，因为人们都有相同的硬件，也将会用同样的方式构想出信息，并以此建立团队组织，使之拥有不同于其他团队的选择性优势。

所以，既然我们拥有相同的精神结构，感知到相同的数据，并且使用了相同的标准，我们就趋向于用相同的方式构想出信息。但是，通常更值得关注的现象是人们并没有采用相同的方式构想信息。如果人们的确参与了团队流程并做到了诚实交流，那么这种情况发生的唯一原因就是人们感知的数据不同（有些人注意到了而其他人却没注意到），或者是人们采用了不同的标准尺度。这里所说的不同尺度是指有人发现了某种评估指标而其他人却没有发现，或者有些人比其他人更看中某个指标。

如果下一次你们的团队在某个讨论中来回兜圈子总达不成一致，可以尝试采用这个方法，了解一下团队成员究竟感知到了什么数据，询问他们推论的标准是什么。如果你们提到了标准的问题，自然就会引发为什么要使用这些标准的讨论。这个技巧是将团队拖出争论泥沼的有用的好方法，值得一试。还可以参照第9章的协作与协作信息系统的内容。

问题6 如何区分结构化流程和动态流程？

企业有成百上千个不同的业务流程。有些业务流程中的活动流很稳定，基本上是固定的。比如在诺德斯特龙（Nordstrom）* 或其他高档零售店中销售人员接受退货的流程都是事先固定好的。如果顾客有购物小票，则这么办……如果顾客没有小票，该这么办……此流程必须要标准化，才能做到妥善地对待顾客，适宜

---

① 可参见 Earl McKinney and Chuck Yoos, "Information About Information, a Taxonomy of Views," *MIS Quarterly*, 2010, Volume 24, pp. 329-344。

② Humberto R. Maturana, *The Tree of Knowledge* (Boston: Shambhala Publications, 1992).

* 诺德斯特龙是美国知名的连锁百货店。——译者注

地统计被退回的商品，并用公平方式核减员工的销售佣金。

还有一些流程的结构化程度并不太高，规定不那么严格，有时还要有创造性。比如，诺德斯特龙的管理人员如何决定下个春季该推哪种女式服装？他们可能会参考过去的销售额，观察现在的经济环境，考虑女性消费者对于最近时装秀上新款服装的接受程度，但是综合考虑上述因素后推算出所订购服装的具体数量和颜色的流程并不是很结构化的，与接受商品退货的流程完全不同。

在本教程中，我们把流程分为两大类别。**结构化流程**（structured processes）是指正式确定好的、标准化的流程。绝大多数结构化流程是用来支持日常运营的，如接受退货、下订单、计算销售佣金等。**动态流程**（dynamic processes）指确定化程度低、需调整适应甚至要凭直觉的流程。利用 Twitter 来为下个季度的产品线造势就是动态流程的一个例子，动态流程的其他例子还包括决定是否该开一家新店，或者如何更好地解决退货过多的问题。

■ 结构化流程的特点

图 2—14 概括了结构化流程和动态流程的主要区别。结构化流程要正式确定具体的活动细节，并将其整理为预先定义的固定活动序列，就像图 2—4 中的 BPMN 图所展示的。结构化流程的改变是缓慢的，要经过深思熟虑的商讨，且不易实施。控制是结构化流程的关键所在。比如对诺德斯特龙来说，商品的退货必须要以一致性的、受控制的方式完成，才能确保销售佣金能被正确核减，当然还会有其他原因。结构化流程中不需要创新，独出心裁往往不被赏识。"哇，我发现了四种不同的退货方式"，这对零售店而言并不是什么好事情。

结构化流程	动态流程
正式定义流程	非正式流程
流程改变缓慢且困难	流程改变迅速并受期盼
控制很关键	调整很关键
不鼓励创新	需要创新
效率和效用都重要	效用很重要
IS 是确定性的	IS 是支持性的

图 2—14　结构化流程和动态流程的区别

对于结构化流程来说，效率和效用同样重要，我们将会在第 5 章定义这两个概念。这里先假设效率意味着用最少的资源实现流程，效用意味着流程对组织战略的直接贡献。对百货店来说，每销售一件物品缩短 1 秒钟是明显的效率提升；若诺德斯特龙的竞争战略是提高客户的忠诚度，那么冒犯顾客的退货流程就会有负效用。

最后，支持结构化流程的信息系统具有明确的操作规范，清楚规定了系统用户能做的事项和具体的操作条件。在第 7 章和第 8 章将会介绍一个企业级应用的、基于 SAP 的信息系统，展示该系统如何在采购、销售及其他流程的特定环节中执行任务，并对人员活动加以约束。你们会发现，在执行任务的时候要想妄加变动是不被接受的。

■ 动态流程的特点

图 2—14 表格的第二列总结了动态流程的特点。第一，动态流程往往是不太正式的流程。这并不意味着这些流程是非结构化的，而是说这类流程并不是都能够被分解成固定的步骤，并在具体的控制流中照章执

行。动态流程的 BPMN 图通常具有高度的通用性，其中的活动听起来也很一般化，如"收集数据"、"分析以往销售"和"评估时装秀"等。人的直觉在动态流程中起到很重要的作用。

就像其名称所暗示的一样，动态流程的变动剧烈。如果说结构化流程如同刻画在石头上，那么动态流程就如同写在了被风吹的沙滩上。"先这样试试看，若效果不错，那太好了；如果不成，就试试别的。"用 Twitter 来为春季时装造势的流程是个很好的例子。哪些雇员会发 tweet 消息？如何发？发些什么？会发多少？营销团队会不断观察结果并视需要而随时改变流程。如此迅速的改变和调整都是必需的。同时，这种尝试正好需要改进和提升人们的实验能力——这也是第 1 章中讨论过的四大关键成功技能之一。

动态流程不以控制为核心，而是强调调整与适应性，通过实验获得改善和发展是其命脉。动态流程的行动主体之间会相互协作，彼此提供反馈。随着时间的推移，流程会慢慢改善，达到任何个人都无法设想的、凭任何一己之力都无法实现的顺畅运转的境地。

调整就需要创新。在计算机分派任务的结构化流程上随意创新或许会遭到解雇，但是在利用 Twitter 预测销售的流程中大胆创新却会受到奖励。

在大多数情况下，对动态流程的评价主要是看效用如何而不是看效率高低，要看动态流程是否能够帮助企业实现其战略。这并不意味着资源的利用效率不重要，而主要是因为动态流程改变得太快以至于无法衡量其时间效率。最典型的例子是成本受预算的控制，往往会这样说："利用这些资源尽可能地取得最好的结果。"

最后，动态流程所用的信息系统是支持性的而不是确定性的。信息系统会提供一个平台或者基础设施来辅助动态流程。比如，Microsoft Office 365 中包括了一个视频会议产品 Lync 和一个资源共享产品 Share-Point，我们将在第 9 章具体介绍。信息系统利用这些产品为团队工作提供了一个论坛平台，使团队成员可以更容易地沟通，共享文件、文档和知识，以此来支持团队所采用的各种流程。商务智能系统可以用来帮助团队汇集各种有用的见解，用来支持动态流程中的决策。

从"结构化和动态"的角度对流程进行区分非常重要。至少，作为企业管理者该采取何种行为与其所参与的流程属于什么类型密切相关。创新在动态流程中会受到鼓励和期待，但在结构化流程中却不被看好；刻板的刚性结构在重要的制造流程中大行其道，但在协作流程中却广受诟病。

就信息系统而言，这种区别对于认识信息系统的本质和特点也很重要。我们讲过，用来支持结构化流程的 SAP 系统会约束人们的行为，并有效抑制任何创新尝试。相比之下，SharePoint 就像一本开放的书，可以放入任何想要的东西，并根据自己的意愿随意控制其中的内容。当你们学习使用这些产品时，要认识到它们的本质和特点之所以不同，是因为它们所支持的流程是不同的。

伦理问题讨论

自我中心思维与移情换位思维

前面已经讲过，所谓的问题其实是人们对于"是什么"和"应该是什么"之间差异的感知。在信息系统开发过程中，开发团队对于问题的定义和理解有共识非常重要。然而，要取得良好共识可不是一件容易的事。

认知科学家区分了两种不同的思维方式：自我中心思维（egocentric thinking）和移情换位思维（empathetic thinking）。自我中心思维一切以自我为基点。持这种思维方式的人会把自己的认识当做"现实的"或"真实存在的"情况。与之相反，持移情换位思维方式的人只把自己的认识看做是对现实状况的某种解释，会很积极努力地去了解其他人是怎么想的。

40

不同领域的专家都以各自的理由推荐人们采用移情换位的思维方式。宗教领袖认为这种思维在道德上高人一等；心理学家认为持移情换位思维使人们彼此间的关系更加丰富和充实。在商业管理领域人们推崇移情换位思维是因为它是明智之举。商业活动具有社会性，那些善于理解他人感受的人总是更有效率。即使你并不同意他人的观点，但是你理解他们为什么会这么想，在工作中就会更容易与他们打交道。

举个例子。假如你对你的 MIS 老师说："琼斯教授，我上星期一缺课了。那堂课有什么重要的内容吗？"这样问话就是非常典型的自我中心思维。它完全没有考虑到老师的感受，潜台词是你的老师讲的东西并不重要。老师很可能会这样回答："没有，我看到你没来，所以什么重要的东西都没讲。"

若用移情换位思维，就要从老师的角度去考虑这个问题。学生缺了课会增加老师的工作量。尽管你缺课的理由很充分，比如你感冒发烧了，但无论有什么正当理由，没来上课都会增加教师的工作负担，老师必须帮助你补上这堂课。

采用移情换位思维方式，你就要尽可能地做些事来减少自己缺课给老师带来的影响。比如这样说："那堂课我没来。我向玛丽要了笔记，刚刚读过一遍了。有个问题我还要请教您，是关于建立竞争优势战略联盟的……另外，非常抱歉为自己的事打扰您。"

不用多讲，类似的场面要妥善面对。永远且绝对不要给你们的老板发这样的邮件："周三的会议我没能出席，会上有什么重要的事吗？"个中原因和刚刚讲过的缺课场景是一样的。你要做的是想方设法去消除自己缺席给老板带来的不利影响。

移情换位思维是所有商业活动都需要具备的重要能力。精明的谈判者总是知道对方想要的是什么，有效的销售人员总能够把握客户的脉搏，了解经销商弱点的买家能够得到更为优质的服务，懂得教师想法的学生能够得到更好的……

讨论题：

1. 用你们自己的语言，解释自我中心思维和移情换位思维的区别。
2. 假设你缺席了员工会议，采用移情换位思维方式，解释你打算用什么方法了解到此次会议的主要信息。
3. 如何将移情换位思维与问题的定义联系起来？
4. 假定你和某人对某个问题的看法截然不同。她说："不对，真正的问题是……"，然后讲出她是如何看待此问题的。你该怎么应对呢？
5. 再次假定你和某人对某个问题的看法截然不同，如果你理解对方的看法，你如何使事情变清晰呢？
6. 请解释这样的说法："在商业领域中，移情换位思维是明智之举。"你同意这一说法吗？

复习题

复习题用来帮助学生检测对本章知识的掌握程度。你可以先读完本章的全部内容，然后去完成所有的复习题；也可以读完与题目相关的内容后立即去做复习题，做完一道再做另一道。

问题 1　什么是业务流程？

给出业务流程的定义，并在本书之外找出两个业务流程的实例。给出活动的定义，举出五个活动的例子。说明业务流程抽象的理由是什么，BPMN 符号有什么用。说明什么是角色（role），什么是行动主体（actor），它们之间是什么关系。找出图 2—1 中的四条泳道并说明它们的作用，说明图 2—1 中每个符号的含义，举出两个存储的例子。说明流程图的详尽程度应该依据什么标准，组织要实现业务流程标准化出于哪四个原因。

问题 2　什么是信息系统？

给出系统和信息系统的定义；说出信息系统五大要素的名称和作用，在线购买某种产品的信息系统包含

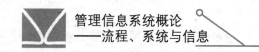

哪五个部分；说明为什么开发信息系统需要多种技能。

问题3　业务流程和信息系统如何相互关联？

以图2—1为例，说明人是如何扮演该流程中的所有角色的；哪个角色可以由计算机来担任；在业务流程图中，程序出现在哪里。一般来说，一个业务流程可以使用多少个信息系统？一般来说，某个信息系统会出现在多少个业务流程中？解释图2—8。

问题4　什么是信息？

说出信息的四种不同定义，并说明每个定义中的问题。根据课文内容说明信息在哪里。对此你是否认同？认同或反对的理由是什么？本教程将采用哪个定义，为什么？有哪些数据因素会影响信息的质量？

问题5　信息质量受哪些因素影响？

说明哪些与人有关的因素会影响信息质量。说明什么是标准，它是如何影响信息的；说明为什么信息如此定义不一定会导致人们对信息的理解各不相同。在小组讨论中若出现争执不下的胶着状态，该采用什么样的现实标准？

问题6　如何区分结构化流程和动态流程？

用自己的语言，描述结构化流程的特点。描述动态流程的特点。说明两种不同流程中对员工行为的期望有何差别。概括说明支持每种流程的信息系统的不同特点。

概念及术语

活动	行动主体	业务流程	业务流程管理标注（BPMN）标准
基于计算机的信息系统	计算机硬件	标准	数据
动态流程	五要素结构	信息	信息系统（IS）
人员	程序	存储	角色
软件	结构化流程	泳道	系统

知识拓展题

1. 分析本章开篇案例中德克的错误。

a. 列出解决此问题的四种可行办法。

b. 这四种办法中，哪一种最有效？为什么？

c. 这四种办法中，哪一种最经济？哪一种最容易实施？解释理由。

d. 说明德克的错误对校内联赛和其他相关因素的负面影响。

2. 假定你面对的是一个根本不了解信息系统的业务人员，用你自己的话，向他解释清楚业务流程和信息系统之间的关系。

3. 在图2—8中，队伍和器械追踪信息系统只供学校体育部门内部使用，学生账户管理信息系统则为全校所有单位使用，鉴于这两个系统覆盖范围不同：

a. 哪个系统比较容易变动？为什么？

b. 如果有系统出现了问题，哪个系统修复起来比较快？

c. 如果校内体育联赛想变动一下图 2—6 的格式，他们该如何着手？

d. 如果学校的 IS 部门决定改变学生账户管理信息系统，这个变动会对图 2—1 中的业务流程有什么影响？学校体育部能否阻止那些对自己内部流程有不利影响的变动？理由是什么？

4. 根据本章中对信息进行定义的思维方式：

a. 为什么不能说"请看图 2—10 中的信息"？信息在哪里？

b. 当你从网络上看到一条新闻的时候，新闻在哪里？如果你和朋友看了同一条新闻，新闻会一样吗？这期间会发生什么？

c. 假设你早餐时间正在喝一杯橙汁，你看橙汁的时候，橙汁在哪里？你认定为橙汁的东西是在桌面上摆着，还是在你的脑子里？在你喝下橙汁以后，它又在哪里？

d. 假如我这样说，一杯橙汁不过是某种结构的分子的集合体；或者这样说，分子是由原子组成的，是原子按特定规则排列的产物；或者更进一步，说原子是由电子和中子组成的；再进一步，还可以说电子是由夸克和轻子组成的。当然还可以如此这般地继续细分下去。这样一来，我谈的还是橙汁吗？还是只在脑海中的解析结构？你怎么看？

e. 有这样一种说法，"词汇不过是我们进行交流的符号，用来组织我们的行为；我们其实根本就不知道词汇原本是什么，它的含义究竟是什么；却可以用词汇来管理我们的社会行为。现实不过是彼此的幻想。之所以看起来有那么回事，是因为你我及所有人的心智构成皆相差不多，现实才好像真的存在。"你同意这种说法吗？理由是什么？

f. 说一说你从上面这一系列问题中得到了什么见解，对你成为好的管理者有什么帮助。

5. 仿照图 2—14，分别找出你们学校中的两个结构化流程和两个动态流程。说明这些流程结构的差异程度。应该如何管理这些流程的变化？说明这些流程中的工作的性质是如何变化的，信息系统是如何对这些流程提供支持的。支持这些流程的信息系统的特性有什么差异？

协作练习题 2

找几个同学一起完成下面的作业。这部分练习不要用面对面交谈的方式去做，采用 SharePoint，Office 365、Google Docs 及 Google＋等类似的协作应用工具会更容易完成（参见第 9 章）。最终的结论要反映出团队的整体意见，而不是一两个人的见解。

这个练习的目的是计算课程注册成本。在计算时，既要考虑课程注册流程的成本，也要考虑提供注册支持的信息系统的成本。

1. 课程注册流程的成本：

a. 尽可能多地列出与课程注册有关的流程。要分别从学生、教职工、系和学校的角度考虑课程的注册问题。比如注册要使用的资源，如教室、教室容量、教室设施、试听设备、实验室等；课程安排还要考虑系里的管理要求，能保证学生们用 4～5 年时间完成专业课程的学习。暂时不考虑研究生阶段。

b. 找出每个流程中的人员行动主体。估计每个行动主体在每一个阶段中花费的时间。可以就每个任务角色找 2～3 人访谈，了解这些任务每个学期所花费的时间。

c. 计算课程注册流程的人工成本。假设每个行政人员每小时成本（含工资、福利和税收）是 50 美元，教师是 80 美元；根据系里在课程注册上花费的时间，分别计算行政人员和教师行动主体的成本。可以使用平均数来算，尽管有些系比较大。

2. 信息系统的成本：

a. 分别列出支持上述流程的信息系统，包括学校用的系统、系里用的系统和个人用的系统。

b. 分别说明 a 中的各个信息系统有哪五个构成要素。

c. 分别列出这些系统五个要素中每一项的成本，包括开发成本和运行成本。说明为什么其中有些流程中的人工成本与行动主体成本会有重合。为什么只有部分成本是重合的？课程注册信息系统的所有成本是不是都该分摊到课程注册业务流程上？说明理由。

d. 作为学生，你们其实难以对 c 中的信息系统做出准确的成本估算。但是请仔细想一想，估算一下成本的大致区间；大约是 1 万美元、10 万美元还是 100 万美元？或者更多？说明你的根据是什么。

3. 效用和效率：

a. 就业务流程而言，效用这个术语的含义是什么？尽可能地找出与课程注册相关的所有效益目标，并列出每个目标可能采用的标准。

b. 就业务流程而言，效率这个术语的含义是什么？尽可能地找出与课程注册相关的所有效率目标，并列出每个目标可能采用的标准。

4. 季度制。有些学校采用了季度制，按四季设课，每年要注册四次课程；另一些学校采用了学期制，每年分三个学期，只需注册三次课程。比如 2011 年，美国华盛顿州税收收入锐减，大幅度压缩了大学的预算，导致学生的学费和其他费用明显增加，但是华盛顿大学仍旧实行季度制。

a. 假定你们想上的大学是季度制。评价一下季度制系统。你们会根据注册流程的效率来判断吗？理由是什么？会根据注册流程的效用来判断吗？理由是什么？

b. 假定你们上的大学采用了季度制。用问题 1 和 2 的方法进行分析，写两页文字，具体解释转为学期制的好处。

c. 用问题 1 和 2 的方法进行分析，你们是否认为大学实行学期制是个不错的主意？理由是什么？你们是否会提出让大学都转为学期制的政策建议？

d. 如果季度制转为学期制确有好处，为什么不干脆改为每年只设一个学期的全年制？全年制的利与弊分别是什么？如果可以减免 25% 的学费，你们会提出这样的建议吗？减免 50% 呢？或者减免 75%？

e. 目前公众并没有强烈要求华盛顿大学转为学期制。但是一直以来，相当多的人都在为攀升的学费犯愁。这种状况的存在说明了什么？

f. 基于你们讨论的所有结果，你们的团队认为哪种学制（季度制、学期制、全年制）最好？陈述你们的理由。

案例研究 2

亚马逊的创新

2010 年 11 月 29 日，亚马逊（Amazon.com）的客户在全世界范围内的订购量达到了 1 370 万笔，平均每秒就有 158 个订单。在订货高峰日，亚马逊的装运发货量超过了 900 万件，在 2010 年的整个假日季节，它将货物送至 178 个国家。[①] 亚马逊之所以能够取得如此卓越的绩效，靠的就是信息系统的创新。图 2—15 展示了亚马逊的一些主要创新。

---

① Amazon.com, "Third-Generation Kindle Now the Bestselling Product of All Time on Amazon Worldwide," News release, December 27, 2010. 参见 http://phx.corporate-ir.net/phoenix.zhtml? c=176060&p=irol-newsArticle&ID=1510745&highlight（2011 年 6 月访问）。

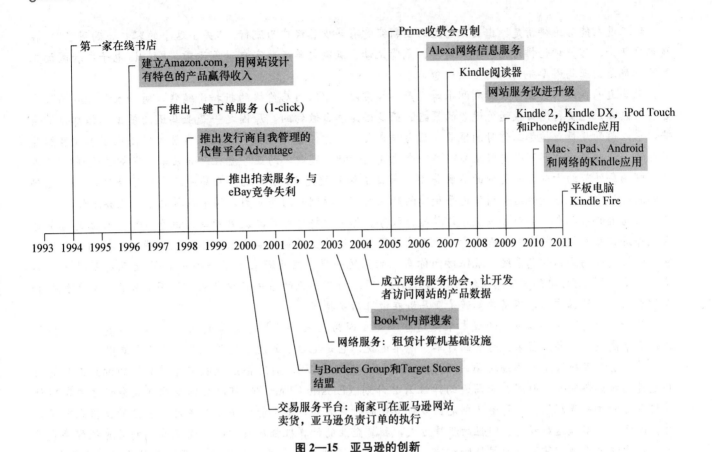

图 2—15 亚马逊的创新

资料来源：基于 Amazon. com,"Media Kit and History,"February 2011。参见：http://phx. corporate-ir. net/phoenix. zhtml? c＝176060 & p＝irol-corporateTimeline（2011 年 7 月访问）。

　　或许你们认为亚马逊不过是一家在线零售商而已，而该企业大获成功的秘诀恰恰就在这里。为了成功进行在线零售，亚马逊不得不构建异常强大的基础配套设施。不妨设想一下，单日运送量要达到 900 万件该有什么样的信息系统、业务流程和网络基础设施！问题是这样庞大的设施只是在繁忙的购物高峰期才真正用得上。一年中绝大部分时间，亚马逊的信息基础设施能力都是冗余的。从 2000 年起，亚马逊开始对外租赁其部分基础设施能力。在这个过程中，它对我们谈到的云计算和云服务都起到了关键性的推动作用。我们在第 3 章才会具体讲述云的概念。此时可以先这么说，云服务就是基于因特网的、可以灵活租赁的计算机资源。如今亚马逊的经营业务可以划分为三大板块，我们也将分别介绍。

- 在线零售；
- 订单履行服务；
- 云服务。

　　亚马逊构建了在线零售的商业模式。最开始它只是个在线书店。但从 1998 年以后每年都会推出好几个新的产品种类。2011 年，亚马逊销售的商品种类达到了 29 种。当你们看到本书的时候，产品种类无疑会更多。

　　亚马逊全面介入了所有的在线零售领域。它销售自己的库存商品，它还用联盟的方式刺激着你们也来销售它的库存。同时，它还帮助你们做销售，销售你们存放在它的产品页面或某寄存场所中的产品库存。亚马逊唯一没有介入的在线销售种类是在线拍卖。它曾在 1999 年尝试过拍卖，但最终没有攻克 eBay 的阵地。[①]

---

　　① 欲知更具体的介绍，参见 "Early Amazon：Auctions," http://glinden. blogspot. com/2006/04/early-Amazon. com-auctions. html（2011 年 6 月访问）。

45

现在没人能够说得清楚，出自亚马逊的创新究竟有多少已经广为流行。"买了这个的客户还购买了"、在线客户评论、客户评论排行榜、书目清单、免费试读、满额订单或熟客自动免运费、Kindle 电子书和阅读工具等，都是由亚马逊率先引入的全新概念。

亚马逊的在线零售业务经营利润很薄。产品经常以低于零售店价格的折扣价销售，对加入 Prime 的收费会员（熟客）还实行两日投送免运费的策略。亚马逊是怎么做到的？原因之一是亚马逊的员工工作都异常辛苦，它以前的雇员曾抱怨工作时间很长，压力非常大，工作任务异常繁重。但只靠员工的高强度工作显然是不够的，这些微薄利润还来自哪里呢？另一个主要因素就是高效率的业务流程。如果单日发货量达到 1 300 万件，哪怕每件节约十分之一美分的运营费用，每日节约量就是 13 万美元！亚马逊还发现了使摩尔定律优势生效的巧妙方法，创造性地使用了近乎免费的数据处理、存储和沟通能力，用来改善自己的业务流程。

亚马逊的第二个主要业务板块是订单履行服务。你可以将库存产品放到亚马逊的仓库中，让亚马逊负责管理并给客户发货，并由亚马逊负责接收客户的退货。这些业务都需要支付一小笔处理费用。你的信息系统也可以访问亚马逊的信息系统，就像访问你自己的系统一样。亚马逊采用了一种叫做 Web 服务的技术（参见第 5 章）。你的订单处理信息系统可以通过 Web 网络与亚马逊的系统直接集成，使用其库存、订单执行和发货应用。你的客户根本不需要知道是亚马逊在做幕后支持者。

为什么亚马逊能够以极低的成本来做这些事呢？因为它采用了与它本身的系统一模一样的、高度协调的、非常高效的业务流程来执行你的订单。简单地说，它是把自己的流程运作专长租给你去使用。

第三个产品板块是亚马逊的 Web 服务（AWS）。有了 AWS，别的企业就能用各种灵活的方式来租赁亚马逊计算机设备的使用时间。亚马逊的弹性云 2 计划（Elastic Cloud 2）可以帮助企业在数分钟之内实现计算机资源的扩充和压缩。亚马逊还制定出多种多样的付费方式，甚至能以每小时不足 1 美分的低价来购买计算机时间。要实现这种动态、弹性的租赁方式，租赁企业的计算机程序接口必须与亚马逊的计算机程序直接连接，才能够实现租赁资源的扩展和缩减。比如，某新闻网站发布了一个热点故事从而引致网络流量激增，该新闻网站就可以通过编程来申请、配置和使用更多的计算资源，使用期为一个小时、一天、一个月或其他时长。亚马逊还用云服务来支持平板电脑 Kindle Fire 的创新型浏览器 Silk。第 3 章我们将对云做更多介绍。

讨论题：

1. 作为一家公司，亚马逊用什么方式来证明其合作的意愿和能力？
2. 作为一家公司，亚马逊用什么方式来证明其实验的意愿和能力？
3. 从哪些方面能够看出，亚马逊的员工必须具备系统思维和抽象思维的能力？
4. 以支持亚马逊的订单执行信息系统为对象，概括说明信息系统五大组成部分中每个部分的主要作用。
5. 概括说明业务流程对亚马逊的成功有什么重要作用。
6. 从图 2—15 中任意选择五项创新，说明摩尔定律是如何促进这些创新的。
7. 假定你在亚马逊或者像亚马逊一样很重视创新的公司上班。如果一个员工这样对老板说，"但是，我不知道该怎么做这件事"，你认为该员工得到的会是什么？
8. 基于个人体会，说一说如果你要在亚马逊这样的公司中成长和发展，该具备什么样的技能和能力？

第二部分

信息技术

第二部分的两章明确说明了这样的理念——信息技术是管理信息系统的基础。或许有人认为这些技术对于你们这类商务专业人士来说并不重要，但是从 FlexTime 和学校体育联盟的例子看，当今的管理者和商务人士都是信息技术的消费者，即使不深入参与，在工作中也一直在使用信息技术。

第 3 章讨论了硬件、软件和计算机网络，定义了计算机领域的常用术语和基本概念。明白了这些术语的含义后，如果在书中看到了"瘦客户机"或者"胖客户端应用"这样的概念，你们就会知晓它说的是什么。或许你们将来也会像尼尔和凯丽一样在某家小企业就职，会面临该选什么样的计算设备和软件这类重要决策。

第 4 章介绍了数据库处理的知识。你们将会了解数据库和数据库应用的目的和作用，并学会建立简单的"实体—联系"数据模型，该模型是用于建立数据库结构的抽象模型。我们将通过对体育联盟数据库的介绍，具体展示数据库的建模和设计过程。

这两章的主要目的是使你们掌握必要的技术知识，以便成为有效的 IT 消费者，就像 FlexTime 的尼尔一样。了解这些基本术语、重要概念和有用的思路框架，可以为你们提供必要的知识，使你们在与前来服务的 IS 专业人士沟通时提出高质量的问题，或进行适宜的质询。对你们来说，这些概念和思路框架比当今最时髦的技术要有用得多，那些炫目的技术或许在你们毕业时就已经过时了。

第 3 章
硬件、软件和网络

问题 1　对于计算机硬件，商务人士需要了解些什么？

问题 2　对于软件，商务人士需要了解些什么？

问题 3　目前的计算机网络有哪些类型？

问题 4　对于因特网，商务人士需要了解些什么？

问题 5　典型的网站服务器会做些什么？

问题 6　组织如何从虚拟专网（VPN）中获益？

"尼尔，我不想把公寓抵押出去。"

"凯丽，你当时也在，都听到了：房子的估值太低了，他们想要更多的抵押物。所以，咱们要么拿公寓做抵押，要么就从建筑预算中再缩减 150 000 美元。"

"如果经济形势再不好转，如果 FlexTime 无法承受新的抵押贷款，我们有可能失去一切。我们的公司、房产及所有的东西，最终剩下的仅有公寓了。"

"好吧，凯丽，我们再看看支出能不能省点吧。"

尼尔在电脑上打开了文件，他们一起在看。

"土地、基础建筑、停车场……我实在想不到怎么能把成本降下来，不过我会再跟承包商谈谈。更衣室呢？能想点办法降低更衣室的成本吗？"

"尼尔，这个我也想过了。或许做成大开间式的会更经济，但是必须得装淋浴器、马桶、洗手池和镜子……还有储物柜，都直接找厂家进货如何？我们还可以在瓷砖和挂件上更节省一点。"

"好吧，凯丽，这是个好的开始，还有其他的吗？"

"尼尔你看，怎么有 175 000 美元的网络基础设施费用？为什么要花这笔钱？"

"连接所有的计算机。"

"花 175 000 美元就用来连接一台计算机？拜托尼尔，实际点吧。"

"凯丽，可不是仅有一台，而是全部的计算机，还有全套新装备。"

"在说新装备吗？"菲力克斯把头探进尼尔的办公室，"看看我这双新鞋吧，这鞋能与我戴的监测腕带通信。如果附近有无线网络，这条腕带就能联通网络，把我锻炼的数据记录存储到我的健身网站上。酷吧！这在咱们的新大楼里能用吧？"

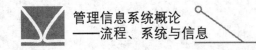

菲力克斯沿着大厅走了。

"明白我的意思了吗，凯丽？所有这些新机器都要有网络适配器——不管是有线的还是无线的。这还只是冰山一角。所有人都希望能将自己的健身数据采集和储存起来，进行加工处理。我们需要存储越来越多的个人健身数据。这些数据发自各种持续运转的设备，像那种鞋子或者其他东西，要能设法连上网络。"

"尼尔，铺设线路要花钱这我很理解，线缆是实实在在的产品并且需要安装。但无线是怎么回事？摸不着的东西怎么能花 175 000 美元呢？"

"这么说不公平，凯丽。这 175 000 美元包含了要装到墙内的线路，但事实上这部分花费并不多。主要的支出是一些设备，如交换机、路由器及其他设备，有了这些设备我们才能有无线网络可用。"

"尼尔，这个设备好贵呀。Cisco 路由器？？？为什么要配四个呢？再看这个，VPN/防火墙设备？这设备干什么用的？像不像烤面包机？真有点小贵啊。不买不行吗？这里面一定有些多余的玩意儿能削减掉的。"

尼尔耸了耸肩。

"尼尔，我们为什么不干脆就用 iPhone 呢？它们也能与鞋子通信，就像菲力克斯说的那样。"

"你是说让我们的客户使用 iPhone 的 app？"

"对，上周我自己试了一下，效果不错。我在外面跑步，就带着它作为移动电话用。我身边也没有无线网络可用。我回到这里之后，就用这个 app 将数据下载到计算机上。我们的客户不是也可以这样吗？"

"凯丽，在你们的通信中有 FlexTime 什么事吗？"

"FlexTime？没有吧。这里面只有我自己、鞋子、iPhone、app……噢，尼尔，我想明白了，他们要我们何用呢？"

"我们还要竭尽所能，设法支持未来十年可能会出现的各种复杂设备。"

"尼尔，这件事我实在决定不了。我甚至搞不清楚局域网和广域网的差别。不过，我会去跟建筑师谈谈，尽量降低更衣室的费用。同时，你能再仔细看看这 175 000 美元的预算吗？我们是不是真的要花这么多钱？是不是现在就要花这么多？能不能减少些，哪怕 20 000 美元呢？"

简　介

本章介绍了一些最基本的知识，这些知识是当今硬件、软件和网络技术的有效消费者必须掌握的。你们可能会问，为什么？这跟我有什么关系呢？其实，如果你们就职于某个小型组织，可能会像凯丽和尼尔在 FlexTime 中的职位一样。你们需要做决策，或者，至少要对需要什么和需要花费多少这类方案进行审核。比如在 FlexTime，他们在新建楼时需要花费多少用于网络基础设施建设？做这样的决策至少需要了解本章的内容。你们还可能就职于某个大型企业的产品部门。你们的产品是否可以连接通信网络？如果不是，那能不能做到呢？应该能连网吗？是否需要一个 LAN 或者 WAN？但这又是些什么网络呢？

你们可能会说，"好吧，我会咨询外部专家请他们告诉我做什么。"但是，这种战略在 21 世纪是行不通的。大量的竞争对手都关心且了解技术问题，能够运用自己的知识去节省技术时间和金钱的投入，将其用于其他商业投资，比如建设更衣室和停车场。实际上，对当今商务人士来说，基本的技术知识已成为他们百宝箱中的重要工具。所以，我们就从硬件开始学习吧。

问题1 对于计算机硬件，商务人士需要了解些什么？

正如在五要素框架中所说的，**硬件**（hardware）由电子元件及相关的配件组成，会依据计算机程序或软件编码的指令，输入、处理、输出和存储数据。图3—1展示了计算机的一般构成要素。这台计算机可以是企业数据中心的大型设备，也可以是你的个人电脑，还可以是你的iPad。

典型的**输入硬件**（input hardware）设备有键盘、鼠标、触摸屏、文档扫描仪以及商店用的条码扫描器。话筒也属于输入设备。另外，有线和无线数据的传输设备也会为计算机提供数据输入。

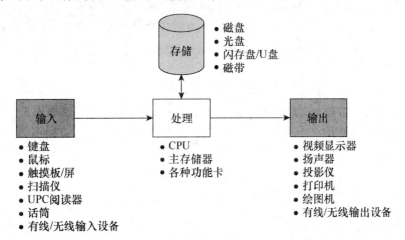

图3—1 计算机硬件的分类

处理设备包括**中央处理器**（central processing unit，CPU），CPU时常被称为计算机的"大脑"。尽管CPU的设计与大脑结构毫不相干，但这么称呼的确很传神，因为CPU确实使一台机器拥有了"智慧"。CPU选择指令、处理指令、执行算法和逻辑比较，并将操作结果保存在存储器中。有的计算机有两个以上的CPU。有两个CPU的计算机称为**双核**（dual-processor）计算机。四核计算机含有四个CPU。有些高端计算机有16个或更多的CPU。

CPU在速度、功能和成本方面存在差别。由于摩尔定律，硬件供应商，诸如英特尔公司、AMD公司以及美国国家半导体公司一直在降低CPU成本的同时提升速度和性能（如第1章摩尔定律所言）。你们个人或者所在单位是否需要选用最新最强的CPU，取决于所从事的工作的性质，这一点下文中将要谈到。

CPU是与**主存储器**（main memory）协同运行的，主存储器有时候又称为**RAM（随机存储器）**（random access memory）。CPU只从主存储器读取数据和指令，对数据进行处理后再存回主存储器中。外部设备中的数据，如DVD，在进行处理之前必须先放入主存储器。

最后，计算机还能通过添加各种特殊的功能卡来增强基本性能。最常用的功能卡是显示卡，用来增强计算机视频显示的清晰度和速度。

输出硬件（output hardware）是指与计算机连接的外部设备，包括视频显示器、扬声器、投影仪、打印机及其他专用设备，比如用于绘制地图及大型印刷品的大型平板绘图机。有线和无线信号都是通过通信设备生成的。

存储硬件用来储存数据和程序。磁盘是应用最为广泛的主流存储设备，此外还有CD和DVD光盘。闪存盘即常说的U盘，也是存储设备。大型企业数据中心中的数据有时还会存储在磁带上。

计算机数据

在讨论硬件之前先要定义几个主要术语，就从二进制码开始。

二进制数字。计算机是通过**二进制数字**（binary digits）来表征数据的，被称为**比特**（bits）。比特可以取值 0 或 1。用比特来表示计算机数据是因为它很容易用电子化的方式表示出来。比如图 3—2 的开关可以有开或关两种状态。计算机的设置可以用开的状态表示 0，用关的状态表示 1。还可以用磁场的方向代表比特，磁场的一个方向代表 0，另一个方向代表 1。对于光介质来说，光盘表面可蚀刻出小凹坑用来反射光。某个点若有反射光可代表 1，没有反射光则代表 0。

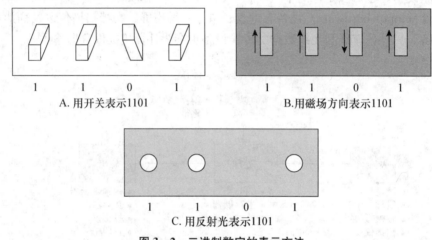

A.用开关表示1101　　　　　B.用磁场方向表示1101

C.用反射光表示1101

图 3—2　二进制数字的表示方法

计算机数据量的度量。计算机上的所有数据都是用比特表示的。这些数据可以是数字、字符、货币值、图片、录音或其他形式。不论什么数据都不过是一串比特位。

出于一些很多人感兴趣但与未来经理人无关的原因，每八个比特位可组成一个**字节**（bytes）。对于字符数据来说（如人名中一个字母），一个字符就对应一个字节。因此，如果看到说明书上说某计算设备有 100M 字节的存储容量，就可知道该设备能存储 100M 个字符。

字节也能用来度量非字符数据的容量。比如某张照片的大小是 100K 字节，这意味着该照片要用一串长度为 100 000 字节或 800 000 比特（1 字节等于 8 比特）的比特位表示。

主存储器、磁盘及其他计算机设备的容量规格都是用字节来表示的。图 3—3 是用于描述计算机存储容量的一套缩写符号。1 个 **K 字节**（kilobyte）等于 1 024 个字节；1 个 **M 字节**（megabyte）（即 1MB）等于 1 024 个 K 字节；1 个 **G 字节**（gigabyte）（即 1GB）等于 1 024 个 M 字节；1 个 **T 字节**（terabyte）（即 1TB）等于 1 024 个 G 字节；1 个 **P 字节**（petabyte）（即 1PB）等于 1 024 个 T 字节；1 个 **E 字节**（exabyte）（即 1EB）等于 1 024 个 P 字节。

单位	定义	缩写
字节	用比特数表示的一个字符	
K 字节	1 024 字节	K
M 字节	1 024K＝1 048 576 字节	MB
G 字节	1 024MB＝1 073 741 824 字节	GB
T 字节	1 024GB＝1 099 511 627 776 字节	TB
P 字节	1 024TB＝1 125 899 906 842 624 字节	PB
E 字节	1 024PB＝1 152 921 504 606 846 976 字节	EB

图 3—3　计算机存储的数据容量单位

有时，这些定义被简化为1K等于1 000字节，1MB等于1 000K。这么简化虽然不对，但确实更容易计算。有时候，磁盘或计算机制造商会有意传播这种不准确的概念。如果磁盘制造商将1MB定义为100万字节而不是准确的1 024K字节，就能在驱动能力说明书中采用自己对MB的定义。购买者会认为其宣称的100MB有100×1 024K的空间，但实际上驱动空间仅为100×1 000 000字节。通常情况下这点小差别并不要紧，但还是应意识到这些缩写可能有不同的含义。

你需要多大容量的硬件？本章后面的伦理问题讨论中介绍了一位递向思维者对消费者受制于软硬件供应商的抨击。

计算机工作原理的简短描述

图3—4是对目前所用的计算机的简要图示。CPU是主要角色。在运行程序或处理数据时，计算机先要将程序或数据从磁盘读入主存储器；然后，通过数据通道或总线将指令从主存储器转移到CPU中去执行指令。CPU中有个速度极快的小容量存储器叫做高速缓存（cache），用来保存常用的指令。缓存越大，计算机运行速度越快，不过高速缓存非常昂贵。

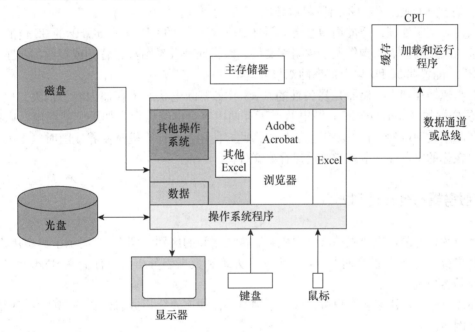

图3—4 计算机的组成部分

图3—4中的计算机主存储器包含了Microsoft Excel、Adobe Acrobat和浏览器（如Google Chrome）的程序指令。此外，它有一个数据区存储了**操作系统**（operating system，OS）的数据和指令，操作系统是控制计算机资源的程序。

主存储器容量太小，放不下用户所要运行的所有程序和数据。比如，任何一台个人电脑的主存储器都不会大到能放入Microsoft Word、Excel和Access的所有编码。因此，CPU需要分批地将程序搬到主存储器中。图3—4中，一部分Excel被调进了主存储器。如果用户要运行其他处理任务（比如对数据表排序），CPU就会加载Excel的其他模块。

当用户打开另外的程序（如Word）或者要加载更多数据（如图片）时，操作系统会指示CPU将新程序或数据放入未被使用的存储空间。如果存储空间不足，CPU会移除某些东西（如标有"其他Excel"的存储块），再将所需的程序或数据存入腾出的存储空间。这个过程叫做**内存交换**（memory swapping）。

53

管理者为什么要关心计算机的工作原理？

你可以购买主存储器大小不同的计算机。某些员工一个时点只运行一个程序或只处理少量的数据，只需很少的内存配备，或许 1GB 就够了。另一些员工要同时运行多个程序（如 Word、Excel、Firefox、Access、Acrobat 等程序），或者需要处理非常大的文件（如图片、视频或音频文件），就需要较大的内存配置，或许 3GB 以上。如果该员工计算机的内存过小，这台计算机就要不停地做内存交换，运行速度就会很慢。（显然，如果你自己的计算机运行很慢而你打开了较多程序，关闭一两个程序就可以提高运行速度。考虑计算机及内存配置的具体情况，增加些内存往往也可以提高计算机的运行速度。）

你还可以购买 CPU 速率不同的计算机。CPU 速率是用时间周期——赫兹（Hz）来衡量的。2012 年，较慢的个人电脑的速率约为 1.5GHz；较快的个人电脑有双核处理器，速率在 3GHz 以上。据摩尔定律预测，CPU 的速率还会不断提升。

此外，如今的 CPU 分为 32 位和 64 位两种。毋庸置疑，32 位的 CPU 的性能稍逊，但比 64 位的要便宜。64 位的 CPU 能管理更大的主存储器空间；要充分有效地利用大于 4GB 的内存，就需要用 64 位的处理器。64 位的处理器还有更多优点，但也不出所料地会比 32 位的要贵。

如果员工只需做文字处理这样的简单任务，并不需要高速率的 CPU；1.5GHz 的 32 位的 CPU 就不错。而那些运算复杂的大型数据表、操作大型数据库文件、编辑处理大量图片、音频或视频的员工，就需要高速率的 64 位计算机，配置 3.5GHz 以上速率的双核处理器。

最后一点：高速缓存和主存储器是**易失性的**（volatile），断电状态下存储内容会消失。磁盘、光盘及闪存 U 盘等是**非易失性的**（nonvolatile），断电状态下存储内容会继续保留。如果突然断电，内存中尚未保存的内容——比如刚刚改动过的文件——就会消失。因此，使用台式计算机时要养成随时（每隔几分钟）保存文件的习惯，要在你的室友绊开电源线之前保存好文件。

客户机和服务器有什么区别？

在分析计算机软件之前，需要先理解客户机和服务器之间的区别。图 3—5 展示了典型用户的计算环境。用户一般会用**客户机**（client）做桌面办公，如做文字处理和数据表分析。当你们在 iPad 上安装游戏或应用的时候，用的也是客户机。

客户机上还配有软件，用来将客户机连入某个网络，比如连入公司或者学校内部的专用网络，或连入因特网这样的公共网络。

顾名思义，**服务器**（servers）是负责提供服务的计算机。有的服务器处理电子邮件，有的服务器打理 Web 网页，有的支持大型共享数据库，有的支持多用户游戏，还有的负责处理 iPad 或其他设备上的应用。

服务器也是计算机。不难理解，用来做服务器的计算机速度会很快，并且通常有多个 CPU。服务器要有较大的内存，多在 16GB 以上，还要有海量的磁盘——通常需要 1TB 或更大。服务器几乎总要由另外的计算机通过网络来访问，因而视频显示器很少，甚至根本就没有显示器。同理，服务器大多也没有键盘。现在大部分服务器都采用 64 位的处理器。

对那些拥有大量用户的网站（比如亚马逊）来说，许多服务器会被有条理地组织起来成为服务器群，也称作**服务器农场**（server farm），如图 3—6 所示。农场服务器间协调运作的复杂和精细程度难以想象，是令人眼花缭乱的技术舞蹈，每分钟都要接收和处理成千上万个服务请求。正如案例 2 中所讲到的，2010 年 11 月 29 日，亚马逊网站连续 24 小时平均每秒钟处理 158 份订单。在这出神入化般的神奇运作中，计算机彼此传递处理任务和结果，并随时追踪着每个任务的当前状态。一旦农场中某台计算机出了故障，其他计算

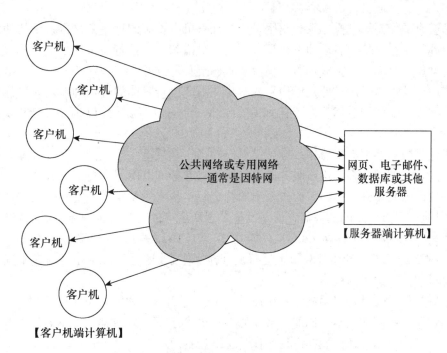

图 3—5　客户机和服务器

图 3—6　服务器农场示例

机就会立刻接手处理而不致中断。用户完全意识不到这一强大的运转机器背后的神奇，转瞬之间所有任务大功告成，是绝对炫美华丽的工程！

问题 2　对于软件，商务人士需要了解些什么？

作为未来的管理者或商务人士，还需要了解一些基本术语和软件概念，这有助于你们成为明智的软件购买者。首先来看图 3—7 中所列的软件的基本类型。

	操作系统	应用程序
客户机	控制客户机资源的程序	在客户机上运行的应用处理程序
服务器	控制服务器资源的程序	在服务器上运行的应用处理程序

图 3—7　软件的类型

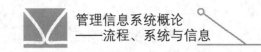

每台计算机都会有操作系统，操作系统是用来控制计算机中资源的程序。操作系统的功能包括数据的读和写、内存分配、施行内存交换、启动和终止程序、纠正出错状态、执行备份和恢复操作等。此外，操作系统还负责创建和管理用户界面，包括显示器、键盘、鼠标及其他设备。

虽然操作系统使得计算机可用，但是操作系统本身并不能执行具体的应用功能。如果你要编写一份文档或者要访问数据库，你需要使用应用程序，比如 iPad 的天气预报应用或者 Oracle 的客户关系管理（CRM）应用。

无论是客户机还是服务器都需要操作系统，但它们的操作系统不一定相同。此外，客户机和服务器都能处理应用程序，但究竟是能用在客户机或服务器上，还是二者都可以用，取决于应用程序本身的设计。

软件有两个重要的限制条件。第一，操作系统的特定版本是专为特定类型的硬件而编写的。比如，微软的 Windows 系统只能用于英特尔的处理器，或是其他公司所生产的与英特尔的指令集（CPU 能处理的指令）相符的处理器。此外，32 位版本的 Windows 只能在 32 位 CPU 的英特尔计算机上运行，而 64 位版本的 Windows 只能在 64 位 CPU 的英特尔计算机上运行。其他操作系统如 Linux，也有对应不同指令集的许多版本，并分别有 32 位机和 64 位机的版本。

第二，应用程序是针对某种特定的操作系统而编写的。比如，微软的 Access 只能在 Windows 操作系统中使用。有些应用程序有不同的版本，比如，微软的 Word 就有 Windows 版本和 Macintosh 版本。除非有特殊说明，一般情况下某个应用程序只能在一种操作系统下运行。

接下来，我们将具体介绍软件的操作系统和应用程序的不同类型。

■ 主要的操作系统有哪些？

图 3—8 列出了几种主要的操作系统，我们分别来看一下。

类别	操作系统	用途	说明
固定客户机用	Windows	个人电脑客户机	在商业领域使用最广泛的操作系统。目前的版本为 Windows 7。自 2006 年起，也能用于 Macintosh 硬件
	Mac OS Lion	Macintosh 客户机	需要作图的艺术家使用，在其他团体中也越来越受欢迎
	Unix	工作站客户机	广泛用于工程、计算机辅助设计、建筑领域的强大客户机上，不易为非技术人员掌握
	Linux	任何客户机	与 Unix 同类的开源软件，几乎任何类型的计算设备上都有。在 PC 上，可支持开源办公软件 Open Office
移动客户机用	Symbian	诺基亚、三星和其他手机	全球应用普遍，但北美较少，市场份额在下降
	BlackBerry OS	黑莓公司的手机	专门为商业人士开发的手机和操作系统，开始非常受欢迎，面临 iPhone 和其他手机的严峻挑战
	iOS	iPhone、iPod Touch 和 iPad	正随着 iPhone 和 iPad 的成功普及而快速增长
	Android	T-Mobile 等其他手机	Google 公司生产的基于 Linux 的手机操作系统，市场份额快速增长
服务器用	Windows Server	服务器	微软推出的强势商用软件
	Unix	服务器	逐渐退出市场，被 Linux 替代
	Linux	服务器	非常受欢迎，IBM 大力推广

图 3—8　常用的操作系统

固定式客户机操作系统。对固定式客户机而言，商业领域中用得最多的操作系统是微软的 **Windows**。全世界超过 85％ 的台式计算机都在使用各种版本的 Windows 系统，如果仅考虑商务用户，这个数据要超过 95％。客户机上使用的 Windows 系统有多种不同的版本：Windows 7、Windows Vista 以及 Windows XP。

苹果公司为 Macintosh 开发了专用的操作系统 **Mac OS**，该操作系统当前的版本为 Mac OS Lion。Macintosh 计算机主要供作图的艺术家和从事艺术制图的工作人员使用。Mac OS 原本是设计用来运行摩托罗拉公司的 CPU 处理器系列的。1994 年，Mac 计算机转而采用了 IBM 公司的 PowerPC 处理器系列。到 2006 年，Macintosh 计算机已经同时适用于 PowerPC 和英特尔的 CPU。带有英特尔处理器的 Macintosh 既能运行 Windows 系统，也能运行 Mac OS 系统。

Unix 是 20 世纪 70 年代贝尔实验室开发的操作系统。问世之后便成为科学和工程领域广泛采用的主流操作系统。一般人认为 Unix 要比 Windows 和 Macintosh 更难使用。许多 Unix 用户要学会一种较晦涩的专用语言，用来管理文件和数据。然而，一旦他们越过了这条相当陡峭的学习曲线的高门槛，大部分 Unix 用户都会成为该系统的狂热支持者。Sun Microsystems 及其他科学和工程应用领域的计算机供应商都是 Unix 的主要拥护者。一般来说，Unix 不适用于商业用户。

Linux 是 Unix 的一种版本，它由开放源代码机构开发（下文中会有介绍）。这个机构由一些组织松散的编程者团体组成，他们当中绝大部分人是自愿花时间编程来开发和维护 Linux。Linux 归开放源代码机构所有，但使用是完全免费的。Linux 能在客户机上运行，但人们一般仅在预算紧张时才会使用。

移动客户机操作系统。图 3—8 列出了四种主要的移动操作系统。Symbian（塞班）在欧洲和远东地区使用较普遍，而在北美地区使用较少。并且 Symbian 系统的普及程度正呈下降趋势。BlackBerry OS 是早期最为成功的移动操作系统之一，在 BlackBerry（黑莓）设备上使用，主要用户是商务人士。现在，BlackBerry 在市场份额上逐渐输给了 iOS 和 Android。

iOS 是 iPhone、iPad 及 iPod Touch 上使用的操作系统。首次发布就以超凡的易用性和脱俗的显示屏开启了手机的新纪元，这些特点正被 BlackBerry OS 和 Android 效仿。由于 iPhone 和 iPad 的风靡，苹果公司 iOS 系统的市场领地也不断扩大。2011 年，iOS 在移动市场的份额已达到 44％。

Android（安卓）是由 Google 发行的移动操作系统。Android 设备有着非常忠诚的追随者，尤其是一些技术型用户。近来，Android 的市场份额已经超过 BlackBerry OS。

大部分行业观察员都认为，在创建易用性的界面方面，苹果公司凭借着 Mac OS 和 iOS 起到了领先作用。不可否认，许多创新性概念都是先出现在 Macintosh 或其他 i 族产品中，然后以某种形式添加到了 Windows 或其他移动操作系统中。

服务器操作系统。图 3—8 中最后三行展示了三种最常用的服务器操作系统。Windows Server 是专为服务器设计和配置的一种 Windows 版本。相比于 Windows 的其他版本而言，Windows Server 具有更为严格、更多限制的安全程序，在那些微软合作伙伴组织中的采用度很高。

Unix 也能用于服务器，但现在正逐渐被 Linux 所取代。

那些由于各种原因想要避免对微软形成依赖的组织，常常会在服务器上安装 Linux。IBM 是 Linux 的主要倡导者，过去曾以 Linux 作为与微软抗衡的有力手段。尽管 IBM 并不拥有 Linux，却开发出了许多基于 Linux 的商务系统解决方案。通过使用 Linux，IBM 不再需要向微软或其他 OS 供应商支付许可证费用。

拥有与许可

当我们购买计算机程序时，不管是操作系统还是应用系统，我们实际买到的不是程序本身，而是在买使用该程序的**许可证**（license）。比如购买 Windows 许可证，微软卖给你的是使用 Windows 的权利。微软本身还会继续拥有 Windows 程序。大型组织无须分别为每个计算机用户购买许可证，而是协商确定一个固定费用的站点许可证。站点许可证允许该组织在公司的多台或全部计算机上安装授权产品，或者在某个站点的所有计算机上安装授权产品（操作系统或应用系统）。

至于 Linux，没有公司能出售它的使用许可证。因为 Linux 由开放源代码机构所拥有，这表明 Linux 不存在许可费用（在合理约束的范围内）。像 IBM 这样的大公司以及 RedHat 这样的小公司，都可以通过为消费者提供 Linux 支持和教育来获利，但没有一家公司能通过售卖 Linux 的许可证来获利。

云计算与虚拟化。你们或许都听说过两个与计算机服务器的硬件和软件有关的、日渐流行的新词汇：云计算和虚拟化。**云计算**（cloud computing）是一种软硬件的租赁方式，组织可从专门从事服务器处理的服务商那里获取服务器资源。服务时间的长短以及所租赁的资源数量都非常灵活，可动态调整和大幅度变化。消费者只需为所使用的资源付费。目前提供云计算产品的大公司主要有亚马逊、IBM、微软、Oracle 和 RackSpace。

大学就是课程注册这类云计算系统的潜在大客户。学校采用的是学期制，每年只有三次开学时需要进行学期注册，因此用来运行注册程序的服务器在一年中的大部分时间都会闲置。通过云计算，学校可以在需要的时候从 IBM 这样的云服务商那里租赁服务器资源。学校就能分别在 8 月、1 月和 6 月获得大量计算资源来支持注册活动，而在其他月份则不拥有资源。学校只需为所使用的资源付费。

云计算能使多个组织使用相同的计算基础设施。税务局能在 4 月份使用学校在 8 月、1 月和 6 月使用的同一个 IBM 服务器。从某种程度上来说，云计算是一种 CPU 计算周期存储并联合利用的方式。

云计算之所以可行是因为云服务商掌握了虚拟化的强大能力。虚拟化是多个操作系统共享同一硬件的处理过程。通过虚拟化，一个服务器就能够支持两个 Windows Server 实例、一个 Linux 实例和三个 Windows 7 实例，等等。这些实例操作都是相互隔离的，看起来就像是每个实例都在独立控制整个服务器。

借助虚拟化方式，云服务商能轻松地重新配置服务器来适应工作负荷的变动。假设你所在的大学 8 月份需要增加 100 台服务器，IBM 只需要在虚拟机上该大学的服务器环境中增加 100 个实例。如果两天后学校又需新增 100 台服务器实例，IBM 就再多分配 100 个实例。这个操作的背后，IBM 其实只是在服务器之间做了实例调整，在运行虚拟操作系统的计算机上平衡分配工作负荷。所有这些活动该大学都察觉不到，注册课程的学生也毫无感觉。

◾ 应用软件有哪些类型，组织如何获取？

应用软件（application software）执行一种服务或功能。有些应用软件是通用性程序，比如 Microsoft Excel 或 Word；还有些应用软件具有独特的专用功能，比如 QuickBooks 是用于管理总分类账和其他会计功能的应用软件。我们首先介绍应用程序的分类，然后再介绍其来源，如图 3—9 所示。

软件类型 ＼ 软件来源	用现成产品	基于现成产品做定制	自主开发
横向应用			
纵向应用			
独特性应用			

图 3—9 应用软件的来源及类型

应用程序如何分类？横向市场应用（horizontal-market application）软件提供各种组织和各类行业所需的一般性功能。文字处理器、作图程序、电子数据表、演讲程序都属于横向市场应用软件。

这类软件的例子有微软公司的 Word、Excel 和 PowerPoint。其他供应商的产品有 Adobe 公司的 Acrobat、Photoshop 和 PageMaker，以及 Jasc 公司的 Paint Shop Pro。此外，iPhone 和 iPad 的电子邮件及短信应用也属此类应用。横向市场应用软件在所有行业的不同业务领域中广为应用。可以从市场上直接购买现成软件，基本不需要（不可能）进行定制。

纵向市场应用（vertical-market application）软件服务于特定行业的具体需要。此类程序的应用例子有：牙科诊所用来安排预约和为患者开账单的程序；修车厂用来记录客户数据和客户的汽车修理情况的程序；配件仓库用来记录库存、采购和销售数据的程序。菲力克斯和凯丽在 FlexTime 或许会用到的 iPad 应用程序 FitnessBuilder 能够记录健身数据，也是纵向市场应用的例子。

有些纵向应用软件能做出改动或定制。如此一来，给应用软件发许可证的公司就会通过收费方式来提供这种服务，或者委托合格的咨询服务人员来提供这种服务。

某些独树一帜的应用软件是应特定的独特需求专门开发的。比如，美国国税局（IRS）就开发了自己的软件，因为它有其他组织所没有的独特需求。

瘦客户端与胖客户端有什么区别？ 当你使用 Adobe Acrobat 这样的应用系统时，它只在你的计算机上运行而无须与任何其他服务器连接。这样的程序称为桌面程序，而不是客户机程序。

那些同时在客户机和服务器上处理代码的应用程序叫做**客户机—服务器应用**（client-server applications）。**胖客户端**（thick-client）应用是指必须在客户机上预先安装的应用程序。**瘦客户端**（thin-client）应用是指无须预先安装，只在浏览器中运行的应用程序。当用户打开瘦客户端应用时，一旦需要任何程序代码，浏览器就会随时从服务器上加载，因而无须事先安装任何客户端程序。要想了解瘦客户端如何运行，不妨打开浏览器访问 www.learningMIS.com。你们会看到，浏览器会先从该网站的服务器上下载所需的代码。

概而言之，应用软件的类型关系如下：
- 桌面应用软件；
- 客户机—服务器应用软件；
  - 胖客户端；
  - 瘦客户端。

胖客户端与瘦客户端都有各自的优点和缺点。胖客户端可以是很大的软件（用户无须在使用时等待其下载），可以有更复杂的特色和功能。但是这类软件需要安装，就像你为 iPhone 或其他移动终端购买的新应用都需要安装一样。你还需要定期做版本更新，要不断将手机或其他终端与该应用资源做同步连接。对个人用户而言，这不是个大问题。但是，对大型的组织来说，让所有人都使用相同版本的应用软件是非常重要的，与之相应的安装和版本管理问题会成为昂贵的管理负担。

相对来说，瘦客户端要比胖客户端更受欢迎，因为它们只需要一个浏览器，而无须安装特定的客户端软件。这也意味着当某个瘦客户端软件出现了新版本时，浏览器会自动下载新的代码。然而，由于代码是在使用过程中才下载的，因此瘦客户端应用要比较小巧才好。

现在，组织一般都会使用多种不同的应用软件和操作系统。图 3—10 展示了一种典型的情形。有两台计算机安装了 Windows 系统，有一台运行着 Mac OS，还有一个 iPhone 运行 iOS。前两台客户机利用浏览器使用了瘦客户端应用。第三台和第四台客户机上都分别安装了一个胖客户端电子邮件软件，一个是 Microsoft Office Outlook，另一个是苹果公司的 iPhone 电子邮件应用。

图 3—10 展示了两台服务器，装有 Windows Server 的计算机是网站服务器，装有 Linux 的服务器是电子邮件服务器。

■ 组织如何获取应用软件？

你可以像购买西装一样去购买应用软件。最快捷也最保险的方式是买一套现成的。用这种方法，你能立

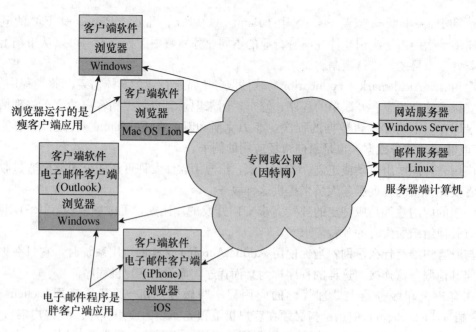

图 3—10　瘦客户端与胖客户端

刻拿到所购买的西装，且知道其准确价格。但是买到的现成西装或许不太合身。还有一种选择，你可以购买现成的西装然后做些修改。这就要花一些时间，并且多付一些钱，而且有可能修改后还是不合身。但是绝大多数情况下修改后的西装要比直接购买的现成产品更合身。

另外，你还可以花钱请裁缝为你量身定做一套西装。在这种情况下，你需要清楚说明自己的需要，其间要经过多次试穿，还要支付更高的价格。这样做你有可能得到一套超级合身的完美西装，但也有可能白花钱。不过，如果你要的是一套黄色加橘色豹纹的丝绸西装，背部还有条狂野响尾蛇的图案，就只能定做了。计算机软件的购买无非也是这几种方式：购买现成软件、买现成软件后稍作修改、量身定做。量身定做的软件也被称为**定制开发软件**（custom-developed software）。

组织可以自行开发定制化的应用软件，或者雇用开发商进行开发。就像购买一件黄色加橘色的豹纹西装一样，定制开发是在组织的需求非常独特，以致找不到合适的横向或纵向应用软件的情况下发生的。通过开发定制软件，组织可以让应用软件与自己的需求完全吻合。

定制开发难度高且风险大。组建和管理软件开发团队极具挑战性，软件项目的管理也异常艰难。不少组织都是着手进行应用软件项目开发之后才发现，完成项目所花时间要比计划的长两倍甚至更多。此外，成本超出 200%～300% 的情况也很常见。在第 12 章我们将更具体地讨论这些风险。

此外，所有的应用程序都需要不断调整以适应需求和技术上的变化。横向软件和纵向软件的调整成本会由所有的软件用户来分摊，或许会有成百上千万名消费者。但是自主开发的定制软件没有这么幸运，开发公司必须自行承担全部的调整适应成本。久而久之，这项成本负担会变得很重。出于风险和成本的考虑，自行开发应是不得已的下策，只在其他选择都行不通时才会采用。

■ 选择开源软件可行吗？

开源这个词的含义表示程序的源代码是向公众开放的。**源代码**（source code）是由人编写并且能被人所理解的计算机代码。图 3—11 就是 www.LearningMIS.com 网站的一段计算机代码。源代码经过编译就成为**机器码**（machine code），计算机处理的是机器码。机器码一般是无法让人理解或者修改的。当你访问 www.

LearningMIS.com 时，图 3—11 中程序的机器码版本就会在你的计算机中运行。我们没有展示机器码，因为它看起来会是这样的：

1101001010010111110011101111001000111000001111110111011111100011……

在**闭源**（closed source）软件项目中，比如说 Microsoft Office，源代码是高度保密的，只对信得过的员工和经过严格审查的合作伙伴开放。源代码会像金库里的金子一样受到保护，只有可信的编程人员才能在闭源软件项目中修改代码。

```
#region Dependency Properties

public static readonly DependencyProperty
    LessonIDProperty = DependencyProperty.Register(
        "LessonID",
        typeof(int),
        typeof(Lesson),
        new PropertyMetadata(new PropertyChangedCallback(Lesson.OnLessonDataChanged)));

public int LessonID
{
    get { return (int)GetValue(LessonIDProperty); }
    set { SetValue(LessonIDProperty, value); }
}

private static void OnLessonDataChanged(DependencyObject d, DependencyPropertyChangedEventArgs e)
{
    // reload the stage for the new TopicID property
    Lesson thisLesson = d as Lesson;

    lessonObject = thisLesson; // there is only one lesson object ... this is a static ref to it

    thisLesson.LoadLessonData(); // get data from xml file on server
    //call to thisLesson.CreateLessonForm(); must be done after load b/c of asynchronous read
}

#endregion
```

图 3—11　源代码示例

对于开源软件来说，任何人都能从开源项目网站上得到软件的源代码。编程人员可根据自身兴趣和目标对源代码做出修改和添加。在大多数情况下，编程人员会将找到的源代码吸收运用到自己的项目中去。此外，根据项目所采用的许可协议，他们还可以将这些项目再售卖出去。

开源软件的成功要归功于协作。某个编程人员读到了某段源代码，发现有自己感兴趣的地方或有意思的项目，因此便创建了一个新的应用功能，改进了现有功能的设计和编码，或者解决了其中的问题。然后，这段代码会传给开源项目中的其他人，这些人会对该段代码的修改质量和价值做出判断，如果合适就会将其添加到软件产品中。

通常，这个过程中会有大量的付出和收获，要经过很多轮的反馈和循环。正是因为这种迭代过程，那些经过同行高手评议并管理良好的软件项目才有了高质量的代码，比如 Linux。

因特网是一个开源软件缤纷荟萃的资产库，有许多深受欢迎的开源软件项目，包括：

- Open Office（类似 Microsoft Office 的应用）；
- Firefox（浏览器）；
- MySQL（数据库管理系统，详见第 5 章）；
- Apache（网站服务器，详见第 4 章）；
- Ubuntu（类似 Windows 的桌面操作系统）；
- Android（移动设备操作系统）。

编程人员为何自愿服务？ 那些从未感受过计算机编程乐趣的人，往往难以理解有人甘愿为开源项目贡献出自己的时间和技能。其实，编写程序本身是艺术和逻辑的紧密联合，设计和编写出一段复杂的计算机程序

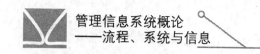

会令人充满愉悦感（甚至上瘾）。如果具有艺术天赋和逻辑思维，你也会一试。

总之，人们对开源项目甘愿奉献的首要原因在于，这个事情非常有趣！此外，有些人愿意付出是因为他们可以自由选择要做的项目。他们手头的编程工作或许不太有意思，比如编写一份打印机程序。这份工作能挣钱养家，但是满意度不够高。

20世纪50年代，好莱坞工作室的音乐家由于要为许多无聊电影一遍又一遍地重复录制同一种风格的音乐而备受煎熬。为了振奋自己，这些音乐家便在周末聚到一起玩爵士乐，由此催生出好几个高质量的爵士乐俱乐部。这就是源代码开放对编程人员的意义，他们找到了一个可以为自己感兴趣的、有意义的项目出力，尽情挥洒自己创造力的地方。

为开源项目做奉献的另一个原因是可以展示自身技能，这既有自豪感，也可为找到一份咨询类工作提供机会。最终目标是开创一份事业——销售某个开源产品的支持服务。

开源软件是否可行？ 答案取决于每个企业自身的业务需求。可以肯定的是，开源软件已经合法化。据《经济学人》（*The Economist*）的说法，"人们已经普遍认为未来是专有软件与开源软件并存的时代。"[①] 在你们的职业生涯中，开源软件在业界可能会占据越来越重要的地位。然而，开源软件是否能在某种情境下使用，还取决于该情境的具体需求和约束情况。

问题3　目前的计算机网络有哪些类型？

计算机**网络**（network）指一个可利用有线传输或无线连接相互通信的计算机群。如图3—12所示，有三种基本的网络类型：局域网、广域网和互联网。

局域网（local area network，LAN）用来把公司所在地中某个地理区域内的计算机连接起来，LAN归该公司管辖，所连接的计算机数量可以是两台，也可以是数百台。LAN的基本特征是它位于单个区域场所。**广域网**（wide area network，WAN）连接的是处在不同地理位置的计算机。位于不同区域场所的两个公司站点的计算机只能通过WAN来连接。比如，位于某个单独校区内的商学院的计算机可以通过LAN来连接；而有多个校区的商学院的计算机则必须通过WAN来连接。

单地点与多地点的区分非常重要。在构建LAN时，组织可以在任何需要的地方铺设通信线路，因为所有线路都在其所属范围内。这一点对于WAN就不适用。若公司的办公地点分别位于芝加哥和亚特兰大，就无法通过在公路边架线来连接两地的计算机。公司只能与已经获得了政府许可的通信服务商联系，该服务商或者已经拥有了连接两地的线路，或者有权布设新的线路。

互联网是由网络连接起来的网络。互联网连接LAN、WAN及其他互联网。最知名的互联网是"**因特网**"（the Internet，首字母大写），也就是人们在收发电子邮件或访问网站时用到的网络集合。除了因特网之外，互联网中也有一些由专网互联形成的网络。

组成互联网的众多网络会采用五花八门的通信方式和公约，保证数据在各个网络之间无缝流动。为实现数据的无缝流动，要采用一套极为复杂的通信方案，叫做分层协议。协议的细节不在本教程的范围之内。这里只需明白**协议**（protocol）指的是两台相互通信的设备之间必须遵守的一套规则。有很多不同类型的协议；有些是关于LAN的，有些是关于WAN的，有些用于互联网和因特网，还有些适用于所有这些网络。本章

[①] "Unlocking the Cloud," *The Economist*，May 28, 2009. 请浏览：www. economist. com/opinion/displaystory, cfm? story _ id ＝ 13740181（2009年6月访问）。

我们将会说明几种常见的协议。

LAN 有哪些组成部分?

　　LAN 是位于单一场所内相互连接的一群计算机。一般这些计算机彼此之间的距离在半英里之内。然而，关键的区别在于，所有计算机都未超出运营该 LAN 的组织所控制的地域范围。也就是说，该组织可以在任何需要布线的地方布线来连接计算机。

　　典型的 SOHO LAN。图 3—13 是**小型办公室或家庭办公室**（small office or a home office，SOHO）用的典型 LAN。一般来说，这种 LAN 中的计算机和打印机总数大都不足 12 台。当然，很多公司运行的 LAN 要比它大得多。大型 LAN 的原理与此相同，但是更加复杂，内容已超出了本教程。

类型	特征
局域网（LAN）	位于单一物理地点的、彼此相连的计算机
广域网（WAN）	位于两个及以上不同地理区域的、彼此相连的计算机
因特网和互联网	由网络相互连接而成的网络

图 3—12　三种计算机网络

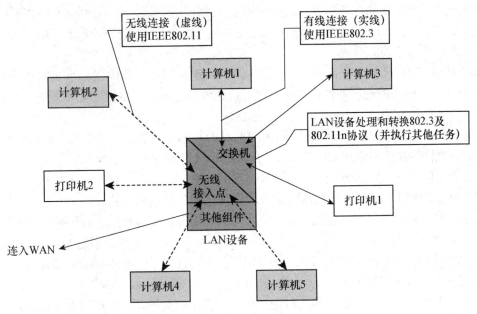

图 3—13　典型的小型办公室或家庭办公室（SOHO）LAN

　　图 3—13 中的计算机和打印机通过有线和无线方式相互连接，计算机 1、计算机 3 和打印机 1 是有线连接，计算机 2、计算机 4、计算机 5 和打印机 2 采用了无线连接。无线连接和有线连接采用的通信设备和协议不同。

　　有线连接。计算机 1、计算机 3 和打印机 1 都连入了一台**交换机**（switch），这是一种用于构建有线 LAN 的专司信号收发流程的通信用计算机设备。在图 3—13 中交换机位于名为"LAN 设备"的矩形框内，每当这两台计算机要相互通信或者与打印机 1 通信时，都要把信号传给交换机，再由交换机传给对方或打印机 1。

　　LAN 设备（LAN device）包括几个重要的网络组件。如图中所述，有上面谈过的交换机，还有下面将要谈到的无线通信设备；还有用来连接 WAN 并通过 WAN 连入因特网的设备，以及很多其他组件。对 SOHO 的应用而言，LAN 设备一般会由电话服务商或有线电视服务商提供，有很多不同的品牌和名称。

　　LAN 中每台连网的计算机或打印机都有一个**网卡**（network interface card，NIC），这是将计算机或打印机内部线路与网络线缆相连的设备。NIC 可与连网设备中的程序配合工作，执行相关的通信协议。如今，绝

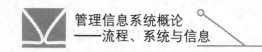

大部分计算机出厂的时候已经带有板载网卡（即安装到计算机内部线路中的网卡）。

有线 LAN 中的计算机、打印机和交换机会通过下面两种有线通信介质中的一种实现连接。绝大部分 LAN 连接会用**无屏蔽双绞线**［unshielded twisted pair（UTP）cable］实现。这种双绞线利用一组扭曲的线缆来提高信号质量。不过，如果网络中的数据传输量很大，就可以用**光缆**（optical fiber cables）来代替 UTP 双绞线。光缆中传递的信号是光波，光信号是在光缆内部玻璃纤心中不断反射而传播的。

那些比图 3—13 所示的更大的 LAN 会使用多台交换机。一般来说在多层建筑物内，每个楼层应设置一台交换机，本楼层的所有计算机都通过 UTP 与该楼层的交换机相连；而不同楼层的交换机之间则通过高速光缆连接。

无线连接。图 3—13 中有三台计算机和一台打印机是通过无线技术与 LAN 连接的。无线计算机和打印机所使用的是**无线网卡**（wireless NIC，WNIC）。现在，几乎所有的个人电脑和移动设备都在出厂时附带了板载无线网卡。

如图 3—13 所示，无线网卡设备均与**无线接入点**（access point）连接。无线接入点是一种 LAN 设备组件，用来收发无线传输信号并与有线的交换机通信。在这种设计下，LAN 中每个设备无论是有线的还是无线的都能够彼此通信。无线设备之间可利用无线接入点实现通信。如果无线设备要与某个有线设备连接，它们可以先连入无线接入点，再连到交换机，然后通过交换机连到有线设备。类似地，有线设备之间可通过交换机连接。如果有线设备要连接无线设备，则先连接交换机，继而连到无线接入点，再通过无线接入点连到无线设备。

LAN 协议。两个相连的设备要能够彼此通信必须采用相同的协议。电器和电子工程师协会（IEEE）有专门的委员会负责创建和发布网络协议及其他标准。发布 LAN 协议的委员会叫做 IEEE 802 委员会。于是，IEEE LAN 协议总是以数字 802 开头。

IEEE 802.3 协议（IEEE 802.3 protocol）是有线 LAN 连接协议。该协议标准也被称为**以太网**（Ethernet）标准，明确规定了网络的硬件特性，如哪条线缆传递哪类信号。该协议还明确规定了有线 LAN 传输中的信息该如何打包、如何处理。

现在绝大部分个人电脑中的 NIC 都支持所谓的 **10/100/1000 以太网**（10/100/1000 Ethernet）。这些产品遵循 802.3 规范，允许传输速率达到 10、100 或 1 000Mbps（每秒 MB）。交换机能探测某个设备的速率并以相应的速度与之传递信号。你们不妨查看一下戴尔、惠普、联想和其他厂商的计算机产品列表，就会看到其 PC 广告中有 10/100/1 000 以太网。目前有线 LAN 的速度已经能够达到 1Gbps。

另外，描述传输速度的缩写与计算机存储所用的不一样。对通信设备而言，k 代表 1 000 而不是存储中所说的 1 024。同样，M 表示 1 000 000 而不是 1 024×1 024；G 表示 1 000 000 000 而不是 1 024×1 024×1 024。因此，100Mbps 的意思是每秒 100 000 000 比特。传输速率都是用比特表示，而不像存储容量那样用字节表示。

无线 LAN 连接采用的是 **IEEE 802.11 协议**（IEEE 802.11 protocol）。802.11 有好几个版本。截至 2012 年，最新的版本是 IEEE 802.11n。本教程不讨论这些版本之间的差异，只需提示大家注意，根据 802.11n 这个最新的标准，无线通信的允许速率已经高达 600Mbps。

在图 3—13 的 LAN 中同时采用了 802.3 和 802.11 协议。有线网卡 NIC 按 802.3 协议运行并直接连接交换机，交换机也依据 802.3 标准运行。WNIC 按 802.11 运行并连接到无线接入点。无线接入点必须同时采用 802.3 和 802.11 标准处理信息；收发无线信息时要采用 802.11 协议，与交换机连接则要采用 802.3 协议。图 3—14 中最上面两行总结了 LAN 的特征。

蓝牙（bluetooth）也是一种常用的无线通信协议，取代传输线而专门用来在短距离内传输数据。无线鼠标和键盘等设备就是通过蓝牙与计算机连接的，手机也是通过蓝牙与车载音响相连接。

FlexTime 利用 LAN 实现了计算机工作站之间的连接以及与服务器的连接。该局域网还通过 DSL 调制解调器连入了因特网。固定的台式计算机及某些固定健身设备采用了有线的以太网，笔记本电脑和另外一些健身器材采用了无线连网和某版本的 IEEE802.11 协议。FlexTime 中还有一些设备，比如凯丽和菲力克斯的智能运动鞋，采用了蓝牙连接入网。

类型		拓扑结构	传输线路	传输速率	连网设备	常用协议	说明
局域网	局域网	UTP 或光缆	常见：10/100/1000Mbps 可能：1Gbps	交换机、网卡、UTP 或光缆	IEEE 802.3（以太网）	用交换机连接所有设备；大网可用多个交换机
	无线 LAN	非无线连接场合用 UTP 或光缆	高达 600Mbps	无线接入点 无线网卡	IEEE 802.11n	无线接入点实现协议转换，有线 LAN（802.3）转换成无线 LAN（802.11）
与因特网的连接	DSL 调制解调器连接 ISP	DSL 电话	个人：上行 1Mbps，下行 40Mbps（部分地区最大 10Mbps）	DSL 调制解调器 DSL 电缆 电话线	DSL	同时使用计算机和电话，永久连接
	线缆调制解调器连接 ISP	有线电视线缆连接光缆	上行 1Mbps，下行 300kbps～10Mbps	线缆调制解调器 有线电视线缆	线缆	与其他站点共享空间；效果会根据他人的使用情况而变化
	无线 WAN	无线连接到 WAN	500kbps～1.7Mbps	无线 WAN 调制解调器	几种无线标准之一	复杂的协议允许多个设备使用相同的无线频率

图 3—14 局域网 LAN 的特征

连接 WAN 有哪些方式？

如前文所讲，WAN 连接了分别位于不同地点的计算机。当你们用个人电脑、iPhone 或 Kindle 连接因特网时，实际上连接的是某个 WAN。尽管你们并未意识到，但你们连接的是由**因特网服务商**（Internet service provider，ISP）所有并运营的计算机，这些计算机离你们所在的地点很远。

ISP 有三个重要的功能。首先，它为你提供一个合法的因特网地址。其次，它为你访问因特网提供了入口。ISP 接收你的计算机发出的信息并上传至因特网，并且接收来自因特网的信息再传给你。最后，ISP 为因特网付费。ISP 从自己的客户处收款，并支付你的访问费和其他费用。

图 3—14 展示了三种常见的连接因特网的 WAN 方式。当然，我们讨论的是如何让你的计算机连入 WAN，而不是讨论 WAN 本身的结构。WAN 的体系结构和协议不在我们讨论的范围内，想要了解 WAN 结构方面的内容，可以搜索"电路租赁"或"PSDN"查询相关知识。

SOHO LAN（如图 3—13 所示）、家用电脑或办公室电脑与 ISP 的连接一般不外乎以下三种方式：用 DSL 专用电话线连接、用有线电视线连接，或用类似于手机的无线连接。这三种方式都要求将计算机中的数字数据转换成一种波形信号或模拟信号。一种叫做调制解调器的设备可以用来实现这种转换。

如图 3—15 所示，当调制解调器将计算机中的数字数据转换成模拟数据后，模拟信号就可通过电话线、有线电视线或无线空间传播。如果通过电话线传播，该信号所达的第一个电话交换机就会将该信号转换成国际电话系统的信号格式。

DSL 调制解调器。DSL 调制解调器（DSL modem）是最早的一类调制解调器。DSL 的含义是**数字用户线路**（digital subscriber）。DSL 调制解调器与语音电话使用着同一条电话线，但是其信号却不会干扰语音电话服务。由于 DSL 信号不干扰电话信号，所以 DSL 数据传输和电话通话能同时进行。电话公司的设备能分离出电话信号和计算机信号，并将计算机信号传送给 ISP。DSL 调制解调器有自己的数据传输协议。

DSL 服务和速度是分级的。大多数家庭 DSL 线路能够以 256kbps～10Mbps 的速度下载数据，但上传数据的速度会比较慢，如 512kbps。下载和上传速度不同的 DSL 线叫做非对称数字用户线路（ADSL）。大部分家庭和小公司都可以用 ADSL，毕竟要发送的数据都明显少于接收的数据（如新闻图片），所以发送的速度不需要像接收的速度那么快。

但有些用户和大企业需要发送和接收速度一样快的 DSL 线路，并且需要通信质量水平能有保证。对称数字用户线路（SDSL）能够满足这种要求，它会为上下行双方向都提供同样的高速度。

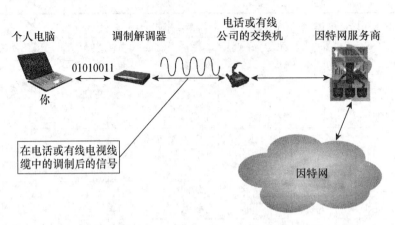

图 3—15　访问因特网的信号调制

线缆调制解调器。第二种类型是**线缆调制解调器**（cable modem）。线缆调制解调器可利用有线电视线进行高速的数据传输。有线电视公司将高速度、大容量的光缆安装到每个邻近服务区域的配置中心，在那里使光缆与常用的有线电视线缆相连接，并通到各个用户家中或公司里。线缆调制解调器调制传输信号的工作并不会对电视信号造成干扰。

这些设施将由多达 500 个用户共享，因此根据收发数据的用户数量的变化，网络的性能也不一样。最快情况下用户下载数据的速度可达 50Mbps，上传速度可达 512kbps；一般情况下的传递速度则要慢很多。但是在大多数时候，线缆调制解调器的下载速度要远高于 DSL 方式。

无线 WAN 连接。第三种连接方式是**无线 WAN**（WAN wireless）连接，可以用计算机、iPhone、Kindle、iPad 或其他通信终端连网。这种连接使用移动电话技术，比如亚马逊的 Kindle 就采用了 Sprint 公司的无线网络来提供无线数据连接；iPhone 则是有 LAN 可用时就基于无线 LAN 来连网，没有 LAN 可用时就使用无线 WAN 连网。之所以优先选用无线 LAN 是因为其速度要快很多。截至 2012 年，无线 WAN 的平均速度在 500kbps，最高速度为 1.7Mbps，而无线 LAN 的一般速度为 50Mbps。

现在无线 WAN 的协议有好几种。Sprint 公司和 Verizon 公司采用的协议叫做 EVDO；而支持 iPhone 的 AT&T 公司和 T-Mobile 公司采用的协议是 HSDPA。另一个协议 WiMax 已经被 Clearwire 公司采用，并在 Sprint 的 XOHM 网络上使用（见案例研究 3）。这些不同的协议名称和具体内容在此不想多谈，需要了解的是围绕无线 WAN 的市场和技术大战已经硝烟四起。WiMax 协议在速度方面的潜在前景最好，但目前的可用性却最低。图 3—14 概括了这些方式的特点。

当凯丽和菲力克斯用鞋子传输健身数据时，这些鞋子采用了无线蓝牙协议把数据传给了 iPhone，而 iPhone 又通过无线 WAN 将数据传送至服务器。当他们在 FlexTime 大楼内时，iPhone 为追求高性能会使用 FlexTime 的无线 LAN 而不是无线 WAN 来连接服务器。

你们或许听过人们使用两个术语来描述通信的速率：窄带和宽带。窄带线路的传输速率一般低于 56kbps；宽带线路的速度则超过了 256kbps。目前所有流行的通信技术都提供了宽带能力，因此这些术语会逐渐淡出使用。

问题 4　对于因特网，商务人士需要了解些什么？

如同在问题 3 中谈论过的，因特网是一种互联网，也就是说，它是由许许多多的网络互连而成的。构建因特网的各种技术非常复杂，本教程不做讨论。但是，由于因特网的普及化，一些术语在 21 世纪的商业社会中变得随处可见。在本小节中，我们将介绍一些术语的定义和含义，这对你们成为明智的商业人士和因特网服务的消费者会有些帮助。

因特网应用示例

图 3—16 展示了某种因特网的应用示例。假定你此刻正被明尼阿波利斯州的大雪困在屋里苦坐，想到了该去新西兰北岛某个阳光明媚的热带旅馆小住几天。或许你会利用旅馆的网站预订房间，或许你会发封电子邮件给旅馆的预订服务员，咨询旅馆的房间和服务情况。

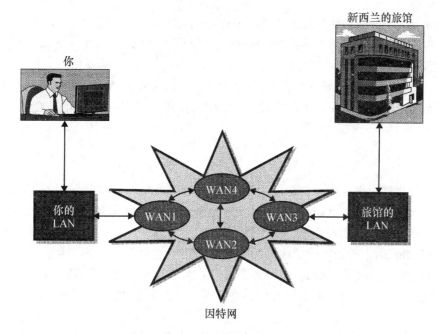

图 3—16 利用因特网预订旅馆

首先要注意，这是一个互联网的例子，它涉及了网络互联后的网络。它包括两个 LAN（你的和旅馆的）和四个 WAN。（其实，现实中的因特网包含成千上万个 WAN 和 LAN，在此无法具体介绍。）

你和旅馆之间的通信比你想象的要复杂得多。无论如何，你的计算机要和位于新西兰旅馆中的某个服务器通信，而这台计算机你从未见过，对其一无所知。同时，你传递的内容太多了，一个数据包放不下，因此要被拆分成好几块，每块数据都要经过从 WAN 到 WAN 的传递，到终点的时候还要完好无损。因此要对你的原始消息重新分块打包，任何丢失或损坏（时有发生）的部分都要重新发送，再次组装起来的消息被送到了服务器上进行处理。所有这些操作都由计算机和数据通信设备来完成，而这些设备中的大多数以往并没有互动过。

而所有这些设备唯一了解的事情，就是它们都执行着一套相同的网络协议。因此，我们先来看看因特网的网络协议。

TCP/IP 架构

因特网上采用的协议被整理成某种框架结构，称为 **TCP/IP 架构**（TCP/IP architecture），这是一个含有五种协议类型的分层体系，如图 3—17 所示。最上面一层是应用协议，涉及浏览器和网站服务器这样的应用；中间两层协议规定了数据在互联的网络之间如何通信，也包括了因特网；最下面两层协议规定了数据在网络内部如何传输，比如 IEEE 802.3、IEEE 802.11 局域网协议和手机协议等都在最下面两层执行。

层级	名称	范围	目的	协议示例
5	应用	应用程序之间	使应用程序之间能够通信	HTTP, HTTPS, SMTP, FTP
4	传输	互联网	进行可靠的互联网传输	TCP
3	互联	互联网	实现因特网路由	IP
2	数据链	网络	交换机和无线接入点之间的数据流	IEEE 802.3, IEEE 802.11
1	物理	两个设备间	硬件规范	IEEE 802.3, IEEE 802.11

图 3—17 TCP/IP 架构

我们讲过，协议是关于通信组织规则和数据结构的一整套约定。每一层都设计了一个或一个以上的协议。数据通信和软件厂商编制了计算机程序来执行特定协议中的规则。（位于最底层的是物理层协议，要构造硬件设备来执行该层协议。）

你们可能会问，"我为什么要了解这些呢？"其原因就是你们应该了解将来会接触到的术语，要了解你们所要使用、购买甚至可能投资的产品，它们是通过这个构架彼此相连的。

应用层协议

在你们未来的专业生活中至少要与三个应用层协议直接接触（实际上已经使用了其中的两层）。**超文本传输协议**（Hyper Text Transport Protocal，HTTP）是浏览器和网站服务器之间的协议。当你们在用 IE、Safari、Chrome 等浏览器时，就在使用执行 HTTP 协议的应用程序。比如在地球的另一端，新西兰的旅馆中有一个执行 HTTP 协议的服务器。尽管你的浏览器和旅馆中的服务器从未"谋面"过，它们之间也能够通信，因为它们执行同样的 HTTP 规则。你的浏览器会用预先设计好的 HTTP 请求格式发送预订房间的服务请求；服务器接收到该请求，进行处理后，为你预订了一个房间；然后再用预先设计好的 HTTP 回应格式告知你。

在第 12 章中还要介绍一种 HTTP 的安全版本 **HTTPS**。当你在浏览器的地址栏中看到了 https 时，表明数据传递处于安全状态，你能放心地传送信用卡号等敏感数据。然而，除非在 HTTPS 场合下，否则当你访问因特网时，都应当假定自己的所有通信都是开放的，可能第二天一大早就会出现在校报的头版上。

因此，人们在使用 HTTP、电子邮件、短信、聊天、视频会议等 HTTPS 之外的应用时，要知道自己输入的文字和说的话很有可能别人会看到、听到。你在教室发给某个同学的短信可能会被班里的某位同学或者教师拦截。这种事同样会在咖啡厅、机场等其他地方发生。

还有两个 TCP/IP 应用层协议也很常用。**简单邮件传输协议**（Simple Mail Transfer Protocal，SMTP）用来支持电子邮件传递（与其他协议一起）。**文件传输协议**（File Transfer Protocal，FTP）用来在因特网中传递文件。一种使用较多的 FTP 应用是网站维护。当网站管理员想把一个新的图片、新的文字内容或者其他东西放到网页上时，就会用 FTP 来把它们转到网站服务器上。与 HTTP 一样，FTP 也有安全版本，不过你们使用它的可能性很小。

掌握了这些知识后，可以澄清一个常见错误概念。当你使用这些协议中的任何一个时，你都在使用因特网。但是当你使用 HTTP 或者 HTTPS 时，只是在使用万维网 Web。**万维网**（Web）是因特网上的一个子网络，由浏览器和执行 HTTP 或 HTTPS 协议的服务器组成。你在收发电子邮件时用的是因特网而不是万维网，说你在用 Web 发电子邮件或短信是不对的。

■ TCP 和 IP 协议

现在你们对图 3—17 中最上面的应用层协议已经了解，通过问题 3 中的讨论，你们也知道了位于最下面两层的 LAN 协议的用途。但中间两层协议的用途是什么？这两层肯定很重要，因为 TCP/IP 构架的名称就源于此。

这两层协议用来管理互联网（包括因特网）中的不同网络之间传递的通信数据流。传输层最重要的协议是**传输控制协议**（Transmission Control Protocol，TCP）。作为一个传输协议，TCP 的功能很多，我们不准备多做介绍。但 TCP 有一项很容易理解的功能是将通信数据流划分成一定长度的数据块，每个数据块分别传输。它与互联网中其他设备的 TCP 程序配合工作，确保所有的数据块都到达目的地。如果有的数据块中途丢失或损坏了，TCP 程序就可以检测到该种情况并重新传递。因此，TCP 层的任务是提供可靠的互联网传递功能。

互联网层的主要协议是 **IP 协议**（Internet Protocol，即因特网协议）。该协议详细规定了数据通信的报文在组成互联网（包括因特网）的各个网络之间如何确定传递方向及路径。在图 3—16 中，每个网络（两个 LAN 和四个 WAN）中的设备应用都可接收你发的消息的一部分，要引导它前往自己网络中的另一台计算机，或者同时送往另一个网络。**包**（packet）是承载消息的数据块，可以由 IP 执行程序来处理。**路由器**（router）是专门用来通信的计算机，负责根据 IP 协议的规则分发传递数据包。

你发的消息被划分成了数据包，每个包都被送到了因特网上。每个包上都有它要去往的目的地的地址。一路上网络中的路由器都会接收包，审查其前往的目标地址，把它送往最终的目的地，或者离目的地比较近的其他路由器。

在你的预订信息启程前往新西兰旅馆的路上，任何一个设备都无法知道数据包要走什么路线。在到达终点之前，路由器只负责把包发给自认为离终点比较近的其他路由器。实际上，从一个消息拆分出的不同数据包能在因特网上走不同的路径（这不常见，但确实有）。由于有了路由寻址功能，因特网变得非常智能化。以图 3—16 为例，即使 WAN2 或者 WAN4 失灵了，你的数据包仍旧可以被送达旅馆。

总之，TCP 使互联网具备了可靠的传输能力，而 IP 为互联网提供了路由寻址功能。

■ IP 地址

IP 地址（IP addresses）是标识特定网络设备的数字编号。**公有 IP 地址**（public IP addresses）用来标明公用的因特网上的某台计算机。公有 IP 地址必须是全球唯一的，其地址分派由一个名为"**因特网名称和数字地址分配组织**"（Internet Corporation for Assigned Names and Numbers，ICANN）的公共机构来控制。

私有 IP 地址（private IP addresses）用来标识私有网络中的特定设备，一般用在局域网中。它的地址分派由 LAN 内部控制，往往由图 3—13 中的局域网通信设备"LAN 设备"负责管理。当你登录到某个局域网时，LAN 设备会为你分配一个私有的 IP 地址供你在联网期间使用；当你退网之后，该地址就被收回以供他人再次使用。

私有 IP 地址的使用。当你的计算机在局域网中使用 TCP/IP 时，比如访问 LAN 中的某个私有的 Web 网站服务器，你就使用了私有的 IP 地址。然而，在更多情况下，人们会在登录了局域网之后去访问公网上的网站，比如 www.pearsonhighered.com。那么你的访问数据流在到达 LAN 设备之前会使用内部的私有 IP 地址；但从那个节点开始，LAN 设备便把你的私有 IP 地址替换成了公有 IP 地址，继续将数据流传递到因特网上。

这种 IP 地址的私有/公有转换机制有两大好处。第一，局域网上所有的计算机都使用同一个 IP 地址，节省了公有 IP 地址资源。第二，有了私有 IP 地址，人们无须为自己的计算机去注册公有 IP 地址并向 ICANN 申请。另外，假设你的计算机有了一个公有 IP 地址，每次移动地方时（比如从家带计算机到学校），因特网都必须更新其寻址机制，根据你所在的地方重新匹配路由方案。这种频繁更新是沉重的负担，还会引发混乱！

公有 **IP 地址和域名**。IP 地址有两种格式。最为常用的格式叫做 **IPv4**，由四段用点隔开的十进制数字组成，如 165.193.123.253。第二种格式是 **IPv6**，地址长度更长。* 目前两种地址都在用。如果你们在浏览器中输入 http://165.193.123.253，浏览器就将连到公共因特网中分配了该地址的计算机设备。你们不妨尝试一下该地址归谁所有。

没有人愿意用键盘敲 http://165.193.123.253 这样的 IP 地址来寻找站点，而是更愿意使用 www.Pandora.com 或者 www.Woot.com 这种名称。为了满足人们的这种愿望，ICANN 开发了一种系统以使名称和 IP 地址相对应。首先，**域名**（domain name）是与公用 IP 地址相关联的、在全世界范围内独一无二的名称。任何组织或个人要想注册一个域名，都要向一个经过 ICANN 机构授权的公司提交申请。图 3—18 中的 www.GoDaddy.com 就是这样一家公司。

图 3—18　GoDaddy.com 的域名注册

资料来源：www.GoDaddy.com。

GoDaddy 或者其他类似公司首先要检查所申请的域名是否具有全球唯一性。如果没有发现重名，就接受该申请者的域名注册。注册成功后，申请者就能够让一个公有的 IP 地址与自己注册的域名相关联。从那时起，每当使用这个新域名时路由器都会指向这个有关联的 IP 地址。

还有两点很重要。第一，同一个 IP 地址可以与多个域名相关联。比如 www.MyMISProf.com 和 www.MyMISTutor.com 指向的都是同一个 IP 地址。第二，域名和 IP 地址之间的关联是动态的，域名所有者可以根据自己的意愿改变所关联的 IP 地址。

结束之前再介绍一个因特网上的术语。**统一资源定位器**（Uniform Resource Locator，URL）是因特网上资源的位置地址。一般情况下，它要包括协议的类型（如 http:// 或 ftp://），还有域名或公有 IP 地址。当然，URL 的构成还不止这些，这里不准备深谈了。

问题 5　典型的网站服务器会做些什么？

为了说明这个问题，我们应用本章学到的知识来考察一个典型的 Web 网站服务器都做了些什么。这里

---

* IPv4 采用 32 位地址长度，IPv6 采用 128 位地址长度。——译者注

将分析一个网上商店的例子，它是一个万维网上的服务器，你们能在上面买东西。网上商店是电子商务的一种类型，我们会在第 8 章具体讨论，这里仅把网上商店作为网站服务器的例子来看待。

假设你要从 REI 买登山装备，REI 是一家专营户外服装和用品的网上商店。你登录了 www. REI. com，查找自己想买的商品（如图 3—19 所示）。找到中意的商品后你会把它放进购物车，然后继续购物，过了一段时间后你输入信用卡数据完成购买。

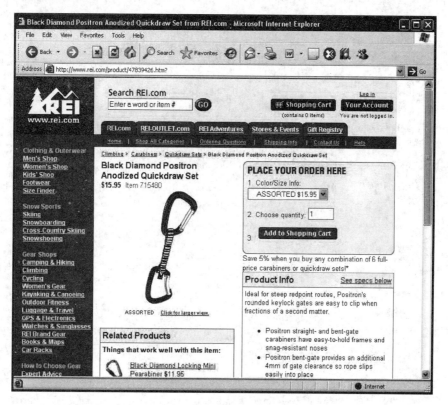

图 3—19　零售网页示例

在问题 4 中我们已经知道你输入的数据如何通过因特网到达某个特定的服务器。下一个问题是：数据到达该服务器之后又会发生什么呢？或者换个角度提问：假如你的公司想开设一个网上商店，需要哪些设施呢？

MIS 课堂练习 3

打开潘多拉（Pandora）的盒子

数据通信和数据存储近乎免费的状况催生出前所未有的商业机会，就像我们一再地反复讨论过的那样。不可避免的是，这种技术也将给人们的家庭带来颠覆性的影响。

Sonos（及相关公司）就是一个很好的例子。Sonos 开发的易于安装的高保真无线音响系统，提升了当今技术尤其是无线技术的影响力。Sonos 有多种不同设备，客户可以把其中的一个设备（桥接器）用有线方式连入以太网的家用 LAN 路由器上，这样就能通过无线方式连通家中其他的 Sonos 设备，最多可达 32 个。每个设备可以独立播放各自的音乐或其他音频，也可以让某些设备播放同样的音乐，还可以让全部音响都播放同样的音乐。

有些 Sonos 设备可以向现有的立体声系统发送无线立体声，另一些设备包括无线接收器、扩音器、客户音箱连接器；还有的设备是包含了无线接入器、功放和音箱的一体化产品。

　　每个 Sonos 设备都是运行 Linux 的计算机。这些计算机借助专有的 Sonos 协议实现相互间的无线通信。因为每个设备都可以和其他设备通信，Sonos 将这个无线设备网称为"无线网格"（Wireless mesh）。对消费者来说，mesh 最大的好处是有灵活性，安装摆放非常方便。设备会彼此发现对方，确定中继数据的传递路径（与因特网的 IP 寻址很类似，但却不同）。

　　Sonos 还与因特网上的音乐源和在线音乐服务商合作，如 Pandora 音乐台。借助 Pandora（或其他音乐服务）你可以选一首喜欢的歌或其他音乐作品，建一个自己的音乐台。Pandora 会根据你的选择来播放音乐。你可以对播放的音乐投支持或反对票。根据你给出的排名，Pandora 会判断你的欣赏品味，并为你挑选适合你的口味的其他音乐作品。

　　学生分成小组回答下述问题：

　　1. 假设你已经毕业并找到了理想的工作，打算在新的住所安装一套无线音响系统。假设你的住所有个空房间做办公室，里面有连入因特网的 LAN 设备。卧室中有一套音响系统和一对未使用的音箱，但没有其他立体声设备。假设你想在办公室、卧室和客厅中播放音乐和音频。

　　a. 访问 www.Sonos.com 选择你需要的产品并确定价格。

　　b. 访问 Sonos 的竞争对手 www.LogitechSqueezeBox.com 和 www.apple.com，选择你需要的产品并确定价格。

　　c. 在 a 或 b 中确定一种做推荐，说明你选择的理由。

　　d. 在课堂上做报告来介绍你的发现。

　　2. 访问 www.Pandora.com，以免费试用的身份登录，任意选择一个音乐作品，为你的小组建一个音乐台。

　　3. Sonos 的设备上都没有开关。显然这种设计意味着它永远是开启的，就像 LAN 设备一样。你可以让每个台静音不播，但是要关掉它则必须拔掉电源，很少有人会这么做。假定你用 Sonos 转到了某个 Pandora 音乐台后却让该设备静音了，由于 Sonos 设备一直开着，它就会一直连线从因特网下载音乐到已静音的设备上，即使已经没人听了。

　　a. 说明这种情况对因特网而言后果是什么。

　　b. 你上因特网使用了包月费，这种包月制在什么情况下会阻碍效率提升？

　　4. 发挥小组的想象力、好奇心和经验，讨论下述人如何受因特网在线音乐的影响：

　　a. 现有音乐台；

　　b. 传统音乐接收设备的经销商；

　　c. 音频娱乐业；

　　d. 思科公司（路由器厂商）；

　　e. 本地的 ISP；

　　f. 你认为会受无线音频系统影响的其他公司和组织机构。

　　在课堂上报告你的结论。

　　5. 根据历史推论，想象音频业的变化波及视频业。

　　a. 说明你将如何在自己的新家里使用无线视频系统。

　　b. 你们小组的同学更愿意在家里配置无线视频播放系统而非无线音乐播放系统吗？理由是什么？

　　c. 针对无线视频播放系统（而不是音频系统），回答问题 4 中的 a 到 f。

　　在课堂上报告你的结论。

　　6. 考虑上述所有 5 个问题的答案：

　　a. 无线媒体大力发展后，哪些行业会是赢家，哪些会是输家？

b. 无线媒体大力发展后，哪些公司会是赢家，哪些会是输家？

c. 这两个问题的答案对你找工作有什么指导性？

7. 根据你对问题 1～6 的思考和认识，准备一分钟的工作面试陈述，说明基于因特网的在线音频和视频业会有哪些新的发展机会，以此来展现你的创新性思考能力。在课堂上报告你的陈述。

三层构架

几乎所有的电子商务应用都采用了**三层架构**（three-tier architecture），这种架构将用户计算机和服务器分为三个类型或层面，如图 3—20 所示。**用户层**（user tier）包括了计算机、电话和其他终端设备，借助浏览器对网页发申请并进行处理；**服务器层**（server tier）包括运行网站服务器和处理应用程序的计算机；**数据库层**（database tier）包括运行 DBMS 的计算机，DBMS 负责处理 SQL 请求，提取和存储数据。图 3—20 中的数据库层只有一台计算机，有些网站的数据库层会有多台计算机。

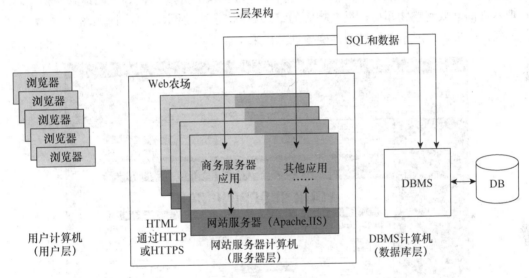

图 3—20　三层架构

在你的浏览器中输入 http://www.REI.com 后，浏览器便会发送一个请求，该请求通过因特网的传递到达 REI 站点上某个位于服务器层的计算机。该请求会根据 HTTP 的规则加以格式化并进行处理（其实，即使你只输入 www.REI.com，浏览器也会自动添加上 http://，表示将遵循 HTTP 规则）。作为对该申请的响应，服务器层的计算机将回传一个**网页**（Web page），网页是按照某种标准页面标记语言进行了编码的文档。最流行的页面标记语言是超文本标记语言（HTML），我们将在后面介绍。

网站服务器（Web servers）是在位于服务器层的计算机上运行的软件程序，负责与客户之间进行网页数据的接收和发送，以此管理 HTTP 通信流。商务服务器是在服务器层计算机上运行的一个应用程序。商务服务器通过网站服务器接收来自用户的请求，执行某种处理行动，再通过网站服务器把响应结果返回给客户。商务服务器的典型功能是从数据库中提取产品数据、管理购物车中的商品、完成结账付款流程。在图 3—20 中，服务器层的计算机中装载了网站服务器程序、商务服务器应用，以及其他非特定用途的一般性应用程序。

为取得较好的绩效，商业性网站往往会配置多个 Web 网站服务器，甚至建立包含很多网站服务器的计算机群，被称为 **Web 农场**（Web farm）。在 Web 农场中，工作负载会在多个计算机之间均衡分配，以最大限度地减少对客户响应的延迟。使众多的网站服务器计算机协调工作是一件复杂的工程，细节不再多讲了。

73

只需这样想就可以了：随着你在网上订单中添加各种各样的商品，为了加快处理速度，添加的订单项会分配给不同的网站服务器计算机分别接收和处理，这必须有协调指挥。

三层架构的运作

要了解三层架构的运作，仍旧回到你喜欢的网上商店站点，把一些商品放到购物车中，再比照图 3—20 分析你的上述做法。当你在浏览器中输入一个地址后，浏览器会发送一个请求给位于该地址的计算机服务器的默认网页。一个网站服务器或许还有商务服务器会处理你的请求，并把默认网页传给你。

当你点击网页查找想要的产品时，商务服务器会访问数据库并提取这些产品的数据，会根据你的选择创建网页，并通过网站服务器把结果回传到你的浏览器上。同时，服务器层的其他计算机可能会处理你的其他一些请求，紧跟你的动作并及时响应。图 3—20 描述了这个流程。

在图 3—19 的页面中，用户可根据 REI.com 网站的引导查询所要的登山装备。为了创建这个网页，商务服务器要访问数据库并提取产品照片、价格、销售折扣（六件以上折扣 5%）、产品信息、相关产品等。

当客户把六件商品放到购物车后，反馈响应的结果如图 3—21 所示。再次回顾图 3—20，设想一下这个结果页面是如何产生的。此时折扣已经被准确地计算出来了。

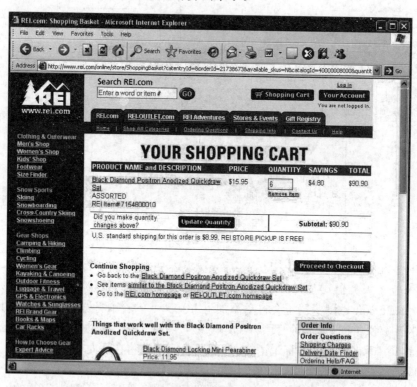

图 3—21 购物车的页面

在顾客确定购买之后，商务服务器程序将启动支付流程、进行库存出货处理、安排配送流程。真的有很强的功能！

本章主要关注技术，因此没有涉及背后的商业流程和这些处理环节的集成问题。简单地说，相应的商业流程非常多，比如找到经销商、订货机制、收货和存储机制、执行订单的领料、装运过程、给客户开账单、管理应收账款和应付账款，等等。

超文本标记语言

超文本标记语言（Hypertext Markup Language，HTML）是设计网页结构和布局时最常用的语言。它借助 HTML **标签**（tag）定义网页上数据元素的显示效果或者其他用途。下述的 HTML 语句是一个典型的头部标签。

<h2> Price of Item </h2>

注意，HTML 的标签都写在尖括号< >内，而且是成对出现的。起始标签用<h2>表示，终止标签用</h2>表示。标签中间的文字是这对标签的值。上面这个 HTML 头部标签的含义是：在网页上采用 h2（二级标题）样式显示文字"Price of Item"。网页创建者会定义 h2 标题的具体样式（字号、颜色等）和其他标签样式。

网页中还会有**超级链接**（hyperlinks），即跳转到其他网页的指针。超级链接含有跳转网页的 URL，它是用户点击超级链接时的寻找目标。URL 可以定位至服务器上的含有超级链接内容的某个页面，也可以定位到其他服务器中的页面。

图 3—22 是一段 HTML 编码示例。标签<h1>是指将定义的文字用一级标题样式显示；<h2>标识了一个二级标题。标签<table>定义了一张表格。标签<a>定义了一个超级链接，这个标签有一个属性，它是决定标签特性的某个变量。不是所有的标签都要设属性，但有些标签要设属性。每个属性都有标准化的名称。超级链接的属性名为 href，它的值就是用户点击该超级链接后跳转显示的网页。本例中用户点击超级链接后返回的页面是 http://www. LearningMIS. com。图 3—22 的编码用 IE 浏览器显示的结果如图 3—23 所示。

```
<h1 class="style4"><span class="style6">Management Information Systems (MIS)</span>:</h1>
<h2>Definition:</h2>
<p> </p>
<table style="width: 100%">
    <tr>
        <td style="width: 177px"> </td>
        <td class="style7" style="width: 133px">Processes</td>
        <td class="style7" style="width: 140px">Information Systems</td>
        <td class="style7" style="width: 134px">Information</td>
    </tr>
    <tr>
        <td class="style1" style="width: 177px">Create</td>
        <td class="style8" style="width: 133px">XX</td>
        <td class="style8" style="width: 140px">XX</td>
        <td class="style8" style="width: 134px">XX</td>
    </tr>
    <tr>
        <td class="style2" style="width: 177px">Monitor</td>
        <td class="style8" style="width: 133px">XX</td>
        <td class="style8" style="width: 140px">XX</td>
        <td class="style8" style="width: 134px">XX</td>
    </tr>
    <tr>
        <td class="style3" style="width: 177px; height: 28px">Adapt</td>
        <td class="style8" style="width: 133px; height: 28px">XX</td>
        <td class="style8" style="width: 140px; height: 28px">XX</td>
        <td class="style8" style="width: 134px; height: 28px">XX</td>
    </tr>
</table>
<p> </p>
<p><a href="http://www.LearningMIS.com">Link to Class WebSite</a></p>

</body>
```

图 3—22　HTML 编码示例

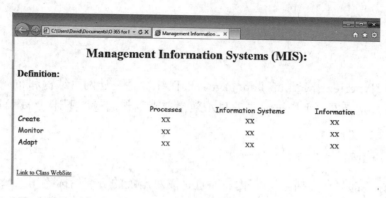

图 3—23　HTML 在浏览器中的显示

XML、Flash、Silverlight 和 HTML5

　　HTML 作为万维网的主力编辑已超过了 15 年。但是它有不少缺陷和局限性，后来出现的较新技术解决了这些问题。**XML**（eXtensible Markup Language，可扩展标记语言）也是一种标记语言，它克服了 HTML 中存在的一些缺陷，常常用来编辑网页之间不同程序间的交互内容。**Flash** 是 Adobe 公司开发的一种浏览器插件工具，在浏览器上展示动画、影片和其他复杂图形时非常有用。**Silverlight** 是微软公司开发的一种浏览器插件，与 Flash 的用途一样。Silverlight 的技术比较新，功能也比 Flash 强，但是普及应用程度不及 Flash。最后，HTML5 是 HTML 的新版本，也能支持动画、影片和图形。

　　几乎所有的专家都看好 XML，认为它会继续成为万维网程序交互中挑大梁的最重要的技术。还有人提出 HTML5 将会替代标准的 HTML 和 Flash，甚至还会替代 Silverlight。

问题6　组织如何从虚拟专网（VPN）中获益？

　　虚拟专网（virtual private network，VPN）是利用因特网创建的、貌似专用性的点对点连接。在 IT 领域，**虚拟**（virtual）这个词被用来描述某种看似存在而实际并不真实存在的东西。这里，VPN 使用了公用的因特网建立起看似私用的专网连接。

　　一个典型的 VPN。图 3—24 展示了一种建立 VPN 以连接远程计算机的方法，比如某位出差到迈阿密的员工入住饭店后要连接到芝加哥的局域网上办公。这个远程用户是 VPN 客户机，该客户机首先要连入因特网。如图所示，他可以通过访问当地的 ISP 来连接；也可以通过饭店连接，有不少饭店都可以直接连入因特网。

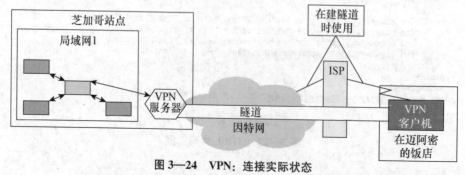

图 3—24　VPN：连接实际状态

无论用哪种方式，一旦连入了因特网，远程用户计算机中的 VPN 软件就可以访问位于芝加哥的 VPN 服务器。VPN 客户机和 VPN 服务器就能建立连接。这个连接也被称为隧道，是一个在公用道路上开辟的、虚拟的私用通道，成为 VPN 客户机和 VPN 服务器专享的网络连接。与远程用户的连接从虚拟表象上看将如图 3—25 所示。

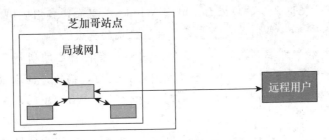

图 3—25　VPN：连接表象状态

即便利用的是公用的因特网，VPN 通信也具有安全性。为了保证通信的安全性，VPN 客户机软件会先对原始消息做编码加密（参见第 12 章），以防止其内容被他人窥探。然后再把 VPN 服务器的地址附在该消息上，将消息打包后通过因特网传递给 VPN 服务器。VPN 服务器收到消息后会先去掉前端的地址数据，然后给加密过的消息解密，把转换后消息明文传给原设的局域网地址。用这种方式就可以借助公用的因特网安全地传递私密的消息。

点对点的 VPN 专线租赁有很多好处，无论是员工还是在 VPN 服务器上注册的其他用户都可以实现远程访问。比如，如果客户和经销商都成为 VPN 服务器的注册用户，就可以从其各自的站点使用 VPN。图 3—26 中展示了三条隧道：一条隧道支持亚特兰大站点和芝加哥站点之间的点对点连接，另外两条隧道支持远程访问连接。

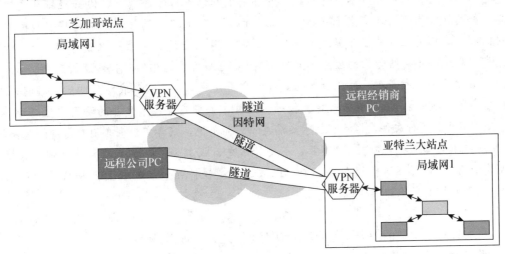

图 3—26　VPN：多连接的表象状态

伦理问题讨论

折腾和烧钱

某位匿名人士，暂且称他为马克，是这样来谈计算机等技术设施的：

"我从来不对自己的系统做更新，至少我努力不去看它。我的工作只是写备忘录和查看电子邮件，并没有其他的事要做。我在用微软的 Word，但是我用到的所有功能在 20 年前的 Word 3.0 中就已经存在了。这个产业说穿了就是在来回地'折腾和烧钱'：他们花样翻新地不断折腾自己的产品，我们跟着烧自己的钱。"

"就说这种速度高达 3.0GHz 的处理器和大到 500GB 的硬盘吧，谁需要这么高档的东西呢？反正我本人并不需要。如果不是微软自己把这么多的垃圾都塞到了 Windows 里面，我们会仍旧沿用很清爽的英特尔 486 处理器，就像我 1993 年用的一样。我们是被牵着鼻子往坑里跳的冤大头。"

"坦率地说，我觉得软件和硬件经销商在合谋骗钱。它们都想把自己的新产品卖出去。所以，搞硬件的人做出了具有难以置信的高速度的巨型计算机。基于这种超强能力，搞软件的人继而开发出臃肿无比、充斥着废物功能的超级笨重的软件。我得花上好几个月的时间才能了解 Word 中的所有功能，到头来却发现这些功能根本就没啥用。"

"想要明白我所说的是什么？不妨打开 Microsoft Word，点击'视图'，选择'工具栏'。我的 Word 版本中有 19 个可选工具栏，外加一个"自定义"选项。为什么要设多达 19 个工具栏选项呢？我不过是用 Word 来写东西，只会勾选两个工具栏：常用和格式，只用了十九分之二！我可以按 Word 价格只付 2/19 给微软吗？因为我想用的只有这么点功能。"

"看看它们给我们的是什么吧。因为我们生活在彼此互联的网络世界，当然并不是每个人都会用到这 19 个工具选项，但总有某个人会用的。举个例子吧，比如布里吉特法官喜欢使用'审阅'功能，她当然希望我和她传递合同草稿时最好也用了审阅功能。所以呢，当我和她做文档交流时，我也必须勾选'审阅'选项。你们看明白是怎么回事了吧：只要有一个人使用了某项功能，在互联的世界里，咱们所有人就不得不都拥有该项功能。"

"病毒是它们最好的伎俩之一。它们是这么说的，你必须购买最新的、功能最强的软件，然后打上所有的补丁，你才能够保护自己的计算机不被计算机界的坏蛋们算计。仔细想想看，假如经销商首次推出的就是正确的好产品，那些坏蛋们哪里还有空子可钻呢？而它们为了赶上好的销售时机不惜将有缺陷的产品抛了出来，结果，它们却让我们关注病毒而不是这些产品的缺陷。事实上它们应该这么说才对，'请购买我们最新的产品，以免受到我们去年卖给你们的垃圾产品的侵害'。可惜广告真相的时代远没有到来。"

"除此之外，病毒是联网传播的，所以最大的敌人其实是用户自己。假如我凌晨四点醉醺醺地在大街上晃，包里还放着大捆钞票，会发生什么事呢？我会被抢劫。同样，如果我在某个怪异的聊天室里瞎逛，比如色情聊天室之类的，又去下载和运行文件，当然就会感染病毒了。简单说，病毒完全来自用户自身的愚蠢行为。"

"总有一天用户们会觉醒并且疾呼，'够啦，不要什么更新版本……不要更新的垃圾邮件。我就要自己现有的东西，谢谢啦'。或许现在这已经在发生了，或许这就是软件销售的增长大不如从前的原因，或许人们最终会喊出来，'别再增加什么工具选项了！'"

讨论题：

1. 概括马克对计算机产业的抨击，他的说法有无可取之处？理由是什么？

2. 他的这番言论有什么逻辑上的漏洞？

3. 有人说这类言论都是胡言乱语：马克想怎么说就怎么说，而计算机产业该怎么发展还怎么发展。你认为马克的批评言论真的一无是处吗？

4. 评论马克的这种说法——"病毒完全来自用户自身的愚蠢行为"。

5. 所有软件产品都有缺陷。Microsoft、Adobe 和 Apple 公司都会在明知产品有缺陷的情况下发布软件。它们这样做不道德吗？软件经销商是否负有道义上的责任，应该对外公布其软件产品存在的问题？这些企业是如何保护自己，从而不至因软件现有缺陷引发了不良后果而被起诉的？

6. 假定某供应商许可推出的软件产品存在已知的和未知的缺陷。供应商一旦发现了未知缺陷，是否负有道义上的责任去将缺陷告知用户？供应商是否负有道义上的责任去修复此问题？软件供应商升级新版软件时让用户付费，不过是用新版来纠正旧版中的毛病，供应商这样做道德吗？

复习题

复习题用来帮助学生检测对本章知识的掌握程度。你可以先读完本章的全部内容，然后去完成所有的复习题；也可以读完与题目相关的内容后立即去做复习题，做完一道再做另一道。

问题 1　对于计算机硬件，商务人士需要了解些什么？

对硬件进行分类并说明每一类的用途；定义位和字节，说明为什么用位来表示计算机数据；说明表示存储容量大小的字节单位的定义；概括说明计算机是如何工作的，说明商务人士如何使用这些知识；说明为什么使用计算机的时候要不断地及时保存文件。

说明客户机和服务器的作用以及这两类计算机在硬件需求上的差异。给出服务器农场的定义，描述服务器农场中的技术舞蹈。

问题 2　对于软件，商务人士需要了解些什么？

解释图 3—7 的表格，说明每个单元格的含义。明确软件所有权和软件许可证之间的区别，说明水平市场的应用、垂直市场的应用和独树一帜的应用软件之间的区别，描述组织用来获得软件的三种不同方式。

给出客户机—服务器应用的定义，说出它与 Adobe Acrobat 这类应用有什么区别。说明瘦客户端和胖客户端之间的差别，以及它们各自的优点和缺点。说出你们手中的移动设备所采用的操作系统的名称，指出该设备上采用的一个胖客户端。

说出三个成功的开源项目的名称，以及程序员们愿意支持开源项目的四个原因。给出开源、闭源、源代码和机器码的定义。用你们自己的话解释，为什么说开源是一种合法的选择，但对某些应用来说可能不合适。

问题 3　目前的计算机网络有哪些类型？

给出计算机网络的定义，说明局域网、广域网、互联网和因特网的区别；说明网络协议的用途；说明局域网的关键特征是什么。解释图 3—13 中每个组件的作用，说明什么是 IEEE 802.3 和 802.11 以及二者的区别是什么。解释为什么通过 ISP 连接的是广域网而不是局域网。说出某 ISP 的三个功能。说出连入因特网的三种不同方式，说明 DSL、有线网和无线 WAN 方式的区别。

问题 4　对于因特网，商务人士需要了解些什么？

解释"因特网是个互联网"这个说法。给出 TCP/IP 的定义，说出其中各个层次的名称，简要说明每个层次的作用。说明 HTTP、HTTPS、SMTP 和 FTP 的用途是什么，解释为什么 TCP 能提供可靠的互联网传输。说出 IP、包和路由器的定义；说明为什么 IP 可用来提供互联网路由，说明私有的及公有的 IP 地址所具备的优点。说明局域网设备都有哪些用途。简要说明取得域名的方法，说明域名和公共 IP 地址之间的关系。说明什么是 URL。

问题 5　典型的网站服务器会做些什么？

说明什么是网上商店。定义三层架构，说明每层的名称和含义；说明 Web 网页、网站服务器和商务服务器的用途；说明 Web 农场的作用。解释图 3—20 中每个层次的功能，说明它如何处理图 3—19 和图 3—21 的应用。定义 HTML 并说明其用途；说明什么是 href 及其属性；说明 XML、Flash、Silverlight 和 HTML5 的主要用途。

问题 6　组织如何从虚拟专网中获益？

说明 VPN 能够解决什么问题。借助图 3—26 说明建立 VPN 的一种方法。说明隧道的概念。解释加密方式在 VPN 中是如何使用的。说明 Windows 用户使用 VPN 为什么不需要许可证或安装其他软件。

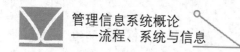

概念及术语

10/100/1000 以太网	无线接入点（AP）	应用软件
二进制数字（比特）	蓝牙	字节
线缆调制解调器	中央处理器	客户机
客户机—服务器应用	闭源	云计算
定制开发软件	数据库层	数字用户线路
域名	DSL 调制解调器	双核处理器
以太网	E 字节（约 10^{18}）	文件传输协议（FTP）
Flash	G 字节（约 10^{9}）	硬件
横向市场应用	HTML（超文本标记语言）	HTTP（超文本传输协议）
HTTPS（超文本传输安全协议）	超级链接	ICANN（因特网名称与数字地址分配机构）
IEEE 802.11 协议	IEEE 802.3 协议	输入硬件
因特网	因特网服务商	iOS
IP 协议（因特网协议）	IP 地址	IPv4
IPv6	K 字节（约 10^{3}）	LAN 设备
许可证	Linux	局域网（LAN）
Mac OS	机器码	主存储器
M 字节（约 10^{6}）	内存交换	网络
网卡（NIC）	非易失性的	操作系统（OS）
光缆	输出硬件	包
P 字节（约 10^{15}）	私有 IP 地址	协议
公有 IP 地址	RAM（随机存储器）	路由器
服务器农场	服务器层	服务器
Silverlight	小型办公室或家庭办公室（SOHO）	SMTP（简单邮件传输协议）
源代码	交换机	标签
TCP（传输控制协议）	TCP/IP 架构	T 字节（约 10^{12}）
胖客户端	瘦客户端	三层架构
Unix	无屏蔽双绞线（UTP）	URL（统一资源定位器）
用户层	纵向市场应用	虚拟
虚拟专网（VPN）	易失性的	无线 WAN
万维网（Web）	Web 农场	网页
网站服务器	广域网（WAN）	WiMax
Windows	无线网卡	XML（可扩展标记语言）

知识拓展题

1. 软件开发网络（MSDN）学术联盟（AA）的高校大学生们可以免费从微软公司获得一些软件的许可

证。如果你们所在的学校身为此项目的会员，你们就有机会免费得到一些价值几百美元的软件。包括下面一些软件：

- Microsoft Access 2010；
- OneNote；
- Expression Studio；
- Windows 2008 Server；
- Microsoft Project 2010；
- Visual Studio Developer；
- SQL Server 2008；
- Microsoft Visio。

a. 查询网站：www.microsoft.com、www.google.com 或 www.bing.com，确定所有这些软件的功能。

b. 这些软件中哪些是操作系统，哪些是应用软件？

c. 这些软件中你今天晚上准备下载和安装哪个？

d. 你或者下载并安装选中的软件，或者解释你为什么不准备下载和安装。

e. MSDN AA 是否不公平地给微软提供了优势？理由是什么？

2. 假定你在 FlexTime 上班，尼尔请你帮助分析该选哪个软件，还让你准备一份列表。概括下述三种瘦客户端应用方案的优缺点：

i. FlexTime 用自己的服务器运行开源软件；

ii. FlexTime 用自己的服务器运行有许可证的授权软件；

iii. FlexTime 用云方式运行有许可证的授权软件。

a. 说明你会用哪些标准来比较这几种方式的优劣。

b. 概括每个方案的优缺点，暂时不考虑具体的成本、性能和功能。

c. 除了 b 中暂不考虑的因素外，为了用 a 中的标准进行评价，列举并描述你还需要获得哪些具体的数据。

d. 如果你把上述从 a 到 c 的答案给尼尔，会对他有帮助吗？你这份答案的价值何在？

3. 假设你在某小企业中管理一个有七位员工的团队，每个人都要连入因特网。有两个不同的连网方案。方案 A：每位员工都用调制解调器分别连入因特网；方案 B：员工们的计算机形成一个局域网，用一个调制解调器去连网。

a. 作图描述这两个方案所需的设备和线路。

b. 说明在每个方案中你需要采取什么行动。

c. 这两个方案中你会推荐哪个？

4. 假定你参与了这样一个实习项目，要为学校的互助会和联谊会建一个局域网（LAN）。

a. 考虑互助会所在的建筑场所，说明局域网如何联通该场所中每个地点的计算机。你会采用以太网或 802.11 LAN，还是两者都采用？说明你的理由。

b. 虽然本章并没有告诉你该如何决定互助会所需的交换机的台数，但请笼统地说明，该如何用多交换机系统来组网。

c. 在因特网的接入上，该推荐互助会采用 DSL、线缆调制解调器，还是无线 WAN？虽然基于现有知识你可以选出一个方案，但真要提出具体建议，你还需要知道哪些细节？

d. 应该开发一个标准化的软件方案给每个客户吗？标准化解决方案的优点是什么？缺点有哪些？

5. 考虑 FlexTime 对网络基础设施的需求，尼尔准备仔细地审查 17.5 万美元的网络建设方案的每一条，尽可能地砍掉一些设备和服务项目。同时，FlexTime 所在的大楼正在改造，一些墙面也将打开，这是铺设

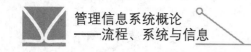

电缆并布置其他将会用到的设备的最好时机。

假设尼尔的任务由你来做，你该怎么做？仅凭有限信息无法具体分析该项目，因此只需回答下面的几个问题，这些问题都是尼尔在做分析时必须要做的事。

a. 描述 FlexTime 用有线方式建局域网所用的设备。

b. 描述 FlexTime 用无线方式建局域网所用的设备。

c. 描述客户用无线方式连入 FlexTime LAN 所用的设备。

d. 尼尔（和你一起）需要制定一个未来计划。你们的上述回答（a 到 c）未来五年会有什么变化？未来 10 年呢？

e. 对于确定一个容纳 50 辆自行车的房间对无线设备的需求，描述其流程。

f. 利用本章学到的知识，列出改建大楼时 FlexTime 所需的所有设备和布线需求。因信息不足，暂不考虑具体品牌或设备型号。

g. 假设尼尔收到了三个不同的网络建设投标，他是否该选择投标价最低者？理由是什么？尼尔该用什么流程去分析这三个投标？

协作练习题 3

找几个同学一起完成下面的作业。这部分练习不要用面对面交谈的方式去做，采用 SharePoint、Office 365、Google Docs 及 Google＋等类似的协作应用工具会更容易完成（参阅第 9 章）。最终的结论要反映出团队的整体意见，而不是一两个人的见解。

考虑信息技术技能及你们的父母、亲属、朋友和其他婴儿潮这一代人*的需求。或许你们自己并未意识到，但你们拥有了那一代人想有却没有的许多技能。你们知道如何编辑文本，知道如何从 iTunes 上下载音乐，知道如何在 eBay 上买东西、卖东西，知道怎么用 Craigslist**、怎么用 PDA、怎么用 iPhone 等。或许你还懂怎么使用你们家汽车上的导航系统。

1. 想一想你们所了解的婴儿潮，通过团队讨论，看看你们每个人都掌握了什么独特的技能。包括上面讲过的这些技能和其他人想到而你们也会的东西。如果你们还没看过课堂分组练习，就马上读一遍。最后做个汇总，列出团队掌握的所有技能。

2. 通过访谈、调查、聊天等，同你们的父母及其他婴儿潮时代的人讨论上面这些技能，看他们没有掌握的技能中哪五项最令他们沮丧却最为重要。

3. 婴儿潮市场意味着金钱和时间，但是他们对信息技术的需求却并不尽如人意，那代人并不喜欢信息技术。

和团队成员一起讨论，应该向这些人提供什么产品才能够解决婴儿潮一代对技术的无知。比如你们可以制作一个当今技能的视频，或者提供 Microsoft Home Server（家庭服务器）的计算机配置咨询。开动脑筋尽可能设想得具体些，你们至少要提出五个不同的产品概念。

4. 制作销售材料来介绍你们的服务，说明它们的益处以及为什么你们的目标客户要购买这些产品，试着向朋友和家人推销你们的销售设计。

5. 你们概念的可行性如何？你们觉得可以凭这些产品去赚钱吗？如果是的话，做一个大致的实施计划。如果不成，请找出原因。

---

* 指第二次世界大战后到 20 世纪 60 年代初出生的人。——译者注

** Craigslist 是全球知名的分类信息网站。——译者注

案例研究 3

追随无线技术的趋势

在整个 IT 领域中，数据通信技术即使不是变动最快者，也是变动速度最快的技术之一。你们从本章中学到的绝大部分知识在你们工作五年之内就会过时，但遗憾的是我们尚不清楚过时的究竟会是哪些。

以无线广域网技术为例，目前有三个协议标准在竞争：EVDO、HSDPA 和 WiMax。由于 WiMax 的潜在绩效最大，我们将在本案例中主要介绍这种技术。

20 世纪 80 年代初，克雷格·麦考（Craig McCaw）建立了世界上最早的蜂窝网络之一，并将移动电话带给了公众。20 世纪 90 年代他以 115 亿美元的价格将公司卖给了 AT&T。2003 年麦考建立了一家新的合资企业 Clearwire，购买了基于 WiMax 的技术授权来解决所谓的"最后一公里"问题。WiMax 能够战胜其他的无线 WAN 技术吗？我们还无从判断。但是，当麦考这样一个具备极为丰富的知识底蕴、经历和财富的人，基于此项新技术开创了一家新企业的时候，我们就需要对该技术刮目相看了。

我们先来谈谈，什么是最后一公里问题？最后一公里就是数据通信进入家庭和小企业时遇到的瓶颈。高速光纤传输线路就铺设在你的公寓或办公室门前的街道下面，但问题是无法让此高速能力进入建筑物内，连到你的计算机或者电视机中。把每户居民、每家小企业门前的街道和院落挖开，把光缆埋进去是一项难以承受的艰巨任务。即使能够做成，这种技术基础设施也无法用来支持移动设备。人们在通勤火车上就无法用光纤网在线下载电影。

WiMax 的标准是 IEEE 802.16，许多企业都可以实施，但是这些企业必须拥有用来进行数据传输的无线频率。因此，感兴趣的人们喜欢麦考和 Sprint 这样的移动公司。WiMax 的标准包括两个应用模式：固定的和移动的。前者类似于现在的无线局域网，其移动接入方式允许用户来回走动，就像使用手机一样一直保持着连接。

2008 年 12 月 1 日，Clearwire 和 Sprint Nextel 合并，得到了 32 亿美元的外来投资。在合并过程中，Clearwire 获得了 Sprint Nextel 把持的频谱（即使用某些蜂窝信号频谱的授权）。合并后的公司叫做 Clearwire，所销售产品的名称为 Sprint Xohm。

Clearwire 已经在许多城市提供固定通信服务。到 2012 年 6 月，移动 WiMax 服务只在某些城市中可用，但将来按计划会很快覆盖更多的城市。

讨论题：

1. 指出 WiMax 五个潜在的商业化应用项目，这些应用必须具备移动性。

2. 评价上述这些潜在应用，选出三种最具前景的项目，说明选择的理由。

3. Clearwire 于 2007 年 3 月公开上市，初始股价为 27.25 美元。到 2010 年 10 月，股价仅为 6.5 美元。上网了解该公司股价出了什么问题，解释其股价下跌的原因。

4. AT&T 公司和 T-Mobile 公司已经同意支持 HSDPA，但是它潜在的最大传输速率没那么高。这些公司没有加入 WiMax 的阵营，而是计划采用另外一种技术，叫做长期演进（LTE）。上网搜索 LTE 和 WiMax，对这两种技术进行比较和对照分析。

5. 结果会是什么？你愿意给这些技术中的哪些投资 1 亿美元？为什么？

第4章
数据库的处理

卡特·杰克逊站在学校体育联盟的柜台前。这个柜台就是第2章开篇案例中的那个柜台。

"这是怎么回事?"卡特指着他的学生账户账单,询问柜台前的接待人员杰里米·贝茨(Jeremy Bates)。

"怎么啦?"现在是下午2:30,杰里米还是睡眼惺忪的。

"看这个账单……187.78美元。这笔费用怎么来的?在我上个月的学校账户里。"

"我也不清楚。你在这里买什么东西了吗?"杰里米揉了揉眼睛。

"没有,我完全不知道这是什么费,我的生活费不宽裕,得把这事搞清楚。"

"好吧,我查查看。给我你的ID卡。"

"上次就是这样,我被告知欠费,但我根本就没欠费。"

"那可不是我干的……我之前根本没见过你啊。"杰里米不喜欢这样的气氛,而且是在他今天刚开始工作的时候。

"当然啦,这不是你说的,但是去年秋天站在这儿的柜员说的。"

"好吧。但是这次,好像你借了足球装备没还吧,所以收了187.78美元。"

"你说什么?我应该是要等到季末再还的,还有3个星期呢!"

"不是指今年借的,是去年借的那些。"杰里米真希望自己还在睡觉。

"但我去年不是教练,去年是别人当教练。"卡特觉得事情不妙。

"可这里不是这样说的。这里只显示你是直升机球队的教练……对了,周六踢得不错啊,真没想到你们能出线的,还有你的守门员怎么样了啊?"杰里米想使卡特冷静下来。

"她很好，虽然受伤了，但是没问题。你看，我今年做了直升机队的教练，但去年不是我。"

"也许你说的对，我也不知道。但这里显示的信息就是：直升机队教练，卡特·杰克逊。你自己过来看看吧。"

卡特看着杰里米的显示屏。

"好吧，那么哪里说我欠费 187 美元？"

"这里没说……在另一份报表里有。但是看这里，2010 年你借了足球和球衣，一直就没有还。"

"我没借过，2010 年我在新西兰呢！"

"嗯，但是你的球队借了。"

"你们就没有其他的系统可以查，看看那时的教练是谁吗？"

"据我所知没有。实话告诉你吧，你不是第一个抱怨这事情的人了。"杰里米觉得这事情太麻烦了……或许周二晚上不应该太晚睡，特别是需要上班的时候，"留下你的姓名，之后会有人再联系你的。"

"你已经知道我的姓名了，屏幕上就是啊。"卡特真不知道这些人是从哪里找来的。

"哦，是啊。"

"但是不能让我这么等着，这个问题必须马上解决。我不想再节外生枝了。"

"好吧，我去看看道恩在吗。"

体育联盟经理道恩·詹金斯（Dawn Jenkins）走了进来。跟杰里米完全不同，她精力充沛，非常热情。

"你好，杰里米，出什么事情了？"

"这儿说我欠费 187 美元，不止，接近 188 美元了，并说我去年没有归还足球装备，"卡特迫不及待地说。

"是啊，你应该归还所有的装备啊……"道恩用她标准的腔调回答。

"但是我去年并没做球队教练，"卡特插话。

"哦，又是这事儿。我知道了。"她有点泄气。"问题就在这里，这个电脑没有告诉我们去年的教练是谁，但它却清楚地记得球队去年借的足球装备还没有还呢。你认识去年的教练吗？"她怀着希望问道。

"是弗雷德·迪灵翰（Fred Dillingham），他毕业了。"

"哦，天哪，那得把我们的装备还回来啊。"

"事情是这样的，道恩，我从来没见过这个人，只听说他是个不错的教练。但他已经离开了。我不清楚他在哪儿，也不可能把他叫回来还你们装备。你们为什么没有在他走之前跟他要账呢？"卡特心里想，"这些人真是白痴。"

"其实，我们这儿出了点儿小状况。通常每年都是玛丽·安妮（Mary Anne）来做报表的，她当了妈妈不来上班了，没人知道该做个遗失装备清点报告。"

"那为什么把欠费算我头上呢？"

"这是我算了半天，上个月才生成的清点报告。"

"道恩，你这简直是瞎算账。"

"那我们怎么办？我们需要重新购买那些遗失的装备啊。"

简 介

显然，体育联盟存在管理问题，至少在流程上是有问题的。体育联盟的一个工作人员做了母亲不应该导致遗失装备清单做不出来。体育联盟的管理者把员工——玛丽·安妮和业务流程中的角色（role）搞混淆了，我们在第 5 章至第 8 章中会关注这个问题。

现在，我们关注的是他们数据库中的问题。有些部分不是十分正确，数据库中至少应当包含以往教练的姓名。但是他们该怎么改变呢？我们会在本章的问题 7 中加以关注。

首先可以这么说，在各种规模的企业中，将数据记录组织到一起所构成的集合就称为数据库（database）。一方面，很小的公司会利用数据库来跟踪客户；另一方面，像戴尔（Dell）和亚马逊（Amazon.com）这样的巨型企业也会用数据库来支持复杂的销售、营销和运营活动。在通常情况下，数据库在像 FlexTime 这样的企业运营过程中是至关重要的部分，但是往往缺乏经过培训的、有经验的员工来承担数据库管理和支持工作。为了获得自己所需的独特查询结果，尼尔需要在数据库的访问和使用中具备较强的创造性和适应性。

本章讨论数据库处理的目的、内容和方式。我们将首先介绍数据库的用途，然后解释数据库系统的重要构成元素，随后简要介绍数据库系统的创建过程，再对你们作为数据库系统未来用户的角色特点进行概括。

在数据库的应用开发过程中用户的角色十分重要。特别需要指出的是，数据库的结构和内容完全取决于用户对自己企业业务活动的认识。建立数据库时，开发人员要根据这种认识，采用一种叫做实体—联系模型（E-R 模型）的工具来构建数据模型。你们需要理解并看懂这种模型，因为在根据你们的需求开发系统时，开发团队往往会让你们来确认模型的正确性。最后，我们将说明各种数据库管理任务。

本章将聚焦数据库技术，我们只考虑数据库的基本元素及功能。在第 11 章中，你还会学到数据库报表和数据挖掘的知识。

问题 1   数据库的用途是什么？

数据库的目的是要记录事物。大多数学生可能会这么想，为什么我们需要一种特殊的技术来完成这样简单的任务？为什么不能仅仅用一个列表来记录？如果列表太长，可以用电子表来完成。在现实中，很多专业人员都是使用电子表来记录事务的。如果列表的结构足够简单，就没有必要采用数据库技术。例如图 4—1 的学生成绩单用电子表就可以做得很好。

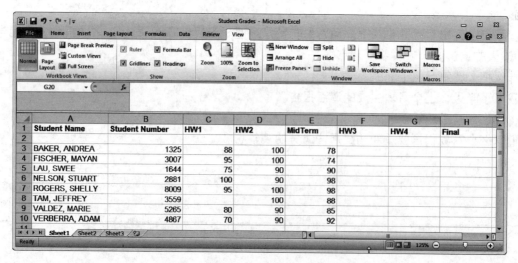

图 4—1   电子数据表形式的学生成绩单

但是，假设教授想要保留的不仅仅是成绩，例如他还希望记录电子邮件信息，或者是同时记录电子邮件和办公室答疑情况，那么在图 4—1 中就没有位置来记录这些附加数据了。当然，教授可以另外建立两个独立的电子表来记录电子邮件信息和答疑情况；但是这种笨办法用起来非常麻烦，因为它没有把所有的数据都放到一起。

其实，教授需要的是一个如图 4—2 所示的表单。教授可以用这一张表单记录学生的成绩、电子邮件和答疑等数据。要用电子表制作如图 4—2 所示的表单即使可以做出来，也是很复杂的，但是用数据库来制作这种表单则易如反掌。

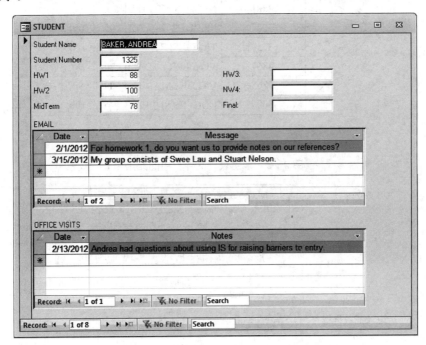

图 4—2　学生数据表单，数据来自数据库

图 4—1 与图 4—2 之间最重要的差别在于，图 4—1 中的数据仅涉及单一主题或概念，仅仅包含学生成绩；而图 4—2 涉及了多个主题，有学生成绩、学生电子邮件和学生答疑情况。通过这个例子我们可以得到一般性的规则：涵盖单一主题的数据列表可以用电子表保存，涵盖多个主题的数据列表需要数据库。下面我们还将对此一般原则做进一步介绍。

问题 2　数据库的内容有哪些？

数据库（database）是集成记录的自描述集合。为了理解这个定义中的术语，你们需要首先理解图 4—3 中出现的词语。如第 3 章所言，**字节**（byte）指一个数据字符。在数据库中，许多字节组成了**数据列**（column），如学生编号（Student Number）和学生姓名（Student Name）。数据列也称为**字段**（field）。多个数据列或字段组成了**数据行**（row），数据行也称为**记录**（records）。在图 4—3 中，所有列数据（学生编号、学生姓名、HW1、HW2、期中成绩）的集合称为一个数据行或者一条记录。最后，一组相似的数据行或记录称为**表**（table）或者**文件**（file）。根据这些定义，可以得到如图 4—4 所示的数据元素的层级结构。

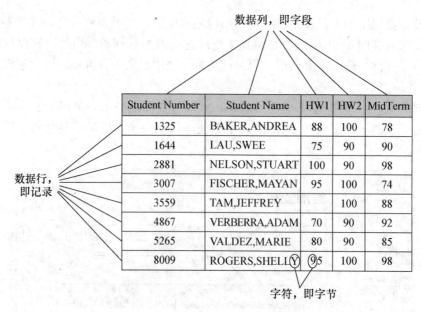

图4—3　学生表（文件）中的元素

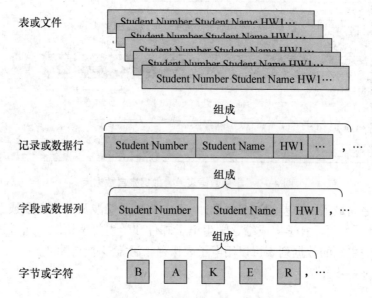

图4—4　数据元素的层级结构

若沿用上面逐级组合的过程思路，似乎可以把数据库称为表或者文件的集合。尽管这样说没什么错，但是远远没有抓住要害。如图4—5所示，数据库是由许多表、表中数据行之间的关系以及用来描述数据库结构的、被称为元数据的特殊数据组成的集合。另外，图4—5中标有"数据库"的圆柱符号代表了计算机硬盘驱动器，在图中通常这样画是因为数据库一般是存储在磁盘上的。

图4—5　数据库的内容

数据行之间是什么关系?

看一下图 4—5 左侧的术语,就可以知道什么是表。通过图 4—6 可以理解"表中数据行之间的关系"是怎么回事。图 4—6 由来自电子邮件表(Email Table)、学生表(Student Table)和答疑表(Office _ visit Table)这三张表的示例数据构成。在电子邮件表中有学生编号这一列,正是这一列将学生表和电子邮件表这两张表联系了起来。在电子邮件表的第一行中,学生编号列的值为 1325,说明这封电子邮件来自学生编号为 1325 的学生;在学生表中又可以从学生姓名为 Andrea Baker 的行中看到这个值;因此电子邮件表中的第一行也就与 Andrea Baker 建立了关联。现在来看图底部的答疑表的最后一行,该行的学生编号取值是 4867,根据这个值可以找到此行数据是属于 Adam Verberra 的。

电子邮件表

邮件编号	日期	内容	学生编号
1	2/1/2012	For homework 1,do you want us to provide notes on our references?	1325
2	3/15/2012	My group consists of Swee Lau and Stuart Nelson.	1325
3	3/15/2012	Could you please assign me to a group?	1644

学生表

学生编号	学生姓名	HW1	HW2	期中成绩
1325	BAKER,ANDREA	88	100	78
1644	LAU,SWEE	75	90	90
2881	NELSON ,STUART	100	90	98
3007	FISCHER,MAYAN	95	100	74
3559	TAM,JEFFREY		100	88
4867	VERBERRA,ADAM	70	90	92
5265	VALDEZ,MARIE	80	90	85
8009	ROGERS,SHELLY	95	100	98

答疑表

访问编号	日期	内容	学生编号
2	2/13/2012	Andrea had questions about using IS for raising barriers to entry.	1325
3	2/17/2012	Jeffrey is considering an IS major.Wanted to talk about career opportunities.	3559
4	2/17/2012	Will miss class Friday due to job conflict.	4867

图 4—6 数据关系实例

通过这些实例,我们知道利用数据表中的值可以使这张表中的行与另外一张表中的行建立关联。这些概念可以用几个专业术语来表述。**关键字**(key)(也称为**主键**,primary key)是在表中标识出唯一数据行的数据列或列的组合。学生表中的关键字是学生编号,也就是说,给定一个学生编号的值,就能够在学生表中找到一个数据行并且只能找到一行,例如只有一个学生的编号是 1325。

每个表都必须有关键字。电子邮件表的关键字是邮箱编号(EmailNum),答疑表的关键字是访问编号(VisitID)。有时候需要多个数据列才能对记录做唯一标识。例如在城市表中,关键字可能是数据列的组合(城市,州),因为不同州中的城市可能会重名。

学生编号在电子邮件表和答疑表中并不是关键字。在电子邮件表中有两行的学生编号值都是 1325,也就是说,1325 这个值无法标识出唯一的数据行,学生编号就不能做电子邮件表的关键字。尽管在图 4—6 中看不出来,但是学生编号也不是答疑表的关键字。对此你们不妨好好想一下,一个学生完全可以多次去找教授答疑。如果学生找了老师两次，在答疑表中就会有两行数据有同样的学生编号值。图4—6所示的数据刚好没有多次造访的学生只不过是碰巧罢了。

然而，学生编号的确是一个关键字，只不过是另一个表（学生表）的关键字。因此，学生编号在电子邮件表和答疑表中被称为**外键**（foreign key）。之所以这样称呼是因为此数据列是其他外部表的关键字，而不是本表的关键字。

说到这里做个归纳，以表的形式保存数据并通过外键表示相互关系的数据库称为**关系型数据库**（relational databases）。［之所以用"关系型"这个词，是因为我们所讨论的"表"的正规称呼其实是"**关系**"（relation）。］过去还有非关系型数据库模式，现在已几乎绝迹了，你们根本没有机会接触非关系型的表，我们也就不再讨论这种情况了。①

元数据

根据数据库的定义：数据库是集成记录的自描述集合。记录是集成的，恰如前文所述，可以根据关键字或外键的关联将数据行连接在一起。但是，自描述又是什么意思呢？

自描述是指数据库内部包含对其自身内容的描述。以图书馆为例，图书馆就是书籍和其他文献资料的自描述集合。图书馆的自描述是说它总是有目录来描述图书馆的内容。数据库也是同样道理，说它自描述是因为它不仅仅包含了数据，同样还有描述数据库内数据的数据。

元数据（metadata）就是指那些用来描述数据的数据，图4—7展示的是电子邮件表的元数据。元数据的格式依处理数据库的软件产品而定。图4—7中的元数据是在 Microsoft Access 中的样式。表单顶部的每一行是对电子邮件表中一个数据列的具体描述。这些描述包括好几列，有字段名称（Field Name）、数据类型（Data Type）和说明（Description）。字段名称指表中数据列的名称，数据类型指数据列中数据的类型，说明用来记录数据列的来源或用途等。正如你所看到的，元数据中的每一行分别与电子邮件表中的四个数据列相对应：邮箱编号（EmailNum）、日期（Date）、信息（Message）和学生编号（Student Number）。

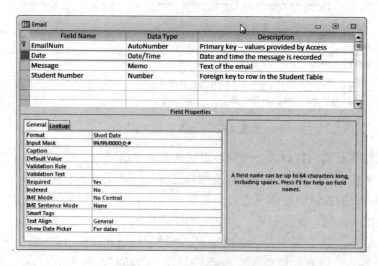

图4—7　电子邮件表的元数据

---

① 另外一种形式的数据库是**对象—关系型数据库**（object-relational database），在商业应用中很少用到。如果你对于对象—关系型数据库感兴趣，想要知道更多，可以上网搜索，在这本书中，我们描述的仅仅是关系型数据库。

90

该表单底部提供了更多元数据，在 Access 中被称作字段属性（Field Properties）。图 4—7 上部的光标聚焦在了日期那一行（上部被框住的 Date 行）。既然上部光标点的是日期这个字段名，那么下部窗格的细节信息也都是关于日期字段的。字段属性是对字段格式的设计，每创建一个新行时，Access 都会给新记录提供一个默认值，并设置相应的取值约束条件。你们不一定非要记住这些细节，真正需要理解的是，元数据是关于数据的数据，元数据永远是数据库的一部分。

元数据的存在使数据库变得更有用。由于元数据的存在，人们不必猜测、记住或记录数据库的内容。为了弄清楚数据库包含的内容，我们只要看一下数据库中的元数据即可。

问题 3　数据库应用系统由哪些元素组成？

图 4—8 中展示了**数据库应用系统**（database application system）中的三个主要元素：数据库、DBMS、一个或多个数据库应用。我们已经描述了数据库的内容，下面将要介绍的是 DBMS，最后再讨论包括计算机程序在内的数据库应用。

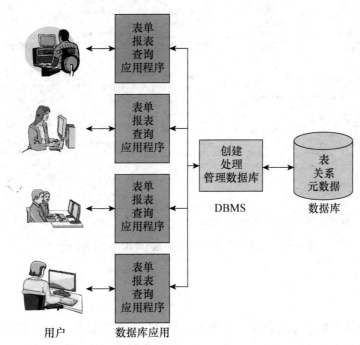

图 4—8　数据库应用系统的组成元素

显而易见，数据库应用系统作为信息系统同样包含另外三个元素：硬件、人和软件程序。因为本章的目的是讨论数据库技术，所以我们在下文中将忽略这几个元素。

什么是数据库管理系统？

数据库管理系统（database management system，DBMS）是一个用来创建、处理和管理数据库的程序。与操作系统一样，没有哪个组织会自行开发 DBMS，而是从 IBM、微软、甲骨文或者其他厂家购买 DBMS 产品的许可证。较为流行的 DBMS 产品有 IBM 的 **DB2**、微软的 **Access** 和 **SQL Sever**、甲骨文公司的 **Oracle Da-**

tabase。另外还有一个受欢迎的 DBMS 是 **MySQL**，这是一个对大多数应用实行免费政策的开源 DBMS 产品。① 虽然还有其他的 DBMS 产品，但是上述 5 个巨头占据了当今市场的大部分份额。

需要注意的是，DBMS 和数据库是两个不同的概念。虽然因为某些原因，有的商业出版物甚至书籍会将两者混为一谈，但是，DBMS 是个软件程序，而数据库则是数据表、数据关系和元数据的集合，两者有本质区别。

创建数据库和数据库的结构

数据库开发人员利用 DBMS 来创建表、关系和数据库中的其他结构。图 4—7 中的表单可以用来定义一个新表或者编辑已有的表。在创建新表时开发人员只需要在表单中填入新表的元数据。在编辑已有的表时，例如加入新的数据列，开发人员需要打开表的元数据表单并在其中加入新的一行。比如图 4—9，开发人员就在已有表中加入了新数据列——回复？（Response?），这个新列的数据类型为是/否（Yes/No）型，也就是说，该列数据只能取单一值——是或否。教授用这一列来反映他是否已经回复了学生的邮件。同样，可以通过删除此表中的行来删除数据库表中的列，不过这样做会导致现存数据丢失。

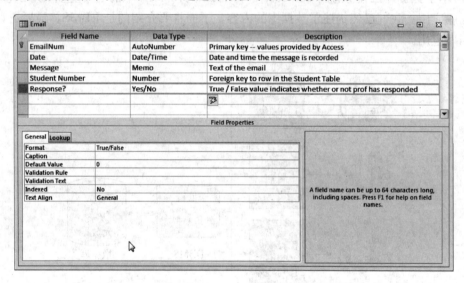

图 4—9　在表中加入一个新字段（Microsoft Access）

数据库的处理

DBMS 的第二项功能是对数据库的处理。尽管处理的过程可能很复杂，但是 DBMS 提供了四种最基本的处理操作：对数据的读、插入、编辑和删除。而这些操作会有多种多样的请求方式。当用户通过表单输入新数据或修改数据时，表单背后的计算机程序会触发 DBMS 来对数据库进行必要的修改。而通过网页应用进行操作时，位于客户端或服务器上的程序会触发 DBMS 来执行修改。

结构化查询语言（Structured Query Language，SQL）是一种进行数据库处理的国际通用的标准化语言。前文提到的五种 DBMS 产品都可以接受并处理 SQL 语句。例如，下列 SQL 语句在学生表中插入了一个新的数据行：

---

① MySQL 是 MySQL 公司的产品，2008 年该公司被太阳计算机系统公司收购，而太阳计算机系统公司在之后的一年也被甲骨文公司收购了。因为 MySQL 是开放代码的，所以甲骨文也没有权利占有源代码。

```
INSERT INTO Student
([Student Number], [Student Name], HW1, HW2, MidTerm)
VALUES
(1000, 'Franklin, Benjamin', 90, 95, 100);
```

正如前文所述,类似的语句都是由处理表单的程序在"幕后"写出来的;还有的应用程序可以直接生成这样的语句来操作 DBMS。

你们并不需要理解或是记住 SQL 的语法,只需清楚 SQL 是一种国际通用的、标准化的数据库处理语言即可。SQL 亦可用来创建数据库及数据库结构,在数据库管理课程中会涉及更多有关 SQL 的内容。

数据库的管理

DBMS 的第三项功能是提供辅助工具来实现对数据库的管理。数据库管理活动种类繁多。例如,可以用 DBMS 建立一个安全系统,包括用户账户、密码、处理数据库的许可及权限等。在对数据库进行操作之前,用户必须先注册一个有效账户,以此来保障数据库的安全。

许可权限可以有各种不同的方式。以学生数据库为例,可以限制某种用户只能看到学生表中的学生姓名;另一种用户可以浏览整个学生表,但是只能够修改 HW1、HW2 和期中成绩;其他用户还可能有其他的权限。

除了安全管理之外,DBMS 的管理功能还包括数据库数据的备份、增加结构以提升数据库应用的性能、清理没有用的数据等其他任务。

对那些比较重要的数据库,大部分组织会设一名或多名专职人员承担**数据库管理**(database administration,DBA)的任务。具体来说就是要完成图 4—10 中列出的各项主要职责。在数据库管理课程中会介绍更多的内容。

种类	数据库管理任务	说明
开发	创建 DBA 机构并配置员工	DBA 人员规模取决于数据库的大小和复杂程度,从一个兼职人员到一组人员都可以
	组建指导委员会	由所有用户群体的代表组成,对影响大局的问题进行讨论和决策
	确定需求	确保考虑了用户所有适当的输入
	检验数据模型	检查数据模型的准确性和完整性
	评价应用设计	确认所有必备的表单、报表、查询和应用都开发完成;保证应用组件的设计和可用性良好
运营	管理处理权限和职责	为每个表和数据列设定处理权限和限制条件
	保证安全性	必要时负责增加或删除用户及用户组,保证安全系统有效工作
	追踪问题,管理解决方案	开发系统,以记录、管理各种问题的解决方案
	监测数据库性能	提供改善性能的专业知识和方法
	管理 DBMS	评价新的特性和功能
备份和恢复	监测备份程序	确认数据库执行了备份程序
	开展培训	确保用户和负责运营的人知道并理解恢复程序
	系统恢复管理	管理系统恢复过程
适应	建立查询跟踪系统	建立系统,以记录需求变更并划分优先顺序
	管理配置变更	管理数据库结构变化给应用和用户带来的影响

图 4—10 数据库管理的任务

数据库应用的构成元素是什么？

单就自身来说，数据库并没有太大用处。图4—6中的表包含了所有教授需要的信息，但是格式很烦琐。教授通常希望数据以图4—2的表单形式展现，并希望报表的格式清晰。虽然数据库中的数据很重要，但是数据行格式使数据的相关性低，用处也不大。从信息的角度说，很难识别表中数据行之间的差别，发现不了差异化信息。

数据库应用（database application）是采用DBMS进行数据库处理时所用的表单、报表、查询和应用程序的集合。一个数据库可能有一个或多个应用，而每个应用又可以有一个或多个用户。如此说来，数据库应用系统是由数据库应用、DBMS和数据库组成的。

图4—11展示了FlexTime公司使用的3个应用。第一个用于收取会费和会员管理，第二个用于安排课程和收取学费，第三个用于对个人培训部分进行追踪和服务支持。这些应用有不同的目的、特征和功能，但所处理的数据都来自FlexTime公司的客户数据库。

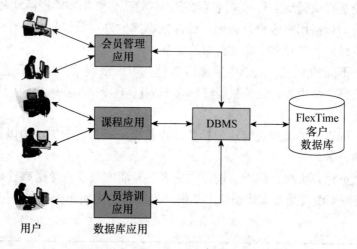

图4—11　FlexTime的数据库应用系统

什么是表单、报表、查询和应用程序？

图4—2展示的是一个典型的数据库应用的数据输入**表单**（form）。数据输入表单用于读出、插入、编辑和删除数据。**报表**（reports）可以用结构化的形式展示数据。像图4—12那样的报表在展示数据时还可以进行运算，如图4—12中可计算得出期中总成绩。设计巧妙的表单和报表可以让用户轻而易举地发现导致差异的数据差别，从而让用户有效地获知信息。

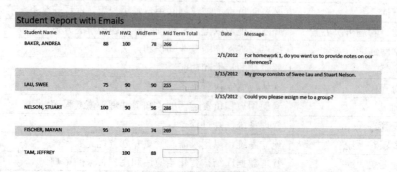

图4—12　报表实例

除此之外，DBMS 产品还提供了全面而强大的数据库数据的查询特性。例如，某位使用学生数据库的教授记得有位同学在一次答疑中提到了进入障碍的问题，但是不记得学生的姓名和时间了。如果数据库中有好几百个学生和上千条答疑记录，教授要花费大量的时间和精力找遍这些记录才能找到提此问题的人，而 DBMS 却可以快速找到这样的记录。图 4—13（a）展示了一个**查询**（query）表单，教授可在表单中输入要查找的关键词；图 4—13（b）给出了查询结果，在答疑表中的 Notes 字段找到了该记录。

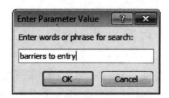

(a) 搜索查询表单

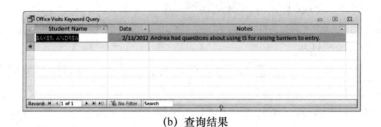

(b) 查询结果

图 4—13　数据库查询实例

◻ 为什么需要数据库应用程序？

表单、报表和查询都是很好用的标准化功能。但是大多数应用都有比较独特的需求，无法用一个简单的表单、报表或查询来满足。例如，当校内活动中心只能满足球队的一部分需求时该怎么办？如果教练要借 10 个足球但是只有 3 个能借，是该自动生成 7 个球的缺货记录，还是该采取其他行动？

应用程序可以根据特定业务需要的逻辑进行处理。一个学生数据库的应用实例是学期结束时要给学生们评定学分。如果教授给出了学分的评定曲线，应用程序可以从一个表单中找到每个等级的临界点，然后处理学生表中的每行数据，根据临界点数据计算出学生的学分数并做出等级评定。

应用程序的另一项重要用途是由数据库处理来自因特网的数据。应用程序在这个过程中充当了网页服务器、DBMS 和数据库之间的连接媒介。应用程序可以对事件做出响应，例如用户点击了提交按钮；然后再对数据库数据进行读取、插入、编辑和删除。

例如，图 4—14 展示的是网页服务器计算机上运行的四种不同的数据库应用程序。使用浏览器的用户通

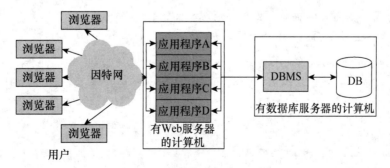

图 4—14　某网页服务器上的应用

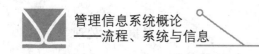

过因特网与网页服务器相连，网页服务器将用户的需求直接传递给适当的应用程序，然后每个程序通过DBMS对数据库进行处理。

多用户处理

图4—8、图4—11和图4—14展示的都是多用户处理数据库的过程。多用户的处理过程非常普通，但是你们作为未来的管理者，应该了解这种情况的特殊性所在。为了更好地理解相关问题，我们先来看以下情景。

假设有两个FlexTime公司的员工都在使用图4—11中的课程应用，我们称这两个用户为安德莉亚和杰弗里。此时安德莉亚正和一位客户通电话，对方想报名参加专门的短训课程。同时，杰弗里在接待另一位也想参加该短训班的客户。安德莉亚利用数据库查询该短训课程中有无空额。当她通过报名表单输入数据时，就触发了课程应用。DBMS返回的数据显示该班只剩下一个名额了。

但在安德莉亚刚刚得到数据之后，杰弗里的客户说她也想参加这个班。杰弗里同样通过课程应用查询数据库，得到还有一个名额的反馈结果。

安德莉亚的客户表示他要报名，安德莉亚通过表单输入了该客户的报名信息。应用程序对数据库中该行记录做了刷新，显示该课程没有空额了。

同时，杰弗里的客户也说要报名，杰弗里也填写了该客户的报名信息。应用程序（仍旧显示的是该短训班有一个空额的记录行）也刷新了该行数据，最终显示的是空额为零了。杰弗里的应用程序并不知道安德莉亚的操作，也不知道安德莉亚的客户已经占用了仅剩的一个名额。

麻烦是明显的：两个客户同时注册了一个空位，当他们来上课的时候，其中一个就没有健身器械可用，无论是客户还是教师都会很尴尬。

这就是**更新丢失问题**（lost update problem），是多用户数据库处理的特殊问题之一。为防止这类问题的发生，必须采取某些锁定措施来处理用户之间彼此独立但并发的活动。当然，锁定本身也会带来新问题，这些问题也要妥善解决。我们不再深入介绍。

通过上面的例子可以得知，从单一用户的数据库转为多用户的数据库绝不只是多连入了几台电脑这么简单，相关应用的处理逻辑也需要进行调整。因此，在管理涉及多用户处理的商业活动时特别要注意数据冲突的情况。当你们发现没有缘由的不准确结果时，可能就是多用户数据冲突造成的，应该及时向公司的IS部门寻求帮助。

MIS 课堂练习 4

数据库价值几何？

FlexTime公司每年的数据库访问量已经超过了15 000人次，平均每天500人次。作为两个商业合伙人之一，尼尔深知数据库才是FlexTime最为重要的资产。按他的话说：

> 如果失去了别的东西——房子、设备、库存等这类东西都算上，我们都可能在6个月之内恢复元气。但是，如果失去了客户数据，我们就必须从头开始做，要花整整8年时间才能做到现在的位置。

为什么数据库如此重要？因为它记录了公司客户所做的所有的事。

假如FlexTime公司决定开设某教练任教的跆拳道晨练课，就可以借助数据库，找出那些曾经参加过晨练课、跆拳道课或该教练课程的客户，向他们推介此项目。客户收到的推介信息就会是他们真正感兴趣的课程。同样重要的是，客户们不会收到那些与己无关的推介广告。显然，FlexTime 公司的数据库很有价值，如果有必要，他们还可以出售这些数据。

在这个练习中，你要和同学们一起讨论，除 FlexTime 公司之外，其他组织的数据库都有什么价值。

1. 很多小企业主都认为，买下公司所在的地产才是最好的财富。一个企业家在退休时说"我们生意做得不错，但是真正挣钱的是我们买的这栋大楼"。解释这是为什么。

2. 你们对问题 1 的解释，在多大程度上也适用于数据库？你是否会认为，到了 2050 年，小企业主们退休时会有另一番感受，"我们生意做得不错，但真正挣钱的是我们创建的数据库"？理由是什么？实业地产与数据库数据在哪些方面有区别？这些区别对你回答上述问题重要吗？

3. 假设有个学生数据的全国数据库，此数据库中存有每个学生的姓名、电子邮箱地址、所在大学、年级和主修专业。找出认为这些数据有用的五个公司，说明其会怎样使用这些数据。（例如，必胜客会在学期末给学生发订单。）

4. 描述你能够开发出的产品或服务，使学生们向你提供问题 3 中的数据。

5. 根据你对问题 1 到问题 4 的回答，从你周边找出两个组织，它们所拥有的数据库的潜在价值会比组织本身的价值还要大。可以考虑的组织不仅仅是企业，还包括社会组织和政府机构。

描述每个组织中数据库的内容以及它们吸引客户提供数据的方式。同时解释为什么组织中的数据是有价值的，谁可能用到这些数据。

6. 准备 1 分钟的发言，介绍你从本练习中学到的东西。这段发言可以在求职面试时用，展示你为技术寻找新商业机会的能力。

7. 在课堂剩余时间内报告你对问题 1 至问题 6 的答案。

企业 DBMS 与个人 DBMS

DBMS 产品有两大类。**企业 DBMS**（enterprise DBMS）产品处理大型组织和工作团队的数据库。这些产品支持大规模的、或许是成千上万的用户，以及很多不同种类的数据库应用。这种 DBMS 产品可以全天候（24/7）地运行，所管理的数据库可以跨越许许多多不同的磁盘，每个磁盘上都存有数百个 G 字节或更大量的数据。像 IBM 公司的 DB2、微软公司的 SQL Sever 和甲骨文公司的 Oracle Database 都是企业 DBMS 产品。

个人 DBMS（personal DBMS）产品是为小型的、简单的数据库应用设计的。这种产品用于个人或小型工作组的应用，用户数量小于 100，通常会小于 15。很多情况下数据库的实际用户只有一个。教授用的学生数据库就是用个人 DBMS 建立的数据库。

过去曾有过不少个人 DBMS 产品，例如 Paradox、dBase、R：base 和 FoxPro，自从微软开发出 Access 并将其放在 Microsoft Office 组件中后，这些产品逐步退市。因此，现在个人 DBMS 只剩下 Microsoft Access。

为了避免出现理解上的困惑，这里还需要强调一下，图 4—11 所示的应用程序和 DBMS 彼此分开的情况只是企业 DBMS 产品的特点。在 Microsoft Access 中则不仅包含了 DBMS，还包括了用来支持应用处理的功能和特性。比如，Access 中设有窗体*生成器和报表生成器。如图 4—15 所示，Access 既是 DBMS，又是应用开发工具。

图 4—15　DBMS 和应用生成器合体的 Microsoft Access

---

* 即表单，在中文版 Access 中被称为窗体。——译者注

问题 4 如何用数据模型进行数据库的设计?

在第 12 章中我们将会更加细致地描述信息系统的开发过程,但是管理人员在数据库应用系统开发过程中的角色十分关键,因此,我们需要在此对两个主题先做介绍——数据建模和数据库设计。

数据库的设计完全依赖于用户怎样认识他们所处的商业环境,同时用户的参与对数据库开发来说至关重要。回想一下学生数据库,里面该包含哪些内容?可能包括的项目有:学生、班级、年级、电子邮件、办公室答疑、专业、导师、学生社团等很多内容。进一步地,每一项中该包含哪些具体内容?数据库中该保存学校地址、家庭地址还是账单地址?

实际上可选的项目会更多,而数据库的开发人员不知道、也不可能知道应该包含哪些内容。但是,他们知道数据库必须含有用户完成工作所需的全部数据。在理想情况下,数据库中应该有且仅有必需的数据。因此,在数据库开发过程中,开发人员要靠用户告诉他们该把什么东西放到数据库中。

数据库结构可能是复杂的,在很多情况下会非常复杂。因此,在建立数据库之前,开发人员会先建立起数据库数据的逻辑表述,称为**数据模型**(data model)。数据模型描述了数据库中将会存储的数据及其关系,类似于一张数据库的蓝图。就像建筑工程师在建楼之前要绘制建筑蓝图一样,数据库开发人员在开始设计数据库之前也要构建数据模型。

图 4—16 概述了数据库设计的流程。对用户的访谈可以掌握数据库的需求,这些需求将在数据模型中有所体现。用户认可(或批准)了数据模型之后,就可以转入数据库设计阶段。设计工作从数据库结构设计开始。在下面两部分中,我们将简要介绍数据建模和数据库设计的相关内容。当然,你们的主要目标是了解该流程,以便作为用户代表为数据库的开发做出有效贡献。图 4—16 只是系统开发流程的一部分,与应用程序开发有关的其他需求特性本书暂时不予关注。

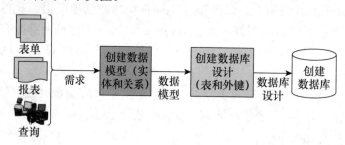

图 4—16 数据库的设计流程

▢ 什么是实体—联系数据模型?

实体—联系(E-R)数据模型(entity-relationship data model)是一种建立数据模型的工具。开发人员通过定义存储在数据库中的事物(实体)和这些实体之间的联系来描述数据模型的内容。另外一种不那么常用的数据建模工具是统一建模语言(UML),在此我们不做介绍。其实,如果掌握了怎样解释 E-R 模型,稍加学习就可以看懂 UML 模型。

实体

实体（entity）是用户想要追踪查看的东西，例如订单、客户、销售人员和商品。有些实体代表物理对象，例如商品或销售员，还有些实体表示某种逻辑概念或交易，例如订单或合同。实体的英文命名总用单数形式，如订单是 Order 而不是 Orders；销售人员是 Salesperson 而不是 Salespersons，理由不再做讨论。

实体具有可以描述其特征的**属性**（attributes）。例如，订单的属性有订单编号、订单日期、小计、税收、总计等；销售人员的属性有销售员姓名、电子邮件地址、电话号码等。实体还要有**识别符**（identifier），它是指这样一个（或一组）属性，其取值会与该实体中唯一的一个实例相对应。例如，订单编号是订单的识别符，因为每个具体的订单都有不同的订单编号值；同样，客户编号是客户的识别符。如果每个销售人员的姓名都不相同，那么销售员姓名就是销售人员的识别符。

到这里你们会问，销售人员中每个人的姓名都是唯一的吗？现在和以后都不会重复吗？谁能决定这个问题的答案呢？只有用户知道现实会怎样，而数据库的开发人员不会知道具体情况。这个例子也说明了管理人员理解数据模型的重要性，只有你们这样的用户才知道真实情况。

图 4—17 展示了学生数据库中的实体。每个实体用一个矩形框表示。矩形框上面是实体名，在矩形框里面顶部是实体的识别符，下方是实体的属性。在图 4—17 中，导师是一个实体，识别符是导师姓名，属性有电话、校内住址和电子邮件。

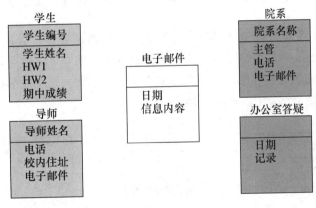

图 4—17 实体的示例

从图 4—17 还可以看到，电子邮件和办公室答疑两个实体没有识别符。与学生和导师不同，用户没有找到可用来识别某个电子邮件地址的属性。学生编号不能做识别符，因为一个学生可能会发出许多封邮件。我们也可以编一个识别符，比如用邮件编号做电子邮件的识别符。但这样一来就不是根据用户视角进行数据建模了，而是将一些东西强加给了用户。当你们作为管理人员审视自己业务的数据模型时，要警惕这种情况的发生。不要让数据库开发人员在数据模型中加入那些脱离你们业务领域的东西。

联系

实体之间存在**联系**（relationships）。例如，订单与客户实体有联系、与销售人员实体也有联系。在学生数据库中，学生与导师有联系，而导师与院系之间也有联系。

图 4—18 展示了具体的院系、导师和学生实体，以及这些实体间的联系。为简单起见，图中只是展示了每个实体的识别符，没有列出其他属性。从数据联系可以看出，会计系与三位教授有联系——Jones、Wu 和

Lopez，财务系与两位教授有联系——Smith 和 Greene。

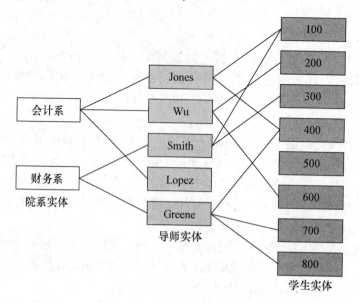

图 4—18　实体及联系的实例

导师和学生之间的联系则复杂一些。在本例中，一个导师可以指导多名学生，而一个学生也可以有多名导师。这可能是因为学生可以有多个主修专业。比如，Jones 教授指导了学生 100 和 400，而学生 100 则有 Jones 和 Smith 两位导师。

以图 4—18 的形式来讨论数据库的设计显然太过烦琐，因此数据库设计人员使用了**实体—联系图（E-R图）**（entity-relationship diagrams），用绘图的方式来设计数据库。图 4—19 就是依据图 4—18 中的数据绘制的 E-R 图。图中，同一类型的所有实体都用一个矩形框来表示。这样，三个矩形框就分别表示院系、导师和学生实体，各实体的属性与图 4—17 中展示的一样。

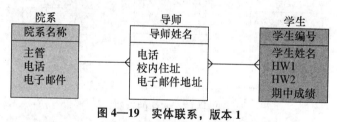

图 4—19　实体联系，版本 1

另外，两个实体之间的连线表示两者间的联系，例如院系与导师之间有连线，连线右端的分岔表示一个院系可能有多个导师。连线端点的**鱼尾纹**（crow's feet）用来描述图 4—18 中院系与导师之间的多条连线。这类联系称为 1：N，也叫做**一对多联系**（one-to-many relationship）。它表明一个院系可以有多个导师，但是每个导师只能属于一个院系。

再看导师与学生之间的连线，连线的两端都有分岔。两端都有鱼尾纹的连线，表示一个导师可以指导多个学生，一个学生也可以有多位导师，如图 4—18 所示。这样的联系称为 N：M，或者**多对多联系**（many-to-many relationship），因为一个导师可以带多个学生，而一个学生也可以有多个导师。

如果觉得 N：M 的公式不够明白，只需将联系两端的 N 和 M 都理解为比 1 大的变量即可。该联系没有写作 N：N，是因为这会让人误认为联系双方的实体数量相同。这显然是不对的。N：M 表示联系双方的实体数量都大于 1，同时双方的实体数可以不同。

图 4—20 展示了这些实体间的另一种关系。其中，导师可以归属于多个院系，但是学生却只能有一个导

师。这或许表现了学生不能有多个主修专业的情况。

图 4—20   实体联系，版本 2

在上面这两种不同情况中，哪一个是正确的呢？只有用户知道答案。数据库设计人员经常会请你们确认数据模型的正确性，你们要学会回答这种类型的问题。

图 4—19 和图 4—20 是实体—联系图的典型作法，当然还有其他几种形式的作图法。上面这种绘制方式称作**鱼尾纹法作图**（crow's-foot diagram）。如果选了数据库管理课程，你们还会学到其他一些作图法。这些图可以用 PowerPoint 绘制，因为 PowerPoint 适合制作简单的图；复杂的 E-R 图可以用 Microsoft Visio 或专用的制图软件制作。

图中分岔的鱼尾纹表示可以建立联系的最大实体数，也称为联系的**最大基数**（maximum cardinality）。常见的最大基数实例是 1：N、N：M 和 1：1（未介绍）。

还有一个很重要的问题，联系所要求的最小实体数量是多少？每个导师必须指导一个学生，同时每个学生必须有一个导师吗？所需实体数目的最小限制称为**最小基数**（minimum cardinality）。

图 4—21 是 E-R 图的第三个版本，其中展示了最大基数和最小基数。连线上的小竖线表示至少需要一个该类实体；而小椭圆表示该实体是可选的，即此类实体不是该联系所必需的。

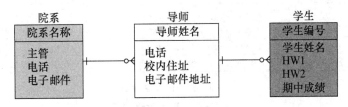

图 4—21   实体联系，版本 3，包含最小基数

因此，在图 4—21 中，一个院系不是必须与导师有联系，但是任何一个导师都必须归属于某个院系。同样，导师不是必须与学生有联系，但是任何一个学生必须有一个导师。值得注意的是，图中的最大基数也发生了变化，所有的联系都变成了 1：N。

那么，图 4—21 的模型适用吗？这就需要依据大学的情况具体判断了，只有用户才知道确切答案。

问题 5   如何将数据模型转换成数据库的设计？

数据库设计是将数据模型转换为表、关系和数据约束的过程。数据库设计团队要将实体转化为表，并通过定义外键来设定联系。数据库设计也是一个复杂的专业领域；和数据建模一样，在数据库管理课程中将会花上数周时间来讲授。但在本小节中，我们只介绍数据库设计的两个重要概念：规范化及两种联系的表示方式。第一个概念是数据库设计的基础，第二个概念帮助你们理解数据库设计的重要理念。

规范化

规范化（normalization）是将结构不良的表转化成两个或多个结构良好的表的过程。表的结构看似简单，让人质疑它怎么会结构不良。而实际上表结构不良的情况很多，数不胜数，学者们就此曾发表了成百上千篇论文。

我们来看图4—22（a）中的雇员表，其中包含了雇员姓名、入职日期、电子邮件、受聘的部门名称和部门编号。这个表看上去没有任何问题，但是一旦会计（Accounting）部更名为会计和财务（Accounting and Finance）部，会发生什么呢？因为表中既有部门名称又有部门编号，原来含有"Accounting"的行必须都更改为"Accounting and Finance"。

雇员表

姓名	入职日期	电子邮件	部门编号	部门名称
Jones	Feb 1，2009	Jones@ourcompany.com	100	Accounting
Smith	Dec 3，2011	Smith@ourcompany.com	200	Marketing
Chau	March 7，2011	Chau@ourcompany.com	100	Accounting
Greene	July 17，2010	Greene@ourcompany.com	100	Accounting

（a）更新前的表

雇员表

姓名	入职日期	电子邮件	部门编号	部门名称
Jones	Feb 1，2009	Jones@ourcompany.com	100	Accounting and Finance
Smith	Dec 3，2011	Smith@ourcompany.com	200	Marketing
Chau	March 7，2011	Chau@ourcompany.com	100	Accounting and Finance
Greene	July 17，2010	Greene@ourcompany.com	100	Accounting

（b）更新不完全的表

图4—22 结构不良的表

数据不一致问题

假设对前两个会计部做了正确更名，但是漏掉了第三个，结果便如图4—22（b）所示。这个表出现了所谓的**数据不一致问题**（data integrity problem），即数据库中出现了彼此矛盾的数据的情况。此时，某行数据显示部门100的名称是"Accounting and Finance"，而其他行显示的部门100名称却成了"Accounting"。

在小表中这种问题很容易纠正过来，但如果是Amazon.com或是eBay的数据库，其中会有数亿个数据行。这种海量数据表一旦出现严重的数据不一致问题，要想解决问题可能会花费好几个月的时间。

数据不一致问题是非常严重的。存在数据不一致问题的表会生成错误的、彼此冲突的数据，用户将会质疑自己从这些数据中获取信息的能力，这会使系统的声誉下降，而声誉不良的信息系统无疑会成为组织的负担。

用规范化实现数据一致性

数据不一致问题只有在数据有重复的情况下才会发生。因此，避免此类问题的简单方法就是减少重复数据。我们可以通过将图4—22的表转化成两个表来实现这样的目的。如图4—23所示，部门名称只存储了一次，因此数据间的冲突将没有机会出现。

雇员表

姓名	入职日期	电子邮件	部门编号
Jones	Feb 1，2009	Jones@ourcompany. com	100
Smith	Dec 3，2011	Smith@ourcompany. com	200
Chau	March 7，2011	Chau@ourcompany. com	100
Greene	July 17，2010	Greene@ourcompany. com	100

部门表

部门编号	部门名称
100	Accounting
200	Marketing
300	Information Systems

图 4—23　两张规范化的表

当然，为了生成一张含有受聘部门名称的雇员报表，需要将图 4—23 中的两张表重新合到一起。表之间的这种合并很常见，DBMS 已经内置了高效处理表合并的功能，但是仍然要有一定的操作。在这个例子中，你们可以看出数据库设计时需要做些权衡：规范化的表会减少数据重复，但是表的处理速度却会减慢。在数据库设计中如何进行权衡非常重要。

规范化的一般目标就是要对表的结构进行处理，使每个表只有单一的主题。就像好的作文一样，每个段落都围绕着一个清晰的主题。数据库也是如此，每个表的主题要单一。图 4—22 中表的问题是覆盖了两个独立的主题：雇员和部门。解决办法就是将一张表分拆为两张表，每张表只有自己唯一的主题，恰如我们在图 4—23 中建立的雇员表和部门表。

我们在前面讲过，表出现结构错误的方式有很多。数据库专业人员将表划分为不同的**范式**（normal forms）水平，其实是根据表中存在问题的种类而为表归类。去除表中的重复数据或其他问题，把表转化为某种范式的过程称为表的规范化。[①] 因此，当你们听到数据库设计人员说，"那些表不规范"，并不是说表本身不正规，或里面有不正常数据，而是指表的格式可能导致数据不一致问题。

规范化的总结

作为未来的数据库用户，管理人员没有必要知道规范化的具体内容，他们只需要理解每张规范化的表有且只有单一主题这个总的规则就可以了，同时知道非规范化的表将会引发数据不一致问题。

同时需要注意，规范化仅是评价数据库设计的标准中的一个。规范化设计会减慢数据处理的速度，因此有时候数据库设计者会选择接受某些非规范化的表。毕竟好的设计方案要以用户的数据处理需求为出发点。

关系的表达方式

图 4—24 展示了将数据模型转化为关系型数据库设计的步骤。首先，数据库设计人员依据每个实体创建表，实体的识别符就是表中的关键字；实体的每个属性就是表中的数据列。然后对表进行规范化，使每个表都有单一主题。当这些都完成之后，下一步就是要表示出这些表之间的关系。

例如，根据图 4—25（a）中的 E-R 图，导师实体与学生实体之间的联系是 1：N。在设计数据库结构时，先创建一个导师表，再创建一个学生表，如图 4—25（b）所示。导师表中的关键字是导师姓名，学生表中的

[①] 要想获知更多信息，参见 David Kroenke and David Auer，*Database Processing*，12th ed.（Upper Saddle River，NJ：Prentice Hall，2012）。

- 每个实体用一个表来表示
  —— 实体识别符成为表的关键字
  —— 实体属性成为表的数据列
- 需要时对表做规范化处理
- 表达关系
  —— 添加外键
  —— 添加新表表示 N：M 联系

图 4—24　数据库设计的流程

关键字是学生编号。然后，导师实体的属性电子邮件地址变为导师表中的电子邮件列，学生实体的属性学生姓名和期中成绩则分别成为学生表中的学生姓名和期中成绩两列。

下一个任务是表示它们之间的关系。因为我们用的是关系模型，所以这两个表中必须有一个包含外键。可能的情况是：（1）在导师表中加入学生编号作为外键；（2）在学生表中加入导师姓名作为外键。

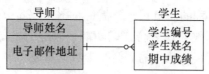

导师	学生
导师姓名	学生编号
电子邮件地址	学生姓名 期中成绩

（a）导师实体与学生实体为1:N联系

导师表——关键字是导师姓名

导师姓名	电子邮件地址
Jones	Jones@myuniv.edu
Choi	Choi@myuniv.edu
Jackson	Jackson@myuniv.edu

学生表——关键字是学生编号

学生编号	学生姓名	期中成绩
100	Lisa	90
200	Jennie	85
300	Jason	82
400	Terry	95

（b）每个实体建一个表

导师表——关键字是导师姓名

导师姓名	电子邮件
Jones	Jones@myuniv.edu
Choi	Choi@myuniv.edu
Jackson	Jackson@myuniv.edu

导师姓名
（表示联系
的外键）

学生表——关键字是学生编号

学生编号	学生姓名	期中成绩	导师姓名
100	Lisa	90	Jackson
200	Jennie	85	Jackson
300	Jason	82	Choi
400	Terry	95	Jackson

（c）以导师姓名为外键表示1:N联系

图 4—25　1：N 型联系的表示

正确的做法是在学生表中加入导师姓名外键，如图 4—25（c）所示。想要知道学生的导师是谁，只需查看该学生数据行中的导师姓名列；想要知道导师指导了哪些学生，则可以在学生表中导师姓名列搜索哪些数据行含有该导师的姓名。如果学生更换了导师，只需修改导师姓名列中的数据就可以了。比如将第一行中的

Jackson 改为 Jones，也就将学生 100 的导师修改为 Jones 教授。

在这个数据模型中，如果把学生编号加到导师表中是不正确的。如果这样做，将只能给每个导师指派一个学生，无法指派第二个学生。*

这种加入外键的方法不一定能够表述出所有的联系。我们来看图 4—26（a）中的情况，学生和导师之间是多对多联系。一个导师可以指导多个学生，一个学生也可以有多位导师（多个专业）。此时，再用 1：N 模型中的外键方法就无效了，可通过图 4—26（b）找到解释。如果学生 100 的导师不止一位，第二位导师的数据便没有地方添加了。

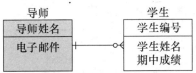

(a) 导师与学生之间为N:M联系

导师表——关键字是导师姓名

导师姓名	电子邮件
Jones	Jones@myuniv.edu
Choi	Choi@myuniv.edu
Jackson	Jackson@myuniv.edu

（无法添加第二或第三位导师）

学生表——关键字是学生编号

学生编号	学生姓名	期中成绩	导师姓名
100	Lisa	90	Jackson
200	Jennie	85	Jackson
300	Jason	82	Choi
400	Terry	95	Jackson

(b) N:M联系的错误表示

导师表——关键字是导师姓名

导师姓名	电子邮件
Jones	Jones@myuniv.edu
Choi	Choi@myuniv.edu
Jackson	Jackson@myuniv.edu

学生表——关键字是学生编号

学生编号	学生姓名	期中成绩
100	Lisa	90
200	Jennie	85
300	Jason	82
400	Terry	95

导师_学生_交互表

导师姓名	学生编号
Jackson	100
Jackson	200
Choi	300
Jackson	400
Choi	100
Jones	100

学生100有三位导师

(c) 用导师_学生_交互表描述N:M联系

图 4—26　N：M 联系的表示

---

* 原文误为"第二个导师"。——译者注

105

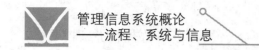

为了表示 N：M 联系，我们需要再建第三张表，如图 4—26（c）所示。第三张表中含有两个数据列：导师姓名和学生编号，表中一个数据行表示某位导师所指导的学生的编号。

不难想象，数据库的设计中还有许许多多我们没有谈到的知识。这部分内容主要是让你们了解创建数据库过程中需要完成的大致工作。你们需要认识到，数据库的设计是建立数据模型时各种决策的直接结果。如果数据模型有误，数据库的设计就必定会出错。

问题6　数据库开发中用户起什么作用？

如前所述，数据库其实是用户对自身业务世界的认识模型。这就意味着，数据库中应包含哪些数据、记录之间应如何联系等问题最终都应该由用户来判断。

最容易对数据库结构做出修正的时机在数据模型构建阶段。将数据模型中实体间的联系由一对多改为多对多，只需要简单地将表示类型由 1：N 修正为 N：M 即可。但是，一旦数据库结构构建完成，装载了数据，表单、报表、查询等上层应用及各种应用程序都创建完毕，再将联系由一对多改为多对多，则要耗费好几周的时间。

可以通过对图 4—25（c）与图 4—26（c）的对比来了解这种说法背后的原因。假设每张表不是仅有几行数据，而是有成千上万的数据行，在这种情况下，将数据库从一种模式转换为另一种模式需要大量的劳动。更糟糕的是，还需要调整各种应用组件。例如，如果学生最多有一位导师，只需设置一个简单的文本框来录入导师姓名；如果学生可以有多位导师，就需要有多行列表框输入不同导师的姓名，还需要有程序将导师姓名存入导师 _ 学生 _ 交互表中。这种修改还会产生其他连带后果，导致大量人力、开支的浪费。

因此，用户对数据模型进行的审核至关重要。依据用户需求开发数据库时，用户必须对数据模型做出认真的检查。你们身为用户，发现任何不理解之处都应该要求开发人员解释，直到搞明白为止。实体必须包含管理者用户及其员工开展业务所需的全部数据，实体间的联系必须准确反映用户对企业业务的见解。如果数据模型出了错，则数据库的设计必然也会出错，应用程序也一定很难用，甚至完全无用。因此，在没有确保数据模型准确无误时，不要进入下一阶段。

由此可知，你们在应邀对数据模型进行检查时，必须认真对待。要投入充分的时间和精力进行彻底检查。漏掉的任何一个错误都会为后续过程留下祸根，那时将要付出大量的人力和财力来修正。通过对数据建模的简单介绍，可以知道为什么开发数据库比开发电子表格要难很多。

问题7　体育联盟的数据库该如何改进？

在本章最后，我们再回到体育联盟和它的数据库上来。正如开篇故事中提到的那样，体育联盟至少存在两个问题：一个是处理流程问题，它导致无法及时生成丢失器材的报告；另一个是数据库问题，将器材分配给了球队而不是教练，因此找不到归还器材的直接责任人。关于流程问题我们留待下一章讨论，现在先关注数据库本身的问题。

图 4—27 展示了体育联盟数据库中的表。每个矩形框表示一张表，框中列出了表中的字段。钥匙符号▼表

示 ID 字段，是每张表的主键。实际上，这些表的设计中采用的是所谓的**代理主键**（surrogate keys），即由 DBMS 分派的唯一识别符。每录入一行新数据时，DBMS（这里指 Microsoft Access）就会为该行创建一个唯一的识别符。此识别符对用户来说没什么意义，却保证了该行数据的唯一性。这三张表的主键都是一个名为 "ID" 的代理主键。（三个 ID 是不同字段，分别在不同的表中做主键。）

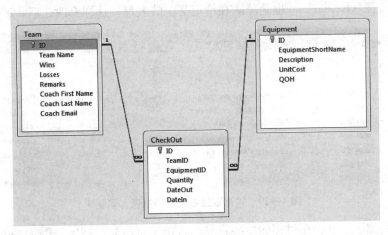

图 4—27　体育联盟数据库中的表

　　有好几种方法都可以解决体育联盟遇到的麻烦。下面我们将用一种比较清晰的方式来做解释，介绍一些可以接受的解决办法。这将使你们对数据库设计人员的工作有所了解。如果你们学了数据库课程，就会基于完善的理论、以系统化的方法解决类似的问题。这里仅采用我们熟悉的方法找到解决方案。

体育联盟数据库，调整 1

　　数据库的主要问题是器材被球队借出，而球队在不同的年度会聘用不同的教练。因此，解决此问题的办法之一是在球队表中加一个表示时间段数据的新字段。如图 4—28 所示的新表结构含有一个赛季字段 Season，字段值可能会取 "2010—2011"。

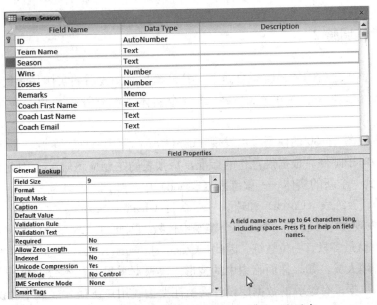

图 4—28　体育联盟数据库调整 1，球队 _ 赛季表

现在来看这个变化意味着什么。Season 字段一旦加入，实际就改变了表的主题。该表不再是关于球队本身的了，而是关于球队在特定赛季的状态（成绩、教练等）。所以，需要将表的名字由球队（Team）改为球队＿赛季（Team＿Season）。图 4—28 体现了这一变化。

图 4—29 是一张反映此变化的报表。这张表是可用的，它上面的胜/负记录（Wins/Losses）都按赛季和当季教练做了区分，备注（Remarks）也是球队在给定赛季的表现。这样修改之后，表的结构更清晰了。

Team History Report, Revision 1

Team Name	Season	Wins	Losses	Remarks	Coach First Name	Coach Last Name	Coach Email
Helicopters	2009-2010	7	0	Won the tournament first year.	Fred	Dillingham	FD@ourschool.edu
Helicopters	2010-2011	7	0	Won the tournament last year.	Fred	Dillingham	FD@ourschool.edu
Helicopters	2011-2012	7	0	Won the tournament last year, again.	Carter	Jackson	CJ@ourschool.edu
Huskies	2009-2010	1	5	Nearly won tournament.	Sark	Justin	SJ@ourschool.edu
Huskies	2010-2011	1	5	Lost several games by forefeit.	Sark	Justin	SJ@ourschool.edu
Huskies	2011-2012	1	5	Improving ...	Sark	Justin	SJ@ourschool.edu
Wolverines	2011-2012	5	2	Off to good start.	Daniel	Smith	DS@SmithFamily.com

图 4—29　体育联盟数据库的报表，调整 1

但还是有些东西丢掉了。该在哪里存储那些只与球队相关而与某个特定赛季无关的数据呢？例如，体育联盟想要记录各球队参与的首个赛季，该存到哪里呢？如果将首个赛季 FirstSeasonPlayed 字段放到这张表中，显然会出现数据不一致的问题（本章知识拓展题练习 3 中会练习纠正此问题）。因此，像球衣颜色这类不随赛季而变的、关于球队本身的信息没有地方可存。

体育联盟若想解决这个问题，需要定义一张新的球队表（Team），把涉及球队的、不随年份改变的固定数据存到这个新表中；并同时定义一个新的联系，即 Team 与 Team＿Season 这两个表之间的联系（参见本章知识拓展题练习 4）。现在我们假设体育联盟不需要存储球队的固定数据，故暂且忽略此问题。

但是，这种解决问题的方法带来了新的问题。注意看图 4—29 的报表，不同球队在不同赛季的情况都单独占一行，因此执教时间为两个赛季以上的教练的电子邮箱数据是重复的。这样一来，如果 Sark Justin 改变了自己的邮箱，就不得不修改三行数据。因此，新表很容易出现数据不一致问题，它不符合规范化要求。我们还需要再作调整来解决这个问题。

■ 体育联盟数据库，调整 2

图 4—30 是经过调整 1 之后的体育联盟数据库的 E-R 模型。修改后的实体是浅灰色的，其中有一个新的属性 Season，以**黑体**标出。Equipment 和 Checkout 两个实体都没有发生变化，为简单起见，没有再列出属性。

加入教练实体。审视图 4—30 的模型可以发现 Team＿Season 中有两个主题，一个是特定赛季中的球队，另一个是教练及教练的电子邮件。根据规范化的标准，每张表的主题应该唯一。因此，我们将教练的属性从 Team＿Season 表转移到一个新的实体——教练表（Coach）中，如图 4—31 所示。

接下来的问题就是，教练表（Coach）和球队＿赛季表（Team＿Season）之间有什么联系呢？仔细看看图 4—29 中的数据，可以发现教练可以在一个或多个赛季中任教，因此可执教多个球队（如 Fred Dillingham 教练获得了连任）；而一个球队最多只有一位教练。因此，Coach 与 Team＿Season 之间的联系应该是 1：N。

但是，作为职业管理人员，如果你面临图中的情形，仅根据零星的样本数据去推断是非常危险的。样本可能仅是一小部分特殊数据。有经验的数据库设计人员还要去找用户访谈才能最终确认。现在我们假设 1：N 联系是对的。

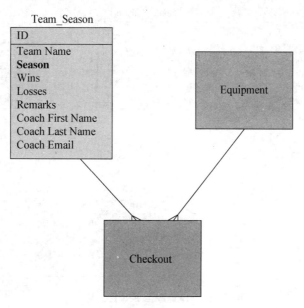

图 4—30 体育联盟的 E-R 图,调整 1

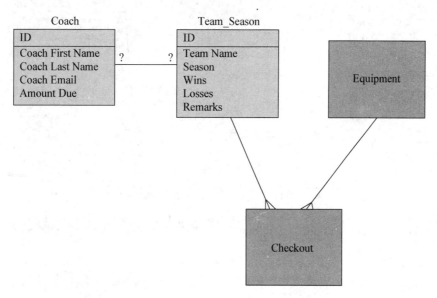

图 4—31 体育联盟 E-R 图,添加了教练实体

　　根据上面的讨论我们可以作出图 4—32 的 E-R 图。在进一步分析之前,请注意在 Coach 实体中添加了一个欠款(Amount Due)属性。增加该属性后,在每个赛季结束时,应用程序都会统计尚未归还的器材成本并计算出欠款。当器材被归还时,欠款就可被相应核减。

　　在数据库的设计中表示联系。正如问题 5 所述,1∶N 联系的表现方式是将父表("1"方实体)中的关键字加入子表("N"方实体)。现在,我们需要把 Coach 表的关键字加入表 Team_Season。如图 4—33 所示,Team_Season 表中的 CoachID 是外键,它与 Coach 表中的关键字 ID 相关联。

　　在此设计方案中,每张表都有唯一主题,且符合规范化要求。因此,从设计上避免了数据不一致问题。但是需要注意,生成报表时要合并表中的相关数据行。好在 DBMS 产品就此编制了高效程序。图 4—34 的报表显示了被教练借出但仍未归还的器材。生成这张报表需要将图 4—33 中四张表的数据进行整合汇总。

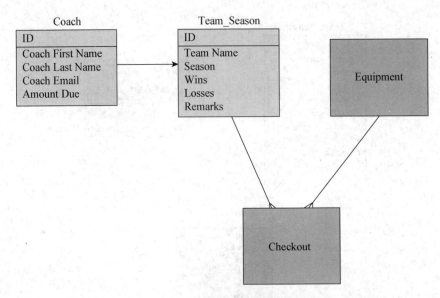

图 4—32　体育联盟 E-R 图，调整 2

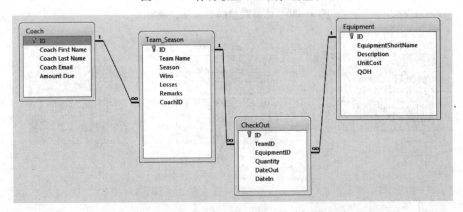

图 4—33　体育联盟数据库设计，调整 2

Coach Equipment Report -- Items Checked Out as of 10/17/2012							
Coach First Name	Coach Last Name	Coach Email	Team Name	Season	DateOut	Equipment	Quantity
Fred	Dillingham	FD@ourschool.edu					
			Helicopters	2009-2010			
					11/6/2010	Soccer Jerseys	12
					11/6/2010	Soccer Balls	3
Sark	Justin	SJ@ourschool.edu					
			Huskies	2009-2010			
					10/4/2009	Soccer Balls	3
			Huskies	2011-2012			
					9/6/2012	Soccer Balls	2
					9/6/2012	Soccer Jerseys	12
					9/6/2012	Soccer Balls	1
Daniel	Smith	DS@SmithFamily.com					
			Wolverines	2011-2012			
					9/6/2012	Soccer Balls	3
					9/6/2012	Soccer Jerseys	14
					9/6/2012	Soccer Balls	2
Carter	Jackson	CJ@ourschool.edu					
			Helicopters	2011-2012			
					9/4/2012	Soccer Balls	2
					9/4/2012	Soccer Jerseys	17
					9/4/2012	Soccer Balls	3

图 4—34　现有器材外借情况表

经过上述两项调整，体育联盟就可以把器材出借情况和具体的教练联系到一起了。这些调整虽然没有解决体育联盟的问题，但是至少可以让体育联盟确定谁借走了什么器材，问题的最终解决还需要管理流程的相应变革。

伦理问题讨论

"我叫克里斯，在公司做系统支持工作。我负责新电脑的配置、网络设置、确保服务器稳定运行之类的工作。数据库的所有备份工作也由我来完成。我很喜欢电脑。自从高中毕业之后，我打零工挣钱，之后我在当地的社区大学获得了信息技术的副学士学位。"

"我刚讲过的，我负责给公司的数据库做备份。一个周末，我没什么事情可做，于是用 DVD 复制了一份数据库的备份带回了家。我学过的课程中有一门是数据处理，我学会了用 SQL Server（就是我们公司的数据库管理系统）。实际上，凭着它我才得到了手头的这份工作。对我来说，在自己家的电脑上存一份数据库的备份轻而易举，我也就存了一份。"

"当然，你们的数据库课程中肯定讲到过，数据库处理最大的优点之一是数据库有元数据，也就是用来描述数据库内容的数据。因此，尽管我不知道这个数据库中有哪些数据表，但是我知道如何访问 SQL Server 的元数据。我查到了一个名为 sysTables 的表，知道了数据库中各种表的名称。然后，想要知道每个表中都有哪些数据列就很简单了。"

"通过表我找到了订单、客户、销售人员等许多数据。纯属自娱自乐，顺便也检验一下我都记住了哪些 SQL 命令，我开始操作和浏览这些数据。我想看看谁是公司最好的销售员，因此开始查询每个员工的订单数据、订单总数、订单总金额等类似内容，既简单又有趣。"

"我找到了一个非常能干的销售员贾森，他业绩很棒。我就开始翻看他的订单数据。我只是好奇，况且 SQL 非常简单。但看着看着我竟然看出了一点怪异来，贾森全部的大订单都来自同一家公司——Valley 家电，而且更不可思议的是，这家公司的每个订单都有很大的折扣。我想，这或许都是正常的吧。但还是止不住好奇，我开始查看其他销售员的数据，发现别的销售员很少拿到 Valley 家电的订单，仅有的几次当中，Valley 公司都没拿到大的折扣。然后我又查看了贾森的其他订单，也都没有那么大的折扣力度。"

"那周过后的星期五，我们几个同事下班之后约着去喝一杯。我恰巧碰到贾森，就顺便问起了 Valley 家电，还拿折扣的事情跟他开玩笑。他问我什么意思，我就告诉他，自己看着玩儿的时候看到了数据有点不寻常。他笑了笑，说他只是'照章办事'，之后就转移了话题。"

"之后，长话短说吧，当星期一早上我去上班的时候，我的办公室已被清空了，所有东西都不见了，只有一纸便条让我去找老板，最后一行字写着我被开除了。公司还威胁说，如果我不把数据全部交回来，未来 5 年内都可能将我告上法庭。我真的气坏了，甚至都忘了向他们告发贾森的事情。现在让我狼狈的是工作丢了，在简历中对这个公司连提都不敢提。"

讨论题：

1. 克里斯哪里做错了？

2. 你认为克里斯把数据库带回家并查看数据的行为是非法的、不道德的，还是既非法又不道德？

3. 公司是否与克里斯一样是有错的？

4. 你认为克里斯在发现了贾森订单中的异常现象后该怎么处理？

5. 公司在解雇克里斯之前应该做什么？

6. 除贾森之外，其他人员是不是也有可能参与了与 Valley 家电之间的合谋？鉴于存在这种可能性，克里斯应该怎么办？

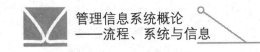
7. 克里斯现在应该怎么办?

8. "元数据使数据库更容易使用,对有权限者和无权限者都如此。"在这种情况下,企业应该怎么办?

复习题

复习题用来帮助学生检测对本章知识的掌握程度。你可以先读完本章的全部内容,然后去完成所有的复习题;也可以读完与题目相关的内容后立即去做复习题,做完一道再做另一道。

问题 1　数据库的用途是什么?

阐述建立数据库的目的,说明在什么状况下数据库优于电子表。说出图 4—1 与图 4—2 之间最主要的差别。

问题 2　数据库的内容有哪些?

说明什么是数据库,解释数据的层级结构,说出数据库的三个要素是什么,什么是元数据;以学生表和答疑表为例,解释数据库中数据行之间的关系;解释什么是关键字、外键和关系型数据库。

问题 3　数据库应用系统由哪些元素组成?

解释为什么说数据库本身对商业用户不是十分有用;指出数据库应用系统的组成要素,并解释它们之间的关系。解释 DBMS 是什么的缩写,功能是什么,并列出五个常见的 DBMS 产品。解释 DBMS 与数据库之间的区别;总结 DBMS 的各种功能。说明什么是 SQL。描述数据库管理的主要功能。

指出并解释数据库应用的构成元素,解释应用程序的用途。描述在多用户处理过程中,一个用户为何会干扰其他用户的工作;解释为什么多用户数据库处理不仅仅是把计算机连入网络这么简单。说明有哪两类 DBMS,并解释它们的区别。

问题 4　如何用数据模型进行数据库的设计?

解释为什么用户参与对数据库的设计至关重要;描述数据模型的作用,绘图展现数据库开发的流程。说明什么是 E-R 模型、实体、联系、属性和识别符;举出另外一个 E-R 图的实例。说明什么是最大基数、最小基数;举出一个最大基数为 3、最小基数为 2 的实例。解释图 4—18 和图 4—19 中的图形符号。

问题 5　如何将数据模型转换成数据库的设计?

指出数据库设计的三个要素。说明什么是规范化,解释它为什么很重要;说明什么是数据不一致问题,并描述它的后果。从本章找出一个有数据不一致问题的表,说明该怎样将其规范化为两个或多个没有此问题的表。说明将数据模型转化为数据库的设计要经过哪两个步骤;另举一个例子,说明关系型数据库如何表现 1:N 和 N:M 联系。

问题 6　数据库开发中用户起什么作用?

描述用户在数据库开发中的角色;说明为什么修改数据模型比修改建好的数据库更加简单经济,可以结合图 4—25(c)、图 4—26(c)的实例来谈。说明评判数据模型的两个标准,解释为什么花时间理解数据模型非常重要。

问题 7　体育联盟的数据库该如何改进?

体育联盟的问题是由哪两个因素导致的?说明对数据库的第一次调整是什么,此次调整丢掉了什么,为什么该方案会导致数据不一致问题。描述建立教练表(Coach)的必要性,说明用 1:N 联系来表示 Coach 与 Team_Season 之间的联系是否正确,解释此联系在数据库中会如何体现。

概念及术语

Access	属性	字节	数据列
鱼尾纹	鱼尾纹法作图	数据不一致问题	数据模型
数据库	数据库管理（DBA）	数据库应用	数据库应用系统
数据库管理系统（DBMS）DB2		企业数据库	实体
实体—联系（E-R）数据模型		实体—联系（E-R）图	字段
文件	外键	表单	识别符
关键字	更新丢失问题	多对多（N∶M）联系	最大基数
元数据	最小基数	MySQL	范式
规范化	对象—关系型数据库	一对多（1∶N）联系	Oracle Database
个人数据库	主键	查询	记录
关系	关系型数据库	联系	报表
数据行	SQL Server	结构化查询语言（SQL）	代理主键
表			

知识拓展题

1. 画一个 E-R 图来展示数据库、数据库应用和用户之间的关系。

2. 依据图 4—20 中导师与学生之间的联系，解释当这个联系的最大基数为以下情况时的含义：

a. N∶1

b. 1∶1

c. 5∶1

d. 1∶5

3. 假设体育联盟想要了解每个球队参加联赛的第一个赛季，在图 4—29 中的 Team_Season 表基础上进行修改。解释为什么这时的表中会有重复数据，及这些数据潜在的数据不一致问题。

4. 解决练习 3 中的问题，创建一个新的球队实体 Team，在图 4—32 中 E-R 图的基础上进行修改，加入 Team 实体。此时，Team 与 Term_Season 间联系的基数是多少？如何调整图 4—33 中数据库的结构以便纳入这个新表？

5. 找出图 4—35 中数据输入表单中可能存在的实体。每个实体有哪些属性？你认为哪个是识别符？

6. 根据练习 5 中的回答，画出图 4—35 中数据输入表单的 E-R 图，指出基数，阐明你们的假设。

7. 图 4—36 的部分 E-R 图反映了销售订单的情况。假设每张销售订单只能由一个销售员负责。

a. 指出每个联系的最大基数，说明你们做了什么假设。

b. 指出每个联系的最小基数，说明你们做了什么假设。

8. 文中提到信息是导致差异的差别。细看图 4—12 的报表，这个报表的结构显示了什么差别？找出修正此报表的五种方法，使用户更容易获取信息。你们选择上述五种方法的标准是什么？

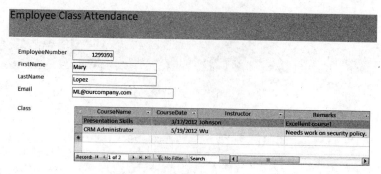

图 4—35　员工考勤数据输入表单

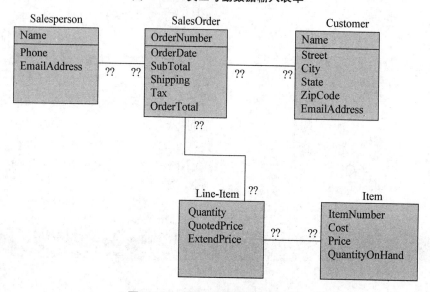

图 4—36　销售订单的部分 E-R 图

协作练习题 4

找几个同学一起完成下面的作业。这部分练习不要用面对面交谈的方式去做，采用 SharePoint、Office 365、Google Docs 及 Google＋等类似的协作应用工具会更容易完成（参阅第 9 章）。最终的结论要反映出团队的整体意见，而不是一两个人的见解。

本练习的目的是计算课程注册的成本。为了实现这个目标，既要关注课程注册的过程，又要考虑提供支持的信息系统。

图 4—37 是一张唱诗班用来追踪乐谱本外借情况的电子表。唱诗班的类型无关紧要，可能是教堂唱诗班、学校唱诗班或社区唱诗班，它们面对的问题都是一样的。乐谱本很珍贵，而唱诗班成员需要将乐谱本带回家以方便练习。但不是所有的乐谱本都能在使用后被归还（乐谱本可以购买或租用，但是无论什么情况，丢失乐谱本的损失都很大）。

仔细观察表中的数据，你会发现表中存在数据不一致的问题，至少有数据不一致的嫌疑。例如，Sandra Corning 和 Linda Duong 怎么能借出同一份乐谱本呢？莫扎特和巴赫怎么都是"安魂曲"的作者呢？第 15 行中的巴赫是否应该是莫扎特？Eleanor Dixon 的电话号码位数不对，还有好几个电话号码是相同的。

	A	B	C	D	E
1	姓	名	电子邮箱	电话	声部
2	Ashley	Jane	JA@somewhere.com	703.555.1234	女高
3	Davidson	Kaye	KD@somewhere.com	703.555.2236	女高
4	Ching	Kam Hoong	KHC@overhere.com	703.555.2236	女高
5	Menstell	Lori Lee	LLM@somewhere.com	703.555.1237	女高
6	Corning	Sandra	SC2@overhere.com	703.555.1234	女高
7		B 小调弥撒	巴赫	女高，乐谱本 7	
8		安魂曲	莫扎特	女高，乐谱本 17	
9		贝多芬第九交响曲	贝多芬	女高，乐谱本 9	
10	Wei	Guang	GW1@somewhere.com	703.555.9936	女高
11	Dixon	Eleanor	ED@thisplace.com	703.555.12379	女高
12		B 小调弥撒	巴赫	女高，乐谱本 11	
13	Duong	Linda	LD2@overwhere.com	703.555.8736	女高
14		B 小调弥撒	巴赫	女高，乐谱本 7	
15		安魂曲	巴赫	女高，乐谱本 19	
16	Lunden	Haley	HL@somewhere.com	703.555.0836	女高
17	Utran	Diem Thi	DTU@somewhere.com	703.555.1089	女高

图 4—37　乐谱本追踪的电子表

不仅如此，这张电子表数据混乱而且不好用。标签为"名"的列中既有人名也有乐谱作品名；"电子邮箱"列中既有电子邮箱地址又有作曲家名字；"电话"列中既有电话号码又有乐谱本编号。更麻烦的是，在登记乐谱本外借时，用户必须新建一行，然后重复地输入乐谱名称、作曲家姓名和所借的乐谱本编号。最后，想一想用户若要查找某个作品的整套乐谱本时会发生什么呢？他们必须翻遍所有四个声部的四张电子表。

实际上，这种应用情境用电子表并不合适，数据库才更适宜，也好用得多，像这样的场合明显很值得创新。

1. 分析图 4—37 中的电子表，归纳一下用这张电子表对乐谱本的出借情况进行追踪会产生哪些问题。

2. 图 4—38（a）展示了解决乐谱本追踪问题的两个实体的数据模型。

a. 为"唱诗班成员"和"作品"选择识别符，确认选择正确。

b. 此设计并没有消除电子表中的数据不一致问题，试解释原因。

c. 为这个数据模型设计一个数据库，定义关键字和外键。

3. 图 4—38（b）展示了乐谱本追踪问题的第二个可用的数据模型。此方案为乐谱作品实体设计了两个可选版本，版本 3 比版本 2 多加了一个"乐谱 ID"属性，它是乐谱作品的唯一识别符。每当添加新记录时，DBMS 都会为新作品指派一个唯一的乐谱 ID 值。

a. 确定"唱诗班成员"、"作品_版本 2"、"作品_版本 3"及"乐谱本_分配"表的识别符，确认选择正确。

b. 此方案能消除电子表存在的数据不一致的潜在风险吗？为什么？

c. 根据"作品_版本 2"的数据模型设计数据库，定义关键字和外键。

d. 再根据"作品_版本 3"的数据模型设计数据库，定义关键字和外键。

e. 根据"作品_版本 2"设计的数据库是否优于根据"作品_版本 3"设计的数据库？为什么？

4. 图 4—38（c）展示了解决乐谱本追踪问题的第三个数据模型。在这个数据模型中可使用"作品_版本 2"或"作品_版本 3"中你们认为较好的那个。

a. 为数据模型中的每个实体选择识别符，确认选择正确。

b. 概括说明这个数据模型与图4—38（b）数据模型的区别。哪个模型更好？为什么？

c. 为这个数据模型设计数据库，定义关键字和外键。

5. 这三个数据模型中哪个最好？说明你们的理由。

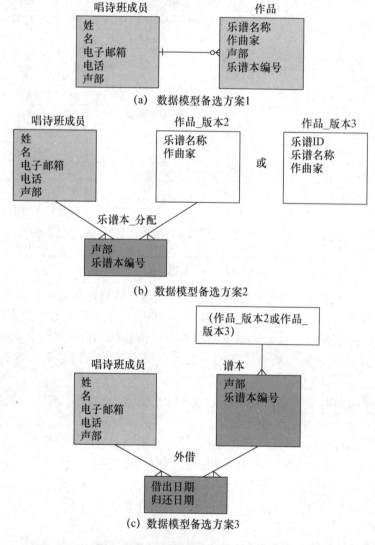

（a）数据模型备选方案1

（b）数据模型备选方案2

（c）数据模型备选方案3

图4—38　三种数据模型的备选方案

案例研究4

航空安全网

航空安全网（ASN）的目的是为有兴趣从事航空研究的专业人员提供即时、完整、可靠的飞机事故及安全数据。ASN所指的飞机是指能够搭载14名以上乘客的飞机。ASN的数据包括商业、军事及企业的飞行数据。

ASN 从多种渠道获得数据，包括国际民用航空委员会、国家运输安全委员会和民用航空管理局；《航空安全周刊》（*Air Safety Week*）、《航空周刊》（*Aviation Week*）和《航天技术》（*Space Technology*）等杂志，各种相关书籍及航空安全行业中的杰出人士等都是信息来源。

ASN 用 Microsoft Access 数据库汇集各个源头的数据。数据库的主表中有 10 000 多条与意外事件和事故描述相关的数据记录，主表与其他存有飞机、航空公司、飞机类型、国家等数据的表相连。Access 中的数据会定期整理，并传输到一个 MySQL 数据库中，继而可以通过 ASN 的网站（http://aviation-safety.net/database）建立查询和应用。

在该网站上，可以依据年份、航空公司、飞机、国家等查询方式对意外事件和事故数据进行查询。例如，图 4—39 展示的是与空客 320 有关的故障和事故列表。当用户点击某个事故时，会显示该事故的具体描述，图 4—40 所示的为 2009 年 1 月 15 日的事故。

图 4—39　空客 320 的意外事件和事故

资料来源：经航空安全网许可转载，©2009 ASN, http://aviation-safety.net.

在提供意外事件和事故信息的基础上，ASN 还对数据做了汇总，帮助用户分析飞机事故的走向。例如，图 4—41 展示了 2007 年严重飞行事故的地理分布情况，可以观察到，在澳大利亚、俄罗斯和中国基本没有此类事故，可能是因为这些国家特别重视航空安全问题，因而比较幸运，还可能是因为并没有报道出所有的事故。

1995 年荷兰人雨果·兰特（Hugo Ranter）创立了 ASN 网站，自 1998 年后该网站一直由阿根廷人费边·路坚（Fabian I. Lujan）运营并维护。ASN 在全球 170 个国家有近 1 万名电子邮件订购用户，网站的每周访问量在 5 万次以上。要了解该网站的更多信息，可访问 http://aviation-safety.net/about。

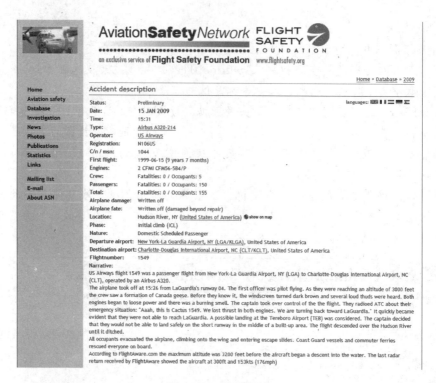

图 4—40　事故概述

资料来源：经航空安全网许可转载，©2009 ASN，http://aviation-safety.net。

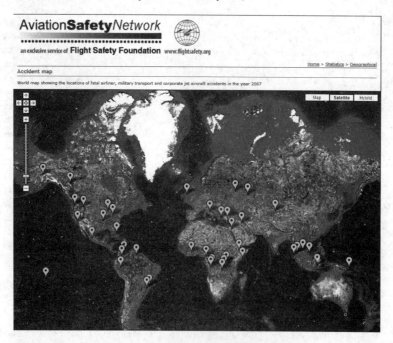

图 4—41　2007 年全球严重飞行事故

资料来源：经航空安全网许可转载，©2009 ASN，http://aviation-safety.net。

讨论题：

1. 该数据库的所有数据都从公开文献获得。在这种情况下，航空安全网的价值是什么？为什么用户不去直接点击查看其原始的参考资料？分析时要考虑数据与信息的差别。

2. 图 4—40 中事故的原因是什么？在这起事故中，全美航空公司的一架空客 320 飞机在纽约拉瓜迪亚机场起飞后撞上了大雁，所幸没有严重伤亡。如果从这起事故去推论，认为在有大雁的地区飞行很危险，认为空客 320 飞机或全美航空公司不安全，甚至认为从拉瓜迪亚起飞不安全，显然不合逻辑。如果你们想弄清楚飞鸟撞击飞机的后果是什么，与空客 320、全美航空公司和拉瓜迪亚机场究竟有没有关系，该如何利用 http://aviation-safety. net 进行分析和判断？

3. ASN 的数据库和网站是由两个人创建并维护的，这个数据库可能完备而准确，也可能不是。你们应该在多大程度上信赖这些数据？你们如何确定是否信赖此网站的数据？

4. 仔细观察图 4—41 中的数据，说说你们从哪里得知这幅图可能没有包含全部的事故数据。假如该图确实没有包含全部数据，那么这幅图对你来说还有什么价值？该如何合法使用这些数据？怎样使用可能会出错？

5. 假设你在某家航空公司的市场营销部门工作，你能用这些数据来做营销吗？如果可以，你该怎么用？以安全为题做营销策略会有哪些风险？

6. 假设你是某大型航空公司的维修部经理，你会怎么使用这些数据？公司自己建一个类似的数据库是明智之举吗？为什么？

第三部分
操作流程

第 1 章和第 2 章介绍了商业流程及其与信息系统的关系，第 3 章和第 4 章则从流程主题转向深入介绍管理人员理解流程与系统间关系时需要知道的基础技术。有了这些基础，我们才能够重新回到商业流程的主题上来。尽管我们主要讨论商业活动中的流程，但流程在各种类型的组织中都是很常见的，就像在日常生活中遇到的一样——发动汽车、洗衣服、用支票付账等都有流程。

第 5 章到第 8 章将介绍结构化的流程及与之相关的信息系统和信息的知识。第 5 章对商业流程进行了概述，并解释了如何通过信息系统改进商业流程。第 6 章介绍了 ERP 信息系统，ERP 是一种将所有的数据经营融合到一个巨大而复杂的数据库中，用来支持许多商业流程的信息系统。这一章中还将讨论 SAP 系统这样一个具体的 ERP 系统，将描述其运作的基本原理。

第 7 章和第 8 章是"应用"章节，展示如何将 SAP 系统应用到两个很典型的商业流程——采购流程和销售流程中。通过对这两个流程的介绍，可以看到不同流程之间的相同点和不同点。买和卖这两个流程是经营活动的基础，应用最为广泛。

第 5 章
应用 IS 改善流程

萨拉正坐在科罗拉多中部大学的学生会餐厅里，她喝着咖啡，吃着早餐的百吉面包，却忽然间想到一个问题，"这些东西是怎么到这里来的？牛奶、咖啡、还有百吉面包，它们是怎么来到学生会餐厅里的？"

她喝的咖啡里加的牛奶一定是在某个地方由一只奶牛产的，那么这只奶牛在哪里呢？它的主人是谁？是谁在为奶牛挤奶？是谁决定将这些牛奶在今天早上送到学生会餐厅的？是谁运来的？通过什么车运来的？那辆车把这些东西送给客户时走的什么路？卡车司机又是谁培训的？

同样，咖啡是怎么来的呢？咖啡的产地是肯尼亚，用船运到了美国，又在新泽西州烤制，由厂家包装好，送到了学生会。这些事是怎么发生的呢？

百吉面包又是怎么回事呢？是谁烤制的？在哪里做的？他们烤制了多少面包？又根据什么决定该做多少面包呢？

她身下坐着的椅子呢？这些木材本在巴西生长，运到中国后制成了椅子，之后又通过进出口贸易被运到了旧金山。它怎么会到了那里呢？谁购买了它？买的人是做什么的？谁出的钱？是怎么付钱的？

萨拉想得越多，也就越意识到她眼前的一切都是奇迹般的存在。或许有成千上万个不同的流程在相互协作并成功运作，才能将一杯咖啡、一个百吉面包送到她面前。

真是太惊人了！那些流程绝对不是仅仅连接上就可以了，还必须让所有参与其中的经济实体都能够弥补成本支出，并获得收益。这是如何运作的？谁制定的价格？又是谁决定了前一天晚上运输的脱脂牛奶的数量？这一切都是如何实现的？

实际上，上述活动都是通过业务流程之间的协作实现的。学生会有一套对牛奶和咖啡等商品进行订购、收货、储存和支付的流程。咖啡制造商也有一系列收集需求、预订原料和送货的流程。其他任何企业都有支撑业务运作的流程。

简　介

　　流程尽管可以解释萨拉观察到的奇迹，却常常被忽视。流程不是什么引人注目的事情，没人给它拍电影，或在 Facebook 上建网页，与畅销书无缘，也没人会跟朋友说，"嘿，咱查查那个流程去"。很多 IS 从业人员也曾经对流程视而不见。他们觉得是计算机在改变一切，是那些新的策略和迅速提升的绩效，以迅雷不及掩耳的速度使他们成了明星，却忽略了背后的流程。而这样的日子已经过去了。

　　流程是现在最常见的业务思考方式。进一步说，流程、信息系统和信息，是目前 MIS 最基本的元素。正因为流程对于企业经营和 MIS 有核心作用，所以本章将专门介绍流程及流程改善的方法。我们确信，能够从流程的角度看待业务运营，知道如何利用 IS 改善流程，对你们来说是至关重要的。在前面的章节中，你们已经了解了信息系统及其构成的知识，现在要介绍的是如何将它们应用到业务流程中。

　　要懂得为什么流程变得如此重要，我们来看另一个例子。萨拉在某大型比萨连锁店的一个门店做兼职。每个月该店都会要求员工们提交流程改善方面的建议。这种改善非常重要。假设这家全国连锁的比萨店每月卖出一百万张比萨，而萨拉想出的改进办法若每次可节约一美分，这个小小的改进就会使公司每个月节约 1 万美元，而且每个月都如此。

问题1　组织流程的基本类型是什么？

　　我们先复习一下已经掌握的流程知识。在第 2 章中，我们将**业务流程**（business process）定义为完成某项功能的一系列活动，将**活动**（activity）定义为流程中需要完成的任务，而**资源**（resources）则指完成活动所需项目的集合，如人、计算机、数据、文档等。**行动主体**（actors）指资源中的人或计算机。**角色**（role）则是业务流程中由特定行动主体所履行的一个活动子集。

■ 流程的实例

　　在萨拉的比萨店中，一张比萨订购单的执行需要五个流程，具体是下单、制作、烘烤、包装和交货[①]，如图5—1所示。可以具体指出这五个流程各自的活动、角色、资源和行动主体。从图中可看到上述流程分别是由收银员、厨师和司机完成的。进一步地，每个流程又可以被解构成具体活动。例如，制作流程包含三项主要活动——准备面团、加酱、加食材。在准备面团的活动中，行动主体萨拉扮演了厨师的角色，利用的资源有食谱和器具等。流程及活动在图中都用长方形表示，因为在实践中这两个术语有时可以通用。例如，加酱也可以被看作是流程，由加番茄酱和撒香料这两个活动构成。

　　学生的日常生活中充满了流程，其中有些是按某种顺序发生的，就像做比萨的流程一样。例如，去上学的流程可能包括去公交车站、乘公交车、下公交车、走到教室几项活动。还有一些流程则没有特定的顺序，

[①] Larry Pervin, "Manufacturing and Work Processes," University of Illinois at Urbana-Champaign, September 2009. http://www.ler.illinois.edu/sociotech/.

例如策划活动、支付账单、洗衣服、阅读 MIS 教材等。

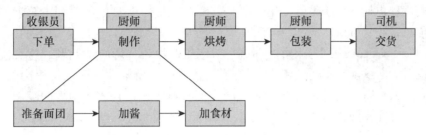

制作流程的活动	资源	角色
准备面团	人员、食谱、器具等	厨师
加酱	人员、量杯、秤等	厨师
加食材	人员、一定数量的食材、添加顺序表等	厨师

图 5—1　比萨店的五个有序的流程、资源、行动主体和角色

可以用信息系统（IS）来改善流程。例如，无论是有序流程还是独立流程学生们都在用 IS 做了改进。过去需要打电话邀请别人参与活动，现在通过 Facebook 要简单得多；过去需要手工计算税务，现在 Turbo Tax 可以做更精准的计算；过去你们在商店买贺卡然后通过邮局寄送，现在电子贺卡让流程大大加速。

你们在生活中只管理不多的重要流程，但是比萨店老板需要监管的关键流程很多，例如雇用员工、晚上关闭店铺、在银行存放收据、提取货物、策划促销活动等。沃尔玛超市的老板也要管理同样的流程，以及许许多多其他的流程。在这两家企业中，管理人员经常在寻找改善或修正流程缺陷的方法。在本章及下面六章中你们会看到，IS 可以帮助企业改善业务流程，就像它帮助你们改善了自己的生活流程一样。

流程的种类

在讨论 IS 怎样改善流程之前，需要对业务流程有个总体的概念，这样有助于更好地理解当今组织中通用的各种类型的流程。图 5—2 将流程归结为第 2 章中介绍过的战略、管理和运营三个范畴。

种类	特点	行动主体组合	频率	实例	支持流程的 IS
战略	范围广泛，组织性问题	比其他流程更多的人员	低	新店选址，企业预算	高管支持系统（ESS）
管理	资源的分配和利用	混合的	中	评估季节性促销，收银员排班	管理信息系统（MIS）
运营	常见的、常规的、日常的	比其他流程更多的计算机	高	向供应商下订单，付账，核对用户	业务处理系统（TPS）

图 5—2　流程的种类和特点

运营流程（operational processes）是常见的、照常规做的、每天都发生的业务流程。在比萨专卖店中具体包括向供应商下订单、支付账款、给客户打电话等。在当地的专营店中这样的流程每天都会发生成百上千次。它们的程序或者说明等不会经常变化。在通常情况下，运营流程比其他类型的流程更加依赖于计算机化的行动主体。最后，这类流程需要大量行动主体参与执行，因此对其进行改善比其他类型的流程要难。用来辅助运营流程的信息系统往往被称作**业务处理系统**（transaction processing systems，TPS）。

管理流程（managerial processes）关注资源的利用。这类流程包括企业对实现目标的资源所进行的计划、评估和分析。与运营流程相比，管理流程的发生频率较低，参与其中的计算机化的行动主体也较少。在比萨专卖店中，这类流程包括评估季节性促销、收银员排班、人员升职决策等。用来辅助管理流程的信息系统往往被称作**管理信息系统**（management information systems，MIS），这也是 MIS 的第二种解释。

战略流程（strategic processes）寻求解决那些会对组织产生长远影响的问题。这类流程视野范围较宽，对企业产生的影响也最大。这类流程涉及判断，关键是必须接受模糊性。因此，相比于运营和管理流程来说，战略流程需要更多人员行动主体的参与。相关的实例有新店选址、业务预算的编制、新产品的引入等。支持战略流程的信息系统往往被称作**高管支持系统**（executive support systems，ESS）。

流程的目标

"运营—管理—战略"之别是区分流程的一种重要方法。第二种理解流程之间区别的方法是考察其目标，如图 5—3 所示。**目标**（objective）是组织决定追求的一个理想目的。企业的目标可以分为效用和效率两类。

效用（effective）目标可以帮助实现组织战略。萨拉所在的比萨店的销售量极大地依赖于在校学生，因此，销售流程的目标是向新生销售比萨。

目标的第二种类型是**效率**（efficient）。效率目标寻求的是以相同投入创造更多产出，或用更少投入创造相同产出。比萨店或许要改善产品交货流程，为此该店需要制定减少不必要延迟的目标。

综上所述，效用目标帮助实现企业战略，而效率目标寻求节约有限的资源。换句话说，效率是要正确地做事情，而效用是要做正确的事情。

上述两种类型的流程目标——效率和效用——可能在运营、管理、战略的任何一个层次中存在。然而，最常见的组合是运营流程负责实现效率目标，战略流程负责实现效用目标。

目标类型	定义	比萨店示例：流程和目标
效用	实现组织战略	销售流程：卖比萨给新生
效率	以相同投入创造更多产出或以更少投入创造相同产出	交货流程：减少不必要的延迟

图 5—3　流程的目标和措施

问题 2　常见业务流程的实例有哪些？

目前为止，已经按范围对流程做了分类——战略层、管理层、运营层，也按目标做了分类——效用目标和效率目标。流程的第三个特征是其在价值链中的地位。回顾在第 1 章中提到的，价值链是指一系列价值增值活动。① 正如图 5—4 所展示的，一个价值链由五个主要活动和几个支持活动构成。主要活动有进货物流、生产制造、出货物流、销售和营销以及服务，而支持活动有人力资源、技术开发和基础设施（包括法规、财务、一般管理及其他事务），这些支持活动为基本活动提供有力支持。

图 5—5 突出展示了每个主要活动和两个支持活动中的各种流程。这样的业务流程概览将有助于对特定企业在价值链背景下的流程多样性的理解，这种框架在企业业务中很常见。在商学院开设的其他课程中还有更多的关于业务流程和价值链的内容。

---

① 说明：波特将此都称为"活动"，而我们用"活动"来说明和定义由一系列活动组成的流程。

主要活动	描述	支持活动		
进货物流	接收原材料，分派至相应产品	人力资源	技术开发	基础设施
生产制造	将原材料转化为最终产品			
出货物流	产品汇集、储存，并递送给买主			
销售和营销	促使买主购买产品，并提供购买的方法			
客户服务	帮助用户使用产品，维护并强化产品的价值			

图 5—4　价值链

价值链活动	运营流程	管理流程	战略流程
主要活动			
进货物流	采购（第 7 章）	库存管理	潜在供应商评估
生产制造	制作产品	维护排程	增开新店铺
出货物流	销售（第 8 章）	退款奖励	决定支付策略
销售和营销	邮件促销	促销折扣测评	推出新产品
客户服务	订单追踪	投诉模式分析	外包选择评估
支持活动			
人力资源	员工招聘	未来需求计划	决定薪级表
技术开发	软件测试	重要事件分析	获取方式选择

图 5—5　价值链活动和流程示例

进货物流流程

进货物流是对产品原材料的接收、储存和分配。① 图 5—5 中的内部物流包括采购、库存管理和潜在供应商评估。采购（procurement）是获得物品或服务的运营流程，比萨店的采购活动指订购各种主辅料和包装盒，以及物品的收货和支付等。采购流程（procurement processes）是第 7 章的主题。库存管理流程需要根据库存策略，利用以往数据计算出库存量、再订货点、订货数量等指标。对潜在供应商的评估是战略层进货物流流程的实例。比萨店只向某些供应商订购主辅料，审批这些供应商的战略流程叫做供应商选择。

生产制造流程

生产是将输入转化为输出的作业过程。生产制造流程需要根据产品制作和服务提供的需要，进行设备、人员和资源设施的排程。制作和烘烤比萨是两个运营层的作业流程。管理层的作业流程实例如烤炉维护的排程。战略层流程如评估是否应该加开一个店面，或是否要更改菜单。

出货物流流程

出货物流流程（outbound logistics processes）指收集、储存产成品，并将其递送至买方的流程。出货物流流程关注的是对产成品库存的管理，以及商品从仓库移至消费者的过程。出货物流流程对于那些非制造类企业来说非常重要，如分销商、批发商和零售商等。

销售流程（sales processes）是运营层的外部运营流程，包括记录销售订单、运输产品及给消费者发送账单等。比萨店中的运营类出货物流流程还有下单、包装和交货等流程。管理层的出货物流流程如退款奖励；战略层出货物流流程实例如确定支付策略，如比萨店是否可用个人支票付款。

---

① 根据迈克尔·波特在《竞争优势》（*Competitive Advantage*，New York：Simon and Schuster，1998）中对价值链活动的定义。

127

销售和营销流程

销售和营销流程需要为用户提供购买产品或服务的动机和激励。销售和营销流程的首要目标是找到潜在的消费者，将这些人转变为客户，从而能向他们销售产品。销售和营销流程的结束便是前文提到的销售流程的开始。当比萨连锁店给潜在客户发促销邮件时，就是运营层的促销流程；促销折扣测评是管理层的营销流程；推出新产品或增开新店面则是战略层的营销流程。

服务流程

提供售后支持以增进或者维持产品价值的过程称为服务。运营层的**客户服务流程**（customer service processes）包括订单追踪、客户支持和客户支持培训等。客户通常会向客服人员询问订单状态、查询或投诉账户的问题、寻求产品使用中的帮助等。当客户给比萨店打电话抱怨比萨送晚了，店铺经理就会启动服务流程。这个流程将记录一些主要情况以便后续分析，给客户以奖励，如一张购买折扣券或立即补送一个比萨等。管理层的服务流程将对客户投诉进行分析，看客户投诉是否有一定规律，例如集中在星期几或者针对某个送货人员。对外包服务做出评估选择则是战略层的服务流程。

人力资源流程

人力资源流程（human resources processes）负责对员工的工作动机和能力进行评价、创造工作岗位、调查员工投诉以及人力资源招聘、培训和评估等。运营层的人力资源流程主要完成组织的招聘、薪酬和绩效评估。像比萨店这样的小企业，一个职位任命只需要一两个人批准；但是在比较大型、较正规的企业中，一个职位任命往往要经过好几层审批，要经过严格控制的标准化流程。管理层的人力资源流程强调的是组织劳动力的开发和培训以及未来的需求计划。战略层的人力资源流程需要制定薪酬等级，管理不同的激励形式，决定组织的结构。

技术开发流程

技术开发流程（technology development processes）包括为价值链的主要活动提供支持的技术设计、测试和开发等。运营层的技术开发流程如测试新开发的软件能否经得起成千上万个并发的输入。管理层的技术开发流程需要估算软件开发过程中每个步骤所需的时间，制定出阶段性目标；而战略层的技术开发流程需要决定某项技术应该外包还是自己做。

问题3 组织应该怎样改善流程？

介绍流程改善的书多得数不胜数。在此，我们对这些说法做了简化归纳和普通分类，随后在问题4中，将会进一步介绍利用IS改善流程的方法。图5—6展示了流程改善过程中的三个基本步骤，我们将其称为 **OMIS模型**（OMIS model），它由目标（Objective）、评估指标（Measure）和信息系统（Information System）的英文首字母构成。

```
┌─────────────────────────────────────────────┐
│                  改善流程                      │
├─────────────────────────────────────────────┤
│ 目标：明确和改善                               │
│ 评估指标：明确和改善                           │
│ 信息系统：实施 IS 改善                         │
└─────────────────────────────────────────────┘
```

图 5—6   OMIS 模型的步骤

流程目标

每个流程都有一个或多个目标。如图 5—7 所示，OMIS 模型的第一步是要明确说明并且在可能时要改善流程的目标。

正如前文提到的，流程目标可以分为效用和效率两方面。例如，比萨店的销售流程有两个目标，一个是效率目标——缩短电话下单的时间，另一个是效用目标——向大学新生销售比萨。

通常情况下流程有隐含的目标，而 OMIS 模型要求每个流程要明确阐明其目标。有时候员工们可能不认同某些目标，这个步骤会迫使他们解决各种分歧。最后，流程所阐述的目标是模糊不清的或不恰当的。例如，建立良好销售流程的目标就比较模糊。不恰当的目标是指那些与战略不相符的目标。如果比萨店的战略计划是以大学新生为目标客户，但却仅仅以推动混合口味的比萨和沙拉的销售为促销目标，其促销流程目标对于战略计划来说就是不恰当的。

```
┌─────────────────────────────────────────────┐
│                  改善流程                      │
├─────────────────────────────────────────────┤
│ 目标：明确和改善                               │
│       根据效用和效率对目标进行分类             │
│       明确阐明目标                             │
│       就目标取得一致意见                       │
│       确保目标不是模糊的或不适当的             │
│ 评估指标：明确和改善                           │
│ 信息系统：实施 IS 改善                         │
└─────────────────────────────────────────────┘
```

图 5—7   改善流程目标的措施

流程评估指标

正如图 5—8 所示，OMIS 模型的第二步是具体说明并且在可能时要改善每个目标的评估指标。**评估指标**（measures）也称作**度量**（metrics），是对各个属性数量的测度。例如，交付流程的评估指标是从商品出库到客户收到货物的时间间隔，这个属性的测度数量指标是分和秒。

有些评估指标是一般性的，还有些是属性独有的。有些流程可以用大家都熟悉的方法来测量，例如比萨的送货时间；还有些流程有独特的评估指标，需要管理者去专门设计。无论哪种情况，OMIS 模型的第二步都需要对评估指标进行清晰的定义和改善。

选择和建立评估指标可能会有难度。许多流程目标是难以量化的。例如，比萨店希望向大学新生销售比萨，使他们在未来的几年中可以成为常客。但是，想要知道哪个客户是新生却比较难，所以，比萨店决定测量送货人员送货至宿舍的次数，以此近似判断新生客户的情况。尽管学生宿舍中不是只住了新生，但这却是比萨店唯一能够采用的方式了。

以送至宿舍的次数来衡量新生客户数量明显不够准确，但是比萨店主也知道无论哪种评估指标都称不上完美。爱因斯坦说过："不是所有能够计算的东西都是重要的，也不是所有重要的东西都能够被计算"。当考虑评估指标问题时，要认识到所有标准都有局限性，商业经营中关键的挑战是要选择能够得到的最好指标，同时清楚它们的局限。

最好的评估指标要具备合理性、准确性和一致性。指标合理性是说该指标有效且令人信服，用送到宿舍门口的比萨销售量近似衡量新生订单数就是合理的。准确性是说指标精确而明白。"26 张比萨"是准确的指标，而"比上周多"则是不够准确的。想要准确地测量目标，可能需要同时采用多种评估指标。例如，为了测量向新生销售了多少比萨，比萨店可能还需要记录迎新周中在校园里销售了多少张比萨。好的评估指标的最后一个特点是一致性。企业制定的各种流程评估指标应该是可信赖的，当相同情况再次出现时应能得到相同的测量结果。

在清晰阐明了具体而完善的目标和评估指标之后，现在可以开始考虑如何应用 IS 来改善流程了。改善结果将会在具体的评估指标方面得以展现。

```
┌─────────────────────────────────────────┐
│                改善流程                    │
├─────────────────────────────────────────┤
│ 目标：明确和改善                            │
│ 评估指标：明确和改善                         │
│         确保评估指标具有：                   │
│             合理性                         │
│             准确性                         │
│             一致性                         │
│ 信息系统：实施 IS 改善                       │
└─────────────────────────────────────────┘
```

图 5—8　改善流程评估指标的措施

问题 4　组织应该怎样利用 IS 改善流程？

当前，信息系统在业务流程中扮演着越来越重要的角色。试想一下学生会的萨拉，她所思考的组织流程的全部活动都是高度依赖于 IS 的。再看看你们身边，任何一件人造的物品，没有 IS 的协助，哪件东西都到不了这里。

IS 对流程的支持表现在很多方面，这里将会介绍三种方式，如图 5—9 所示。

```
┌─────────────────────────────────────────┐
│                改善流程                    │
├─────────────────────────────────────────┤
│ 目标：明确和改善                            │
│ 评估指标：明确和改善                         │
│ 信息系统：实施 IS 改善                       │
│ 改善可以用来强化：                           │
│     活动                                   │
│         比萨店：GPS 改善店外配送流程           │
│     活动之间的关联                           │
│         比萨店：播放订单信息改善店外配送流程     │
│     对活动的控制                             │
│         比萨店：订单输入控制改善店内交付流程     │
└─────────────────────────────────────────┘
```

图 5—9　改善流程中 IS 应用的措施

■ IS 改善流程的三种方式

利用 IS 改善流程的一种方式是提升活动的效率和效用。在本章前面的内容中，以 Facebook、TurboTax

和电子卡片为例说明了 IS 对活动的改善作用。同样地，比萨店也可以为每辆送货车辆配备实时更新交通数据的 GPS，这样会减少交货流程中运输环节的延时，结果会使该目标的评估指标，即送货时间得到改进。

在科罗拉多中部大学，教育技术应用的推广是一个战略性的目标。在教学的流程中，一项新的 IS 技术的应用改善了课堂教学活动，可以在课堂上播放线上材料、DVD 视频及其他教学资料，而评价教学流程的一个指标就是使用教育技术的频率。

信息系统对流程的改善作用还表现在它能够增进流程中或流程间各项活动之间的联系。一个活动对其他活动的影响称作**关联**（linkage）。本章的关联概念比第 1 章中含义更宽泛。第 1 章中它只表示不同价值链活动之间的相互作用，此处用来指发生在价值链中的所有相互作用，即流程中各项活动之间的相互作用。比如比萨店最近安装了 IS 系统，可直接记录电话订购的比萨订单。这个系统改善了下单流程中的活动，同时改善了下单活动和交货活动之间的联系。该系统可以在送货司机的 GPS 显示屏上实时播放新订单信息。有了这些数据，司机可以更好地安排送货，知道何时该停下来加油，何时该稍等一下即将出炉的比萨再一起送货。结果，IS 再次缩短了比萨交货的时间。

Moodle 是萨拉所在大学的一个学业管理信息系统，作用是改善不同教学流程之间的关联。例如，学生可以在 Moodle 系统中用讨论板一起讨论问题，并直接上交讨论结果给教师批阅。讨论流程和批阅流程同时改进了，促进协作和缩减批阅时间的目标也就改善了。

IS 改善流程的第三种方法是增强对流程的控制。一般来说，**控制**（control）指对行为的限制。流程就像一条河，控制就像大坝和护岸一样限制并引导河水的流动。正如大坝可以维持河水平稳流动一样，控制可以辅助减少流程中的变动以保证其连贯、顺畅地运转。换句话说，使流程能够得到稳定的结果。组织中经常用到的一种控制方式是标准化，另一种就是 IS。

控制对业务流程来说是至关重要的。比萨店中的控制措施有每张比萨的尺寸相同、烤箱的温度恒定、只有店长可以取消收银机上的销售记录。应用 IS 进行控制的实例是比萨店最近开始用电脑处理店内订单，现在服务人员都是用电脑输入订单而不再用纸条手写。对这个流程的一项控制措施是不完备的订单不会传送到厨房。例如，如果前台服务员订的是三份馅料的比萨却忘了输入三份馅料是什么，或是要了沙拉却没有标明沙拉酱的种类，系统都会警示服务员把数据输入完整。厨房要在服务员修正订单之后才会看到订单。对于店内订单来说，这样的控制措施减少了顾客等待时间。

还有一个实例，最近科罗拉多中部大学采用 IS 增强了对登录流程的控制力度。过去系统需要用户在登录时输入用户名和密码，而现在系统采用用户的邮箱作为用户名。输入项目减少了，错误也随之减少，而错误量的减少正是控制效果改善的标志。登录流程的目标——认证准确、缩短时间——也都得到了改善。

这些实例展现了通过信息系统改善流程的可能性。IS 对流程的支持作用还将进一步强化，因为电脑的性价比在不断提升，新技术和新理念被不断地引入商业世界，新生代管理人员开始更多地活跃在人力资源市场中，他们比上一代人更加适应新技术环境。过去的十多年中出现的改善业务流程的最重要的技术是价值数百万美元的 ERP 系统，它可以为范围广泛的企业流程提供支持和协作。

你们若想参与到这样的环境中，需要磨炼想象和分析业务流程的能力。也就是说，当你们面对一个具体的流程时，需要确立它的目标，评价其评估指标的质量，然后确定 IS 是否可以为该流程提供支持。最后，OMIS 模型中包含一系列你们可以考虑的问题，借此帮助你们理解现有流程，进而提出改善建议。

■ 非 IS 的流程改善

如果不讨论如何通过非 IS 的方法改善流程，这部分内容将是不完整的。在图 5—10 中，列出了两种常见的改善方式：投入更多资源和改变流程结构。

改善类型	流程	比萨店实例	目标	评估指标
增加资源	交货	增加送货人员	减少不必要的延迟	平均多少分钟
改变结构	制作	厨师专业化分工	减少不必要的延迟	平均多少分钟

图 5—10　非 IS 的流程改善

企业可以通过增加资源投入而不改变流程结构的方式来改善某个流程。想要减少送货流程的时间延迟，可以简单地增加送货人员。同样，减少资源投入也能改善某些流程。如果比萨店的送货人员坐在一起闲聊，那么提高生产率的方式就是减少送货人员。

第二种改善流程的方式是改变其结构。流程设计者可以在不改变资源分配的前提下改变流程中各项活动的安排。比如比萨制作流程的结构就可以改变。目前每个厨师都要揉面团、加馅料，然后将自己制作的比萨放入烤箱，在烘烤完成后再将其拿出。在工作繁忙的时候，更好的流程结构是进行专业化分工，也就是一个厨师专门揉比萨面团，第二个人专门加馅料，将比萨放入和拿出烤箱也由专人负责。这样可以减少时间延迟，也就实现了制作流程的目标。

尽管用 IS 和非 IS 的方式很容易说明流程改善的方式，但实际上这两者经常是重叠的。为了发挥新 IS 的优势而重新设计流程结构的事很常见。例如，在线教学出现之后，与学生分享教学内容的流程结构也改变了。过去学生只需去学校的书店买教材，而现在除了买教材活动之外，还要在线上获取补充资料。

你们要知道，总有方法可以改善流程，但问题是为此付出的成本是否值得，以及流程的改善是否可以更好地实现企业的战略目标。例如，比萨店总是可以增加送货人员的数量，或者在 Twitter 上接收订单。但是管理者必须决定，这些改善是不是比其他一些措施更为经济、耗时更少、能更好地为战略目标服务。

尽管 OMIS 模型在开始学习流程知识时是一种不错的方法，但是一种最常见的改善方法称为六西格玛，特别是在制造业中。**六西格玛**（Six Sigma）是一种通过消除缺陷产生的原因、减小流程的可变性来提高流程产出的方法。每个六西格玛项目都要遵循一系列具有量化财务指标的、高度结构化的实施步骤，它的得名源于其目标是 99.999 66％ 的流程产出都是准确无误的。六西格玛的支持者认为，如果没有如此高质量的流程，在生活中每周将会遭遇 10 分钟停电，每月将有 810 条商业航线出现意外，每天将有 50 名新生儿在出生时被医生失手掉落。[①]

■ 流程改善的参与者和图表

无论是通过六西格玛、OMIS 模型还是其他方法，流程改善在大中型组织中通常都需要由团队来承担。在典型情况下，这个过程会有流程参与主体的用户、管理者和业务分析师。管理者辅助协调变革、获取必要的资源，同时激励其他参与人员。业务分析师负责解读流程变革的基本条件，绘制流程图表。

除非流程像制作和烘烤比萨一样简单，否则通过图表来描述流程通常很有必要。它可以使团队成员理解流程，识别出必须改变的活动。流程再造小组需要理解目前流程是如何运作的，以及理想的流程应该是什么状况。当前流程的图表通常称为**已然图**（as-is diagrams），而建议改善的图表则称为**应然图**（ought-to-be diagrams）。图表可以有很多形式，但是如第 2 章中介绍的，这里仍旧采用目前最好的标准，BPMN 图。

为了更好地理解 BPMN 图，以萨拉的比萨店选择新供应商的流程为例。这个流程的使用者是拥有并经营萨拉的比萨店的总公司，它在该地区还有十多家比萨特许店。公司必须寻找并选择提供新鲜比萨原料的供货商、清洁服务商、制服清洗商、办公室租赁商以及垃圾处理商。这个管理流程的目标是寻找价格低而质量高、物美价廉的供应商，此目标的评估指标如图 5—11 所示。

---

① J. Harrington and K. Lomax, *Performance Improvement Methods: Fighting the War on Waste* (New York: McGraw-Hill), p. 57.

目标	评估指标
质量高：效用	实际交货时间与规定交货时间的差异，退货数量
价格低：效率	供应商的价格持平或低于行业平均水平

图 5—11　新供应商选择流程的目标和评估指标

　　图 5—12 展示了选择新供应商的流程。它的始端是经销商向潜在的供应商发出了招标邀请（RFP）（或是供应商的活动：向经销商发出投标申请）。这个活动由仓库经理完成，包括寻找潜在供应商、粗略调查它们的产品、与潜在供应商的销售部联系。如果供应商给出了积极的回应，下一步该是供应商接受投标的活动。在这个活动中，评估入围的供应商会提供联系地址和合同数据，并提供希望向招标方销售的商品列表。此时，新供应商的业务应用数据和产品数据将被存入仓库数据库。当这些活动完成后，仓库经理需要评价潜在供应商的产品列表并确定哪些产品做采购原料比较适宜。与此同时，会计师要执行信贷政策评估活动，对该供应商的信贷政策做出评估。关于供应商信贷政策的数据被贮存在会计数据库中，在之后的支付流程中会计部门需要用到这些数据。为了做出是否批准的决策，会计人员还要收集关于供应商的其他数据，这个活动称为供应商财务能力评估。如果会计人员批准了某个潜在供应商，完成申请过程活动就会开启，所订购的潜在

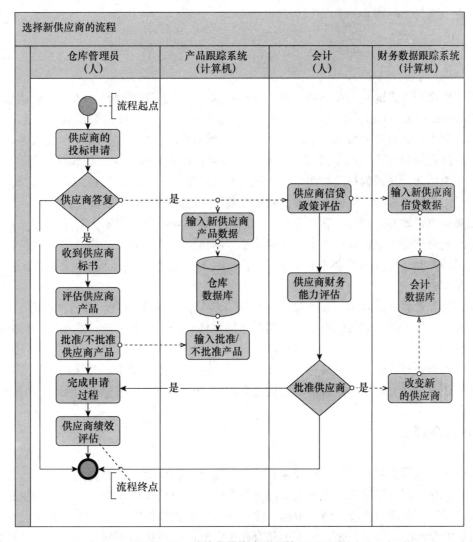

图 5—12　选择新供应商流程的 BPMN 图

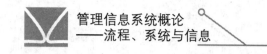

商品就能够订购了。一个月之后还会有最后一个活动——完成供应商绩效评估。特许经销商要力争迅速地确定某个供应商是否能够入选。

问题5　IS 如何阻碍业务流程？

正如前文提到的，可以利用 IS 来改善流程。但是 IS 同样可以降低流程的效用和效率，并妨碍其改善。注意，选择新供应商流程的目标是找到那些物美价廉的产品供应商，该流程的最后一项活动是新供应商绩效评估，而为了评估新的供应商，分析人员必须拿到新供应商向比萨店供货的商品数据。供应商质量高低的一个评估指标是交货及时性，这需要计算预期交货时间与实际交货时间之间的差值。遗憾的是，预期交货时间储存在总公司的数据库系统中，而实际交货时间分别储存于各个不同店面的电子表格中。在多个地点存放数据会阻碍流程运作，并增加流程改善的难度。但是，数据却往往由于各种各样的原因被存放在不同的地方，下面就简单地分析一下这个问题。

信息孤岛

信息共享是改善流程的关键，而在不同的地方保存数据最主要的缺点就是不利于信息共享。这种局面被称为**信息孤岛**（information silos）。它的出现是由于数据被分别存放在了彼此分离的信息系统中，或是数据重复地存放在了多个不同的文件和数据库中。在数据重复的情况下，如果仅修改某一处数据，就会出现数据不一致的问题。从流程的角度看，某个流程所需的数据被储存在为另外一个流程设计的信息系统中。（孤立的系统之所以被称为孤岛，是因为在流程图中它表现为高耸的竖列，很像是孤岛。）因为它们各自独立运作，就形成了自动化孤岛或信息孤岛，降低了流程的效用和效率，也限制了改善的机会。

信息孤岛会降低流程效率。例如，新供应商评估活动的效率就很低。分析人员必须首先找到实际交货时间，将其转录到预期交货时间追踪数据库中，才能比照计算出交货的及时性。当总公司进行促销活动评估流程时也会出现类似的情况。用过的优惠券由各个门店自行收集，但整个促销活动中卖出的比萨总数却存放在了总部的销售数据库中。

信息孤岛同样会降低流程的效用。在数据从一个地方转移到另一个地方，或者同时存入两地的过程中，随时可能出现错误。一旦出错，对新供应商或促销活动的评估就会不准确，导致这些流程的效用不如那些数据存放在一处的流程。

解决信息孤岛问题最有效的方法是仅将数据储存在单一的共享数据库中，并修正业务流程，让所有流程都使用这个数据库。这种单一数据库的解决方案也是 ERP 系统的特征，我们将在下面三章中讨论。

为什么存在信息孤岛

比萨连锁企业中产生信息孤岛的部分原因是各个门店与总部在地理上是分离的。但是，即使所有数据处在同一个屋檐下，也会出现信息孤岛。比如在总部办公室中，一个数据库用来存放门店的销量数据，另一个数据库用来跟踪记录库存和送货情况。每个数据库都在下班前汇总数据并与另一个数据库分享。这种时间的延后似乎并没有影响总部的工作。但是，一年中总有几个时间段的销售会不同寻常，此时这种延后会导致门店出现原料短缺或者送货出错。如果数据全部存放在单一系统中，这种问题发生的可能性会很低。

既然信息孤岛的问题如此明显，也明摆着可用 ERP 来解决，为什么孤岛还一再出现呢？出于以下原因，组织仍会将数据存放在彼此分隔的数据库中。

首先，组织中的部门更喜欢自己控制所用的系统，部门内员工喜欢掌握数据库是如何构建的、数据会怎样以及数据库会如何更新。同时，公司某个部门的目标可能与其他部门有很大不同，比如以库存最小化或客户服务为目标。因此，该部门会认为，一个能够辅助完成此目标的部门系统比不能支持此目标的企业级系统更好用。

部门自建数据库的另一个原因是它们只从自身出发，用局部性的评估指标去分析信息系统的投入和产出。用部门自己的狭隘标准做评估时，企业级系统的优势或许很不明显；只有当多个部门的多种流程全依赖同一个 IS 时，其成本优势才得以显现。

还有更多合理的原因促使部门使用自建数据库。有些流程要用到其他流程不需要的敏感数据，例如，会计流程中的税务数据、HR 部门的保健申请数据。另外，部门系统的购买和实施过程都比企业级解决方案更加迅速。最后，部门 IS 远比企业级系统更实惠，企业级系统的价格可能是单一部门系统方案的 10 倍至 50 倍。

过去，人们通常会选择部门 IS 来支持部门内的流程，因为跨部门 IS 非常少。而今天，组织在寻求流程改善时很希望各部门间共享数据，不仅仅是各比萨店内共享，而是在跨国企业中做到全球共享。

问题 6 SOA 如何改善流程？

数据陷入孤岛会限制流程的改善。建立企业级的系统可以解决这一问题，还有另外一种解决办法是 SOA，即面向服务的架构。SOA 是使各个流程数据共享更加便利的 IS 设计的新方法。

前文中提到过，IS 可以改善流程中的活动、关联及控制。SOA 就像 IS 一样，也能够通过促进信息共享、通过实施标准化和增强控制的方式改善流程。本章的最后之所以要介绍 SOA，是因为它可以很好地解决信息孤岛问题，同时为当前 IS 如何改善流程提供了有趣的实例。

SOA 最初用在了交互性高、分布广泛、基于互联网的计算机程序设计领域。SOA 使中间件得到了发展，所谓中间件是位于两个计算机程序之间、便于程序间沟通和数据共享的软件。近来，系统设计人员开始将 SOA 的原则应用于业务流程活动中，包括纯手工操作、半自动化和全自动化的活动。SOA 带来了更大的柔性、易用性和适应性。可以预见，在组织流程进一步整合的过程中它将会发挥更大的作用。

首先，SOA 不是一款软件或者硬件，而是一种设计思想。先前的两种设计思想是独立的计算机和客户机—服务器架构。**面向服务的架构**（services-oriented architecture，SOA）是这样一种设计范式：每项活动都被构造为封装好的服务，服务之间的交换都按照标准方式进行。这个定义有三个关键词：服务、封装和标准，具体解释如下。

服务

首先，**服务**（service）是企业需要执行的可重复的任务。服务与流程中的活动类似，是很多流程都会涉及的非常普通的活动。服务需要高效地获取数据。以下是在书店中发生的服务：

- 计算税金；
- 支付货款；
- 检查某本书的库存。

上述各项服务在书店中经常发生，并且都要用到数据，而且每一项服务都是牵涉好几个流程的活动。在

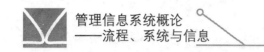

采用 SOA 以前，检查库存活动的代码会根据每个流程的细微差别分别编写；该活动在不同流程中会不一样，使用起来比较难。如果流程设计者将这些服务看作独立的、没有关联的活动，就会将该活动直接插入各个流程中，不再单写代码。

MIS 课堂练习 5

折纸飞机流程的改善①

此练习的目的是展示流程的概念。在练习中，小组内的学生要组成制作纸飞机的生产线。每条生产线中都有四项活动，每项活动叫作一个工作中心，如图 5—13 所示。原料是一叠普通的纸，产成品是折好的纸飞机。WIP 是其中的半成品，将由上一个工作中心传递给下一个工作中心。

在生产线上的每个工作中心安排一个学生。学生 1 按照图 5—14 对工作中心 1 的图示做第一次折纸；然后学生 2 按照图 5—14 中对工作中心 2 的图示继续折角；学生 3 和学生 4 的位置和工作任务也如图 5—14 所示。除了参与折纸的四位学生之外，另有七位学生按照如下分工对生产线进行观察、计时和记录，并填写图 5—15 中的表格。

观察员 1：用表格 1，记录工作中心 1 的工作时间；

观察员 2：用表格 1，记录工作中心 2 的工作时间；

观察员 3：用表格 1，记录工作中心 3 的工作时间；

观察员 4：用表格 1，记录工作中心 4 的工作时间；

观察员 5：用表格 2，在生产线末端记录生产周期；

观察员 6：用表格 3，记录彩色纸飞机的制作时间；

观察员 7：在每项任务结束之后清点 WIP。

每条生产线的任务是完成 20 架纸飞机。在流程正式开始之前，每条生产线先试折 4～5 架飞机练习一下。然后，清理生产线，开始计时，启动制作 20 架纸飞机的流程。每个工作中心都要连续工作直到第 20 架飞机完成后下线为止。这意味着生产线前端进入制作过程的飞机不止 20 架，因为当第 20 架飞机下线时，生产线中还有不少 WIP。生产线上的每个学生都要按照自己的步调去折纸。因为在飞机生产线上，工人们要保持舒适的工作节奏，不需要速度太快。这不是追求数量最大化的竞赛，要关注的是质量。

在第一次循环结束之后，学生的角色不变，再次启动制作 20 架纸飞机的第二轮流程。这一轮的要求是，每个学生只能在自己的输入端有 WIP 而输出端没有 WIP 时才能工作。生产线运转中途，教师同样会插入一张彩纸做原料。

完成两轮流程运作之后：

1. 在小组内，用 BPMN 符号绘制流程图，包括角色、泳道、活动、决策等。说明每个角色所能获得的资源。

2. 应用 OMIS 模型改善上述流程。分析该生产线的目标。假如这条生产线由你来负责，你认为它的目标是效率还是效用？根据这个目标，该用哪些评估指标衡量其改进程度？

3. 假设工作中心的折纸工作由四台机器完成，而且第二轮生产中使用了与第一轮完全不同的软件（IS）。这个新的 IS 对活动、关联或控制力有改善吗？

4. 在两轮运作过程中，是否有数据被困在了信息孤岛中？

5. 从第一次到第二次运作过程中，哪个评估指标的变化最大？你们预计到这种情况了吗？还有哪些流程评估指标会因信息沟通上的小小变化而改变？

---

① 参见 "A Classroom Exercise to Illustrate Lean Manufacturing Pull Concepts," Peter J. Billington, in *Decision Sciences Journal of Innovative Education*，2(1)，2004，pp. 71—77.

6. 对生产流程的控制在哪里？IS 可以通过增强控制改善流程吗？这样的改善可以通过什么评估指标反映出来？

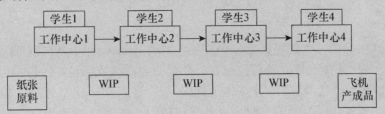

图 5—13　纸飞机生产线的分布

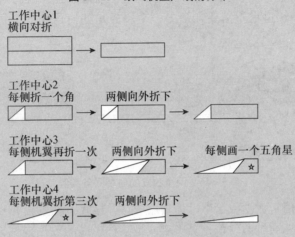

图 5—14　折纸生产线说明

表1：飞机制作工作时间。观察员 1～4 用此表记录每个工作中心的工作时间。

工作中心_____（1、2、3 或 4）

单位	第1轮（秒）	第2轮（秒）
1		
2		
3		
4		
5		
6		
7		
8		
9		
10		
11		
12		
13		
14		
15		
16		
17		
18		
19		
20		
总计		
平均		

表2：完成 20 架飞机的制作周期。观察员 5 用此表记录完成 20 架飞机制作的起止时间。

系统	第1轮20架飞机的制作时间	第2轮20架飞机的制作时间
第1轮		
第2轮		

表3：彩色纸飞机制作时间。观察者 6 用此表记录彩色纸飞机制作的起止时间。

系统	第1轮彩色纸飞机的制作时间	第2轮彩色纸飞机的制作时间
第1轮		
第2轮		

图 5—15　折纸飞机的记录表

■ 封装

现在来看 SOA 定义中的第二个关键概念——封装。**封装**（encapsulation）指把细节装在一个容器中隐藏起来。在网络中，封装用来指允许设备直接与含有数据的容器（数据包）通信，但无须关注包中的数据内容。SOA 中的封装也基本是这个意思，将数据隐藏在某个容器中，让服务可以相互交流。图 5—16 展示了某书店的供应商——Hard 出版公司中两个服务之间的沟通关系。处理信贷订货是一个服务，属于订货流程；审批信贷是另一个服务，属于另一个业务流程——信贷授权流程。根据 SOA 原则，每个服务都被设计成相互独立的，它们不知道也不需要知道另一个服务是如何运作的。每个服务只需清楚应该如何交换数据，并了解交换的意义。

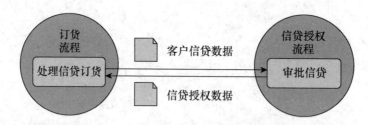

图 5—16　两个独立的封装服务实例

处理信贷订货服务把客户信贷数据传给审批信贷服务，并接收返回的信贷授权信息（批准或拒绝）及相关数据。这个信贷授权流程可能通过抛硬币、扔飞镖或是某种严谨的数据挖掘方法来分析客户数据；但是处理信贷订货服务不知道也不需要知道此授权是如何决定的。

当某种服务的运作规则像这样被隔离出来后，就可以说规则被封装在服务中了。封装将规则的处理归到了某个单一地点，这是非常可取的。首先，所有其他的服务都清楚该去此处调用这个服务。更重要的是，如果信贷部经理决定改变对信贷的授权规则，并不会影响对信贷订货服务的处理。只要这个结构不变，只要客户信贷数据和信贷授权数据的含义不变，审批信贷的任何变化或者信贷授权流程中其他服务发生的变化都与处理信贷订货服务无关。

服务被封装之后，会很容易适应并装配到新的需求、技术和方法中。实际上，服务由谁来实施、在哪里实施都不重要了。目前信贷授权信息可以由公司中某个部门用某台计算机来处理，之后也可以由另一家公司用另一台计算机、在另一个地方处理。只要处理信贷订货和审批信贷之间的接口没有改变，审批信贷在哪里进行都一样。

■ 标准

SOA 定义中的第三个关键词是标准。服务之间交换数据或者普通的消息，需要遵循标准化的格式和技术，即所谓的 **SOA 标准**（SOA standards）。在过去，处理信贷订货程序的程序员可能会找到审批信贷程序的程序员，为解决两个程序之间的数据交换接口专门设计出一套代码。这种设计方式成本高、耗时长。于是，计算机行业开发出了一套信息格式化及服务描述的标准方式，以及管理服务之间数据交换的标准协议。这些标准消除了专有设计的必要性，同时扩大了 SOA 的应用范围和重要性。

SOA 可以通过与 IS 同样的方式来改善流程的效率和效用。SOA 使活动更加简单，访问调用的成本也就更低。同时，SOA 也增强了控制力度，因为它用标准化约束了信息的交换方式。标准可以实现对信息交换的控制。

138

伦理问题讨论

流程改善还是隐私暴露?

车辆跟踪系统是一种新的 IS, 正被用来改善很多企业的流程, 但是同时也引发了隐私问题争议。这种车辆跟踪系统通常被企业用来跟踪运输车队, 在食品配送和汽车租赁企业中的应用越来越普遍。

这些企业应用这类系统能更好地追踪自己的车队, 可以优化路线和派送过程、防止盗窃、方便车辆检索等。有些酒店应用此系统来确保在特殊客人到达时迎宾服务能安排妥善。

这种系统通常在车辆上配有无线设备及 GPS 跟踪设备, 系统可以接收车辆发出的数据、储存这些数据并生成分析报告。实际应用的系统分为两种类型。主动式系统可以随时收集数据, 并通过蜂窝网络将数据实时传送给服务器; 被动式系统可以及时存储现场数据, 之后再将其下载到服务器上。

汽车保险公司开始为愿意在自己的汽车上安装无线智能设备的司机提供折扣优惠。这个设备可以测量行驶距离、加速性、速度、转向力和刹车等。如果测量数据显示开车的是一名谨慎的司机, 那么保险公司将提供 20%～30% 的折扣。很多谨慎的司机对这项措施表示欢迎, 认为这是对他们良好驾驶行为的奖励, 他们同时希望所有的汽车上都安装这种设备以提高公共交通安全水平。而另外一些人, 特别是隐私保护的倡导者, 则将其视为新的隐私侵犯行为。

讨论题:

1. 你会安装这样的设备来获得保费折扣吗? 当折扣为 50% 时你会吗? 70% 呢?

2. 父母在不告诉自己 16 岁的孩子*的情况下在汽车上安装这种设备, 目的是可以通过保险公司私下了解孩子开车是否谨慎, 这样做合适吗?

3. 若保险公司将此数据卖给汽车制造商, 是合乎道德的吗? 假定保险公司从未专门询问过客户是否可以共享其数据, 而汽车制造商也不想知道每个客户的个人资料, 而只想知道司机的年龄和该司机的评价结果。

4. 司法系统可以在法庭上向保险公司传唤这些数据作为呈堂证供吗? 如果你被误认为是肇事逃逸, 你的答案会改变吗?

5. 汽车租赁和食品配送企业安装这种系统时需要告知驾驶人员。在什么情况下这种系统会被滥用? 应该对系统进行怎样的设计以防止滥用行为?

6. 萨拉所在的比萨连锁企业是否该给所有内部司机驾驶的车辆都安装这种设备? 目的不是为了保险折扣, 而是为了找到更好的送货路线, 同时鼓励司机更加谨慎驾驶。

7. 对于比萨连锁企业来说, 该设备是可以改善流程的 IS, 被改善的是送货流程。送货流程的目标是什么? IS 使哪些流程评估指标得到了改善?

8. 这项 IS 技术改善的是活动、活动间关联还是控制措施?

9. 在上述情境中, 应用 IS 改善流程导致了隐私外泄。所有改善流程的 IS 措施都会外泄员工或客户的隐私吗? 请考虑那些有员工或客户敏感数据的地方, 如医疗、金融和社交媒体上的流程, 应用 IS 改善流程能不威胁到个人隐私吗?

---

* 在美国获得驾驶证的最低年龄为 16 岁。——译者注

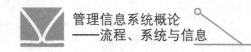

复习题

复习题用来帮助学生检测对本章知识的掌握程度。你可以先读完本章的全部内容，然后去完成所有的复习题；也可以读完与题目相关的内容后立即去做复习题，做完一道再做另一道。

问题 1　组织流程的基本类型是什么？

什么是业务流程？解释描述业务流程的几个关键词：活动、资源、角色、行动主体。哪个术语指可由人或计算机完成的事项？说明管理人员通常希望持续地对业务流程做些什么。列出流程范围的三个主要类型并解释三者之间的区别。给出效率和效用的定义。怎样才是有效率的和有效用的？

问题 2　常见业务流程的实例有哪些？

说明价值链中各项主要活动的流程，说明在 HR 和会计领域中支持活动的流程。指出该流程属于运营、管理和战略三个层面中的哪一个，并解释这样归类的原因。描述采购流程以及销售和营销流程。

问题 3　组织应该怎样改善流程？

说明 OMIS 模型，什么是模糊和不适当的目标。说明评估指标并解释为什么开发评估指标具有难度。举例说明什么是合理、准确和一致的流程评估指标。

问题 4　组织应该怎样利用 IS 改善流程？

解释 IS 可以改善流程的三种方式。找一个具体的流程，说明 IS 如何使其得到改善，指出这个流程的目标和评估指标。举一个应用 IS 改善某项活动的流程实例。什么是关联？解释在流程中如何应用 IS 改善关联。解释为什么对于一个业务流程来说控制是很重要的。举一个应用 IS 改善流程控制的实例。解释两种类型的非 IS 流程改善，并分别给出实例。描述在实践中，为什么 IS 改善和非 IS 改善经常有重合。阐述六西格玛的目标。指出流程改善小组的常见参与者。描述两种类型的 BPMN 图。

问题 5　IS 如何阻碍业务流程？

描述企业的 IS 配置如何阻碍流程并限制流程改善。说明什么是信息孤岛，信息孤岛对流程目标的影响，以及解决信息孤岛问题最常见的方法。说明为什么各个部门喜欢直接控制自己使用的系统，部门有哪些合理的理由会将数据存放在多个数据库中。

问题 6　SOA 如何改善流程？

描述在一般情况下 SOA 改善流程的两种方式（如改善活动、提供关联或增强控制）。说明什么是服务，举一个流程中服务的实例。说明什么是封装，给出流程中有两项封装服务的实例。解释具备独立性的封装服务如何能够改善流程。说明过去服务之间如何交换信息，以及标准如何使这种信息交换更加顺畅。给出一个 SOA 标准的实例。

概念及术语

活动	行动主体	已然图	业务流程
控制	客户服务流程	效用	效率
封装	高管支持系统（ESS）	人力资源流程	信息孤岛
关联	管理信息系统（MIS）	管理流程	评估指标

度量	目标	OMIS 模型	运营流程
应然图	出货物流流程	采购	采购流程
资源	角色	销售流程	服务
面向服务的架构（SOA）	六西格玛	SOA 标准	战略流程
技术开发流程	业务处理系统（TPS）		

知识拓展题

1. 应用 OMIS 模型改善下列流程，指出流程的目标和评估指标，说明如何用 IS 进行改善。

a. 大学毕业后选择工作；

b. 策划、准备一场婚礼或葬礼；

c. 在校园里拍照，将照片上传至 Facebook，然后通过 Wii 或 Xbox 等连入因特网，让亲戚们在电视上看到照片；

d. 比萨店购买原料的流程。

2. 对于问题 1 中提到的流程，分析如何采用非 IS 方式进行改善，如增加资源或改变流程结构。

3. 对于问题 1 中提到的流程，对用 IS 改善的方法进行归类，分为改善活动、改善活动之间的关联、增强控制三类。

4. 当你去餐厅用餐时，餐厅需要执行几个流程。选出几个流程应用 OMIS 模型，比如入座、点餐、烹饪、上菜、买单等流程。指出每个流程的目标、评估指标以及能改善流程的 IS。

5. 你的大学是如何应用 IS 优化流程的？你能够想出应用例如智能手机和社交媒体等新的 IS 工具来改善大学运作流程的方法吗？说明这些 IS 辅助改善的目标和评估指标。你的大学存在信息孤岛现象吗？哪个部门保留了对流程中其他部门有用的数据？

6. 当你们在麦当劳点餐时，点餐数据会存入该企业的 IS 中，可在多个不同流程中使用。列表说明你点的快乐午餐数据可能出现在麦当劳的哪些业务流程中，此时不妨复习一下问题 2 中的价值链流程。

7. 在 Facebook 上发起一个促销活动（www.facebook.com/causes）；邀请几个朋友参加；用手工或绘图软件绘制这个促销流程的 BPMN 图，其中有三四个关键活动；说明流程的目标和评估指标，以及 Facebook（IS）如何改善了促销流程。

8. 绘制 BPMN 图，描述将自己的行李箱送到目的地的流程，其中包含 5～7 个关键活动；说明该流程的目标和评估指标。

协作练习题 5

找几个同学一起完成下面的作业。这部分练习不要用面对面交谈的方式去做，采用 SharePoint、Office 365、Google Docs 及 Google＋等类似的协作应用工具会更容易完成（参见第 9 章）。最终的结论要反映出团队的整体意见，而不是一两个人的见解。

在东部的某个州，县城规划办公室负责向所有的建筑施工项目发放建筑许可证、排污系统许可证以及县内道路通行许可证等。任何新建住房或楼宇、所有电气管道及其他公共设施改造项目，包括将停车场等空置空间改成住宅或办公场所等，其房主和建筑商都要拿到规划办公室颁发的许可证。该办公室还负责对新建或改造排污系统、修建县级公路入口等发放许可证。

图5—17展示了这个县曾沿用多年的许可证审批流程。承包商和房主认为这个流程拖沓得让人厌烦。第一，大家不喜欢这个排成一串的顺序流程。只有在工程部门审核通过或否决了之后，他们才发现还需要经过卫生部门或公路部门的审核。因为每项审核都需要3或4周的时间，所以申请人希望这些审核可以齐头并进地做，而不是依次排着做。同时，令许可申请人和办事的工作人员倍感无奈的是，他们无法知道某项申请处在审批流程的哪个阶段。若承包商打电话询问还要等多久才能办完，就要花上一个多小时才能搞清楚审批究竟进展到了哪里。

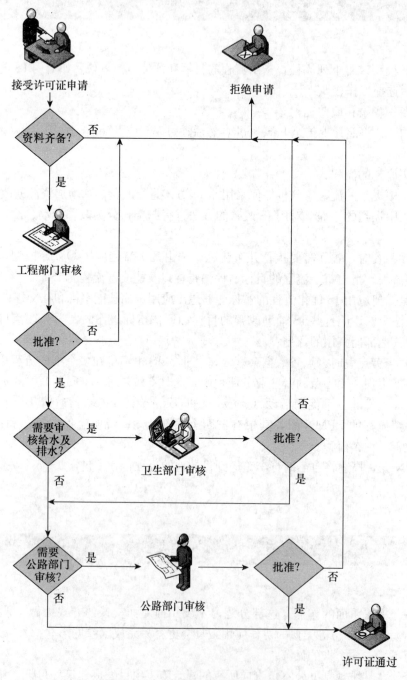

图5—17　许可证审批的顺序流程

于是该县改变了流程，新流程如图 5—18 所示。在改善后的流程中，许可证审核办公室将申请做成一式三份，给每个部门一份。这几个部门同时审核许可证的申请，最后由一个工作人员对结果进行分析，如果没有拒绝的，则批准该申请。

遗憾的是，这个流程同样有不少问题。问题之一是，有些许可证的申请材料很长，有些申请中有四五十页大型建筑图纸，审批办公室的审核工作量和复印费用相当可观。

第二，某些部门的文件审核工作有时候是不必要的。例如，如果公路部门没有批准某个申请，那么工程部门和卫生部门也就不需要再去审核了。起初，为了解决这个问题，办公室专门安排了一个工作人员负责分析审核结果，一旦发现申请被某个部门拒绝了，就取消其他部门的审核工作。但是，申请者们对这个策略有很大意见，因为当申请被拒绝而问题被修正之后，该申请还需要重新经过各个部门的审核。而此时该申请将被排在大批申请后面，需要经过很长时间才会重新进入原先被拒绝的部门，有时候会拖延五六个星期。

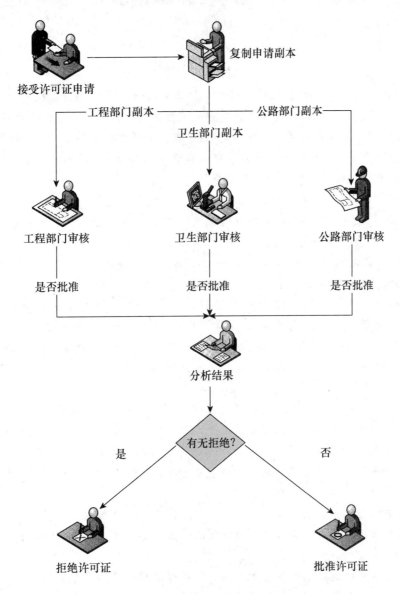

图 5—18　许可证审批的并行流程

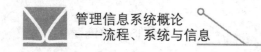

审核部门也对这种取消审核的方式不满，因为它们的申请审核工作要重复做。可能某个申请的审核工作马上就要做完，却因其他部门的拒绝半途而废了。当此申请再次进入审批流程后，前期审核的工作成果已经丢掉了。

1. 这个流程是运营流程、管理流程还是战略流程？
2. 应用 OMIS 模型分析并行的许可证审批流程，就每项评估指标指出至少一个缺陷。
3. 根据你们构想的 IS 方案，指出其改善的是活动、关联还是控制。
4. 这其中有信息孤岛吗？信息孤岛是如何逐年发展起来的？是否需要一个覆盖多部门的整体系统？
5. 用 BPMN 方法为新流程绘制流程图。

案例研究 5

石头装饰流程

比尔·盖茨和微软在向公司员工分配股票期权方面非常慷慨，特别是在微软建立的前 20 年中。正是因为这种慷慨，当微软获得巨大成功时，员工的股票期权价值飙升，诞生了 4 名亿万富翁和约 12 000 名百万富翁。并不是所有的百万富翁都住在华盛顿地区的西雅图/雷德蒙德/贝尔维尤，但绝大多数是。这些百万富翁中也有一小部分来自 Amazon.com 公司，一小部分来自 RealNetworks、Visio（被微软收购）和 Aldus（被 Adobe 收购），近来还有些人来自谷歌公司西雅图分部。

财富的涌入对西雅图及周边社区产生了巨大的影响。影响之一是催生了高端、奢侈型家居产业的发展。这些百万富翁们受过高等教育，很多人在大学期间就接触过艺术品。他们建造的住宅不仅面积大、位于昂贵的高端社区，还使用了品质最好的建筑材料。

现如今，如果驾车经过西雅图中心南部的一个小区，就会看到好几个街区中都有销售优质石材的店铺，有花岗岩、大理石、石灰石、皂石、石英岩等许多种类的石板。在富翁们新建或新装修的房子中，会用这些材料砌吧台、卫生间等台面。这些石材采自巴西、印度、意大利、土耳其等国，在原产地或运到意大利进行切割。西雅图南部的销售商们购入 6 英尺宽 10 英尺长的巨大石板，将其存放在仓库中。这些石板不仅天然材质不同，而且颜色、纹路图案、整体美感都不一样，选择石材就像选择一件艺术品。（可以访问 www.pentalonline.com 或者 www.metamarble.com 了解优质石材和销售商的信息。）

通常，客户（房主）会聘请一位建筑设计师提供设计方案，统一设计厨房、卫生间及房间中其他需要石材的部分；或者聘请一位专业的厨房设计师提供设计方案。大多数客户还会雇用室内装修师帮助自己选择色彩、布艺、家具、艺术及家居摆设。因为选择石材像选择艺术品一样，客户通常会亲自造访销售商的仓库，在仓库中反复查看，一般室内装修师都会同行，可能还会有厨房设计师。石材店的销售员会把客户感兴趣的小块石材样品装在小盒子里，让他们带走。

一般情况下，客户方会选出好几种候选的石材，卖方将为客户做预留，把客户或是装修师的名字用不易脱落的墨水写在石板边缘来做标记。当客户及设计团队做出最终选择后，未入选石材上的名字会被划掉，决定购买的石材则等待装运。

在施工过程中，承包商会选择一家石材加工商，将石材切割成客户需要的尺寸。加工商负责修理石材的边缘，给石材做抛光，为水槽和水龙头打孔等。加工商会把石板从销售商的仓库运到自己的加工车间，在车间完成所有加工，并最终把它们安装在客户家中。

讨论题:

1. 指出上述情境中的关键行动主体。说明他们的雇主是谁（必要时），描述他们所承担的角色，说明把石材搬出仓库的和把石材装到加工商卡车上的关键角色都是谁。

2. 用 OMIS 模型分析石材加工商的工作流程，就每项评估指标指出至少一个缺陷。

3. 根据你构想的 IS 方案，指出其改善的是活动、关联还是控制。

4. 信息孤岛在何处？多年来这些信息孤岛是如何发展的？转换为企业级系统有比较好的理由吗？

5. 利用 BPMN 绘制新的流程。

第 6 章
应用 ERP 系统支持流程

"他们疯了吗?"帕特·史密斯问道,他是科罗拉多中部大学的体育部主任。

"我也不确定,帕特,但是跟你说,学校对这件事很重视。"帕特的助手詹娜·瑟曼说。

"学校的管理部是说我们采购的所有东西都要通过这玩意儿来做吗?"

"倒不是所有,是 500 美元以上的采购。他们说这套新的 ERP 软件在第一年就可以为学校节约 50 万美元以上。"

"他们说怎么节约了吗?"

"看上去是学校里有些单位做了蠢事。你看,这里提到了书店的欺诈行为和学生会新电脑的超值问题。学校还说我们和那家新的 T 恤制造商的合作有些冒险,说我们应该注意到该公司使用了童工。哦,他们声称我们每件球衣的进价比校内部门高 50%。"

帕特显然很生气,他高声嚷道:"那么这个伟大的措施就是要管所有的采购,每份订单都要花上一个月的时间!"

"嗯,他们说这个新的 ERP 系统能够节省时间。他们建了一个供货商名录供校内所有单位使用,并且谈好了每件商品的价格,我们可以免费通过这个系统订购合适的商品。"

"等等,你是说'所有商品'吗?我们要订购好几千种各式各样的东西呢!!"

"他们承认这还需要一段时间来完成。"

"他们真的说我们的球衣比其他校内部门贵吗?!!招募一流的甲级队运动员并告诉他们'你们穿着 8 美元的球衣看上去棒极了',他们知道这多么荒唐吗!"

"但是老板,他们也谈到了好的方面,当其他学校也用这个系统采购以后,供货商就要更加努力地使大家都对它们保持好印象,否则会损失得更多。他们还专门指出,像我们在足球队球衣上吃亏这种事应该不会再发生了，因为供货商不想失去与学校其他部门的合同。"

"那么现在我们该做些什么呢？"

"他们要我们列出今年想要采购的商品清单，还要求我每个周一都去参加系统的设置会议。并且从今年秋天开始，我们都要去参加即将上线的新软件的培训。"

"詹娜，谢谢你。我的麻烦来了，让热心支持者俱乐部能像去年一样快快乐乐恐怕不太容易了。"

詹娜离开之后，帕特自己也承认，若真能节约上百万美元，这前景的确太诱人，足以使校方管理者放弃在此时上调学费了。学校应该能省则省。但他还是有点怀疑，新的采购流程很可能会限制他的灵活性，使他难以关照那些对运动项目一贯热情支持的老供应商，还可能使他买不到可心的球衣。帕特认为对体育部来说，仅仅通过校方的单一渠道购买所有商品的主张并不高明，他认为学校里没人理解体育部与其他部门相比有多大差别。

简　介

这位体育部主任的想法是正确的。学校需要想方设法省钱，而使用 ERP 系统能够辅助实现这个目标。显然，ERP 系统能够节约成本，但是成功安装一套 ERP 系统是极具挑战性的。这个过程可能需要经历几年的时间，花费数亿美元。同时系统还需要组织在其行事方法上做出艰难改变，因此学校要走的路还很长。

在上一章中，我们从流程的视角分析了企业，应用 OMIS 模型进一步说明了如何使流程有更高的效率和更好的效用。现在还是继续关注与 IS 和流程改善有关的问题，但是着眼点换成了 IS。更具体些，我们要看像该学校准备实施的这种大规模的 ERP 系统如何能够改善整个组织的流程。为了实现这一目标，需要分析实施 ERP 系统的优势和挑战。首先要重温一下第 5 章中提到过的信息孤岛问题。

问题 1　ERP 系统解决的问题是什么？

如今 ERP 系统非常普及，考虑一下在其出现之前各种业务是如何运作的。那时的企业与科罗拉多中部大学的情况很类似——各个部门使用自己独立的信息系统和数据库来经营各自的流程。不仅如此，许多部门的业务流程设计并不完善，效率和效用相对低下，而更糟糕的是，这些流程很难与其他部门的流程整合。

几年之前，Web 使世界变平了，光缆以不可思议的速度传播着数据。现实的发展使设想得以实现，SAP 的软件工程师们意识到，新的网络和数据库存储的优势使开发大型、集中式、易接入的跨越整个组织的数据库成为可能。为了使用这种新的信息系统，企业同时需要采用由 SAP 设计的业务流程。这些流程以最佳的行业实践为基础，其设计起点就是为了方便与其他流程的整合。这对大企业来说是一个机会，可以通过实施一个信息系统来辅助改善和整合很多流程。

ERP 系统的关键是数据由一个中央数据库统一组织和管理。回忆一下第 5 章的内容，如果每个信息系统自成一体，分别管理自己的数据而且重复保存，就会出现信息孤岛。此时，某个流程需要的数据可能保存到了为别的流程设计和使用的信息系统中。由于信息孤岛间相互隔离，以它们为基础的自动化也是孤岛式的，流程的效率和效用会降低，且难以实现整合。

ERP 系统可以解决信息孤岛问题，本章接下来的部分将会解释这个问题。但是在此之前，先来简单看一下解决信息孤岛问题的另一种方法。这第二种方法是被称作企业应用集成（EAI）的分散性解决方案。ERP 和 EAI 系统有时被统称为企业级系统。

企业应用集成

企业应用集成（enterprise application integration，EAI）通过设立新的软件层的方式将信息系统连接到一起，以此解决信息孤岛问题。EAI 就是一种能够使信息孤岛之间建立联系、共享数据的软件。EAI 软件的分层情况如图 6—1 所示。举例来说，当财务信息系统向人力资源信息系统发送数据时，EAI 程序先拦截数据，将其转换为人力资源系统需要的格式，然后再将转换过的数据发给人力资源系统；当人力资源系统向财务系统发送数据时则会反过来操作。

尽管没有统一的 EAI 数据库，但是 EAI 软件保存了元数据文件，描述了组织中的全部数据位于什么位置，在每个位置如何将数据转化为能够使用的状态。这些细节用户是看不到的，EAI 系统在用户看来就像是一个集成的数据库。

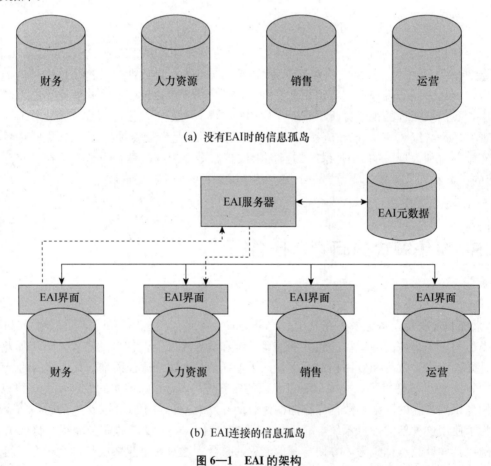

(a) 没有EAI时的信息孤岛

(b) EAI连接的信息孤岛

图 6—1　EAI 的架构

EAI 完成以下工作：
- 它通过一个新的软件层在信息孤岛之间形成连接。
- 它使现有应用程序可以建立联系和共享数据。
- 它提供集成的数据。

- 它利用的是现有的系统，仍然保留了部门级别的信息系统，只是在顶部又建立了一个集成层。
- 它允许逐步过渡到 ERP。

EAI 连接孤岛方法最主要的优势是它使组织可以继续使用已有的应用系统，同时消除了信息孤岛带来的很多问题。转化成一个 EAI 系统不像转化成 ERP 系统那么具有颠覆性，相对便宜却可以提供一些 ERP 系统具备的优势。有些组织将开发 EAI 应用当成是实施完整 ERP 的垫脚石。

企业资源规划

企业资源规划（enterprise resource planning，ERP）产品是由套装软件、数据库、应用程序和一系列支持业务运作的流程组成的单一的、一致性的信息系统。这种系统可以将来自财务、人力资源、销售、运营等部门的业务流程数据整合在一个系统中，如图 6—2 所示。之所以被称为 ERP，是因为其试图将一个企业的所有资源整合于单一的信息系统中。

ERP 系统的首要目的是整合，ERP 系统允许"组织的左手明白右手在做什么"。ERP 系统对流程进行标准化，并将来自企业各个流程的数据集中到一处，以便这些数据可以实时地传送到多个地点。

ERP 系统正确实施后，可以将关于客户、产品、人员、装备、机械、设备、生产进度、供应商和财务等的数据存入一个单一的数据库。把数据存储在一个地点后，数据可以随时保持最新和可用的状态，实时提供给组织的任何流程使用。

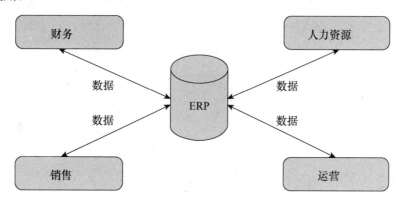

图 6—2　ERP 对四个部门流程的数据整合

ERP 实施：实施前后的案例

为了更好地理解 ERP 系统的影响，我们来分析一下两个组织在 ERP 系统实施之前和之后的流程。一个是本章开篇讨论过的那所大学，另一个是某自行车组装企业。

案例 1：单一流程——大学采购。分析图 6—3，比较一下该学校的采购流程在实施 ERP 系统之前和之后的差别。在图的上半部分，大学的各个部门都有自己的采购代理，分别从供应商处购买产品和服务。若把所有采购活动都收归中心办公室管理，学校就可以使采购流程更加标准化，并获得更强的对供应商的议价能力。

图 6—3 展示了 ERP 系统对学校的影响，图 6—4 是 ERP 系统对校内部门的影响。图的上半部分表现的是实施 ERP 系统之前，每个部门的采购流程主要有三项活动——创建采购订单、接收货物和会计活动，如图 6—4 中上面的 BPMN 所示。流程由部门中充当采购代理角色的人启动。校内每个部门都有各自的采购代理，体育部的采购代理是詹娜。

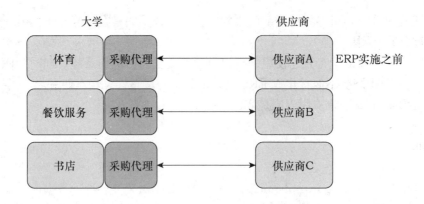

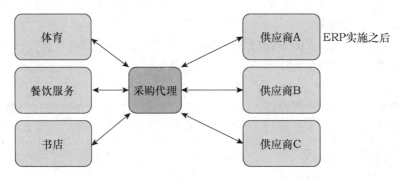

图6—3 ERP实施前后学校各部门的采购

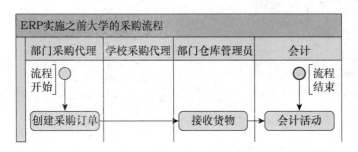

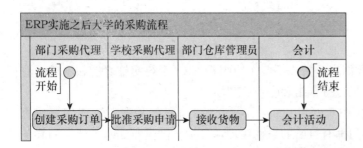

图6—4 ERP实施之前和之后学校的采购

　　詹娜填写一份采购订单（PO）使流程开始，比如一份为夏令营采购500件T恤衫的采购订单。第二项活动是接收货物，货物到达校内体育部的仓库后，身为仓库管理员的乔要签收货物并将其放在货架上，完成货物接收。随后，学校的财务部将会收到来自T恤衫生产商的账单并负责付款。体育部的采购活动将被记录在该部门的数据库中。在图6—4中，为简单起见，省略了各个部门的数据库。校内的每个部门都在维护自己的采购数据库，结果形成了信息孤岛。

体育部采购流程的目标是与可靠的供应商合作，保证它们能准时送货并且价格合理。同时詹娜还有一个没有明说的目标，就是要与热心支持体育部的那些供应商们保持关系。上述目标的评估指标都没有明确。

在实施 ERP 系统之后，各个部门均采用由 ERP 供应商提供的新采购流程，图 6—4 底部展示了这个新流程。此时詹娜先要填写一份采购申请，采购申请是待审核的采购订单。第二项活动是由学校的采购代理批准采购申请，而流程中的其他活动仍然与原来相同。不同的是数据不再由各个部门的数据库分别保存，新的 ERP 流程用中心数据库统一维护所有采购数据。现在如果哪个部门想要订购 T 恤衫，那么 T 恤衫供应商的全部数据、送货时间和价格都是实时可用的。

目前由采购办公室统筹管理全部流程，为流程设立了明确的目标和评估指标，供所有的采购代理参照执行。学校对于新流程的目标是提高效率——降低成本，并通过将本月支出与去年同期的支出进行比较来衡量。

了解 ERP 系统如何能够改善某个具体的流程，比如大学的采购流程是很重要的；但更为重要的是要了解 ERP 系统如何能够促进整个组织的流程整合。为了说明这种规模更大的影响效果，我们来看一家自行车组装企业。

案例 2：整体流程——自行车组装企业。图 6—5 展示了该自行车厂在 ERP 实施之前的一些主要流程，从这个图可以看出自行车厂中有多少流程在同时运作，顶部是价值链中的主要活动。

注意，图中以圆柱体表示的五个数据库——供应商、原材料、生产、产成品和 CRM。CRM 是客户关系管理，CRM 数据库保留了客户的跟踪数据。这五个数据库就是五个信息孤岛，相互独立地支持着不同的流程。

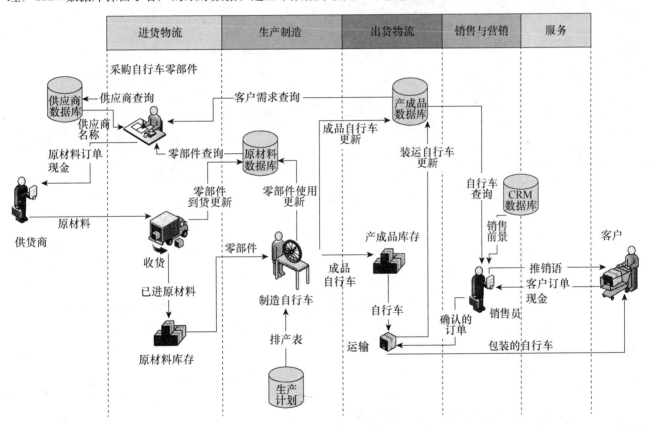

图 6—5　没有 ERP 时自行车厂的信息系统

因为没有将数据储存在一处，自行车厂在需要实时地共享数据方面会遇到困难。例如，如果销售部门有一个意想不到的可销售 1 000 辆自行车的机会，此时销售经理需要知道公司是否能够在交货期内按时生产出这批自行车。遗憾的是，销售经理并没有掌握她需要的所有数据，数据被分别储存在企业各个不同的数据库中。她根本无从知晓产成品数据库中的成品车数量或者原材料数据库中的零部件情况。面对分散在企业各个角落的数据，潜在销售订单根本无法保证。

将上述情况与图 6—6 中的 ERP 系统进行对比，可以发现图中的 ERP 系统可以为企业的所有流程提供支持，同时数据都被存入一个 ERP 中心数据库。当销售经理发现一个销售 1 000 辆自行车的机会时，她确认订单所需的数据也能够在 ERP 系统中找到，销售经理可以在自己的办公桌上查看有多少产品已经完成并可以销售，也可以知道未来几天有多少辆自行车可以完工。进一步地，ERP 系统还可以向销售经理展现如果当前库存不是很充裕，那么下周可以将生产能力加倍，但是在这种情况下自行车的成本将会上涨 40%。

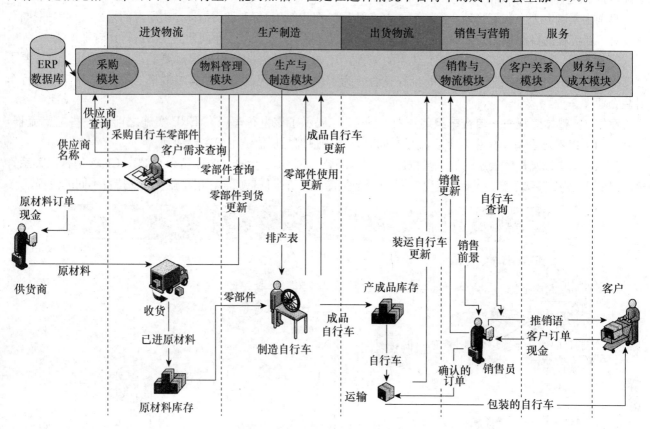

图 6—6 自行车厂的 ERP 系统

如果销售经理决定抓住这个销售机会，生产能力就必须加倍，那么 ERP 系统将会把供货和排产进度表告知进货物流、生产制造和出货物流部门的主管。因为数据被统一存放在一处，所以销售环节的影响可以被所有相关流程立即知晓。

问题 2 ERP 系统的组成元素是什么？

为了更好地理解当前 ERP 系统的组成元素，需要看一下它的发展过程。当前的 ERP 系统在其起源领域中仍然最为擅长，比如制造和供货流程。

尽管 ERP 这个概念相对较新，但是企业使用 IS 支持业务流程运作已经有 50 年了，甚至远在因特网出现之前。20 世纪 60 年代，企业就能用电话专线、计算机读卡器和穿孔卡给供应商发送库存订单。到了 70 年代，企业开始自行购买大型计算机，制造业企业开始使用一种**物料需求规划**（material requirement planning，MRP）软件来有效管理库存、生产和劳动力。随着计算能力日益廉价，又出现了**制造资源计划**（manufacturing resource planning，MRP Ⅱ）系统，进一步增加了财务追踪能力，以及对设备和设施资源进行排程的能力。

随着**适时制**（just in time，JIT）的出现，企业环境又进一步改善。JIT 要求制造与供应同步进行——随着产品生产线的进展，相关的原材料也恰好到位。为了实施 JIT，需要与供应商建立更为紧密的关系，而这种关系依赖于业务伙伴之间顺畅的数据流动。正当这种业务需求出现之时，互联网技术在 20 世纪 90 年代使供应链和客户市场拓展到全球范围。企业开始将新兴的 ERP 当成一个全面的解决方案，来满足不断增长的供应链需求，确保企业妥善度过日益逼近的 Y2K 问题，并克服信息孤岛的难题。不久之后，《**萨班斯-奥克斯利法案**》（Sarbanes-Oxley Act，SOX）等新的联邦法案出台了，要求企业对其财务流程行使更强的控制权，而 ERP 系统正好可以满足这一需求。通过这个简短回顾可以看出，企业的业务和 IS 是共同发展的，一方的进步影响到另一方，周而复始。

随着企业的变化，ERP 系统也必须相应变化。今天，一个真正意义上的 ERP 产品必须包括下述应用模块，用来整合这些业务功能中的流程[①]：
- 供应链管理（采购、销售订单处理、库存管理、供应商管理以及相关活动）；
- 生产制造（生产调度、产能计划、质量控制、物料清单以及相关活动）；
- 客户关系管理（预期销售展望、客户管理、营销、客户支持、呼叫中心支持）；
- 人力资源（工资表、工作时间表和考勤、HR 管理、佣金计算、福利管理以及相关活动）；
- 财务（总账、应收账、应付账、现金管理、固定资产管理）。

尽管 ERP 解决方案可以整合上述全部流程，但是在通常情况下企业只会购买和实施 ERP 整个软件包中的某些部分。例如，一家国防承包商可能只需要使用 SCM 和生产功能，而一所大学可能只是安装人力资源和采购功能。最常见的部分性实施方案是安装 CRM 来为促销、销售和服务流程提供支持；或是安装 SCM 来整合供应链流程，并与供应链伙伴共享促销数据。

ERP 系统的五个组成部分：软件、硬件、数据、程序和人员

前面讲过，一款 ERP 产品（如 SAP）包含了信息系统五要素中的三个：软件、数据库和程序。为了使用 ERP 产品，组织需要把软件和数据库装到硬件上，并培训人员来使用程序。下面分别来看每个组成部分。

ERP 软件。ERP 软件实现了流程间的数据集成。软件通常装载在服务器和公司中的客户机上。软件可以在不改变程序代码的情况下根据客户需求进行定制，这种定制过程称为**配置**（configuration）。

配置软件的过程与你们开始使用电子邮件系统时做出的设置操作很类似。安装一个电子邮件系统时，需要做出 10～20 个决定，例如旧邮件将被保留多长时间、设立哪些文件夹、地址簿该用什么名称等。采用同样的方式，企业需要做出 8 000 多个配置项的决策才能把一个 ERP 系统定制得符合自己的需要。例如，配置一个时薪工资单需要明确一个标准的工作周有多少小时、不同工作类别的每小时工资数、超时及假日加班的工资调整等。在大学中，软件的配置必须考虑每个部门的开支限额、仓库地址、银行账户以及其他很多细节。

当然，利用配置可以实现的调整变动是有限的。如果某个 ERP 新客户的需求无法通过配置的方式来实现，则该客户要么调整自己的业务使其与软件相适应，要么编写应用代码来满足自己的需要。例如，体育部自己有一些来自热心支持者的、只用于赞助特定项目的钱，比如高尔夫球队的球场使用费等，因此学校无法

---

① ERP101，"The ERP Go To Guide."http://www.erpsoftware360.com/erp-101.htm。2011 年 6 月访问。

通过 ERP 系统的配置对这样的经费进行适当处理。结果不得不单独编写代码将其加入到 ERP 软件中。

任何 ERP 实施过程中都可以添加用特定应用语言（如 Java）编写的代码。应用代码最常见的用途是利用 ERP 的数据生成独特的公司报表。

学校也可以付费给其他服务商，请对方为自己编写这个定制化软件。定制化软件花费较高，初始安装和长期维护的成本都很高，因为无法保证定制后的软件与 ERP 的更新版本兼容。因此，尽量选择应用功能与组织的需求相近的 ERP 产品来避免定制是成功的关键。

ERP 数据库。一个 ERP 系统中包含一个容量巨大且非常独特的数据库、一个数据库设计结构以及初始配置数据。显然其中并没有企业的实际运作数据，运作数据是在运行和使用过程中输入的。

如果你之前的数据库经历只是在 Microsoft Access 中创建过几张表格，就很容易低估 ERP 数据库设计的价值和重要性。好的数据库设计非常关键，因为一个 ERP 数据库中能有 25 000 个以上的表。设计的内容包括这些表的元数据、表与表之间的联系、某些表中的数据与其他表中的数据建立联系的规则和约束等。

关系数据库的一个重要特点是模块化。模块化意味着可以在对整体结构不产生重要影响的情况下新建表或删除表。ERP 运行初期可能只会用到 25 000 张表中的一小部分，而随着 ERP 数据库使用量的增加，就需要无缝添加新的表。

ERP 系统使用的数据库包括 IBM DB2、Oracle Database 和 Microsoft SQL Server。在第 3 章中已经讲解过用于创建和维持数据的 DBMS 和数据库本身之间的区别，图 6—7 展示了这两者的关系。ERP 系统就是 DBMS，在 ERP 系统安装之后，也同时安装了一个授权的数据库，它一般不是 ERP 系统供应商的产品。

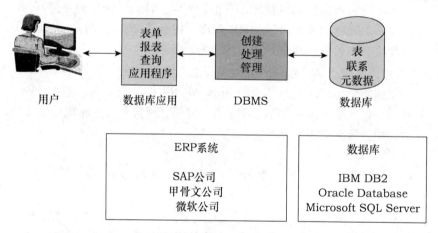

图 6—7　DBMS 和数据库

程序。IS 程序是用户与应用软件进行交互的指令和方法。教会企业员工如何与 ERP 系统互动是一件非常耗费时间和金钱的事情。为了解决这个问题，ERP 供应商提供了大量培训课程和教学方案来帮助用户了解 ERP 系统。ERP 供应商通常会在实施之前、过程中和实施之后都进行授课；为了降低花销，供应商有时会组织专门的课程，先使组织内的某些用户成为内部培训师，称为**培训师培训**（train the trainer）。即便采用这种方式，培训的费用仍然很高，可能需要花费实施费用的三分之一用于培训和咨询。ERP 供应商同样会提供 ERP 系统实施和使用的现场咨询。不仅如此，另外一些从事 ERP 咨询的服务企业也会应 ERP 新用户的需要提供培训支持。

对 ERP 初学者来说还有一条关于程序的说明也很有用。流程的每个主体仅仅需要使用 ERP 数据和软件中的一小部分。例如，詹娜作为采购代理只需要使用 ERP 的几个菜单选项和屏幕上的几张表单，学校采购部中负责审核詹娜的采购申请的人也只限于使用另外几个选项和表单。当某个 ERP 系统实施完毕后，对系统功能和数据的使用权限是根据员工的岗位职务来限定的。初学者一般只看到系统的整套功能和数据，看不到这个重要的系统管控特点。

硬件。每个 ERP 实施过程都需要各种各样的硬件，包括硬盘存储器、服务器、客户端、打印机、扫描仪、网络设备和电缆等。为了决定这些硬件设备具体需要什么等级，组织首先要估计用户的数量、支持的流程数量和未来系统的数据总量，根据上述估计量来决定硬件的规模。

目前，组织在 ERP 硬件上正面临两难选择。越来越多的员工在使用智能手机完成业务活动和流程，包括那些与公司的 ERP 系统交互完成的流程。企业的困境是：应该允许员工个人使用自己的智能手机安装公司应用来与 ERP 系统交互，还是应该为员工购买智能手机专做公司业务？后一种方式会给员工提供用公司手机办私事的机会。

智能手机问题只是新硬件引发的一长串问题中最新的一个，另一个问题是云计算。目前，多数 ERP 产品都是由企业购买并安装在自身硬件上的。随着云的出现，ERP 系统会放在云服务商的硬件上，用户可以花较低的前期成本租赁使用，并根据使用量来付费。在 ERP 厂商的推动下，这种由企业内部自建系统向外部托管实施的转变势头还将继续。埃里森（Ellison）的 NetSuite 公司在云端向大型跨国企业提供财务和金融系统，SAP 公司的 NetWeaver 同样也提供托管式的解决方案，同时 SAP 公司有可能将其庞大的业务基础向这方面转移。

ERP 解决方案全部都在硬件上设计和实施的状况会很快成为过去，新硬件会使 ERP 系统更加有用，但是对新硬件的整合通常花费大且难度高。

人员。参与 ERP 系统的相关人员有三种角色。一是用户，即 ERP 系统实施企业中的员工。二是**分析师**（analyst），也是企业员工，还被称为系统分析师或者业务分析师。分析师接受过专业培训或教育，有能力在实施之后支持、维护和调整系统，很多分析师有 MIS 或 IT 的工作或教育背景。第三种角色是咨询师。咨询师是 ERP 供应方或其他公司的人员，对系统预算、规划、培训、配置和实施提供帮助。他们可能会在系统实施的前、中、后期短期参与实施企业的工作。

图 6—8 中列出了最常见的一些与 ERP 最为相关的工作岗位，但实际职位和工作内容会有些差别。图中给出了大概的工资水平，根据经历和地点的不同也会有很大的变动余地。如从事 IS 工作岗位的增加一样，这些工作中的成功主要不取决于技术能力，而是更多地依赖于对流程的理解以及团队工作的能力。根据劳工统计局的数据，与 ERP 和 IS 相关的工作机会在 2008—2018 年间将增长 30%。[①]

内部业务流程。ERP 系统绝不仅仅是个 IS，它还明确设定了实施组织的流程。这些流程称为**内部流程**（inherent processes）。对实施组织来说，在由现有流程转为 ERP 流程时，有些转变非常小，细微到难以察觉；但也有些改变是异常巨大的。

ERP 系统包含了数百甚至数千个流程和活动，有些 ERP 供应商将这些内部流程称为**过程蓝图**（process blueprints）。实施 ERP 系统的组织必须既要适应预先定义的内部流程，也要适应新设计的流程。在第二种情况下，新流程的设计可能必须改变软件和数据库的结构，这些都会耗资巨大。

职位	工作描述	工资（美元）
咨询师	除实施企业和 ERP 供应商之外的企业雇员，可以在实施过程中扮演下述任意角色	60 000～100 000
系统分析师	了解 ERP 技术方面的问题；根据企业需求辅助规划、配置和实施 ERP 系统	70 000～90 000
开发人员	在 ERP 系统实施过程中编写必需的附加代码	76 000～92 000
项目经理	明确目标；组织、规划、领导 ERP 方案的实施团队	70 000～110 000
业务分析师	了解流程方面的问题；根据企业需求辅助规划、配置和实施 ERP 系统	75 000～95 000
构架师	组织中 IS 的高层规划者；确保技术的相容性，使技术能够支持战略目标	90 000～130 000
培训师	就 ERP 系统如何使用、各自的职责等培训最终用户和内部培训师	65 000～78 000

图 6—8　ERP 工作职位、描述和工资预期

---

① Bureau of Labor Statistics，"Career Guide to Industries，2010—11 Edition：Software Publishers，" December 17，2009，www.bls.gov/oco/cg/cgs051.htm.

问题 3　ERP 系统会带来哪些好处?

在上一章中已经提到,IS 可以通过改善活动、增强活动之间的联系、提高对流程的控制等来改善流程。不仅针对某个具体流程的改善肯定是有好处的,而且 ERP 系统同样可以为整个组织带来收益。图 6—9 列出了组织层面的收益。

ERP 系统给组织带来的好处之一,是将公司的流程转变为供应商内部的、适合本公司战略的最佳实践流程。以大学为例,最佳实践已是学校采购流程的组成部分,如大宗购买、购买前协商价格以及对采购申请集中审批等。在实施 ERP 系统之前,大学内部各个独立的部门分别采购,不会大宗购买,很少有机会议价,出现送货延迟或质量差等问题时部门自身也没有相关的应对经验和知识。

● 所实施的流程是业界的最佳实践
● 实时共享数据
● 管理上更有洞察力,监管力度更强
● 解决了信息孤岛问题

图 6—9　使用 ERP 系统的收益

第二个好处是做到实时的数据共享,有助于管理者及时获知动向并做出适当反应。例如,学校采购办公室可以看到每分钟刷新的各部门采购汇总数据,一旦发现食品价格上涨明显,采购办公室就可以帮助餐饮服务部门从其他餐饮服务账户中调配资金,或者改变未执行的订单。同样,如果某个专业即将达到入学招生的限额,ERP 系统就会向系主任发通知;如果送货出现延迟,系统也会通知仓库晚一点关门。

为组织带来的第三个好处是,有效的 ERP 系统可以使更多的管理者看到更多的数据,从而提高管理水平。例如,体育部部长想在与某教练碰面之前了解某笔订单的状态,几秒钟就可得到数据。同样,学校的采购部能够方便地对某供应商的采购总量求和并重新商定价格。

最后,正如之前讨论过的,ERP 系统还有一个重要优点是可以解决信息孤岛问题。这就意味着大学中的各个部门不需要再创建和维护各自的采购数据库了。

尽管 ERP 系统的好处是显而易见的,但是明白这些好处该如何测量也非常有用。图 6—10 介绍了一些评估指标的实例,包括常见的目标。

(确定新系统的成本有很多种方法。成本估算所涉及的道德问题可参见本章的伦理问题讨论部分。)

目标	评估指标
减少库存	库存成本曾占销售额的 25%,现在是 15%
降低成本	原材料成本比之前降低了 10%
减少退货	减少了 10% 的退货
减少年终关门时间	关门时间从原来的 14 天减少到现在的 4 天
交叉销售量	交叉销售收入翻番

图 6—10　ERP 收益的评估指标示例

问题 4 实施 ERP 系统会遇到哪些挑战？

一个组织要从图 6—5 的状态转换到图 6—6 的 ERP 支持状态，其过程很艰巨而且需要大量支出。实际上，《华尔街日报》（*Wall Street Journal*）将 ERP 实施过程称为"企业层面的根管治疗"。[①] 如果不成功，损失通常非常巨大。一些著名的企业，如凯马特和好时公司实施 ERP 系统中的损失超过了 1 亿美元，另一个失败案例是洛杉矶某学校区域的 ERP 系统错发了 30 000 张支票。[②]

在系统实施开始之前，就必须对用户进行培训，让他们掌握新的流程、工作程序以及 ERP 系统特性和功能的使用。不仅如此，公司还需要对新系统进行一次模拟实验，以发现潜在问题。随后，在实施过程中，组织必须转变或安排好数据、流程和人员的调整，使之适应新的 ERP 系统。上述工作都是在用旧系统支持业务运作的同时完成的。

如果组织曾经在过去实施过某种企业级的信息系统，那么实施 ERP 系统就会简单得多。在通常情况下，企业在实施整套 ERP 系统时会采用试点实施策略。根据这种策略，需要首先在小范围内实施 ERP 系统，如某个部门或职能机构中。最常见的流程起步点是财务部或人力资源部。

MIS 课堂练习 6

建立模型

这个练习的目的是更好地理解 ERP 系统对组织的影响，在这个练习中，学生团队需要复制出它们无法看到的模型。

上课之前教师先建好一个模型，并把它隐藏起来。学生团队的目标是建立一个与此模型一样的复制模型。模型可以直接藏在教室外的走廊中。学生分为几个小组，每个小组成员都要扮演四个角色中的一个。每个小组有 4～6 个学生，并分别担任以下角色：

观察者： 观察者可以看到教师的模型，但是不能将模型从走廊中带出来，也不能写下任何信息，只对传信者解释如何搭建模型。

传信者： 传信者听取观察者的描述，并将这些口述信息传递给教室中的建模者，既不能看教师构建的模型，也不能看本小组正在搭建中的模型。

反馈者： 反馈者能够看到教师的模型和小组搭建的模型；但只能回答小组其他成员的提问，且只能回答"是"或"不是"。

建模者： 团队的其余成员是建模者，要复制搭建出教师的模型。他们可以从供应点拿到组件材料，该供应点为所有团队服务。

练习开始时，小组中的观察者在走廊中告诉传信者最初的建模指导信息，直到最后一个小组完成模型搭建，练习结束。

[①] *Wall Street Journal*，March 14，1997，p. 1.

[②] Traci Barker and Mark N. Frolick, "ERP Implementation Failure：A Case Study," *Information Systems Management*，Volume 20, Issue 4，2003，pp. 43−49.

练习之后，讨论下列问题：

1. 练习中的角色与企业中的角色能够对应吗？

2. 描述本小组的建模流程和目标，第一个活动是观察者和传信者交流，最后一个活动是搭建组件。

3. 你们的流程如何从第一次迭代发展到最后一次？你们如何学习利用反馈者？如果反馈者是个简单的IS，那么这个IS是如何引导流程改善的？这种改善针对的是某个活动、某个联系还是某个控制？

4. 沟通标准可以带来有效沟通。你们小组在沟通标准上可以做何改进？

5. 练习中没有用计算机信息系统（IS），如果你们小组有钱购买IS，你们会买什么？

6. 购买IS后可以用来改善活动、联系还是控制？

7. 有了IS之后，哪个角色的工作会发生改变？这种改变在现实世界中会带来压力吗？

8. 采用练习中得来的流程，再搭建一个模型会花多少时间？

实施决策

对于成功的实施过程来说，问题总是出在细节处，而又有太多要注意的细节。在大型组织中，可能会有成千上万个配置细节都必须一一敲定。让问题变得更加严峻的是，很多至关重要的决定都需要基于对企业业务和ERP系统双方的了解做统筹观察。在这种情况下人们便会组建专家团队。但是有了团队又会产生新的挑战，例如建立有效的协作、沟通、承诺和责任等。

本章的前面谈到过关于工资的配置决策问题。图6—11列出了实施团队需要做出的其他类型的配置决策。配置方面的一大挑战是货品的标识符。公司想要识别或追踪的究竟是进出物流中的每件货品，还是进出物流本身？进一步地，公司想要追踪的究竟是组装过程中的物料，还是仅仅是最终的产成品？

还有一组配置决策需要公司制定出明确的补货时间，必须对公司中每条供应链中的每件货品的补给时间进行计算。补货时间的具体长度需要考虑处理订单所用的时间、供应商接到订单之后组织送货所用的时间、货品运输途中的时间等。

应该选择什么作为货品的标识符？
补货时间多长？
订单规模是多大？
应该使用哪种BOM规格？
谁（及如何）来审核客户信用？
谁（及如何）来审核生产能力？
谁（及如何）来审核排程和时间期限？
如果客户修改了订单，应该采取什么行动？
管理人员如何对销售活动进行监督？

图6—11 配置决策的实例

另一个问题是订单规模。具体来说，组织需要标明每个标准订单中的订货数量。一种极端是为了减少库存而连续不断地做小批量订货。然而，这种策略的问题是运输成本和订货成本会升高。另一个极端是数量很大的订单会占用仓库空间并且积压大量的资金。

配置细节上的难题还来自**物料清单**（bill of material，BOM）的结构。BOM 就好像一张配料表，它标明了原材料、用量、下层物料结构等最终产品的构成情况。大多数大型企业都建有种类繁多的 BOM 结构以反映不同的产品制造过程。要确定出一个 BOM 标准是个难题，那些由不同部门制造不同类型产品的企业挑战更大。

对于上述所有决策，实施团队都需要在 ERP 供应商给出的选项中进行选择确认。除了按照供应商提供的选项逐一确认这条路之外还有一个选择，就是购买前文提到的定制化软件。但是这种选择也会带来新问题。ERP 供应商会定期更新软件，定制软件可能与新的 ERP 软件不兼容。因此，定制化软件的代码也需要重新编写、重新测试并重新安装。不少企业成功解决了其他实施难题，却唯独败在了这一点上。他们在不知不觉中创造出了一个定制化软件怪物，每逢 ERP 系统更新都要重新编写代码。

人员问题

除了要解决上述这些决策难点之外，实施组织中人员的行动和态度会带来更大的挑战。有种说法对这种状况做了贴切的概括："所有的问题都因人而起"。尽管这样说可能忽视了 ERP 技术上的挑战，但是这个说法确实切中了 ERP 成功实施的要害。一些与人有关的问题在图 6—12 中有列举。

工作发生了变化
做出最初的实施决策之后，高层管理人员的参与
高层管理人员夸大了功能
部门自主权感受到了威胁
无法明确新流程的目标和评估指标

图 6—12　与人有关的实施挑战

ERP 的实施改变了组织原有的做事方式。即使对变革的收益心知肚明，人们也倾向于抵制变革。一个原因是，变革通常不能直接惠及那些不得不改变自己工作的员工个人，变革的收益都是针对组织的。例如詹娜在体育部的工作并没有因为 ERP 系统的实施而变得更简单，只不过是学校从中得到了收益。

另一个很常见的问题是，高层管理人员觉得实施流程中最难的部分是要对实施做出决策。一旦做出了决策，他们觉得就可以松一口气了。其实恰恰相反，他们需要继续参与，要负责监控实施进展，投入适当的资源，要与员工分享理念，让他们明白系统的价值所在。

高层管理人员的第二个问题是会夸大系统能做的事。通常高层管理人员会被承诺中的系统的种种好处所蒙蔽，忽略了这些承诺背后的前提。这会导致高层管理人员就高不就低，购买一些组织不需要或是无法成功实施的项目。员工大都更熟悉那些前提和必须要改变的东西，因而当"伟大的解决方案"碰上了不可避免的实施问题时很快就会厌倦。

第三个问题是管理人员会将 ERP 方案视为对所在部门自主权的威胁，或对其个人行事方式的威胁。比如开篇案例中的校体育部主任就担心新采购系统将会限制他的能力，使他难以应对体育部的独特需求。

最后，管理者可能没有明确 ERP 系统的宏伟愿景与日复一日的运营管理是如何接轨的。更具体些，他们没有设立新流程的目标和评估指标。管理者必须为符合企业战略的流程制定出目标和评估指标。例如，如果学校的战略是在高等教育行业中成为成本领先者，那么詹娜的采购流程就应该设立相应的目标，如缩短采购时间、降低采购成本等；并且要建立评估指标，如节约的劳动时间和成本数。

159

问题 5　哪类组织会使用 ERP?

很多组织都应用了 ERP 系统。这样的选择基于很多因素，其中两个重要因素是组织的行业特征和组织的规模，接下来进行解释。

■ 不同组织类型的 ERP

最初 ERP 系统最主要的客户是航天、汽车、工业设备等产业中的大型制造类企业。在制造业中取得成功之后，ERP 供应商开始自然地延伸到供应链的上端，向那些为制造业企业服务的代理商、原材料处理和加工厂商、石油行业企业销售 ERP 系统。同时，医疗行业也变得越来越复杂，医院也从服务类机构转变成利润导向的组织，开始采用 ERP 解决方案。

随着时间的推移，ERP 的应用开始向其他行业的组织和企业拓展，例如图 6—13 中列出的。如今，政府和公益性组织、零售行业和教育行业也在使用 ERP 系统。

制造
分销
矿业、材料提取、石油
医疗
政府和公共服务
公用事业
零售
教育

图 6—13　ERP 所在行业

■ 不同组织规模的 ERP

如前文所述，ERP 首先被大型组织所采用，这些组织有复杂的流程问题，故而需要 ERP 解决方案。大型企业也有进行 ERP 实施和管理所必需的资源和技术型人才。不久之后，随着 ERP 实施过程的改善，一些较小型的组织也能够实施 ERP 了。现在，年收入低至 500 万美元的组织也在使用 ERP。

价值链和基本的业务流程的性质在大型组织和小型组织之间并没有太大差别。用菲茨杰拉德（F. Scott Fitzgerald）的话说就是"富人们跟你我没什么差别，只是有更多钱而已"。处理订单需要信用核查、确认可用产品数、确认订单条件等环节，这对亚马逊公司和对菲尔的围巾店都是一样的。数百万美元的大公司中的优秀销售流程对中型企业来说也会很有帮助。流程的规模不一样，但在性质上没有差别。

但是，不同规模的企业有一个非常重要的差别，会对 ERP 产生明显的影响，即是否有娴熟的业务人员和 IT 分析师。小型组织只能雇用一两名 IT 分析师，他们不是只管理 ERP 系统，同时还要管理整个 IS 部门。在 ERP 实施过程中他们也分身乏术，往往心有余而力不足。这些公司中通常采用更加小型和简单的 ERP

160

系统。

中型组织中负责 IT 的不是一个人而是一个小部门。但是这个小部门通常没有高层管理人员过问，而这种情况可能会产生误解和不信任。ERP 项目花销大、组织变动多、耗时也比较长，必须有高层管理人员认可和支持 ERP 解决方案才行。远离高管视野的 IT 部门或者很难得到相应的支持，或者支持力度不够。这个问题非常严峻，很多 ERP 咨询顾问甚至说，这些公司实施 ERP 的第一步是设法获得高管对项目支持的郑重承诺。

大型组织有完整的 IT 员工队伍，并以首席信息官（CIO）为领导。CIO 是执行委员会成员中既精通商务又精通 IT 的专家，积极参与组织战略规划的制定。ERP 的实施将会成为组织战略进程的一部分，因此，一开始就会得到整个执行委员会的全力支持。

■ 国际化的 ERP

大型组织与小型组织在应用需求性质方面的一个区别是国际化程度。大多数数十亿美元的公司都在多国经营，因而 ERP 应用程序必须支持多语言和多币种。有些公司可以设置一种统一的"企业语言"，并强制公司的所有交易都使用这种语言（通常是英语）。另外一些公司则必须使其 ERP 系统适应多种语言环境。

实施成功后，ERP 系统可以给跨国组织带来巨大的收益。国际化的 ERP 解决方案在设计上要能使用多种货币，管理库存产品的跨国流动，并有效支持跨国的供应链运作。更重要的是，ERP 系统可以对全球范围的财务按期进行合并结算。因此，企业可以获得一套完整的财务报表，更准确地分析何处可以节约成本，何处的生产需要优化。

问题 6　有哪些主要的 ERP 供应商？

尽管有超过 100 家企业在宣传自己的 ERP 产品，但并非所有这些产品都能满足问题 2 中 ERP 的最低标准。而在那些达到标准的产品中，大部分的市场份额掌握在图 6—14 列出的五个供应商手中。

公司	ERP 市场排名	特点	未来发展
Epicor	5	强大的特定行业解决方案，尤其是零售业	Epicor 9 更具柔性设计（SOA）。ERP 可配置度高，成本更低
Microsoft Dynamics	4	借收购获得四个产品：AX、Nav、GP 和 Solomon。AX 和 Nav 较全面。Solomon 可能会出售？大型增值服务商（VAR）渠道	产品不能很好地与 Office 集成，没有集成在微软的开发语言中。产品方向不明确，可以去云上（Azure）查看微软的 ERP 公告
Infor	3	私人所有的公司，收购了名为 Baan 的 ERP 产品以及其他 20 多个产品	从较大的小企业到较小的大企业，都有很多解决方案
甲骨文	2	自有产品和收购产品（PeopleSoft、Siebel）的组合	技术基础雄厚的有竞争力的公司。庞大的客户群，灵活的 SOA 结构，价格高昂。甲骨文的 CEO 埃里森拥有 NetSuite 70％的股份
SAP	1	主导了 ERP 的成功。是最大的供应商，提供最全面的解决方案，有最大的客户群	技术会陈旧，其昂贵的产品会面临便宜的替代品的严峻挑战。有十分庞大的客户群，未来增长不确定

图 6—14　顶级供应商的特点

ERP 供应商市场份额

2011 年，SAP 的市场份额最大，超过了市场的 35％。甲骨文位列第二，微软排第三，而 Infor 和 Epicor 分别排第四和第五。在过去的几年中，SAP 的市场份额略有下降，被 Infor 和 Epicor 等较小的供应商抢去了一些份额。这样的改变源于中小型企业市场的发展和大型组织 ERP 系统的成熟。

ERP 产品

图 6—15 展示了这些供应商的 ERP 产品与它们的客户规模之间有怎样的联系。Epicor 和 Microsoft Dynamics 关注的都是中小型组织的需求，Infor 的产品几乎适合所有组织，甲骨文和 SAP 专注于最大型的组织，目前开始寻求拓展其产品在中小型组织中的市场。

Epicor。 Epicor 是众所周知的零售业 ERP 软件供应商，其实它已经将触角伸到了其他行业。它最知名的 ERP 产品名为 Epicor 9，其模式基于最流行的软件开发设计模式，即面向服务的架构（SOA）。正如第 5 章中描述的，SOA 能够支持成本—效率应用的柔性化设计，使组织能够以高度定制化的方式实现应用程序与 Epicor 9 的连接。与其他公司相比，Epicor 的产品成本更低。

Infor。 Infor 推行的是一种并购策略，将很多种类的产品通过一个销售和营销组织来销售。Infor 已经购买了 20 多家公司，而它销售的 ERP 产品几乎覆盖了所有行业、所有类型的企业。不难想象，其产品的目标、规模和质量都参差不齐，既有中型公司，也有较高端的小公司，还有较低端的大型公司。

Microsoft Dynamics。 Microsoft Dynamics 由并购得到的四个 ERP 产品组成：AX、Nav、GP 和 SL。其中，AX 和 Nav 的功能最强大；GP 规模较小，使用也更简单。尽管 Dynamics 有超过 80 000 的用户量，但是 SL 的前景尤为不明朗；微软已将为现有用户提供持续支持的代码维护工作外包出去。每个产品在不同的业务领域中各有所长。

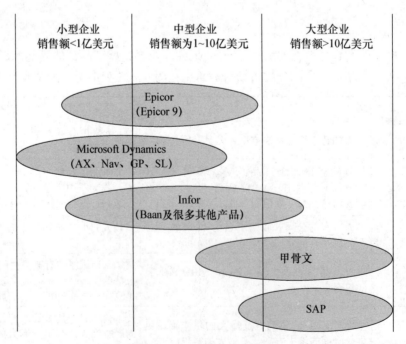

图 6—15 供应商和公司规模

这些产品中任何一个都没有与 Microsoft Office 集成，都没有使用 SOA，也都没有实现与微软开发语言的集成。实际上，微软 ERP 的发展方向难以确定。好像是四匹马分别朝不同的方向走，哪一匹都没有拴到微软的马车上。可能微软会在云端发布一个新的 ERP 公告以推出一款新的 ERP 产品；也可能微软的高管们根本无暇顾及这点，只要现有产品能满足大多数客户的需要即可。

甲骨文。甲骨文是一个非常有竞争力的公司，它有深厚的技术基础和高质量的技术员工。甲骨文公司 ERP 产品的一部分是自行开发的，通过并购 PeopleSoft（高质量的 HR 产品）和 Siebel（高质量的 CRM 产品）使其产品获得了完善。

因为奉行了 SOA 的设计原则，所以甲骨文 ERP 的适应能力很强，是可定制的。从发布第一款 DBMS 产品开始，甲骨文产品在易用性上就不被看好；闻名的是其产品功能的齐全和性能上的优越，当然价格也高。

甲骨文的 CEO 拉里·埃里森（Larry Ellison）拥有 NetSuite 公司 70％的股份，这是一家为大型跨国组织提供集成财务报表的云服务企业。若甲骨文公司并购这家企业作为其未来云端 ERP 产品的一部分也毫不奇怪。

SAP。SAP 是 ERP 产品的黄金标准。SAP 的产品适用于中型和大型企业，同时是 ERP 产品中最昂贵的。在第 7 章中将主要对 SAP 的 ERP 产品进行更为详细的阐述，因为在接下来的两章中我们将用它来解释采购和销售流程，说明 ERP 系统如何改善这些流程。

问题 7　SAP 与其他 ERP 产品的区别是什么？

SAP 系统是一家德国公司 **SAP AG** 的产品。SAP AG 公司的核心业务是出售软件解决方案和相关服务的许可证，另外还针对软件解决方案提供咨询、培训和其他服务。SAP AG 公司在 1972 年由 5 个 IBM 前雇员创立，目前已经成长为世界第三大软件公司，拥有 5 万名员工、10 万个客户，在 100 多个国家中的用户超过了 1 000 万。

SAP 软件系统的既定目标是帮助企业，使其业务流程更加高效和敏捷。为了做到这一点，它依托的庞大数据库超过了 25 000 个表。SAP 系统应该分别读出每个字母，S—A—P，而不要看成单词 sap。这三个字母是"系统（Systems）、应用（Applications）和产品（Products）"的缩写，在德语中是"*Systeme，Anwend-ungen，Produkte*"。批评者幽默地说它也是"停止前进"（Stop All Progress）或"开始祈祷"（Start And Pray）的缩写，暗示着使用 SAP 软件会很艰难，对公司的重要性也面临挑战。

超过 80％的财富 500 强企业都使用 SAP 产品，包括可口可乐（Coke）、卡特彼勒（Caterpillar）、埃克森美孚（Exxon Mobile）、宝洁（Procter ＆ Gamble）、IBM、马拉松石油（Marathon Oil）、通用汽车（General Motors）、耐克（Nike）和通用电气（General Electric）等。目前这些企业安装 SAP 系统需要花费 1 亿美元或者更多。在这个总成本中，硬件可能占到 20％～25％，软件需要 20％～25％，人员等（培训、咨询和实施）要占到 50％～60％。SAP 产品的培训、咨询和实施过程成为 IT 行业中很多人的职业，原因显而易见——企业需要这样的技术人员，他们了解企业业务和业务流程，能够使 SAP 系统为企业所用。

上面提到的花费不是一成不变的，每个企业能让 SAP 系统上线运行的情况并不一样，有些企业的实施过程可能持续数年。要把前面提到的 8 000 多个配置项全都确定好要花很长的时间。为了加快配置过程，SAP 开发出了**行业应用平台**（industry-specific platforms）用于销售。行业应用平台是为特定行业预制的平台，如零售、制造、医疗等行业，就像一套尚未裁剪的西装一样。所有 SAP 系统的实施都从某个 SAP 行业平台做起，再根据具体企业的特点确定各种配置选择。第二耗时费钱的过程是培训，要使所有层级的员工都知道该如何使用 SAP 系统。

了解 SAP 系统最常用的方式是把它看成一组相互联系且彼此依赖的模块的集合。图 6—16 列出了其中的一些模块。**模块**（module）就是功能独立且符合逻辑的流程分组。例如，销售和分销模块（SD）是一个由营销部门执行管理的流程组合，这些流程负责记录客户数据、销售数据以及价格数据。不是每个上马的 SAP 项目都会实施所有的模块，应用 SAP 的企业会自己选择需要的实施模块。

QM	质量管理	PP	生产计划
FI	财务会计	CO	控制
PM	设备维护	SD*	销售分销
HR	人力资源	MM**	物料管理
PS	项目系统	BI	商务智能

图 6—16　SAP 系统模块

* SD 包括销售流程，为第 8 章的主题。

** MM 包括采购流程，为第 7 章的主题。

SAP 系统输入和输出

图 6—17 展示的是一个 SAP 系统运行的界面。首次加载界面时屏幕上会有大量空白。在这样的界面上，詹娜在标号 1 的位置输入一个供应商编号，在标号 2 的表中输入物料，再点击标号 3 的检查图标，SAP 系统就会把该公司的相关数据提供给詹娜，在屏幕上显示其支付选项、定价选择等。

图 6—17 展示的界面是"创建采购订单"（Create Purchase Order）的概览界面。当 SAP 系统根据某个组织特点进行配置并实施时，只有经过审核的部门采购代理才能够访问这个界面。组织中不同职位的员工权限不同，访问的界面和数据也不同。会计人员只访问财务界面，仓库员工只访问仓库界面，别的岗位也一样。

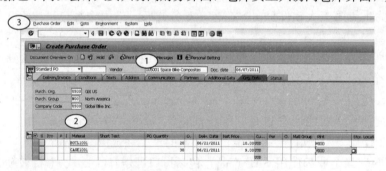

图 6—17　采购界面实例

尽管图上没有显示，但是订单一旦保存，詹娜就无法永久删除该订单。SAP 系统阻止了对已保存订单的删除。这样的控制方法可以更完整地审查和监督交易，从而降低舞弊的风险。控制还表现在对销售人员输入数据的限制上，例如，所售物料必须已经在库，邮政编码必须与城市相符，必须输入交货的仓库等。

SAP 软件

SAP 系统是第一款可以被不同公司使用的 ERP 软件。在 SAP 系统问世之前，早期的 ERP 程序都是定制化的产品——公司为了支持自身流程而自编程序。在 SAP 系统出现的时候，它首先就是努力实现了对财务、会计、库存和生产计划流程的整合，而人事和设备管理模块是在 20 世纪 80 年代开发的。

SAP 系统较著名的版本之一被称为 **R/3**。R/3（R 表示"实时"）系统是第一款可以真正为组织中大多数主要运作流程提供支持的集成系统。R/3 系统于 20 世纪 90 年代问世，其平台采用的是客户机—服务器架构。它在 20 世纪 90 年代经历了疯狂的增长，被 17 000 个组织应用。而讽刺的是，这些过去的成功却带来了今天的麻烦，SAP R/3 系统采用经典的胖客户端以及客户机—服务器架构，而不是采用基于浏览器的、能方便支持智能手机等瘦客户端设备的方法。

因为这种庞大的安装基础，SAP 公司在与瘦客户端、SOA、云服务方案等快速发展的竞争中落后了。因为它必须集中资源和注意力来满足当前用户的需求（包括相关服务、系统维护合同带来的大量收入）。SAP 现在面临着双重挑战，既要建立一个稳定的统一平台来提高企业流程效率，同时还要建立一个灵活的平台以适于采用各种新的 IT 发展优势。SAP 克服了早期对大型机架构的依赖，现在则必须设法克服对客户机—服务器架构的依赖。

为此，SAP 公司将 R/3 软件重新命名为 **SAP Business Suite**。SAP Business Suite 在一个被称为应用平台的程序上运行，这个 SAP 应用平台是 NetWeaver。NetWeaver 就像是电脑中的操作系统一样。第 3 章中讲过，操作系统用来连接程序、打印机以及其他设备。同样地，**NetWeaver** 连接 SAP 系统、硬件、第三方软件和输出设备。NetWeaver 还有 SOA 能力，可以实现 SAP 系统与非 SAP 应用的集成。这些特点使 Business Suite/NetWeaver 相较于 R/3 可以更好地适应新的 IT 发展应用。**ABAP** 是一种 SAP 系统的高级应用语言，用来增强 SAP 系统的实施功能。

对于管理者来说，辅助未来的公司更明智地使用 ERP 系统将会是职业生涯中的一大挑战，无论是大公司还是小公司。管理者开始可能基于经历和教育背景被聘用于一个部门，但是所有的业务都需要整合流程，结果就是被要求思考如何应用 ERP 系统改善部门流程，如何与企业的其他流程整合。这可能需要第 1 章中提到的一些技能——实验、协作、系统思考及抽象推理能力的运用。

雇主们希望找到熟悉 ERP 系统某些方面的员工，因此你们需要花时间来掌握下面几章中的术语和内容。在第 7 章和第 8 章中将会学到采购和销售流程如何运作以及 ERP 系统如何对其提供支持。如果有机会操作 SAP 系统，可以分别完成这两章结尾处的 SAP 练习。做完之后，可以重新开始并故意出现一些错误，尝试新内容，观察 SAP 系统如何应对。你们将不会后悔多学了一些超出课本的内容。

伦理问题讨论

ERP 预算

托德·道格拉斯·琼斯是科罗拉多州中部大学 ERP 系统实施时的 IT 主管。他是 ERP 系统的积极倡导者，因为他曾在别的地方见过这种系统发挥作用并且相信它在大学中会非常好用。

托德的职责是决定新系统的成本和收益。在对此问题做了初步研究之后，他认为对成本的测定应主要考虑产品的价格及培训系统用户的时长，而收益将取决于运营成本的降低程度。

为了使校长和同事们看到购买和实施 ERP 系统的收益会超过成本，托德隐藏了一些现实情况，以使 ERP 的效果看上去更加光鲜。托德做了好几件值得商榷的事情：

a. 他共研究了 10 所实施相似系统的学校。他本可以利用全部 10 所学校的成本和人工支出推算出本校的情况。但是在他看来，其中有 3 所学校对实施过程管理不善，因此在估算中便剔除了这 3 所学校。结果本校的成本预算就变低了。

b. 他估计的最终用户培训时间为 750 小时，但是他觉得至少需要 1 000 小时才够。他计划将这少算的 250 小时挪到下一年度的 IT 培训预算中。

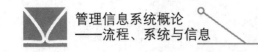

c. 在计算成本节约额时，托德没有使用项目 a 中那 10 所学校，而是另选了 10 所。他认为另选的这 10 所学校在规模方面与本校更接近，可以更好地代表本校的未来。这 10 所学校的成本节约效果比原先的 10 所学校要好得多。

系统成功实施 6 个月之后，托德的远见众所周知，学校每个月可以节约数千美元。在实施 7 个月之后，审计师发现了上述 3 项有待商榷的行为。

假设你是托德，你的上司知道你做了什么。此时你审视自己的动机，告诫自己说你是问心无愧的：

> 我并没有说谎。我知道系统一定会获得巨大成功，而如果我没有使校长看到这些，那么我可能会使这个绝好的机会与我们擦肩而过。我做了最合适大多数人的事情，我并没有从中直接拿到好处。如果我是校长，我也会希望我的 IT 经理能帮助我做出正确的决策。看看结果吧，事实足以证明我做的是对的。

讨论题：

1. 上面列出的这几个小动作中，哪个做法是最不道德的？
2. 如果你是托德的上司，你会怎么做？未来你对托德的管理会发生怎样的变化？
3. 不当合理化（inappropriate rationalization）与正当证明（justification）之间有什么区别？
4. 你怎么知道何时是不当合理化？
5. 你是否同意托德最后的想法？好的结果是否可以"一俊遮百丑"，表明其过程或决策也是好的？

复习题

复习题用来帮助学生检测对本章知识的掌握程度。你可以先读完本章的全部内容，然后去完成所有的复习题；也可以读完与题目相关的内容后立即去做复习题，做完一道再做另一道。

问题 1　ERP 系统解决的问题是什么？

解释在 ERP 系统之前如何在业务中应用 IS，指出企业级系统可以解决的问题，解释信息孤岛。阐述两种企业级系统——EAI 和 ERP 之间的区别。说明什么是 EAI，EAI 是如何工作的，EAI 如何应用元数据。列出企业想要使用 EAI 而不是 ERP 的几个原因。说出 ERP 系统的组件，以及 ERP 系统的主要目的。

问题 2　ERP 系统的组成元素是什么？

解释在因特网出现之前，企业如何应用计算机进行库存管理；解释 MRP 与 MRPⅡ之间的区别；解释业务与 IS 是如何共同发展的。说出可以用 ERP 系统整合的几项业务功能，说明为什么 ERP 系统的实施可能不用安装所有的功能，为什么企业要给自己创建定制的 ERP 实施程序；说明什么是配置。描述 ERP 系统与数据库之间的关系；解释新的硬件困境以及它对 ERP 系统产生怎样的影响；解释 ERP 系统中的工作岗位；说明系统的固有流程并解释为什么它们也是 ERP 系统的一部分。

问题 3　ERP 系统会带来哪些好处？

解释为什么说 ERP 改善现有流程是不准确的。描述 ERP 系统实时数据的优点，解释 ERP 为管理带来了哪些便利。举例说明如何测量 ERP 系统实施的收益。

问题 4　实施 ERP 系统会遇到哪些挑战？

为什么有些组织中 ERP 解决方案的实施要容易一些？说明 ERP 会给所有团队而不仅是实施团队带来的常见挑战是什么。列举几个实例说明企业实施 ERP 系统必须进行的决策类型，以及针对每种决策实施团队通常会有哪些选项。说明采用 ERP 定制化软件有什么不利之处，说明管理层会如何影响实施过程，使其面临不必要的困难。

问题 5　哪类组织会使用 ERP？

解释应用 ERP 的企业的类型发生了怎样的变化。组织规模如何影响 ERP 的成功？大型组织特有的 ERP 需求是什么？

问题 6　有哪些主要的 ERP 供应商？

顶级 ERP 供应商有怎样的不同？列举四五个顶级供应商并说明其各自的特点，指明每个供应商的相对市场份额。解释哪几个供应商为中小型组织服务，哪几个服务于大型组织。

问题 7　SAP 与其他 ERP 产品的区别是什么？

描述 SAP AG 公司。对实施 SAP 系统的花费进行分解。解释模块是什么，给出 SAP 系统模块的实例；解释如何控制 SAP 系统的访问权限以及 SAP 系统如何限制并管理数据输入；描述 SAP 的 NetWeaver；解释 R/3 系统的主要特点。

概念及术语

ABAP	Infor	NetWeaver	分析师
内部流程	过程蓝图	物料清单（BOM）	适时制（JIT）
R/3	配置	制造资源计划（MRP Ⅱ）	SAP AG
企业应用集成（EAI）	SAP Business Suite	企业资源规划（ERP）	物料需求计划（MRP）
《萨班斯-奥克斯利法案》（SOX）		Epicor	Microsoft Dynamics
培训师培训	行业应用平台	模块	

知识拓展题

1. 找出两个你熟悉的存在信息孤岛的组织，其中是否有组织选择了 EAI 方案而不是 ERP？解释原因。根据图 6—15，这些组织是什么规模、什么类型，同时哪个供应商有可能为其提供 ERP 解决方案？

2. 如果下个秋季入学的新生班级突然比现在班级的人数多 20％，秋季入学时会发生什么？学校的哪些部门需要提前知道这个数据？你所在学校会用什么方法来有效共享此数据？

3. ERP 系统可以为重要的统计和评估指标创建数字面板。如果你是体育部部长，希望通过数字面板展现哪些数据？它们都是流程目标的评估指标吗？如果你是大学校长，你会需要哪些数据？学校中还有哪些人可通过数字面板来提高工作效率？

4. 这个 MIS 课程与其他课程有哪些区别？可能这些作业会有些不同，也可能教师的表现有些不一样。如果发明一种大学教学 ERP 系统而固有流程不具备这些独特元素，会怎样？那样会使学校的教学流程更加有效和高效吗？应该如何测量这种改善？这样做值得吗？

5. 体育部主任从某个配有 ERP 系统的供应商处购买体育器材。学校从一家使用了 ERP 的供应商处采购有什么优势？你可能希望看到公司的广告中说"我们可以用低于行业平均水平 20％的时间完成客户订

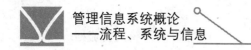

单"。列出两三项你希望从实施了 ERP 系统的供应商处听到的评估指标，以及两三项 ERP 系统无法改善的内容。

6. 为了成功采用 ERP 系统，某体育器材供应商需要做出许多妥善的系统配置决策。举例说明你们认为公司可能采用的货品标识符、补货时间以及订单规模。另外，你认为应该由谁来审核客户信用和生产能力的提升？如果客户修改了订单，需要采取什么行动？

7. 假设某体育器材供应商选择了 SAP 系统，它只是向大学供货的器材批发商而不是产品的生产商。作为一家批发商，图 6—16 中的哪些模块是供应商不需要向 SAP 公司购买的？

8. 图 6—4 展示了现在大学中的采购流程以及体育部的目标和评估指标。如果你是饮食服务部的采购代理，需要采购校园食堂供应的所有食物，那么你的采购流程的目标和评估指标是什么？

协作练习题 6

找几个同学一起完成下面的作业。这部分练习不要用面对面交谈的方式去做，采用 SharePoint、Office 365、Google Docs 及 Google＋等类似的协作应用工具会更容易完成（参见第 9 章）。最终的结论要反映出团队的整体意见，而不是一两个人的见解。

1. 以当地的某医院为例，回答下列问题：

a. 如果没有应用 ERP 系统，那么哪里可能存在信息孤岛？

b. 医院的流程应有更高效率还是更高效用？这对于病人来说重要吗？

c. 根据 b 题的答案，应该用怎样的评估指标来评价 ERP 系统为医院带来的收益？（参见图 6—10 中的评估指标实例。）

d. 图 6—11 列出的实施决策中，哪些适用于医院？

e. 你会向医院推荐哪家 ERP 供应商？解释你选择的原因。

f. 分派小组成员每人应用 BPMN 为医院不同的流程绘制流程图。然后合并各个流程图，减少单个流程中的细节以便使整个流程图的活动数与合并前单个流程图中一样。

2. 以你们所在的大学为例，回答以下问题：

a. 如果没有应用 ERP 系统，那么哪里可能存在信息孤岛？

b. ERP 系统将改善流程的效率还是效用？改善流程的目标是什么？

c. 根据 b 题的答案，应该应用怎样的评估指标来评价 ERP 系统为学校带来的收益？（参见图 6—10 中的评估指标实例。）

d. 图 6—11 中列出的实施决策中，哪些适用于大学？

e. 你会向学校推荐哪家 ERP 供应商？解释你选择的原因。

3. MIS 课堂练习 6 中的训练用来辅助认识流程和企业级系统的重要方面：

a. 通过参与这个练习你学到了本章中的什么内容？

b. 本章中还吸取了哪些经验而课堂中似乎忽视了？

c. 重写说明以改进练习。

d. 该练习在商学院其他课程中也可以用吗？这个练习体现出了怎样的学习目标？

案例研究 6

美国空军危机的突然结束[①]

"为什么国家需要一支独立的空军?"现在五角大楼高层的文武官员都提出了这个问题。其他许多机构,包括地方、州和联邦政府机构,也都提出了类似的问题。新的企业级系统被应用到各个政府机构之后,使它们对旧的行事方式和工作流程产生了质疑。让情报机构打破信息孤岛,共享潜在的恐怖威胁数据的呼声不断出现在新闻中。同样的信息孤岛问题在地方警察局、消防部门以及其他各层级的政府机构中也存在。空军之间不过是新的 IS 遭遇信息孤岛时必然发生的典型情况。

军方仍然需要飞机,但其更需要的是端到端的一体化流程,可以在地面作战士兵与支援他们的飞机之间建立联系。在军事上,飞机要完成两项重要任务——收集战区的数据,并向目标投放炸弹。这两大任务都不过是视野更大的流程中的活动项目,到目前为止,这些流程还要由不同的部门凭借各自独立的数据库来完成。

一个流程是收集作战情报(BI)的流程。部队上战场作战和长官制定作战计划都需要 BI。而在两种情况下流程都始于陆军部门对情报的需求,需求传递到空军部门,随后空军进行飞行排程、分派飞行员、指定地点并采集数据。飞行之后,数据被传送回陆军。投放炸弹也要遵循完全一样的跨部门流程,唯一的区别是在飞机上按动触发按钮时,投送的是炸弹而不是数据。

这些流程已经这样运行了 50 年。最近开发出了无人驾驶飞机,可以完成之前由载人飞机完成的任务。这些无人机与信息系统有很多共同点。硬件即飞机本身,是受飞行软件控制的。无人机可自行采集数据,它拥有 GPS 定位数据库,还可以获知每个临近物体的高度数据。士兵可利用预先编制的程序操控无人机投放炸弹和获取 BI。

正如 ERP 系统改变了流程一样,这些飞行着的信息系统,即无人机,也改变了许多组织原有的流程。因为无人机比载人飞机小很多,也便宜很多,所以就被直接分派给了作战中的陆军部队。这就使得投放炸弹和收集 BI 的流程可以更快地完成。与隔离了空军和陆军数据的信息孤岛不同,现在无人机可以快速响应作战需求,陆军部队所需的数据也可以实时获取。如果这些新的流程被完全采用,或许真的就不再需要一支独立的空军了。

讨论题:

1. 应用 BPMN 文档绘制应用无人机之前与之后的战场情报收集流程。其中的一些活动是提出情报需求、飞行排程、数据传输;资源包括陆军数据库和空军数据库;角色有战士、指挥官、飞机排程员;行动主体是载人飞机和无人机。

2. 新流程是否与旧流程有相同的目标?新的目标聚焦于效用还是效率,或是两者兼顾?应该采用什么样的评估指标来反映效率和效用?

3. 除了这里提到的两个流程,如果国防部实施了 ERP 系统,将会期望实现图 6—9 中的哪些收益?

4. 同上,如果未来应用了 ERP 系统,国防部将会遇到的最大挑战是什么?

5. 选择另外一个你熟悉的政府机构,解释哪些现有的流程需要更新,ERP 系统会带来哪些收益,以及会面临哪些挑战。

[①] 参见 Greg Jaffe, "Combat Generation: Drone Operators Climb on Winds of Change in the Air Force," *Washington Post*, February 28, 2010。

第7章
SAP 系统对采购流程的支持

问题1　采购流程的基本功能是什么？

问题2　在使用 SAP 系统之前，CBI 的采购流程如何？

问题3　在使用 SAP 系统之前，采购流程的问题是什么？

问题4　CBI 如何实施 SAP 系统？

问题5　在使用 SAP 系统之后，CBI 的采购流程如何？

问题6　SAP 系统如何促进 CBI 的供应链流程整合？

问题7　SAP 系统的使用如何改变了 CBI？

"沃里（Wally），说说看，作为一个库管员，你工作中最难的是什么？"杰里·比斯（Jerry Pizzi）问道。他们两人正挤在查克自行车有限公司（简称 CBI①）库房的一张小桌旁边。查克自行车有限公司是一家小型自行车企业。公司采购车架、轮胎及各种配件后，组装成自行车，再将自行车卖给零售商。他们正在讨论沃里要退休的事。

"最困难的可能是与人打交道吧。不到订单快要延误了，供应商是不会告诉我所有事情的；而咱们的销售员却认为我理所当然地了解他们怎么想。"沃里又指着新版的职位说明书说，"再顺便提一句，这份职位说明书并没有说明我这个岗位所做的工作。"

"沃里，你这人太能干了，谁都代替不了你。但毕竟可以详细描述我们所需要的技能吧。"杰里回答。杰里是 CBI 公司的人力资源主管，为了雇用沃里的接班人，他正在调整这份职位说明书。

"沃里，你看这份说明书里还缺什么吗？"杰里问道。

沃里说："不缺什么了。只是这份职位说明书弄得你们像是在找一个玩统计和计算机的高手。我从不觉得这份工作有那么复杂，只要算出需要订什么东西、哪些已经订了、哪些是可用库存以及什么时候要用什么东西就行了。今年的订单和去年的差不多，只需要稍做调整。"

"是的，沃里，你一直做得很好，公司真该继续聘你。但这样我们做不来，我们需要调整好这个岗位，并确保新人可以顺利地使用 SAP 系统软件来操作。"

"你知道，那个系统可不像广告上说的那么容易用。"

"是的，广告不能信。我自己还在学着用这个系统，真希望也轮到我退休了。"

---

① 根据 SAP 大学联盟的要求，我们没有改变 GBI 案例中的任何素材，而是单建了这家新公司作为竞争对手。我们把 GBI 的特点赋给了这家新公司，而不致影响 GBI SAP 的使用。这也便于学生们参照 GBI 做模拟。

又讨论了一些细节后，杰里感谢沃里的帮助并送他离开。随后，杰里与沃里的上司蒂姆（Tim）继续讨论这份职位说明书。

"沃里是 CBI 公司迄今为止最好的库管员。"蒂姆说。

"但他也是新系统不能顺畅运行的原因之一。"杰里补充道，"假如倒退 15 年，他的技能与这个岗位的要求倒是能完美匹配。"

"是的，不过我还是很高兴他能接受我们的提议，提前退休。你说的对，他没有很好地适应 SAP 系统。"

"我认为不仅是新系统的问题。沃里以前的确非常棒，但自打前几年我们扩充了生产线之后他就不成了，这份工作已经变得越来越复杂了。"

"沃里的确说过，他觉得这份新的职位说明书过分强调了数学与计算机方面的技能。"

"我看到这一点了，的确该考虑这些技能与团队合作及沟通能力之间的平衡。新的职位很需要与其他部门和其他仓库之间多多沟通。"

"我会把这些加上去的。现在来看看这份职位需求的描述吧。真是有些奇怪，一个我们俩都认为很棒的人，今天却无法胜任自己的工作了。"

"今非昔比啦。"

简　介

在这一章，我们会分析沃里负责的采购流程在实施 SAP 系统之前与之后的具体情况，并关注 SAP 系统如何使这个流程及企业的其他流程变得更好。

在前两章中，我们介绍了流程及 ERP 系统。本章和下一章将说明流程和 ERP 系统等刚讲过的基本概念是如何在两个最基本的业务流程中应用的。我们将看到流程标准化的好处，同时我们将引进来自 CBI 公司的数据，这样数据就可以实时地贯穿公司的流程。这一章我们将讨论采购流程，第 8 章再讨论销售流程。

我们先看 CBI 在实施 SAP 系统前采购流程是什么状况，然后再看 SAP 系统如何改善该流程。本章主要以采购流程为核心，在结尾处我们将讨论范围扩大到 CBI 的供应链。SAP 系统不仅能使采购流程更加有效，而且会对公司的整个供应链产生更加深远的影响。

问题 1　采购流程的基本功能是什么？

在讨论 CBI 的采购流程之前，我们先来简要回顾一下什么是采购。**采购**（procurement）是获得货品及服务的流程，比如原材料、零部件等货品和自助餐厅的服务。在大型组织中，采购作为运作流程每天要执行成百上千次。采购的主要活动有三项：订货、收货和付款，如图 7—1 所示。这三项活动分别由不同部门中不同角色的人去完成，在第 6 章大学的采购流程示例中已作过简要介绍。

采购是最普遍的组织流程。任何组织都有采购，从初创的个体企业到沃尔玛这样的大企业，从村镇机构到中央政府都设有采购流程。甚至每位大学生都要做采购，比如在网上订书、看电影、买衣服、买食物……你们拥有的每样东西都是用某种方式采购来的。与组织的采购相似，个人的采购也有目标——你不想买到低劣的产品，也不愿意浪费时间或金钱。

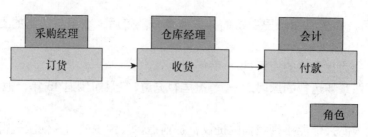

图7—1　采购流程的主要活动与角色

许多组织都有类似的采购目标，最普遍的目标是省时省钱。据相关数据估计[①]：要获得同样的货品，管理良好的采购流程比管理不良的流程要节约一半的时间与资金。美国宾夕法尼亚州通过重组政府采购流程，全年节约金额达3.6亿美元；其他各州分别节省了10%～25%的采购开支。[②] 采购流程之所以重要的另一个原因是，当某个公司通过兼并获得发展壮大时，采购是唯一跨越新公司所有部门的流程。新公司将众多采购合并成一个，扩大了订购总量，可以带来更低的价格。为了能从供应商那里获得更低的价格，许多州都将众多大学、监狱的采购进行了合并。

本章主要考察采购流程支持价值链中进货物流的部分。在进货物流中，采购获取所需的原材料，以满足价值链后续过程的需求，即生产流程的生产制造环节，如图7—2所示。其他价值链活动也会建立并执行采购流程，只是获得的东西不是原材料，而是法律服务、机器零件、运输服务等。

主要活动	内容描述	流程与章节
进货物流	收货、存储、分派各项输入到各产品线	采购，第7章
生产制造	将各项输入转变成最终成品	
出货物流	收集、存储、派送实物到买方	
销售和营销	促使买方购买，提供适宜的方式帮助他们购买产品	销售，第8章
客户服务	辅助用户使用产品，以保持和扩充产品价值	

图7—2　CBI价值链中的采购流程

CBI采购流程的具体活动如图7—3所示。为了更好地理解图7—3，我们来研究一下CBI如何获得其自

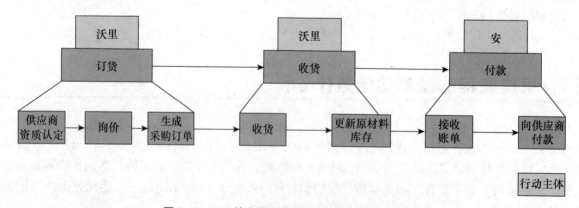

图7—3　CBI的主要采购活动、子活动及行动主体

① High performance through procurement Accenture 2007. https://microsite. accenture. com/supplychainmastery/Insights/Documents/Achieving%20High%20Performance%20through%20 Procurement%20Mastery. pdf.

② David Yarkin, "Saving States the Sam's Club Way," *New York Times*, February 28, 2011, p. A23.

行车的轮胎。首先，寻找合格的轮胎生产供应商。一旦这些公司被确定为潜在供应商，CBI 会要求每家企业提供针对各种型号及订单数量的详细报价单。通过这些价格数据，CBI 会生成**采购订单**（purchase order，PO）；采购订单会列出要求交付的产品及服务的详细数量和相应的支付金额；CBI 的采购订单上标明了采购供应商、轮胎编号、轮胎采购数量和交付日期。然后 CBI 的某个原材料仓库接收供应商送交的轮胎，收到轮胎后 CBI 立刻更新原材料数据库中的相应数据；很快就会收到供应商的账单，并向供应商付款。

"库存"是采购流程的重要术语。CBI 中有两类库存，如图 7—4 所示。图 7—4 上半部分描述了 CBI 的原材料采购流程；下半部分描述了生产流程，将原材料变成产成品。**原材料库存**（raw material inventory），存储的是自行车轮胎等从供应商处采购的零部件，在生产流程各装配线开始工作之前，这些原材料必须到位。CBI 的原材料库存包括车架、车轮和车座。**产成品库存**（finished goods inventory）是指尚未运输和出售给客户的产品。CBI 的产成品库存包括安装好的自行车及各种配件。在实施 SAP 系统之前，CBI 的所有库存数据都放在自己的库存数据库里。

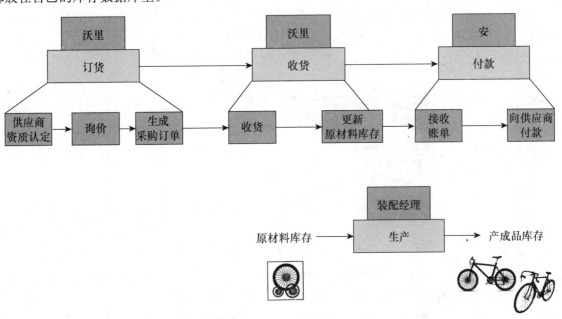

图 7—4　主要的采购流程活动、子活动、生产流程、库存类型

问题 2　在使用 SAP 系统之前，CBI 的采购流程如何？

CBI 在实施 SAP 系统之前，由沃里负责原材料的采购和收货。当原材料库存降低时，他下达订单，货物到达后他负责存储，并记录这些原材料的存放地点。他还负责规划和管理相关的人员与设备，以顺利完成这些任务。他的工作目标是要避免原材料供给缺货、选择可靠的供应商并维持好预算；衡量这些目标的指标为库存断货的次数、延迟交货次数和价格。

可用图 7—5 表示实施 SAP 系统前 CBI 的采购流程。图 7—5 的流程中有六个角色，其中两个由人承担：仓库管理员和会计；其他四个由计算机承担。如你所见，计算机承担的所有角色都使用各自的数据库，因而创建了四个信息孤岛。

173

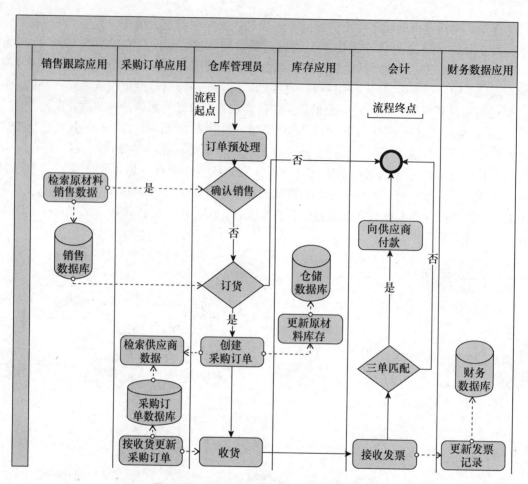

图7—5 实施 SAP 系统前 CBI 的采购流程

在图7—5中，采购流程的第一个活动是"订单预处理"。这一步，沃里作为仓库管理员要及时发现那些低于订货点的库存材料，查看以往的采购单据，找到好的材料供应商，并确定具体订货数量。他要经常登录销售数据库，查看材料是否能满足接下来几天的销售需求。如果他决定在订货点上进行采购，他会启动"创建采购订单"活动，登录采购订单数据库，获取供应数据来完成采购订单。沃里使用的"采购订单"格式如图7—6所示。在本例中，他采购了15个豪华公路自行车的车架，供应商是位于休斯敦的厂商 Space Bike Composites（太空自行车厂）。

CBI BICYCLES   PURCHASE ORDER

TO: **SHIP TO:**   **P.O. NUMBER:**
Space Bike Composites Chuck's Bikes Inc   **15432**

P.O DATE	REQUISITIONER	SHIPPED VIA	F.O.B. POINT	TERMS	
1/14/2012	Wally Jones	Truck	Midpoint		

QTY	UNIT	DESCRIPTION		UNIT PRICE	TOTAL
15	PQ131	Deluxe Road Bikes		$120	1800

图7—6 沃里的采购订单格式

然后，当材料到达仓库后，"收货"活动开始。在这个活动中，仓库的员工会拆开包装箱，清点材料数量、更新仓储数据库中的原材料库存数量。在每天下班前，沃里会更新采购订单数据库来反映所有采购订单的当天已到货情况。

　　几天之后，供应商会送来一张**发票**（invoice）或者明细账单。发票中有应付款数据及该发票对应的采购订单号。这些数据将进入财务数据库。在支付账单之前，会计会将发票数据与采购订单、收货清单的数据进行比对（如图 7—7 所示），即**三单匹配**（three-way match）。如果检验通过则完成支付，将支付信息记入财务数据库。如图 7—5 所示，CBI 采购的整个流程中使用了四个数据库，一个在销售部门、两个在仓库、一个在财务部门。每个数据库由不同部门构造，满足部门自身需求，多年运作便形成了信息孤岛。

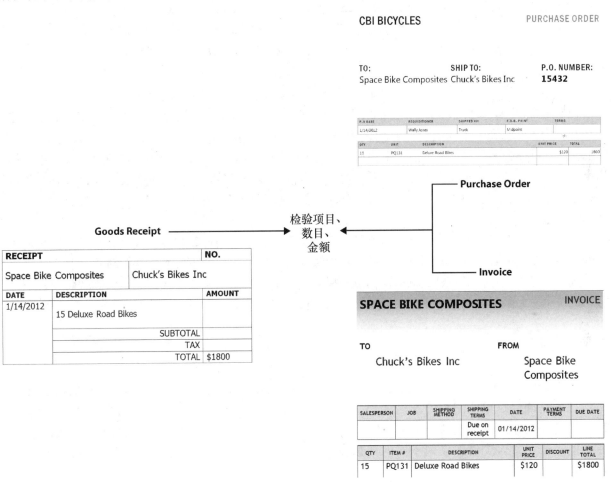

图 7—7　三单匹配

问题 3　在使用 SAP 系统之前，采购流程的问题是什么？

　　在实施 SAP 系统前，CBI 已深知其采购流程中存在的问题，如图 7—8 所示。

角色	问题
仓库	产成品库存增加导致了原材料库存减少 仓库管理员不掌握销售折扣变价数据
会计	三单匹配时发现错误，需要很长时间去处理纠正 会计数据无法达到实时性
采购	采购代表没有集中管理，培训经历及动机各不相同 内部控制薄弱导致采购监管有限

图7—8　实施 SAP 系统前 CBI 采购流程存在的问题

■ 仓库的问题

早在 SAP 系统实施之前，CBI 就已扩展了其产品线和销售市场。为了满足客户变化的需求，制定了快速反应战略。CBI 想成为一家为自行车零售商所依赖的公司，能及时提供流行的自行车款式及附件。为此，CBI 试图保存种类繁多的自行车产品，来快速响应客户多变的需求。结果是产成品与原材料被放在了同一个库房中。库房里产成品放得越多，用来存放原材料的空间就越小。生产的产成品种类增多后，各种不同原材料的需求越来越多，但材料的存放被挤得越来越小，沃里的库房中上演了一出完美风暴，原材料的缺货率越来越高。

另一个问题是沃里根本无法看到销售价格数据。沃里可以登录销售数据库，看到公司每天销售的车型和配件情况，但是这些数据中不包括价格折扣。他无法知道某种自行车会不会有大幅的价格折扣，或者被捆绑在某个热销产品上，从而导致销量激增。销量的提升或许是营销活动所致，或许是某种款式将要流行的重要信号，而沃里总是最后才知道。于是，沃里订购的自行车零部件不是太多了就是太少了。

■ 会计的问题

从会计上看，负责支付管理的是安（Ann）。安遇到的难题大部分都发生在采购流程的后期环节。她的一项任务是确保三单匹配校验准确无误。一旦有对不上的情况，会计部就要费很大周折进行人工核查。他们需要与仓库、供应商用电子邮件沟通好几次才能搞清楚问题所在。比如仓库可能漏登了，供应商可能送错了货，安必须登入不同的数据库，来回比较结果，电邮联系供应商，来确认各种数据是否正确。

另一个问题是财务报表总是不及时。实际上从来就没提供过及时的日报表，更不用说当前状况的报表了。这是由于财务数据没有实现组织内的实时共享而导致的。财务报表在每月月末生成，会计们往往要挽起袖子大干好几天才能做完**分类汇总**（roll up）或累计计算，形成资产负债表和收入表。这之所以成为一个问题，是因为 CBI 的其他竞争对手已经开始凭借 ERP 系统获取实时数据，这些公司的管理者凭借及时数据，能够更早地发现问题，更快地回应客户。

■ 采购的问题

CBI 没有设置采购部，这带来了大量问题。首先，公司各个部门都分别设有沃里这样的采购代表。他们的知识水平、经验和动机不同，因此在采购订单上会犯各种错误。而且，他们对其他部门的工作一无所知。

比如，CBI 维修厂的采购员最近发现了几家优质的自行车部件供应商，仓库管理员沃里完全可以考虑与之合作，但他却不知道这些信息。假如沃里和维修车间能够联合采购，这些供应商肯定会给 CBI 更为优惠的采购价格。旧的采购流程要求每位采购代表都一丝不苟地做好采购操作和记录。然而，沃里这些采购代表们要么忘记了从手工采购订单上将数据转录到数据库中，要么搞错了供应商的地址，要么输入的总金额不正确。他们都把精力放在完成主要工作上，不太重视填写和记录采购订单这种细节任务。另外，这些采购代表分散在组织的各个部门中，要进行培训并不容易；同时每个部门主管对培训的需求和期望差异很大，更为培训工作增加了困难。

最后一个问题是，旧的流程使 CBI 高管面临董事会的巨大压力，董事会要求加强对企业财务流程的监管。鉴于安然公司和世界通信公司因缺乏财务控制而导致财务崩溃的例子，联邦政府提出了新的财务监管要求，并于 2002 年颁布了《萨班斯-奥克斯利法案》。该法案制定了公司内部监管的新规制，要求企业对公司内部的财务运作奉行更为严格的控制标准。沃里这样的采购人员可能会做高价采购，不正当地给供应商优惠或受到诱惑后基于个人喜好而不是企业利益进行采购等。通过将整个采购收归一个部门，公司则可以更好地管理和监督。这种监管的改善是**内部控制**（internal control）的一个范例。内部控制是为了保障公司资产、实现组织目标而对组织内的员工行为、流程及计算机系统的活动进行的系统性约束。ERP 系统及其他信息系统的一个关键好处就在于能提高对财务数据的内部控制水平。

> 在系统实施完成之前，系统的真实成本无法知道。参阅本章的伦理问题讨论，分析采用系统时出现的伦理问题。

问题 4　CBI 如何实施 SAP 系统？

CBI 不仅希望 SAP 系统能解决以上问题，还希望它能辅助企业实现其竞争战略。因此，CBI 的 SAP 系统项目从审订和聚焦其战略目标开始。然后他们将用改进后的目标来引导管理者进行各项 SAP 系统的配置决策。CBI 的目标审订过程有三项活动：

- 确定产业结构；
- 明确具体的竞争战略；
- 建立支持竞争战略的流程目标与评估指标。

CBI 根据波特的五力模型确定了组织的产业结构，如图 7—9 所示。CBI 确定自行车整车销售行业竞争激烈，消费者的转换成本很低。因此，零售商也易于转换自行车制造商。

产业结构

↑

决定

- 客户议价能力
- 替代品威胁
- 供应商议价能力
- 新进入者的威胁
- 竞争对手压力

图 7—9　通过五力模型决定产业结构

想要在这样的产业中生存和发展，CBI 决定采用的竞争战略是聚焦高端产品，并使用差异化策略应对不同的零售商。这种竞争战略如图 7—10 右下角的象限所示。高端自行车行业细分中包括超轻量级赛车及具有合成车架和精密变速系统的旅行自行车。响应能力意味着对零售商的订单快速满足；零售商订单会涉及许多种类的产品，对新的热销产品要能及时供货。CBI 在执行这种竞争战略的时候，也要同时寻找降低内部成本尤其是采购成本和销售成本的办法。

从一开始，CBI 就明确要通过使用 SAP 系统帮助其实现这一战略。尤其是，CBI 深信 SAP 系统能在关注其客户响应流程的同时控制成本。为了利用 SAP 系统的实施来实现这一目标，CBI 聘用了一家专门从事 SAP 系统实施的信息系统咨询公司。该公司的首席顾问马特（Matt）把管理者分为多个团队，为 CBI

的每个流程建立了目标和评估指标。马特的公司还为每个团队配备了一位项目管理员和一位系统分析师来帮助建立流程目标和评估指标。沃里参加了梳理采购流程的团队。这个团队确定了四个目标，如图7—11所示。

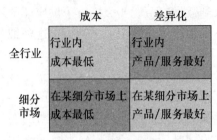

(a)竞争战略

响应能力

竞争战略的措施
高端自行车
对零售商的响应能力

(b)CBI的竞争战略：高端自行车和客户响应的差异化

图7—10　四种竞争战略及 CBI 的战略选择

目标	评估指标
效率	
缩小产成品库存	库存周转率 现有库存的总成本
减少错误	三单匹配错误次数
效用	
有效的财务控制	期末结账所用时间 查看财务报表的管理者数量
更快地响应客户	订单执行时间 产品销售数量 新产品及热销产品缺货量

图7—11　新采购流程的目标与评估指标

　　沃里的团队确定了两个效率指标：缩小产成品库存和减少错误。为了评估库存降低目标，团队认为应该追踪**库存周转率**（inventory turnover）指标，即在给定时间段内库存被卖出的次数，通常是一年；CBI 还认为应该衡量现有库存的总成本。为评估错误减少这个目标，CBI 确定应该记录三单匹配的错误次数。

　　从效用方面看，团队确定用两个指标衡量财务控制的改善，用三个指标衡量客户响应。如果月末结账时间缩短、查看财务报表的管理者数量增加，则说明财务控制变得更加有效了。对于评估有效的客户响应，团队选择了完成订单的执行时间、产品销售数量、新产品及热销产品缺货量三个评估指标。

　　读到这里我们需要明白，CBI 制定的具体细节并不是重点。重点是，在实施任何 ERP 系统之前，组织必须首先从战略出发，为主要业务流程设置目标和评估指标。

问题 5　在使用 SAP 系统之后， CBI 的采购流程如何？

假定两年很快过去了，CBI 目前已经全面实施了 SAP 系统。正如本章开篇故事中所讲的，沃里将要退休了。SAP 系统内在的采购流程已经取代了 CBI 以前的采购流程。尽管新流程的主要活动相同——订货、收货和支付，但订货活动已经发生了根本的变化。图 7—12 是以 SAP 系统为基础的新采购流程的 BPMN 图。

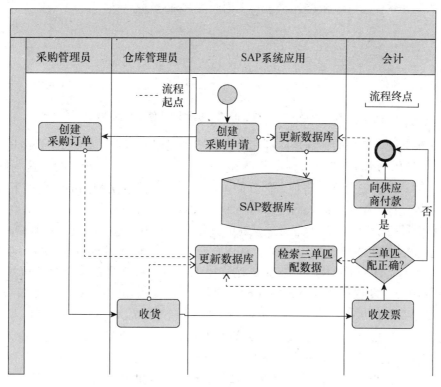

图 7—12　在实施 SAP 系统后 CBI 的采购流程

新流程中订货活动从"创建采购申请"活动开始。**采购申请**（purchase requisition，PR）是用来发出一个采购请求的公司内部文件。在 CBI 中这个活动由计算机自动发起，不需要用户操作。比如，当某原材料的数量低于订货点*时，一张"采购申请"就会自动生成。在下边的例子中，采购申请中要求订购 20 个水瓶和 30 个水瓶托。

采购

在新成立的采购部，如果采购管理员玛丽亚（Maria）批准了这项采购，那么她负责将采购申请（PR）转变成采购订单（PO）。自动生成的采购申请只是 CBI 的内部文件，而采购订单则是 CBI 与供应商共享的文

---

* 订货点指根据某种订货管理法确定的物料最低库存数量。——译者注

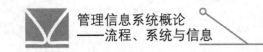

件，一旦被接受，则成为具有法律约束力的契约。在本例中，当这份采购订单完成并被接受，说明供应商——Space Bike Composites（太空自行车厂）已经同意发货。

玛丽亚登录 SAP 系统并进入了"创建采购订单"（Create Purchase Order）界面，这是属于她的操作界面之一，如图 7—13 所示。稍后我们再来看玛丽亚的工作，现在我们先来说说 SAP 系统的界面。这些界面在本章和下一章会多次出现。SAP 系统中有数万个这样的界面，学会看个别界面并没有太大的用处。所以，我想请你们关注 SAP 界面中那些反复出现的特性、员工们输入的数据，以及采购活动流是如何从一个界面转入下一个界面的。无论操作哪个 ERP 系统界面或者处理哪个流程，这些方法都是很有用的。

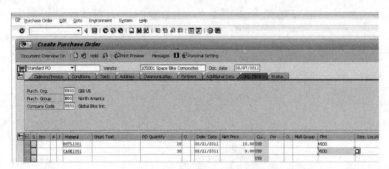

图 7—13　SAP 系统的"创建采购订单"界面

每个界面都有一个标题，此处的标题是屏幕左上方的"创建采购订单"（Create Purchase Order）。标题行上面是下拉菜单行（"Purchase Order"、"Edit"和"GoTo"等）和命令按钮行，这些按钮能实现导航、保存及获取帮助等功能。SAP 系统界面中绝大部分的菜单项及命令按钮是相同的。标题下面是订单头部栏，在这里玛丽亚必须输入一些数据，因此我们再回到玛丽亚的故事中来。

在本例中，订单头部栏中有三个玛丽亚必须填写的具体的数据项，这三项是 Purch. Org.、Purch. Group 和 Company Code，这些数据用来识别 CBI 的某个具体仓库①，还可以用其他输入来进一步标明 CBI 的部门及仓库位置。头部栏下面是订单条目栏，玛丽亚要在该栏中详细填写这张采购订单中包括的物料（Material）、数量（PO Quantity）、发货日期（Deliv. Date）、净价（Net Price）等，如图中物料分别为 BOTL1001 和 CAGE1001、数量为 20 和 30、发货日期为 06/21/2011、净价为 10.00 和 9.00、车间为 MI00（迈阿密）。每张采购订单可以有很多条目行。玛丽亚还要在头部栏中间的供应商（Vendor）框中输入公司名（105001 Space Bike Composites），这张采购订单就填写完毕了。

玛丽亚保存这张采购订单后，SAP 系统就将这些数据记入了数据库。这时玛丽亚可以开始做下一张采购订单或退出系统。每张采购订单保存后，SAP 系统都会完成好几项任务。系统会生成一个唯一的采购订单号并将其显示在玛丽亚的屏幕上；会通过电子邮件、Web 服务或电子短消息等，把采购订单的详细内容告知供应商——太空自行车厂；还会计算装货的总重量及总成本数，并在数据库中更新原材料进货库存表。

仓库

一旦采购订单保存并发送给太空自行车厂后，CBI 的下个活动就是到货后的收货。假定时间到了订单发出的七天之后，一只装着水瓶与瓶托的箱子被送到沃里的仓库。自行车厂已经把采购订单号和箱内货物清单打印出来，并粘贴在了箱子外面。沃里记录了采购订单号，打开箱子点货、验货，然后他用计算机登录 SAP

---

① 注意：该图描述的是 Global Bike Inc.(GBI)，而不是 CBI。CBI 用于本教材中，GBI 是 SAP 公司提供给大学联盟成员的数据库。

系统，打开了收货功能，看到了图 7—14 所示的界面。

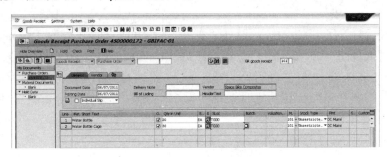

图 7—14　SAP 系统的"收货"界面

这个界面的标题在左上部，是"接收采购订单"（Goods Receipt Purchase Order）。头部栏中有文件日期（06/07/2011）、供应商（Space Bike Composites）和沃里要输入的其他数据。沃里清点了箱子里的水瓶与瓶托数，确定送的是 20 个水瓶与 30 个瓶托；确认这些物料送达时的状态完好后，要在订单条目栏中勾选"OK"项（图中打了两个勾）。沃里要输入实际接货数量 20 和 30。如果订单的数量很大，可能要分好几批送货。这里一张采购订单只有一张收货单（receipt）。他点击"Save"，退出 SAP 系统。

当沃里保存收货单后，SAP 系统会为此收货单创建一个文件编号。同时，系统会更新数据库中的原材料库存记录，来反映这些新水瓶和瓶托的增加。因为 CBI 此时已拥有这些货物，SAP 系统便将其计入原材料库存账户中的借方。最后，在对应的采购订单中记录此单的状态为已收货。

会计记账

下一个活动是收发票，在太空自行车厂给 CBI 出具发票后进行。会计部的安在到货的第二天收到了发票。她打开图 7—15 所示的"输入进货发票"（Enter Incoming Invoice）界面进行记录。

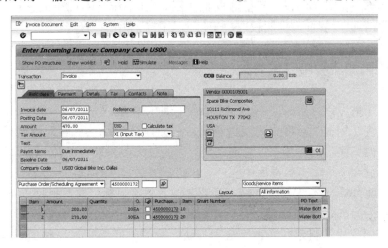

图 7—15　SAP 系统的"输入进货发票"界面

在头部栏中她录入了发票日期（06/07/2011）、总金额（＄470.00）和订单编号（4500000172）。录入这些数据后，系统找到了该订单的其他数据并显示在屏幕上。这些数据包括供货商的名称、地址、所订的两种货物，在条目栏中每一行显示一种货物的信息。安保存数据后，SAP 系统记录了这张发票的信息，并赋给该发票一个新的文件编号，并更新会计数据来反映已收到发票。

最后一项活动是向供应商付款，即向太空自行车公司付账。支付是用电子方式来签发支票。安在付款之前要先做三单匹配。她将采购订单、收货单和发票上的数据进行比对，确保三张单据上的货物、数量、金额都是一致的。

在支付环节，安最后打开了 SAP 系统的对外"对外支付"（Post Outgoing Payment）界面，如图 7—16 所示。她填入具体的付款日期（06/07/2011）、银行账户（100000）和金额（470.00），还必须在屏幕下方的账户对话框中指定现有供应商（太空自行车公司，供应商编号为 105001）。然后她点击屏幕左上方的"Process Open Items"按钮并保存交易。此时系统会再次生成一个文件编号，并更新财务数据来反映这笔支付。

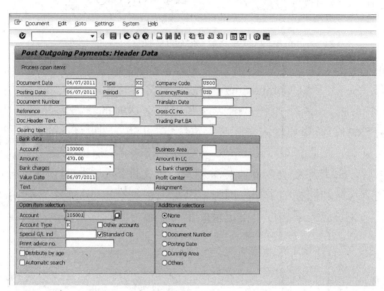

图 7—16　SAP 系统的"对外支付"界面

如你所见，每个操作者，如玛丽亚、沃里和安都使用 SAP 系统的不同界面进行交互协作，每个人只访问一些有限的 SAP 系统界面，界面的访问权取决于每个人在流程中的角色。

SAP 系统为 CBI 采购流程带来的好处

通过将数据放在一个地方以供实时使用，SAP 系统帮助 CBI 解决了图 7—8 中旧的采购流程中存在的问题。例如在仓库，沃里现在知道了对客户的变价情况；在会计部门，三单匹配的错误减少了，因为 SAP 系统降低了采购代理方面的错误，财务数据也总是最新的。通过集中采购，新流程提高了对采购的监管，因为企业所有的采购数据都放在一个中央数据库中。

如前所述，CBI 实施 SAP 不仅要解决问题，还要实现其战略目标。这些目标以及采购流程对目标的支持作用如图 7—11 所示。因为 SAP 系统降低了存货，新的采购流程比旧的更有效率。通过实施 SAP 系统，CBI 实现了许多采购流程及子流程的自动化。由于流程加快、响应时间缩短，每种原材料的库存保有量都下降了；库存的减少又使得原材料进入生产线前滞留仓库的时间也减少了。

新流程的第二个目标是减少错误。现在错误的确减少了，主要是数据都被输入同一个数据库中，对输入的控制减少了输入错误。例如，在实施 SAP 系统之前，沃里必须在采购订单数据库和库存数据库中同时输入供应商信息。若他不小心敲错了，这两个数据库都发现不了。在新流程中，三单校验不匹配的情况也减少了。

内部财务控制水平的改善也使新流程更加有效。由于数据基础统一了，缩短了月末结账时间，这使 SAP 系统实施后改善财务控制的目标得以显现。由于具备了大量实时数据，现在 CBI 管理者查询财务报告的次数越来越多，对报表的使用频率也越来越高。

最后，SAP 系统使 CBI 的采购流程能更好地响应客户需求。CBI 利用 SAP 系统与供应商共享其销售及销售预测数据，大量的数据使得针对供应链上每位供应商的预测都更准确。提升后的供应链帮助 CBI 降低了订单执行时间，提高了产品的多样性，扩大了新品的销售量。

问题 6 SAP 系统如何促进 CBI 的供应链流程整合？

显然，SAP 系统能辅助 CBI 改善其采购流程。但采购流程只是 SAP 系统可以支持的、公司整个供应链上众多流程中的一环。SAP 系统真正的益处在于能整合许多独立的流程。

许多企业在实施 ERP 之前就有一套运行良好的采购流程。而对 SAP 的系统来说，采购流程只是其所设计的、许多相互协调的内部流程家族中的一员。因此，比起将独立设计的流程捏合到一起，用 SAP 系统更易于实现流程的整合。

■ 供应链流程

图 7—17 列出了一些 CBI 供应链上的流程。**供应商关系管理流程**〔（supplier relationship management，SRM）process〕能通过自动化来简化、加快各种各样的供应链流程。SRM 不是单指采购流程，它是帮助公司降低采购成本、建立合作的供应商关系、更好地选择供应商、加快市场响应时间的管理流程。**退货管理流程**（returns management process）负责管理有缺陷产品的退货业务。在 CBI，如果一辆自行车被退回给经销商，比如退给了 Philly Bikes 公司，该公司需要向客户提供一辆新的自行车，然后将有缺陷的自行车打上标记，并记录客户投诉的内容。退回的自行车返回 CBI 后，要确定自行车在什么地方有问题。退货管理流程的目标是要在整个供应链中快速找到有问题的供应商，并在各公司之间进行恰当的成本拆分。**供应商评估流程**（supplier evaluation process）负责确定供应商选择标准，实现核准供应商列表的增加与移除。

流程范围	供应链流程
运营层	采购
管理层	供应商关系管理（SRM） 退货管理
战略层	供应商评估

图 7—17 供应链流程示例

■ 供应链流程的整合

CBI 想提升供应链上的各个流程，更想实现这些流程的整合。整合后的供应链流程称为**供应链管理（supply chain management，SCM）**。更具体地说，供应链管理就是所有供应链流程的设计、规划、执行和集成化。[①] SCM 使用一批工具、技术及管理活动来帮助企业实现供应链的整合，进而支持组织目标的实现。

---

① Association for Operations Management，*APICS Dictionary*，13th ed.（Chicago：2011）.

SAP 系统提供了 SCM 功能，能帮助 CBI 整合其供应链流程。

整合后的流程通过共享原流程之间的数据和提高流程间的协同性来提升流程效率。流程集成的思路与第 5 章中使各种活动彼此关联的想法一致。我们曾讲过当一个活动影响了其他活动时就会产生关联关系。这里，当某个流程影响了其他流程时就要进行流程整合。下面我们将看到，共享数据及提高流程协同性这两项流程整合技术，是如何给 CBI 及供应链上的合作伙伴带来好处的。

■ 通过共享数据来提升供应链流程的整合

当流程间实现数据共享时，流程的整合性会得到提升。图 7—18 列示了两个通过共享数据改善流程的例子。例如，来自退货管理流程的缺陷自行车部件数据应当与供应商评估流程共享，以确保缺陷率高的供应商能从核准供应商列表中被及时移除。

SAP 系统不仅能帮助 CBI 实现供应链整合，还能通过数据共享整合 CBI 及其供应商之间的流程。在 CBI 与其供应商共享数据之前，CBI 的原材料存货数量很大。例如，CBI 持有大量轮胎和其他原材料以满足生产要求。那时候，采购原材料需要几周时间，所以原材料缺货会耽误很多天的生产活动。采购时间长的一个原因是，CBI 的供应商会在接到订单后才开始生产。现在，CBI 与供应商分享了实时销售数据，所以，供应商可以预测 CBI 的订单，并按预期的订单提前安排生产。通过更快更多地分享数据，供应商对 CBI 的销售信息越来越了解，响应得越来越快，这样 CBI 原材料库存就下降了。分享的数据越多，CBI 的库存下降越多，客户响应速度就越快。

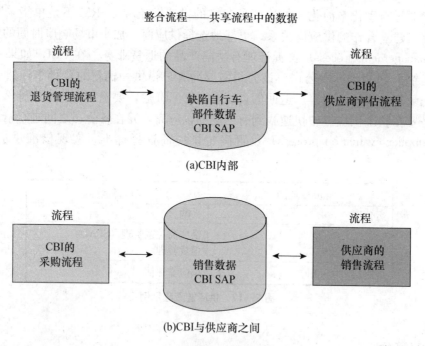

图 7—18 通过共享数据实现流程整合的例子

整合的供应链流程不仅能降低 CBI 的原材料库存，还能帮助 CBI 缩小供应链中的**牛鞭效应**（bullwhip effect）。为了防止需求突然波动，企业会向供应商订购超过自身需求的货品，这时就会产生牛鞭效应。比如，以前如果出现销售高峰，CBI 就会向供应商增加订单。但此时从高峰时下订单到供应商接到订单通常需要好几天。这期间如果销售持续增加，CBI 就会面临严重缺货，CBI 又会再次增加订单。这种订单延迟也同样发生在 CBI 的供应商那里，比如自行车架生产商。作为供应链的中间环节，车架生产商在等待次级供应商的零部件时会看到 CBI 的订单又增加了，它会以为零售方的需求正快速提升而且越发迫不及待。此时车架生产商受到 CBI 及其他客户的压力，也会增加对其下级供应商的采购量。当上游供应商不断加大新款自行车配件的采购时，消费者的需求可能下降了，这时车架生产商和 CBI 都沉淀下了无法卖出的多余库存。这就是牛鞭效应的影响，供应链合作企业之间通过实时共享销售订单数据，可以减弱这种影响。

提高流程协同性以促进供应链整合

像前面所提到的，提升供应链整合效应的第二种办法是增加流程之间的协同性。当不同流程相互支持时，就会发生协同效应。也就是说，当某个流程完成之后，其他流程的目标也相应完成了。流程之间协同效应的例子如图 7—19 所示。当你与恋人一起学习的时候，便既完成了约会流程，也完成了学习流程；当你出门既做了采购又办了银行业务时，你的两个流程就协同得很好。

整合流程----流程协同

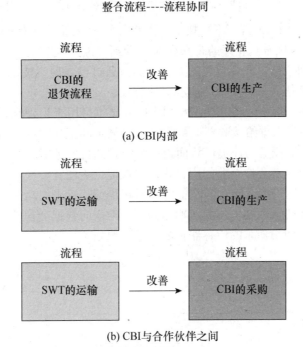

(a) CBI内部

(b) CBI与合作伙伴之间

图 7—19　通过流程协同实现流程集成的例子

举个 CBI 流程协同的例子——退货管理流程与生产流程的协同。生产的目标之一是降低次品数量，退货管理流程收集了零售商退回的有缺陷的自行车及配件的数据。退货管理的最后一步是分析如何改善生产流程，以减少次品的产出数量及退回数量。若退货管理流程很好地实现了，也就支持了生产流程的目标。

流程协同性的提高也可以在 CBI 供应链中见到。如果零售商突然调整需求，CBI 及其供应商能迅速地调整生产线来适应新的需求。CBI 及其供应商都依靠 SW 货运公司运送原材料。过去没有流程的协同，SW 货运公司没有多余的运力为 CBI 及供应商加运它们急需的更多零部件和成品自行车。SW 货运公司是一个**瓶颈**（bottleneck）。瓶颈的产生是因某种限制性资源极大地降低了一系列相关活动或流程的整体产出量。SW 货运公司决定通过挖掘潜在运力改善自己的运输流程。这样一来，CBI 的生产流程也得到了提升，使其响应客户需求的目标能更好地实现。除了对 CBI 生产流程的改进之外，采购流程也获得了改进，运输能力的增加使得 CBI 的采购流程能更好地完成降低原材料库存的目标。

185

SAP 系统与新兴技术的集成

在关注这个问题之前，你们要知道 SAP 系统只是提升采购流程和流程集成性的方法之一。不少企业想要用其他更新的信息系统技术，如图 7—20 所示。如果企业采用了这些技术，就需要将其集成到 SAP 系统中。这种集成可能会比较昂贵，但是为了保持 SAP 系统的效果，必须实现集成。

增强现实技术
无线射频识别技术
传感技术
机器人技术
3D 打印技术

图 7—20　影响供应链流程的信息技术

通过**增强现实**（augmented reality，AR）技术，可将计算机数据或图像叠加在现实物理环境中。借助 AR 技术，CBI 的仓库管理员可以看到仓库的视频图像，看到叠加在视频之上的、待查产品的位置数据，看到某个货物下一次到货的日期数据，或者包装的重量数据。通过增强现实技术与采购数据的结合，CBI 能节省零部件的查找时间，并使其他的采购及生产活动更加有效。

无线射频识别（radio-frequency identification，RFID）技术可用来识别和标记供应链中的物品。像谷粒一样小和便宜的 RFID 芯片传送数据给接收器，接收器可以显示和记录这些数据。在供应链应用中，供应商将 RFID 芯片贴在包装箱和运输托盘的外边，从而当包装箱到达目的地时，收货方不用打开箱子就可以知道里面装了什么货物。这使得供应链合作企业的库存跟踪更快捷也更便宜。

CBI 及其合作供应商可以通过给运输车辆配备传感器和跟踪装置来提高采购流程中运输活动的效率。运输活动是采购流程中成本最高的活动之一，为每辆运输车装配双向数据交换装置，就可以通过优化路线来躲避交通拥堵，降低运输成本；使用随车的传感器，能更好地规划车辆维护，当运货车辆将要到达仓库时提醒仓库管理人员。

MIS 课堂练习 7

自行车供应链游戏①

这个例子的目的是更好地理解信息系统是如何影响供应链的。在这个游戏中，同学们将组成供应链，并尝试成为最有效的供应商。

每条供应链中都有四个角色环节：零售商、分销商、批发商、制造商。游戏时间为 50 周。四个环节上的供应链成员每周都要从自己的供应商处做自行车采购订货，并满足自己客户的订单。用一个硬币代表供应链中的一辆自行车，水杯用来在各环节之间运送硬币，便利贴用来下订单。

游戏的目标是供应链上的每个供应商都有最高效的采购流程，即库存量最小、拖欠未结量最低。

游戏者可以按照需要建立许多供应链，如图 7—21 所示。请注意供应链的构造要求，在自行车订单的下达与到达之间有时间延迟。每位供应商可由 1～3 个同学组成。每位供应商都要用图 7—22 所示的表格记录自己的订货量、库存量及订单拖欠量。

---

①　参见 Peter Senge，"MIT Beer Game," *The Fifth Discipline：The Art & Practice of The Learning Organization*，rev. ed.，chapter 3 (New York：Random House，2006)。或见 Wikipedia，"Beer Distribution Game," http：//en. wikipedia. org/wiki/MIT_Beer_Game。

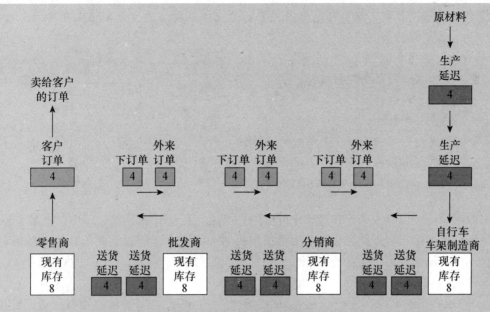

图 7—21　设置供应链游戏

游戏记录

角色：_____　　　　　　　　团队成员名单：_____

周次	库存量	拖欠量	每周费用小计
1.	4	0	$2.00
2.			
3.			
4.			
5.			

图 7—22　供应链游戏表格

　　零售商从事的活动与其他角色一样，只不过它们的订单来自一叠卡片，这叠卡片记录着 50 周内客户的需求，内容是事先填好的。同学们不能事先了解外来订单、预填的订单卡片或者供应商的活动，而只能等到经营活动实际发生后，才能看到本周的订单和供应信息。

　　每周都执行相同的流程，具体活动有五项：

1. 接收库存进货并预计送货延迟。

2. 接收外来订单并预计订单延迟。

3. 填写采购订单。

4. 记录库存量或订单拖欠量。

5. 发出订单并记录订单情况。

　　在游戏过程中要遵从教师的指导，都按流程一步一步地进行。要待所有团队都完成前面的步骤之后，才能进入下一步。游戏开始时供应链团队的条件平等，即现有每张订单都订了四个硬币，每个运货杯里都装着四个硬币，每个供应商都有八个硬币的初始库存。

　　游戏结束时，每个供应商要计算出总成本。

　　　　成本＝0.50×库存量＋1.00×拖欠量

187

如果收到了订单却不能履行，就会产生拖欠。每周的拖欠订单会逐步累积起来，直到它被全部执行完毕。成本最低的供应商是最后的赢家。

游戏结束后讨论以下问题：

1. 说明从客户到零售商的每周订货模式。

2. 供应链上供应商之间的订货模式为什么会逐步形成？

3. 每个团队采购流程的目标和评估指标是什么？

4. 信息系统在哪里？更多的数据能干什么？哪些数据是最需要的？

5. 如果你花钱获得一个信息系统，它能改善某个活动、促进联动或加强控制吗？

6. 为你们团队的每周采购流程做一个 BPMN 图。

机器人技术的进展使得机器人叉车在仓库中的应用更广泛。在 CBI 和其他仓库中，把装有原材料的托盘从送货卡车上运到存放库位，再运到送货卡车上都使用机器人叉车。这些智能叉车靠粘在托盘上的 RFID 芯片来确定其在仓库中的位置并定位托盘的去处。尽管机器人的初始成本投入量大，但它可以为 CBI 及其他公司节约可观的库存成本。

3D 打印技术同样将影响 CBI 的采购流程，**3D 打印**（3D printing）又被称为增材制造。使用这种技术，可以通过材料的逐层沉积制造出产品来。如同二维打印机让墨水沉积在二维平面上一样，三维打印机将物质沉积在三维世界中，让材料一层层地在三维中凝固。这样，CBI 就可以选择在自己的工厂里"打印"一些原材料，而不是依靠供应商供应所有的原材料。这将影响许多供应链流程，也能提高流程的协同性。

目前这些信息系统都会影响采购，而其他的新兴信息技术还处在发展过程中。随着企业持续地追逐其战略目标，越来越多的新技术将被引入企业的各项流程。SAP 公司会使自己的应用软件逐步适应其中一些新技术。另一方面，企业也需要通过自主开发将新技术纳入 SAP 系统中。最基本的理念是：SAP 系统及其他新的信息系统能显著改进采购流程，但前提是这些系统要能协同工作。

问题 7　SAP 系统的使用如何改变了 CBI?

在凭借 SAP 系统追求更好的采购流程的同时，像 CBI 这样的企业也不可避免地会发生改变。图 7—23 列示了其中一些变化，有些变化非常显著。某些变化可以先期预见，并且从一开始就很清楚。例如，CBI 员工知道 SAP 系统需要设立新的采购部来完成采购流程。

需要新的技术
以流程为核心
更多数据共享
外包

图 7—23　SAP 系统对组织的影响

还有些变化则很微妙，就像优化供应链所需要的一系列新技术。例如，随着大量数据的产生与存储，CBI 将雇用更多具备抽象推理和分析技能的员工来挖掘数据能带来的新方法及改善流程的模式。另一个能看到的变化是 CBI 将变得更以流程为焦点，也就是说，CBI 将提高其流程与合作伙伴间的输入输出联系。供应商与客户要分享更多数据的压力会使得 CBI 比以前公开越来越多的公司信息。最后，采用 SAP 系统将使 CBI 越来越多地进行外包。许多公司通过将部分生产环节外包，能够以更低的成本获取零部件或者服务。

在 CBI 的仓库中，沃里见证了这些年来企业在组织上和技术上的变化。现在 CBI 自己生产的成品自行车越来越少，而代之以采购更多的成品自行车。CBI 确信，将生产环节转给那些制造成本较低的企业，可以帮助自己降低成本。同时 CBI 还用了车辆满载的方式来降低成本，而不是像以往一样装不满。运输规模扩大后，产成品的储备也能够通过 CBI 的全球信息系统实现优化布局，而不需要什么都存在本地。库存信息系统清晰地展示了某件物品存放在了哪个仓库中的哪个位置。实际上，在沃里的仓库中 SAP 系统已经能够使机器人叉车找到每件物品的位置。另一个前所未有的近期变化是，新系统将产生更多数据并将其分享给 CBI 的客户与供应商。这种库存与价格数据的主动分享使得 CBI 的客户有了价格比较的机会。

最后，对沃里和其他仓库管理员来说还有一个显著的变化，就是在实施 SAP 系统之前，采购什么都是由他们说了算。他们要关注原材料的库存降低水平，然后根据经验来决定是否订购、何时订购以及订购多少配件或自行车。现在则是由系统自动跟踪原材料库存，一旦到达订货点就会自动生成采购需求。

沃里工作的改变

这些变化使沃里遭受了重创。在安装 SAP 系统之前，沃里的工作是管理仓库的库存水平。他很擅长于此。借助 Excel 电子表格，还有他在网上找到的免费程序，再加上传真机，沃里的工作干得游刃有余。当宣布要上新的企业级 SAP 系统时，沃里认为这是个好主意，也是公司要生存的唯一之路。尽管辅助落实 SAP 系统在仓库的实施是一个费时的挑战，但他很期待这个项目的成功。沃里还负责为仓库中的每位员工安排了培训时间。然而，当他发现这些课程的预算比之前计划的少很多时，他开始感到失望。显然，仓库成了其他实施环节成本超支的牺牲品。

随着系统上线，沃里又帮忙向那些充满失望和不满的员工推销新系统。他手下的一些人无法顾全大局，并且抵制新流程带来的变化。他能理解这个新系统给工人们带来的沮丧。以前易于找到的数据莫名其妙地不知道藏到哪里了；报表也变了，不如以前那么容易看、容易懂了；同时错误提示令人烦恼透顶。数据铺天盖地，不像以前那样听话或能待到一起了。沃里尽职尽责地帮助上层领导和 IT 工作人员分析引致各种抱怨的缘由，他们非常欣赏沃里的支持和能力，是沃里保证了艰难的系统实施过程顺利进行。

随着时间的推移，有些苗头令沃里开始担忧起了自己的未来。仓库的大部分岗位都被重新设计了。有几个人离开了，还有的人转了岗，大约三分之一的员工转眼就不见了。最大的变化是机器人代替了叉车司机。其他方面的变化也引人关注。每个人都要花很多时间往系统中输入数据，核对并生成报告，回复来自系统的问题，包括一些他从未听说过的某个办公室提的问题。他的岗位本身也改变了很多。他已不再是采购代理，而是负责审核每天被系统剔除的采购申请。起初他认为是系统使得采购申请不稳定，但是当他提出质疑时，他发现管理层对系统的大部分采购处理表示满意，并告诉他系统的处理是正确的。最近，他开始感到有点心灰意懒。他想用自己的头脑和经验来做事，而不是只会盯着屏幕看数字。他决定提前退休，去干他的老本行。

沃里的遭遇并非个例。这说明在 ERP 系统实施过程中人们都会面临一些挑战。ERP 的实施改变了许多人的工作类型。变化——这种 IT 和商业中的常态，对人来说却是一种艰难的体验和经历。然而，尽管变化对人而言是痛苦的，对企业应对竞争却是必不可少的。通用电气的 CEO 杰克·韦尔奇曾说过，如果外部发生的变化快于企业内部的变化，这个企业的末日也就不远了。

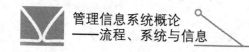

伦理问题讨论

采购伦理

低报价（buy-in）作为术语，特指以低于实际的价格卖出产品或者系统。以CBI为例，假定某咨询顾问说能以15 000美元的合同价格提供某软件，而专业评估技术却证实此软件至少值35 000美元。此时，如果签署的是"工时及材料"合同，CBI最终将为该软件支付35 000美元，或者会在得知实际工料支出后取消这个合同。然而，如果签订的是固定价格合同，那么超出部分的成本将由开发商承担。在此合同带来的商业机会能够弥补20 000美元损失的情况下，后一个合同战略就会被采用。

低报价常常涉及欺骗。大多数人会认为案例中的咨询顾问签订工时及材料合同是不道德的或者不对的，不过是为了先引CBI上钩，然后再让其承担后续的全部花费。但对于固定价格合同人们的看法有分歧，有人认为低报价充满欺骗性，应当避免；还有人认为这只是一种商业策略而已。

内部项目情况又如何呢？如果是企业内的开发团队要开发一套系统供企业自己使用，问题会有所不同吗？如果团队成员知道新系统的预算只有50 000美元，而项目的实际成本将达到75 000美元，是否应该做这个项目呢？项目一旦上马，企业高层或早或晚都要面临两难选择，要么承认项目本不该上马并且终止此项目，要么另想办法再多筹25 000美元。

如果团队成员对项目的花费意见不统一，问题就越发复杂。假设一派认为新系统会花费35 000美元，另一派估计会花50 000美元，第三派认为是65 000美元，项目监管人能用取平均值的方式报价吗？还是该向高层管理者提供一个成本估算的区间？

还有些低报价则更加微妙。假如你是一个前景很好的新项目的项目经理，该项目有可能造就你的职业生涯。而你忙得一塌糊涂，每周工作六天，每天工作很长时间。你的团队已经估算出此项目价格为50 000美元。但你的头脑深处有个微小的声音告诉你，这个估价很可能不全面，没有包括全部的成本。你本打算继续跟踪这个想法，但是一些更重要的事情把你的工作时间全都挤没了。结果你发现自己向管理者呈送的估价是50 000美元。你确实该找时间再测算一下估价，但是你没有。你的行为不道德吗？

再比如，你把自己的困境告诉了一位上级高管："我感觉还有其他成本没算进去，但我也知道我们目前所能想到的就是50 000美元了，我该怎么办？"假如这位上级说："那我们就先推进吧，反正你也不清楚还有些什么。再说，如果真的需要，我们总能从其他预算中多找些钱用"，你该怎么回答呢？

你可以通过在时间和成本上打折来做低报价。但是如果营销部说："我们必须要在贸易展销会上展示这个新产品"，而你知道这根本不可能，你会表示同意吗？如果营销部说："如果到时候我们拿不到它，这个项目就别做了"，假如这么做并非完全不可能，只是可能性不大，你又该如何答复？

讨论题：

1. 你是否认为低报价项目采用"工时及材料"合同总是不道德的？说明理由。在什么情况下，这将违反法律？

2. 假如你私下得知，你的对手在竞争投标中压低报价并使用了工时及材料合同，这会改变你对问题1的回答吗？

3. 假设你是一位项目经理，正为某"工时及材料"类系统开发项目准备一份项目建议书，你将如何做才能避免低报价？

4. 你认为在什么情况下，使用固定价格合同的低报价是符合道德的？这种策略的风险在哪里？

5. 解释为什么内部开发项目总是按"工时及材料"计算的。

6. 考虑你对问题 5 的答案，内部项目做低报价总是不道德的吗？你认为在什么情况下它是符合道德的？在什么情况下尽管不道德，却是合理的？

7. 假如你向高管提了建议，就像前文所描述的那样，高管的反应能免除你的负疚感吗？假如你征询了老板的意见而又没有照他说的做，会导致什么问题？

8. 说明你如何做低报价和成本。

9. 对于组织的内部项目，假设营销主管说如果不能在贸易展销会前做好，该系统项目就要取消，你将如何回复？在你回答时，假设你并不同意他的观点，你知道此系统无论能否在贸易展销会上运行，它都是有价值的。

复习题

复习题用来帮助学生检测对本章知识的掌握程度。你可以先读完本章的全部内容，然后去完成所有的复习题；也可以读完与题目相关的内容后立即去做复习题，做完一道再做另一道。

问题 1　采购流程的基本功能是什么？

定义采购并解释它的三个主要活动。说出采购流程运行中的价值链活动，解释采购流程中常见的具体活动内容。说明原材料库存与产成品库存的区别。

问题 2　在使用 SAP 系统之前，CBI 的采购流程如何？

解释使用 SAP 系统之前 CBI 的采购流程。描述订单预处理过程中的活动，特别是涉及销售数据库的活动，说明哪些数据被存放在四个不同的数据库中。解释什么是发票，是由谁寄出的，收到的时候要进行什么。描述哪些数据必须进行三单匹配。

问题 3　在使用 SAP 系统之前，采购流程的问题是什么？

解释 CBI 在实施 SAP 之前，仓库、会计及采购环节存在的问题；描述 CBI 原材料库存与成品库存之间的冲突；说明不掌握价格数据会如何影响采购流程；说明为什么公司会愿意将采购限定在一个部门，而不是将其分散在多个组织部门中。描述《萨班斯-奥克斯利法案》的要求及 ERP 系统如何满足这些要求。

问题 4　CBI 如何实施 SAP 系统？

描述 CBI 战略过程中的活动，解释 CBI 所选择的竞争战略。说明 CBI 采购流程所选择的目标及评估指标。

问题 5　在使用 SAP 系统之后，CBI 的采购流程如何？

描述在实施 SAP 系统后的采购流程。解释采购申请与采购订单的区别；说明 SAP 系统界面的主要组成部分；说明采购订单和收货单被保存后会自动执行哪些活动；阐述 SAP 系统中新的采购流程如何使采购更有效用和效率。

问题 6　SAP 系统如何促进 CBI 的供应链流程整合？

描述供应商关系管理、退货管理及供应商评估的流程。定义供应链管理（SCM），并解释有效 SCM 的价值所在；说明实现流程整合的两种途径并举例。解释牛鞭效应和瓶颈，说明其成因；并说明流程整合如何能减轻其不利影响。说明 AR（增强现实技术）、RFID（无线射频识别技术）和 3D（3D 打印技术）如何影响供应链流程。

问题 7　SAP 系统的使用如何改变了 CBI？

说明在使用 SAP 系统之后，CBI 需要哪些新的技能。说明为什么实施 SAP 系统之后，CBI 变得越来越以流程为中心了，SAP 系统的采用如何使得 CBI 与供应商及客户分享更多的数据。阐明外包的好处，描述

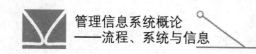

SAP 系统给 CBI 带来的好处。说明沃里在实施 SAP 系统之前是如何完成采购流程的，描述为了顺利转换到 SAP 系统，沃里做了哪些工作并描述沃里的工作所发生的变化。

概念及术语

3D 打印	增强现实（AR）	瓶颈
牛鞭效应	低报价	产成品库存
内部控制	库存周转率	发票
采购	采购订单（PO）	采购申请（PR）
无线射频识别（RFID）	原材料库存	退货管理流程
分类汇总	供应商评估流程	供应商关系管理（SRM）流程
供应链管理（SCM）	三单匹配	

知识拓展题

1. 本章介绍了两个供应链流程：退货管理和供应商评估。

a. 为每个流程创建一个 BPMN 图。

b. 针对 CBI，详细说明每个流程的效用与效率目标，并定义恰当的评估指标。

c. 按 b 中提出的具体评估指标，CBI 可以采用哪些新的信息系统技术来使这些流程变得更好？AR、RFID 或者 3D 打印技术能改善这些流程吗？

2. 本书第 1 章中谈到了四种非常规化的认知技能（抽象推理、系统思考、协作、实验），回答以上问题时你用到了哪些？

3. 对于沃里的继任者来说，上题中提到的四种技能哪些更重要？

4. 本章所研究的采购流程是进货物流操作流程的一环。指出 CBI 的其他两个操作流程，说出两个具体的进货物流管理流程和两个战略流程。

5. 如果仓库工作人员打开包装箱，发现里面的东西坏了，这些坏件将退回给供应商。将这个活动添加到图 7—12 的 BPMN 采购流程图中。

6. SAP 系统为采购流程中的许多活动生成了一个文件编号以帮助跟踪和审计。哪些活动生成了文件编号？

7. 在实施了 SAP 系统后，采购流程的每个活动都是从哪里引发的？比如说，什么活动会触发"创建采购订单"活动？

8. 沃里、玛丽亚、安所犯的哪类错误不会被 SAP 系统所捕获？例如，沃里可能把 20 个水瓶和 30 个瓶托在系统中录入成 20 个瓶托和 30 个水瓶。找出一个所有人都有可能犯的有害的错误，并说明如何改变流程以避免该错误。

9. 一家比萨店的采购流程与 CBI 的有何不同？你认为你常去的比萨店采取的是什么战略？为了支持这种战略，其采购流程的目标和评估指标是什么？

协作练习题 7

找几个同学一起完成下面的作业。这部分练习不要用面对面交谈的方式去做，采用 SharePoint、Office 365、Google Docs 及 Google＋等类似的协作应用工具会更容易完成（参见第 9 章）。最终的结论要反映出团队的整体意见，而不是一两个人的见解。

在第 6 章中，一所大学实施了 SAP 系统。它带来的变化是绝大部分采购项目必须由新成立的学校采购部核准。体育部主管担心学校实行的集中采购会给体育部带来麻烦。

1. 讨论图 7—8 中列示的 CBI 采购流程存在的问题，哪些会在该大学中出现？哪些不会？在采购方面，体育部会有哪些独特的问题？

2. 图 7—11 列示了 CBI 采购决策的目标及评估指标。针对大学你们建议采用什么目标及评估指标，针对体育部主管又该使用什么目标及评估指标？

3. 图 7—23 列出了 SAP 系统给组织带来的变化，其中哪些会影响到体育部？

4. 第 1 章解释了四种非常规化认知技能：抽象推理、系统思考、合作、实验。试说明在 CBI 实施新采购流程的过程中，SAP 实施团队成员该如何应用这四种技能。

案例研究 7

SAP 系统采购流程指南

本章附录提供了 SAP 系统采购流程的使用指南。这份指南可以带领学生完成一个采购流程，即 20 个自行车水瓶和 30 个瓶托的订货、收货和支付流程。完成此操作后，请回答以下问题：

1. 描述你对 SAP 系统的第一印象。

2. 使用这个系统需要什么类型的技能？

3. 抓取一个 SAP 系统的界面，根据此界面图，回答以下问题：

a. 这个界面出现在什么活动中？

b. 这个界面的名称是什么？

c. 此界面之前的界面是什么？之后的界面又是什么？

d. 谁负责操作完成这个活动？

e. 说明此界面操作中可能会犯的、SAP 系统会避免的错误。

4. 绘制一张包含四个主要角色的图：供应商（太空自行车厂）、采购（玛丽亚）、库管（沃里）和会计（安）。用箭头表示业务流程中的数据在四个角色间的流动过程。给箭头标上号，并用文字标明每个箭头代表了什么数据。

5. 在第 4 题的基础上继续标出实物（水瓶和瓶托）在四个角色间的流动过程。

6. 商务交易中令人担心的是欺诈。一种欺诈方式是虚建供应商，这些供应商实际上并不供货而是做同谋。在交易中，同谋会在不进行任何发货的情况下接收发票单据。这种欺诈要想成功，CBI 中的什么人必须参与？SAP 系统如何降低这类欺诈的机会？

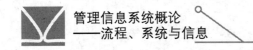
7. 从采购流程中选择一些活动或子活动，回答以下问题：

a. 什么事件会引发此项活动？

b. 此项活动之后会有什么活动？

c. 在此活动中录入一个数据，如果这个数据错了，其余流程中会发生什么？

d. 说明在此活动中录入数据时，应该对数据做些什么限制或控制，才能防止 c 中的错误。

SAP 系统采购模块指南

本指南遵循的采购流程如图 7A—1 所示。图的上半部分同第 7 章的图 7—3，显示了采购流程的三个主要活动（订货、收货、付款）和子流程（如供应商资质认证）。在图 7A—1 的下半部分，我们添加了 SAP 系统的六个步骤。只选六个步骤是为了保持指南简单。为了进一步简化流程，我们从第三步"创建采购订单"（Creat Purchase Order）开始。如图 7A—1 所示，你将以沃里和安的角色使用系统。

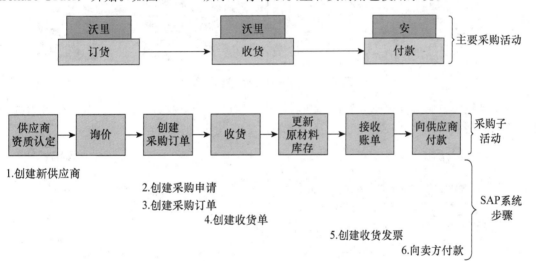

图 7A—1　采购流程与 SAP 步骤

进入 SAP 系统欢迎界面并开始操作（见图 7A—2）。

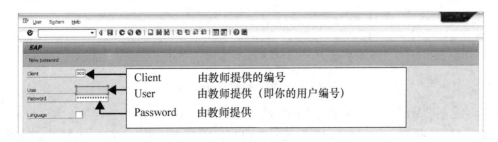

Client	由教师提供的编号
User	由教师提供（即你的用户编号）
Password	由教师提供

图 7A—2　欢迎界面

在第一个练习中，我们将从一家现有供应商——Space Bike Composites（太空自行车厂）采购 20 个水瓶和 30 个瓶托。水瓶的采购价为 10 美元，瓶托为 9 美元。在本指南中我们自己的公司是 Global Bike（全球自行车公司），我们的操作者——沃里和安——及所用的采购流程来自 Chuck's Bikes（查克自行车公司）。① 你的用户代码的最后三位数字将在指南中延续使用。比如，假设你的用户代码是"GBI-123"，那么"123"就是你的用户编号。本指南所使用的用户编号是"001"。

1. 创建新供应商

跳过——本例不涉及此应用，将在后续章节介绍。

2. 创建采购申请

跳过——本例不涉及此应用，将在后续章节介绍。

3. 创建采购订单

作为仓库管理员，你（沃里）的第一步是创建采购订单。从"SAP 轻松访问"（SAP Easy Access）界面（见图 7A—3），通过选择以下操作序列即可导航到达"采购订单"界面。

图 7A—3　"SAP 轻松访问"界面

采购订单一旦被卖方供应商接收并确认接纳后，便会生成一份由双方签订的具有法律效力的合同。第一个界面就是"创建采购订单"（Create Purchase Order）界面（见图 7A—4）。

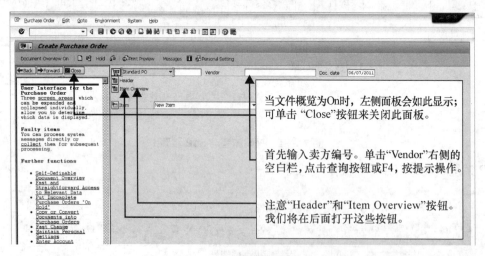

图 7A—4　"创建采购订单"界面

下一个界面（见图 7A—5）是"供应商查询"（Vendor Search）。我们需要查找太空自行车厂的供应商编号来完成"采购订单"。当然，沃里可能记得该编号，但我们还是查一下，以验证 SAP 系统是如何实现查询的。请在图 7A—5 中"001"出现的位置键入你的用户编号。

---

① 本指南中全部使用 Global Bike 2（6.04），IS8 系统身份代码，以及 IDES SAP ERP ECC6.04 SAPGUI 描述。

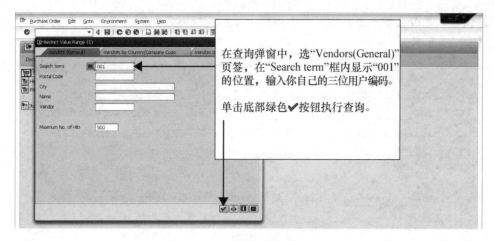

图 7A—5　"供应商查询"窗口

此时会调出"供应商名单"（Vendor List）窗口（见图 7A—6）。

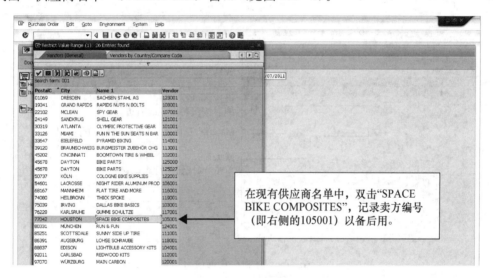

图 7A—6　"供应商名单"窗口

在双击了"SPACE BIKE COMPOSITES"后，系统回到了"创建采购订单"界面。在图 7A—7 中，你需要输入三项采购数据：采购组织（Purch. Org）、采购单位（Purch. Group）及公司代码（Company Code）。这三个输入项用来标明 Global Bike 中的哪个办公室创建了这份订单，其后两位均为数字零，而不是字母 O。

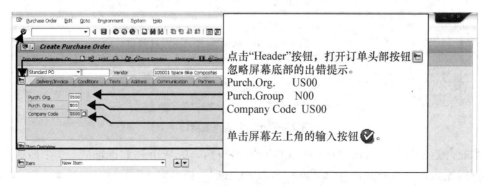

图 7A—7　创建采购订单——供应商窗口

单击输入按钮后，系统会导入更多数据并在屏幕上显示。接下来我们将录入采购的物料数据（水瓶与瓶托的数据）（从图7A—8到图7A—11）。

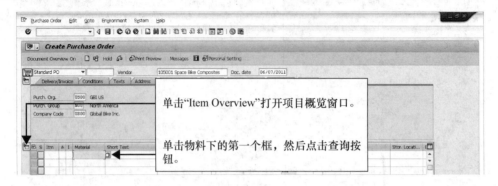

图7A—8　创建采购订单——物料概览

此时会进入物料查询窗口（见图7A—9），辅助我们查找采购订单中需要的物料数据。

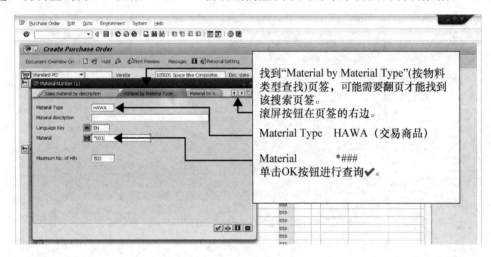

图7A—9　物料查询窗口

"HAWA"是SAP系统用来定义所交易商品的代码。下一个窗口（见图7A—10）将列出你能订购的交易商品。

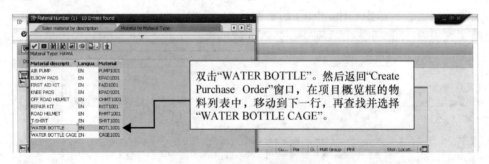

图7A—10　物料列表窗口

在选择了水瓶并返回到"Create Purchase Order"窗口后，完成下述数据输入（如图7A—11所示）；然后再完成第二行的输入。可以查找瓶托（Water Bottle Cages）或者输入"Cage1＃＃＃"（＃＃＃指你的用户编号）。在图7A—11所示的窗口中，输入一个交货日期（Delivery Date）。输入日期数据时可以使用右侧的快捷按钮；注意车间（Plnt）是MI00，而不是M100。

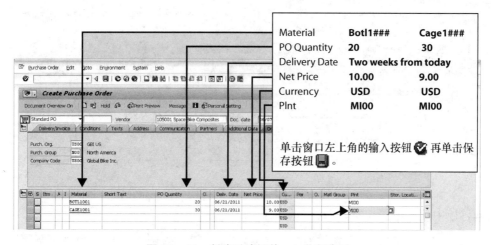

图 7A—11　创建采购订单——物料窗口

此时会弹出一个窗口（见图 7A—12），单击保存按钮。

图 7A—12　创建采购订单——"保存"窗口

SAP 系统数据库现在会更新数据，更新完成后，采购订单窗口会再次出现，屏幕底部的显示内容如图 7A—13 所示。

图 7A—13　采购订单编号窗口

单击屏幕顶部区域中的"Exit"按钮，返回"轻松访问"界面。这个按钮位于"Enter"和"Save"按钮的同一行上。

4. 创建采购订单的收货单

沃里和你的下一步是为这张采购订单创建一张收货单，这一步会发生在水瓶和瓶托到达沃里的仓库后。从"SAP 轻松访问"界面，通过以下操作导航到达"采购订单收货"（Good Receipt Purchase Order）界面。

Logistics＞Materials Management＞Inventory Management＞Goods Movement＞Goods Receipt＞For Purchase Order＞GR for Purchase Order（MIGO）

收货单是对采购订单上所订货物已到达的承认。收货单一旦创建，该物品的库存数量就会增加，同时应付账款也会增加（见图 7A—14）。

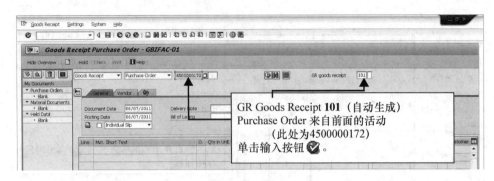

图7A—14　收货窗口

系统从采购订单中载入数据，如图7A—15所示。

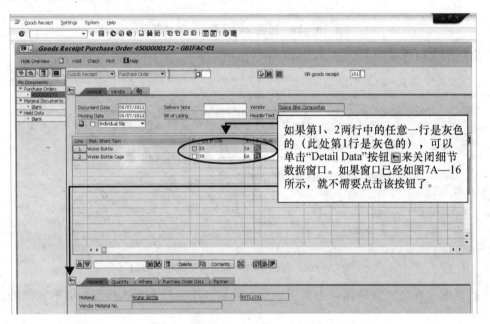

图7A—15　收货——细节窗口打开

关闭细节数据窗口后的屏幕如图7A—16所示。图7A—15中"Water Bottle"这一行为灰色不可用的原因是底部的"Detail Data"窗口打开了；而图7A—16中"Detail Data"已经关闭。

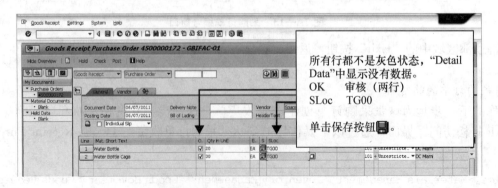

图7A—16　收货——细节窗口关闭

在"OK"列打上钩，就意味着你确认20个水瓶和30个瓶托已交货（见图7A—17）。如果数量不对就不要勾选"OK"框，并填上实际接收的商品数。图7A—16中的审核列标题显示为"O."，需要调整列宽才能显示出"O. K."。

创建了一个物料文件，文件编号显示
在屏幕底部的状态栏中。

图 7A—17　收货数据文件窗口

单击退出按钮，返回"SAP 轻松访问"界面。

5. 创建来自供应商的收货发票

安作为会计将会完成流程的最后两步：创建发票并向供应商付款。从"SAP 轻松访问"界面，通过以下操作导航可到达"输入进货发票"（Enter Incoming Invoice）界面。

Logistics＞Materials Management＞Logistics Invoice Verification＞Document Entry＞Enter Invoice

货物收到后不久，供应商便寄来了一张水瓶和瓶托的 470 美元的账单。这里我们要将这张账单录入 SAP 系统（见图 7A—18）。注意，在图 7A—18 中，"Tax Amount"（税额）是通过一个下拉框输入的，这个下拉按钮位于税额框的最后边。

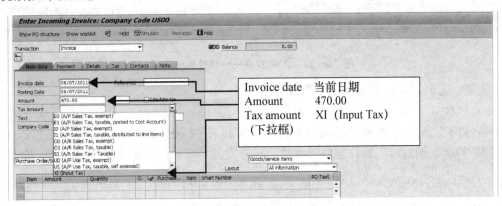

图 7A—18　创建发票窗口

此时我们需要输入采购订单编号，这已在前面流程的第 3 步（见图 7A—13）中生成了。如图 7A—19 所示。

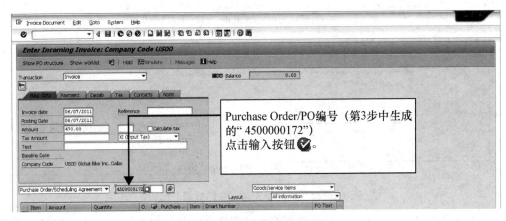

图 7A—19　创建发票——输入采购订单编号

系统会导入供应商数据并显示更新后的进货发票窗口（见图 7A—20）。

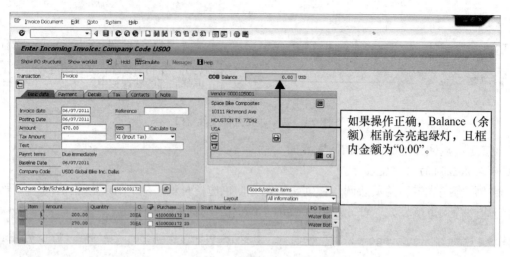

图 7A—20　创建发票——最终窗口

如果操作无误，屏幕底部会产生一个文件编号（见图 7A—21）。

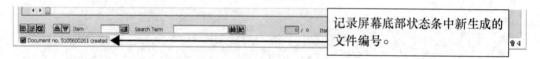

图 7A—21　创建发票——文件编号窗口

单击退出按钮，返回"SAP 轻松访问"界面。

6. 向供应商付款

最后一步是你或安需要向供应商付款。支付环节可以在收到发票时立刻就做，也可以稍后再做。从"SAP 轻松访问"界面，通过以下操作导航可到达"对外支付"（Post Outgoing Payment）界面。

Accounting＞Financial Accounting＞Accounts Payable＞Document Entry＞Outgoing Payment＞Post

在这项活动中，我们要记录向供应商支付了 470 美元（见图 7A—22），需填写会计分录并核减应付账款。

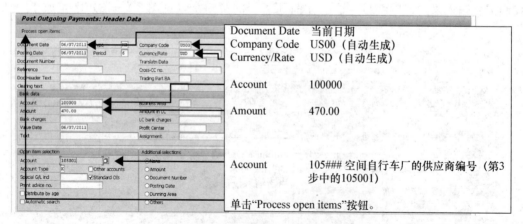

图 7A—22　"对外支付：头部数据"窗口

如果在屏幕下部"Account"框中输入供应商编号时需要先查找，可在弹出的查找窗口中选择"Vendors（General）"页签，用"♯♯♯"作为查找项。单击"Process open items"，就会进入"对外支付明细项"（Post Outgoing Payments Process open items）窗口（见图 7A—23）。

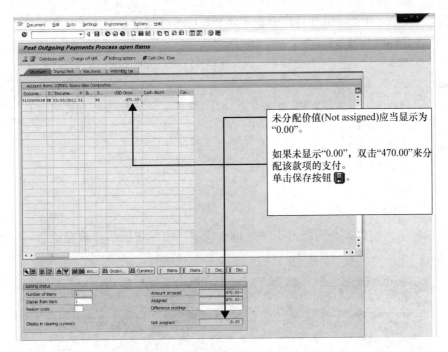

图 7A—23　"对外支付：打开项目"窗口

SAP 系统数据库再一次更新，"支付文件编号"（Post Payment Document Number）窗口（见图 7A—24）出现。

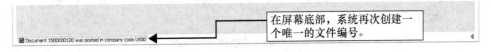

图 7A—24　"支付文件编号"窗口

　　同样记住出现在屏幕底部状态条中的文件编号。单击退出按钮，返回"SAP 轻松访问"界面。这里会有一个令人误解的弹出窗口，这里没有数据会丢失，所以单击"Yes"。

　　你已经完成了第一项练习。

你试试 1

　　从另一个供应商——急流螺栓公司（Rapids Nuts N Bolts）那里采购以下三项物料：

数量	物料名称	单价
5	空气泵（Air Pumps）	每个 14 美元
10	护肘（Elbow Pads）	每个 375 美元
15	急救药箱（First Aid Kits）	每个 20 美元

　　要求两周内送货，车间选迈阿密（Miami），总额为 4 120 美元。

3. 创建采购订单

Logistics ＞ Materials Management ＞ Purchasing ＞ Purchase Order ＞ Create ＞ Vendor/Supplying Plant Known

　　所需的数据：

203

Vendor	108＃＃＃（供应商编号基于你自己的用户编号）
Purch. Org.	US00
Purch. Group	N00
Company Code	US00
Material	PUMP1＃＃＃，EPAD1＃＃＃，FAID1＃＃＃（这些是交易货物）
Quantity	5，10，15
Delivery Date	两周之后
Net Price	14，375，20
Currency	USD
Plnt	MI00

这里并没有展示所有的窗口，查阅练习1中的每个窗口。第3步所示步骤完成后，"创建采购订单"窗口如图7A—25所示。

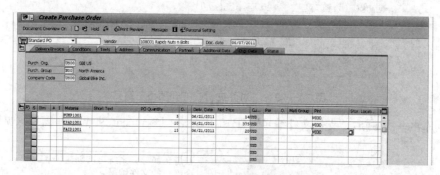

图7A—25　完成的"创建采购订单"窗口

单击保存按钮。记录屏幕底部的采购订单编号。单击退出按钮，返回"SAP轻松访问"界面。

4. 创建采购订单的收货单

Logistics＞Materials Management＞Inventory Management＞Goods Movement＞Goods Receipt＞For Purchase Order＞GR for Purchase Order（MIGO）

所需要的数据：

Gr Goods Receipt	101
Purchase Order	从前面的步骤得出（此处暂为4500000173）
OK	三个复选标记
SLoc	TG00（交易货物）

完成后的收货窗口如图7A—26所示。

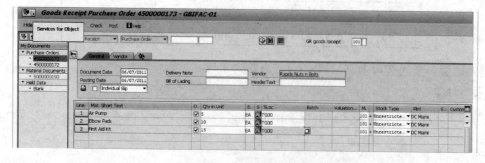

图7A—26　收货的最后窗口

单击保存按钮。单击退出按钮，返回"SAP 轻松访问"界面。

5. 创建来自供应商的收货发票

Logistics＞Materials Management＞Logistics Invoice Verification＞Document Entry＞Enter Invoice

所需要的数据：

Invoice Date	当前日期
Amount	4120.00
Tax Amount	XI（Input Tax）
Purchase Order	你的 PO 编号（此处暂为 4500000173）

四个数据项录入完成，单击输入按钮后，会出现"输入进货发票"窗口，如图 7A—27 所示。如果操作正确，屏幕右上角的"Balance"框中应当显示"0.00"。

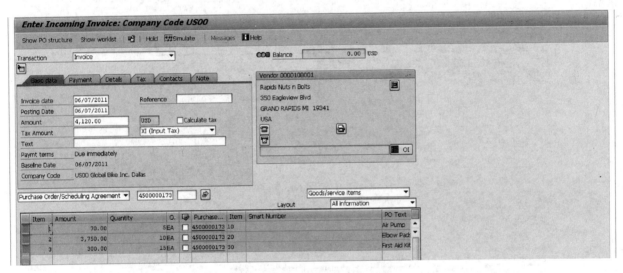

图 7A—27　创建发票的最后窗口

单击保存按钮。单击退出按钮，返回"SAP 轻松访问"界面。

6. 向供应商付款

Accounting＞Financial Accounting＞Accounts Payable＞Document Entry＞Outgoing Payment＞Post

所需要的数据：

Document Date	当前日期
Company Code	US00（automatic）
Currency/Rate	USD（automatic）
Account	100000
Amount	4120.00
Account	108＃＃＃（供应商编号基于你自己的用户编号）

点击"Process Open Items"之前，对外支付窗口如图 7A—28 所示。

点击"Process Open Items"之后，支付窗口如图 7A—29 所示。如果正确，则屏幕右下角的"未分配"（Not assigned）框内显示"0.00"。然后点击保存按钮。

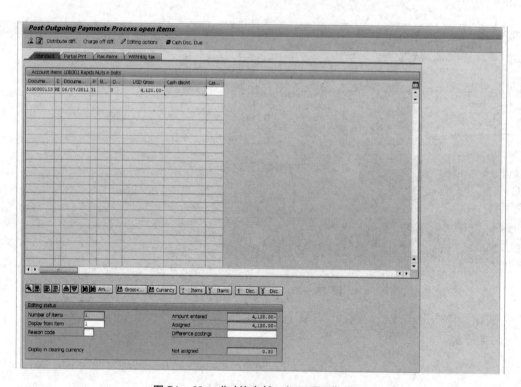

图 7A—28　"对外支付：头部数据"界面

图 7A—29　"对外支付：打开项目"界面

现在你已完成了"你试试1"。单击退出按钮，返回"SAP 轻松访问"界面。

你试试 2

第1步，先创建一个新供应商，叫做自行车配件公司（Bike Parts）。第2步，创建一个采购申请，询问10个维修工具箱的报价。第3步，再次创建采购订单，但这次的采购订单是基于第2步创建的"采购申请"。

1. 创建新供应商

Logistics＞Materials Management＞Purchasing＞Master Data＞Vendor＞Central＞Create

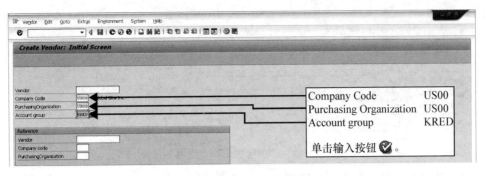

图 7A—30 "创建供应商：初始化"窗口

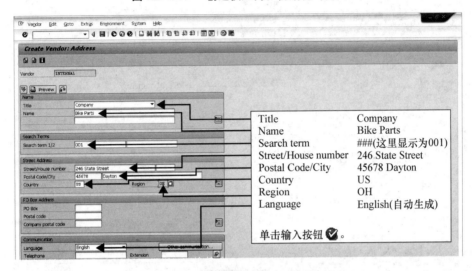

图 7A—31 "创建供应商：地址"窗口

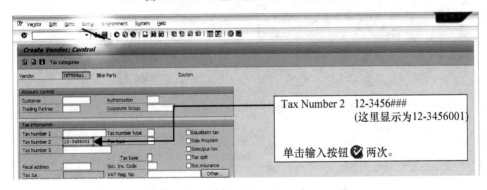

图 7A—32 "创建供应商：税收"窗口

图 7A—33 "创建供应商：会计"窗口

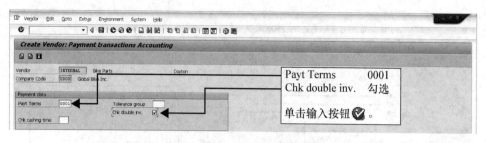

图 7A—34　"创建供应商：支付"窗口

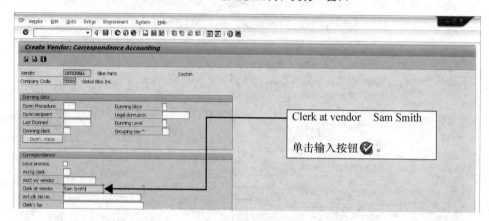

图 7A—35　"创建供应商：联系"窗口

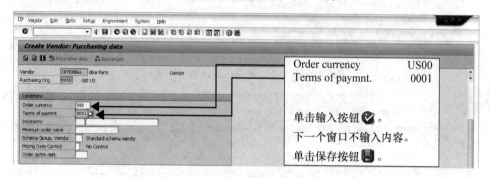

图 7A—36　"创建供应商：采购数据"窗口

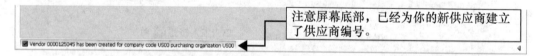

图 7A—37　"创建供应商：编号"窗口

2. 创建采购申请

Logistics＞Materials Management＞Purchasing＞Purchase Requisition＞Create

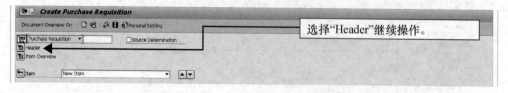

图 7A—38　"创建采购申请"窗口

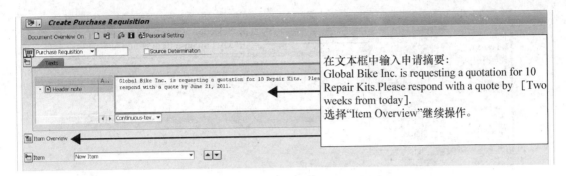

图7A—39　采购申请文本窗口

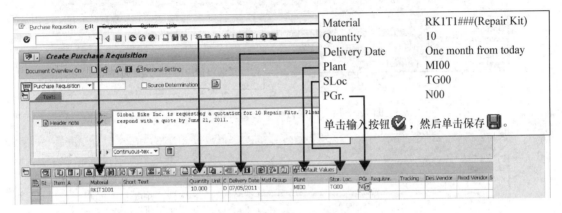

图7A—40　采购申请项目窗口

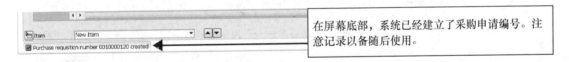

图7A—41　采购申请编号窗口

3. 创建采购订单

Logistics ＞ Materials Management ＞ Purchasing ＞ Purchase Order ＞ Create ＞ Vendor/Supplying Plant Known

在练习1和你试试1中，都已做过第3步。这一次，你要利用第2步中得到的采购申请来创建采购订单。

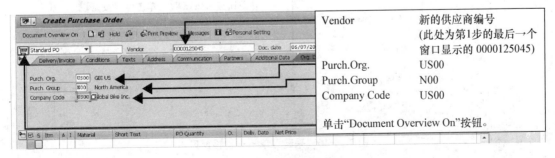

图7A—42　采购订单窗口

209

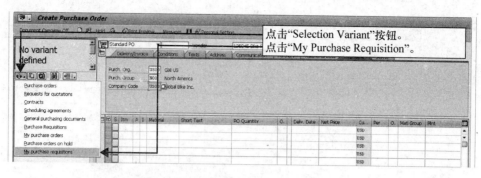

图 7A—43　采购订单——来自采购申请

图 7A—44　采购订单——选择采购申请

图 7A—45　采购订单——采用采购申请

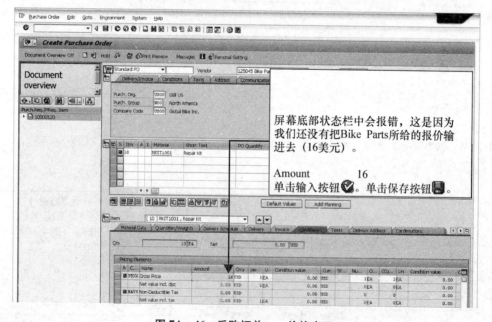

图 7A—46　采购订单——价格窗口

第8章
SAP 系统对销售流程的支持

问题 1　销售流程的基本功能是什么？

问题 2　在使用 SAP 系统之前，CBI 的销售流程如何？

问题 3　在使用 SAP 系统之前，销售流程的问题是什么？

问题 4　CBI 如何实施 SAP 系统？

问题 5　在使用 SAP 系统之后，CBI 的销售流程如何？

问题 6　SAP 系统如何促进 CBI 面向客户流程的集成？

问题 7　电子商务如何集成了行业内的多家企业？

"我们最好的客户啊！这订单我们竟丢了！"销售部里苏（Sue）恼火地对道格（Doug）抱怨着。

"算啦，苏，能做的你都已经做了。总不能卖我们没有做好的或是得不到的自行车吧。"

"但是道格，为什么总是这样，为什么？为什么？难道他们不知道咱们的订单正到处流失吗？现在轮到柯特兰公司（Heartland），这可是我们最大的客户呀。"

"我想这种情况在用了新的 SAP 系统后就不会发生了，我们就能得到每分钟的存货数据。"

"我真希望用上那个新系统的时候 CBI 还在运转。"

苏后来从会计部的安那里听说了所有的事。

"安，我那会儿查看库存的时候，明明看到还有 55 辆他们要的自行车，而我只需要销售 50 辆。"

"是啊，它是这么显示的。但是它没有显示道格当天早些时候刚卖掉了 10 辆。"

"所以，尽管我看到计算机显示有 55 辆，但其实我们只有 45 辆可卖？"

"对啊。"

"但是，安，道格把自行车卖给了堪萨斯城的一家小公司，这个小客户根本没法和柯特兰公司相比。我们为什么不取消这份订单来满足柯特兰公司的订货呢？"

"有道理，但是我们从没这么干过。"

"更糟的是，安，柯特兰公司要到下个月才要货。为什么我们不能赶在两周内赶紧采购车架和零件并将它们组装起来？为了保住订单，我们以前也这么干过呀。"

"不行的，太空自行车厂是这种车架的唯一供应商，但他们已经不再生产这个型号的车架了。"

"那为什么没有告诉销售部？"

"我们原以为另外一家供应商能继续供应这种车架，但是没谈成。"

"得想个办法保持销售代表的消息灵通啊。如果再取消些订单，我们将会失去柯特兰公司。"

"我同意，但是怎么办？我们要销售的产品有几百种，供应商也有几百个，还有供应商的供应商。销售代表能阅读上百封邮件去了解所有的潜在问题吗？IT 员工每天发出的安全提示根本就没人看，而那不过就是一小段文字。"

"好吧，这也与柯特兰公司的事无关……还是看看我的佣金单吧。"

简　介

在这一章里我们研究销售。具体地说，我们研究一家小型有限公司——查克自行车公司（Chuck's Bikes, Inc.）在实施 SAP 系统前后的具体情况。为了实现这个目标，我们的讨论问题与第 7 章讨论采购流程时的问题相同。使用与第 7 章相同的方法并不是巧合，流程视角最有价值的一面是，一旦掌握了相关的知识，就能将其应用到其他的商务流程中去。

我们从检视 CBI 实施 SAP 系统前的销售流程开始，了解 SAP 系统如何最终改进了该流程。本章最后我们还考虑了涉及消费者的其他流程，讨论了 SAP 和 IS 如何提升和整合这些流程。

像对采购流程的观察一样，人们很容易只见树木不见森林。记住，销售是与构建客户关系有关的一切活动。如你所见，SAP 系统能帮上忙。

问题 1　销售流程的基本功能是什么？

苏为 CBI 的最优质客户签订了一张大订单，但旋即又失去了这份订单。CBI 是一家自行车公司，公司采购车架、轮胎及各种配件后组装成自行车，再将自行车卖给零售商。在我们急切地寻找 CBI 的缺陷之前，先来正确地了解销售所涉及的活动。商务中将**销售**（sale）定义为，将商品或服务换成货币的交易。更准确地说，销售是通过提供商品或服务来获得现金或其他形式补偿的收益性活动。销售流程在操作上包含三项主要活动：卖出、装运和收款，如图 8—1 所示。

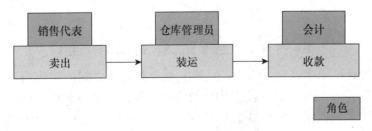

图 8—1　销售流程的主要活动与角色

销售活动——卖出、装运和收款——分别由销售代表、仓库管理员和会计三个角色完成。如图 8—2 所示，销售活动是价值链中销售与营销环节中的主要活动。

主要活动	内容描述	流程与章节
进货物流	收货、存储、分派各项投入到各产品线	采购，第7章
生产制造	将各项投入转变成最终成品	
出货物流	收集、存储、派送实物到买方	
销售和营销	促使买方购买，提供适宜的方式帮助他们购买产品	销售，第8章
客户服务	辅助用户使用产品，以保持和扩充产品价值	

图8—2 CBI 价值链中的销售流程

对企业而言，销售是最重要的流程。没有销售，没人能拿到钱，一切都无从谈起。销售是一个复杂、困难的过程，但也有一个至高无上的简单法则：让客户满意。现代管理学之父彼得·德鲁克曾说过，公司内部没有什么东西能算作成果，唯一能算作成果的东西就是满意的客户。①

在线鲜花销售为销售流程提供了一个很好的例子。在线花店使用有效的销售流程，与客户建立了长期、互利的关系。例如，当你为母亲的生日送花以表达祝福时，花商会记录这次交易，并在她生日的前几天再次给你发提醒邮件。如果你定期向某个特殊的人送花，若不小心忘了公司也会发出提醒："您已经有两个月没有给黛比送花了。"为了留住老客户，花商还会为你做特殊的设计并提供折扣价格。

花商愿意保留优质客户。获得一个新客户的成本是维持一个老客户成本的5～10倍。为了留住客户，花商需要了解客户的情况，比如客户的消费偏好、重要的日子。公司对客户的需求了解得越透彻，将来能卖给他们鲜花的机会就越多。

我们来分析一下本章开头说起的CBI的销售流程。图8—3显示了销售流程的主要活动和子活动。第一个子活动是创建销售订单，确定柯特兰公司两周内需要50辆自行车。然后，在计划的装运日期，仓库管理员沃里要确保从成品库中能把产品领出来，用包装箱包好，发往柯特兰公司。此后不久，会计部门的安向柯特兰公司寄送发票，在柯特兰公司的付款到账后，安再将货款存入银行账户中。

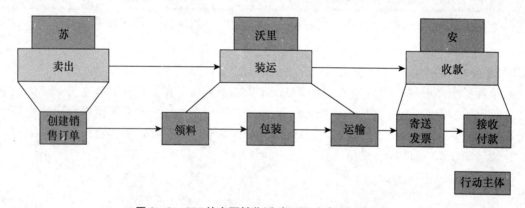

图8—3 CBI 的主要销售活动、子活动及行动主体

本章我们从两方面简化了销售流程。第一，只研究企业与企业之间的销售而不是企业与客户之间的销售。这种**企业到企业**（business-to-business，B2B）的销售流程比**企业到客户**（business-to-consumer，B2C）的流程（比如花店的例子）更通用。因为每个B2C通常需要供应链上的多个B2B交易来购买和组装产品。第二个简化之处是本章只研究产品的销售，而不涉及服务。

---

① *Forbes ASAP*，August 29，1994，p.104.

问题 2　在使用 SAP 系统之前，CBI 的销售流程如何？

在理解使用 SAP 系统的好处之前，我们要从前面描述的订单丢失的例子入手。
要明白苏为什么会取消订单，先来考虑 CBI 的销售流程。此流程的主要活动如图 8—4 所示，流程中有六个角色，其中三个角色由人承担——苏、沃里和安，另外三个角色由计算机承担。每个计算机角色都由各自的数据库提供数据，形成了三个信息孤岛。

> 本章的伦理问题讨论说明了一个人的行为是如何影响一个流程及整个公司的。

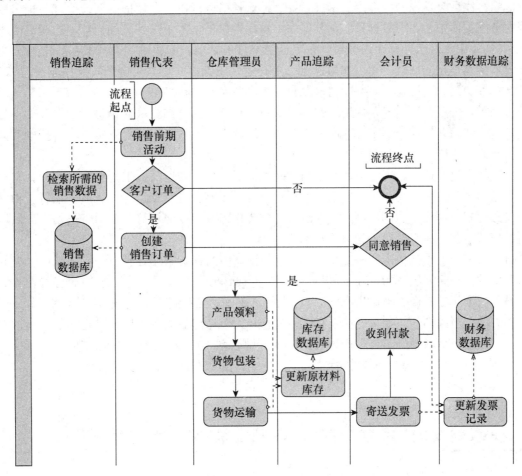

图 8—4　实施 SAP 系统前 CBI 的销售流程

图 8—4 中的第一个活动是"销售前期活动"。这一步，苏和其他销售代表要联系客户、提供报价、确认可销售的产品、核对特别条款、确认交付方式等。

如果客户确定订货，下一个活动是"创建销售订单"。销售订单（SO）的格式如图 8—5 所示。可以看出，苏以每辆 300 美元的价格向柯特兰公司销售了 50 辆 Stream 款的自行车，总价为 15 000 美元。

Sales Order

03/21/2012

	TO	**Heartland Bike**		SHIP TO	**Heartland Bike**	

Salesperson	Job	Shipping Method	Shipping Terms	Delivery Date	Payment Terms	Due Date
Sue					Due on receipt	

Qty	Item #	Description	Unit Price		Discount	Line Total
50	TXTR1001	Stream N3 28	$300			$15,000

图 8—5 苏的销售订单格式

销售订单填写完后会发往会计部等待审批。要审批这张销售订单，会计部的安需要查看销售数据库中的价格数据、财务数据库中的客户数据和库存数据库中的存货数据。为了保持图的简洁，这些流向安的数据流没有显示在图 8—4 中。对已经存在的客户，在审批销售订单之前，安要调用财务数据库中客户交易历史数据进行判断。本例客户是柯特兰公司。如果这张订单是销售给新客户的，财务数据库中则没有该客户数据，安需要向该数据库中添加新记录，并判断向这家公司销售产品的风险。

在这项活动中，安还要访问库存数据库的数据来确认有充足的产品存货供销售。如果存货不足，订单通常不能通过审批。然而，像这个例子中苏向柯特兰公司的销售，客户要求延迟送货，安会打电话询问仓库如果延期送货，到时是否能补足库存。

如果会计审核通过，这张销售订单就被送到仓库。在那里沃里和他的员工们将按准确的日期把自行车产品领出来并发送出去。这些活动在销售流程图中分别记为：领料、包装和运输。仓库一旦将货物发出，沃里会向会计部发送通知，提醒会计部货物已经发出，这样会计部就可以向柯特兰公司寄送发票。最后一项活动是收款，将在柯特兰公司向 CBI 公司送来支票时发生。

在这个过程中苏的订单被拒绝有两个原因。库存数据库中的存货数据处理有一天的延迟。当苏进行销售时，数据库显示的是当天开始时的库存数据——55 辆 Stream 自行车。而这其中有 10 辆已经在苏销售之前卖给了堪萨斯城的一家小零售商。当销售 50 辆自行车的订单到达会计部时，这里只有 45 辆 Stream 自行车可供销售了。正如简介所提到的，如果订单还有充足的时间，会计部的安会协调补充进货自行车车架。然而在这个例子中，安发现供应商已经不再生产这种车架了。她联系了柯特兰公司，问他们能不能变更一下订单，把购买的 50 辆自行车改为 45 辆。但是柯特兰公司拒绝了，所以安不得不取消了订单。

问题 3　在使用 SAP 系统之前，销售流程的问题是什么？

实施 SAP 系统前的销售流程带来了很多问题，多年来一直困扰着 CBI，如图 8—6 所示。

■ 销售的问题

从销售的角度看，销售员看到的库存数据库中的存货数据延迟了一天。准确地说，沃里在每天工作结束时，都会更新库存数据库中的产品数据。更新后的库存数据过了一夜才会到达销售人员那里。在第二天早上

CBI 营业时，销售人员会看哪种自行车有多少存货可供销售。就像开篇案例的那种情况，有时候这会导致已经不在库存中的自行车又被卖出去。原本当天早上这些自行车还在仓库中，但后来被卖掉了。结果，销售员向客户承诺的自行车数量和送货时间都无法实现。

输入错误也时有发生，苏和其他销售员有时会输错客户地址，写错价格折扣，或者同一个客户或同一笔订单被重复记录成多个版本。这些错误都需要花费时间来查找和更正。

角色	问题
销售	当前库存数据不准确 输入错误
仓库	如果订单被取消，为新客户进行的产品领料和包装失去效率 无法共享产品、供应及延迟信息
会计	在寄送发票及其他错误上花费时间 新客户延迟

图 8—6　实施 SAP 系统前 CBI 销售流程的问题

仓库的问题

从仓库来看，沃里和他的员工也面临许多问题。每当与客户做成新的一单销售时，仓库都要在收到最终运输的通知之前就开始做产品领料和包装操作。这种方式是新的客户订单流程确定的，目的是为了缩短客户从开始订货到发货之间的时间。如果仓库等到财务确认后再开始领料和包装，往往无法在承诺的时间内送货，订单上的有些产品还可能被其他订单领走。由于流程如此设定，当新的客户订单被财务拒绝时，沃里和仓库员工必须将打包的产品拆包，再送回货架，并更新库存数据库中的存货数据。

第二个问题是沃里没有办法告知销售人员即将出现供货中断。沃里早就知道 Stream 自行车的车架供应商已经决定不再生产那种自行车的车架了，而苏想把这些车卖给柯特兰公司。

会计的问题

会计的情况也好不到哪里去。安监管的是一群非常细心的会计师，即便如此，偶尔也会发生数据输入、计算的错误。还有一些问题是会计角色所独有的。比如安偶尔会遇到客户付款不正确或者丢失发票的情况，有个别员工会出现记账账号错误或数据更新错误。这些不经常发生的错误需要花时间去整理，也会损害客户关系。

对新客户的信用审查要耗费很长时间。每当信用审核时间过久或者信用得分模棱两可时，都会导致发货延误而无法兑现承诺的情况。

这些问题困扰了 CBI 的销售人员和客户多年。随着行业竞争的加剧，CBI 必须改变，否则企业将无法经营下去。CBI 相信 SAP 系统能帮助企业改进销售流程中的这些缺陷。

问题 4　CBI 如何实施 SAP 系统？

目前销售流程中的许多问题都可以通过有效的 ERP 系统，比如 SAP 系统来解决。而且，如第 7 章所提到的，实施 ERP 系统不仅要解决现存问题，还要实现战略目标。为了成功地实施 SAP 系统，高层管理者再次审视了 CBI 的战略，确认能满足竞争型战略实现的要求，这个战略是聚焦于特定的高端自行车细分市场，实现对零售商快速响应的差异化。

然后 CBI 选择了非常适合其战略的 SAP 系统的销售流程。SAP 系统为其客户提供了多种销售流程。CBI 也像 SAP 的其他客户一样，选择了与自身战略最佳匹配的销售流程。接下来，CBI 根据销售目标对系统流程进行了配置。销售管理者共确定了一个效率目标和两个效用目标，如图 8—7 所示。

目标	评估指标
效率	
减少销售撤销量	销售撤销的百分比
效用	
更快速的客户响应	从订购至发货所用的时间 第一年产品的销售比例
减少优质客户的销售撤销	前 20 家优质客户的销售撤销量

图 8—7 新销售流程的目标与评估指标

效率目标是要减少销售的撤销水平，可以用销售订单撤销的百分比来衡量。销售的撤销是指已经创建后来却未能通过审核的销售订单，如本章开篇案例中的情况。

第一个效用目标是更快速的客户响应水平，可以用从销售订单确认到订购产品发出的时间长短或者新品推出第一年的销售率来衡量。CBI 根据客户的要求提供新款自行车和配件，如果这些新产品被零售商们采购，这说明 CBI 很好地响应了客户的需求。第二个效用目标是要降低因撤销优质客户的销售订单而蒙受的收入损失。当与高收入的销售发生冲突时，CBI 希望能够撤销低收入的销售。

问题 5　在使用 SAP 系统之后，CBI 的销售流程如何？

现在我们来看看两年以后的情况，这时 CBI 已经安装了 SAP 系统，每位员工都知道该如何使用此系统。图 8—8 显示了 CBI 配备的 SAP 系统的内部销售流程。

销售

新的销售流程有三个角色与以前相同——苏、沃里和安。然而三个计算机角色减少为一个 SAP 系统，负责追踪全部销售数据。为了便于比较，我们仍然沿用前一个销售流程，也就是给柯特兰公司销售 50 辆 Stream 自行车而实际只有 45 辆可供销售的流程。

销售前期活动与以往一样，但库存与价格数据都是正确的当前数据了。苏可以看到有 55 辆自行车的库存，其中 10 辆已经卖出。她可以看到那 10 辆自行车还没有装运，而她的客户具有优先权。在我们重述故事的同时，苏就确定了要做该笔销售。她坐在办公室里，打开 SAP 系统的"创建销售订单"界面，准备往里输入销售数据。她登录系统之后的"销售订单"界面如图 8—8 所示，可供她添加新的数据。

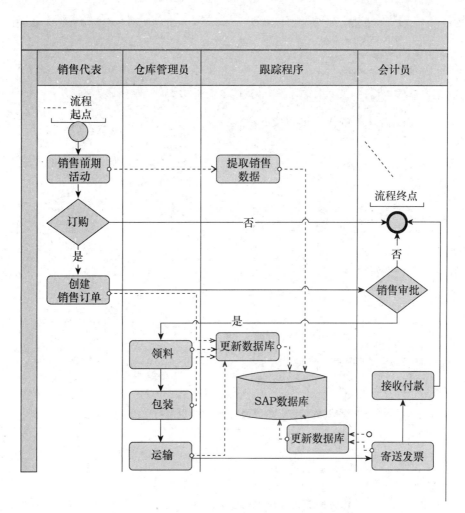

图 8—8   实施 SAP 系统后 CBI 的销售流程

销售订单界面与第 7 章的采购流程界面有许多相同之处。本例中标题在左上角，是"创建标准订单：概览"（Create Standard Order：Overview）。在头部栏中，苏输入柯特兰公司的客户编号（25056）、交易日期（PO 日期为 06/20/2011）、交易数据（PO 编号为 05432）。PO 编号来自柯特兰公司的编码系统。柯特兰公司的采购日期就是 CBI 的销售日期，即销售订单的创建日期。一旦苏输入这三项数据，SAP 系统就会提取客户的名称与地址。在头部栏下面的细目栏中，苏输入 Stream 自行车的物料编号（TXTR1001）和订购数量（50）。现在她的屏幕如图 8—9 所示。如果销售的产品不止一种，可以写入 Stream 自行车下面的行。此时，苏保存了销售信息，再去处理另一单销售或者退出系统。

苏保存销售订单（SO）后，SAP 系统立即产生一个销售订单编号，并更新数据库中的存货表来反映 50 辆自行车已被销售。同时，创建一条新的销售订单记录，仓库进行领料、包装和运输自行车时，该记录都会不断更新。

除了更新数据以外，许多其他的处理也被触发了。首先，一条消息送达会计部，请求信用审核和是否批准销售的决定。第二，更新 CBI 的装配排产表。SAP 系统发现仓库只有 45 辆 Stream 自行车，会尝试从供应商那里获取新的自行车架及其他生产零部件。当来自供应链的自动回复显示无法获得所要的车架时，会计部的安会收到一条消息。安看到苏的待批订单销售对象是优质客户、库存只有 45 辆，以及另有 10 辆当天先卖给了另外的客户。由于柯特兰公司是一家优质客户，安有权取消先前的 10 辆车的订单，将其中 5 辆转给柯特兰公司。

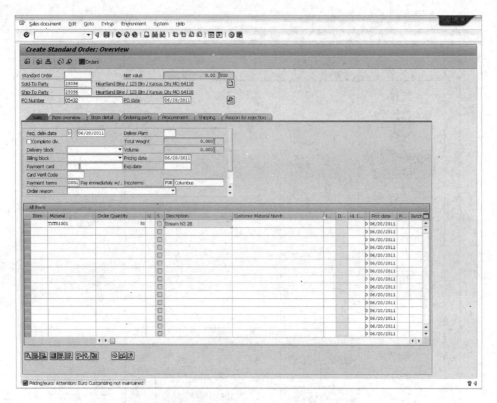

图 8—9　SAP 的销售订单界面：出售 50 辆自行车给柯特兰公司

仓库

该单销售一经批准，SAP 系统就会给仓库的沃里发送消息，沃里会为这张销售订单创建出库文档。

沃里操作系统打开"创建外向交货"（Create Outbound Delivery）窗口，如图 8—10 所示。在这个窗口中他输入装运地点为迈阿密（MI00）、选择日期（6/27/2011）、订单号（185）（即销售订单编号）。其后的屏幕这里不再显示，他会输入更多的销售信息，然后保存文件。

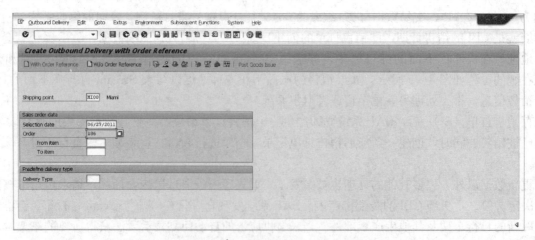

图 8—10　SAP 系统的"外向交货"界面

之后，到了预订的日期，沃里会将自行车从成品库提出来，用木条箱包装并将木箱移到出货区装运。

自行车被领料和包装后，沃里马上登录 SAP 系统。当他输入销售订单编号后，会看到如图 8—11 所示的"外向交货"（Outbound Delivery）界面。他要确认 SAP 系统所提供的头部栏数据和细节栏数据均正确无误。如果领出的货品没有达到订单要求的领料总量（50 辆），他就要修改 Deliv. Qty 栏中的默认值 50，输入实际发货数。一旦他保存了数据，存货表会被更新，同时会编辑销售记录来反映 Stream 自行车已经完成了出货领料和包装。

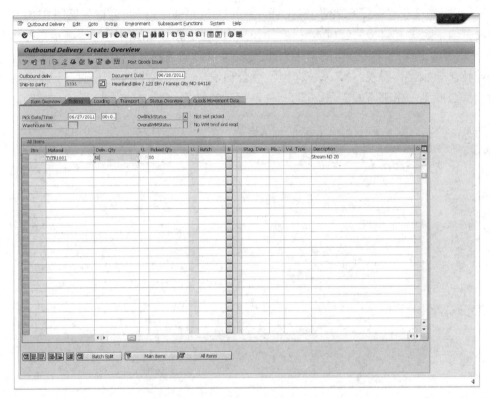

图 8—11　SAP 系统的"领料"界面

装载货物的卡车离开仓库后送货活动就开始了。沃里再次操作"外向交货"界面，如图 8—12 所示。因为这张订单已经完成了领料和包装出库，所以现在的屏幕显示为"变更外向交货"（Change Outbound Delivery），沃里点击"发货过账"（Post Goods Issue）按钮。**过账**（posting）意味着物品在法律上的所有权发生了变更。这些自行车已不再属于 CBI，而归柯特兰所有了。本例中过账发生在自行车启运时。

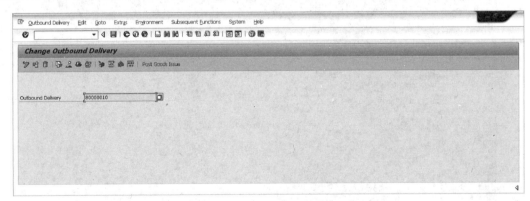

图 8—12　SAP 系统的过账界面

221

会计

沃里完成物品过账且自行车所有权发生变更之后，会计部的安会收到一份报告提醒她可以给柯特兰公司开 50 辆 Stream 自行车的账单了。

安登录 SAP 系统，打开"维护开票清单"（Maintain Billing Due List）窗口（见图 8—13）。她在"Sold-To Party"栏目中输入购货方柯特兰公司的编号（25056），选择窗口顶部附近的"显示单据清单"（Display-BillList）按钮。此时会出现柯特兰公司的销售订单列表窗口，安选择其中有 50 辆 Stream 自行车的订单条目，点击保存按钮。该步操作触发 SAP 系统向柯特兰公司发送一份文件，即 50 辆自行车的账单，也称为发票。一周之后，安会收到一张邮寄的支票，即 50 辆自行车的付款。

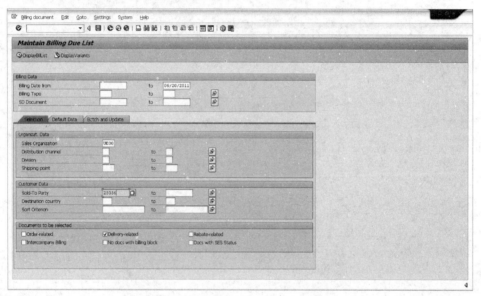

图 8—13　SAP 系统的"维护开票清单"窗口

安要把这笔款项记到柯特兰公司的账户上。她打开图 8—14 所示的"过账应收款：头部数据"（Post Incoming Payments：Header Data）窗口。在此她准确记录柯特兰公司（贷方账户编码 25056）支付的 15 000

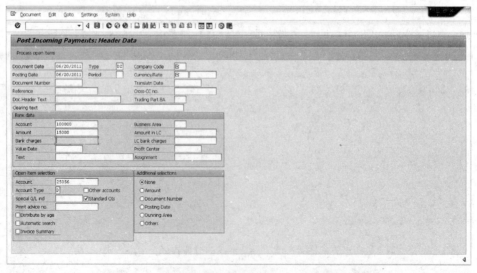

图 8—14　SAP 系统的"过账应收款：头部数据"窗口

美元被记入了 100 000 号会计科目。在随后出现的窗口中，安将这 15 000 美元的付款分配给 50 辆 Stream 自行车的销售订单。

安保存这个文件后，SAP 系统更新销售记录，并做出适当的会计分录。

SAP 系统对 CBI 销售流程的好处

新的 SAP 系统给 CBI 带来的好几个好处显而易见。销售代表能从 SAP 的单一数据库中看到最新的准确数据。新的客户审核过程变快了，因此，在销售订单审批通过之前，仓库不用再提前打包待售产品。重要的供应链中断数据在整个组织中都清晰可见。

除了这些非常有用的改善之外，CBI 还通过 SAP 系统的实施促进了其竞争战略的实现。本章前面的图 8—7 展示了企业战略在销售流程中的具体目标及评估指标。

SAP 系统的实施帮助 CBI 实现了其效用目标。通过更准确的、实时更新的价格及存货数据，撤销的销售订单数减少了。

效用目标之一是更快的客户响应水平。通过 SAP 系统，许多销售活动及子活动实现了自动化，所以流程更加快捷。CBI 所使用的评估指标——从销售到发货之间的时间也缩短了。另外，使用 SAP 系统后，第一年上市产品的销售比率也上升了。通过 SAP 系统，销售人员得到了更准确的新产品在供应链中的存货数据。在使用 SAP 系统之前，新产品在产成入库以前，不会作为存货显示在仓库数据库中，无法进行提前销售。现在，销售人员可以看到这些新品什么时候可以完成，可以知道这些新品进入销售的准确日期。

得以实现的还有第二个效用目标，减少顶级客户的销售撤销量。SAP 系统允许会计部在产品不足的情况下给予优质客户以优先权。

认识了 SAP 系统给销售流程带来的好处之后，我们现在进一步放宽流程的概念，考虑更多的流程，比如客户服务流程和促销流程。这些流程都涉及 CBI 的客户，称为面向客户的流程。

MIS 课堂练习 8

手机与流程

按照全班学生手机平台（安卓、苹果等）的不同，将学生分成小组。一些流行的平台可以多分几个组。每组都要讨论以下问题，接着每个团队派一位发言人向全班同学解释小组的讨论结果，或者将小组结果提交给指导老师。

1. 你为何选择了这款手机？你是一位满意的用户吗？为什么？你使用手机的过程中有哪些好的体验和不好的体验？

2. 对你而言，手机的哪些功能最重要？这些功能支持了你的哪些个人流程（社交、协同工作、日程表等）？

3. 站在你父母或那一代人的角度，再次回答前两个问题。

4. 你如何与手机平台供应商联系？供应商收集什么信息？它们应该收集什么信息？

5. 手机平台供应商（苹果、三星等）从你的手机中获得的数据有助于改善哪些流程？

6. 手机通信服务商（AT&T、Verizon 等）从你的手机中获得的数据有助于改善哪些流程？

7. 你是不是目前的手机公司想要续签合同的客户？为什么？

8. 假设你在某个企业从事某项专业性工作，工作中的哪项业务流程需要手机支持？这个流程的目标与评估指标是什么？如何用手机来改善这个流程？

问题6　SAP 系统如何促进 CBI 面向客户流程的集成?

我们已经明白 SAP 系统是如何改进 CBI 的销售流程的。实际上,SAP 系统可以支持众多的面向客户的流程,销售流程只是其中之一。这些流程如图 8—15 所示。促销流程的设计目标是在预定的时间段内设法增加销售量、刺激需求水平或提升产品的供应量。销售流程在前面定义过,是指将商品或服务换成货币的交易过程。服务流程在第 5 章中定义过,指用于增进或维护产品的价值而提供的售后支持。

流程范围	面向客户的流程
运营层	促销 销售 服务
管理层	打折促销 服务倾向
战略层	新品发售 促销评估

图 8—15　面向客户的流程示例

■ 面向用户的流程集成

尽管可以有效地支持每个流程,而 SAP 系统真正的价值却在于它能整合这些流程。集成所有面向客户的流程并管理与客户之间的所有交互称为**客户关系管理**(customer relationship management,CRM)。销售流程与其他面向客户的流程及 CRM 之间的关系类似于采购流程与其他供应链流程及 SCM 之间的关系,具体内容如图 8—16 所示。与跨越供应链的流程整合一样,面向客户的流程整合也是通过共享数据和提升流程的协同能力来改善的。

CRM 流程(第 8 章)	SCM 流程(第 7 章)
前台事务——面向客户	后台事务——供应链
销售	采购
服务	需求管理
促销	退货管理
其他流程	其他流程

图 8—16　CRM 流程与 SCM 流程

■ 通过共享数据促进面向客户流程的集成

如果能够共享数据,流程的集成程度就提升了。要了解这是如何实现的,不妨考察一下给零售商退货的过程。如果你手中有收据,退货就很容易。如果收据是发给你的电子邮件,找起来就比打印的收据容易多了。通过使用电子收据,零售商的销售流程使退货流程变简单了。由于纸质收据储存成本高、容易丢失等问题,许多零售商与客户通过发送电子邮件或手机短信的方式,共享电子化的收据。这样不仅实现了零售商销售流程的一个目标——降低销售成本，同时也改善了客户退货流程，因为客户能更方便地查询收据。

图 8—17 显示了 CBI 通过共享数据整合流程的例子。客户数据的共享能同时改善销售流程和服务流程。通过了解客户的销售数据，CBI 的服务水平会提高。例如，如果有客户打服务电话提出特殊的送货要求，CBI 的服务代表应知道送货的具体销售数据以及针对该客户的所有送货信息。通过销售数据，销售代表能够更好地了解客户的状况。反之亦然，客服电话数据也能够促进销售流程的改善。销售代表在拨打销售电话之前可以先了解一下该客户的服务数据，这样销售代表就能给客户推荐更有针对性的适宜产品。

集成流程——共享流程中的数据

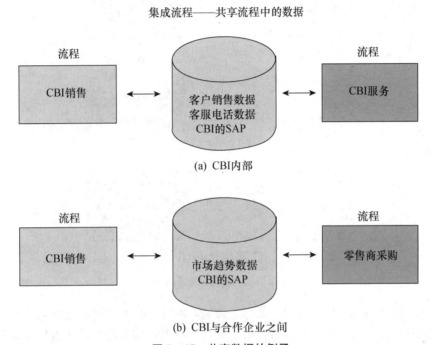

图 8—17　共享数据的例子

通过共享数据，CBI 的销售流程可以与采购流程融合，共用零售商客户。例如，CBI 向许多小的专卖店供货，这些小零售商没有能力收集市场趋势数据，但 CBI 可以。CBI 可以与小零售商共享市场趋势数据，这样它们就可以做出更好的采购决策，从 CBI 买到适销对路的自行车。当 CBI 的销售流程与小零售商的采购流程共享市场趋势数据时，买方与卖方就能够双赢，因为它们都卖出了更多自行车。

这样的例子还有很多。SAP 系统通过将所有数据合并到一个数据库，帮助 CBI 集成了所有流程。这种标准化的数据解决了信息孤岛问题，使所有流程实现了实时数据共享。

提高流程协同性以促进面向客户流程的集成

提升流程集成能力的第二种方法是提高流程的协同性。如果流程是相互支持的，就会产生流程协同的结果，即当一个流程完成后，另一个流程的目标也得到了支持。销售与采购之间的协同在人们的个人生活中屡见不鲜。亚马逊公司意识到它的销售流程可以和你的个人采购流程协同。当人们想要买东西时，总是想尽快买到。因此，可以说人们的采购流程的一个目标是不浪费时间。亚马逊公司发现网站载入时间每降低 1/10 秒，在线销售利润就会上升 1 个百分点。[1] 因此，缩短下载时间就成了其销售流程的目标。

图 8—18 介绍了 CBI 提高其流程协同性的例子。在 CBI，生产流程能支持销售流程的目标。如果生产流

---

[1] Jolie O'Dell，"Why Web Sites Are Slow and Why Speed Really Matters," *Mashable*，April 6，2011. http://mashable.com/2011/04/06/site-speed/.

程的时间保持稳定不变，销售配送几乎就不会延迟。这会使客户满意，并增加将来的销售机会。因此，销售流程的目标——拉住回头客——就这样得到了生产流程的支持。

集成流程——流程协同

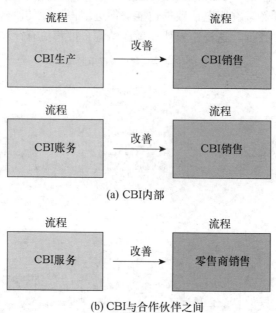

(a) CBI内部

(b) CBI与合作伙伴之间

图 8—18 流程协同的例子

流程协同的第二个例子是账务流程对销售流程的支持。当客户联系 CBI 的会计或会计联系客户确认订单时，账务流程要求会计与客户共享产品的当前价格。更具体地说，如果产品的新价格要比账单上的价格更优惠，会计会用新价格给客户计算，这有利于带来潜在的销售。

为了提高与零售商的流程协同，CBI 还用其服务流程支持零售商的销售流程。比如，当零售商把一辆有缺陷的自行车送回 CBI 时，CBI 的服务流程会连夜启运一辆新自行车，在 24 小时内送到零售商处。因此，零售商的销售流程也相应得到了改善，每个 CBI 的零售商都会向用户承诺 24 小时以内换货。

SAP 系统帮助 CBI 实现了流程协同。SAP 系统通过相互支持的流程设计实现了流程协同。在上面给出的例子中，SAP 的生产流程被设计成了稳定的生产作业周期；SAP 的账务系统可以通过配置向账单管理部门显示最新的价格。使用了 SAP 系统之后，CBI 就有了一整套彼此可以相互支持的、连贯的流程。这与 CBI 以前的流程有天壤之别。以前的流程是各部门内部自行设计的，各个流程使用各自独立的数据库，每个流程都仅用来实现自己的目标。

■ SAP 与新兴技术的集成问题

前面已经说过，面向客户的各个流程的集成称为客户关系管理（CRM）。当 SAP 系统将客户流程集成以后，这个模块就称为 SAP CRM。当然，SAP 系统不是唯一的支持客户流程集成的信息系统。SAP 系统还要试着集成其他新兴技术，如社交 CRM 和云端 CRM（Cloud-based CRM）。

社交 CRM。如前所述，集成客户流程的一种方法是共享数据。**社交 CRM**（Social CRM）是帮助企业从社交媒体中收集客户数据并使这些数据在面向客户的流程中共享的信息系统。

在当今社交媒体的环境下，供应商与客户之间的关系很复杂，并且不受供应商的控制。企业提供了许多不同的客户接触点，客户也利用这些接触点巧妙地编织自己与企业的关系。

社交 CRM 的数据均来自 Facebook、Twitter、维基百科、博客、讨论议题、常见问题、用户评论网和其他社交媒体。社交 CRM 将数据收集起来，并把数据分配给各个相关的客户流程。

云端 CRM：Salesforce. com。销售员网（Salesforce.com）是基于云端的 CRM 服务商中的先驱者。企业并不需要购买 CRM 软件并将其安装在自己的网站上，而是远程使用 Salesforce. com 上的在线软件，并按使用量付费。这种服务收费模式又称为软件即服务（software as a service，SaaS）。Salesforce. com 的发展异常迅速，目前已拥有 8 万多企业客户，尤其是中小企业。Salesforce. com 的主页如图 8—19 所示。

图 8—19　销售员网（Salesforce. com）的主页

Salesforce. com 使用多种方式帮助企业集成其客户流程。首先，通过将数据保存在销售员网的云端，小企业的数据都可以用通用的格式来存储，与多种软件保持良好的兼容性，企业就很容易在不同的客户流程中共享这些数据。其次，软件的规模具备可伸缩性。在将软件全面推行以前，企业可以先在一个办公室中对 CRM 软件进行小规模的测试，了解软件对该地区不同客户流程的集成能力。最后，启动成本为零。企业只按所使用的服务量付费，不需要签订庞大的前期合同。因此，公司无须花费大笔投资就能完成软件在某一点的集成测试。

集成的挑战与经验

尽管 SAP 软件、社交 CRM、云端 CRM 等都有助于实现面向客户流程的集成，但是要使集成真正实现仍然极具挑战性。首先，面向客户流程的成功标准不易确定，容易引起争议。例如，人们可能会问今年的销售增长中有百分之几是由去年的流程集成带来的？有百分之几与经济因素有关，或者是由于产品的改进，由新的促销计划导致的？

其次，销售代表可能会认为 SAP 系统和其他 CRM 系统只会让人分心。销售员们认为自己的工作就是与客户建立联系，会觉得把时间用在技术上不如用在多给佣金上。尽管这种想法不无道理，这也反映了信息系统使用上的一个普遍问题，就是实施和使用系统的人无法分享系统带来的所有好处。

流程集成的挑战。 在关于面向客户流程的集成问题的讨论的最后，我们把眼光从销售集成拉回来，再审视一下全局：为什么实现一套商业流程的集成很不容易？

第一个困难在于每个流程都与其他很多流程有联系，如果销售只影响服务而不影响其他流程，集成可能会容易很多。但是，销售流程会同时影响销售员招聘、销售员培训和销售员提升流程。每个流程的目标都可能与其他流程的目标发生冲突。例如，某个流程的目标可能是节省资金，而另一个却要试图增加销售。可以试想一下，当销售流程会影响其他 10 个或 15 个流程，这些流程又有着各自的目标，往往彼此冲突时，想要同时满足所有其他流程的目标，就像要找一部能让 10 个朋友都喜欢的电影一样困难。

第二大挑战是每个流程都处在变化的状态。前面章节中已经讲过，技术的变革、战略的调整和产品的革新都会带来流程的改变。要使每个变化中的流程一起协调运转是很困难的。

这些挑战并不新鲜。自从亨利·福特（Henry Ford）开发出生产流水线开始，人们就不断追寻着流程集成的梦想，但收获很有限。ERP 系统给了企业一个全新的方式来应对流程集成的挑战。

◻ 流程集成的经验

实现流程集成充满挑战，但已有一些经验可循，如图 8—20 所示。

为了集成流程：

必须明确流程集成的目标与评估指标
数据要能在不同的流程之间流动
业务人员必须了解业务中的其他环节

图 8—20　流程集成的经验

第一个经验是要为流程的集成确立明确的目标和评估指标。如果一个流程的目标及评估指标不为人知，集成是异常困难的。如果你和朋友们想要选个理想的餐馆或电影，而没有人愿意说出如何评估好餐馆或好电影，那么要想做出让大家都满意的选择就更难了。正是出于此种考虑，本书的最后 4 章试图明确每个流程的目标与评估指标。

第二个经验是集成需要数据共享。使数据流动起来的关键是使数据能被多种软件所兼容。如果存货数据保存在一个数据库中，而销售员想在自己的手机上看到它，数据库就必须与手机的软件兼容。如果 CBI 想要和众多的零售商共享销售预测数据，那么销售数据必须与行业内所使用的各种软件兼容。尽管业务员不需要知道如何使数据彼此兼容，但他们却可以提出数据兼容的要求。

第三个经验是当流程支持了其他流程的目标时才会有集成。因此，只有当业务人员了解了商业活动中的其他环节时才能做到这一点。比如，销售员必须了解自己客户的业务和采购流程，才能卖东西给客户并与之实现流程集成；他们还要知道本企业采购流程中的进货提前期、会计流程中的付款方式等，才能与这些流程实现集成。因此，你们在从事商务活动时，要确保自己知道公司商务流程的目标和评估指标。

问题 7　电子商务如何集成了行业内的多家企业？

在前两章中，我们已经讨论了 CBI 与其合作伙伴之间的流程集成。例如上一章中 CBI 的采购流程与其供应商的销售流程进行了集成；这里我们考虑 CBI 的销售流程与其客户采购流程的集成。其实，流程的集成在商业领域中非常普遍，在各类不同的企业之间以及企业与消费者之间都广泛发生着。事实上，从最初的原材料生产企业到最终的消费品生产企业，这整个组织链条都可以视为一个集成的流程，如图 8—21 所示。这种集成可以通过电子商务实现。

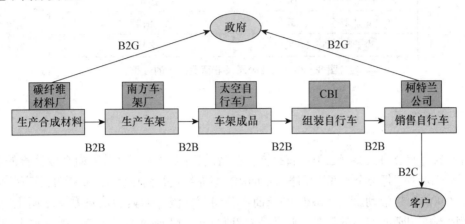

图 8—21　电子商务的集成

具体地说，**电子商务**（e-commerce）是借助因特网技术实现产品和服务在多个企业间买卖的流程。企业也可以借助私有网络来交换数据，从而实现流程的集成。但这里我们关注的主要是公共的因特网和它所创造的开放的市场环境。

在图 8—21 中，生产自行车车架所需的合成材料由碳纤维材料厂生产；这些合成材料卖给了车架生产厂商——南方车架厂，由它制作出自行车车架；生产好的车架又被卖给车架批发商，即本例中的太空自行车厂，它负责出售最终的车架成品。CBI 组装好自行车并将自行车成品卖给零售商，如柯特兰公司，该公司再将自行车卖给最终客户。

由这五个公司分别完成的五项活动可以看成是一个流程。再回顾一下概念，流程是指由承担各种角色的行动主体所完成的一系列活动。在这个例子中，每家公司分别扮演了电子商务流程中的不同角色。

在上述流程以及整个电子商务流程中并不存在一个统一的、明确的战略，因为没有任何一个管理者有权为整个流程设定竞争战略。因此，电子商务流程没有统一的目标。也就是说，绝大部分行业和参与企业都会追求一个隐性的战略目标，就是降低成本。

当每家公司都设法实现自身利益最大化时，会产生出高效的供应链。**涌现**（emergence）是复杂系统的一种行为方式，高效的供应链会从大量简单的交互作用中突然诞生。计算机模拟、网络、社交媒体、股票市场、国家选举等都有从大量简单的交互中突显涌现模式的特征。

跨越多个组织的电子商务流程由**跨组织的信息系统**（interorganizational IS）支持，这类系统中的联系主要通过公共的因特网实现。跨组织信息系统指由一个以上企业共同使用的信息系统。就像信息系统能改善组织内部流程一样，信息系统同样可以通过集成来改善跨组织的流程。集成可以通过共享数据实现。例如，图 8—21 中的各个公司可以使用一个 ERP 系统，这些系统可以共享采购数据、销售订单和存货数据。医疗卫生行业的跨组织系统可以通过电子健康记录的形式共享病人数据，国防行业的跨组织系统可以共享某些机密的军事数据。

通过将流程的核心由 CBI 及其合作伙伴转移到跨组织的电子商务上，我们能更好地理解行业发展及市场方面的问题，如商业业态、交易种类、价格、去中介化等问题。

图 8—22 列出了电子商务参与企业的类型。在美国人口调查局出版的电子商务活动统计中，将**商业公司**（merchant companies）定义为对所卖的商品拥有所有权的公司，它们会把商品买进来再卖出去。而**非商业公司**（nonmerchant companies）是指那些只安排商品的采购和销售活动，却从不拥有这些商品或为其承担风险的公司。对于服务，商业公司销售自己提供的服务，而非商业公司销售别人提供的服务。当然，一家公司可以既是商业公司，也是非商业公司。

229

商业公司	非商业公司
企业对消费者（B2C）	拍卖会
企业对企业（B2B）	清算
企业对政府（B2G）	交易所

图 8—22　商业公司及非商业公司的分类

商业的电子商务公司

从事电子商务的商业公司主要有三类：直接向消费者销售的企业（B2C）、向企业销售的企业（B2B）和向政府销售的企业（B2G）。每类企业都使用略有不同的信息系统进行商业活动。B2C 电子商务是供应商与零售客户（消费者）之间的销售活动。支持 B2C 电子商务公司销售流程的典型信息系统是**网上商店**（web storefront），客户可用来输入和管理自己的订单。亚马逊、REI. com、LLBean. com 等都是使用网上商店的公司。

B2B 电子商务指在公司之间进行销售的电子商务。如图 8—21 所示，原材料供应商和其他公司使用类似 ERP 的跨组织系统来集成 B2B 供应链。

B2G 指企业对政府的商业企业，它们销售商品给政府组织。在图 8—21 中，合成材料的供应商及自行车零售商都可以将其产品卖给政府机构。

非商业的电子商务公司

最为常见的非商业的电子商务公司是拍卖会和清算公司。**拍卖会**（auctions）采用信息系统支持标准的拍卖流程，连接卖方和买方。拍卖企业利用拍卖信息系统来展示所售的商品，并支持竞争性出价流程。最著名的拍卖公司是易趣网（eBay），此外还有很多其他的拍卖公司，专门提供行业性服务。

清算公司（clearing houses）按规定的价格提供商品和服务，并安排商品的递送，但从不拥有这些商品。例如，亚马逊有个部门运营非商业清算业务。它允许个人或旧书店用亚马逊网站来销售二手书。作为清算服务商，亚马逊将其网站作为一个信息系统来匹配买家与卖家，它从买家收款后付给卖家，并收取部分佣金。

另一类清算业务是匹配买卖双方的**电子交易所**（electronic exchange），与股票交易所类似。卖家通过电子交易所按给定价格提供商品，买家在同一交易所出价购买，价格匹配即可达成交易，交易所从中收取佣金。价格在线网（priceline. com）就是为消费者服务的电子交易所。

电子商务如何提高市场效率

电子商务通过几种方式提高市场效率。第一，电子商务实现了**去中介化**（disintermediation），即去除了分销及供应的中间层次。你可以从柯特兰公司这样的传统实体零售企业那里购买自行车，也可以通过 CBI 的网站直接从 CBI 采购自行车。如果你选择后一种方式，你就去掉了零售商。产品会直接从 CBI 的成品库运送到你手中。你也就去除了零售商的库存和搬运成本，免去了运输管理等相关的活动。去中介化使零售商及相关的仓储成为不必要的浪费，由此提高了市场的效率。

电子商务还加快了价格数据的流动。作为一个客户，你可以到许多比价网站上去比较价格。你可以查询自己想要的自行车，将查询结果按价格和供应商的知名度排名。你能发现哪些供应商免除了你的州交易税，哪些省略或减少了运输费用。得到优化的价格和条款的数据分布使你不难找到最低的价格和最合适的服务，最终淘汰那些低效的供应商。市场从整体上也会变得更加高效。

230

从卖方的角度看，电子商务生成了**价格弹性**（price elasticity）数据，这些数据以前根本不可得。价格弹性用于衡量价格变化所导致的需求上升或下降的幅度。在拍卖场上，公司不仅能知道所拍物品的最高价，还能知道排在第二位、第三位，以及后面所有未中标的出价。因此，公司可以准确描绘出价格弹性曲线。

类似地，电子商务公司还能通过对客户的测试直接获知价格弹性。例如亚马逊网站做了一个试验，创建了三组相似的书籍，将第一组书的价格提高了 10%，第二组的价格降低了 10%，第三组价格不变。

实验让顾客提供反馈意见，决定是否按给定的价格购买这些书籍。亚马逊分别衡量了每组的总收益（数量×价格），然后对所有书籍采取行动（提价、降价或维持原价）以实现利润最大化。亚马逊多次重复此过程，直到找到某个平衡点，其最佳行动就是保持该价格不变。

在价格管理上，直接与客户交互获得数据远比盯着对手的价格数据靠谱得多。通过实验，公司知道了竞争对手的价格、广告、消息等是如何作用于客户的。也许客户并不知道竞争对手的价格更优惠，在这种情况下公司就不需要降价。有时候，竞争对手的定价处于敏感区，如果公司肯降价，需求肯定上扬并使总收益提高。

流程集成与你的事业前景

本教程的目标之一是帮助你了解什么是流程并知道应该如何集成流程。我们首先解释了流程的概念，然后讨论了流程如何集成为供应链及公司内部面向客户的流程。我们还将集成的概念应用于企业间的流程。这些分析的目标就是为了得到下面的结论：流程集成是商业的基础。因此，它也是你未来事业的基础。无论你从事哪项工作，无论在大公司还是小企业，你都会在许多的流程中扮演角色。如果做会计，会计课程会助你扮演好会计角色；如果做销售员，市场营销课程会助你成为一个好的销售员。但是无论你从事什么工作，扮演什么岗位的角色，如果有了大局意识和流程集成的意识，你都会更有效率。

流程思考除了能帮助你更好地理解自己在流程中的作用以外，还将有助于你提出流程目标及评估指标方面的问题，使你更充分地意识到自己流程中的数据如何被其他流程所用，以及你的流程是如何支持其他流程目标的。最后，对流程的思考还会帮助你明白信息系统是如何改善这些流程的。

在第 1 章中，我们提到过对你的事业发展很有价值的四种技能：抽象推理、协作、实验能力和系统思考。回顾该章所提出的，善做系统思考者必定是能理解流程的输入与输出如何相关的人。这里我们可以更具体地说，系统思考者是一个流程思考者，他能够正确分析一个流程输出的变化会如何影响其他的流程。

哪里有业务流程，哪里就可能有 ERP 系统。无论你学的是会计、供应链、市场营销还是财务，都有可能在毕业后的第一份工作中用到 SAP 或其他 ERP 系统。作为一名会计，你要过账、配置 SAP 系统来完成各种收付款计划、自动生成折扣价格。作为一名销售员，你要利用 CRM 模块记录与每位客户的接触情况，发布和编辑销售报表，以及撰写报告帮助企业发现新的市场趋势与机会。这些活动都会影响到你职责范围以外的其他流程。如果你发现自己掌握了 SAP 系统的知识后能预见到这些影响，肯定会倍感欣慰。所以，要趁这个机会掌握这些章节中所介绍的词汇，学习如何导航到不同的窗口，如何在不同的窗口间切换，想想流程以及 ERP 如何改变并提升了流程。如果可以，请完成附录中的操作练习，在犯错和改正的过程中学到书本以外的知识。

伦理问题讨论

我的销售道德吗？

假设你是 CBI 的一名销售员。CBI 的销售预测系统预测你本季度的销售量将大大低于定额。你打电话给最好的客户要求他们多买一些，但没有一个人愿意再买了。

你的老板说，这个季度所有的销售员都表现不好。由于销售太糟糕了，实际上，主管销售的副总已经授权所有的新订单都有 20% 的折扣。唯一的规定是客户要在本季度结束前提货，这样会计才给做订货登记。"为了钱开始打电话吧，"她说，"竭尽全力，发挥你们的创造性。"

使用 CBI 的 CRM 系统，你明确了你的最优客户，给他们提供了最新的折扣机会。第一个客户因为会增加库存而显得很犹豫，"我觉得我们卖不了那么多。"

"没关系，"你答复道，"如果下个季度你们仍旧卖不掉，我们把剩余的货都收回来如何？"（这么做的时候，虽然你眼下的销售额和佣金都上去了，也帮助 CBI 实现了本季度的销售目标，但是多余的产品下个季度很可能会回流。但是你想，"现在是现在，将来是将来"。）

"好吧，"客户说，"但是我想让你把退货条款加在采购订单上。"

你知道这个条款是不能写在采购订单上的。那样一来，会计就不能将订单数量全部记入销售了。所以你告诉客户，你会给她发一封电子邮件来说明这一条款。她因此而增加了订货量，财务也把这笔销售全部记录在案。

对另一个客户你使用了第二个策略。你按全价而不是折扣价格出售了自行车及产品配件，但你承诺下一季度给予客户 20% 的回款。这样，你现在可以记录全价销售额。你是这样谈这张订单的，"我们的市场部使用新的先进的 CRM 系统分析了以往的销售数据，发现增加广告费会提高销售量。因此，如果你现在订购更多的产品，下个季度我们将返还订单金额的 20% 作为你们的广告费支出。"

事实上，你不认为客户会用这笔钱做广告费。他们只会坐收这笔钱，而听任库存量增加。这么做只是吃掉了下一季度对该客户的销售额，你随后还得解决这个问题。

即使有了这些增加的订单，你还是没能完成定额。无可奈何的你决定将产品卖给一家虚构的、"属于"你姐夫的公司。你开设了一个新账户。当会计打电话给你姐夫进行信息审查时，他配合了你的计划。接着，你向这个虚构的假公司卖了 40 000 美元的自行车，然后将产品送到了你姐夫的车库里。会计将收益记入当季，你也终于完成了配额。下个季度一周过后，你姐夫就把货都退回给了公司。

而你不知道的是，在这期间，SAP 系统正在安排自行车装配排产计划。排产表反映了你和其他销售员的活动。这些活动显示出产品需求急剧增加。因此，排产表增加了产品的组装量，并同时增加了组装工人的工作量。SAP 系统还从供应商那里增加了自行车部件和车架的采购来满足需求的提升。

讨论题：

1. 你以邮件的形式同意退货是道德的吗？如果将来邮件被曝光，你认为你的老板会怎么说？
2. 你提供所谓的"广告费折扣"是道德的吗？这笔折扣会如何影响你公司的资产负债表？
3. 将产品运送到虚构的公司是道德的吗？合法吗？
4. 描述你的行为对下一季度库存的影响。

复习题

复习题用来帮助学生检测对本章知识的掌握程度。你可以先读完本章的全部内容，然后去完成所有的复习题；也可以读完与题目相关的内容后立即去做复习题，做完一道再做另一道。

问题 1 销售流程的基本功能是什么？

定义销售并解释销售流程中的活动与子活动。说明销售最主要的原则。说明采购流程在价值链中的定位。

问题 2　在使用 SAP 系统之前，CBI 的销售流程如何？

解释在使用 SAP 系统之前 CBI 销售流程的主要活动，说明每项活动由什么角色完成，使用哪些数据。解释 CBI 对新客户的销售流程有何不同。说明苏销售不成功的两个原因。

问题 3　在使用 SAP 系统之前，销售流程的问题是什么？

解释销售、仓库及会计在销售流程中存在的问题。

问题 4　CBI 如何实施 SAP 系统？

说明 CBI 的竞争战略。描述效率目标以及如何测量该目标。说明两个效用目标和它们各自的评估指标。

问题 5　在使用 SAP 系统之后，CBI 的销售流程如何？

在实施 SAP 系统后销售前期活动有什么不同？解释在实施 SAP 系统之后销售流程中的主要活动。详细说明每个操作者为每个活动提供了什么数据，以及当该操作者在屏幕上保存数据之后，SAP 系统会做什么。解释 SAP 系统的新销售流程为 CBI 带来了哪些好处，解释新流程如何提升了效率及效用目标。

问题 6　SAP 系统如何促进 CBI 面向客户流程的集成？

描述 CRM。解释促销流程和面向客户的服务流程。描述销售流程如何通过共享数据和流程协同来实现流程集成。解释社交 CRM 以及如何用它来提升公司的销售。描述使用 Salesforce.com 或其他云端 CRM 服务商的好处。为什么说集成面向客户的流程是一个挑战？解释集成商业流程的两个主要挑战，以及从流程集成中得到的经验。

问题 7　电子商务如何集成了行业内的多家企业？

定义电子商务。什么使电子商务流程有别于企业内部流程？解释涌现并举例说明。描述跨组织的信息系统。商业公司与非商业公司有何不同？说明三种非商业公司。说明电子商务如何能导致去中介化，如何能形成价格弹性数据。解释流程集成如何影响你未来的工作。

概念及术语

拍卖会	企业对企业（B2B）	企业对客户（B2C）
企业对政府（B2G）	清算公司	客户关系管理（CRM）
去中介化	电子商务	电子交易所
涌现	跨组织的信息系统	商业公司
非商业公司	过账	价格弹性
销售	销售员网（Salesforce.com）	社交 CRM
网上商店		

知识拓展题

1. 本章介绍了服务流程和促销流程。
a. 为每个流程制作一个 BPMN 图。
b. 针对 CBI，详细说明每个流程的效率与效用目标并定义恰当的评估指标。
c. 按 b 中提出的具体评估指标，CBI 可以采用哪些新的信息系统技术来改善这些流程？

　　d. 这两个流程如何能相互融合？

　　2. 第1章中定义的四种非常规化认知技能（抽象推理、系统思考、合作、实验），回答第1题时你用到了哪些？

　　3. 即使使用了SAP系统之后，输入错误仍然会存在。沃里、苏、安还会犯哪类错误？具体描述每个人都会犯的一种有害的错误，并说明如何改变流程以避免该种错误。

　　4. 回想一家你曾购买过产品及服务的公司，详细说明你与该公司的接触点。你是否认为该公司在这些接触点很好地收集到了数据？

　　5. 回想另一家你曾购买过产品，而且使你很失望的公司。说明该公司面向客户流程的不足之处。详细说明应该如何改善其流程。

　　6. 以一家快餐店或一家咖啡店为例，说明为了平稳地对外运营，哪三个流程必须很好地集成。详细说明哪些数据需要实现流程间的共享或者哪个流程能够支持其他流程的目标。给出一个例子说明如果流程集成不好，你作为客户会受什么影响。

协作练习题8

　　找几个同学一起完成下面的作业。这部分练习不要用面对面交谈的方式去做，采用SharePoint、Office 365、Google Docs及Google＋等类似的协作应用工具会更容易完成（参见第9章）。最终的结论要反映出团队的整体意见，而不是一两个人的见解。

　　酷朋网的网站（www.groupon.com）上提供"每日折扣券"。酷朋网2008年成立于芝加哥，快速覆盖到北美其他城市，接着风靡全世界。酷朋网每天都在各个区域网站上提供"每日折扣券"。如果接受折扣券的客户数超过了规定的最小量，则每位登记客户的折扣券就可用了。每张折扣券会在发布的第二天提供给成功参与的客户。如果客户数量没有达到最小限额，则所有订单都被取消。

　　例如，某个受欢迎的健康水疗馆的正常价为125美元，推出的周末折扣券可节省50美元。如果团购客户的最低数量设为500，而有800人接受了折扣券，这800名顾客就会收到"交易成功"的通知。酷朋网会从每位客户的信用卡上收取75美元。酷朋网存储了每位客户的信用卡数据，方便客户轻松地接受和参与交易。通过从每位客户的信用卡上收费，酷朋网已经提前获得了现金。第二天，已经购买过折扣券的800位客户都可以登录酷朋网，找到自己的优惠券列表，打印出125美元的代金券，然后拿着代金券去水疗馆消费。

　　水疗馆等参与折扣活动的公司不需要提前向酷朋网付费。酷朋网从每位客户支付的75美元中抽取一定比例的费用，并将其余的金额支付给水疗馆。请访问酷朋网的网站www.groupon.com了解相关流程的具体细节。

　　请以团队的形式，完成以下问题：

　　1. 绘制BPMN流程图以反映酷朋网内部的流程。

　　2. 为水疗馆绘制BPMN流程图，展示从第一次接触酷朋网直到促销活动结束的整个过程。

　　3. 这两个流程的目标都是什么？这些目标属于效用目标还是效率目标？

　　4. 两家公司可用哪些评估指标来衡量第3题定义的目标是否成功？

　　5. 描述酷朋网的信息系统如何支持这个流程。

　　6. 酷朋网的采购流程要与水疗馆的销售流程集成，这种集成是如何实现的？

　　7. 酷朋网的销售流程要与客户的采购流程集成，这种集成是如何实现的？

　　8. 酷朋网还可以使用什么信息系统（社交媒体、智能手机等）来改进其促销或销售流程？

案例研究 8

SAP 系统销售流程指南

本章附录提供了 SAP 系统销售流程的使用指南。这份指南可以带领学生完成一个销售流程，将 5 辆自行车卖给客户费城自行车公司（Philly Bikes）。完成此操作后，请回答以下问题：

1. 比照第 7 章的案例/操作练习，SAP 系统中的销售流程与采购流程有何相似之处？又有哪些重要的不同之处？

2. 抓取一个 SAP 系统的界面，根据此界面回答以下问题：

a. 这个界面出现在什么活动中？

b. 这个界面的名称是什么？

c. 此界面之前的界面是什么？之后的界面又是什么？

d. 谁负责操作完成这个活动？

e. 说明此界面在操作中可能会犯的而 SAP 系统会避免的错误。

3. 绘制一张包含四个主要角色的图：客户（费城自行车公司）、销售员（苏）、库管员（沃里）和会计（安）。用箭头表示业务流程中的数据在四个角色间的流动过程。给箭头标上号，并用文字标明每个箭头代表的数据类型。

4. 在第 3 题的基础上继续，再标出实物（自行车）在四个角色间的流动过程。

5. 商务交易中令人担心的是欺诈。一种欺诈方式是虚建客户，这些客户实际上并不买货而是做同谋。企业内部的主谋负责审核同谋者的账户，使其不用付款却能有收入进账。这种欺诈要想成功，CBI 中的什么人必须参与？SAP 系统如何降低这类欺诈的机会？

6. 从销售流程中选择一些主要活动或子活动，回答以下问题：

a. 什么事件会引发此项活动？

b. 此项活动之后会有什么活动？

c. 在此活动中录入一个数据，如果这个数据错了，其余流程中会发生什么？

d. 在此活动中录入数据时，说明该对数据做些什么限制或控制，才能防止 c 中的错误。

7. 在一个或两个指南全部完成后，请就以下两点给出建议：

a. SAP 系统如何能使其软件更易于使用。

b. 如何改进使用指南，以更好地帮助新同学学习 SAP 系统的流程。

235

第8章附录
SAP 系统销售模块指南

本指南执行的是图 8A—1 所示的销售流程。该图上半部分与第 8 章中的图 8—3 相同，体现了销售流程的三个主要活动（卖出、装运、收款）和子流程（创建销售订单等）。在图 8A—1 的下半部分，我们添加了本指南中 SAP 系统的八个步骤。为了简化流程，我们先从第三步"创建销售订单"开始。

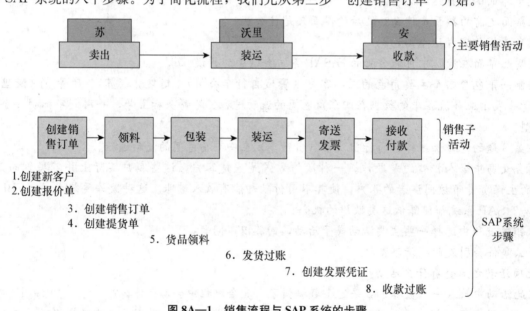

图 8A—1　销售流程与 SAP 系统的步骤

练习 1

在练习 1 中，我们要将五辆黑色的豪华旅游（Deluxe Touring）自行车卖给费城自行车公司（Philly Bikes）。在指南中我们自己的公司是全球自行车公司（Global Bike, Inc.）。操作员是苏、沃里和安，我们的销售流程来自查克自行车公司（Chuck's Bikes）。用指导老师给你的数据登录系统，如图 8A—2 所示。

1. 创建新客户

跳过——本例不涉及此应用，待后续章节介绍。

2. 创建报价单

跳过——本例不涉及此应用，待后续章节介绍。

3. 创建销售订单

第一步，创建销售订单。这个步骤由销售员完成，在 CBI 中由苏完成。从"SAP 轻松访问"（SAP Easy

Access）界面（见图 8A—2），通过以下操作导航到"销售订单"（Sales Order）界面。

Logistics＞Sales and Distribution＞Sales＞Order＞Create

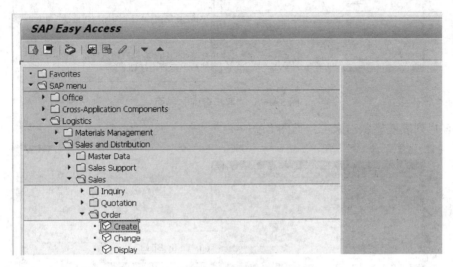

图 8A—2　"SAP 轻松访问"界面

双击"Create"可进入下一界面"创建销售订单：初始化"（Create Sales Order：Initial Screen）。与第 7 章相同，图 8A—3 中"Sales Organization"的后两位是数字"0"，而不是字母"O"。

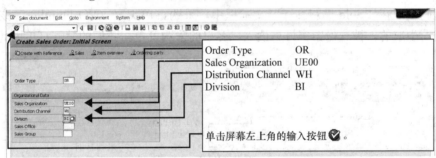

图 8A—3　"创建销售订单：初始化"界面

下一个屏幕是"创建标准订单：概览"（Create Standard Order：Overview）界面（见图 8A—4）。这个屏幕以前见过，即第 8 章中的图 8—9。

图 8A—4　"创建标准订单：概览"界面

这个操作会弹出图 8A—5 所示的客户查询窗口。

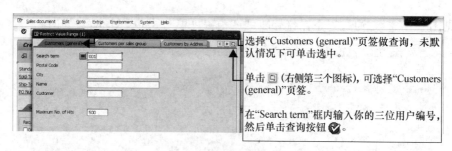

图 8A—5　"客户查询"界面

一份潜在的客户列表就显示出来了（见图 8A—6）。

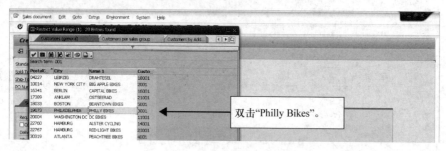

图 8A—6　"客户列表"窗口

选择了费城自行车公司（Philly Bikes），系统返回"创建标准订单：概览"界面（见图 8A—7）。此时费城自行车公司的代码出现在"Sold-To Party"文本框中，采购订单编号（PO Number，该练习中是 65430）是由费城自行车公司生成的，被这份销售订单读入，客户的采购订单与我们的销售订单因此关联了起来。

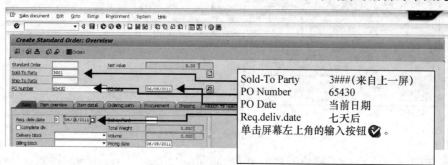

图 8A—7　"创建标准订单：概览"界面

单击输入按钮后，会弹出警告窗口（见图 8A—8）。

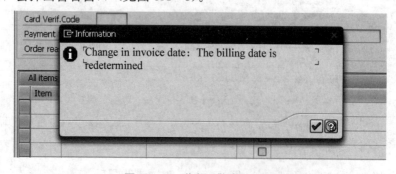

图 8A—8　弹出"警告"窗口

点击输入按钮，系统检索费城自行车公司的信息，并更新"创建标准订单：概览"界面（见图 8A—9）。

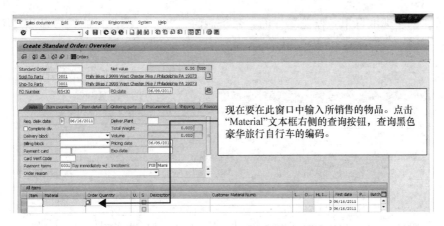

图 8A—9 "创建标准订单：概览"界面

此操作会弹出"货品查询"窗口（见图 8A—10）。

图 8A—10 "货品查询"窗口

此操作会弹出一个新的查询窗口（见图 8A—11）。

图 8A—11 "货品查询"窗口

此操作会显示你可卖的所有货品（见图 8A—12）。

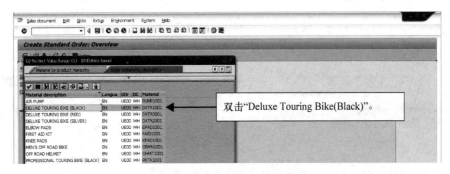

图 8A—12 "货品清单"窗口

此操作后返回"创建标准订单：概览"界面，豪华旅游自行车（黑色）的编号显示在 Material 列中（见图 8A—13）。

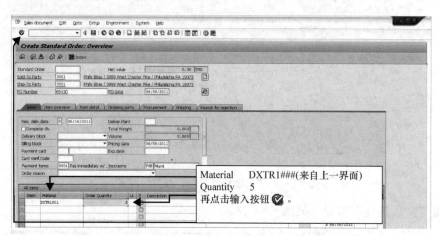

图 8A—13 "创建标准订单：概览"界面

系统会审查产品可用性，并检索货品编号、总重量、净值和其他数据来完成你的销售订单，如图8A—14和图 8A—15 所示。

图 8A—14 "创建标准订单：概览"界面

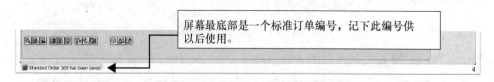

图 8A—15 "标准订单编号"窗口

到这里销售订单就完成了。如图 8A—16 所示，单击退出按钮，返回"SAP 轻松访问"界面。

图 8A—16 工具栏窗口

在"SAP 轻松访问"界面中可以通过单击 SAP 菜单按钮返回系统根目录（见图 8A—17）。

图 8A—17 "SAP 轻松访问"界面

4. 创建提货单

为了启动一系列仓库活动——领料与装运（SAP 系统中的过账），我们必须首先创建提货单，这是销售员完成的第二个也是最后一个步骤。从"SAP 轻松访问"界面，通过以下菜单操作，可到达"创建外向交货"（Create Outbound Delivery）窗口。

Logistics＞Sales and Distribution＞Shipping and Transportation＞Outbound Delivery＞Create＞Single Document＞With Reference to Sales Order

当"创建带有销售订单参考的外向交货"（Create Outbound Delivery with Order Reference）（见图 8A—18）打开时，订单编号应当自动载入，与你刚才创建的销售订单编号一致。注意，我们的发货地点是迈阿密车间，第二个字符是字母"I"而不是数字"1"。

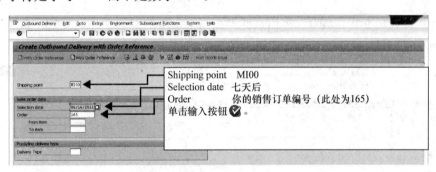

图 8A—18 "创建外向交货"界面

"创建外向交货"界面显示了来自销售订单的数据（见图 8A—19）。

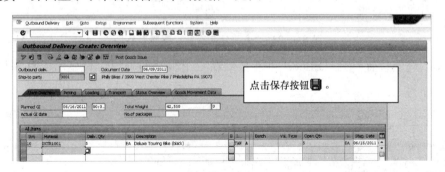

图 8A—19 "创建外向交货"界面

通过保存文件，SAP 系统确保有货可供出库，并且能满足送货日期的要求。SAP 系统为此提货文档分配一个唯一编号，在屏幕底部状态栏的左下角显示（见图 8A—20）。

图 8A—20 "外向交货编号"界面

点击退出按钮，返回"SAP 轻松访问"界面。

5. 货品领料

Logistics＞Sales and Distribution＞Shipping and Transportation＞Outbound Delivery＞Change＞Single Document

销售订单被领料后，货物就从原有的库位上转移到了出货装箱区，领料及下一步的过账都由仓库管理员完成，在 CBI 由沃里完成。为了反映这些工作，我们必须变更提货文档。此步骤的第一个界面是"更改外向交货"（Change Outbound Delivery）窗口（见图 8A—21）。

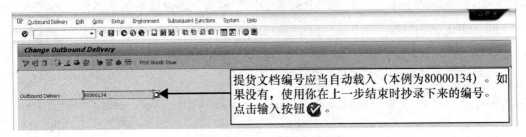

图 8A—21 "更改外向交货"界面

此时会打开"更改外向交货：概览"界面（此界面与上一步的"创建外向交货：概览"界面十分相似）。条目栏中的"项目概览"（Item Overview）标签为被选中状态（见图 8A—22）。

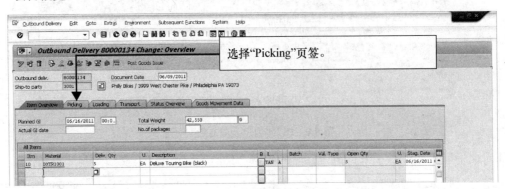

图 8A—22 "更改外向交货：概览"界面

在此界面中，"仓储位置"列（SLoc）可能显示在一个很窄的列里，只显示了首字母的缩写"S……"（见图 8A—23）。

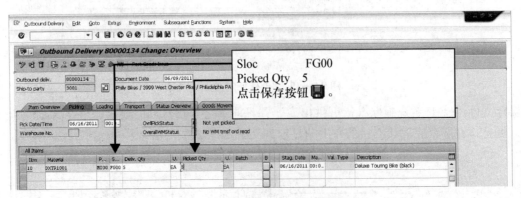

图 8A—23 "更改外向交货：概览"界面

同样，一旦点击保存，状态栏会出现提示信息以确认该提货文档已再次存储。提货文档编号与第 4 步中生成的编号一致。点击退出按钮，返回"SAP 轻松访问"界面。

6. 发货过账

Logistics＞Sales and Distribution＞Shipping and Transportation＞Outbound Delivery＞Change＞Single Document

过账之后，货品就从 GBI 手中转到了费城自行车公司，GBI 的库存数减少，货品的法定所有权也发生了转移。此步骤中的第一个界面是"更改外向交货"（见图 8A—24 和图 8A—25），与上一步中的第一个和最后一个界面同名（见图 8A—21）。

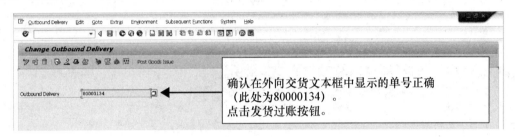

图 8A—24　"更改外向交货"界面

图 8A—25　"外向交货编号"界面

点击退出按钮，返回"SAP 轻松访问"界面。

7. 创建发票凭证

Logistics＞Sales and Distribution＞Billing＞Billing Document＞Process Billing Due List

这一步为已经装运走的自行车创建发票，这张发票被送给客户。这一步与最后一步"收款过账"均由会计完成，在 CBI 是由安来完成的。第一个界面是"维护应收账单"（Maintain Billing Due List）（见图 8A—26 和图 8A—27）。

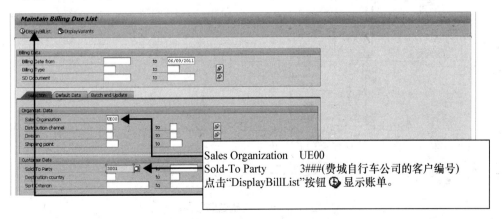

图 8A—26　"维护应收账单"界面

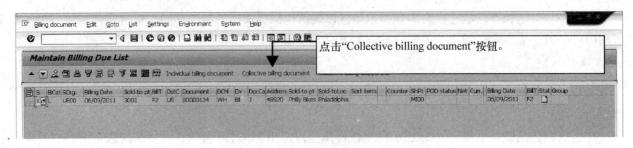

图 8A—27　"维护应收账单"界面

点击"集合账单文档"（Collective billing document）按钮，这一行的背景色消失（见图 8A—28）。

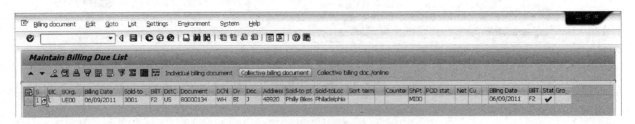

图 8A—28　"维护应收账单"界面

开账单步骤已完成，此时无须点击输入或保存按钮。点击退出按钮可返回"SAP 轻松访问"界面。

8. 收款过账

Accounting＞Financial Accounting＞Accountants Receivable＞Document Entry＞Incoming Payments

在上一步中，我们给费城自行车公司发了一张账单。现在他们支付了 15 000 美元的货款。在这一步我们要记录收款情况。第一个界面是"收款过账：头部数据"（Post Incoming Payments：Header Data）界面（见图 8A—29 至图 8A—31）。

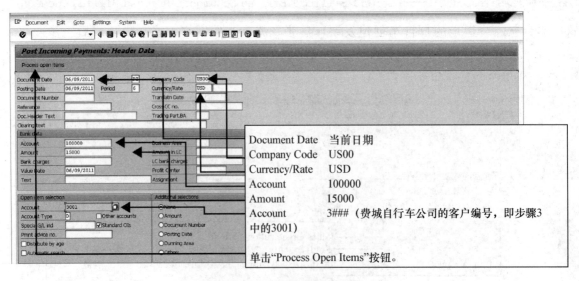

图 8A—29　"收款过账"界面

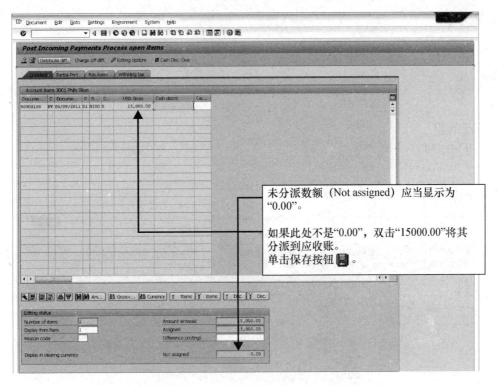

图 8A—30 "收款过账：打开项目"界面

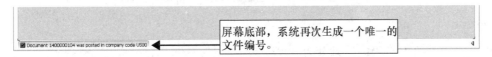

图 8A—31 "收款文档"界面

点击退出按钮，返回"SAP 轻松访问"界面。此时会弹出一个警告窗口（见图 8A—32），你并不会丢失数据，可直接单击"Yes"。至此你已经完成了练习 1。

图 8A—32 弹出式警告窗口

你试试 1

在这个练习中，你将卖给费城自行车公司 10 辆黑色专业旅游自行车（Professional Touring Black Bikes）。每一步所需要的数据如下。

这张采购订单（PO）编号为"65431"，PO 日期是今天，申请的发货日期是一周后，装运日期也是一周后，以迈阿密（Miami）为出货点。总价格为 32 000 美元。

245

3. 创建销售订单

Logistics＞Sales and Distribution＞Sales＞Order＞Create

所需的数据：

Order Type	OR
Sales Organization	UE00
Distribution Channel	WH
Division	BI

这四项数据录入后，屏幕如图8A—33所示。

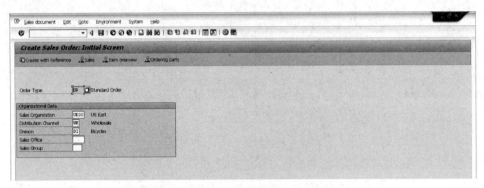

图 8A—33 "创建销售订单"界面

所需要的数据：

Sold-To Party	3### （此处为3001）
PO Number	65431
PO date	当前日期
Req. delv. date	一周后

输入这四项数据后，点击输入按钮，在弹出提示信息窗口中点击审批（Check）按钮。出现"创建标准订单：概览"界面，如图8A—34所示。

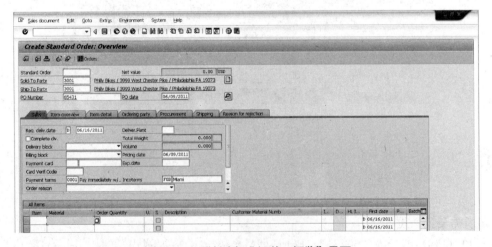

图 8A—34 "创建标准订单：概览"界面

输入物品数据：

Material   PRTR1 ＃＃＃

Order Quantity   10

输入这两项数据后，依次点击输入按钮和保存按钮。

4. 创建提货单

Logistics＞Sales and Distribution＞Shipping and Transportation＞Outbound Delivery＞Create＞Single Document＞With Reference to Sales Order

所需要的数据：

Shipping point   MI00

Selection date   一周后

Order   销售订单编号（由步骤 3 自动生成）

界面与练习 1 相同。

5. 货品领料

Logistics＞Sales and Distribution＞Shipping and Transportation＞Outbound Delivery＞Change＞Single Document

所需要的数据：

SLoc   FG00

Picked Qty   10

输入这两项数据后，屏幕如图 8A—35 所示。

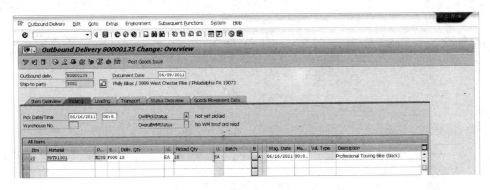

图 8A—35 "更改外向交货：概览"界面

6. 发货过账

Logistics＞Sales and Distribution＞Shipping and Transportation＞Outbound Delivery＞Change＞Single Document

界面与练习 1 相同。

7. 创建发票凭证

Logistics＞Sales and Distribution＞Billing＞Billing Document＞Process Billing Due List

所需要的数据：

Sales Organization   UE00
Sold-To Party   3###费城自行车公司的客户编号

点击了"Display Bill List"按钮和"Collective Billing Document"按钮后，出现"维护应收账单"屏幕，如图 8A—36 所示。

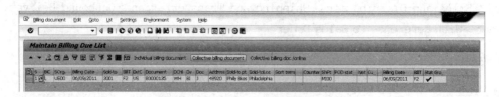

图 8A—36 "维护应收账单"界面

8. 收款过账

Accounting＞Financial Accounting＞Accountants Receivable＞Document Entry＞Incoming Payments

所需要的数据：

Document Date   当前日期
Company Code   US00
Currency/Rate   USD
Account   100000
Amount   32000
Account   3###（此处为 3001）

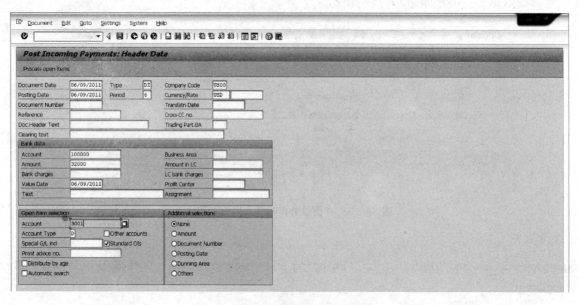

图 8A—37 "收款过账"界面

点击了"Process Open Items"按钮后，出现"收款过账：打开项目"界面，如图 8A—38 所示。

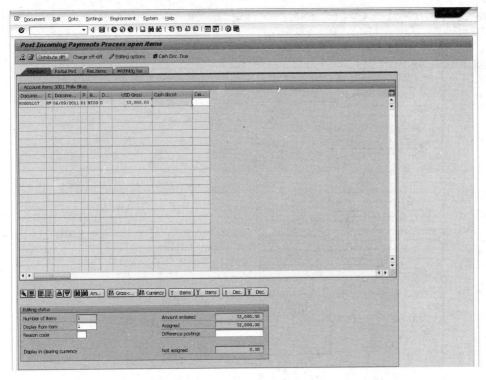

图 8A—38 "收款过账：打开项目"界面

你试试 2

销售 3 辆黑色的豪华旅游自行车给一位新客户——自行车坊（Cycle Works），并给出报价单。自行车坊的相关数据在图 8A—39 到图 8A—45 的界面中有显示。

1. 创建新客户

Logistics＞Sales and Distribution＞Master Data＞Business Partner＞Customer＞Create＞Complete

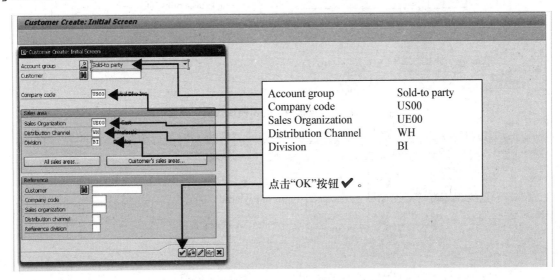

图 8A—39 "创建客户：初始化"界面

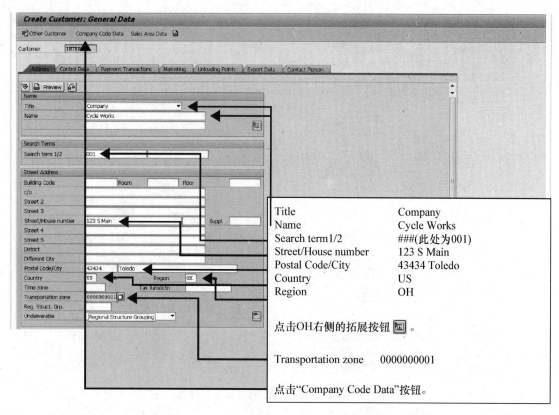

图 8A—40　"创建客户：常用数据"界面

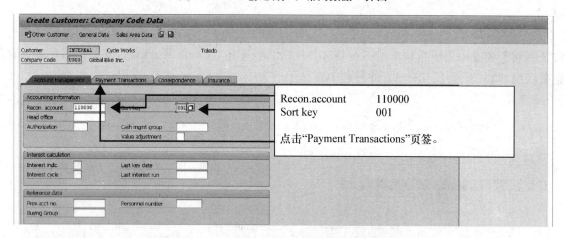

图 8A—41　"创建客户：公司代码数据"界面

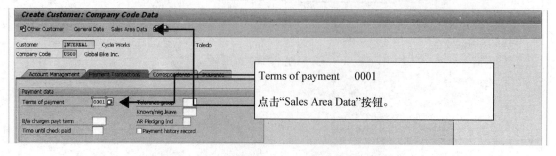

图 8A—42　"创建客户：公司代码数据"界面

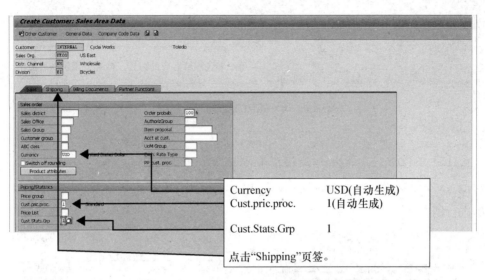

图 8A—43 "创建客户：销售地区数据"界面

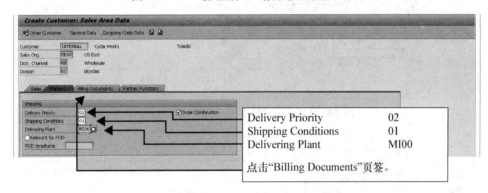

图 8A—44 "创建客户：销售地区数据"界面

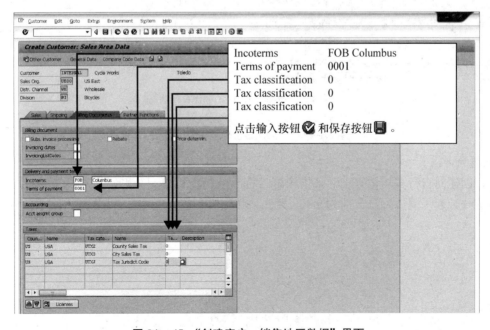

图 8A—45 "创建客户：销售地区数据"界面

新客户已创建完毕（见图8A—46）。

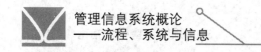

屏幕底部显示新客户的编号，抄录下来供以后使用。

☑ Customer 0000025055 has been created for company code US00 sales area UE00 WH BI

图8A—46　"创建客户编号"界面

2. 创建报价单

Logistics>Sales and Distribution>Sales>Quotation>Create

我们的新客户——自行车坊，要求我们提供一份黑色豪华自行车的报价单（见图8A—47）。这些自行车将从第3步开始进行销售。

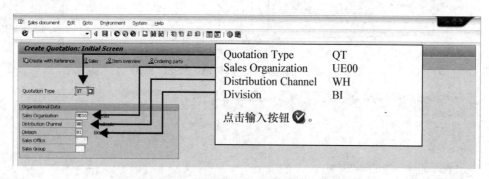

Quotation Type	QT
Sales Organization	UE00
Distribution Channel	WH
Division	BI

点击输入按钮 ⊘ 。

图8A—47　"创建报价单：初始化"界面

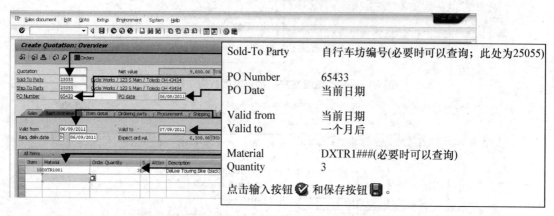

Sold-To Party	自行车坊编号(必要时可以查询；此处为25055)
PO Number	65433
PO Date	当前日期
Valid from	当前日期
Valid to	一个月后
Material	DXTR1###(必要时可以查询)
Quantity	3

点击输入按钮 ⊘ 和保存按钮 🖫 。

图8A—48　"创建报价单：概览"界面

3. 创建销售订单

在这一步，创建向自行车坊销售三辆豪华旅游自行车的销售订单。采购订单号为65433，订货日期为今天，送货日为从今天起一周后，总金额为9 000美元，其他所有数据与练习1相同。

第四部分
动态流程和信息系统

第 5 章到第 8 章介绍了结构化的运营流程以及支持这些流程的信息系统。第四部分中的三章仍旧讨论流程和系统，只不过是结构化程度较低的、较具动态性的流程。第 9 章主要介绍协作流程，以及用于决策支持、问题解决和项目管理的系统，并展示如何利用 Microsoft SharePoint 来完成学生作业。第 10 章主要介绍社会流程及社会化系统；这些社会流程包括基于 Web 2.0、社交网络和企业 2.0 的流程。最后，第 11 章将介绍商业智能（BI）流程和商业智能系统。该章中将讨论 BI 系统的作用以及这些系统支持的报告和数据挖掘流程。

与第 7 章和第 8 章讨论的采购和销售流程不同，动态流程不是预先设定的，也不是固定不变的。但这并不意味着这些流程都是非结构化的。动态流程是结构化的流程，只不过其结构是流动的和经常变动的，往往会有很多的回撤和重复。虽说用来改善动态流程的目标和评价指标也很重要，这和结构化的运营流程是一样的；但是对动态流程来说，被大家公认的目标和评价指标会少很多。而且，动态流程中确有促进目标实现的活动，但是实现目标的方法却异常宽泛。最后，BPMN 这类规范的制图法在动态流程中的作用远不如结构化流程。你们在第 9 章中就会看到，我们虽然也用了制图法，但其中的活动却只涉及高层，而且很粗略，比如"分析数据"。

第9章
协作流程与信息系统

"打住吧,菲力克斯。别再说了!总是为同样的事一次次地重复开会,没完没了,太浪费时间了!"塔拉是 Flextime 的某个工作团队的成员。

"塔拉,你什么意思?我觉得把这事儿搞清楚很重要。"

"那好,菲力克斯,既然这样,那你为什么开会的时候不来?"

"我只是错过了几次会而已。"

"不错。上周我们开了两三个小时的会,最后才决定要在不改变健身房现有形象的条件下节约成本。"

"但是塔拉,如果能提高收益,我们就不需要节约成本了。我这有几个能提高收益的好主意。"

"菲力克斯,我们上周已经讨论过这个问题了,结论是风险太大,是不可能及时获益的。再说,凯丽也没让我们这么做。"

"其实,凯丽只是想让咱们的健身房更赚钱。现在销售下滑了而成本居高不下,所以我们要做的就是提高销售水平。"

"不错,但你打算怎么做呢?想提升销售就得多付成本吧?算了吧,菲力克斯,我都要疯了。这种鬼主意我们上周就讨论过了,还是来点实质性进展吧。怎么总喜欢在这上面纠缠不休呢?简,你怎么看?"

"菲力克斯,塔拉说的对。为这件事我们已经讨论过好久了,最后一致认为该想办法节约成本。"

"好吧,简,我认为这是不对的。为什么没有人跟我说这个事情呢?我花了大量的精力来策划这个销售计划。"

"你没看到邮件吗?"简试探性地问道。

"什么邮件?"

"就是会议简报,简每周都发这种邮件。"

"我收到了邮件，但是附件下载不了。很奇怪，可能是病毒检测软件方面出了点问题……"

塔拉对这个借口很不以为然。"得了，菲力克斯，看看我的吧。我会把我们对销售的关注和看法给你标出来，这样你肯定能看到了。"

"塔拉，何必这么不耐烦呢。我曾认为自己的想法挺不错的。"

"好吧，总算意见一致了。我们本周再次一致认为，该想办法缩减成本了。在老问题上扯皮已经花去不少时间了，现在言归正传，看看大家有什么新想法。"

菲力克斯坐回到位子上开始低头看手机，"天啊，我有个迈波的未接来电！"

"菲力克斯，你说什么？"

"迈波可是我最重要的客户，他想改一下今天下午的 PT 预约（PT appointment）。不好意思，我得马上给他回个电话，马上就回来。"

菲力克斯就这样走了。

塔拉看着剩下的其他三个小组成员。"现在怎么办？接着讨论的话，等菲力克斯回来后我们还得重新再议论一遍。要不，我们干脆先休息一下？"

简摇了摇头，"别了，塔拉。我来参加会议挺麻烦的。我今天晚上才有课，这会儿是特意开车过来的，待会我还得去幼儿园接西蒙。都到这会儿了讨论还没什么进展，还是接着谈吧，别管菲力克斯了。"

"那好吧。但是菲力克斯可不是省油的灯，不能忽视他的意见。"

正在这时门开了，FlexTime 的合伙人凯丽走了进来，"大家好啊，会开得怎么样？我过来听听会，没问题吧？"

简　介

FlexTime 面临收益下降的难题，所以打算降低成本。身为合伙人的凯丽很清楚这一点，所以期望员工和承包商们能一起想些办法，在保持公司竞争战略的前提下设法降低成本。按照塔拉的说法就是，"不改变健身房现有的形象"。

但是，在考虑成本节约问题之前，员工们先要解决的是另一个问题：他们要就这项工作的流程达成一致意见，要回答以下这样的问题：大家如何及何时一起开会？如何使大家方便地参加会议，而不致影响其手头工作和个人生活？文档如何在团队成员之间共享？如何确保团队工作及时取得进展？

这些都是与团队流程相关的问题。这里的团队流程与第 7 章和第 8 章所讲的流程不同，它不是指某项活动应以标准化的方式进行，其产出会成为另一项活动的投入。这里谈的是一般性的流程，指这个团队该如何开展工作，该如何实现协作。

本章会涉及两个主题。首先在问题 1 和问题 2 中，我们将探讨协作的本质和协作的流程。然后从问题 3 到问题 6，我们将探讨信息系统是如何支持协作过程的。我们将讨论大家已经在使用的一些工具，如手机短信和 Skype。这主要是为了让大家理解该如何使用这些工具进行专业化协作。

本章的知识非常实用，甚至马上就可以用。商学院中几乎每门课程都有各种形式的团队项目，用这些知识来完成项目无疑可以提高项目的质量。你们也将收获一份良好协作的经历。

阅读本章时请记住，协作是罗伯特·赖克所讲的 21 世纪员工最需要的四大关键技能之一（第 1 章）。你们将会明白，运用协作信息系统的能力是现代协作技能的关键组成部分。

问题 1　有效协作是如何产生的？

在回答这个问题之前，我们首先需要区分合作团队与协作团队的不同。

合作团队（cooperative team）指通过共同工作来完成一项任务的小组，但小组中的成员各自独立地完成总任务中的一部分。例如，一栋楼的粉刷小组就是合作团队，每个粉刷匠负责一部分墙面，分头完成该部分墙面的粉刷。

可以说，绝大多数学生团队都是合作团队。拿到一个小组项目后，小组成员会开会将工作任务分成几个部分，每个小组成员负责一部分。然后，在交活儿前的一小时小组成员再次碰面，把独立完成的各个部分组合到一起。

这种合作团队的作用是可以缩短完成任务的时间。比如刷一栋楼用五个粉刷匠比单用一个粉刷匠要快得多。然而，合作团队的工作成果不会比一个人单独完成的要好，它仅仅只是比较快而已。

协作团队（collaborative team）指通过反馈和迭代循环一起工作的团队。在协作团队中，某个人做出一个东西后，其他人会做出检验和评论，然后发起人或别的人再做出修改。其工作流程包括一系列迭代步骤或反馈循环过程。在协作团队中，成员之间可以相互学习，因此，团队工作成果的质量往往比任一小组成员单独完成的要好，无论他花多长的时间都一样。学生小组如果能够以协作团队方式工作，作业的质量也会更好。

作为 FlexTime 的合伙人，凯丽给她的团队下达了一个任务：在保持公司竞争战略的前提下找到缩减成本的方法。团队中没有哪个员工或承包商有最佳方案，最好的解决方案将通过团队成员的不断反馈和循环思考产生。

■ 警告！

如果你跟大多数商科专业的大学生一样，尤其是大学一、二年级的学生，那么你们的生活经历还不足以让你们理解什么是协作。到目前为止，几乎你认识的所有人经历都大体相同，思维方式也差不多。你的朋友和熟人的教育背景基本相同，测试分数都差不多，都同样渴望着某种成功。既然如此，为什么还要协作呢？大多数学生想的都差不多，"老师想要的是什么？怎么才能最简单、最迅速地达到老师的要求？"

我们设计了这样一个思维实验。你所在的公司正准备建设一个新的基地，这个基地是某个新产品线成功的关键设施，可以创造出 300 个新的工作机会。但是县政府拒绝发放建筑许可证，它们认为这个地点容易塌方。公司工程师深信该基地的建筑设计已经可以防止塌方灾害，但首席财务官（CFO）担心其中有些问题不符合《萨班斯-奥克斯利法案》的要求。公司法律顾问正想方设法明确责任限定并解决县政府反对的难题。同时，当地的一个社团组织也在反对公司的选址，它指出该地点离一个鹰巢太近了。公司的公关主管正在与当地的环境组织进行沟通协商。

你会将该项目进行下去吗？

为了做出决策，你召集了公司的首席工程师、CFO、法律顾问和公关主管开会。他们有各自不同的教育背景和专业知识，不同的生活经历，价值观也不同。事实上，这些人唯一的共同点是受雇于你所在的公司。这个团队进行协作的方式会远远异于你目前的经验。所以，在阅读本章内容时请牢牢记住这个例子。

■ 关键的协作技巧有哪些？

大部分学生都懂得，作为合作团队中的成员应该怎么做才好：要参加会议，要守时，注意表达沟通，做好分内的事，承诺的事要按时完成。尽管这些特征对于任何团队工作都很重要，但是对一个协作团队来说，仅有这些还不够。

协作的力量来自反馈。所以，除了刚刚谈到的那些特征外，协作工作者的关键技能还包括提出和接受反馈的能力，尤其是提出和接受批评性的负面反馈的能力。正面反馈当然顺耳，它可以传达善意并激发积极的情感，但是对于工作成果没有丝毫帮助。正如全世界第一个首席信息官（CIO）达尔文·约翰（Darwin John）所说，"如果两个人的观点完全一致，其中的一个就是多余的。"[①]

批评性反馈对于提高工作成果质量和提升团队知识是必不可少的。帕拉德（Pollard）等学者调查了108位商业人士，了解到优秀的协作者应有的素质、态度和技能。[②] 图9—1列出了调查结果显示的最重要和最不重要的特征。大多数学生会对结果感到诧异，因为最重要的12个特征中有5个不认同（图9—1中斜体标出）。多数学生会认为"大家该好好相处"，觉得对团队的事应该或多或少表示出支持意见和想法。尽管氛围友好对团队开展工作非常重要，但这份调查表明，团队成员之间持有不同意见和观点并且彼此表达出来也是至关重要的。这些受访者似乎表达了这样一种认识，"只要你在乎我们所做的事，尽管提否定意见吧。"

表中那些不相关的特征也令人深思。是否有过协作经验或者是否有过商业经历看来并不重要，人缘好坏也没有太大关系。更让人诧异的是，良好的组织性在39个特征中惨列第31位。或许受访者们认为，协作是一个动态的过程，而不是一个组织性良好的有序过程。

有效协作者最重要的 12 个特征
1. 对协作的项目主题充满热情
2. 思维开放且求知欲强
3. *敢于表达不受欢迎的独到观点*
4. 及时向他人反馈
5. *乐于进行有争议的对话*
6. 有领悟力且善于倾听
7. 善于提出和接受负面反馈
8. *乐于提出不受欢迎的独到想法*
9. 具有自我管理能力而不需很多监督
10. 对于承诺坚持到底
11. *充满热情地深入挖掘主题*
12. *有不同的思维方式/不同的观察角度*

有效协作者最不重要的 9 个特征
31. 有良好的组织性
32. 让人很快喜欢并能建立良好的关系
33. 已经赢得信任
34. 有与人协作的经验
35. 演说技巧娴熟且口才好
36. 合群且有活力
37. 先前认识的熟人
38. 在此协作项目领域内享有声誉
39. 经验丰富的商人

图 9—1　协作特征的重要性

资料来源：http://www.ideachampions.com/downloads/collaborationresults.pdf.

---

① 　与本书作者的私人谈话。

② 　Dave Pollard, "The Ideal Collaborative Team." 源自 http://www.ideachampions.com/downloads/collaborationresults.pdf（2010 年 12 月访问）。

成功的协作团队是什么样的？

理查德·哈克曼（Richard Hackman）多年从事关于团队和团队工作的研究，发表了很多关于团队领导的文章和书籍。[①] 理查德明确提出了判断团队是否成功的三个标准：

- 成功的结果；
- 团队能力的提升；
- 有意义且令人满意的经历。

第一个标准大多数人都很容易认同。一个团队需要完成自己的目标：解决问题，做出决策，或者创造出一个作品。不管目标是什么，第一大成功标准就是，"我们是否做到了？"或者说"我们是否在给定的时间和预算内做到了？"

另外两个标准或许会让人感到诧异。随着时间的推移，团队会变得越来越好吗？它的效率更高了吗？效果更好了吗？你可以用第 5 章到第 8 章中相关的流程知识来解答这些问题。团队是否开发出了更好的工作流程？它是否整合或者删除了某些活动？是否在活动之间建立了新的联系？对于流程是否有测量的标准？学生们是否尝试了将团队流程与其他流程整合，换言之，他们是否以团队成员的角色来学习课堂知识并使个人的学习过程更为有效？此外，学生的个人表现是否有改善？团队成员间是否在彼此帮助和学习？

团队成功的第三个标准是团队成员能收获有意义的并且令人满意的经历。显然，团队目标本身的特性是使工作有意义的主要原因，但不是所有人都有机会发明能救命的抗癌疫苗。对大多数商业人士来说，工作无非是生产产品、装运发货、算账付账、寻找客户之类。

那么，身处平凡世界中，怎样使工作变得有意义呢？哈克曼的书提出了一个很常见的思路，就是要使整个团队认可该项工作的意义和价值。更新库存数据库或许不是什么有趣的活儿，但是如果这个活儿被团队认定为很重要的活动，它就变得很有意义了。如果团队成员的工作得到了认可，这种效应还会加强。

作为学生，不妨用这三个标准衡量一下你所参与的团队项目。除了完成任务之外，你们的团队是否有进步？团队成员是否经历了一段有意义的、令人满意的生活？

问题 2　基本的协作流程有哪些特征？

商业领域中采用协作团队的目的主要有三个：

- 制定决策；
- 解决问题；
- 项目管理。

在这个问题中，我们将分别讨论这三个目的中每个目的背后的流程，并介绍支持这些流程的信息系统需求。这些流程都是动态的。这里，我们将介绍每类流程的一般模式，但是不同场合下的流程会因具体情况不同而有所差异。比如，选择请朋友吃晚餐的餐厅和航空公司选择飞机的决策流程模式类似，但是具体情况却有非常大的差异。因此，不要试图像采购和销售流程一样，去寻找某种预先确定的固定流程。

[①]　J. Richard Hackman, *Learning Teams* (Boston：Harvard Business School Press，2002).

▣ 制定决策的协作

有些决策的制定可以采用协作方式，但不是所有决策都能协作。因此，为了更好地理解协作的作用，我们必须先对决策的制定过程进行分析。组织中的三个层次都可以做决策，分别为运营层决策、管理层决策和战略层决策（如图 9—2 所示）。

图 9—2　决策的层级结构

运营层决策。运营层决策（operational decisions）指与支持运营流程及日常业务活动有关的决策。典型的运营层决策有：从供应商 A 订购多少零件？是否对供应商 B 提供信贷？今天应该支付哪些支票？

运营层决策一般不需要协作。比如，决定从供应商 B 订购产品 A 的数量，这个过程不需要团队成员间做互动和反馈，没有协作的必要。尽管生成订单的过程可能需要采购部门、会计部门和制造部门的员工彼此合作，但是人们并不需要去评论他人的工作。事实上，让协作介入那些常规的、结构化的决策不仅浪费金钱和时间，还令人厌烦。"为什么大事小事都要开会？"这种抱怨随处可见。在大多数情况下，运营层决策是由 ERP 这样的信息系统来支持的。

管理层决策。正如第 5 章所指出的，管理流程涉及资源的分配和利用。典型的支持管理流程的决策有：部门 A 下一年度的计算机硬件和程序的预算额是多少？该给项目 B 分派多少名工程师？明年需要多大面积的库存空间？

一般来说，如果一项管理决策需要从不同的角度思考，就会受益于协作。比如，要决定下一年度是否该为员工增加薪酬，就不是某个人能单独决策的事。这个决策取决于对通货膨胀、行业趋势、组织盈利能力、工会的态度和其他因素的分析。高层管理者、会计人员、人力资源主管、劳动关系主管等不同的人对此问题会有不同的看法。他们会形成一个初步的决策方案，对这个方案进行评价，并通过讨论的方式改进该方案，这都是协作的本质特征。

战略层决策。战略层决策（strategic decisions）是对全面影响整个组织的战略性流程提供支持的决策。典型的战略层决策有：是否要建设一条新的产品线？是否需要在田纳西州建设一个中心仓库？是否要收购 A 公司？

战略层决策几乎总是协作性的决策。比如一个是否将生产线转移到中国的决策。这个决策会影响到组织中的每个员工，还会影响到供应商、客户和股东。许多因素以及由不同因素引发的不同观点都需要考虑到。

总之，运营层决策几乎不需要协作，但是许多管理层决策和绝大部分——如果不是全部——战略层决策都需要协作。要判断某个决策是否会得益于协作，关键看制定决策的过程是否需要反馈和互动迭代。

另外，协作性的决策制定并不是说最后的决策结果一定要由团队来做。它只是表示在决策制定的过程中会以某种方式运用到反馈和迭代。团队或许以协作方式提供了数据、做出了分析，或者提出了一些建议，但最终的决策结果可能只由某个人做出。我们认为这种情况也属于协作性的决策过程，即使最终决策是由某个人做的。

■ 制定决策的协作流程

图9—3展示了一个制定决策的协作流程的模型。尽管这个流程采用了BPMN的版式，但其中的活动和数据流的描述都很简略。之所以采用BPMN，是因为它便于阐述流程的结构。

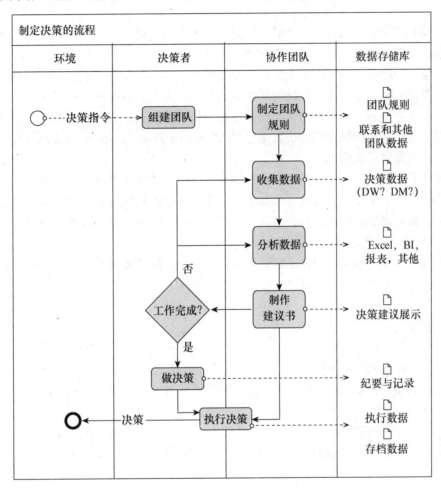

图9—3　制定决策协作的流程模型

决策的需要产生于组织环境。比如，营销部门需要决定给某个产品分配多少预算广告费，IS部门要决定为用户购买何种类型和配置的计算机硬件。

团队规则。在需求确定之后，决策者（个人或小组）组建起协作团队。协作团队的第一个任务就是要确定团队的规则，包括：

- 团队的目的、目标及权威性；
- 团队成员的角色及期望要求；
- 团队成员身份；
- 工作方法；
- 协作信息系统。

决策制定者或许已经设定了团队的目的、目标和权威性；如果没有，他们就应该在刚开始时设定好。其他规则包括成员角色、对每个角色的期望、对团队成员身份的确认、采用的工作方法、使用的信息系统，等等。这些规则可以是非正式的，也可以是正式备案的。如果是正式备案的，就应该把规则存放在团队的数据文件库中。

收集数据。制定决策流程模型的第二个活动是收集数据，具体的细节则完全取决于要制定的决策。在第11章中将会看到，许多决策都依赖于存储在数据仓库中的数据。在这个活动中反馈有很重要的作用，因为团队成员对于决策该使用什么数据会有不同的想法，对组织中什么数据有用、该从什么地方获取数据也有不同的认识。

分析数据。数据分析是流程中的第三个活动。此时，团队会使用诸如 Microsoft Excel 或商业智能软件等工具对决策数据进行处理。同样，因为这个流程模型适用于多种决策，所以对具体的活动描述不具体。不过，反馈依然很重要。小组成员的不同看法包括需要做哪些分析、数据分析的完整性如何、数据结果对于决策的含义是什么，等等。提供有效的批评性的反馈意见能够极为明显地改进决策结果。

制作建议书。在这个活动中，要将团队工作的成果制作成书面文档并准备展示给决策者。可以选用的展示工具很多，可以肯定地说，如果你们能很好地掌握 Microsoft PowerPoint 演示文稿制作的高级技巧，近几年内无疑能为团队的决策展示加分。

决策还是重做？此时，决策者会判断团队的工作任务已经完成还是尚未完成。在有些情况下，决策者不认可团队提供的选择建议，会让团队做进一步的工作，引入其他的数据或进行新一轮分析。图中只画了一个回路流程，但实际上在动态流程的运转过程中，每项活动都有可能向前面的任何一项活动回流。不过为了表达简洁，在图 9—3 中没有画出这些返回的流程。

决策会议纪要等备忘录一般会收录在团队的数据存储库中。决策做出后，团队可能会也可能不会参与决策的贯彻执行。

■ 解决问题的协作

问题（problem）是人们感知到的实际是什么与应当是什么之间的差异。作为感知，它是某个人或某个团队的看法。正因为它是一种感知，不同的用户和不同的团队对于问题的定义会不一样。通常，解决问题时最难的任务不是寻找解决方案，而是找到大家公认的问题定义。

本章开头 FlexTime 开会的例子表明，问题定义的不一致会明显降低工作效率。塔拉等小组成员关注的是成本压缩，而菲力克斯关注的是提高收益。除非小组内部对问题的认识能达成一致，不然协作根本就谈不上。

不仅如此，除了凯丽提出的问题外，这个小组还存在流程问题。他们没有制定出大家都该遵守的规则，没有一种有效的资料分享方式，也没有建立一套实用的组织日程或平台。小组必须先解决好这些流程方面的问题，才能界定和解决 FlexTime 面对的难题。

■ 解决问题的协作流程

图 9—4 展示了解决问题的流程模型。环境因素会导致问题出现。根据刚刚给出的定义，问题就是实际是什么与应当是什么之间的感知差异。面临问题的当事人或企业的领导会组建一个团队。如图 9—4 所示，第一个进入团队的人可能会负责选择其他团队成员，而制定团队规则的活动与前面决策制定的协作类似。

界定问题。前面刚讲过，问题是某种感知认识。不同的团队成员对于现状是什么及应当是什么会有不同的想法。对所要解决的问题达成共识，有大家都可接受的定义非常关键。一旦对问题界定清楚之后，团队应该用文档清晰记录和描述，并将定义描述文档存入团队的数据存储库中。

问题界定和文档记录的内容非常宽泛。比如，要解决采购或销售等运营流程问题，在这种情况下，问题

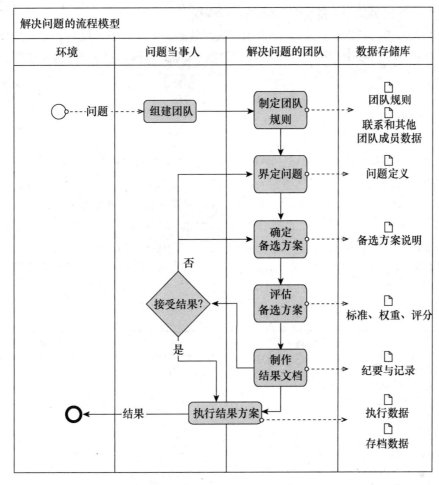

图 9—4　解决问题协作的流程模型

定义将由现实流程描述和目标流程描述两类文档组成。

确定备选方案。图 9—4 中的第三个活动是确定备选的解决方案。回顾一下所要解决的问题的特点，不难理解为什么反馈和迭代互动极为重要。一个成员想到的方法可以激发其他成员思考，提出和接受批评性反馈的能力会起到很大作用。

评估备选方案。备选方案确定之后，团队的下一步工作就是对它们进行评估。当然，要评估就要有一套评价指标以及各个指标的权重。这些评价指标和分析结果都要保存到团队数据库中。

作为一个动态流程，所有的活动都有可能反向循环，退回到更早的阶段重做某些工作。在评估备选方案的过程中，团队可能会发现备选方案还不够多，可能会多添加一两个备选方案。或许在某个阶段，团队忽然意识到原先对问题的界定不够准确。比如在 FlexTime，或许菲力克斯是对的。

制作结果文档。当备选方案的评估完成之后，下一步就是将评估结果制作成正式的文件。从图 9—4 中的流程模型看，解决问题的团队并未借助问题当事人的帮助，就完成了备选方案评估并确定了选择结果。但是，几乎没有哪个组织能够在没有问题当事人参与的情况下，推进所选结果的实际执行。图 9—4 表明，问题当事人会参与，他们需要决定是否接受团队选定的结果。

图 9—4 其实概括了多种可能的情况。如果问题当事人比团队的力量强，就会更多地参与解决问题的流程，绝不止表中所列；反之，如果问题当事人的力量很弱，尽管他不接受选定的结果，那么结果方案也会得到执行。

执行结果方案。图 9—4 中的最后一项活动是执行选定的结果方案。这项活动处在问题当事人和解决问

263

题的团队中间的线上，是因为这两方都会参与结果执行流程。

在进入下个问题之前再看看图9—4，想一想在解决问题的整个流程中，反馈和迭代如何才能发挥重要作用；再想一想数据存储库中可能采用的信息系统，比如电子邮箱、即时通信、资料共享等。我们将在下面讨论这些不同的方法。

▣ 项目管理的协作流程

项目管理是一个内容丰富且复杂的领域。赫克曼等学者在这方面著述颇丰。项目管理协会（www. pmi. org）是一个全球性的非营利组织，专门从事针对不同种类适宜项目的管理技术培训和认证。该协会出版的项目管理知识体系（PMBOK）指南，对内容丰富的项目管理技术提供了概括性介绍。

鉴于篇幅限制，书中不能对项目管理的内容做深入介绍，本章只打算介绍一个项目管理流程的框架模型，并主要关注协作信息系统在项目管理中的作用。在第12章中，我们还将讨论系统开发项目的管理。

项目管理的内容复杂而且变数很多，难以用图9—3和图9—4那样的流程模型来描述。因此，我们考虑用子活动及相关数据来反映一个项目生命周期中的四项基本活动：启动、计划、实施和结项，每项活动的分解情况如图9—5所示。

活动	子活动	数据储存
启动	设定团队权限 确定项目规模及初始预算 组建团队 设定团队角色、职责和权力 确立团队规章	团队成员数据及启动文件
计划	确定活动及从属活动 分派活动任务 确定计划进度 调整预算	项目计划、预算及其他文件
实施	管理活动和预算 解决问题 必要时重新安排活动进度 记录并报告进度	更新项目进度 更新项目预算
结项	确定项目完成 准备档案文件 解散团队	档案文件

图9—5 项目管理活动及数据

启动活动。启动活动的基本目的在于为项目和团队设定基本规则。在实际企业中，团队需要确定、理解自己拥有的权力。这个项目是否交给了团队？团队是否要先界定清楚该项目是什么？团队是自由选择成员还是用指派的成员？团队是自主设计完成项目的方法还是要用某种特定的方法？学生团队与现实中的团队不一样，学生团队的任务和成员都由教师指定。尽管学生团队没有权力决定做什么项目，但是有权力决定如何来完成项目。

启动阶段的其他活动是确定项目规模和确定初始预算。此时的预算只是初步的，会在计划阶段加以修订。要初步确定好项目成员，并准备随项目的进展再行调整；从一开始就设定好团队成员的期望和要求非常重要，要明确各个团队成员将扮演什么角色，各自将承担什么责任和权力；同时要确立团队的规章，这一点我们在决策制定的流程中已经讨论过。

计划活动。计划活动的目的是要决定谁应该在什么时候做什么事情。此阶段要对活动任务进行定义,明确各项活动所需的资源,如人力、预算及设备。在第12章中将看到,各项活动之间有着相互依赖的关系。比如,应该先制作出待评的备选方案列表,然后再对备选方案进行评估。在这种情况下,我们就说制作备选方案列表与评估备选方案之间有从属关系。评估备选方案活动只能在制作备选方案列表完成之后才能进行。

一旦活动和资源都已分配妥当,就能确定项目计划进度了。如果发现计划进度无法实现,则要么需要增加资源投入,要么需要缩减项目规模,但项目的风险和复杂程度也会增加。我们在第12章中会具体介绍。通常在这个阶段会对项目预算进行修订。

实施活动。任务是在实施阶段完成的。这里,关键的管理挑战是要保证各项活动按时完成,如果不能,也应该尽早发现计划进度中的问题。在项目进展过程中,通常需要增加或减少某些活动,更改活动安排,增加或减少某些活动的用人或其他资源。还有一个重要的活动是做好文档记录并报告项目的进展。

结项活动。项目是否做完了?这个问题很重要,但有时候不太好回答。如果工作还没做完,团队就需要确定更多的工作任务并继续实施活动。如果项目做完了,团队就要做好结项收尾工作,包括制作项目成果文档、准备未来接手团队所需的信息、解散项目团队。

如图9—5中右侧栏目所示,每个活动都会同时产生和使用团队存储的文件库数据。

协作流程的分层结构。在探讨协作中的信息系统之前,请思考刚刚介绍过的三种协作流程之间的关系。如图9—6所示,进行项目管理时必须解决各种问题。因此,任何用来解决问题的信息系统都能对项目管理有所帮助。同样,在解决问题的过程中必须做各种决策。因此,任何用来辅助决策制定的信息系统也都对解决问题(及项目管理)有所帮助。

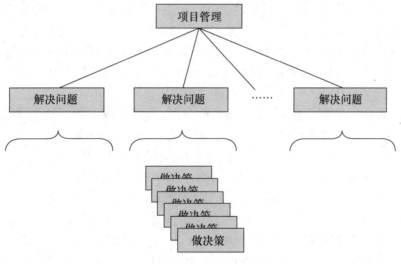

图9—6 协作流程的分层结构

问题3 协作系统如何促进团队沟通?

下面我们将探讨如何运用信息系统来促进协作流程。我们将特别关注信息系统在支持沟通、内容管理和工作流控制方面发挥了什么作用。

如果团队真的是协作性的,即团队成员先开发出初步产品(比如文档),鼓励他人对这些产品提出批评,并根据批评修改产品，那么沟通显然是必不可少的。前面讲过，良好沟通的要素之一是团队成员的技巧。另外一个要素就是我们此时要讲的用于沟通的信息系统。

图9—7总结了促进沟通所用的技术。**同步通信**（synchronous communication）在所有团队成员同时到场的情境下使用，比如开电话会议或开碰面会。**非同步通信**（asynchronous communication）在团队成员不同时到场的情境下使用。在同一个地点上班但是在不同时间轮班的员工或者在世界各地不同时区工作的团队成员，往往都采用非同步通信的方式。

同步通信			非同步通信
共享日程表 邀请及出席			
单一地点	多个地点		单一或多个地点
办公应用软件，如 Word、PowerPoint	电话会议 网络研讨会 多方文字聊天 Microsoft Web App 视频会议		电子邮件 交流论坛 小组调查 Microsoft SkyDrive（网络存储） Google Docs（在线办公） Microsoft SharePoint

虚拟会议

图9—7 用于沟通的技术

绝大部分学生团队愿意用面对面开会讨论的方式，至少一开始是这样的。然而，这样的会议不太好安排，因为每个学生的课表和责任并不相同。如果真需要安排这种会议，不妨建立一个在线的团队日程表，让每个团队成员在上面公布自己的每周空余时间；还可以用 Microsoft Outlook 的开会功能发布会议邀请并收集回执。如果没有 Outlook，可以用因特网网站（如 www.evite.com）来达到这个目的。对于面对面的会议，则只需要用 Word、PowerPoint 等标准办公软件，很少用到其他技术。

当今沟通技术如此发达，多数同学真该放弃面对面会议。这类会议安排起来很难而且效果并不好，因此得不偿失。应该学会使用**虚拟会议**（virtual meetings），这样参会者不必赶往同一个地点，甚至不必同时到场就能参加会议。

在本章的伦理问题讨论中，分析了团队召开虚拟会议时遇到的伦理挑战。

如今的企业正越来越多地采取在线方式来开会。出差费时又费钱且很容易陷入激烈的争论中。绝大部分商务人士乐于不出门而使用某种在线方式参加会议。

如果需要召开同步的虚拟会议（所有人同时到会），团队会议可以用**电话会议**（conference calls）、**网络研讨会**（webinars）或者**多方文字聊天**（multiparty text chat）的方式进行。网络研讨会是一种会议参与者可以查看其他参与者电脑屏幕的虚拟会议。**WebEx**（www.webex.com）是一种流行的商业网络研讨会应用服务，常用来做虚拟销售展示；微软产品 **SharedView** 也可以使多人共享同一屏幕（免费下载地址：www.connect.microsoft.com/site/sitehome.aspx? SiteID=94）；还可以用 Microsoft Web App 来分享资料，下面将做详细介绍。

如果团队中每人的电脑上都有摄像头，还可以召开**视频会议**（videoconferencing）。图9—8中的用户正使用 **Microsoft Lync** 参加视频会议，这个服务工具可以提供即时消息（IM）、音频、视频、供团队成员书写的共享面板等功能。Google 的 **Google Talk** 也具有视频会议支持功能，还有些同学经常使用 Skype 通信服务。

无论是企业还是学校，有些时候是无法安排同步通信的，即便是虚拟会议也不能安排，因为无法让所有人同时参会。这种情况下只能进行非同步通信。这时候许多团队都会通过电子邮件来交流。电子邮件的问题是自由度太高，并不是每个人都会参与进来，人们很容易说没看到电子邮件（如本章开头，菲力克斯真的是没有收到附件吗?），讨论线索也混乱而不连贯。此外，要查找某个邮件、回复或附件都不容易。

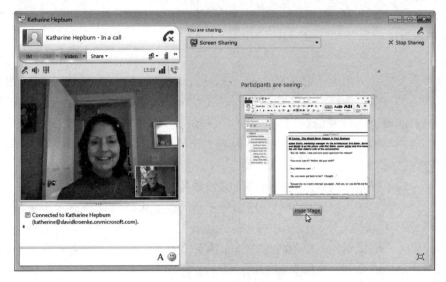

图 9—8　Lync 应用举例

交流论坛（discussion forums）是一种可以考虑的方式。在论坛中，某个团队成员输入某个话题，比如一个想法、意见或者问题，其他成员可以进行评论。这种论坛比电子邮件要好，因为讨论不会偏离主题。然而，这种方式也无法保证人们都参与交流。

小组调查（team surveys）是另一种方式的交流技术。先由某个团队成员制作出一个调研问题的清单，再请其他成员对这些问题做出回应。这是一种了解团队成员看法的有效方式。调研表一般都容易填写，所以大部分成员都会参与。交流论坛和小组调查都能用文档记录团队成员的观点和意见，这对于项目的后期工作或许很有用。

问题 4　协作系统如何实现内容管理？

协作发挥作用的第二个方面是**内容管理**（content management）。只有当内容被共享时，反馈和互动才有可能发生。这些内容包括图 9—3 到图 9—5 中列入数据文件库中的所有团队数据和文档，还包括小组使用的文件、图、数据表、PPT、视频等其他资料中的内容。

用于内容共享的信息系统取决于小组成员对内容想要做什么样的控制。图 9—9 列出了内容管理的三类控制：不加控制、版本管理、版本控制。下面具体分析这三种类别。

内容共享的方式		
不加控制	版本管理	版本控制
电子邮件的附件 用服务器共享文件	Wikis Google Docs Microsoft SkyDrive	Microsoft SharePoint

控制程度增强

图 9—9　内容共享的信息技术

对共享内容不加控制

最原始的内容共享方式是采用电子邮件的附件。这种方式比较简单，但电邮附件存在很多问题。比如，总有可能有人没收到邮件，在收件箱中没注意到邮件，或者忘记下载附件。此外，如果有三个用户都收到了相同的电邮附件，他们都做了修改并通过电邮回传修改过的文件，内容有差异的不同文件版本就会到处流传。所以，尽管电子邮件简单、易用且随时可用，但它无法满足协作的要求，因为它无法控制文件的版本，也无法控制文件的内容。

另一种内容共享方式是将共享内容发布在公共的**文件服务器**（file server）上，它是一台会像本地计算机硬盘一样储存文件的计算机。如果团队成员有文件服务器访问权，可以将文件存至服务器，其他成员可以用 FTP 方式（参见第 3 章）下载该文件、修改并再上传到服务器上。

用文件服务器储存文件要优于用电邮附件的方式，因为文件可以在单一位置储存，而不是分散地保存在不同成员的收件箱中。团队成员知道从哪里能找到所需的文件。

然而，如果不加以适当控制，团队成员的工作很可能会彼此干扰。比如，若成员 A 和 B 都下载了某个文件并做了编辑修改，但双方都不知道对方也在编辑。A 先将自己的修改版存入服务器，然后 B 又将自己的修改版上传到服务器。此时，A 的修改就会丢失。

此外，如果不对版本做任何管理，就无法知道谁在什么时候修改了文件。A 和 B 都不会知道服务器上的文件到底是谁的修改版。为了避免这样的问题，就需要有某种形式的版本管理。

对共享内容的版本管理

有**版本管理**（version management）功能的系统能追踪文件的修改踪迹，并具备支持多人协同作业的功能。实现这些功能的具体方式则取决于所使用的系统。在此我们主要考虑大家在团队工作中常用的三种系统：wikis、Google Docs 和 Microsoft SkyDrive。微软最早的内容共享系统 SharePoint 也可以用来进行版本管理，但这里不再讨论，留待下面的版本控制一节再做展示说明，在问题 5 将介绍你的团队如何使用它。

Wikis。最简单的版本管理系统是 wikis。* **维基**（Wiki）是一个知识共享的基站，其内容都是由 wiki 的不同用户贡献和管理的。最有名的 wiki 是维基百科，这是一个对公众开放的综合性百科全书。

协作团队可以运用 wiki 技术来创建并获取私有的 wikis，将之作为团队知识的储存库。当某个用户添加了一条 wiki 记录后，系统会监测是谁在什么时候添加的。当其他人修改这条记录时，wiki 软件会监测修改者的身份、修改日期等有用数据。某些用户还拥有删除 wiki 记录的权限。

Google Docs。Google Docs 是一种用于分享文档、报告、电子数据表、制图等数据的协作应用。Google Docs 发展很快，此刻，或许 Google 又新添加了其他文件类型或者又对系统做了更新。图 9—10 展示了 2010 年 12 月可以分享的数据种类。你可以用 Google 查询 "Google Docs" 获取最新的应用信息。

使用 Google Docs 时，编辑文件的任何人必须先有 Google 账号（Google 账号不同于 Gmail 账号）。可以用 Hotmail 邮箱、大学邮箱或其他邮箱账号来建立 Google 账号，Google 账号将与你所提供的邮箱账号绑定。

若要创建一个共享的 Google 文件，要先访问 http://docs.google.com，登录（或注册）你的 Google 账号。然后，你就可以上传文档和电子数据表与他人分享，并下载到公共文件格式中。通过键入其他人的电子邮箱地址（不一定是 Google 账号），可以使该文件对某些人开放。这些用户会收到此文件可用的通知和一个获取文件的链接。如果他们也有 Google 账号，就可以对该文件进行编辑。

---

* 中文称为维基，是一种多人协同写作的系统。——译者注

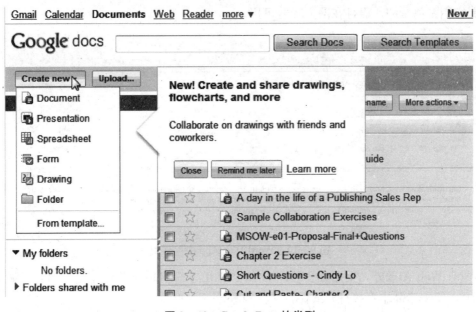

图 9—10　Google Docs 的类型

资料来源：Google Docs & Spreadsheets™. Google 是 Google Inc. 的标志。

使用 Google Docs 时，文件资料被保存在 Google 的服务器上。用户可以访问 Google 并获取文件，还可以与搭档同时查看并编辑文件。在后台，Google 会将多个用户的修改活动整合到同一份文件中。你会知道其他用户也和你一样，正在同时编辑某个文件。你可以用另外的浏览器窗口查看文件被他人更改的结果。文件被修改后会自动出现一个修改标志，随时点击即可查看。Google 会追踪文件的修改记录，及时汇总更改结果。图 9—11 展示了三个用户修改同一份示例文件的记录。

图 9—11　Google Docs 图书馆

Google Docs 是免费的，所有的文件都要由 Google 服务器上的程序处理。Word 或 Excel 文件可以上传到 Google Docs 和电子数据表服务器上，但是要编辑这些文件则必须使用 Google 的程序。文件可以用 Word、Excel 等常见的格式保存。

Microsoft SkyDrive。Microsoft SkyDrive 是微软为应对 Google Docs 而推出的。它的主要功能是可存储和共享 Office 文档和其他文件，并可免费提供 25GB 的存储空间。此外，SkyDrive 还包括 Word、Excel、PowerPoint 及 OneNote 的免费在线应用版，这也被称为 **Office Web App**（Web 在线办公工具）。这些工具基于浏览器运行，便于用户使用。图 9—12 展示了一个 Microsoft Web App 的实例。这些程序比 Office 的桌面办公

269

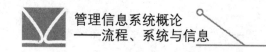

程序功能少，但它们是免费的，而且在网上随时可用。

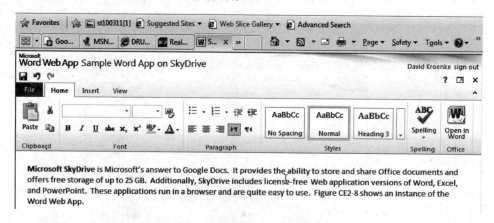

图 9—12　Word Web App 应用示例

除了 Microsoft Web App 外，桌面办公程序 Office 2010 与 SkyDrive 进行了密切整合。如图 9—13 所示，可以从 Microsoft Office 产品中直接打开或保存文件到 SkyDrive 上。

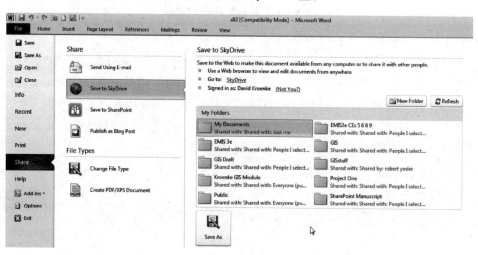

图 9—13　将 Word 2010 文档保存到 SkyDrive 账户中

要创建一个 SkyDrive，必须有一个 Windows Live ID（服务身份标识）。如果你有 Hotmail 或者 MSN 邮箱账号，那么这个账号就是你的 Windows Live ID。如果没有，可用其他邮箱账号注册一个 Windows Live ID，或者免费注册一个新的 Hotmail 账号。

一旦有了 Windows Live ID，就可访问 www.skydrive.com 并登录，就能得到 25GB 的免费存储空间，还可以创建文件夹和文件，并使用 Office 或在线办公软件。与 Google 账号一样，你可以通过输入其他用户的 Office Live ID 或邮箱账号与他们共享文件夹。拥有 Office Live ID 的用户可以查看并编辑文件；没有 Office Live ID 的用户只能查看文件。

在同一时间，只能有一位用户打开 SkyDrive 上的文件进行编辑。当试图打开某个正在被他人编辑的文件时，你会看到如图 9—14 所示的信息。当文件编辑完成时，你会收到信息，提示你可以使用返回的最新版本的文件。

微软开发了一项用于处理 SkyDrive 目录的 Facebook 应用——Docs（为了与 Google Docs 区分）。正如这里所描述的一样，Docs 的外观和使用感觉都像 Facebook 应用。

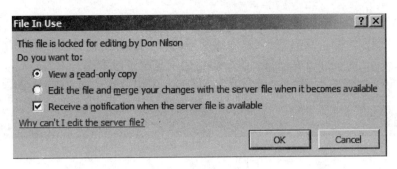

图 9—14　SkyDrive 中打开被锁定文件时的选项

Google Docs 和 SkyDrive 都是免费的，使用起来也很方便，都胜过用电子邮件或者文件服务器交换文件。你们应该学会使用这两种产品。可以访问 http://docs.google.com 或者 www.skydrive.com 来具体了解，还可以观看简单易懂的演示教程。

对共享内容的版本控制

版本管理系统提高了对共享内容的监测能力，解决了文件同时访问时可能引发的潜在问题。然而，它无法实现**版本控制**（version control），并不限制某个特定用户的操作行动，也不控制特定用户对文件的修改。

在版本控制系统中，每个团队成员会有一个包含一套权限的账号。共享文件会放入共享文件夹中，这个文件夹也称作共享库（libraries）。以含有四个共享库的共享站点为例，某个用户的权限可能这样设置：共享库 1 只有查看权；共享库 2 有查看和编辑权；共享库 3 有查看、编辑和删除权；共享库 4 没有任何权限，或许根本看不见该库。

此外，可以对文件夹进行设置，要求用户必须先将文件签出（check out）然后才能进行修改。一旦某个文件被签出了，其他用户就不能再对此文件进行编辑了。只有当文件被签入后，其他用户才可以获取该文件进行编辑。

图 9—15 展示了 Microsoft SharePoint 2010 用户的一个页面。用户 Allison Brown（显示在屏幕的右上角）正在签出的文件名是 Project One Assignment。签出后她就可以编辑这个文件，然后再通过签入将它交回共享库。

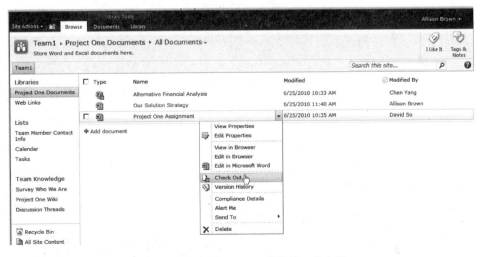

图 9—15　在 SharePoint 中签出一个文件

Google Docs 和 Microsoft SkyDrive 的锁定功能和上面所描述的大同小异。唯一的区别在于用户对签出和签入具体有怎样的控制权。除了具有签出/签入的功能之外，版本控制系统还能保存版本的历史记录，图9—16 所示即为 SharePoint 的文件历史记录。这个历史记录显示了版本编号（No.）、版本签入日期（Modified）、编辑用户名（Modified By）、签入文件的大小（Size）及用户将文件入档时的注释（Comments）。

Version History ▫ ✕

Delete All Versions

No. ↓	Modified	Modified By	Size	Comments
5.0	6/25/2010 11:40 AM	Allison Brown	18.4 KB	Made suggestions for the way we address competitive advantage.
4.0	6/25/2010 11:40 AM	Allison Brown	18.4 KB	Made suggestions for the way we address competitive advantage.
3.0	6/25/2010 11:38 AM	Julian Isla	18.4 KB	Included suggestions on changing our financial analysis
2.0	6/25/2010 11:37 AM	David So	18.3 KB	I added my comments to Corrina's.
1.0	6/25/2010 10:31 AM	Corinna Bolender	17.9 KB	

图 9—16　文件版本历史记录

用作版本控制的应用软件有很多。在一般的商业应用中，SharePoint 是用得最多的，我们会在问题 6 中详细讨论 SharePoint。其他文件控制系统还有 MasterControl（www.mastercontrol.com）和 Document Locator（www.documentlocator.com）。软件开发团队会采用 CVS（www.nongnu.org/cvs）或 Subversion（http://subversion.apache.org）之类的应用系统来控制软件编码、测试计划和产品手册的版本。

MIS 课堂练习 9

虚拟协作练习

小组同学相互协作完成一个小型项目，并与其他小组比赛。小组的每位成员都要借助浏览器使自己的计算机上网参与协作。

比赛的基本规则如下：

a. 这个竞赛的其中一部分要测试你们召开虚拟会议的能力。因此，在阶段 2 中，小组成员不允许进行面对面的交流讨论。

b. 你们将被指派使用 Google Docs 或者 Microsoft SkyDrive。在工作中必须使用被指派的产品，可以配合采用电子邮件或短信。

c. 评价的标准是小组取得结果的速度以及工作成果的质量。

这个比赛将分成以下两个阶段。

阶段 1

1. 你的小组被指派采用 Google Docs 或者 Microsoft SkyDrive。每个小组成员都要有一个该协作系统的账号来进行文件编辑。小组开会决定这件事该如何完成，讨论决定你们小组进行协作的方法，选出一个组长。

2. 每一个小组成员都应该：

a. 有一个 Google 或微软的账号。

b. 把账号名告诉小组成员。

c. 创建一个文档，用来介绍自己的姓名、家乡、个人爱好及此项目期间的联系方式。将此文档保存到指派的 Google Docs 或 Microsoft SkyDrive。

d. 与其他组员分享保存的文件。

3. 将所有文件合并为一个单独的文件。由组长来决定怎么做最好，并把所采用的技术告知其他组员。

4. 上面的活动完成之后，组长向指导老师发送该合并文件的链接，以便老师确认和检查。指导老师只能有该文件的阅读权限。本阶段的小组得分将取决于你们完成这些活动的速度。

5. 与组员一起阅读阶段 2 的任务，确保每个人都知道了该怎么做。

6. 此后，就不允许再做面对面沟通了。

阶段 2

假设你在选择课程表的时候出现了一个很严重的失误，你发现自己有一门必须在本学期完成的必修课没有注册上。遗憾的是，这门课的所有班级都已经满员了。在这个阶段，小组协作的任务就是要千方百计地找到能够注册到这门已经满员的必修课的最佳策略。

1. 个人任务：

a. 创建一个文档，描述你所想到的能够注册到该课程的最好方法。

b. 用指派的 Google Docs 或者 Microsoft SkyDrive 将你的文档与其他组员共享。

2. 选出某个组员将所有组员的文档整合到一个文档中。

3. 个人任务：

a. 查看合并后的文档，必要时对该文档进行编辑。

b. 添加新的想法，指出现有方法中的问题或者解决问题。

c. 在文档中保留你修改的痕迹。

d. 当你对小组的答案感到满意时，在文档中明确说明，并留下姓名。

4. 当所有组员都对某个答案满意后，由组长将该文档的链接发送给指导老师。本阶段的小组得分取决于你们的工作速度和质量。

5. 将你们的文档展示给班里其他同学。

问题 5　如何用 Microsoft SharePoint 完成协作练习？

Microsoft SharePoint 是一个用于开发、运行和管理网站的综合平台。它最广为人知的是可以用来创建和管理协作站点，这里我们也主要考虑它支持协作方面的功能。当然，SharePoint 也可以作为普通网站的建设平台。例如，新西兰的旅游网站 www. kiwiexperience. com 就是基于 SharePoint 建设而成的。

SharePoint 的底层是 Windows Server 的一部分，其安装和设置超出了本课程的范围。不过，你们的老师可以请本书的出版商培生教育集团在校园中安装 SharePoint。微软新推出的 **Office 365** 产品中就包含了 Lync、Exchange（电子邮件）及 SharePoint。如果你所在学校参与了该项目，你们就可使用所有这些产品；或者学校的 IS 系配置了 SharePoint 供课堂使用。不管是哪种情况，你们小组要能访问某个 SharePoint 服务器才能使用 SharePoint。

只需要了解一些基本技能，就能很快建立一个 SharePoint 协作站点，并设置其为学生小组项目所用。然后可借助浏览器上的 SharePoint 工具进一步定制该站点。如果要做更多的定制，需要采用 Office SharePoint Designer，这是一款专门用来配置 SharePoint 站点界面和外观的工具。开发者还可以使用微软的 Visual Studio 来实现更为复杂的客户化定制和管理控制。

这里我们将讨论 SharePoint 中可用于学生小组项目的若干特性，但不会探讨该如何去创建这些特性。想知道该如何开发和定制 SharePoint 站点等更多信息，请参考 *SharePoint for Students*。[1]

■ 可供学生小组用的 **SharePoint** 特性

SharePoint 站点（SharePoint site）是一个用 SharePoint 开发和管理并且能用 HTTP、HTML 及相关协议访问的资源集合。我们主要用该站点做协作。但是如前文指出的，它也可以用来做普通的 Web 站点。一个 SharePoint 站点可以包含一个或多个子站，子站点在各自权限内完全体现了 SharePoint 的特征。

图 9—17 展示了一个学生小组开发使用的 SharePoint 站点。从图的左上角可以看出该站点的名称是 Team 1。Team 1 包含许多不同的页面；"Team 1→Home"表示这张图展示的是 Team 1 站点的 Home 页面。左侧的栏目是**快捷菜单**（quick launch），展示了该站点中包含的一部分资源列表，点击后可展示出更多的网站链接列表，比如点击 Web Links 后的情况如图 9—18 所示。

图 9—17 学生小组站点示例

---

① Carey Cole，Steve Fox，and David Kroenke，*SharePoint for Students*（Upper Saddle River，NJ：Pearson Education，2012）.

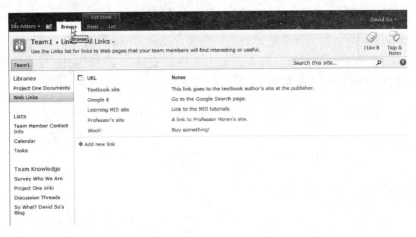

图 9—18　Web Links 链接示例

图 9—17 中 Home 页面的中间部分包含了 Project One Documents 的具体内容。快捷菜单中的任何列表都可以在主页的这个位置或其他位置展示出来。使用此站点的小组认为最重要的列表是项目的文档库，所以将它放在主页的中心位置。

在花朵的位置上，小组多数情况下会放上其成员的照片或与小组任务相关的图片。最后，右下角的列表一般是小组成员可能会点击的其他行动链接。

基本来说，SharePoint 就是列表的管理者。快捷菜单中的每一项都是某类项目的列表。比如，Project One Documents 是小组成员共享文档的列表；Web Links 是站点链接的列表，如图 9—18 所示；Team Member Contact Info 是关于小组成员的电子邮箱地址和电话号码的列表；Calendar 是重要事项的日历列表；Tasks 是小组任务的列表，等等。

列表的类型决定着可以对列表中元素所能采取的操作。Project One Documents 是一个文件列表，可用的文件操作如图 9—19 所示。用户如果点击"View in Browser"（用浏览器查看）或者"Edit in Browser"（用浏览器编辑），SharePoint 就会在 Microsoft Word Web App 中打开文档（如 SkyDrive 的介绍）。其他选择包括签出和签入、创建版本历史记录以及删除等。

图 9—19　SharePoint 文件的操作

有一个选项对小组工作尤其有用。如果点击"Alert Me",每当有人对文件做了修改,SharePoint 就会发邮件给你。这一点对于那些反映最新重大事件的列表尤其有用,比如 Announcement(公告)列表(本书未显示)。

图 9—20 显示了一个 Calendar(日历)列表。某个事件被安排在了 11 月 10 日,用户正在把一个新事件添加到 11 月 8 日。该日历还可以变为按周或按天显示。

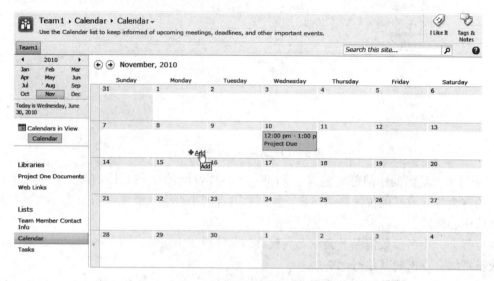

图 9—20　SharePoint 小组日历

SharePoint 提供了一种叫做 Tasks(任务)的特殊列表。图 9—21 是包含三个任务的 Tasks 列表示例。可以看到,任务都被分配到具体的个人,并且每个任务都有状态显示(Status)、截止日期(Due Date)和完成百分比(%Complete)等元数据。如果某项任务之前还有其他任务要先行完成,也可以将先行任务添加到 Tasks 列表中。SharePoint 可以创建一个项目的甘特图(本书未显示)。

图 9—21　SharePoint Tasks 列表

用 SharePoint 很容易开发和使用调查表。图 9—22 是一个做样本调查的页面。

小组很容易用 SharePoint 创建一个维基图书馆。图 9—23 显示了名为 Project One Wiki 的顶层页面。在默认情况下,小组成员都可以轻松地修改每个页面上的文本;如果有必要,也可以将编辑权只赋给几个特定的成员。在这个图中,Project 1 和 Project 1 Grade,以及图底部的三行文字,都可以链接到其他维基页面。通往 Project 2 和 Project 3 的链接也在此页面中,但是其名称含有下划线,表示所链接的页面尚未创建好。

图 9—22　用 SharePoint 做调查

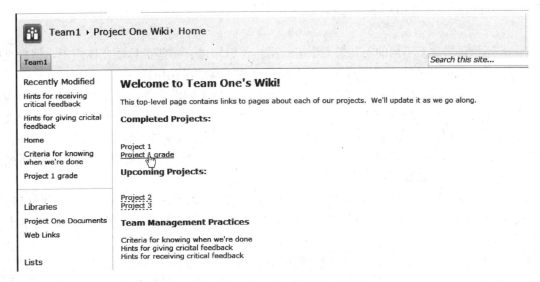

图 9—23　SharePoint 维基页面示例

关于这个站点我们要讨论的最后一项资源是由小组成员 David So 创建并管理的博客。在前面的图 9—19 中，如果用户点击快捷菜单中的"So What? David So's Blog"，就会显示图 9—24 所示的 David So 的博客页面。David So 可以添加条目。小组成员要把条目提交给 David So，如果他批准了，这些条目就能被添加到博客中。所有小组成员都能对博客的条目进行评论，但是 David So 有权删除这些评论。

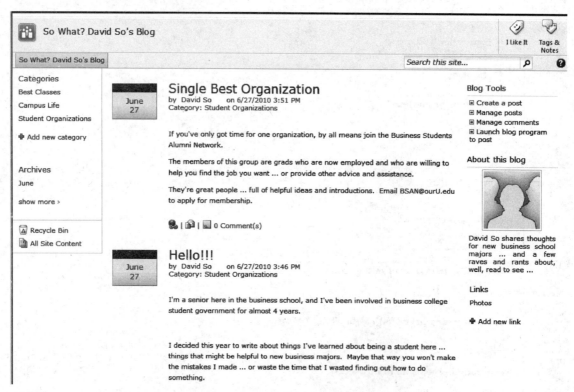

图 9—24　SharePoint 博客示例

特定的 SharePoint 工具可以用来做什么？

SharePoint 还提供了许多不同的工具来为小组所用。要想知道有哪些工具适合你们用，请参见图9—25。该图对常用的 SharePoint 协作工具做了概括，并介绍了这些工具的潜在用途。

共享文件库是小组文件的储藏室。对项目的不同方面可以有不同的文件库。比如，如果项目涉及成本评估，或许会建一个文件库涵盖所有与成本有关的文件。或者，也可以将所有 Word 文件放入一个文件库，将 Excel 文件放到另一个文件库，等等。像版本历史记录一样，也可以为文件库设置签出和签入管理。

列表对于追踪来说非常有用。SharePoint 提供的默认列表有事件（日历列表）、任务和联系列表，还可以创建定制的列表类型用于追踪任意的资源特性。

调查表的用途在于可以用它来了解队友，核实对项目目标或其他论题的理解程度，判断何时该做项目结项等。小组可以利用维基来创建一个共享的术语汇编，展示所定义的术语之间的关系，便于小组知识的引证。

交流论坛提供了一种对问题展开非同步讨论的有用工具，它可以用来追踪不同作者发布的评论。交流论坛还可以用于分享知识。最后，一个或多个小组成员（或分组）可以利用内嵌的 SharePoint 博客功能发表博客。

SharePoint 的特性	用途
文件库	小组文件的单一储存库 可以建多个储存库 可以要求签出/签入 可以用 SharePoint 保留版本历史记录
列表	追踪事件、任务、联系 创建可追踪任何资源的通用性列表
调查表	小组成员介绍 核实对目标和其他论题的理解 项目结项
维基	知识分享及小组知识的引证
交流论坛	讨论一个或多个论题
博客	发表观点并获得反馈

图 9—25 SharePoint 功能的潜在用途

无论如何，如果学校有机会让你们使用 SharePoint，请一定要利用好。这是一个简单易学且功能强大的产品。并且如前面所提到的，SharePoint 的应用技能在当今市场上非常有用。

问题 6 协作系统如何控制工作流？

问题 3 和问题 4 已经谈过如何借助信息系统促进团队交流及内容管理，这是三个关键性协作驱动因素中的两个。第三个驱动因素是**工作流控制**（workflow control），它是确保业务流程合理执行的过程。虽然这个术语用来泛指任何商业流程也很合适，但它一般都用在需要团队协同工作的协作性流程中。SharePoint 通过一套谓之工作流的特性提供了工作流控制的自动化机制。**工作流**（workflow）是指 SharePoint 所管理和记录的一系列活动。

Microsoft SharePoint 工作流能够管理文件、列表和其他内容形式的工作流。SharePoint 已经提供了几个内嵌的工作流，这里我们将展示其中的一个。此外，商业分析人士能用 SharePoint Designer 中的图形界面创建客户定制化的工作流，还能用 Visio 创建工作流并将其输入 SharePoint Designer。最后，具备计算机编程技能的人还能用 Visual Studio、C♯ 或 Visual Basic 等编程语言创建高度客户定制化的工作流。

■ 工作流问题的要求

为了展示文件的工作流控制，假设部门经理需要两个人来评审提交到某 SharePoint **文档库**（document library）中的所有文件，这个文档库在 SharePoint 中有集合文件名。经理的要求是：每当有文件添加到文档库后，都要先经过雇员约瑟夫·熊彼特（Joseph Schumpeter）审阅，然后再经过雇员亚当·史密斯（Adam Smith）审阅。因为审阅活动是按顺序先后发生的，这种安排称为**顺序工作流**（sequential workflow）。如果审阅活动同时进行，就叫做**并行工作流**（parallel workflow）。还有许多其他类型的工作流，但是这里不再讨论。[①]

你可以用手工来管理工作流，类似这样：先发一封邮件，再检查一下邮件是否被审阅过，再接着发一封提示邮件等。然而这样做通常会导致管理噩梦，这类任务借助信息系统能够很好地完成。使用 SharePoint 将

---

① 关于工作流和 Windows 工作流基金会的更多信息，请查阅 Mark J. Collins, *Office 2010 Workflow*（New York：Apress，2010）。

会降低管理成本并且提高可靠性。

图 9—26 展示了收集反馈的工作流,这是 SharePoint 内嵌的工作流之一。用这个工作流,当某个文件创建者把文件提交给特定的 SharePoint 文档库(图 9—26 中的数据存储库)时,SharePoint 即会开启一个工作流。它会给产品经理发邮件告知此工作流的开启,并向约瑟夫·熊彼特发邮件提醒他审阅这个文件。工作流还能为熊彼特嵌入一个活动到 SharePoint 的任务列表中。

熊彼特会审阅这个文件(他需要从数据库中获取此文件,此箭头在图 9—26 中被省略)。他的审阅完成之后,会将自己的评论保存到任务列表中并标记该任务已完成。此时,SharePoint 会向下一位审阅者亚当·史密斯发邮件,并在任务列表中为史密斯创建一个任务。在史密斯完成审阅后,也会将评论保存在任务列表中并标记该任务已完成。此时,SharePoint 会向产品经理发邮件告知工作流完成。

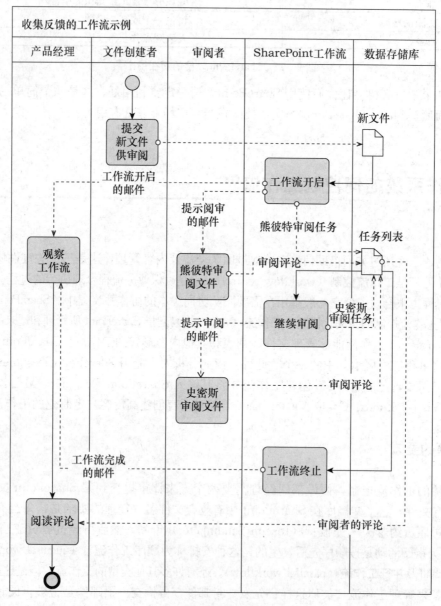

图 9—26 收集反馈的工作流

工作流的实施

图 9—27 展示了产品经理是如何创建工作流的。她进入工作流所在的文件库，选择"Create Workflow"（创建工作流），此时 SharePoint 的初始屏幕如图 9—27（a）所示。这里，她在工作流类型中选择"Collect Feedback"（收集反馈），给工作流起个名称，制定一个列表来保存任务，再选择一个列表来保留工作流行动的历史记录。开启选项还有多种，这里她允许工作流被手工开启，并要求每当有新文件被添加到文件库的时候 SharePoint 自动开启工作流。

在图 9—27（b）所示的第二个屏幕中，她指定熊彼特和史密斯为审阅者，并键入了要发送的提示审阅邮件中的文字内容（忽略"Expand Groups"选项），最后说明所有任务的完成期限。

从此刻开始，只要有人在文件库中提交了一个新文件，SharePoint 都会运行这个文件审阅工作流。

(a) 初始屏幕

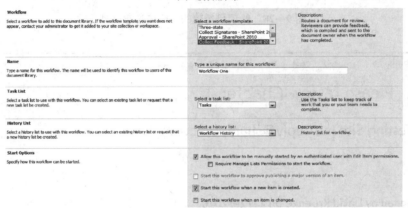

(b) 第二个屏幕

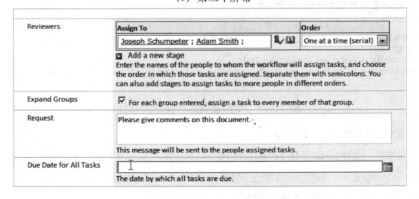

图 9—27　创建一个收集反馈的工作流

在接下来的一系列屏幕截图中，你将会看到这个工作流的运行过程。图 9—28 是发给项目经理（此处是 David Kroenke）的告知邮件，告知文件名为 Chapter_1 的文件工作流已经开启。图 9—29 是发给熊彼特的通知邮件，告知他需要审阅文件。图 9—30 是熊彼特接受的任务。"Consolidated Comments"（综合评论）显示了前一位审阅者的评论，在这里显示为空。熊彼特要将自己的评论内容填到"Comments"字段中。

图 9—31 展示了熊彼特审阅完成后的任务列表。注意，此时熊彼特的任务状态是完成（completed），并且 SharePoint 已经为史密斯创建了一个新的任务，该任务还没有开始。图 9—32 展示的是熊彼特审阅完

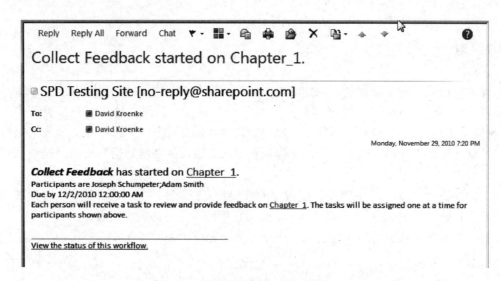

图 9—28　给项目经理的工作流开启邮件

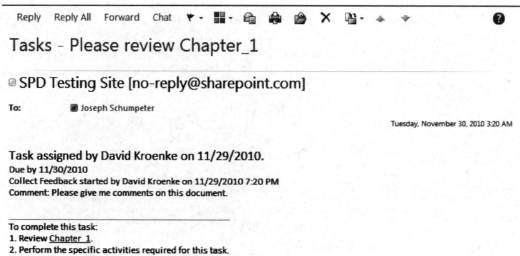

图 9—29　给熊彼特的审阅通知邮件

成后而史密斯审阅开始前的工作流历史记录。

　　当史密斯完成审阅时，他要将自己的评论填到图 9—33 所示的表格中。从图中可以看到，当他键入评论时也能够看到熊彼特的审阅意见。图 9—34 展示的是一种用来描述工作流状态的报告形式。这个报告也能用 Visio 打开，对于不同的工作流，可能会有比较复杂的报告格式。

　　图 9—35 是完成后的工作流历史记录，图 9—36 是发送给产品经理的告知工作流完成的邮件。可以看出，所有审阅人员的评论意见都包含在这封邮件中了。

　　如果有某个审阅人员没能按时完成审阅，SharePoint 会向该审阅人员发送提示邮件，并同时告知经理。提示邮件会持续不断地发送，直到该审阅任务完成，或者该工作流被取消。

　　工作流控制是强有力的管理方法，但是，也像其他强制性的管理工具一样，在实际运用时必须谨慎小心。如果有上百个文件被添加到文件库中，经理和审阅人的收件箱中的任务和告知邮件就会泛滥。此外，多个工作流可能同时运行，这很可能出现无休止的循环。比如，如果一个工作流对某个文件库做了变更，而此

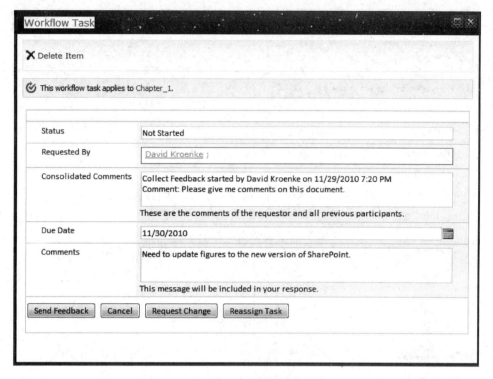

图 9—30　熊彼特的审阅任务

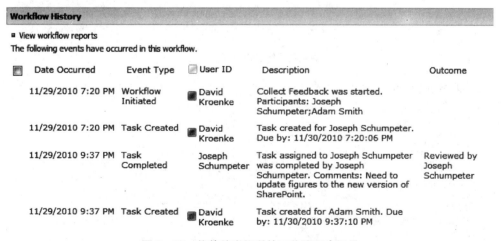

图 9—31　熊彼特审阅后的任务列表

Workflow History

▫ View workflow reports

The following events have occurred in this workflow.

Date Occurred	Event Type	User ID	Description	Outcome
11/29/2010 7:20 PM	Workflow Initiated	David Kroenke	Collect Feedback was started. Participants: Joseph Schumpeter;Adam Smith	
11/29/2010 7:20 PM	Task Created	David Kroenke	Task created for Joseph Schumpeter. Due by: 11/30/2010 7:20:06 PM	
11/29/2010 9:37 PM	Task Completed	Joseph Schumpeter	Task assigned to Joseph Schumpeter was completed by Joseph Schumpeter. Comments: Need to update figures to the new version of SharePoint.	Reviewed by Joseph Schumpeter
11/29/2010 9:37 PM	Task Created	David Kroenke	Task created for Adam Smith. Due by: 11/30/2010 9:37:10 PM	

图 9—32　熊彼特审阅后的工作流历史记录

283

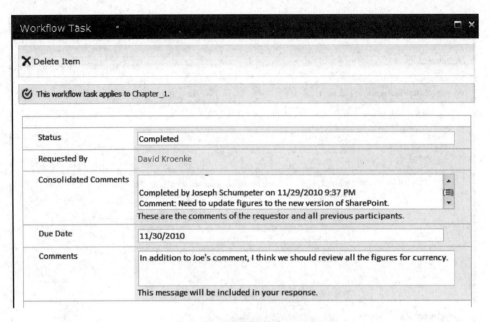

图9—33　史密斯的审阅任务

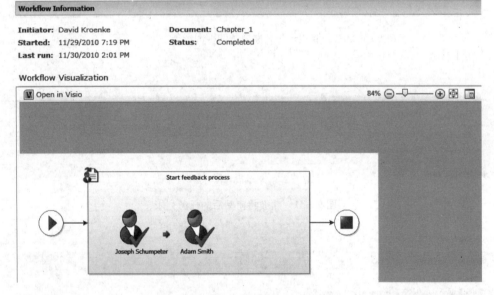

图9—34　史密斯审阅后的工作流

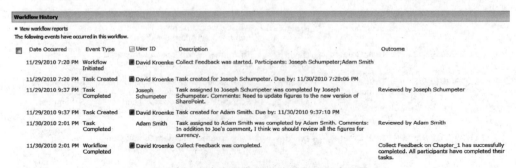

图9—35　史密斯审阅后的工作流历史记录

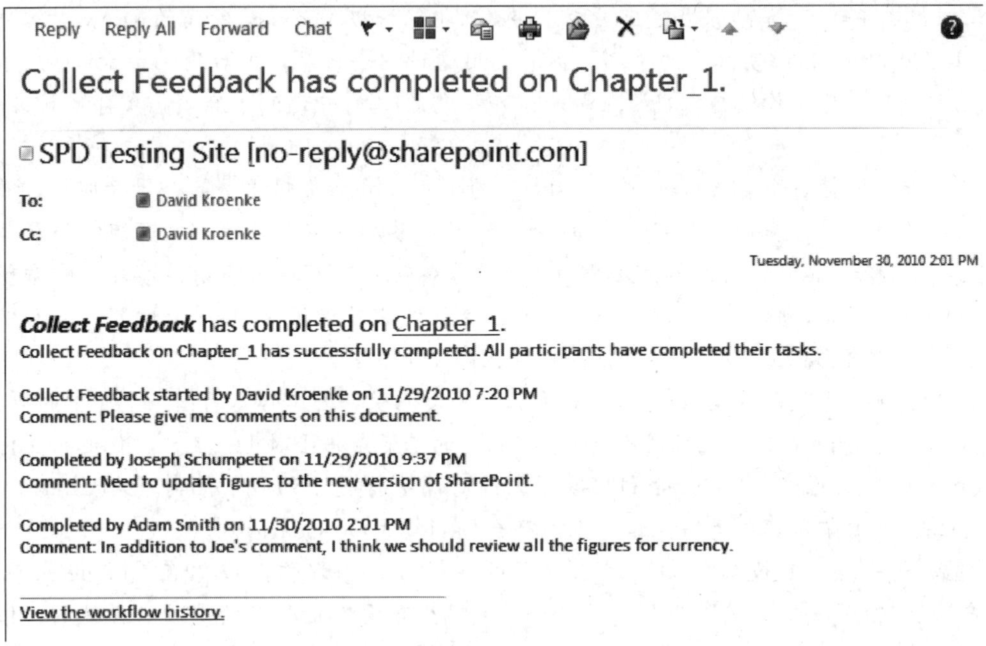
Reply Reply All Forward Chat

Collect Feedback has completed on Chapter_1.

SPD Testing Site [no-reply@sharepoint.com]

To: David Kroenke

Cc: David Kroenke

Tuesday, November 30, 2010 2:01 PM

Collect Feedback has completed on Chapter_1.

Collect Feedback on Chapter_1 has successfully completed. All participants have completed their tasks.

Collect Feedback started by David Kroenke on 11/29/2010 7:20 PM
Comment: Please give me comments on this document.

Completed by Joseph Schumpeter on 11/29/2010 9:37 PM
Comment: Need to update figures to the new version of SharePoint.

Completed by Adam Smith on 11/30/2010 2:01 PM
Comment: In addition to Joe's comment, I think we should review all the figures for currency.

View the workflow history.

图 9—36 工作流完成时给产品经理的邮件

文件库中含有第二个工作流，而第二个工作流又对含有第一个工作流的文件库做了变更，那么这两个工作流就可能陷入无限循环中，让邮件充斥整个组织。要了解工作流的更多警示事项请参阅 Windischman 等的教程。①

伦理问题讨论

虚拟世界中的道德

“虚拟”这个词表示那种看似存在但实际上并不存在的东西。虚拟专网（VPN）看起来像是私有的计算机网络，但实际上却是在公共网络上运行的。虚拟会议听起来像是大家都会出席的会议，其实不过是借助信息系统沟通，而不是面对面召开会议。

但是，这其中的大问题是，“所有人都真的出席会议了吗?”签名为 David So 的人真的是他本人，还是其他人呢？或者，David So 其实是个小组，组内七人成员彼此都是匿名的？从图 9—16 到图 9—19 可以看出，Allison Brown、Corinna Bolender 和 David So 使用了 SharePoint 网站。如果他们三人并没有参与，提评阅意见的人不过是 Ashley、Haley 和 Jordan 仿冒的而且互不知情，又会怎么样呢？或许在 Corinna 打高尔夫球的时候，她读大学的女儿在组织行为学课上代替 Corinna 做了评阅？

假设你经营着一家咨询公司，你想派个新手去开展咨询业务。在与潜在客户的首次会谈期间（用文本做电子交流），你告知客户该咨询师是 Drew Suenas。Drew 是个毫无经验的新手。但实际上参与会谈的有 Drew 和 Eleanor Jackson 两人，而 Jackson 是公司中经验最丰富的高级咨询师。会谈中所有的意见实际上是由 El-

① Woodrow W. Windischman，Asif Rehamani，Bryan Phillips，Marcy Kellar，*Beginning SharePoint Designer 2010*（Indianapolis：Wiley，*2011*），pp. *378*，*379*.

eanor 给出的，但都被安到了 Drew 头上。客户对 Drew 的印象好极了，认为所谓的 Drew 对客户状况的评价很敏锐，并同意雇用 Drew 这个实际上的菜鸟。你一直用这种方法行事，先后用 Eleanor 冒充了好几位年轻的同事，使他们拿到了业务。你给自己找的理由是："万一他们工作中遇到了麻烦，我再派 Eleanor 去救场就是了。"

再假设另一种场合，你有个主要竞争对手 Ashley。你和 Ashley 都想竞争某个晋升职位，并且你无法忍受她先晋升。你安排了一系列虚拟会议，但从不邀请 Ashley 参加。然而，在一次有组织高层领导出席的重要会议召开之前，你邀请 Ashley 暗中参会来帮助你。你告诉她你没有权力邀请她参会，但希望给她一个机会来表达自己的看法。结果，你出席了该次会议，并在会议发言时借用了 Ashley 的想法。人们都以为这些颇具吸引力的想法是你自己想出来的，Ashley 的功劳也就被埋没了。

可能还有这种情况。假设 David So 是一名独立咨询师，他受聘的工作是写图 9—24 中的博客。David 自己很忙，于是又雇用了 Charlotte 为他写这个博客。David 的工资是每小时 110 美元，但他只支付给 Charlotte 45 美元，其余的都归他自己了。David 会利用空下来的时间去挣更多的钱。他会审看 Charlotte 写的东西，但从不自己动手写。客户们都不知道写博客的其实不是 David，而是 Charlotte。

如果再贴近实际一点，假设你们学的课程要通过在线考试。谁敢保证你在 Google 上班且恰好担任 Google Docs 产品经理的哥哥，不会帮助你完成这个考试呢？假设你自己确实是独立考试的，但你确信其他人在考试的时候都找了人暗中帮忙。这样一想，你是否觉得自己找个帮手也很正当呢？

你们对此有什么想法？虚拟世界的伦理何在呢？

讨论题：

1. 冒充别人合法吗？得到被冒充的人的许可会很重要吗？
2. 冒充别人是不道德的吗？得到被冒充的人的许可会很重要吗？
3. 在什么情况下冒充别人是合乎道德的？
4. 如果有个 SharePoint 网站，每个人都可冒用他人名义上网并且不被发现。有这样一个网站会对组织造成什么样的后果？
5. 请考虑 Eleanor 冒充年轻同事的场景，文本交谈与电话交谈有什么区别吗？Eleanor 可以传递纸条或在电话静音的时候谈自己的看法，这样的问题是不是很常见？当与人用电话交谈的时候，应该遵循什么样的行为准则？像 Lync 这样的视频会议产品所具备的功能会如何改善这种状况？
6. David So 雇人替自己写博客是合乎道德的吗？只要客户对博客感到满意，就没关系吗？毕竟 David 审阅了她写的所有内容。
7. 在线考试时请人帮忙是不是作弊？如果所有人都这样做，是否就很正当了呢？对在线考试能有哪些控制措施？是否该使用这种方式考试？

复习题

复习题用来帮助学生检测对本章知识的掌握程度。你可以先读完本章的全部内容，然后去完成所有的复习题；也可以读完与题目相关的内容后立即去做复习题，做完一道再做另一道。

问题 1　有效协作是如何产生的？

说明合作团队与协作团队的区别，并且分别各举一个例子。解释反馈和迭代的重要性，列出关键的协作技能，说出判断一个团队是否成功的三个标准。

问题2　基本的协作流程有哪些特征?

说出协作在商业中的三项主要的应用。说明哪些类型的决策需要协作并解释理由。解释为什么由个人做出的决策也可能是协作的结果。总结图9—3中的活动,说明决策制定的数据文件库中的具体内容。问题的定义是什么?说明解决问题时最困难的部分通常是什么,并解释理由。总结图9—4中的活动,并说明问题解决的数据文件库中的具体内容。说明项目管理过程中有哪四个活动,解释每个活动并说明项目管理数据存储库中的内容。

问题3　协作系统如何促进团队沟通?

解释为什么沟通对学生协作很重要。定义同步通信和非同步通信并说明各自的使用场合。说出两个可以用于实现同步通信会议的协作工具,描述可以用于面对面会议的协作工具,描述可以用于虚拟的同步通信会议的协作工具,描述可以用于虚拟的非同步通信会议的协作工具。比较电子邮件、交流论坛和小组调查的优点。

问题4　协作系统如何实现内容管理?

说明不加控制的内容共享有哪两种方式,并解释可能出现的问题。说明下述协作工具是如何实现控制的:wikis、Google Docs 和 Microsoft SkyDrive。解释版本管理与版本控制之间有哪些区别。说明如何采用账户、密码和共享库来控制用户的活动。解释签出/签入是怎么回事。

问题5　如何用 Microsoft SharePoint 完成协作练习?

说明什么是 SharePoint,说明它在本章中的用途以及其他更广泛的用途。概括说明定制一个 SharePoint 网站的三种方法,给出 SharePoint 网站的定义并说明什么是子网站。说明快捷菜单的作用。描述当用户点击图9—14的快捷菜单中的每一项时会发生什么。概述 SharePoint 的特征、功能和角色。

问题6　协作系统如何控制工作流?

说明为什么团队会使用 SharePoint 这类工具来管理工作流,解释顺序工作流和并行工作流的差别。参照图9—26,说明 SharePoint 是如何使用电子邮件和任务列表来管理工作流的。

概念及术语

非同步通信	协作团队	电话会议
内容管理	合作团队	交流论坛
文档库	狗粮自吃	文件服务器
Google Docs	Google Talk	共享文件库
Microsoft Lync	Microsoft SharePoint	Microsoft SkyDrive
多方文字聊天	Office 365	Office Web App
运营层决策	并行工作流	问题
快捷菜单	顺序工作流	SharedView
SharePoint 站点	战略层决策	同步通信
小组调查	版本控制	版本管理
视频会议	虚拟会议	WebEx
网络研讨会	维基	工作流控制
工作流		

知识拓展题

1. 假设你学校的足球队（或你熟悉的其他运动队）过去三年都战绩不佳。参照图 9—3 的方式，概括学校决定是否解聘主教练时的决策流程。详细说明该流程的目标及其测量指标（目标可能有按时完成决策流程、公平性、完整性等），尽可能具体些，可进行必要的假设并说明理由。

2. 假设你们学院在申请 AACSB（商学院认证机构）认证期间，被告知需要减少商科课程的平均学分数，而商学院院长认为该建议不可忽视。参照图 9—4 的方式，概括学院解决此问题时所要采用的流程，尽可能具体些，可进行必要的假设并说明理由。

3. 回忆以往的课堂小组作业经历及其他的协作团队经历，比如学校的各种协会。该小组协作程度怎样？有无反馈和迭代？如果有，是怎么做的？你们是如何使用协作信息系统的？如果没有使用协作信息系统，说明这类系统如何改善你们的工作方法和结果。如果使用了协作信息系统，借助本章的知识，说明该怎样提高系统使用效果。

4. 这个练习将要用 Google Docs 做试验。做这个练习需要有两个 Google 账户。如果你有两个电子邮件地址，就用它们建两个 Google 账户。不然，就用你学校的电子邮件地址去建一个 Google 的 Gmail 账户。Gmail 账户会自动给你一个 Google 账户。

a. 自己用 Word 写一个备忘录，说明沟通协作的驱动力有什么特征。访问 http://docs.google.com，用一个 Google 账户登录，用 Google Docs 上传你写的备忘录，保存上传的文件，用电子邮件将该文件与第二个 Google 账户共享。然后退出第一个 Google 账户。

（可以使用两台放得很近的计算机来做这个练习，此时你会发现 Google Docs 的更多功能。如果你用两台计算机来做，就不用退出 Google 账户，只需在第二台计算机上执行步骤 b 及第二个账户的所有活动。使用两台计算机时请在下面忽略退出 Google 账户的指令。）

b. 在浏览器中打开一个新窗口。在这第二个窗口中进入 http://docs.google.com 并用第二个 Google 账户登录，打开步骤 a 中的共享文件。

c. 修改该备忘录，增加对内容管理驱动因素的简单介绍，通过第二个账户保存文件。只用一台计算机时需从第二个账户退出。

d. 登录第一个账户，打开备忘录的最新版本，并添加对版本历史的角色描述，保存文件（如果用了两台计算机，请注意 Google 是如何提醒你另一个用户正在编辑此文件的。点击"Refresh"，看看会发生什么）。如果你只用一台计算机，从第一个账户退出。

e. 登录第二个账户，再次打开共享文件。在文件菜单中将文件保存为 Word 文档。概括说明 Google 是怎样处理文件变更的。

5. 这个练习要求用 Microsoft SkyDrive 做试验。做这个练习需要有两个 Office Live 用户的账号。最简单的方式是与一位同学一起做。如果不成，可用两个 Hotmail 地址建立两个 Office Live 账号。

a. 访问 www.skydrive.com 并用一个账号登录。用 Word Web App 撰写一个介绍协作工具的备忘录，保存该备忘录；将该文档分享到第二个 Office Live 账户的电子邮件中；退出第一个账户。

（可以使用两台放得很近的计算机来做这个练习。如果你用两台计算机来做，就不用退出 Office Live 账户，只需在第二台计算机上执行步骤 b 及第二个账户的所有活动。使用两台计算机时请在下面忽略退出 Office Live 账户的指令。）

b. 在浏览器中打开一个新窗口，在这第二个窗口中进入 www.skydrive.com 并用第二个 Office Live 账户登录。打开步骤 a 中的共享文件。

c. 对备忘录进行更改，添加一个简明的对内容管理的描述。暂时不要保存文件。如果你只用一台计算机，从第二个账户中退出。

d. 登录第一个账户。尝试打开备忘录并注意会发生什么。从第一个账户退出，重新登录第二个账户，保存文件。然后退出第二个账户，再次登录第一个账户。再次尝试打开备忘录。（使用两台计算机时，可在不同的计算机上执行这些操作。）

e. 登录第二个账户，再次打开共享的文件。从文件菜单中，将文件保存为 Word 文件。概括说明 Microsoft SkyDrive 是怎样处理文件变更的。

协作练习题 9

这个练习的目的是让你和同学们改善彼此协作的技能。其中包含三项活动。第一项活动是让你们设想用来改善团队工作的不同方法；第二项活动是让你们通过小组协作解决问题；最后一项活动是思考你们所做的事情。应采用 Google Docs、Microsoft SkyDrive、SharePoint、Office 365 或其他协作系统来开会。

活动 1：设定提高协作技能的目标

a. 与小组一起讨论图 9—1 中所示的协作技能。根据协作技能重要程度的高低，自建一个协作技能的排行榜。说明你们小组的结论与图 9—1 中的调查结果有差异的原因。

b. 作为一个小组，选出你们认为最需要提高的、在你们的排名中也最靠前的两项技能，并解释你们的选择。尽可能多地运用反馈和迭代过程。

c. 对于步骤 b 中你们选出的两项技能，找出用来提高这些技能的具体方法，说明个人及小组的目标。

活动 2：解决第 2 章开头的问题

在这项活动中，你们需要解决第 2 章开头所提出的问题。假设校内体育联盟有一位专职的主任道恩·詹金斯、一位专职办公室经理玛丽·安妮及 11 位兼职的学生员工。

a. 查看图 9—4 中的问题解决流程。一起讨论这个流程，并决定它是否需要做些更改。如应更改，说清楚该如何改。如果不改，请解释为什么。

b. 遵照步骤 a 中建立的流程。请确定讨论解决方案时运用了反馈和迭代方法，尤其是批评性的反馈。

c. 根据导师的要求记录小组的解决方案。

活动 3：思考

a. 以小组成员的个人身份，评价你自己在完成活动 1 所设定的目标时的表现，并总结作为整体的小组在完成这些目标时的表现。将你个人的观点备案。

b. 通过小组开会，对你完成活动 1 所设目标的表现进行小组评价。要运用反馈和迭代完成此过程。

c. 根据导师的要求，提交步骤 a 中的个人评价以及步骤 b 中的小组评价。

案例研究 9

狗粮自吃

"狗粮自吃"（dogfooding）用来指人们实际使用自己开发或宣传的产品或者创意的过程。该术语源于 20

世纪 80 年代的软件业，当时有人发现软件公司并没有使用自己所开发的产品，于是说"他们的狗粮自己都不吃。"维基百科指出该术语源自 Brian Valentine，他在 1988 年担任微软 LAN 管理器的测试经理。但本文作者发现在此之前这一术语已在使用。不管它的起源是什么，显而易见的是，如果员工们对自己制造出来的产品或创意愿意狗粮自吃，可以确信该产品或者创意会大获成功。

或许有人会问，"这能说明什么？"其实，这一章的内容就是由协作小组采用 Office 365 及本章所介绍的其他技术完成的。本章的创意和产品真的就是狗粮自吃。

为了解是如何"狗粮自吃"的，先看图 9—37，它概括了一部教科书从最初起步到最后购买的主要流程。在概念开发阶段，作者会写好介绍性材料及样本章节，将其提交给出版社。如果出版社的组稿编辑认为此项目有价值，就会把材料发给潜在的教授用户们去做评审。如果得到了肯定的结果，就会通过该项目，作者就会编写章节的初步构想，这份大纲也要通过评审。当组稿编辑确定了全部章节内容后，就可以开始写作了，也就进入到教科书编写的第二个主要流程——文稿写作。

流程	主要活动
概念开发	作者提出概念和样章 组稿编辑审阅 潜在的教授用户评审 决定出版或者不出版 作者写章节大纲草稿 其他教授审阅 作者修改
文稿写作	图书设计 作者写作章节文稿，准备材料 制作前编辑章节内容 编审的审核 插图创作 制作 PDF 页面 审阅 PDF 页面 印刷
销售	销售员了解教材的作用及优点 销售员与教授们联系
订单执行	书店下订单 学生购买

图 9—37　教科书的出版流程

在这项活动中，还需要对图书进行设计。编审要负责编辑文稿，还要有封面和插图的设计，最后要生成 PDF 页面，并通过批准，最后印刷成册。最后两个环节是销售和订单执行，在这里不再讨论。

图 9—38 是一个 BPMN 流程图，展示了把书稿由最初的 Word、PowerPoint 以及 PNG 图形格式转换成 PDF 页面的过程。在这个过程中，作者要与开发编辑密切合作，开发编辑负责确保文稿完整，满足市场的需求，符合组稿编辑的要求。这里我们不打算详细地讨论具体的流程，该注意的是教科书的文字和插图都会生成好多个不同版本，人们也扮演着各种各样的角色，如编辑、审阅及校对等。

（顺便说一下，这个 BPMN 示意图有点误导，似乎该流程看起来是结构化的而不是动态的。实际上该流程远不是如此结构化的。有时候作者会评审插图，有的时候不会；有时候组稿编辑会负责审稿，有的时候不会。这个图不过是一个框架，反映了流程的大致情况，不是一个死板的、照做不误的流程图。）

进行面对面商讨根本就是不可能的，因为图 9—38 中扮演各个角色的人都住在不同的地方。在过去，开发流程是通过电子邮件和 FTP 服务器实现的。不难想象，有数以百计的文档、插图并且每个都有不同的评审版本，这会造成极大的混乱。而且，传来传去的电子邮件很容易丢失。任务丢失、文件版本错误、插图错误虽然不多，但确实发生过。

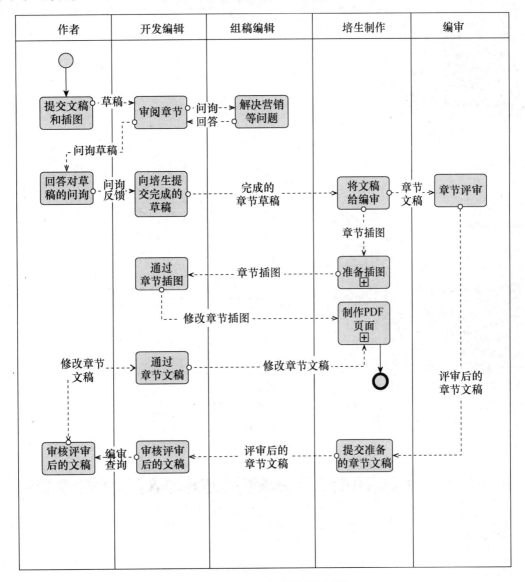

图 9—38   PDF 文稿的制作过程

本书的作者们决定"狗粮自吃"，使用微软的 Office 365 完成本书的编制。两位作者和开发编辑 Laura Town 每周都通过 Lync 开会讨论。图 9—39 展示了典型的 Lync 会议场景。这个过程中的三位参与者正共享同一个白板。每个人都可以在白板上写字或作图。在图 9—39 的第二个屏幕截图中，每个参与者都在键入文字内容的上方放上了自己的名字。会议结束后，白板都作为会议记录被保存到了小组的 SharePoint 站点上。

图 9—40 显示了小组的 SharePoint 站点。左侧的快捷菜单是快速访问列表，能链接到站内的重要内容。中间部分是任务完成状态等有用信息。右边部分有共享文件库，保存了小组会议的所有白板。

小组建立了提示机制，每当任务列表中创建了新任务时，SharePoint 会发邮件给承担该任务的人。图 9—41 是当 Laura 在任务列表中添加了任务时，发给 David Kroenke 的电子邮件。

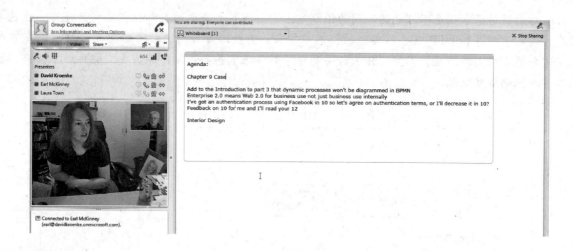

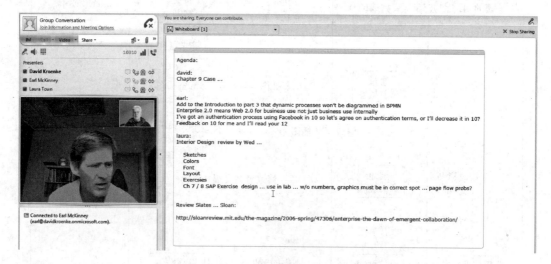

图 9—39　每周的 Lync 会议

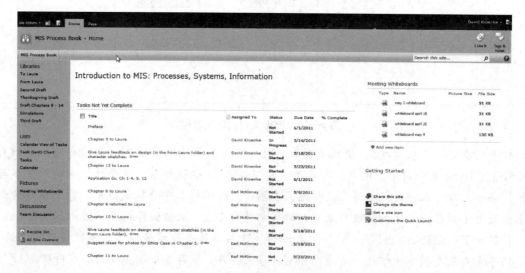

图 9—40　SharePoint 小组首页

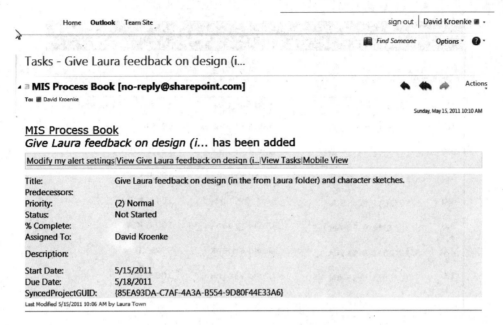

图 9—41　任务提示邮件

　　所有的文件和图表都由 SharePoint 文件库保存和管理，图 9—42 显示了库中保存的本章图表。由于图表的数量很多，审阅和编辑也很多，很容易混淆图表和版本。而利用 SharePoint 来存储，小组就可以利用文件库中的版本追踪功能。图 9—43 是本章文稿的版本历史记录。可以看出，David 修改了好几版；Earl 修改了其中的一版。Earl 需要审阅此章节的最终版本，因此会创建一个任务请他来做这件事。这个新任务将给他发一封如图 9—41 所示的邮件。我（David）一写完这句话就去创建那个任务！这就是"狗粮自吃"！

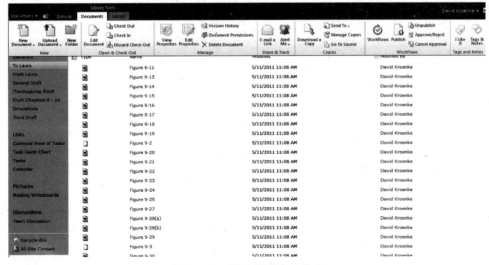

图 9—42　第 9 章图表文件库

讨论题：

　　1. 用你自己的话说明什么是"狗粮自吃"。你认为"狗粮自吃"预示着产品将会成功吗？为什么？什么时候"狗粮自吃"不能预示产品会成功？

　　2. "狗粮自吃"是结构化的流程还是动态的流程？列出"狗粮自吃"流程可能的目标。

　　3. 复习图 9—38，找到适合于这个流程的 3～5 个目标，以及目标的评价指标。

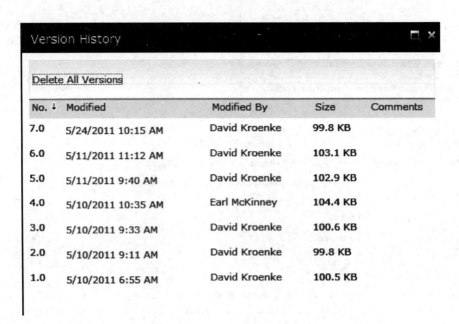

No. ↓	Modified	Modified By	Size	Comments
7.0	5/24/2011 10:15 AM	David Kroenke	99.8 KB	
6.0	5/11/2011 11:12 AM	David Kroenke	103.1 KB	
5.0	5/11/2011 9:40 AM	David Kroenke	102.9 KB	
4.0	5/10/2011 10:35 AM	Earl McKinney	104.4 KB	
3.0	5/10/2011 9:33 AM	David Kroenke	100.6 KB	
2.0	5/10/2011 9:11 AM	David Kroenke	99.8 KB	
1.0	5/10/2011 6:55 AM	David Kroenke	100.5 KB	

图 9—43 第 9 章版本历史记录

4. 如果图 9—38 只是用结构化的流程近似反映非结构化的流程，那么它的意义何在？理由是什么？

5. 说明这个小组是如何用共享白板来生成会议记录的。这样做的优点是什么？

6. 说明这个小组是如何运用提示机制的，概括提示的优点。

7. 对小组采用 Lync 的优点进行概括。

8. 对小组采用 SharePoint 的优点进行概括。

9. 解释你如何看待 Office 365 对问题 2 中定义的目标提供的帮助。

10. Office 365 的哪个方面可能对完成学生小组项目有用？它在哪些方面比你们目前做的效果要好？

第 10 章
Web 2.0 和社交媒体
对业务流程的影响

问题 1　什么是 Web 2.0 和社交媒体？

问题 2　Web 2.0 如何改善业务流程？

问题 3　社交媒体如何改善业务流程？

问题 4　Web 2.0 如何促进构建社会资本的流程？

问题 5　使用 Web 2.0 的企业面临哪些挑战？

问题 6　Web 2.0 近期会受到哪些重大影响？

"如果你打算被人拒绝邀请自己的密友和家人参加婚礼招待会，我全力推荐学校的高尔夫球场。我之所以想在那里办招待会是因为它离举行婚礼的地方不远，设施很不错，风景也好。但是没想到他们竟然说了不算，非让我打破原有的招待会计划——逼着我减少 35 位客人!! 如果你喜欢的人无法跟你一起分享快乐，婚礼招待会还有什么意义呢!!?? 他们的管理竟如此不堪，连个野餐会都办不好!! 千万记住，绝对不要跟学校的高尔夫球场有任何合作!!!!!"

——科罗拉多中部大学高尔夫球场的 FaceBook 上的帖子

学校高尔夫球场的总经理尼埃·劳埃德问道："她在帖子上怎么说的？"

阿希丽答道："她说我们连个野餐会都办不好。"

尼埃难以置信："在我们的 FaceBook 网页上????"

"是的。"

"删掉它，这应该不难办到。"尼埃转身看向窗外，注视着要首次发球的高尔夫球手。

阿希丽谨慎地提出意见："尼埃，删掉它很容易，但我觉得还是小心一点好。"

尼埃语带嘲讽地说："那该怎么办？ 就这样留着它，好让全世界都知道你我连个婚礼招待会都办不好？"

"尼埃，怎么说呢，你不想惹出一大串麻烦吧……这背后的力量不容小觑。还记得雀巢事件吗？"

"不知道，他们出了什么事？ 也把野餐会办砸了？"

"他们把自己网站上的差评给删了。结果捅了马蜂窝，惹来铺天盖地的讨伐。更糟糕的是，雀巢公司中有人态度专横，回帖反驳了给差评的人，结果更是火上浇油。"

"好，我明白了，那么我们该怎么做才好？"

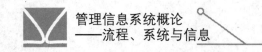
"信息公开。关键是要公开坦诚地交流。我们要解决问题，要在事前或者事后做好修复工作，并不在乎人家说了什么。然后，我们就可以告诉那位情绪失控的新娘：问题我们已经解决了……或许还可以温和地提些要求，请她把我们的处理结果发到网页上。可能的话，我们还可以继续跟进事件的进展，简要介绍咱们的做法，而不是攻击他人。"

"这太过分了。我们该告她诽谤才对。"尼埃的讽刺转为气愤。

"不，尼埃，这绝对不行。你想过如果这样别人会怎么说我们吗？"

"当然想过。"

尼埃望着窗外的高尔夫球手，"婚礼招待会。我干嘛要心血来潮地去做什么婚礼招待会呢？这跟高尔夫有什么关系？球场业务做得好好的……给草浇水，在场上插旗子，插球座……"

简　介

Web 网络在发生变化。像 Twitter、Facebook、Wikipedia 和 YouTube 这样的应用改变了我们在网上的行为。不久以前网络还是个单行道，我们只能在 Web 上阅读。但是最近发生了非常显著的变化，网络成了双行道，我们可以用网络来发布 Twitter 消息、墙纸、视频、选票、评论、博客和其他内容。这些功能不仅使得网络更加迷人，商业界也注意到了这种新的行为方式并开始采取行动。但是对高尔夫球场这样的企业来说，突然而至的 Web 2.0 会让它们不知所措，它们并未掌握使用这些新媒体的技术。

在新的 MIS 面前不妨说句老话：技艺随着技术走。它的含义是当一种新兴技术问世之后，总要经过一段时间，人们才能找到应用此种技术的正确技艺。这对于 Web 2.0 是一样的道理。技术已经产生了，但是将其应用到商业领域的技艺仍然还在不断探索之中。

对于我们而言，正确的技艺就包含如何把新的技术应用到业务流程中去。最近出现的新技术很容易让我们着迷，Web 2.0 也是如此。但是想要对企业有用，这些新东西必须在商业上成功才行。技术只有能够改善业务流程时，它才是有用的。

上一章中我们介绍了 SAP 在采购和销售中的作用，本章如法炮制，我们将介绍如何利用 Web 2.0 提升业务流程的效用和效率。然而采购和销售的操作流程是预先定义好的，而且是固定的，而 Web 2.0 所支持的流程却基本是动态的。

本章开始我们先对 Web 2.0 和社交媒体做出定义，然后介绍这些技术是如何被应用到业务流程中的。在本章的最后，我们将思考 Web 2.0 和社交媒体面临的挑战以及未来的发展前景。

问题 1　什么是 Web 2.0 和社交媒体？

早在 20 世纪 90 年代，雅虎、亚马逊、AOL 和 Netscape 就掀起了 Web 网络应用的第一波浪潮，我们现在将其称为传统应用。当下，我们正处于第二波浪潮中，即 Web 2.0。本章中，我们将仔细分析究竟是什么原因使得 Google、Facebook、Twitter、维基百科等众多的 Web 2.0 家族与众不同，究竟是什么原因使得这个家族中的最新成员——社交媒体令商业界如此着迷。

Web 2.0

Web 2.0 通常用来指一个由能力、技术、商业模式和基本原理构成的松散的聚集体。Web 2.0 软件是免费的，基于 Web 的软件设计在不断更新，以支持 Web 共享那些由用户创建的内容。它在网络技术快速成熟的 21 世纪初开始出现。网络的速度、交互性和可靠性都有了全面而显著的提升，这一点已为商业界所关注。商业界还注意到用户在电脑世界中的行为发生了变化。例如，年轻人不再仅仅使用即时通信，他们在 Facebook 上制作个人档案、分享图片和内容，结果 MySpace 很快流行起来。年轻人之间的短信和即时通信很快汇成了包含大量图片、博客和视频的交流狂潮。

在这期间，随着网络的成熟，软件活动的中心开始从桌面应用转到了 Web 应用。随着更快速、更可靠的网络的出现，以前只能在桌面电脑上运行的软件，现在可以在 Web 上使用。例如，在 20 世纪 90 年代，Microsoft Office 这样的桌面软件占据统治地位，而现在像 Google Docs 和 Microsoft Office 365 一样的 Web 应用程序变得更加普遍。这些进步不仅改变了人们制作文件和办公的方式，而且改变了企业和客户间彼此联系的方式。

20 世纪 90 年代中期出现的搜索引擎是展示 Web 2.0 的新能力的第一个工具。这类 Web 应用程序是一个全新的事物，并且是免费的。几乎同一时期，亚马逊（Amazon.com）开始收集和分享顾客关于产品的感受，依旧是免费的。这使得顾客第一次能够在自己经常购物的网站上读到其他顾客对其所购产品的评价。其他新网站也开始出现。维基百科提供了一个不断更新的百科全书；新的博客产品为主题广泛、种类惊人的故事、评论和新闻提供了平台；Google 和微软的门户网站及 RSS 阅读器为用户提供了通过自己选择内容来配置个性化网站的机会。Web 2.0 的时代到来了。

随着用户习惯了这种通过免费软件进行交流的新方式，Facebook、Twitter 和其他社交媒体平台涌入人们的生活。这些社交媒体应用就是强调用户生成内容的 Web 2.0 的例子。在进一步详细了解 Web 2.0 之后我们将对社交媒体平台做更多说明。

图 10—1 描述了 Web 2.0 应用的重要特点，以及这些应用与以往应用软件的不同之处。Web 2.0 应用是免费的，其界面经常变化。它们是专门为支撑双向沟通和用户生成内容而设计的。奇怪的是，这些新平台都被简称为 Web 2.0，而以前的应用几乎没人称之为 Web 1.0。现在大多数主流应用软件都使用了 Web 2.0 规则，但是，像微软的 Office、反病毒产品、个人缴税软件等一些传统应用仍被继续使用，说明它们还是有用的，至少在近期如此。

特征	Web 2.0 应用	传统应用
软件	免费	软件作为产品来卖
界面	不断变化，经常的更新改变着用户的界面	界面很少变化
目标	支持交互和沟通	解决问题，提高生产率，没有用户参与
内容	内容来自用户和提供者	由提供者贡献和控制所有内容
例子	Google，Facebook，Twitter，维基百科	Microsoft Office，TurboTax，Encyclopedia Britannica

图 10—1 Web 2.0 和传统 Web 应用

软件：经常免费发布

传统软件采用的是购买许可证的方式。比如 Microsoft Office 2010、ERP 软件、会计和税控软件，以及辅助业务流程设计和产品制造的软件，都有软件许可证。这些软件程序在那些已经购买了软件许可证的企业网站、服务器和桌面上安装并运行。发布会受到严格的控制，每次发布之前都要经过大量的测试。

来自 Google、eBay 和 Twitter 的 Web 2.0 应用软件都是 Web 2.0 应用。这些公司不卖软件许可证，它们的软件不是拿来卖的。免去了软件许可证后，Web 2.0 的商业模式在于当用户享受软件带来的免费服务时会给企业带来广告或者其他收益。只有一小部分软件会安装在本地网站上，绝大部分软件都在开发公司的服务器上运行。

■ 界面：不断变化

界面是用户和计算机之间的交互点，在 Web 2.0 中经常变化。例如，Google 经常发布程序的新版本，用暗地或高调的方式来宣告其新增特性。Web 2.0 用户已习惯于甚至期待着他们所用的免费软件会经常更新。

相比之下，传统应用软件并不经常发布新版本。例如，1993—2010 年间，微软只每隔 3～4 年才发布 Office 的新版本。传统软件模型谨慎地控制着用户的体验。界面保持着稳定，并不常做变化。例如，Word、PowerPoint 和 Excel 中的菜单栏都不会轻易改变，除非发售了新软件。

Web 2.0 的界面不仅可以经常变化，用户还可以改变界面。Web 2.0 应用鼓励**混搭**（mashups），支持用户将多个网站的输出拼接成一个独特的用户体验。在这个流程中，混搭改变了用户的界面。图 10—2 所示的为 Google 的地图产品 My Maps，它是混搭网站的良好示例。Google 发布的 Google Maps 应用为用户提供了工具，使用户可添加自己的数据并做出个人专用的地图界面。这其实就是用户将 Google Maps 产品与自己的数据进行的混搭。例如，有用户在谷歌地图上标记出新的涂鸦地点，向当地警方展示了涂鸦帮活动的增多；还有用户在谷歌地图上分享自己徒步旅行的旅游经历或照片。

图 10—2　混搭而成的 My Maps

资料来源：© 2011 Google.

◾ 目标：支持交互和沟通

传统软件旨在支持个人目标——帮助用户创建文档、执行分析、监控财务、制作演示稿、追踪事物、管理项目、设计产品。与之相反，Web 2.0 支持的是参与。Web 2.0 软件仍然支持用户的目标，但支持这些目标的方式是通过双向沟通和交互来实现的。每当用户发送和接收信息的时候都会有双向沟通。在 Web 2.0 应用中，用户要提供评论和地图内容、讨论回复、创建博客条目，等等。亚马逊的用户评论就是用户间双向沟通交流的例子。

◾ 内容：用户提供越来越多的内容

传统网站的拥有者会制作和控制所有内容，Web 2.0 网站却让用户来贡献内容。这种内容可以是一个简单的是/否类投票，也可以是看罢一则新闻后的讨论发言。为网站贡献内容的用户被称为**生产型消费者**（prosumers）。生产型消费者不仅消费网站上的数据，而且扮演积极的角色，并生产数据供其他消费者阅读。Facebook、YouTube 及 Twitter 都是基于用户提供内容的网站，正如博客一样。

◾ 社交媒体

十年前，随着 Facebook 和 Twitter 的问世，社交媒体这个术语便产生了。**社交媒体**（social media）是指任何一种基于**用户生成内容**（user-generated content，UGC）的 Web 网络应用。用户生成内容是指由终端用户创建的可公开获得的内容。因此，社交媒体也成为一种新的 Web 2.0 应用。社交媒体还拥有 Web 2.0 的其他特性——免费、不断变化、可支持交互和双向沟通。但是，社交媒体的独特之处在于它会百分之百地依赖用户生成内容。

用户生成内容引发了商业企业对社交媒体的高度关注。生成并分享内容的用户在消费者和生产型消费者中间创造了网络。商家很喜欢消费者网络，因为没有什么东西能比一群人更能吸引人群的目光了。如果有消费者网络在议论某件产品，网络本身就会引来更多的人，使人群变大。社交媒体网站能帮助商家，因为它鼓励客户评价商家的产品和服务，并与其他客户分享这个话题。一个汇聚了人气的免费网络是不可多得的机会，没有哪个企业愿意忽视。

Facebook、Twitter、博客、LinkedIn（商务化人际关系网），以及维基百科都是当下最流行的社交媒体。或许你们都有使用这些社交媒体的切身体验，但本章中我们将关注企业是如何通过社交媒体工具和其他 Web 2.0 软件来促进其业务流程改善的。

首先看一下图 10—3 所示的社交媒体的三大类别。虽然社交媒体的形式一直在变化，但图 10—3 中的几种类型还是相当稳定的。

类别	例子
分享型	博客，微博，Twitter，YouTube
网络型	Facebook，LinkedIn，Foursquare
协作型	wikis，StumbleUpon，Digg，Google Docs

图 10—3　社交媒体的主要类别

分享型社交媒体，如博客、Twitter 及 YouTube，主要以消息和视频形式提供内容。与网络、协作型的应用不同，这种社交媒体满足的是用户发送信息的需要。在这类媒体中，信息接收者往往不被信息发出者所知。

网络型社交媒体，如 Facebook、LinkedIn 及 Foursquare，是用来联系个人的。它不再将信息发给完全陌生的接收者，其过人之处是建立起相知的网络。信息都发给已知的用户，并只接收来自他们的反馈。以移动网络应用 Foursquare 为例，它允许已经注册的用户同朋友沟通并分享他们所在的位置。

最后一类是协作型社交媒体，包括的平台范围较大，如维基百科、StumbleUpon、Digg、Delicious、Google Docs 以及 Quora。根据第 9 章的定义，协作是指通过反馈和迭代来完成工作的团队流程。这种社交媒体重点支持用户的协作流程。例如，Digg 允许用户分享对网络文章的投票，Delicious 可让用户标记网站、创建网站列表并同其他用户分享这些网站。

维基百科、Google、eBay 及 Facebook 均是率先通过 Web 2.0 应用技术获利的 Web 2.0 组织。在本章中，我们将思考这些应用如何为非因特网组织所利用。阿拉斯加航空公司、宝洁公司、FlexTime、科罗拉多中部大学、CBI 等该如何使用 Web 2.0? 感受到其价值的组织会做出新的、一本万利的事情。事实上有个专门用来标记 Web 2.0 的商业化应用的术语，叫做企业 2.0（Enterprise 2.0）。但企业对于那些耀眼的新的信息技术都持谨慎态度。第一轮的网络繁荣随着 2000 年后大量 .com 公司的破产而结束，资金损失惨重。现在的管理者们可不想重蹈覆辙。结果，许多企业都冲进了 Web 2.0 时代，企业的管理者们坚持说这次应用应该取得回报。我们用来证明潜在回报的最佳方式就是展示 Web 2.0 和社交媒体是如何促进业务流程改善的。

问题 2 Web 2.0 如何改善业务流程？

这里我们先来分析 Web 2.0 应用对动态业务流程的影响，下个问题中再分析社交媒体的影响。Web 2.0 和社交媒体对许多业务流程都有影响，我们只在众多流程中选了几个来说明。在图 10—4 中，通过 Web 2.0 改善的流程有 4 个，通过社交媒体改善的流程有 6 个。

现有的流程	Web 2.0	社交媒体		
		分享型	网络型	协作型
促销	√	√	√	√
在线广告销售		√		
市场调研	√			
B2C 销售	√			
客户沟通		√		√
招聘			√	

图 10—4 被 Web 2.0 和社交媒体影响的现有业务流程

Web 2.0 和社交媒体所支持的流程是典型的动态流程。虽然像采购和销售这样的操作流程也能被新信息系统支持，但这些系统仍处于试验阶段，且软件不断发生变化。因为这些系统是试验性的、低成本、便于使用、灵活性好，所以在商业中的初次使用往往是用来支持动态流程。

图 10—5 展示了 Web 2.0 促进流程改善的例子以及这些改善该如何测量。回忆一下第 5 章中讨论过的 OMIS 模型。每个流程都有可供测量的评估指标，利用这些评估指标可以观测到每个信息系统对于流程的影

响。下面我们逐个分析这些流程以及 Web 2.0 的影响。

流程	目标	评估指标
促销	更好的问责	对回复或网址访问量进行计数
在线广告销售	减少管理网站的时间成本	员工每周的工时
市场调研	新产品研发的调研时间	日历时间
B2C 销售	提升 B2C 销量	转化率

图 10—5　Web 2.0 改善的流程

促销流程

促销流程的主要目标之一是影响潜在客户的购买决策。例如，甲骨文公司的促销广告可能登在了《华尔街日报》上，而甲骨文既不能控制谁去读这些广告，也不可能了解那些读广告的人（仅仅知道他们是《华尔街日报》的普通读者而已）。或许某一天碰巧有 10 000 个潜在的甲骨文公司产品的买者会看到这个广告，另一天仅仅有 1 000 个买者看到该广告。甲骨文公司和《华尔街日报》都不知道究竟有多少人会看到广告。无论有多少人会看，无论看广告的是什么样的人，甲骨文公司都要支付同样的广告费。在 Web 2.0 的世界里，广告可以根据用户的口味投放。在线搜索"Oracle 软件"的人可能是对甲骨文公司或者对它的产品非常感兴趣的 IT 人士或者学生，甲骨文公司很愿意对这些人做广告。

Google 通过 **AdWords** 软件成为 Web 2.0 广告市场的领军者。AdWords 是 Google 推出的一款深受欢迎的按点击率付费的广告产品。利用 AdWords 公司可对特定的搜索词确定预付价。例如，科罗拉多中部大学的高尔夫课程项目可以确定对搜索词"高尔夫"和"科罗拉多"付 2 美元。当用户通过 Google 来搜索这两个词时，Google 就会在网页上展示该校高尔夫项目的链接广告。如果用户点击了该链接（且只在用户点击该链接时），Google 会向该高尔夫项目收 2 美元。若用户未点击该链接，该高尔夫项目就不用付费。AdWords 支持了高尔夫课程促销流程目标的实现。促销流程的目标之一是采用更有针对性的营销方式，该目标是否成功可以通过有多少人对促销做出反馈并访问了该网址来衡量。

在线广告销售流程

有些企业要在自己的网站上销售广告空间。如果寻找广告商的成本能降低，另外一些企业也愿意出售广告空间。传统网站上最常用的广告方式是横幅广告和弹出式广告。拥有网站空间的组织必须寻找广告商，并且制定广告协议的详细内容。对于每个协议来说，商定协议条款、制作图像文本、网页跟踪加载都是耗时的流程。一项使广告的买卖流程变得高效的 Web 2.0 应用是 Google 的 AdSense。

AdSense 会搜索企业的网站，然后向网站中插入与其内容相匹配的广告。当用户点击该广告时，Google 就会向网站的拥有者付费。那些拥有网站的企业不必再费心费力地去寻找广告商了。AdSense 支持了在线广告销售流程的目标。其目标之一是要花更少的时间来管理网站发布广告的流程，这可以通过员工每周所用工时来衡量。

市场调研流程

Web 2.0 应用可以帮助公司使它的市场调研流程更加快捷。在 Web 2.0 之前，该流程需要员工针对相关主题展开网上搜索。例如，软件公司的员工要对当前的计算机安全问题进行调查，会访问大量的网络安全站点并阅读相关文章。现在利用 Web 2.0 的应用，比如用 RSS 的订阅和讨论板，使得寻找相关内容的流程变得自动化。图 10—6 是一个 RSS 阅读器的界面示例，上面有摘自《纽约时报》的关于因特网的文章，以及摘自 SearchSecurity 和 TechCrunch 的文章。

制药公司的员工可以利用 RSS 阅读器设置 RSS 订阅，在自己的阅读器上专门收看各个医学网站发布的关于眼部疾病的文章。每当医学网站更新的时候 RSS 阅读器也会自动更新。制药公司的一个目标是减少新产品市场调研的时间，这可以通过实际调研天数来衡量。

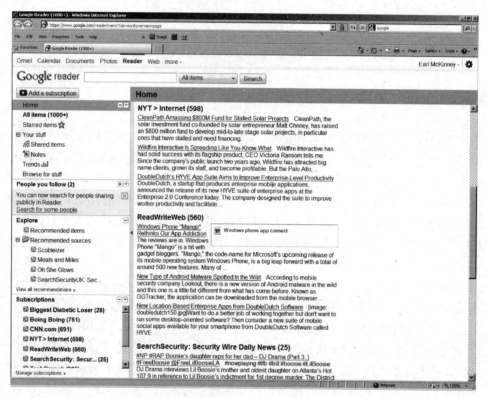

图 10—6　RSS 阅读器

资料来源：© 2011 Google.

B2C 销售流程

零售商可以通过 Web 2.0 应用来改善 B2C 销售流程。该流程中一项关键性活动是收集客户数据。数据包含访问者使用的浏览器名称、IP 地址，以及他是否从网站买了东西。在 Web 2.0 之前，B2C 企业必须自己编写程序代码来收集这类数据。自从有了 **Google Analytics**，B2C 网站可以免费下载 Google Analytics 软件来收集网页流量数据。这里的数据就包括上面提到的数据——客户来自哪里（来自搜索引擎或其他网站），客户在网站上做了哪些访问，转化率是多少等。**转化率**（conversion rate）指最终购买的客户数占全部访问数的比例。分析师可以检测这类数据，并对网站做出相应改变，以实现转化率提升的目标。Google Analytics 已经安装在 50 万以上个最流行的网站上，它可以帮助公司改善 B2C 销售流程，并通过转化率的提升来衡量。

用 Web 2.0 支持新流程

Web 2.0 应用不仅改善了已有的业务流程，而且可以支持新的流程。假设你看了一部热门电影，并且很想购买领衔女主角所佩戴的首饰、手表、她所穿的裙子等。假设这些商品在 Nordstrom 有售。通过 Web 2.0 技术，影片出版商和 Nordstrom 可以将这些内容融为一体，当你在家用 DVD 看影片时就可以点击你喜欢的商品，并直接进入 Nordstrom 的网站购买这些商品。对于 Nordstrom 来说，Web 2.0 支持了一种新的娱乐销售流程。

用 Web 2.0 实现流程整合

从前面的章节我们已经知道 ERP 系统不仅可以促进流程改善，更重要的是可以促进流程的整合。Web 2.0 也一样。例如，Google Analytics 可以促进 B2C 销售流程和促销流程的整合。因为 Google Analytics 提高了销售流程中网站访问者的转化率，并同时提供了最佳客户来自哪里的数据，这就促进了促销流程的改善。学校的高尔夫课程最近通过 AdWords 在网页搜索中添加了高尔夫项目的链接。Google Analytics 可能会发现，使用"科罗拉多"和"高尔夫"做搜索的人比那些采用"科罗拉多中部大学"和"高尔夫"做搜索的人，成为高尔夫课程用户的转化率要高。它们可以根据此结果改善促销流程，对那些更有效的搜索关键词支付较多的费用。

问题 3　社交媒体如何改善业务流程？

同其他的 Web 2.0 应用一样，社交媒体也会通过许多方式影响业务流程。尽管应用的种类繁多，其中绝大部分都是面向客户的流程，即促销、销售和产品服务流程。这里将介绍一个分别改善前面提过的三种社交媒体（分享型、网络型、协作型）的应用程序示例。图 10—7、图 10—8 和图 10—10 展示了这三种社交媒体平台以及各自支持的流程目标，图中还展示了用来测度目标的评估指标。

促销流程

目标	评估指标
提升产品或服务的被关注度	统计喜欢、转发和下载的数量

客户沟通流程

目标	评估指标
提升与客户的双向沟通往来	统计发帖、Twitter 消息、博客"粉丝"的数量

图 10—7　分享型社交媒体改进的流程

分享型社交媒体

像博客、微博、Twitter 以及 YouTube 等分享型社交媒体可以用来支持许多现有的和新的业务流程。图 10—7 是这些应用目前所支持的一些业务流程。

促销流程。或许社交媒体帮助企业的最直接、最有效的方式就是支持其促销流程。注意下面四个例子中

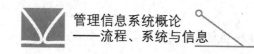
提到的不同促销产品以及促销结果的衡量方式。

● 某食品搅拌机制造商将一套成本低廉的系列视频——"它能搅拌吗"发到了 YouTube 上。视频内容是公司的 CEO 用本企业的搅拌机搅拌大理石。随后，该 CEO 又在视频中搅拌提基火炬、冰球和 iPhone 手机。这些视频在各大社交媒体上广为传播，即**病毒式**（viral）传播开来。在被数百万人观看之后，YouTube 的系列视频帮助该公司把搅拌机销售量提高了 40％以上。①

● 在娱乐产业中，黑眼豌豆合唱队（Black Eyed Peas）是社交媒体的早期支持者。黑眼豌豆通过 Twitter 来征求大众对音乐会歌曲的需求。他们利用社交媒体平台提升了歌迷对其公演的关注度和参与度，使用社交媒体工具还增加了歌曲的下载量。

● 口香糖企业 Stride Gum 开发了一个叫马特·哈丁的人在世界 42 个国家跳舞的 YouTube 视频。在这段愉快的视频结束时会出现一则公告，表明 Stride Gum 是该视频的赞助商。马特跳舞的视频在头两年中被浏览了 3 300 万次。该视频剪辑使 Stride Gum 的销量提高了 8％，并跃升到无糖口香糖产业的第五名。②

● 某小型健身美容院 New York City 通过 YouTube 宣传其面部抗衰老美容项目，取名为"鸟粪美容疗法"。该视频收视反响异常强烈，引发了人们对该方式的热议，也显著提升了人们对该美容项目的需求。

促销流程中有许多不同的目标，其中一个共同目标是提高对其产品或服务的关注度。该目标可能采用的评估指标是统计出喜欢、转发和下载的次数。

客户沟通流程

政府机构已经在利用社交媒体工具同那些身处险境的人们进行沟通。例如，警察和消防官员会转发关于危险天气和森林火灾的消息来通知灾害所在地的居民。

一些公司正在通过社交媒体来提升与潜在客户的沟通，尤其是在组织产生危机之后。近些年，英国石油公司、丰田公司及强生公司都曾面临过公众的产品问责，并且都以社交媒体为前沿窗口解释公司的前景，讲述公司为防止进一步危机而采取的措施。

许多公司都在暗地里借助分享型社交媒体平台更好地同客户进行沟通。例子如下：

● WD-40 是一种润滑和清洁用的化工产品。通过社交媒体上的客户评论，其制造商发现自己的产品能够安全、轻易地将汽车防撞垫上的小虫去除。

● 沃尔玛在阿肯色州的 IT 部门通过了解 Twitter 上的顾客抱怨，发现了一家商店的收银机的开发程序存在缺陷。当该商店打电话反映此问题时，IT 部门已经在着手处理了。

● 维珍航空公司有位乘客在跨国飞行中通过 Twitter 抱怨说自己受不了邻座乘客的气味，感到难受。维珍航空的客服人员很快看到了此 Twitter 消息，判断出此状况最可能发生在哪个航班中，并立刻通知了该航班的服务人员。该航班服务人员随即在过道中询问有无乘客想要更换座位。

客户沟通流程的目标之一可能很简单，就是要提升同客户之间的双向沟通往来。相应的评估指标是要统计发帖、转发 Twitter 和博客追随者的数量。

网络型社交媒体

像 Facebook、LinkedIn 和 Foursquare 这样的社交媒体可以用来支持许多不同的流程，其中有些流程也被分享型社交媒体支持。图 10—8 展示了被网络型社交媒体所支持的流程。

---

① SociaLens Case Study. www.socialens.com/wpcontent/uploads/2009/04/20090127_case_blendtec11.pdf（2011 年 7 月访问）。
② www.adrants.com/mt335/mt-search.cgi? IncludeBlogs=1&search=nokia。

促销流程

目标	评估指标
提升品牌	计算页面上的跟帖和邀请数量

招聘流程

目标	评估指标
提高采自申请人的数据的有效性	使用的媒体数量或者数据源数量

图 10—8　网络型社交媒体改善的流程

促销流程。企业可以通过 Facebook 群组来加强促销宣传。例如，学校的高尔夫课程项目可以为每场婚礼创建嘉宾群，将其作为婚礼网站。新娘可以按照客人名单邀请对方加入嘉宾群。婚礼之前，新娘和新郎可以把他们从相知到订婚的照片和视频放在群里。小夫妻还可以向到场嘉宾提供礼品登记、高尔夫课程指南、天气预报等值得关注的信息，并可以建立有趣的话题的目录。进一步地，如果婚礼举办方成功地使用了该嘉宾群，高尔夫项目方就可以同受邀的嘉宾们建立联系，提升学校高尔夫项目的品牌知名度。

许多公司都在利用网络型社交媒体加强促销宣传，提升自己的品牌知名度。

● 探索频道在 Facebook 网页上安装了一个应用程序，在网络上推销其经典纪录片系列"鲨鱼周"（Shark Week）。每当访问者点击该应用时，探索频道都会在访问者的 Facebook 站点上创建一个有鲨鱼周视频片段和介绍的混搭弹窗。弹窗中会显示该用户正被鲨鱼攻击，并配有貌似真实的媒体发布会，包括来自其 Facebook 好友的评论。该视频很容易张贴在访问者的 Facebook 页面上，形成病毒链接。①

● 彭尼（JCPenney）公司利用 Facebook 链接创建了"狗舍"（doghouse）系列视频，并借此来促进线上销售。如果有熟悉的人给自己买了不合适的礼品，比如为纪念日买了真空吸尘器、为生日买了节食书，就会被送入狗舍作为惩罚。走出狗舍的唯一办法是从彭尼网站另买一个体贴的礼物送过去。送人进狗舍者和被送进狗舍的人都会通过 Facebook 在朋友面前宣扬，该促销活动和彭尼的关注度也就提升了。②

● 许多汽车制造商都可以让访问者方便地将产品图片直接下载到自己的 Facebook 网页上。一旦这些图片出现在 Facebook 上，访问者就会邀请朋友们对自己的购车打算做出评价。探索频道、彭尼和汽车制造商都借此种应用发掘了用户的社交图谱。**社交图谱**（social graph）是社交媒体应用中人与人之间彼此的依赖形成的网络，例如朋友、共同兴趣或亲属关系。

● Foursquare 是这样一种网络型社交应用，它能使旅馆和酒吧能方便地利用社交媒体来创建竞争、奖励常客、邀请常客的朋友。Foursquare 上的餐馆可以利用奖励和等级提升等方式促进访客间的竞争。这种提供定位服务的社交媒体是第一批将定位数据和用户社交图谱混搭的社交媒体之一。图 10—9 展示了 Foursquare 的网站。

促销目标因公司而异，一个普遍的目标是提升品牌知名度。对好品牌最有力的证明就是客户愿意向朋友们介绍该品牌。所以，对品牌提升度的衡量方式就是了解该品牌在 Facebook 上被提到的次数、在 Foursquare 上受朋友邀请的次数，以及顾客们彼此邀请加入在线促销活动的次数。

招聘流程。这种社交媒体的另一个作用就是可以收集潜在雇员的智慧来支持公司的招聘流程。LinkedIn 是最流行的专业的网络型社交媒体网站。在该网站上，用户都要建立一个类似于简历的个人档案，并有自己所认识的人员列表。通过 LinkedIn，许多公司在贴出招聘信息、寻找候选人、收集推荐、制定招聘决策等方面既降低了成本，也节约了时间。

---

① Josh Catone, "10 Impressive New Applications of Facebook Connect," Mashable, July 21, 2009. Http://mashable.com/2009/07/21/facebook-connect-new/.

② Creativity Online, "JCPenney: Beware of the Doghouse". http://creativity-online.com/work/jc-penney-beware-of-the-doghouse/14501.

305

图 10—9　Foursquare 网站

资料来源：经过 Foursquare.com 的许可。

　　Facebook 也被用于招聘流程。据 Mashable 报道，2009 年全美橄榄球联盟（NFL）有些球队通过虚构的 Facebook 档案来追踪潜在的选秀对象。[①] 毫无戒心的入选者竟认为这些追星账户是些漂亮的年轻女孩儿。不少人对这种另类做法的道德水准提出质疑，但许多公司都采用了一些争议较少的方式来从社交媒体上收集数据，以保证其招聘流程更加有效。

　　招聘流程的一个目标可能是提高应聘者数据采集的有效性。该目标可以用每位应聘者平均使用的媒体数或数据资源数来评估。

协作型社交媒体

　　维基百科、StumbleUpon、Google Docs 以及 Digg 等协作型社交媒体同分享型和网络型社交媒体一样，也可以支持业务流程。图 10—10 展示了协作型社交媒体支持现有流程的例子。

---

　　① Mashable. http://mashable.com/2009/04/10/nfl-draft-facebook//（2011 年 7 月访问）。

促销流程

目标	评估指标
降低产品退货率	退回产品的频率和价值

客户沟通流程

目标	评估指标
提升客户之间的相互沟通程度	维基百科页面编辑和添加的数量 客户评论的数量或长度 客户参与的数量

图 10—10　协作型社交媒体改善的流程

促销流程。在协作型社交媒体网站上，为了参与正式和非正式群体的工作，用户需要贡献文本、投票、文档、问题、答案、清单等。

前面已经提到，亚马逊通过让用户对其产品做出评价，推出了客户协作的概念。亚马逊收集了数百万条产品评价，并将这些评价展现在客户面前。宠物服务企业 PETCO 借鉴了这一概念，并根据客户的不满意数据来决定哪些产品不该在网站促销活动中出现。这种方法称为**众包**（crowdsourcing），是指将传统上由某个员工来完成的任务包给一个大型的、非特定的群体来做。

许多新闻网站允许读者对文章进行评价或排序，并为读者向 Twitter 和 Digg 推荐文章提供便利按钮。Digg 这样的社交媒体会收集这些排序，并按主题分类，创建协作性的流行文章及流行网站的名录。这些经协作性编辑而产生的名录可以方便地为企业所用，用来追踪和评估用户的喜好和口味变化。促销的目标之一是通过众包来降低产品退货率，该目标的评估方式是退回产品的频率和价值。

客户沟通流程。许多企业和政府组织都利用维基百科来为客户提供产品的在线帮助服务。Pitney Bowes 公司创建了一个维基论坛专门用来回答客户提问，而一个客户的问题经常被另一个客户回答。维基百科使得服务中心的电话减少了 3 万个，为公司节约了 30 万美元。

有些大学向学生付费，让他们通过社交媒体与潜在学生沟通。潜在学生可以通过这些社交媒体来解惑，可以了解大学生活，可以在进入大学之前同其他学生进行交流。政府机构通过社交媒体跟踪流感的爆发和传播情况。Google 可以跟踪流感搜索的发生地。当某个地区有很多用户搜索"流感"等相关词条时，Google 就标记出流感爆发地的具体位置。[1]

医疗机构越来越意识到社交媒体在病人教育中发挥的重要作用。医院和保健专家们会推荐一些可以为病人提供可靠答案的专门的讨论网站。近期的研究将这种互动称为 Health 2.0。研究发现，那些在诊断和治疗过程中同医疗机构和其他病人协作较多的病人，对治疗的满意度更高。[2]

客户沟通流程的目标之一或许是提升客户之间的相互沟通。相应的评估指标可以是计算出维基网址的添加或编辑数、客户评论的数量或长度、参与者的数量等。

利用社交媒体支持新流程

对于这点，我们已经展示了社交媒体是如何提升现有流程的。我们提到的大多数例子都是帮助组织建立客户联系的流程。然而，像 Web 2.0 和其他信息系统这样的社交媒体，还可以推动组织出现新流程。企业可以通过 Web 2.0 创建公司内部的维基百科，用来存储知识、发现专家。过去，在组织内部查找专家并没有正

① Erik Qualman，*Socialnomics*（Hoboken，NJ：Wiley，2009）.

② *The Economist*. April 16，2009. Health 2.0. http://www.economist.com/node/13437940.

规的流程。现在，公司为收集和共享专家创建出了特定的流程。例如，当软件工程师们加入微软这样的企业时，他们会将自己所擅长的知识领域（如 SQL Server、SharePoint 或精通希腊语等）输入一个基于 Share-Point 的内部博客网站。之后，如果微软要找一个精通希腊语的 SharePoint 专家帮助完成某个希腊项目，可以利用描述数据迅速找到符合条件的员工。

另一个新流程可以称为"社交媒体的内容生成"。使用社交媒体的一个挑战是要持续不断地提供新鲜的想法。比如前面提过的自行车厂商 CBI，该公司想通过博客和 Twitter 来宣传自己的新产品线。销售经理苏注册好了博客和 Twitter 账号，并向销售代表、自行车爱好者和经理们落实了内容，让他们每天发一个帖子更新博客。苏还聘请了一个专家每周对博客内容做总结。她安排助手利用博客创建 tweets，并转发其他有用的 tweets。她利用 tweets 把销售代表和一些非常有用的博客联系起来。这些活动构成了新的、社交媒体支持下的内容生成流程，苏还在继续完善它。

■ 利用社交媒体实现流程整合

当企业通过社交媒体来整合流程时，社交媒体的价值就提升了。科罗拉多中部大学通过学生博客来支持招生流程。在校生的博客和 tweets 可以展示校园生活和各种机会，有力地支持了学校的招生流程目标。在夏季，博客和 Twitter 的话题内容会转向下一个周末的活动安排、班级注册注意事项及其他有关新生的话题，对学校的新生注册流程饶有帮助。在学期中，博客内容又会变化，以帮助学生规划未来的学期，支持新生保留的流程。

■ 进行社交媒体促销活动的注意事项

最后，我们概括一下社交媒体如何改善业务流程，值得注意的是许多例子都涉及了促销流程的改进。利用社交媒体成功发起促销活动是一个挑战。对成功促销活动的早期研究表明，成功的关键因素有四个，如图 10—11 所示。第一，保持参与，创建一个促销如何更新的计划，通过每天更新内容保证促销活动的活力。第二，动员早期客户为你的促销做贡献。这些早期支持者可能愿意发出正面的赞帖，写出好评，或者转发你的 Twitter 信息。第三，建立奖励机制并给贡献者以身份，比如给经常发帖者的名字标注一个奖励图标，或者给客户评论创建一个排名。客户若发现你对内容有积极反馈，或者看到自己的等级提升了，便会更加频繁地发帖。第四，不要低估所需的时间。促销是一件非常耗时的事情。

保持参与——制定促销活动的每日更新计划
动员早期生产型消费者做出贡献
建立奖励机制
不要低估所需时间

图 10—11　社交媒体促销活动的关键成功因素

问题 4　Web 2.0 如何促进构建社会资本的流程？

Web 2.0 和社交媒体可以帮助企业建立社会资本。**社会资本**（social capital）是指为了在市场中获利而对社会关系进行的投资。建立社会资本是一个动态流程，对企业而言至关重要。这里我们先介绍建立社会资本的流程，再分析社交媒体是如何促进这一流程的。在前面我们分别讨论了 Web 2.0 和社交媒体是如何影响业务流程的，其中大部分衡量流程改善程度的评估指标都可以直接得到。然而就社会资本而言，用来衡量流程改进程度的方法需要花更多时间才能得到。该流程还有一个特殊性，即社会资本的效益会溢出到其他流程。企业对社会资本的投入也像其他资本一样，其收益将来都可以用于其他项目和流程。

什么是社会资本？

卡尔·马克思认为**资本**（capital）是为了获取未来收益而进行的资源投资。资本就像存入银行账户的钱一样，可以积累起来供日后使用。企业管理领域定义了三类资本。**传统资本**（traditional capital）主要指对工厂、机器、制造设备这类资源的投资。**人力资本**（human capital）指为了未来获益而对人类知识和技能的投资。你们上这门课就是在为自己做人力资本投资。最后是社会资本，如前所述，它是对社会关系的投资。

社会资本对企业来说有三大好处。[1] 第一，社交网络中的关系可以为企业提供相关的数据，其中包括机会、方案、问题及对专业管理者非常重要的其他要素。第二，它还提供了影响决策者的机会，以提高企业在行业中的影响力。第三，身处一个备受尊重的关系网络相当于获得了某种形式的社会认证。其他人若看到你和某些重量级人物共处，会更愿意同你合作，或许会提供资源来支持你。

你会为了同人见面交谈并巩固关系而参加企业聚会，此时的你就处在建立社会资本的流程中。同样地，当你加入 LinkedIn 或者给 Facebook 做贡献时，就是在为自己的社会资本投资。

企业以及在企业中工作的人们都在企图积累社会资本。企业会鼓励员工创建自己的博客或 tweets，企业也会建立自己的社交媒体账户。无论是个人还是企业，其社会资本都会给公司带来好处。

社会资本的建立是一种流程。该流程有三个目标：

（1）在社交网络中拓展关系（评估指标是关系的数量）；

（2）提高这些关系的强度（评估指标是支持的频次）；

（3）同有更多资产的人取得联系（评估指标是货币价值）。

交更多的朋友和加强同现有朋友的关系都可以建立社会资本。更进一步地，你也可以通过多交朋友以及与控制着所需的重要资源的人增强联系来获取更多的社会资本。这种计算方法或许看起来有些冷血、缺少人情味、虚伪、自私。当社交媒体被用来做娱乐时或许是这样，但如果为了专业目的而利用社交媒体，请记住社会资本的流动是双向的。与你交往也会被对方组织的专业人员视为他们的社会资本投资。

组织如何利用社交媒体来拓展关系

图 10—12 展示了一个例子，在传统的商业关系中，你（客户）与某个企业打过交道（比如某本地餐馆）。依照传统方式，你可能在社交网络中采用口述方式表达你的经历和看法（告诉朋友 F1、F2 等）。然而，这种沟通是不可靠且简单的。如果你的经历特别好或者特别不好，你很可能想对朋友们都说一说。但可惜的是，你大约只能在事后不久和你能碰到的朋友去讲。你讲的故事也仅仅是三分钟热度，几天或几周过后就会被人忘掉了。

---

[1] Nan Lin，Karen S. Cook，Ronald S. Burt，*Social Capital：Theory and Research*（New Brunswick，NJ：Transaction Publishers，2001）.

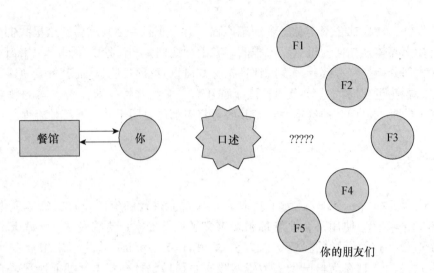

图 10—12　传统营销网络

社交媒体促进了社交网络上的互动行为。社交媒体有很多特征，其中一个就是它可以使观点的传递更加可靠，并持续较长时间。例如，假设该餐馆已呈现在某种社交媒体上，比如在 Facebook 上建了网页，至于它是以什么方式存在的暂不重要。

当你在自己用的社交媒体上提到这个餐馆时，有关该企业的信息会被广播给你的朋友们，如图 10—13 所示。这种信息的传达是自动的。"刚刚在这家餐馆吃了周日午餐，非常好吃！"该消息会可靠地传送给你的所有朋友。与口述故事不同，这个消息会持续好几个小时甚至好几天。于其本身而言，这是一种非常强大的营销程序。

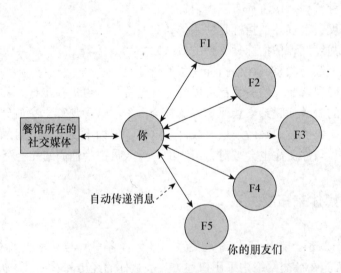

图 10—13　社交媒体营销网络

然而，社交媒体还提供了更大的可能性。如图 10—14 所示，你有朋友（或许不只 5 个），你朋友也有自己的朋友，那些朋友还会有自己的朋友。如果你发布的信息促使朋友 F5 将该餐馆告知她的朋友，她的朋友 F7 又向自己的朋友传递餐馆信息，如此扩散的信息传递就成了病毒式传播。

总之，该餐馆使用了一种 Facebook 上特有的社交媒体呈现方式来促进社会资本流程的建立。该餐馆期望通过这些社会资本来获取未来收益。

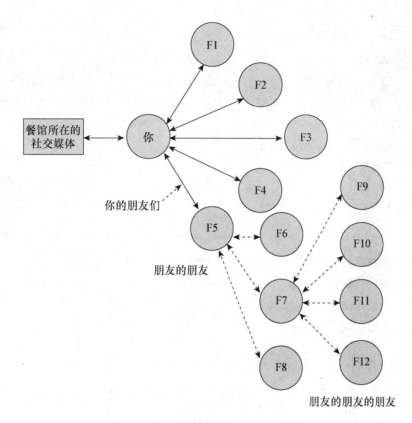

图 10—14　病毒式社交媒体营销网络

组织如何利用社交媒体来巩固关系

对组织来说，**关系强度**（strength of a relationship）是指位于关系另一方的人或其他组织做出对本组织有利的行为的可能性。如果某个组织与你的关系很强，你买了它的产品后，会对其做出正面评价，会发布你使用其产品或服务的图片等。如前所述，社交媒体提供了三种形式的价值：数据、影响、社会认证。如果组织有办法使其关系网中的成员就这些因素中的任何一种提供更多，其关系也就加强了。

> 在网上发布关于自己的信息时，应该遵循什么道德约束？请阅读本章的伦理问题讨论，并思考网上活动常见的伦理问题。

本杰明·富兰克林在其自传中提到，如果你想加强同某个有权者之间的关系，就请他帮你一个忙。在他创建公共图书馆之前，他先向一些有影响力的陌生人借来贵重书籍。同样地，一些组织也学会了这一招，会通过请你帮忙来增进与你的关系。顾客评论、将工作机会传递给合格的候选人、转发信息等，都是公司请个人在社交媒体上常做的事。若你帮了这个忙，也就加强了你与该组织的关系。

MIS 课堂练习 10

用 Twitter 支持课堂讨论流程

课程开始之前，指导老师会选择一个独特的标签用于此练习。课程期间，用你们的 Twitter 账号发布关于该标签的 tweets（消息）。这些 tweets 可以是对课堂想法的观察，或是针对当天主题的提问。课程结束时，要讨论这些 tweets。

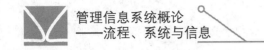

如果没有 Twitter 账号，请在课程开始前申请一个。

作为备选，你们可以不把消息发到公共的 Twitter 空间，而是用 Twitter 的即时消息功能把 tweets 发送到班级的 Twitter 账号中。要使用这个功能，指导老师首先要创建班级的 Twitter 账号。在向这个账号发送即时消息前，每位学生都必须关注此班级账号。老师可以在课堂结束时登录并展示这些即时消息。

在练习结束时讨论下述问题：

1. Twitter 支持课堂讨论流程的效果如何？

2. 课堂讨论流程的目标和评估指标是什么？

3. Twitter 还可以支持哪些教学流程？这些流程的目标是什么？Twitter 如何帮助达成这些目标？

4. 在课堂上使用 Twitter 能与教学流程相融合吗？这些流程包括学生评估、学生协作、技术运用以及课堂讨论。

频繁的互动巩固了关系，继而提升了社会资本。你与一个公司的互动越多，你的承诺和忠诚度越强。社交媒体上的帖子、其他用户贡献的新内容、游戏等都给企业提供了频繁互动的新机会。但是频繁互动要保持持续性，只有当双方都看到了关系持续的价值时才会发生。因此，从某种程度上讲，组织必须付出一些努力，使你感到花时间继续帮忙是值得的。

组织如何利用社交媒体联络到资产更多的人

建立社会资本的第三个目标是要同掌握更多资产的人建立联系。除了这些人的金融资产外，该组织的社会资本同样也是该社会资本相关者的社会资本中的重要部分。社会资本最清晰可见的评估指标是关系的数量。在通常情况下，拥有 1 000 个 Twitter 忠诚粉丝的人比只有 10 个粉丝的人更有价值，但这种计算方法还需要细化。如果 1 000 个粉丝都是大学生，而该企业的产品是成人尿布，同这类粉丝的关系价值就很低；而如果仅有的 10 个粉丝都是退休者，这个关系会更有价值。

社会资本没有计算公式，但三个要素看起来更应该是乘法关系而不是加法关系。或者可以这么说，社会资本的价值应该是公式 1 而不是公式 2。

公式 1：社会资本＝关系数量×关系强度×实体资源

公式 2：社会资本＝关系数量＋关系强度＋实体资源

再次申明，不要按照字面意思机械地理解这些公式，要将其视为三个因素的交互作用。社会资本的乘法关系说明，如果关系的数量很大但关系中的人所拥有的资源很少，社会资本的价值或许不如那些关系数较少但关系中的人拥有的资源很多的情况。此外，这些资源必须同该组织有关。口袋里有零花钱的学生只与必胜客有关，而与宝马汽车的经销商无关。

概括一下，社交媒体可以改进组织建立社会资本的流程。如前所述，组织期望这项投资能在未来带来好处。这些回报可能是销量的提升、企业智能水平的提升、对供货商和客户的影响，或者声誉提高以吸引到更好的人才。

问题 5　使用 Web 2.0 的企业面临哪些挑战？

使用 Web 2.0 的企业面临两种不同的挑战：一个是管理问题，一个是用户内容问题。我们将分别讨论这两大问题。

管理问题

Web 2.0 应用的管理挑战之一是具体的劳动力需求很难估算。其实对任何新兴技术来说，都很难找到有用的指南来估算其有效使用所需的时间。另一个挑战是要建立有用的评估指标，很难决定该如何测量一项新技术有多大用处。当然，提高效益或增加销量都是不错的评估指标，但是对 Web 2.0 初创企业来说很难用这些指标来衡量，或者需要数年才能逐步见效。例如，某个 Web 2.0 宣传活动或许没有明显地影响到销量或者利润，但顾客的正面口碑、评论或客户满意度都获得了有价值的改善，这些都难以测量。此外，主办这次活动的团队还从中学到了很多经验，可以在随后的项目中使用，比如懂得了如何估算用工量、如何管理这类项目等，这些效果都很难测量出来。

与 Web 2.0 和社交媒体有关联的另一个大问题同客户隐私有关。客户使用社交媒体数据参与的业务流程的每一步改善都以损失隐私为代价。假如医疗界想要增进与某种疾病患者之间的协作，只有患者公开了其个人健康的隐私数据后才能进行。经营社交媒体的企业以及使用社交媒体的企业，都必须密切关注用户对隐私的顾虑，关注政府对隐私权法律的出台，这些都会限制社交媒体数据的使用。

另外还需注意，Web 2.0 应用可能对许多流程并不适用。有些流程需要更为稳定可靠的、可控制的信息系统支持，而不是灵活的或者多变的系统。那些处理资产的信息系统，无论是金融资产还是实体资产，都要求较高的可控性。人们绝不希望自己的信用卡交易以用户生成内容的方式暴露，也不希望它在全球共享的地图上面出现。财务总监不会希望自己的应付账系统或总分类账系统有一个突然冒出来的用户界面，实际上《萨班斯-奥克斯利法案》已明令禁止这样的事情发生。

用户内容问题

Web 2.0 就像潘多拉的盒子，公司一旦开启了用户内容参与方式，就很难抑制其有害的一面。企业在陷入任何一种 Web 2.0 的商业应用之前，都应该首先看清这些工具会带来哪些风险。一些主要的风险如下：

- 垃圾和狂人；
- 不适宜的内容；
- 负面评论；
- 抗议活动；
- 对社交媒体服务商的依赖。

狂人们会把网站当成荒谬的想法和奇谈怪论的发布场所，乱发 UFO、政府谎言之类胡拼乱凑的话题。正因为有这种可能，负责管理网站的业务员必须经常监控网站，及时删除不良内容。像 Bazaarvoice 这样的社交软件服务公司不仅收集和管理网站的评级与用户评论，还可以监控网站中的无关内容。

另一种风险是负面评论。有调查表明，几乎没有一件产品是完美的，客户对此心知肚明。绝大多数顾客需要在购买之前先了解产品有哪些缺陷，并以此确定这些缺陷是否会妨碍该产品的应用。顾客期望能同时看到正面的和负面的评论，最好能看到坦诚和真实的东西，而不是老套的吹牛皮。然而，如果所有的评论都是负面的，如果产品只被评了 1 颗星，离 5 颗星差得老远，那么公司使用 Web 2.0 技术就会无端地暴露自己的不足。

抗议活动（mutinous movements）是负面评论引发的恶性结果，指处在抵制地位的消费者以破坏性方式使用组织的网站。奥巴马竞选网站 www.my.barackobama.com 曾利用强大的社交媒体为竞选造势，当时身为参议员的奥巴马改变了原有立场，同意给予从事国家安全工作的电信公司监听豁免权。22 000 多名成员利

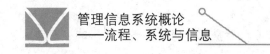

用他的网站自发组成了反对团体，数百名成员在奥巴马自己的网站上对奥巴马展开了猛烈抨击。对竞选造势者来说这真是一个出乎意料的攻击，此时他们正沉浸在利用社交媒体从小型募捐者募捐成功的喜悦中。

尽管有的企业有能力自行建设社交媒体，但许多组织仍然选用了社交媒体服务商如 Facebook 和 Twitter。在 Facebook、Twitter 及其他社交媒体的成功和经营策略面前，这些企业处于弱势。这些社交媒体服务商是一些新公司，其商业模式并不成熟，或许自身还面临生存问题。而且，为了商业目的使用社交媒体服务商，企业明显会受到服务供应商的可靠性和服务水平的制约。

脆弱性确实存在，但选择的余地也很小。尽管公司有能力打造自己的社交媒体，但是这样做投入很高，需要高度熟练的技术员工，并且要花很多钱进行频繁更新。而且，即使公司开发了自己的社交媒体，也不会有 Facebook 和 Twitter 那样的流行度和观点分享能力。

对用户内容的回应问题

一些社交媒体在巨额资金支持下高调启动，但宣传过后网站更新跟不上，再往后便慢慢停滞下来，给人以计划不周的印象。社交媒体活动就像派对一样，需要周密策划和发起，没有哪个主人会在中途就放手不管了，那样客人们就会立刻失去兴趣，结果也会不可收拾。

在派对进行中，主人必须清楚，如果有客人的举动不合时宜自己该怎么做。这同样适用于社交媒体活动。如果内容上出了问题该怎么办？

如果出问题的帖子是对企业产品或服务的合理批评，那么最好的反应就是保留原文。有批评的声音恰恰说明该企业的网站不是摆样子的，它包含了合法的用户帖子。这样的批评还是产品的免费评论源，对于产品开发十分有益。要让它有用，研发团队就需要知道批评的内容，因此，对于系统来说，确保研发团队能够查询和知晓这些批评意见显得尤为重要。

还有一种反馈是对出问题的内容做出回应。做回应时务必要当心。如果回应能够以某种方式被解读为对发帖者的不敬甚或侮辱，这种回应就可能激怒用户方，引发强烈的抗议活动。另外，如果回应被看成是在护短，则会明显损害自己的公共关系。在大多数情况下，最好的回应就是，这些出问题的内容促使企业做出了积极的改善。例如，假设有用户发布消息说自己在拨打客户支持电话时等了 45 分钟，而企业已经设法减少了用户等待时间，那么对该批评的有效回应就是虚心接受批评，不加辩护，坦陈企业为减少等待时间做了些什么。

一些不合适的内容应该删除。这些内容来自一些狂人，或者与网站毫无关系，或者包含淫秽或其他有害内容。然而，删除合法的负面评论会引发用户的强烈抗议。比如开篇案例中阿希丽讲的雀巢公司在 Facebook 上发生的公共关系噩梦，只源于对雀巢棕榈油的批评。有人更改了雀巢的标志，雀巢的反应是将含有该标志的所有帖子从 Facebook 账号上删除，这种不分青红皂白的骄横做法在 Twitter 上激起了铺天盖地的负评。

做生意的一个明智规则是，永远别问那些结果对自己不利的问题。不妨将这一原则延伸到社交媒体中：永远不要建立一个内容自己应付不了的网站。

问题 6　Web 2.0 近期会受到哪些重大影响？

我们周围在不断发生着变化，比如新的 Google 应用程序、Twitter 的新用法、广泛的智能手机应用、各种云端服务项目等。Web 3.0 是不是将要来临？我们不得而知。然而，新工具和技术将会继续改变企业利用网络的方式。

最近在巴西，联合利华给 50 袋奥妙洗涤剂安装了 GPS 定位工具。当顾客从货架上取下洗涤剂时，GPS 定位装置会被激活。定位装置接下来可将顾客的住址报告给联合利华公司。联合利华员工会登门拜访客户给他们赠送小型摄像机。这是什么？是一种全新的促销方式。但接下来还会发生什么？

一个发展领域可能是社交媒体和**适地营销**（location-based marketing）的融合。适地营销是将顾客位置数据整合进营销活动中。想象一下，你正在街上走，忽然收到一条来自你最爱的附近餐馆的 tweet 消息，告知那里有半价晚餐；或者一条来自朋友的短信，告知他刚刚在你前面不远处的电影院买了张超值折扣票。像餐馆、影院、花店、旅馆、保质期短的生鲜食品店等企业，产品适宜销售的时间很短。而且，这些企业已经支付了产品的大部分成本，再有顾客来基本不会再增加什么费用了。这种有易腐品库存的公司，就可以利用基于位置的社交媒体帮助实现库存管理。就像亚马逊改革了线上库存的管理一样，社交媒体也会明显改善易腐品的库存管理。

第二个领域是**社交媒体监控**（social media monitoring）。随着选择社交媒体的人越来越多，许多公司开始利用监听平台帮助自己监测和跟踪企业的产品和品牌在社交媒体平台上被关注的情况。例如，某些公司的 tweets 和 wall posts 被频繁转发，引起了更多的讨论，留下了更深的印象，给顾客留下了更强烈的品牌认知度。随着社交媒体的商业应用不断增长，监测工具对于验证和检测社交媒体的使用情况变得更有必要。监测工具的例子有 KLOUT、Radian6 以及 Sysomos。

另一个社交媒体的发展领域是网络用户的验证。目前网络商业化发展中面临的一大挑战是要准确而有效地**验证**（authenticate）用户确实不是仿冒的。比如 B2C 网站、银行网站以及大学的门户网站等，都需要验证用户的身份。目前这些工作都由他们自己来完成——每个网站都有验证流程，有一套用户名及密码。因为人们在 Facebook 上存储了大量的个人信息和照片，所以 Facebook 有可能利用这些数据信息来为在线业务做用户验证。例如，当你登录大学系统时，或许会被大学登录页面重定向到 Facebook 页面去登录；如果你成功登录了 Facebook，就会被重新引到大学系统，绕过学校的登录页面。像 Facebook 这样的社交媒体，比任何在线媒体都更了解你本人。Facebook 或许可以利用这一优势来发展一个第三方验证流程。

Web 2.0 世界中新的管理规则是什么？我们还不知道。就如本章开始讲过的，技艺随着技术走。Web 2.0 和社交媒体是具有颠覆潜力的技术。企业必须握有将此技术用于流程的技艺，才可能从中获益。你们将会在一个有趣而动态的时代里进行管理。

新的 Web 2.0 和社交媒体系统仍处在婴儿期。正由于它们的低成本、易用性及灵活性，许多公司将在未来几年中尝试使用这些技术。你们是接触这些工具并将其用于个人的第一代。正是由于此种经历，你们可以帮助企业了解这些工具如何能更好地为其流程提供支持。

伦理问题讨论

道德、社交媒体及真实性

没有人愿意将自己最丑的照片发到 Facebook 上，但是为打造好形象而做出的修饰有道德底线吗？如果某人的腿和臀部不怎么好看，那么贴出的照片上让自己站在一辆时髦汽车的后面不算过分吧？如果你偶然一次碰见了圈中的名人，然后就发了张照片，看起来像是和人家常来常往一样，这算很出格吗？

当然了，你大可不必为了求平衡，就在自己超级风光、魅力无限的照片之外去配发一些与普通人无聊聚会的合影。只要这些事没有超出你的 Facebook 或 Google＋账户中的朋友圈，就只是两厢情愿，无关大局。现在来考虑社交媒体在商业竞争中的情况。

315

a. 假设一家从事水上漂流业务的公司在社交媒体上组建了一个群组来为漂流旅行做宣传。格雷是个 15 岁的高中生，也是个潜在客户。他想让自己显得更成熟些，于是贴了一个 22 岁英俊男子的照片来作为自己的照片。他还为网站照片写了诙谐聪明的评论，并声称会弹吉他，是一个多才多艺的女按摩师。他这么做不道德吗？假如有人看到格雷的帖子后决定参加漂流，但看到格雷的真实情况后感到很失望。漂流公司是不是有责任退还客户的钱呢？

b. 假设你拥有并管理这家漂流公司，你要求员工给自己的公司写好评是不道德的吗？如果你要求员工用其他邮箱去写，而不能用工作邮箱写，你的看法会改变吗？

c. 仍旧假设你是漂流公司的老板，并按员工拉到漂流客户的多少给他们发奖金。你鼓励员工们千方百计地为公司带来客户，用什么有创造力的手段都行。一位员工邀请 Facebook 上的朋友参加派对，他打算在派对上展示以往的漂流照片。在去往派对的路上，一个朋友出车祸身亡了。他的配偶将你们公司告上法庭。你公司对此有责任吗？如果你事先知道有这个派对，公司有责任吗？如果你没有鼓励员工们发挥创造力，又会怎样？

d. 假设漂流公司有个网站可用于提供客户评价。你努力保持着网站清洁，但是有一次旅行出了意外，你的员工不小心提供了不洁食品，导致旅客们食物中毒。其中一位旅客由于此次经历在网站上写了份差评。你若从网站上删除这个差评是有德之举吗？

e. 假设你不是该公司的所有者，而是曾作为员工受雇于该漂流公司，却被无端解雇了。为了报复，你利用 Facebook 向朋友们（很多是漂流向导）散布传言，质疑公司漂流的安全性。你的行为违反了道德吗？违法吗？这种情况和 d 中的情况在道德上有区别吗？

f. 仍旧假设你曾是该漂流公司雇员却被无端解雇了。你注意到公司老板没有 Facebook 账号，于是你代她创建了一个。你与老板相识多年了，你有她的许多照片。有些照片是在派对上的，形象不拘或比较暴露。你把这些照片都发了上去，同时还有她对客户和员工的批评话语。好多话是她很累或情绪不佳时说的，这些话很伤人，但也透出了某种智慧和幽默。你向她认识的人发出了邀请，其中不少人是她批评挖苦的对象。你这么做是不道德的吗？

g. 假设你的教授写了一本畅销的教科书。但他的课你没有得到期望中的分数，于是你就在亚马逊网站上对该书发表了诽谤性的负面评价。该行为是道德的吗？

复习题

复习题用来帮助学生检测对本章知识的掌握程度。你可以先读完本章的全部内容，然后去完成所有的复习题；也可以读完与题目相关的内容后立即去做复习题，做完一道再做另一道。

问题 1 什么是 Web 2.0 和社交媒体？

举例说明那些 20 世纪 90 年代主导软件行业的公司，以及 Web 2.0 公司。说明网络技术的哪些变化导致了 Web 2.0 的出现。描述 Web 2.0 时代之前软件是怎么卖的，解释 Web 2.0 应用的界面更新有什么不同。举一个混搭网站的例子，说明什么是生产型消费者。社交媒体对商业企业的魅力何在？描述社交媒体的三大主要类别，并分别找出一个流行的社交媒体应用的例子。

问题 2 Web 2.0 如何改善业务流程？

解释促销流程的目的，说明 AdWords 是如何支持该流程的。解释 AdSense 及它所支持的业务流程，解释 RSS 及它所支持的流程。描述 Google Analytics 以及它所改进的特定业务流程的类型。举一个新业务流程的例子以及支持它的 Web 2.0 应用。解释 Web 2.0 是如何整合业务流程的，并举例说明。

问题 3　社交媒体如何改善业务流程？

描述一种社交媒体应用，说明它所支持的业务流程以及可以用来测评效果的评估指标。再分为三种社交媒体做出具体解释——分享型、网络型、协作型。解释术语的含义：病毒式（传播）和社交图谱。说明社交媒体如何整合业务流程并举例，说明社交媒体促销成功的关键因素。

问题 4　Web 2.0 如何促进构建社会资本的流程？

解释资本并描述三种资本类型，说明社会资本对商业企业有何益处。说出建立社会资本流程的三个目标并具体解释；举例说明社交媒体是如何支持每一个目标的。

问题 5　使用 Web 2.0 的企业面临哪些挑战？

举例说明目前应用 Web 2.0 的企业面临哪些潜在的管理问题。解释个人隐私同企业客户流程改进之间的关系，说明 Web 2.0 应用不适合哪些类型的业务流程。说明企业可能会遇到的内容方面的问题，针对这些问题提出可能的解决方法。

问题 6　Web 2.0 近期会受到哪些重大影响？

举一个适地营销的例子，说明 Web 2.0 应用是如何支持适地营销的。解释企业为何需要社交媒体监测平台。解释验证的目的，说明为什么 Facebook 和其他社交媒体可以用来做验证。解释为什么"技艺随着技术走"的说法可以被用来描述当下的 Web 2.0 环境。

概念及术语

AdSense	AdWords	验证	资本
转化率	众包	Delicious	Digg
企业 2.0	Foursquare	Google Analytics	人力资本
适地营销	混搭	抗议活动	生产型消费者
社会资本	社交图谱	社交媒体	社交媒体监控
关系强度	传统资本	用户生成内容	病毒式（传播）
Web 2.0			

知识拓展题

1. 访问美国房地产网站 Zillow（www.zillow.com）。输入某个家庭住址（譬如你父母家）了解其房产的估价，再查一下邻居房产的估值是多少。你认为该网站侵犯了个人隐私吗？为什么这样认为呢？寻找并描述其符合 Web 2.0 应用的特征。请解释为什么这个网站被传统的房地产公司认为是一个威胁。房地产代理商如何利用该网站推销自己的服务？房地产经纪人（代理机构的拥有者）如何利用该网站为自己服务？

2. 假设你负责设计学校高尔夫课程项目的 Facebook 网页。说出应该在网页上展示高尔夫课程项目的哪三个特征（例如预订开球时间的链接），具体说明这些新特征分别改善了高尔夫项目的哪些流程，以及衡量其改善程度的评估指标。

3. 与高尔夫项目直接面对消费者不同，身为自行车批发商的 CBI，其交易对象是把自行车卖给消费者的零售商。这会如何改变 CBI 利用社交媒体的方式？说明 CBI 中可以利用社交媒体支持的流程，以及衡量其改善程度的评估指标。

4. 访问维基百科。阅读维基百科的网页以及协作编写页面的介绍，作图描述维基百科页面的创作和更新流程。其页面创建和编辑流程的目标是否有效用？是否有效率？可以用什么评估指标来评估流程的改善程度？

5. 用关键词 Google My Maps 搜索网络，利用链接来学习如何创建自己的地图，然后制作一个自己的地图。My Maps 有 Web 2.0 应用的全部特征吗？

6. 访问 Digg、Delicious 及 Quora 网站。制作出课堂演讲文档，向同学们介绍其中 Web 2.0 特征明显的网站，说明该网站可支持哪些个人或企业流程。

7. 利用关键词 Office 365 搜索网络，了解微软的产品。其具备哪些 Web 2.0 的明显特征？你认为微软的这种方式会成功吗？

8. 评估你自己的社会资本存量。学校里有哪些活动可以帮你提升社会资本？有哪些社交媒体应用能帮你提升社会资本？

9. 成为一个生产型消费者。在 Facebook 上找一个你信任的事业或群体，以你不太常用的方式去贡献一些内容。该组织会鼓励你继续贡献吗？如果你是该网站的负责人，该如何鼓励生产型消费者？

10. 登录 LinkedIn，建立个人简介并联系你认识的人，调查一下附近地区的工作机会。如果你有潜在的面试机会，对面试机构进行定位并做些调查。

协作练习题 10

找几个同学一起完成下面的作业。这部分练习不要用面对面交谈的方式去做，采用 SharePoint、Office 365、Google Docs 及 Google＋等类似的协作应用工具会更容易完成（参见第 9 章）。最终的结论要反映出团队的整体意见，而不是一两个人的见解。

与本组同学一起，利用社交媒体为某个组织策划一项小型市场促销活动。该组织可以是企业、非营利组织、大学项目组、学生社团或其他实体。这一促销活动将延续几个星期。

你们的成功标准包括：对客户的实用性（如它有多么成功）、彻底性和专业性。为了更好地了解产品或服务促销的知识，可阅读营销教科书，或者进行在线搜索，查找促销或社交媒体促销方面的知识。在动手之前，请复习一遍问题 3 最后概括的社交媒体促销活动的关键成功因素。为了更好地了解社交媒体促销知识，可以访问 Mashable 网站（www.mashable.com），这是一个领先的在线社交媒体网站，还可以利用 Technorati 来搜索博客圈，以获得社交媒体使用方面的指导。

活动开始时，每个小组要讨论并且明确下述事项：

1. 具体的目标受众（或许不止一个）；
2. 你们的产品或服务能够带来的好处；
3. 促销活动的目标（例如，提供信息、提升需求、差异化等）；
4. 初始的设计、消息或内容；
5. 如何衡量成功。

促销活动结束后，要向全班同学展示小组的策划、具体的促销经历，以及下次将采取的不同行动。

THL 旅游控股公司

注意：本案例的概念涉及本章和第 11 章，故第 11 章后还有续篇。

THL 旅游控股公司（Tourism Holdings Limited）是一家新西兰的上市公司，拥有多个旅游品牌和业务。THL 旗下控股的主要企业有：

- 新西兰的旅游胜地，如怀托摩黑水漂流和怀托摩萤火虫洞穴；
- 新西兰体验网（Kiwi Experience）和斐济体验网（Feejee Experience），可供随上随下的旅游巴士服务；
- 四个品牌的度假汽车租赁；
- 箱式货车制造厂 Ci Munro。

2009 年 THL 的收益为 1.7 亿美元，税前利润为 500 万美元。其营运企业分别位于新西兰、澳大利亚和斐济，在德国和英国也设有销售机构。

THL 以经营直升机旅游起家，公司提供新西兰境内的直升机观光游。几年之后，THL 出售了直升机业务，并从此成立了众多不同的旅游机构和品牌。THL 一直不断地买入、卖出各种旅游业务，欲了解其当前经营的业务，可访问 www.thlonline.com/THLBusinesses。

恰如 THL 的 CEO 格兰特·韦伯斯特（Grant Webster）所言，"THL 是汇集了众多品牌的品牌之家，其本身却不是一个品牌"。因此，在度假租车业务中，THL 拥有和经营着四个不同的房车租赁品牌：Maui、Britz、backpacker、ExploreMore。这些品牌之间有价格差异。Maui 是最贵的，ExploreMore 最受经济型游客的欢迎；Britz 的价格排在 Maui 之后，backpacker 处在 Britz 和 ExploreMore 之间。

旅游市场

2008 年，世界各地的出境旅游者约有 8.66 亿。据《旅游商业杂志》估算，到 2020 年该数字会增长到 16 亿。2008 年，旅游观光成为世界上最大的商业产业，提供了 2.3 亿个工作岗位，在世界 GDP 中占比超过 10%。[1]

尽管长期增长趋势看好，2008 年秋季金融危机过后，国际旅游业也相应收缩。2009 年 6 月，每年光顾新西兰的国际游客为 115 万[2]，比往年同期下降了 5%；光顾澳大利亚的国际游客为 550 万，同期下降了 2%。[3]

韦伯斯特谈到，"虽然我们认为从长远看，新西兰、澳大利亚和斐济的传统旅游市场仍保持强劲势头，但 THL 主要的增长机会将通过向其他国家做业务伸展来取得，可能会到美国和欧洲。"

信息系统的投资

THL 将信息系统和信息技术视为企业价值的核心要素，在各种创新性信息系统和 Web 2.0 技术上投资不菲。CEO 韦伯斯特很精通信息技术，曾多次谈及 SharePoint、OLAP 和数据挖掘技术（参见第 11 章）。

由于拥有众多不同的品牌和公司，THL 中汇集了各自独立的信息系统，分别基于不同的技术。技术分

---

① *Tourism Business Magazine*，November 2009，p. 20. 访问 www.tourismbusinessmag.co.nz 获取更多资料。
② New Zealand Ministry of Tourism. 见 www.tourismresearch.govt.nz.
③ Tourism of Australia. 见 www.tourism.australia.com.

隔的局面导致软件维护的工作量和成本居高不下。为了降低成本并简化信息系统管理，THL 在面向客户的网站上全面使用了 SharePoint。交互信息系统的经理 Steve Pickering 表示："采用单一的开发平台降低了维修费用，使我们能够把管理问题、研发和人员培训等都集中到一套技术体系里面。"

THL 利用 SharePoint 的目的不是协作，而是将其作为开发和兼容平台，支持复杂的、高度交互的网站。在新西兰体验网（www. kiwiexperience. com）上可以找到一个复杂的处理能力的例子。点击"Design Your Own Trip"，网站便会展现出新西兰的地图以及指令菜单。你可以从菜单中选择不同地区、体验类型和景点，网站会向你推荐具体的旅行方式，如图 10—15 的右侧所示。可访问该网站亲身感受一下交互式体验和流程的精妙所在。

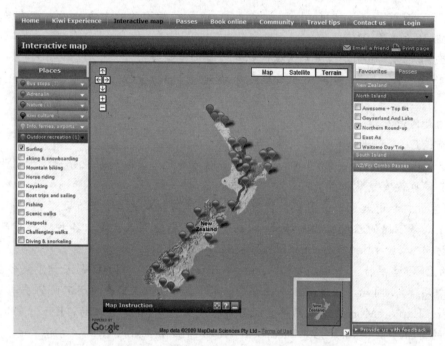

图 10—15　新西兰体验网上的新西兰交互地图

资料来源：经 THL 许可使用。

Web 2.0 和社交媒体使得旅游销售渠道去除了中介。据新西兰旅游局统计，2006 年有 49％的国际游客借助因特网来做旅游选择。这个数据增长迅速，目前已远远超过了 50％。

随着中间商的消失，THL 直接面向消费者销售产品，因此节约了大量分销成本。为了促进直接销售，THL 主动使用了 Google AdWords，并成为 Google Analytics 的关键客户。THL 还在同时尝试线上聊天设备，包括语音聊天和视频聊天。韦伯斯特说："宿营设施的租赁要花 5 000～10 000 美元，或者更多，我们相信客户想要同销售人员建立起可靠的关系以确保万无一失。在线视频聊天可以在我们与客户之间建立这种可靠关系。"

讨论题：

1. 这个案例揭示出频繁地获取和部署旅游品牌会给信息系统带来问题。概括说明会遇到哪些问题。综合考虑信息系统的五个组件，标准化的、单一的开发平台能在多大程度上解决这些问题？标准化能最好地解决这五大组件中哪一个的问题？

2. 访问新西兰体验网，点击"Design Your Own Trip"，分别选择刺激的、自然的、文化的等不同种类，再在每个种类中选择几个地点，然后选择一条符合目的地要求的路径。

a. 评估这个用户交互界面，描述它的优点和不足。

b. 评价地图指南。这些指导很恰当吗？请说明理由。

c. 对该网站利用社交媒体的方式做个总结。

d. 解释为什么说这个网站是混搭网站的例子。

3. 在新西兰体验网上，点击"Community"，再点击"Social Media"，进入网站的社交媒体主页（该网页或许已经变更，可在网站其他地方查找，了解它的社交媒体利用情况）。

a. 你的最初反应是什么？网站的布局和理念吸引你参与并贡献一些内容了吗？

b. 该网站，尤其是社交媒体网页，是用来支持 THL 促销流程的。网站和这个网页还能支持 THL 的其他哪些流程？

c. 流程改进需要有具体的目标和适宜的评估指标。例如，一个促销目标可能是提高用户交互水平，而评估指标是点击数。THL 的其他两个促销目标可能是什么？每个目标的评估指标又是什么？

d. THL 目前对社交媒体的利用能够支持你刚刚指定的目标和评估指标吗？它应当如何提升社交媒体的利用能力，才能更好地支持你为促销流程设定的目标？

第 11 章
商业智能

在 CBI 公司办公区深处一间没有窗户的办公室里，财务部经理安及 IT 部主管科迪正专注地看着显示屏。

"安，我们用这个程序可以监测到哪些计算机在下载音乐或视频文件，"科迪说道。

"如果有人滥用了系统，我们会怎么办？"

"我们会告知他们，这通常都会有效。但您的下属肖恩不成。我们给他发了'请勿滥用系统'的例行邮件，但他置之不理。或许是您从监管角度同他谈一谈的时候了。"

"他是在做非法下载还是从 iTunes 或 YouTube 上下载？"

"我们没有细看。不管是哪种情况，这都会使我们的系统速度变慢。"

"还有什么其他的？"

科迪诡异地眨眨眼，给安展示了一个屏幕，上面显示了每个员工的名字，以及他们使用 Facebook、Google 和 Outlook 等流行应用的情况。"我们从每天流进和流出 CBI 的成百上千万个因特网数据包中收集数据，并依据 IP 地址分了类。这个屏幕上显示了每个员工的 IP 地址、名字以及他们使用每个应用的频率。"

安看到这些，真不知道该怎么回应。科迪继续说道，"我们追踪员工们多久登录一次 Facebook。我们也会追踪员工们登录和退出公司网络的时间，他们使用了哪些应用——是电子邮件、视频还是新的 ERP 系统，诸如此类的事情。"

"我不记得曾被告知过有人会记录我在计算机上的所有操作！"

"我以为 HR 发过政策告知呢。很多公司都在这样做。HR 说这将来会帮助他们判断哪些人是有效率的而哪些人不是。"

"那么，是不是说如果我经常登录和退出 ERP 系统，会比保持登录却让 ERP 系统空闲着显得效率高呢？如果我使用的是短信聊天而不是电子邮件，这样是好还是不好呢？我们是否有什么可靠的度量方法，还是说只是在猜测这些数据可能意味着什么？或许人们用短信比用电子邮件能更快地办事呢？"

"我知道弗里德从 SPYIT 买了差不多上万亿字节的数据，用来与其他公司对比，看人们是如何使用我们的系统的。他们用了些相当深奥的统计算法，我也不懂他们是怎么算的。"

简　介

在第 7、8 章中所介绍的销售和采购运营流程会产生大量的数据。此外，第 9、10 章中的与协作和社交媒体相关的动态流程也会产生堆积如山的数据。但这些还只是组织中大量的数据生成流程中的一小部分。所有这些数据包括有用的模式、关系以及见解，不过都是隐匿的，就像藏在干草堆中的一根针。商业智能（BI）的目标就是把这些有用的模式找出来。

在本章中，我们将讨论 CBI 这样的公司如何使用 BI 系统来支持企业流程。本章先介绍为什么 BI 对商业企业来说至关重要，再对 BI 系统所支持的流程进行说明并介绍 BI 系统的组成；然后，我们将讨论使用 BI 系统所面临的挑战，并探索 BI 的新发展；最后介绍 BI 供应商以及 SAP 是如何支持 BI 的。

问题 1　组织为什么需要商业智能？

组织需要商业智能是为了使流程效用更好、效率更高。**商业智能系统**（business intelligence system）是一个支持商业流程的信息系统，它通过合并和分析大型数据库里的数据来帮助用户开发信息。请看图 11—1 中列出的近来的商业案例。

> 本章中的案例说明了数据挖掘和其他商业智能系统都有各自的价值，但是也如本章的伦理问题讨论所言，它们也不是毫无问题的。

Progressive 是一家保险公司。该企业使用 BI 发现，那些不按时付保险费的人比按时付费的人更容易出车祸事故。因此，Progressive 公司能更精确地预测某个潜在客户发生事故的可能性。因此，它的保费报价流程也更加精准。保费报价流程的目标是向那些按时付费的人（相对地发生事故更少）收取较低的保险费，以此吸引这部分客户。同时依据这种认识，Progressive 会对那些发生事故可能性较高的潜在客户收取较高的保险费。这些高风险的驾驶员就会转到其他保险费较低的保险公司，而这些保险公司并不清楚个中风险，很可能让这些高风险的驾驶员支付较低的保险费，久而久之这些保险公司会为之付出代价。

Netflix 公司使用 BI 来实现其提高电影推荐流程的目标。既然 Netflix 的电影推荐流程比竞争对手做得好，人们就会更愿意从 Netflix 处租赁影片，而不是从竞争对手处租赁。既然别的租赁店、有线电视网或视频网站都不能像 Netflix 一样成功地帮助人们在上千部电影中做筛选，人们为什么还要去这些地方租赁电影呢？

正如电影《点球成金》所描述的，尽管资源类似，奥克兰运动家棒球队却比其他球队赢得了更多比赛。通过使用 BI，运动家棒球队改进了其球员评估流程。该队在球员评估流程中开发和使用了更先进的统计分析方法，因而能更好地了解球员的天赋。但如今，运动家棒球队的秘密武器风光不再了。另外一支棒球队——

波士顿红袜队，也借助 BI 的智慧来帮助球队找到潜力更好的明星球员。这个改进后的球员评估流程为红袜队赢得两次世界联赛做出了贡献，结束了他们长达 86 年没得过奖的历史。棒球并不是运用 BI 的唯一的运动项目。美国新英格兰爱国者橄榄球队也使用 BI 来支持其球员评估流程。爱国者队在四年中赢了三次超级碗赛，部分是因为通过使用 BI 提高了自己的球员评估流程。在这些例子中，每个公司都使用 BI 从庞大的数据库中找出了罕见的模式并利用这种智慧来改善自己的业务流程。

公司	行业	流程	目标	评估指标
Progressive	保险	保费报价	留住更安全的驾驶员	更精确的保费报价
Netflix	电影租赁	电影推荐	更准确地预测下一部影片	预测的准确性
奥克兰运动家队	体育	球员评估	改进对球员的评估	更有依据地制定决策

图 11—1　商业智能的案例

BI 也被称为商业分析或者简称为分析。支持者认为 BI 能够像搜索引擎服务于个人一样服务于商业。当你使用搜索引擎的时候，信息系统会分析庞大的 Web 网站上的数据库，并向你展示一个网站列表，帮助你创建自己所需要的信息。就像搜索引擎帮助你在因特网这个大草堆中找出一根针一样，BI 能帮助商业人士在庞大的数据堆中找到有用的模式。

尽管商业企业从数据中搜寻有用模式的事情早已有之，但是如今可用的数据量以及用于分析数据的工具使得 BI 日益普遍并且不可或缺了。不仅仅是商业上的应用，而且政府部门也在使用 BI 检查逃税情况和进行反恐调查，医疗机构也在使用 BI 来更好地了解病症、分析人类的基因组。

数据以及数据共享的大爆发可以追溯到几个因素。BI 在发展，因为像 SOA（面向服务的架构）和 XML 语言这样的工具使得数据的分享更简单，ERP 的普遍使用使得数据的收集更简单，存储成本的下降也使得数据储存更为经济。最近的预测显示每年产生的数据有 70E 字节，也就是说，相当于全世界每个人会产生 12 000G 字节的数据。70E 字节的数据相当于迄今为止人类所说过的所有词汇总量的 14 倍。由于数据量不断增长，花在 BI 上的开销也在增长，在近 12 年中已经增长了三倍。[①] 不仅仅是数据量远远超过以往，用户们现在拥有的软件工具数也今非昔比。在过去，只有经过高级训练的分析员才能使用 BI，而现在稍加训练的商业用户都能通过探查数据库来发现模式。

由于可用的数据越来越多，BI 系统在持续改进，更多的模式也会随之涌现。以下的说法恰如其分地概括了这种数据增长与人们从数据中探查模式的潜能增长之间你追我赶的协同场面："计算机是难以置信地快速、精确和愚蠢；而人类是难以置信地缓慢、不精确和聪明。这两者的结合，必将强大得超出想象。"BI 就是这种协同出色的例子。

问题 2　BI 是如何支持信息提示流程的？

最通俗地说，BI 是用来支持信息提示（informing）流程的信息系统。在信息提示流程中，行动主体（通常指人）的目标是要知晓（informed）信息。信息提示流程是与其他流程结合在一起的并且会支持其他流程（如图 11—2 所示）。如该图底部所显示的，它是嵌套在流程中的内在流程。比如，信息提示流程可以嵌

---

① www.gartner.com/it/page.jsp?id=1642714.

入采购流程，以帮助公司压缩供应链成本。

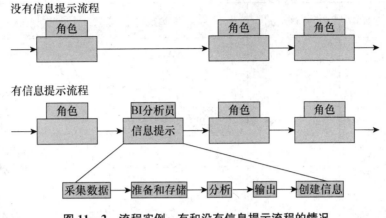

图11—2　流程实例：有和没有信息提示流程的情况

　　提示流程的目标一般是为用户提供见解并提高他们的信息质量。本章中的提示流程始终依赖于 BI 系统，而在现实中它并不需要 BI。很多时候，从事业务的行动主体不使用 BI 也会获知信息。比如，行动主体的阅读、分析报表数据、与同事交流想法等都会启动提示流程。

　　图 11—3 展示了提示流程的主要活动及角色。在第一个活动中，BI 分析员采集数据。这些数据可能来自一个或几个数据资源。这些数据需要先准备好并存储到数据仓库中，然后才能进行分析并得出结果。数据的准备一般包括数据筛选、将其转换成一致的和可用的格式等。在最后一项活动中，终端用户通过输出的数据而获知信息。如图 11—3 所显示的，终端用户可能会从事数据分析和输出活动，分析员也可能从事这些活动，或者由双方协作进行。在开篇情境案例中，安扮演的是终端用户角色，科迪扮演的是分析员的角色。

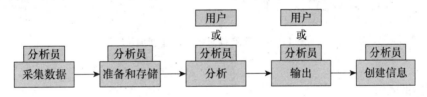

图11—3　信息提示流程中的主要活动和角色

　　BI 分析员都经过专业性的训练和教育，知道如何支持、维护和操作 BI 系统。许多 BI 分析员都接受过 MIS 教育或者统计学教育，或者兼有双重教育背景。

■ 销售流程中的提示流程

　　从第 5 章到第 10 章，我们讨论了各种不同的业务流程，并将流程做了简化。我们所做的一个简化便是将很多流程中固有的提示流程都隐藏了。在涉及决策的流程中，提示流程尤其常见。比如在第 8 章中，销售流程以销售前期活动和创建销售订单的活动开始。图 11—4 再次显示了这个销售流程。在随后的图 11—5 中，我们标明在销售前期活动之后和创建销售订单活动之前，销售人员会有信息提示活动。为了获知信息，销售人员会分析具体客户或产品的相关数据，以便知晓如何对待该潜在客户。

　　图 11—4 和图 11—5 展示了提示流程是如何支持操作性流程的，但实际上，提示流程还可以支持动态流程。动态流程的一个例子是促销流程。经理们经常需要查阅网站转化率和社交媒体监测指标，才能判断或知晓某个促销活动是否成功。这个过程就是受提示流程支持的。事实上，很难想象哪个流程中不含提示流程，或者不能通过添加提示流程加以改善。

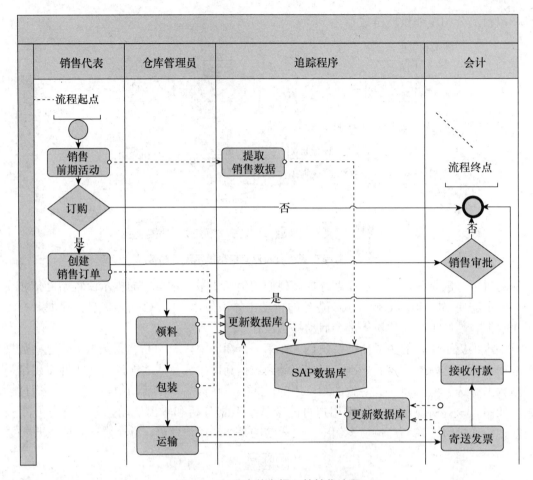

图11—4　没有信息提示的销售流程

提示流程的标准化

对整个组织来说，利用 BI 系统获知信息是普遍采用的方法，但也是非常昂贵的流程，因此许多企业试图将其标准化。通过流程的标准化，组织能推行更具一致性的政策并产生更具一致性的结果。通过流程的标准化，企业能避免出现常见的、由多个不同的 BI 系统支持多个不同提示流程的弊端。这种状况如图11—6所示，同样也属于信息孤岛问题。图中所示的三个流程或许是促销、销售和采购，每个流程中都有提示流程在内。在该图上部，每个提示流程都有各自专用的 BI 系统。在该图下部，这些提示流程都由一个统一的 BI 系统来支持，上部图中的冗余系统也不复存在。

如果数据分别存放在相互独立的信息系统中，或数据在多个不同地点被复制，就会产生信息孤岛，从而会导致图11—6上部的局面。在上部图中，三个提示流程分别支持三个不同的业务流程：流程1、流程2和流程3。每个提示流程都有各自专用的 BI 系统。很显然，像图11—6下部那样将数据合并到一处，有助于实现提示流程的标准化。将 BI 数据合并到一处是实施 ERP 系统后得到的一个非常有用的副产品。

智能手机就是支持多个不同提示流程的信息系统的极好示例。智能手机就像图11—6下部所展示的合并型 BI。智能手机相当于一个信息系统，能给你以提示来帮你改进多个流程，比如找到地址、向朋友发短信、阅读网页等。智能手机的价值在于用一个 BI 系统就能提高很多流程的效用和效率，而不仅是改进某一个流程。假如每个手机只能支持单一流程，你就得携带好几个智能手机了，这简直难以想象。

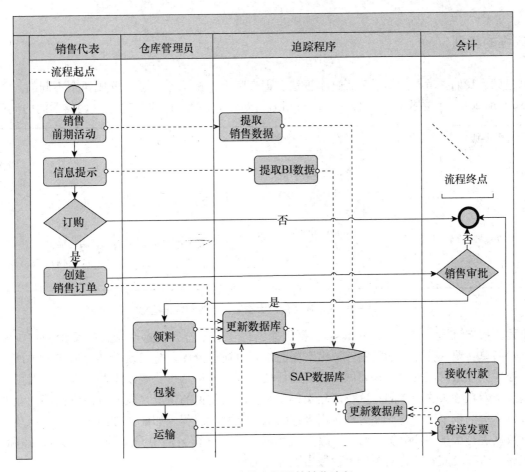

图 11—5　有信息提示的销售流程

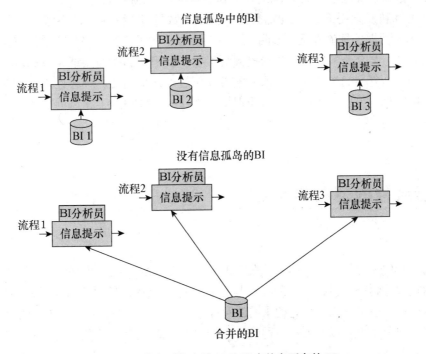

图 11—6　信息孤岛中的 BI 和没有信息孤岛的 BI

327

提示流程的类别

为简单起见，我们一直在用提示流程这个说法。但实际上，提示流程可以分成两个不同的大类：报告流程（reporting process）和数据挖掘流程（data mining process）。图11—7概括了这两类不同的流程。

提示流程类别	常见目标	图11—1中的公司	常用的分析	类型
报告流程	评估	奥克兰运动家队	简单的汇总、求和	非交互式——RFM 交互式——OLAP
数据挖掘流程	预测	Progressive Netflix	高级统计分析	聚类分析 回归分析 购物篮分析 决策树 其他

图11—7　提示流程的两大类别：报告和数据挖掘

报告流程。报告流程（reporting process）要创建结构化的报告并将这些报告提交给用户。该流程对数据的分析比较简单：要区分数据的类别并分出不同的组，可通过排序、分组及求和等操作简单地计算出总数及平均数。报告流程最常见的目标是要做出更好的评估。评估是指评价将要发生的事项，一般用来明确下述问题：哪类消费者在购买这个产品？这个产品卖得怎么样？最常见的情况是仅通过组织内部的业务数据来制作报告。报告流程的例子之一是职业运动队用来评估队员天赋的流程，如前文提到的奥克兰运动家队用新的方法将棒球数据进行了排序和分类。另一个报告流程的例子是开篇案例中CBI的科迪用来追踪和报告IP地址和应用程序的流程。问题3将对报告流程做出更详尽的解释。

数据挖掘流程。数据挖掘流程（data mining process）与报告流程的活动相同。不过其分析活动所采用的统计分析方法要深奥和复杂得多。在绝大多数情况下，数据挖掘的目标是要做出更好的预测。比如说，Progressive公司采用的数据挖掘流程是要预测发生机动车事故的可能性。另一个数据挖掘流程的例子预测了人们会一起购买的商品。某个非常知名的数据挖掘流程案例表明，那些购买纸尿裤的顾客可能会同时购买啤酒。这种分析要用到更为复杂的统计分析技术，绝不仅仅是根据星期几、顾客性别和产品价格做出分类和分组合计这么简单。根据分析得出的认识，商店经理把啤酒和纸尿裤摆到了相邻的商店货架中。问题4将对数据挖掘流程做更详尽的解释。

问题3　报告流程的范例是什么？

报告流程如何对其他流程提供支持的例子在CBI比比皆是。比如在销售环节，每当顾客给苏打销售电话的时候，她都会用报告流程查看该顾客的所有交易记录，这个流程使她对于应该给顾客报什么价心中有数。比如，如果某顾客以往采购量很大而最近的采购量有缩减，苏可能会给出较大的折扣来挽留客户。财务部的安使用报告流程将账户分了组，以便展示每种自行车配件的利润，所有账户都按照配件类型分了组并按盈利能力排了序。

如图11—8所示，报告流程与提示流程的活动相同。图11—8还展示了报告流程中各个活动的具体选项。

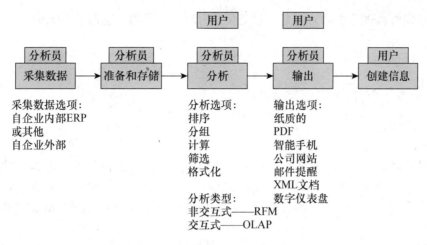

图 11—8　报告流程中的活动和选项

数据采自多种不同的资源，有运营数据库、ERP 数据库以及包含客户采购信息等数据的外部数据库。这些数据接着被准备并存储到一个叫做数据仓库的数据库中，这是一种为 BI 的应用而配置的特殊类型的数据库。我们将暂时跳过分析活动，先来考虑下一步的各种输出选项。报告输出选项中有多种输出媒体。有些输出是纸质打印件；有些输出是 PDF 格式的文档，既可以打印也可以看电子版；还能把输出结果发送到计算机屏幕和智能手机上。有时候公司还会把输出结果放到公司内部网站上供员工访问。比如，企业可能将近期的销售分析结果发送到销售部的网站上，或将客户服务分析结果发送到客户服务部的网站上。输出结果可以采用电子邮件提醒方式或 XML 格式发送。

另一种输出媒体是**数字仪表盘**（digital dashboard），这是为特定用户专门定制的电子展示面板。雅虎和 MSN 这样的服务商就是例子。这些服务的用户能设计自己想要的内容——比如当地天气预报、股票价格列表或新闻资源列表——并且服务供应商为每个用户定制化建造输出展示面板。图 11—9 是一个例子。

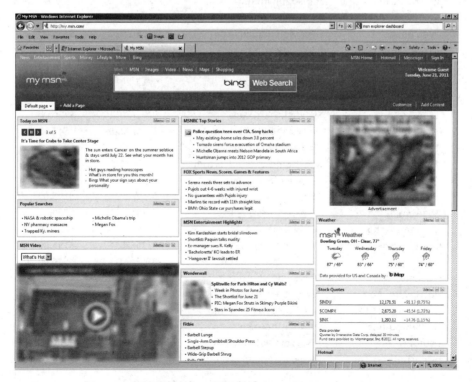

图 11—9　数字仪表盘示例

为简单起见，我们将报告分析归为两类：非交互式的和交互式的。这两种形式的分析都要用到下述五种基本操作：

- 排序；
- 分组；
- 计算；
- 筛选；
- 格式化。

非交互式分析使用预先设定的结构来输出结果。比如，每个月的销售分析结果都按照销售员姓名的字母顺序排序，输出结果中包括员工姓名、总销售额、比上个月增加的销量。交互式分析更加非结构化，允许用户自行设定输出格式。比如，销售人员可以利用交互式分析来创建一个 PowerPoint 幻灯片式的输出结果。

非交互式报告

图 11—10 展示了一个原始的非交互式报告的例子。这个数据表按照客户姓名排序后如图 11—11 所示，相对于未做排序的原始列表显然改善了一步。这个报告还可能设计成按订单分组的报表，产生另外一份非交互式报告。

CustomerName	CustomerEmail	DateOfSale	Amount
Ashley, Jane	JA@somewhere.com	5/5/2011	$110.00
Corning,Sandra	KD@somewhereelse.com	7/7/2011	$375.00
Ching, Kam Hoong	KHC@somewhere.com	5/17/2011	$55.00
Rikki, Nicole	GC@righthere.com	6/19/2009	$155.00
Corning,Sandra	SC@somewhereelse.com	2/4/2010	$195.00
Scott, Rex	RS@somewhere.com	7/15/2011	$56.00
Corovic,Jose	JC@somewhere.com	11/12/2011	$55.00
McGovern, Adrian	BL@righthere.com	11/12/2009	$47.00
Wei, Guang	GW@ourcompany.com	11/28/2010	$385.00
Dixon,Eleonor	ED@somewhere.com	5/17/2011	$108.00
Lee,Brandon	BL@somewhereelse.com	5/5/2009	$74.00
Duong,Linda	LD@righthere.com	5/17/2010	$485.00
Dixon, James T	JTD@somewhere.com	4/3/2010	$285.00
La Pierre,Anna	SG@righthere.com	9/22/2011	$120.00
La Pierre,Anna	WS@somewhere.com	3/14/2010	$47.50
La Pierre,Anna	TR@righthere.com	9/22/2010	$580.00
Ryan, Mark	MR@somewhereelse.com	11/3/2010	$42.00
Rikki, Nicole	MR@righthere.com	3/14/2011	$175.00
Scott, Bryan	BS@somewhere.com	3/17/2010	$145.00
Warrem, Jason	JW@ourcompany.com	5/12/2011	$160.00
La Pierre,Anna	ALP@somewhereelse.com	3/15/2010	$52.00
Angel, Kathy	KA@righthere.com	9/15/2011	$195.00
La Pierre,Anna	JQ@somewhere.com	4/12/2011	$44.00
Casimiro, Amanda	AC@somewhere.com	12/7/2010	$52.00
McGovern, Adrian	AM@ourcompany.com	3/17/2010	$52.00
Menstell,Lori Lee	LLM@ourcompany.com	10/18/2011	$72.00
La Pierre,Anna	DJ@righthere.com	12/7/2010	$175.00
Nurul,Nicole	NN@somewhere.com	10/12/2011	$84.00
Menstell,Lori Lee	VB@ourcompany.com	9/24/2011	$120.00

图 11—10　非交互式报告：原始销售数据

CustomerName	CustomerEmail	DateOfSale	Amount
Adams, James	JA3@somewhere.com	1/15/2011	$145.00
Angel, Kathy	KA@righthere.com	9/15/2011	$195.00
Ashley, Jane	JA@somewhere.com	5/5/2011	$110.00
Austin, James	JA7@somewhere.com	1/15/2010	$55.00
Bernard, Steven	SB@ourcompany.com	9/17/2011	$78.00
Casimiro, Amanda	AC@somewhere.com	12/7/2010	$52.00
Ching, Kam Hoong	KHC@somewhere.com	5/17/2011	$55.00
Corning,Sandra	KD@somewhereelse.com	7/7/2011	$375.00
Corning,Sandra	SC@somewhereelse.com	2/4/2010	$195.00
Corovic,Jose	JC@somewhere.com	11/12/2011	$55.00
Daniel, James	JD@somewhere.com	1/18/2011	$52.00
Dixon, James T	JTD@somewhere.com	4/3/2010	$285.00
Dixon,Eleonor	ED@somewhere.com	5/17/2011	$108.00
Drew, Richard	RD@righthere.com	10/3/2010	$42.00
Duong,Linda	LD@righthere.com	5/17/2010	$485.00
Garrett, James	JG@ourcompany.com	3/14/2011	$38.00
Jordan, Matthew	MJ@righthere.com	3/14/2010	$645.00
La Pierre,Anna	DJ@righthere.com	12/7/2010	$175.00
La Pierre,Anna	SG@righthere.com	9/22/2011	$120.00
La Pierre,Anna	TR@righthere.com	9/22/2010	$580.00
La Pierre,Anna	ALP@somewhereelse.com	3/15/2010	$52.00
La Pierre,Anna	JQ@somewhere.com	4/12/2011	$44.00
La Pierre,Anna	WS@somewhere.com	3/14/2010	$47.50
Lee,Brandon	BL@somewhereelse.com	5/5/2009	$74.00
Lunden,Haley	HL@somewhere.com	11/17/2008	$52.00
McGovern, Adrian	BL@righthere.com	11/12/2009	$47.00
McGovern, Adrian	AM@ourcompany.com	3/17/2010	$52.00
Menstell,Lori Lee	LLM@ourcompany.com	10/18/2011	$72.00
Menstell,Lori Lee	VB@ourcompany.com	9/24/2011	$120.00

图 11—11　非交互式销售报告：按客户姓名排序

如果用户对回头客感兴趣，该报告就可以先设定过滤条件，筛选出那些有过两次或以上采购订单的客户。具体操作结果展示在图 11—12 中。这份报告不仅对订单做了分组，还计算了每个客户的采购次数及每个客户的采购总额。这份报告之所以被看成是非交互式的，是因为每个月的格式都是一样的，分析员不会查看分析结果并返回分析步骤。

或许以上五种操作看上去都过于简单，无法产生重要的结果，但事实不是这样。这种报告能够产生异常有趣而且有用的结果。比如本章开篇案例中，科迪和安看到的就是一份用户与应用程序使用的非交互式报告。非交互式报告的另一种常见类型是 RFM 分析。

RFM 分析（RFM analysis）是根据客户购买模式对客户进行的分析和排序。RFM 分析会考虑客户最近一次订购的时间（R）、客户订购的频率（F）、客户花费的钱数（M），如图 11—13 所示。

为了得出 RFM 得分，RFM 分析首先要按最近的购买时间（R）对客户购买记录做排序。最常见的分析形式是将客户分成 5 组，对每组客户分别给予 1～5 分。购买时间最近的前 20％的客户的 R 得分为 1，购买时间稍远的下个 20％的客户的 R 得分为 2；依此类推，最后 20％的客户的 R 得分为 5。

接下来，RFM 分析依据客户订货的频率再次对客户排序。购买频率最高的前 20％的客户的 F 得分为 1，购买频率次之的下个 20％的客户的 F 得分为 2；依此类推，购买频率最低的客户的 F 得分为 5。

CustomerName	NumOrders	TotalPurcha:
Adams, James	1	$145.00
Angel, Kathy	1	$195.00
Ashley, Jane	1	$110.00
Austin, James	1	$55.00
Bernard, Steven	1	$78.00
Casimiro, Amanda	1	$52.00
Ching, Kam Hoong	1	$55.00
Corning,Sandra	2	$570.00
Corovic,Jose	1	$55.00
Daniel, James	1	$52.00
Dixon, James T	1	$285.00
Dixon,Eleonor	1	$108.00
Drew, Richard	1	$42.00
Duong,Linda	1	$485.00
Garrett, James	1	$38.00
Jordan, Matthew	1	$645.00
La Pierre,Anna	6	$1,018.50
Lee,Brandon	1	$74.00
Lunden,Haley	1	$52.00
McGovern, Adrian	2	$99.00
Menstell,Lori Lee	2	$192.00
Nurul,Nicole	1	$84.00
Pham,Mary	1	$38.00
Redmond, Louise	1	$140.00
Rikki, Nicole	2	$330.00
Ryan, Mark	1	$42.00
Scott, Bryan	1	$145.00
Scott, Rex	1	$56.00
UTran,Diem Thi	1	$275.00
Warrem, Jason	1	$160.00

图 11—12　非交互式销售报告：按客户姓名排序并按订购数和采购量分组

客户	RFM 得分
Ajax	1 1 3
Bloominghams	5 1 1
Caruthers	5 4 5

图 11—13　RFM 数据举例

最后，RFM 分析会按照客户采购的总金额对客户再排序。订购最贵商品的前 20％的客户的 M 得分为 1；接下来 20％的客户的 M 得分为 2；依此类推，花费最少的 20％的客户的 M 得分为 5。

图 11—13 展示了一个 RFM 结果的例子。第一个客户 Ajax 最近下过订单且订购的频率很高。然而 Ajax 的 M 得分为 3，意味着该客户没有订购最贵的商品。通过这份报告销售团队可以知道：Ajax 是一个不错的常客，他们应当尝试向 Ajax 多推销价格更高的商品。

图 11—13 中的第二位客户可能出了某种问题。Bloominghams 已经好久没有下过订单了，但是他过去曾采购非常频繁，并且采购的价值也是最高的。此数据预示着该客户可能转向了其他供应商，销售团队应该立即派人与该客户联系。

销售团队中的任何人都不会过多关注第三个客户，Caruthers。该公司近期没有下过订单，它的采购频率也不高，有订货时每笔订单价格很低而且数量也不多。可以放心地让 Caruthers 去竞争对手那里，本企业的损失会很小。

交互式报告

交互式分析同样使用最基本的分析操作：排序、分组和筛选。但是，顾名思义，交互式分析允许用户交互式地运用这些操作。也就是说，用户或分析员可以尝试采用一种分析方法，解释分析结果，然后返回并重新分析数据。交互式选项允许终端用户修改分析方法和输出结构。图 11—14 展示了一个交互式报告流程的示意图。交互式报告的简单范例是：用户查询 Access 中的数据库，看到查询结果后，会改变方法再次查询。

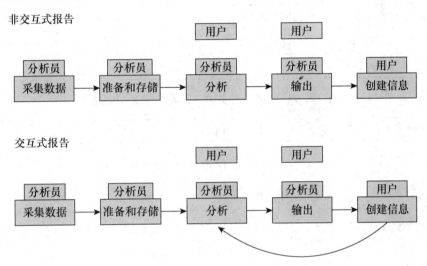

图 11—14　非交互式和交互式报告流程的主要活动

交互式报告流程最常用的术语是**联机分析处理**（online analytical processing，OLAP）。OLAP 提供了使用排序、分组、计算、筛选和格式化等基本操作，以交互式结构从事数据分析的能力。OLAP 报告类似于使用搜索引擎的交互过程。搜索引擎可根据你键入的词汇对网站做分组。更重要的是，搜索引擎是交互式的。你可以通过更改搜索词汇改变搜索引擎的查找目标，还可以更改输出格式——修改屏幕上显示的网站数量；选择不同的排序方式；如果用的是 Google，还可以使用它的神奇罗盘（wonder wheel）来直观地显示搜索结果。

OLAP 报告都有评价指标和维度。**OLAP 评价指标**（OLAP measure）是有意义的数据项，是需要在 OLAP 报告中计算合计值、平均值或其他运算处理值的项目。销售总额、销售平均值、平均成本数都是评价指标的例子。**OLAP 维度**（OLAP dimension）是指评价指标的特征或属性。购买日期、客户类型、客户位置及销售区域都是 OLAP 维度的例子。

图 11—15 展示了一个典型的 OLAP 报告。在这里，OLAP 评价指标是商店净销售额，维度有产品种类和商店类型。这份报告显示了商店净销售额是如何随着产品种类和商店类型而发生变化的。例如，大卖场类型的商店的非消耗品净销售额为 36 189 美元。

如图 11—15 所示的图表通常被称为 **OLAP 立方体**（OLAP cube），有时直接简称为立方体。这个术语的使用源于一些报告使用三个维度来展示结果，就像几何中的立方体。

如前文所声明过的，交互式报告最主要的特征是用户可以改变分析和输出结果。图 11—16 展示了这种变更。在该图中，用户在水平展示层面增加了一个新的维度——商店所在的国家和州。产品种类的销售额也就依商店地点的不同而被细分了。目前的样本数据只有美国的商店，并且只包括了美国西部的加利福尼亚州（CA）、俄勒冈州（OR）及华盛顿州（WA）。

	A	B	C	D	E	F	G
1							
2							
3	商店净销售额	商店类型 ▼					
4	产品种类 ▼	高档超市	食品超市	中型杂货店	小型杂货店	大卖场	总计
5	饮料	$8 119.05	$2 392.83	$1 409.50	$685.89	$16 751.71	$29 358.98
6	食品	$70 276.11	$20 026.18	$10 392.19	$6 109.72	$138 960.67	$245 764.87
7	非消耗品	$18 884.24	$5 064.79	$2 813.73	$1 534.90	$36 189.40	$64 487.05
8	总计	$97 279.40	$27 483.80	$14 615.42	$8 330.51	$191 901.77	$339 610.90

图 11—15 按产品种类和商店类型的 OLAP 分析

	A	B	C	D	E	F	G	H	I
1									
2									
3	商店净销售额			商店类型 ▼					
4	产品种类 ▼	所在国家 ▼	所在州	高档超市	食品超市	中型杂货店	小型杂货店	大卖场	总计
5			CA		$2 392.83		$227.38	$5 920.76	$8 540.97
6	饮料	USA	OR	$4 438.49				$2 862.45	$7 300.94
7			WA	$3 680.56		$1 409.50	$458.51	$7 968.50	$13 517.07
8		USA 合计		$8 119.05	$2 392.83	$1 409.50	$685.89	$16 751.71	$29 358.98
9	饮料合计			$8 119.05	$2 392.83	$1 409.50	$685.89	$16 751.71	$29 358.98
10			CA		$20 026.18		$1 960.53	$47 226.11	$69 212.82
11	食品	USA	OR	$37 778.35				$23 818.87	$61 597.22
12			WA	$32 497.76		$10.392.19	$4 149.19	$67 915.69	$114 954.83
13		USA 合计		$70 276.11	$20 026.18	$10 392.19	$6 109.72	$138 960.67	$245 764.87
14	食品合计			$70 276.11	$20 026.18	$10 392.19	$6 109.72	$138 960.67	$245 764.87
15			CA		$5 064.79		$474.35	$12 344.49	$17 883.63
16	非消耗品	USA	OR	$10 177.89				$6 428.53	$16 606.41
17			WA	$8 706.36		$2 813.73	$1 060.54	$17 416.38	$29 997.01
18		USA 合计		$18 884.24	$5 064.79	$2 813.73	$1 534.90	$36 189.40	$64 487.05
19	非消耗品合计			$18 884.24	$5 064.79	$2 813.73	$1 534.90	$36 189.40	$64 487.05
20	总计			$97 279.40	$27 483.80	$14 615.42	$8 330.51	$191 901.77	$339 610.90

图 11—16 OLAP 产品种类和将商店所在地按商店类型进行的分类

有了 OLAP 报告，就可能沿数据向下钻取（drill down）。这个术语表示对数据做进一步深入的细分。在图 11—17 中，用户将位于加州的商店做了向下钻取；OLAP 报告具体展示了位于加州的四个城市中的商店的具体销售数据。

334

	A 所在国家	B 所在州	C 所在城市	D 产品种类	E 高档超市	F 食品超市	G 中型杂货店	H 小型杂货店	I 大卖场	J 总计
3	商店净销售额				商店类型 ▼					
4										
5	USA	CA	比弗利山	饮料		$2 392.83				$2 392.83
6				食品		$20 026.18				$20 026.18
7				非消耗品		$5 064.79				$5 064.79
8			比弗利山合计			$27 483.80				$27 483.80
9			洛杉矶	饮料					$2 870.33	$2 870.33
10				食品					$23 598.28	$23 598.28
11				非消耗品					$6 305.14	$6 305.14
12			洛杉矶合计						$32 773.74	$32 773.74
13			圣迭戈	饮料					$3 050.43	$3 050.43
14				食品					$23 627.83	$23 627.83
15				非消耗品					$6 039.34	$6 039.34
16			圣迭戈合计						$32 717.61	$32 717.61
17			旧金山	饮料				$227.38		$227.38
18				食品				$1 960.53		$1 960.53
19				非消耗品				$474.35		$474.35
20			旧金山合计					$2 662.26		$2 662.26
21		CA 合计				$27 483.80		$2 662.26	$65 491.35	$95 637.41
22		OR		饮料	$4 438.49				$2 862.45	$7 300.94
23				食品	$37 778.35				$23 818.87	$61 597.22
24				非消耗品	$10 177.89				$6 428.53	$16 606.41
25		OR 合计			$52 394.72				$33 109.85	$85 504.57
26		WA		饮料	$3 680.56		$1 409.50	$458.51	$7 968.50	$13 517.07
27				食品	$32 497.76		$10 392.19	$4 149.19	$67 915.69	$114 954.83
28				非消耗品	$8 706.36		$2 813.73	$1 060.54	$17 416.38	$29 997.01
29		WA 合计			$44 884.68		$14 615.42	$5 668.24	$93 300.57	$158 468.91
30	USA 合计				$97 279.40	$27 483.80	$14 615.42	$8 330.51	$191 901.77	$339 610.90
31	总计				$97 279.40	$27 483.80	$14 615.42	$8 330.51	$191 901.77	$339 610.90

图 11—17 OLAP 产品种类和商店位置按商店类型细分显示的加州商店

注意图 11—16 和图 11—17 还有一个区别。用户不仅向下钻取到细目，还更改了维度的顺序。图 11—16 的第一分类是产品种类，然后依产品种类显示商店位置。图 11—17 的第一分类是商店位置，然后依商店位置显示产品种类。

总而言之，提示流程有两大类别。我们先讨论了第一类提示流程，即报告流程。报告流程又可再分为两

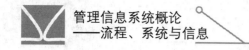

种：非交互式的和交互式的。如前面的图 11—17 所示，这两种报告流程的典型目标都是做评估，判断将要发生的事情。我们讨论的第二类提示流程是数据挖掘流程，它涉及容量巨大的海量数据库。数据挖掘流程的目标是要预测数据的模式和数据之间的联系。

问题 4　数据挖掘流程的范例是什么？

数据挖掘流程要运用高级的统计手段来寻找数据中蕴含的模式和关系，用于分类和预测。如图 11—18 所示，数据挖掘是多学科融合的产物。数据挖掘源于统计学和数学，以及计算机科学中的人工智能和机器学习领域。像 OLAP 的交互式报告流程一样，所有的数据挖掘分析都是交互式的。数据挖掘流程的一个例子是 Netflix 公司用来推荐电影的流程。推荐分析的最终方案是编程团队采用很先进的统计分析方法经过成百上千次迭代运算的结果。每一次迭代中，编程团队都要观察分析后的预测结果，适当添加或删减变量来调整分析过程，逐步改进分析结果。

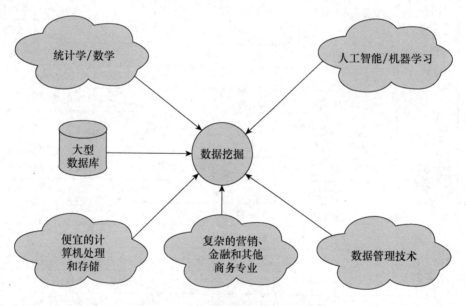

图 11—18　数据挖掘汇聚的学科

CBI 安装 SAP 的 BI 模块的目的是用来做数据挖掘。CBI 外向交货流程的改善就是数据挖掘效果的展现。CBI 为它的运输车队配置了传感器，可随时追踪货车的位置，并用数据挖掘的结果建议最佳的行驶路线，以避开修路、交通拥堵及红灯信号。在另一个应用系统中，CBI 与零售客户们合作并获取他们的销售数据。数据挖掘流程将这些不同零售店的销售数据合并到一个统一的数据仓库中。数据合并之后，再通过高级的统计方法进行分析，以发现不同行业中独具特色的购买模式。这些预测的购买模式可用来帮助 CBI 的销售团队调整未来的发货日期和送货方式，从而既为 CBI 也为零售商们省钱。

我们已经知道报告流程有两类不同的分析方法——非交互式的和交互式的。数据挖掘流程也一样，有几种不同的分析方法。下面我们将介绍四个具体的例子，如图 11—19 所示。

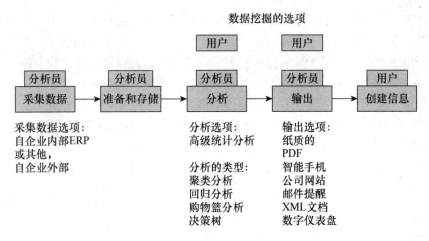

图 11—19　数据挖掘流程中的活动和选项

聚类分析

　　一种常见的分析方式是**聚类分析**（cluster analysis）。使用聚类分析，统计分析技术会区分出具有相似特征的实体分组。聚类分析经常用于从顾客订单和人口统计数据中发现具有相似特征的顾客群。比如，聚类分析可能会发现有两个差别很明显的顾客群：第一个顾客群的平均年龄为 33 岁，拥有两台苹果手机，拥有昂贵的家庭娱乐系统，开着雷克萨斯 SUV 轿车，趋向于购买昂贵的儿童游乐设施；第二个顾客群平均年龄为 64 岁，拥有亚利桑那州的度假房产，打高尔夫球，购买高档葡萄酒。某个正在推销儿童游乐设施的市场营销公司可能会选择在消费科技媒体上投放广告，比如《连线》（Wired）杂志和音乐下载平台等，以便让这类购买游乐设施的消费群体看到。

回归分析

　　另一种数据挖掘分析方法叫做**回归分析**（regression analysis），用来测量一组变量对另一个变量的影响程度。例如，某家通信公司的营销专家认为，周末时手机的使用情况与手机用户的年龄以及该用户拥有该手机账号的月份数有关。此手机案例的一个样本回归结果如下：

　　　　周末使用手机的分钟数＝12＋(17.5 * 用户年龄)＋(23.7 * 账号的月份数)

　　分析人员可以用这个等式预测手机在周末使用的分钟数，它等于 12 加上 17.5 乘以用户年龄，再加上 23.7 乘以手机账号月份数。

　　你们在统计课程中将会学到，要确定这个回归模型的好坏还需要更多的知识。用回归分析软件不难生成上面这样的等式。但这个等式是否很好地预测了手机未来的使用情况还要看统计因子的水平。你们会在统计课中学到这些统计因子，比如 t 检验值、置信区间，以及相关的统计检验指标。

　　在体育项目中经常用回归分析来预测未来结果。原因之一是所有比赛的一致统计量都会被记录下来，包括输赢数据。分析人员能够用回归方法进行一系列统计试验，以判断哪些变量能更好地预测输赢。

购物篮分析

　　假设你经营着一家潜水用品商店。你发现有位销售员在向顾客的追加销售方面比其他销售员做得出色。任何一个销售员都能满足顾客的订单，但是这名销售员尤其擅长把顾客原本没想购买的另外一些商品卖给他们。某天，你问他是如何做到的。

337

"这很简单，"他说。"我只是问自己他们需要购买的下一个商品是什么。如果有人来买潜水电脑，我肯定不会向她推销脚蹼。既然她要买潜水电脑，那么她肯定会潜水并且已经有脚蹼了。但是潜水电脑的显示信息不容易看清楚。所以买个好的面镜看显示就容易多了，潜水电脑的作用才能充分发挥出来。"

购物篮分析（market basket analysis，MBA）能判定销售模式。这种分析展示了消费者一般会同时购买的商品。在市场交易中，购买了 X 产品的消费者还要购买 Y 产品的事实创造了交叉销售的机会。**交叉销售**（cross-selling）是指销售相互关联的产品，即"如果他们买了 X，就向他们推销 Y"或者"如果他们买了 Y，就向他们推销 X"。在你计划购买手机的时候就可能遇到这种类型的 BI。商店的销售人员会问你一些问题，比如你用手机做什么、目前的购买计划、你的期望意向等。购物篮分析会利用你提供的这些信息建议你购买其他产品，如手机护套、充电器、你可能感兴趣的附加保险等。

■ 决策树

决策树（decision tree）是预测某种分类或某个价值的标准的分层结构。进行决策树分析时，分析人员会设定好计算机程序并提供分析数据，决策树分析程序就会生成决策树。

决策树的基本思想是依据某种标准找到最能有效区分实体类别的属性。假设我们想要根据学生们的 MIS 课程分数对学生进行分类。为了创建决策树，我们先要收集学生以往课程的分数和学生属性数据。然后将这些数据输入决策树分析程序。这个程序会分析所有的属性并把那个能使组间差别最大的属性选出来。其基本逻辑是组与组之间的差异越大，分类的合理程度就越高。比如，如果所有住在校外的学生的成绩都高于 3.0，而所有住在校内的学生的成绩都低于 3.0，该程序就会用"住在校内"或"住在校外"做变量把学生分成两类。在这个假想的例子中，程序就是一个完美的分类器，分出的每一类都很纯，不会误分类。

要结合现实可考虑图 11—20 的情况，该图展示了一个分析 MIS 课程成绩的假想的决策树。它仍然假设我们的分类依据是学生成绩是高于 3.0，还是低于或等于 3.0。

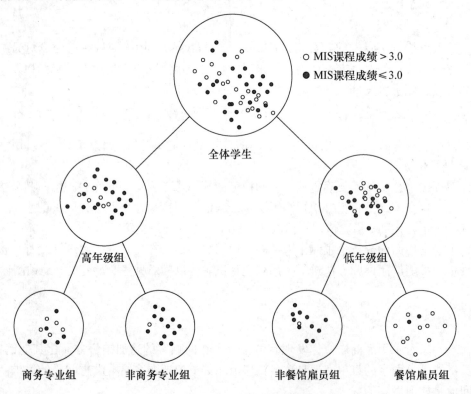

图 11—20　MIS 课程的学生成绩

产生这个决策结果的决策树软件会检验学生的特性，如学生的班级（低年级或高年级）、所在专业、打工情况、学生年龄、加入的俱乐部以及学生的其他属性。决策树软件会运用这些属性的值对学生分组，最大限度地区分成绩高于 3.0 或低于 3.0 的学生。

从显示结果看，决策树程序判定第一个分类的最好标准是学生所在班级是高年级还是低年级。这个例子中，此时的分类并不完美。我们看到，无论是低年级组还是高年级组，都不只包括了成绩高于 3.0 或低于 3.0 的学生。但是无论如何，两个组内成绩的混杂程度都比全体学生组要低一些。

接下来，这个程序会检测其他标准，进一步对高年级组和低年级组做次级分类，产生出更多的分组。该程序对高年级组划分出了下级子类：商务专业组和非商务专业组。而程序对低年级组数据的分析发现，专业之间的差异并不显著，而最好的分类标准（使组与组之间差异最大）是低年级学生是否在餐馆打工。决策树分析也称为递归区分，因为每一步分析都会把自身分割成不同的小组。

从这个数据我们看到，在餐馆工作的低年级学生的课程成绩较好；而不在餐馆工作的低年级学生和非商务专业的高年级学生成绩都比较差。另外一组高年级学生的成绩则是混杂的。

图 11--20 这样的决策树可以转换成一套决策规则，用"如果……则……"的格式表述。这个例子的决策规则如下：

- 如果某学生是低年级且在餐馆工作，则其成绩预测＞3.0。
- 如果某学生是高年级且不是商务专业，则其成绩预测≤3.0。
- 如果某学生是低年级且不在餐馆工作，则其成绩预测≤3.0。
- 如果某学生是高年级且是商务专业的，则不能预测其成绩。

大多数数据挖掘软件都比较复杂，要熟练运用并不容易。然而，由于数据挖掘非常有价值，不少商务人士，尤其是那些从事金融和市场营销工作的人都成了使用软件的高手。目前，那些精通数据挖掘技巧的商务人士也有更多有趣且报酬颇丰的职业机会。

这四个数据挖掘流程的例子仅仅是可用的分析方法的范例。其他的数据分析方法包括神经网络、文本和网络数据挖掘、敏感性分析、因果分析、贝叶斯方法、模糊逻辑以及多属性决策分析等。

MIS 课堂练习 11

我来推测

分别给下面的 10 个问题设定上限和下限。比如，如果问题是"总统奥巴马的年龄是多少？"你认为答案该是 45 岁上下，就可以设定 40 岁为下限，50 岁为上限。尽量将上下限定得宽一些，以便能在 10 道题中答对 9 道。

	下限	上限	问题
1.	_____	_____	帝国大厦的高度是多少？
2.	_____	_____	前总统里根是在哪一年出生的？
3.	_____	_____	世界上最长的陆上隧道长度是多少？
4.	_____	_____	《华尔街日报》当前的全国发行量是多少？
5.	_____	_____	澳大利亚的人口是多少？
6.	_____	_____	亚特兰大与达拉斯之间的距离是多少？
7.	_____	_____	美国国会图书馆有多少册图书？
8.	_____	_____	世界上总共有多少个国家？
9.	_____	_____	华盛顿纪念碑总共有多少级台阶？
10.	_____	_____	尤利乌斯·凯撒大帝死于哪一年？

另外，使上下限的估计更为合理。做这个练习时请不要使用任何帮助。回答完这些问题后，老师会告知你正确的答案。

讨论题：

1. 你为什么这样设定上下限？
2. 你在这个练习中的得分说明了什么？
3. 哪种提示流程（报告或数据挖掘）可能改进你的答案？

■ 有监控和无监控的数据挖掘分析

数据挖掘分析可以归纳为有监控的和无监控的两种。**无监控数据挖掘**（unsupervised data mining）指分析人员在分析之前并不建立模型或假设，而是直接用数据挖掘软件分析数据并观察其结果。使用这种方法时，分析人员是在分析之后建立假设，以便解释所发现的模式。无监控数据挖掘的另一种说法是数据驱动分析，一个例子是大选之后的分析。分析人员可能会进行数百项数据挖掘分析——谁对足球妈妈进行了人口统计分析，谁获得了无党派人士的投票，注册选民中大学教育程度低于60%的选区中支持现任的占多少百分比。分析人员会仔细查看分析结果并建立假设："获胜者来自两大群体的支持高于预期，是获胜者最终胜出的决定力量；这两大群体是……"聚类分析、购物篮分析、决策树分析都是无监控数据挖掘的例子。

有监控数据挖掘（supervised data mining）需要分析人员在分析开始之前先建立一个模型，再通过对数据的统计分析估算出该模型的参数。回归分析就是有监控数据挖掘的例子。比如前面讲过的手机的例子，分析人员先开发了一个模型，假设周末的手机使用量取决于用户和账号使用时间的长短，然后再对该模型做回归分析。

问题5　BI系统由哪些部分组成？

讨论了由BI系统支持的提示流程之后，我们现在将注意力从BI所支持的流程转到BI系统及其组成上面。与任何其他的信息系统一样，BI系统也有五个组成部分。

在近期数据和软件工具大量涌现之前，用来分析数据的BI系统常被称为**决策支持系统**（decision support systems，DSS）。决策支持系统是用来支持决策制定过程的信息系统。如果所支持的流程是决策制定流程，人们还会使用DSS这个术语。我们将DSS看成BI的一个子集。

■ 硬件

BI系统中最关键的硬件是BI服务器。分析人员使用BI服务器来分析数据并产生结果。BI服务器能以多种不同的格式输出分析结果，如图11—18和图11—19所示。比如在CBI中，BI服务器能将销售运营数据的RFM分析结果推送到苏的智能手机上。

■ 软件

由于要使用不同的分析方法，BI软件也种类繁多。大多数专用型BI软件包既能支持报告流程，也能支持数据挖掘分析。一些通用性软件如 Excel，也能用于报告流程或者数据挖掘分析。还有些专用的 BI 软件只能支持其中一种流程。

数据

BI 系统可通过两种方式采集数据。第一，数据可能来自某个**业务数据库**（operational database），数据库中含有来自公司业务运作流程的数据。第二，数据可能来自其他数据源，与业务运作流程的数据进行了合并。不管哪种方式，数据一旦采集了都要做些准备并存储到一个**数据仓库**（data warehouse）中，它是专门保存组织中 BI 数据的存储库。BI 数据之所以要保存在数据仓库中，是因为数据仓库是为了快速高效地检索和提取大容量数据而特别设计的。与之不同，业务数据库是为了提高数据的输入和更新效率而设计的。

在数据进入数据仓库之前，程序首先会读取业务数据和其他数据，然后要对数据进行提炼、过滤和清理，必要时还要做些变换，才能用来存储。这些数据将被存入一个数据仓库数据库中，并借助数据仓库的 DBMS 来实现，这个 DBMS 可能与组织中业务数据库的 DBMS 不一样。比如，企业可能用 Oracle 来处理业务流程而用 SQL Server 来管理数据仓库。

数据仓库通常都包含了从外部资源购买的数据，比如客户的信用数据。图 11—21 列举了一些现在能从商业服务商处购买的客户数据，能够获得的数据量真是多得惊人。

● 姓名，地址，电话	● 车辆
● 年龄	● 杂志订阅
● 性别	● 爱好
● 民族	● 订购目录
● 信仰	● 婚姻状况，生命阶段
● 收入	● 身高，体重，头发和眼睛颜色
● 教育程度	● 配偶的姓名，出生日期
● 选民登记	● 子女的姓名及出生日期
● 自有住房情况	

图 11—21　可得的消费者数据

回忆一下，元数据是关于其他数据的数据。BI 元数据是与数据的来源、数据的格式、数据的假设和约束条件，以及数据的其他特性有关的数据。元数据也在数据仓库中保存。例如，销售日期的元数据可能设定了日期字段的格式为 dd-mm-yyyy。

程序

BI 用户要遵循各种各样的程序或指令。这些交互的方法取决于用户的目的、用户的知识和经验以及 BI 系统的特性。一般 BI 系统大都具备灵活性和交互性，能支持用户从事非结构化的、非常规性的工作。在这样的环境下，程序往往只限于执行基本的操作指令，比如如何得到用户账号，如何订阅某个 BI 产品，如何得到结果，如何执行某个分析等。

人员

没有人就不会有 BI，也不会有提示流程。不仅如此，两个组织可能有非常相似的数据、硬件设备、软件和程序，但却有不同的人员，导致最终的效果有天壤之别。这就好像一名火箭科学家和一名高中生同样都在一个大图书馆里查找有关动力装置的观点。与高中生相比，火箭科学家显然能从文献中发现更多有用的知识。

有两类人会与 BI 系统打交道：终端用户和分析人员。本章开篇案例中的安是一个用户，科迪是分析人员。用户会观察不同的输出结果并发现数据中的规律。发现模式和规律就是在创建信息。分析人员可以通过生成有用的报告、开发合理的程序供用户使用等来支持这个流程。但是归根结底，最后还是要终端用户有自我提示和感悟。

问题 6　BI 系统有哪些潜在的问题？

尽管本章的讨论已经帮我们厘清了使用 BI 系统能够得到的好处，但是它的某些问题却不太容易发现。BI 系统的每个组成部分都可能出问题，这里我们只关注其中两点：数据的问题和人的问题。

■ 数据的问题

令人遗憾的是，大多数业务数据和购买的数据都存在这样那样的问题，限制了数据的有用性。图 11—22 列出了一些主要的问题。

```
脏数据
缺失值
数据不连续
数据未整合
数据粒度不当
数据太多
```

图 11—22　BI 中常见的数据问题

当使用业务数据的时候，有些数据可能不完整，必须先做预处理才能用来做分析。业务数据中的重要数据一般是准确和完整的，比如订购价格和数量；但其他一些不太重要的数据则往往既不准确也不完整。例如，某些系统会在订购流程中收集人口统计数据。但是，由于这类数据在填写订单、送货单和账单的时候都不是必填项，数据的质量就会大打折扣。有问题的数据也被称为**脏数据**（dirty data）。脏数据的例子如客户性别值为 B，客户年龄值为 213。这些数据用于 BI 是有问题的。

购买的数据通常都会有缺失。大多数数据供应商都会告知所卖数据中各个属性缺失值的百分比。企业之所以还会购买这样的数据，是因为在某些场合下，有数据总比完全没有数据好，对某些很难得到的数据项来说更是如此。比如，家庭中成年人的数量、家庭收入、住宅类型、主要收入者的受教育程度等。然而，对于 BI 应用来说，有了缺失值或是错误的数据点可能比完全没有数据更糟，它会使分析走偏。

图 11—22 中的第三种问题是数据不连续。在不同时间段采集的数据尤其容易出现数据不连续的情况。比如，如果电话区号有了变化，变化之前采集的顾客电话区号就会与改变之后的顾客电话对不上了。同样，部分编码可能会有调整，产品销售的类别也可能会改变。因此，有时间跨度的数据在使用之前必须重新编码，才能保证研究时间上的连续性。

还有一个问题是数据未做整合。比如，假设某企业要在做 RFM 分析的同时考虑顾客的支付行为。企业要把这第四个分析要素（这里称为 P）添加进去，并依据客户支付速度的快慢分别赋值 1 到 5。遗憾的是，企业的顾客支付数据保存在 Oracle 的财务管理数据库中，而订单数据保存在微软的 CRM 数据库中，这两个数据库是相互独立的。所以，该企业在进行分析之前，必须先设法整合这些数据。

数据还可能有**粒度**（granularity）不当的问题。粒度是指数据的详细程度，并且往往不是太细就是太粗。先看粒度太细的情况。假设我们想要分析订单录入网页上图表和控制键的摆放位置问题。我们可以通过了解客户的点击行为的方式来分析，即捕捉所谓的**点击流数据**（clickstream data）。但是这些数据包含了客户的全部点击操作，客户的点击数据流中有对新闻、电子邮件、即时聊天、天气预报等做的点击。尽管这些数据可能对研究消费者在计算机上的行为有用，但此时我们想知道的不过是客户对放在页面不同位置的广告会做何反应，这些数据显然太过繁杂。要让数据有用，数据分析员必须把数以亿计的点击数据抛弃掉。

数据粒度还可能会太粗。比如，只有订单汇总数的文件是无法用于购物篮分析的。做购物篮分析时我们需要知道哪些物品是在哪些订单中购买的。这并不是说订单汇总数据是无用的。这些数据可以用来做 RFM 分析，只是不能用于购物篮分析而已。一般来说，数据粒度过细比粒度过粗要好些。对粒度过细的情况，可以通过汇总或分组的方法将粒度变得粗一些。这只不过需要分析人员付出劳动并用计算机去处理。如果粒度过粗，则无法将数据再分割成更细的部分了。

人员的问题

人员的问题可以针对三类不同的人：用户、分析人员以及领导者，如图 11—23 所示。

用户抵触是所有信息系统的通病，BI 也不例外。用户抵触 BI 系统的原因五花八门，如系统的使用可能会改变他们的工作，系统所需要的知识用户尚不具备，也没有积极性去学习。他们可能试用过 BI 系统后发现系统不好用或者没有太大的价值。假设某个销售员在与客户沟通互动的过程中使用了 BI 系统，但是发现数据的使用太过困难、系统太慢或者对自己帮助不大，这个销售员将来可能会拒绝使用这个系统或其他的 BI 系统。

分类	输出问题
用户	用户抵触，必须运用某些知识才能得到信息，低估报告的成本
分析人员	有限的流程知识，没有停止点，提出错误的问题，误将数据当成信息，低估用户需求的多样性
领导者	项目范围不具体，资金或人员安排不当，有限的统计信息理解能力，过度吹嘘结果

图 11—23　人员的问题：BI 用户、分析人员和领导者

一个普遍存在的问题是假定 BI 系统创建的信息对所有用户都一样。请回忆第 2 章中的定义，信息是那些能够导致差异的差异。因此，尽管用户用来创建信息的数据都是共同的，但每个用户得到的信息却是独一无二的。硬件和软件都不能创建信息，它们只把用来创建信息的数据提供给用户。言外之意就是人们必须具备知识才能创建出信息。比如，要从数据中看到货币贬值信息，用户必须具备货币贬值的相关知识。因此，面对相同的数据时，知识渊博的用户比知识贫乏的用户从中获取的信息要多。可以这么说，BI 数据的有用性完全取决于研究这些数据的业务人员的知识水平。就 BI 系统而言，"一份数据给所有人用"的做法往往行不通，适宜的做法是"一份数据只给一个人用"。

用户问题中的第三类是用户可能会低估制作 BI 报告或进行数据挖掘项目的成本。BI 项目的相关成本很难准确计算。结果，一两个用户可能会过多地花费 BI 分析人员的时间和精力。他们可能坚持认为某个仪表盘或某种分析非做不可，但如果能精确地计算出实际成本，很可能就不这么想了。

BI 分析人员也有他们自己的问题。最为普遍的问题是分析人员对 BI 系统的熟悉程度要远远超过他们对

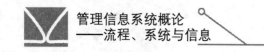
系统所支持的流程的熟悉程度。比如分析人员要用 BI 来生成一个最佳客户列表，他必须熟悉相关的销售知识才能做出有用的列表。有了广泛的知识基础分析人员才能知道数据的含义是什么，哪些数据是有价值的，如何用适当的问题来探索这些数据。

分析人员往往不情愿说"够了"。许多 BI 项目都没有明显的或方便的停止点。分析人员很容易会这么想，"这些数据只要再多做一周的试验，这个新模型再多运行一次，肯定就出结果了。"一旦投入到项目中他们就会当局者迷，很难判断该项目是个徒耗资源的黑洞，还是座信息金矿。可以理解，在项目起步之后分析人员很难放弃自己很看好的项目。

BI 系统的另一个问题是提出的问题有误。在本章开篇案例中，CBI 就员工工作效率而提出的一些问题显然不够好。在大多数情况下，不好的问题都比较精深，而且与分析人员对流程的理解不够到位有关。质量不高的问题会导致质量不高的结果。而每个成功的 BI 都少不了有价值的问题。一位智者曾经说过，问题比答案更加重要。这对 BI 系统而言再恰当不过了。

最后，我们来分析组织领导者的问题。领导者可能设立了不适当的 BI 项目目标，为项目配备的资金不合适，选配的人员不恰当。另一个问题是他们可能不了解分析所用的统计数据，不了解分析人员必须设定的假设，这些都会造成领导者曲解或高估分析结果。领导者还有可能过度吹嘘 BI 系统的潜力而导致 BI 推迟。BI 往往不是用令人震惊的发现来改变企业的，更常见的情况是 BI 证实了人们的直觉，推动了流程的持续改进。包括本章开篇案例在内的一些聪明的 BI 案例，除了完成持续而平凡的流程改进之外会更胜一筹，比如更有效率地装车，重新安排机器人铲车的工作，对计价程序做微调等。

问题 7 未来哪些技术上的进步会影响 BI 的应用？

我们期待着 BI 应用的不断发展。技术上的进步会为 BI 分析员创造更多的机会。不仅如此，随着商业用户社交媒体应用上的扩展，将会有越来越多的数据能够用于 BI。Facebook、Twitter 及博客正快速增长并日益普及，探索其中规律的 BI 系统将帮助企业更好地了解自己的客户。

■ 技术

随着显示技术的进步，BI 应用将持续扩展。在此我们将分析三个方面的技术进步：可视化、增强现实和智能手机。这些技术成果的出现为 BI 的结果展示提供了新机会，对 BI 应用有积极的推动作用。另外两项技术——RFID 标签与社交媒体则为 BI 数据提供了新的来源。

可视化（visualization）是用生成的图像或图表来传达信息的方式，简单的例子有条形图和信息图。可以实现用户互动的技术和动画技术等可视化技术的进步都将促进 BI 应用的扩展。比如，可以用动画形式展示不同种类的产品销售数据随时间变化的趋势。

与此类似，**增强现实**（augmented reality）技术也会促进 BI 更广泛的应用。增强现实是指用计算机中的数据来增强对现实世界中生动的非直观的观察。它由现实世界及与现实世界中的实体相关的数据混搭而成。比如，可以在智能手机拍摄的视图中添加行走路线，在真实的图片中添加一个绿色箭头，你可以按照箭头的指示找到某栋大楼，知道你离该大楼有多远，知道该大楼及周边地区的许多其他信息。另外，如果有人失去了知觉，急救医护人员能马上通过面部识别软件知道他是谁，然后将相关的医疗数据和图像一起显示在视频显示器上。

影响 BI 的第三个技术是商业应用转向移动设备的趋势。BI 诞生在笔记本和台式电脑时代。随着移动设备的输出越来越精细化，计算能力越来越强，BI 也逐步转向了智能手机和平板电脑。比如，装有廉价硬件设备的智能手机能够在野战医疗所中监测血液样本。移动设备能做复杂的血样统计分析，当血样有异常的时候还能与用户交互，成为有用的诊断工具。

移动设备不仅能用来分析和展示结果，还能创建大量的本地数据供商业企业和政府做分析。通过对短信内容和手机地点的分析，BI 研究人员已经能够精确定位流感的发生情况，了解政治观点的扩散情况，观察人们孤独感的变动，了解用户的饮食习惯等。[①]

另外两种技术——RFID 标签和 Web 2.0 能为 BI 的应用提供海量的数据。有专家说过，用不了多久那些能贴得下 RFID 标签的东西都能被如愿以偿地贴上 RFID 标签。这会导致贴有标签的物体数不胜数，制造出大量的数据，比如此物目前在哪里、它来自哪里。此外，来自 Facebook、Twitter 及博客的用户生成的内容也以 T 字节计，这些海量数据也给 BI 分析提供了新的机会。

然而，对 BI 应用影响最大的可能首推云计算。由于企业将越来越多的数据转移到了云端存储，提供 BI 服务的云服务商也会越发富有吸引力。这个问题将在问题 8 中与 BI 市场的新兴供应商一同讨论。

▢ 技术的强烈反应

技术的变化会影响 BI，同样也会影响消费者使用信用卡和社交媒体的意愿。随着消费者的个人信息越来越多地被信用卡公司和社交媒体网站所收集，BI 的有用性会持续不断地增长。这种可预见到的个人财务和个人行为数据的增长也会对个人隐私造成强烈影响。

举个例子，假设你从没用信用卡买过昂贵珠宝。如果你到南非旅游并打算用这张信用卡买个 5 000 美元的钻石手镯，看看会发生什么吧！假如你打算用的这张信用卡并不是用来支付旅游费用的信用卡，整合到信用卡机构验证流程中的报告流程就会发现这个反常的模式，会当场要求你本人用电话或其他方式核实这笔交易，然后才能批准支付。这样的应用相当精准，它们是由世界最优秀的 BI 开发者设计和实施的。

实际上信用卡公司知道的东西远不止这些。如果你用信用卡购买"二手服装、翻新的轮胎、保释服务、按摩或者赌博活动"[②]，无异于告知信用卡公司你在财务上遇到了麻烦，信用卡公司很可能会注销你的信用卡或降低你的信用额度。这一做法已在实践中引发了公众的广泛关注，致使美国国会通过了一项信用卡改革法案，该法案要求联邦贸易委员会（FTC）调查信用卡公司对 BI 的使用。

2009 年 11 月美国通过了《个人信息隐私与安全法案》，针对商业数据代理公司收集和传播数据的问题，该法案赋予了消费者更多的隐私权。然而尽管该法案已经通过，但是某些公司仍在寻找新的方式设法获取消费者的数据。比如位于旧金山的 BI 公司 Rapleaf 通过对 Facebook、Twitter 及 MySpace 等社交媒体的监控了解某人的朋友是哪些人，并以此预测是否值得为其承担信用风险。Rapleaf 公司的副总裁朱伊特（Joel Jewitt）说，"与什么人交往实际上暗示了你会采取什么样的行为。"[③]

对企业购买数据是否应该有所限制呢？假设你在 Facebook 上的几个好友更换了电话服务商。近期的数据挖掘研究显示，在有熟人更换了电话服务商之后，人们通常都会重新考虑自己的电话使用计划。电话服务商从社交媒体处购买数据，以便与那些刚刚换过电话公司的人的好友们联络，这样做是否得当呢？

这样的智能应用无疑对很多商业领域都非常有用。但是数据究竟该如何使用以及该如何合法地使用还是

---

① Robert Hotz, "The Really Smart Phone," *Wall Street Journal*, April 23, 2011.

② MSN. com, "Can Lifestyle Hurt Your Credit?" http://articles. moneycentral. msn. com/Banking/FinancialPrivacy/can-your-lifestyle-hurt-your credit. aspx（2009 年 8 月访问）。

③ Lucas Conley, "How Rapleaf Is Data-Mining Your Friend Lists to Predict Your Credit Risk," *Fast Company*, November 16, 2009. 见 www. fastcompany. com/blog/lucas-conley/advertising-branding-and-marketing/company-we-keep。

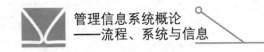

个有待解决的问题。商业智能和个人隐私或许会相互冲突，寻找共同点将会是一个长期的挑战。在这个问题上，你们将有机会在未来的职业生涯中开发创新性的应用。创意的前景十分广阔！

问题 8　主要的 BI 供应商有哪些？ SAP 是如何实现 BI 的？

ERP 供应商会在 ERP 系统中捆绑上 BI 模块。这些 ERP BI 模块能同时支持报告流程和数据挖掘流程。然而，尽管 ERP 系统在将业务数据整合到单一数据库方面做得很到位，但是 BI 并不易调出这些数据。

■ 供应商

当前的 BI 供应商享有每年 60 亿美元的行业市场。这些供应商的分布情况可以用图 11—24 的方法来表示。图的上部是大型的多样化软件供应商，其中的四大供应商（SAP、Oracle、IBM 和微软）销售和服务的 BI 产品多种多样。这类大服务商拥有了三分之二的 BI 市场。这些供应商的优势在于很多公司或许已经在用它们的 ERP 或者数据库产品，因此，增加 BI 模块能利用快速学习曲线的优势，并减少数据兼容性方面的问题。

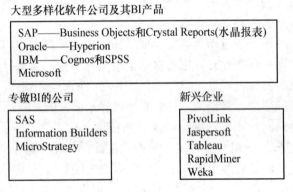

图 11—24　主要的 BI 供应商

第二类是只做 BI 的专业性公司。这类软件公司只做 BI 产品的生产和服务，比如赛仕（SAS）公司、艾比埃（Information Builders）公司和微策略（MicroStrategy）公司。这些公司开发统计软件和 BI 系统已有 35 年之久，不提供其他类型的软件产品。

最后一类也很值得关注。这些新兴的小企业有各种不同的战略追求，不少企业都在设法提升云概念。其中有几家如 RapidMiner 和 Weka 提供免费的开放源代码在线工具。如图 11—25 所示，它们的卖点定位在充分拓展和利用云的属性，如灵活性、高效率、易用性和低启动成本。

> "您需要我们的解决方案帮忙打理日益增长的业务。您并不想受 ERP 供应商的牵制。您的 ERP 擅长处理和存储数据，而我们更擅长于将数据调出来。这正是您所需要的。我们的 BI 产品依托于云计算。它们没有住在又大又笨的 ERP 本地数据库中，实际上就来自云，方便设计和使用保存在云中的数据。我们产品的最大优点是易学。我们没有大公司那样的高价咨询师，而是在您使用产品的时候做出调整，所以我们把产品做得非常便于您和您的员工们使用。这些人很清楚自己想要什么，不用推着他们去找 IT 员工，直接将主动权放在他们手上吧！"

图 11—25　云端 BI 的卖点

SAP BI

像所有的 ERP 系统一样，SAP 系统能将庞大数据库中的业务数据整合到一个地方。它将这种业务流程数据的汇聚称为**联机事务处理**（online transactional processing，OLTP）。事务处理（transactional processing）这个术语与操作性处理（operational processing）意思相同。SAP 将对 OLTP 数据的处理和利用 OLAP 对这些数据的分析进行区别。

SAP 对数据的分析称为 OLAP。用来分析这些数据的 SAP 软件称为 **Business Objects**（BO）。在被 SAP 收购之前，Business Objects 原本是一家独立的软件公司。图 11—26 展示了 BO 的输出示例，图的顶部窗格是一个分国别的年销售额分布饼图。在饼图中点击 Belgium（比利时），底部窗格就会显示 Belgium 年销售额的详细数据。

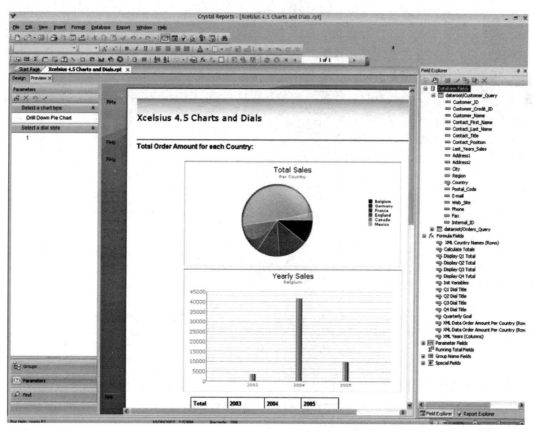

图 11—26　SAP 的 Business Objects 报告示例

安装 SAP 系统的公司还能自行编写程序代码来实现系统所不具备的功能。将近 95％的程序编码都是用来创建公司自己定制的 BI 报告。

SAP 等 ERP 供应商还能够使用其他公司的软件来分析数据。最常见的方法是从 SAP 系统下载数据到 Excel 文件中，然后用 Excel 来分析数据。在本章后面的案例研究中还将具体解释将数据导出到 Excel 中进行分析的流程。

如果 CBI 的安想要分析 SAP 系统数据库中的财务交易情况，有三种方法可供选择。一个是刚刚讲过的，可以将数据下载到 Excel 文件自己做分析；也可以用 SAP 系统中配置的 BO 软件来分析数据；还可以向科迪和 IT 部申请一份含有指定数据内容的定制报告。

伦理问题讨论

客户分类的道德问题

分类是人类所具备的一项很有用的技能。想象一下，你走进一家喜欢的服装店，看到所有的衣服全都堆在一张大台子上。T恤、短裤和袜子都混在一起，大小尺码都分不出来。如此混乱不堪的零售店一定生存不下去，分销商和生产商若像这样管理库存也是一样的下场。排序整理和分类是必需的、重要的、必不可少的活动。但所有这些活动也是有风险的。当我们对人进行分类的时候就会产生明显的道德问题。依据什么来判断一个人是好的还是坏的"潜在顾客"呢？如果对客户分类的目的只是为了安排打销售电话的先后顺序，可能没有明显的道德问题。但是，如果对航空旅客、交通违规者以及大学入学申请者做分类对待，情况又如何呢？或许同等地对待每个人才是最理想的方式，但毕竟资源有限。那么上述的分类区别方法是否就该获得允许呢？如果这些情况都不允许做分类，为什么允许企业对客户分类并区别对待呢？

假设某大学收集了所有学生的人口统计数据和学习表现数据，然后招生委员会用决策树数据挖掘程序对这些数据进行处理。假定所有的分析都操作得当，并且运用统计检验工具确认得到的统计结果有效。因而，下面的决策树结果准确地描述和解释了数据的内在规律。

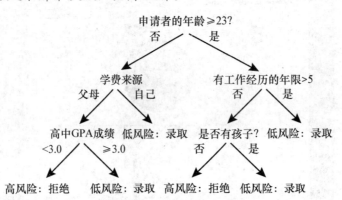

讨论题：

1. 说明什么样的数据会导致这种决策树结构。比如，哪些情况会使年龄低于 23 岁且自己负担学费的学生被归为低风险类（不能完成学业的风险低）？解释你认为导致决策树中其他三个分支出现的理由。

2. 下面一些人对这个决策树会做何反应？

a. 一位 23 岁的女性，有三年做华尔街金融分析师的工作经历。

b. 一位 28 岁的男性同性恋者，有四年的工作经历，无子女，学费自我承担。

c. 大学的筹资委员会，该机构想要提高家长捐资助学的数量。

d. 某一流高中的学生，上学期间因病住院，在医院病房里自主完成了课程学习，以 2.9 的 GPA 成绩毕业。

3. 假设你在学校招生办工作，学校的公共关系部请你会见当地媒体，因为他们在写一篇关于你校招生政策的报道。你该为这次媒体见面会做哪些准备？

4. 如果你所在的工作机构是一家私立学校而非公立学校，你对问题 3 的答案会不同吗？如果你所在的是一所小型文理综合学校，而非大型的工科院校，你的答案会不同吗？

348

5. 对于用决策树方法对申请入学者做分类以示区别的做法，你的结论是什么？

6. 对于用决策树方法给人做分类以示区别的做法，你的结论是什么？

复习题

复习题用来帮助学生检测对本章知识的掌握程度。你可以先读完本章的全部内容，然后去完成所有的复习题；也可以读完与题目相关的内容后立即去做复习题，做完一道再做另一道。

问题 1　组织为什么需要商业智能？

请说明为什么组织会设法使用商业智能。举出一个企业使用 BI 的例子，说明 BI 改进的流程和用来评估改进效果的评价指标。定义商业智能（BI）。说明政府部门和医疗机构是如何使用 BI 的。解释为什么 BI 的应用不断增加。

问题 2　BI 是如何支持信息提示流程的？

说明什么是提示流程。介绍一个业务流程并说明提示流程能如何改进该业务流程。解释提示流程中的主要活动，说明报告流程和数据挖掘流程的关键区别。

问题 3　报告流程的范例是什么？

说明报告流程中的主要选项。有哪两种类型的分析？它们有哪些不同？分别举出非交互式分析和交互式分析的例子。说明该如何进行 RFM 分析，描述 OLAP 分析的主要因素。给出一个数据向下钻取的例子。

问题 4　数据挖掘流程的范例是什么？

说明数据挖掘流程中的主要选项。描述数据挖掘流程与报告流程的不同点。聚类分析的结果是什么？回归方程能确定出什么？解释为什么企业会使用购物篮分析。说明在进行决策树分析时，如何将结果转换成"如果……则……"的形式。描述无监控数据挖掘和有监控数据挖掘的不同之处，并分别举出一个 BI 应用的例子。

问题 5　BI 系统由哪些部分组成？

说明 BI 服务器的作用。什么是数据仓库？数据仓库与业务数据库有什么不同？说明在把数据存储到数据仓库之前必须先做哪些事。元数据的例子是怎样的？解释为什么说人是 BI 系统中最重要的组成部分。在 BI 系统中信息产生于哪里？

问题 6　BI 系统有哪些潜在的问题？

BI 的问题分为哪两种？分别举出脏数据、缺失值、数据不连续和数据未整合的例子。说明什么是数据粒度，它何以成为 BI 中的问题。分别说明用户、分析员和领导者都会出现哪些问题。解释为什么"一份数据只给一个人用"适用于 BI。为什么问题比答案更重要？

问题 7　未来哪些技术上的进步会影响 BI 的应用？

解释什么是可视化和增强现实，并分别举出例子。移动设备会如何影响 BI？另外两种会产生大量 BI 数据的新技术是什么？举例说明信用卡公司会如何误用客户的购买记录数据。

问题 8　主要的 BI 供应商有哪些？SAP 是如何实现 BI 的？

说出四个销售 BI 软件的大型多样化软件公司的名称。BI 供应商的三个种类是什么？云端 BI 对企业具有吸引力的原因是什么？OLTP 和 OLAP 数据有哪些不同之处？对用户来说，要用 SAP 系统分析 BI 数据可有哪三种选择？

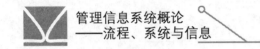

概念及术语

增强现实	商业智能系统	Business Objects	点击流数据
聚类分析	交叉销售	数据挖掘流程	决策支持系统（DSS）
决策树	数字仪表盘	脏数据	向下钻取
粒度	购物篮分析（MBA）	OLAP 立方体	OLAP 维度
OLAP 评价指标	联机分析处理（OLAP）	联机事务处理（OLTP）	业务数据库
回归分析	报告流程	RFM 分析	有监控数据挖掘
无监控数据挖掘	可视化	数据仓库	

知识拓展题

1. 请再次阅读本章开头关于 Progressive、Netflix 和奥克兰运动家棒球队的例子。说明每个企业通过 BI 而改进的具体流程，以及 BI 还能改善的第二个流程。说明你会使用什么评价指标来展示 BI 范例如何提高了流程的效用和效率。

2. 创建一个管理流程的 BPMN 图，显示其能被提示流程支持的环节。与问题 1 一样，具体说明该管理流程的目标和评价指标，并解释提示流程如何改善这些评价指标。

3. 思考报告流程和数据挖掘流程的差别，它们有哪些相同点和不同点？它们的成本有何不同？分别能有什么样的益处？组织如何对这两种流程做出选择？

4. 假设你是奥杜邦协会①的会员，当地分会的董事会请你对其会员数据进行分析。该协会想要分析其会员的人口统计信息与会员活动之间的联系，具体包括会员参加的活动、参与的课程、志愿活动、捐赠情况。描述你准备做的两个不同的报告流程和一个数据挖掘流程的例子。

5. 你是学校学生活动的主席。最近有同学反映你们的部门资源分配不合理。他们提出目前资源分配只基于过时的学生兴趣。得到资金支持的活动几乎没有学生感兴趣，而那些学生们很想参与的新活动项目获得的资金却很少。说明你如何运用报告流程或数据挖掘方法来处理这些意见。

6. 在本章我们认为问题比答案更重要。细看图 11—15、图 11—16 和图 11—17，写下你的问题，这些问题可能揭示图中数据隐含的规律。

7. 再次阅读本章的开篇案例。CBI 拥有计算机，员工们本该高效率地利用自己的时间，但是你看了这个故事会作何感想？你是否认为 CBI 应该了解雇员们是如何使用网络的？窥探员工行为的做法不道德吗？假设 CBI 想要收集网络滥用的数据，说明 CBI 该用什么评估指标来评价网络是否被滥用。

8. 对数据和信息的下述说法常用来传达重要的商业理念。从这些句子中选出三个并说明该如何借用这些话传达本章中的某个理念：

"只要工夫深，数据磨成针。"

"想穿绿色的衣服，就要打开绿色的灯。"

---

① 奥杜邦协会是美国的一个非营利性民间环保组织。——译者注

"再怎么称猪也不会变胖。"

"不是所有能够计算的东西都是重要的，也不是所有重要的东西都能够被计算。"

"统计计算代替不了脑子判断，脑子判断也代替不了统计计算。"

"数据会认生。"

"没有数据作证，再怎么说也是白说。"

"我们的麻烦不是因为知道的太多，而是因为知道的都是错的。"

协作练习题 11

找几个同学一起完成下面的作业。这部分练习不要用面对面交谈的方式去做，采用 SharePoint、Office 365、Google Docs 及 Google＋等类似的协作应用工具会更容易完成（参见第 9 章）。最终的结论要反映出团队的整体意见，而不是一两个人的见解。

玛丽·基林（Mary Keeling）拥有并经营着卡宾克里克花园（Carbon Creek Gardens）。这是一家零售公司，主要出售树木、园林植物、多年生和一年生花卉、球茎花卉。公司也出售袋装泥土、肥料、小型园艺工具和雕塑摆件。顾客们都直接称呼它为"花园"。玛丽的企业已经有 16 年了。当时玛丽买了一块地，由于排水有问题，这块地不适宜做住宅开发。通过坚持不懈的努力，玛丽拥有了独特的、精心挑选的各种植物，创造了一个温暖宜人的环境。花园也成为深受周边社区园艺爱好者欢迎的苗圃。

谈到问题，玛丽说，"问题是企业发展得这么大，我失去了对客户的追踪。有一天我在杂货店碰到了图希·斯旺（Tootsie Swan），我意识到已经好久没见过她了。我就和她打招呼，'嗨，图希，好久不见'，没想到反而惹恼了她。原来她一年前来过店里，想要退掉一株植物。接待她的是位临时工，明显对她无礼或至少没有给她想要的服务。所以她决定再也不来花园了。"

"图希曾经是我最好的客户。她不来了而我却根本不知道！这让我感觉很糟糕。难道生意做大之后，就做不到对顾客很好地追踪了吗？我可不这么认为。不管怎么样，如果常客不再光顾苗圃了，我必须能发现才行。如果我早些知道图希有一阵子不来了，肯定会打电话了解缘由。我需要像她这样的顾客。"

"我把各种各样的数据都存到了销售数据库中。我想要的解决思路应该能从这里面找到，但是怎么才能把它找出来呢？"

在这个练习中，你需要用本章的知识分析和解决玛丽的问题。

1. 当有顾客流失时，玛丽想要掌握这种情况。帮助她的一个方法是制作一份报告（如 PDF 报告），显示上一年度的前 50 名大顾客。她可以把报告打印出来，或是放到个人网站的个人空间中便于随时下载查看。

玛丽可以要求定期制作（如每周）本期最大买家的报告。报告可以用 PDF 格式打印，也可以仅做屏幕显示。玛丽可以比较两份报告，以判断哪些优秀客户在流失。如果她想知道某位顾客（像图希）的订购情况，可以申请一份查询报告来反映图希的所有活动。请说明这种解决办法的优点和缺点。

2. 说明卡宾克里克花园最可能应用的 OLAP 工具是什么。它能解决顾客流失问题吗？为什么？如果该花园要用 OLAP，玛丽所能采用的最好方式是什么？如果无法使用，解释原因。

3. 说明卡宾克里克花园最可能应用的决策树分析是什么。它能解决顾客流失问题吗？为什么？如果该花园要用决策树分析，玛丽所能采用的最好方式是什么？如果无法使用，解释原因。

4. 说明卡宾克里克花园最可能应用的 RFM 分析是什么。它能解决顾客流失问题吗？为什么？如果该花园要用 RFM 分析，玛丽所能采用的最好方式是什么？如果无法使用，解释原因。

5. 说明卡宾克里克花园最可能应用的购物篮分析是什么。它能解决顾客流失问题吗？为什么？如果该

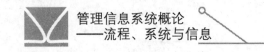

花园要用购物篮分析，玛丽所能采用的最好方式是什么？如果无法使用，解释原因。

6. 此练习中，启发式分析的哪种选择对玛丽来说价值最大？如果你是该花园的老板，并且只能在这些分析方法中选一种，你会选哪种？为什么？

案例研究 11

THL 旅游控股公司（续）

在阅读本案例之前，请先复习第 10 章的案例研究 10，它对 THL 旅游控股公司进行了介绍。THL 是一家从事多元化经营业务的新西兰公司。在本案例中，我们要具体讨论 THL 是如何用信息系统支持其车辆租赁业务中四个不同品牌的租车业务线的。

向客户出租露营车有三个基本的阶段：

（1）根据客户需求查询可供出租的车辆；

（2）预留车辆及运营支持；

（3）收费和客户服务。

在线预订系统

顾客通过网站查询想要租赁的任一品牌的车辆。在网站上客户可输入用车时间、提车地点和还车地点。THL 的信息系统会访问车辆库存情况并判定可以租赁的车辆。

这个判断分析流程很复杂。在顾客指定的提车地点或许没有他要的车型，但可能有价位更高的车型，THL 可以选择免费为顾客升级所订的车型。或者若其他城市有顾客所订的车型，可以选择把车调到指定地点。然而，安排车辆调动或许会影响该车之前的预订，这便调动不成了。最后，这种复杂性还会进一步提高，因为某些车型不能在特定的租赁点出租（比如，两轮驱动标准车型不能在澳大利亚内陆出租）。当然，车辆还会遇到计划中和计划外的保养。

预订流程中的另一个复杂决策是定价。正如酒店和航班一样，THL 也采用了浮动定价制。租赁价格不仅取决于车型和租用时间的长短，还取决于顾客的需求。

为了进行这种复杂的处理，THL 开发了一个基于规则可用性的信息系统，称为 Aurora（奥罗拉）。商务分析师创建了如图 11—27 所示的业务规则。图 11—27 是限制车辆出租的规则示例；图 11—28 展示了用于建立或修改规则的页面。所有的规则都保存在 SQL Server 数据库中，该数据库中还存储了所有车辆预订数据。Aurora 系统中的应用程序通过访问和使用这些商业规则来判断车辆是否可用。利用图 11—28 所示的易用性界面可方便地创建和管理规则，不懂编程的普通商务分析人员也能修改预订政策，无须借助技术人员的帮助。

THL 还通过信息系统管理车辆登记和顾客付款流程。Aurora 预订系统将数据卸载到一个二级 SQL Server 数据库中，此二级数据库支持报告服务器程序的运行，如图 11—29 所示。通过卸载数据，THL 能制作大量复杂的报告，而不至于影响在线预订系统的运行。

服务器程序生成的报告能同时影响业务操作流程和管理流程。比如，一份报告显示了每个租赁点中租出的和归还的车辆；还有的报告显示了哪些车要调到其他地点，哪些车需要送去保养，哪些车要报废不能再租赁，等等。

BI 系统

"我们知道公司的业务数据中包含了很多关于顾客的有用信息，客户的租赁需求、客户的租赁行为和车辆需求变动趋势，还有其他重要的业务驱动因素"，THL 的执行总裁格兰特·韦伯斯特（Grant Webster）如

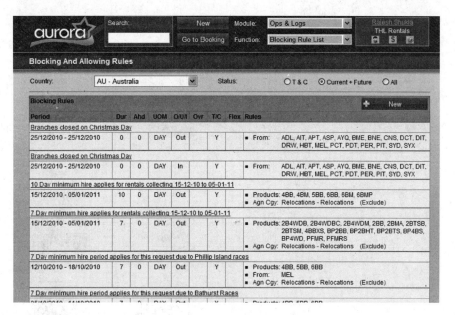

图 11—27 租赁规则示例

资料来源：© Tourism Holdings Limited. 经许可使用。

图 11—28 建立限制规则

资料来源：© Tourism Holdings Limited. 经许可使用。

是说。"我们已经开发出许多 OLAP 立方体，正致力于其他类型的商业智能应用。"

如图 11—29 所示，来自报告服务器的数据下载到了一个负责提供 OLAP 服务的三级服务器中。在那里对业务数据进行处理，每周生成 OLAP 立方体。图 11—30 是一个数据立方体示例，展示了 2005 年车辆销售的收益情况（当然，THL 不愿意公布这种内部数据的最新情况）。

OLAP 分析是交互式的。以图 11—30 为例，用户可以修改品牌和地区市场列，数据总量也会随之变化。Excel 的数据透视表就是 OLAP 输出的例子。不同之处在于 THL 的报告服务器要基于数以千计的交易生成输出结果，这么大容量的数据用 Excel 很难处理。

353

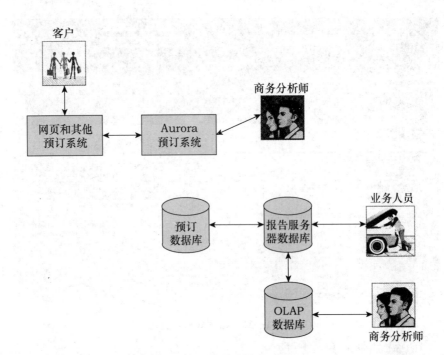

图 11—29　THL 信息系统

				April 05	May 05	June 05	2006	July 2006	August 2006	September 2006
				Book Week (36) 2005	Book Week (36) 2005	Book Week (36) 2005	Book Week (36) 2005	36	36	36
Van	Asia	Backpacker	AU	$0	$0	$0	$0	$0	$0	$0
			NZ	$0	$0	$0	$0	$0	$0	$0
			Total	$0	$0	$0	$0	$0	$0	$0
		Explore More	AU	$0	$0	$0	$0	$0	$0	$0
			NZ	$0	$0	$0	$0	$0	$0	$0
			Total	$0	$0	$0	$0	$0	$0	$0
Car	Agent Market	TOTAL	AU	$3,697	$973	$1,926	$21,592	$0	$0	$0
			NZ	$23,016	$5,751	$5,920	$40,694	$0	$0	$0
			Total	$26,713	$6,725	$7,846	$62,286	$0	$0	$0
		Maui	AU	$1,577	$183		$3,502	$0	$0	$0
			NZ	$7,047	$2,145	$2,038	$27,598	$0	$0	$0
			Total	$8,624	$2,327	$2,038	$31,099	$0	$0	$0
		Britz	AU	$2,121	$791	$1,926	$18,090	$0	$0	$0
			NZ	$15,855	$3,607	$3,882	$13,096	$0	$0	$0
			Total	$17,976	$4,398	$5,808	$31,186	$0	$0	$0
		Backpacker	AU	$0	$0	$0	$0	$0	$0	$0
			NZ	$113	$0	$0	$0	$0	$0	$0
			Total	$113	$0	$0	$0	$0	$0	$0
		Explore More	AU	$0	$0	$0	$0	$0	$0	$0
			NZ	$0	$0	$0	$0	$0	$0	$0

图 11—30　THL 的 OLAP 报告

资料来源：© Tourism Holdings Limited. 经许可使用。

讨论题：

1. 考虑基于规则的预订系统：

a. 概括说明基于规则而不是基于计算机编码来设定政策有哪些优点。

b. 如果有人输入了错误的规则会有什么后果？请分别举个一般的和极端的例子。

c. 思考 b 的答案，如果你管理着 THL 的预订系统，你会用什么流程来管理规则的修改活动？

2. 查看图 11—30 的 OLAP 报告。这个输出结果（立方体）中的值是车辆出租收入。

a. 根据你的直觉和商业知识基础，从 $3 697 中能得到什么信息？从 $1 577 和 $2 121 呢？

b. 根据图 11—30 中的数据推出三个结论。

c. OLAP 最主要的优点是行和列可以互换，所有结果值都能自动重新计算。如果用户将第二列（地区）和第三列（品牌）互换，会出现什么结果？不必计算具体的数据值，只需说明会发生什么情况。

3. 这个 OLAP 报告流程并不是为了报告而做的报告，它会对 THL 的某个业务流程提供支持，所有的报告流程都是这样。它会支持什么流程？具体说明该流程的目标是什么。

4. 考虑客户预订数据，举一个可以用来做购物篮分析的例子。

5. 假设 THL 决定在美国开设房车租赁业务，它想要在阿拉斯加、加利福尼亚、亚利桑那、新墨西哥或佛罗里达开设服务网点。

a. 根据 THL 当前露营房车租赁活动的特性，你认为以上这些州中哪个最合适？理由是什么？可考虑潜在的竞争、市场容量、THL 经验的适用性以及其他你认为相关的因素。

b. 总结 THL 开展这项新业务的竞争优势。

c. 总结 THL 开展这项新业务的竞争劣势。

d. 说明 THL 的预订系统如何能提升这项新业务的价值。

e. 概括说明，你认为 THL 要在远离总部 7 500 英里（或更远）的地方开展业务，可能会遇到哪些问题。

第五部分
MIS 管理流程

MIS 也像其他管理工作一样，都是通过流程来实现的。一般 IS 部门都会有规划、开发、维护和运营企业级系统及跨企业系统的流程。IS 部门还负责对其他部门和终端用户的工作提供支持。

这些流程中的大多数都超出了本书的范围。然而在本书的最后一部分，也是最后一章中，我们将介绍三种你们将来从事企业管理工作时可能会用到的 MIS 管理流程。这三种流程是管理其他业务流程的流程、开发信息系统的流程和保护信息系统的流程。

之所以要了解前两个流程，是因为你们可能会参与到流程中。终端用户是流程管理需求和信息系统管理的中坚力量，用户需要经常就流程、系统结构和性能等提出反馈意见。你们之所以要了解 IS 安全知识主要基于以下三点。第一，需要了解你所在组织 IS 安全的基本范畴，包括应该采取的安全防护措施的种类。第二，如果企业没有相应的安全措施，你应该知道该如何提出有效建议以促进这些措施的建立。第三，你们有责任和义务保护好自己所使用的信息系统。身为专业管理者，你们需要知道这些责任本身的合理性，并具备足够的知识基础来履行好自己的职责。

第 12 章

MIS 管理流程：流程管理、系统开发及系统安全

"尼尔，我不喜欢这东西。"

"你说什么，凯丽？我们的会员可是十分期待能够在网上注册锻炼课程啊！"

"可能吧，但是想想会员证续期的问题吧。"

"续期怎么了？"

"想象一下，有人来到前台想要注册一门课程。"

"嗯，然后呢？"

"我们首先会检查他们的会员证。如果他们的会员证在上课期间到期，我们会让他们先办会员证续期。"

"这样，我们可以在网上完成啊。"

"你真这样想？"

"当然了。"

"我看不出来。我喜欢面对面交流。我希望有机会跟他们本人交谈，发现他们的状况，或许建议他们再上一门课程，或聘个私人教练。"

"这些活动也可以在线完成。"

"我可不这么想。让人们在网上尝试注册，然后电脑告诉他们不能注册，是这样吗？"

"你呀，我们才不会那么笨，向客户发送'操作无效，请续签您的会员资格证'之类愚蠢的报错信息呢。"

"是吗？那你们会怎么做呢？"

"什么也不做。系统会友好地提醒他们会员证需要续期，并将用户带到续期页面。"

"那如果他们不续期呢？"

"那，他们就没法报课。"

"所以，四个月之后，我们就会发现会员数下降了 10%。真是个好主意啊！"

"其实，只要有需要，系统都会为我们提供会员证的到期报表。我们可以通过检查报表随时查看会员证续期的情况。"

"这意味着我们需要更改所有的流程。我们的员工不会喜欢的。"

"好吧，也许如此。但是我们必须这么做。"

"为什么？现在的系统还能够运行啊。"

"嗯，首先，我们的竞争对手在这么做，而且我们年轻的会员都习惯了每天 24 小时的在线访问。我们很容易失去他们。此外，还有一些别的因素。"

"是什么呢？"

"可扩展性。我们可以扩展业务，而不是过度依赖于你或者你培训出来的人去做销售。缺乏训练有素的人不至于妨碍我们开辟新店。"

"如果有会员离开了，这就是原因。"

简　介

正如所有的组织一样，FlexTime 需要适应新的技术和机遇。不能够适应社会的组织不仅不能够发展，甚至无法生存下来。

为了了解组织如何适应，我们重新回顾一下管理信息系统的定义：通过对流程、信息系统和信息的管理与使用，来帮助组织实现其战略。所以，组织适应变动的方式一是改变战略；二是保持战略不变，针对技术机遇的需要对流程或者系统做出改变。

为了使你们更好地了解组织的适应性，这一章将主要考虑 MIS 的两个管理流程：一个是业务流程管理，这是一个用来管理其他流程的流程；另一个是系统开发，是一个创建和维护信息系统的流程。我们将在问题 1 到问题 3 中讨论这些流程。

随后我们主要关注信息系统的安全问题。只需要打开浏览器浏览一下今天的新闻，你就可以知道为什么信息系统安全如此重要。2011 年，索尼、苹果、美国政府以及其他一些大型组织，都发生了严重的用户信息及客户数据泄露事件。你所在的组织也会像上述企业一样，面临着同样的安全漏洞和隐患。你们将会看到，自己会在组织保护及安全措施实施中扮演重要的角色。

问题 1　业务流程管理有哪些活动？

正如我们多次强调的，业务流程是企业完成工作必备的重要手段。正因为如此，企业才需要对这些流程设立一套专门的管理过程。在这些过程中，最重要的就是**业务流程管理**（business process management，BPM）。接下来我们将要讨论 BPM 过程中的主要活动，并说明它们在 FlexTime 中的应用。

图 12—1 展示了业务流程管理（BPM）的四个基本活动，即由系统监控、建模、创建和实施活动构成的循环过程。注意在图 12—1 中监控/建模/创建/实施活动是怎样重复的。每项活动一完成，下一活动便会开始。

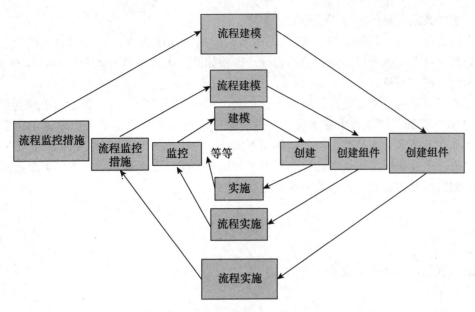

图 12—1　BPM 过程的四个活动

在监控活动中，管理者根据目标对流程措施进行监控，以便反映商业环境的变化；接下来，创建反映业务流程改变的模型或其他形式的需求说明；然后，创建能够满足这些需求的组件；之后再去实现业务流程的变动。实施活动又会引发下一轮循环中的监控活动。下面将具体讨论每项活动。

BPM 监控活动

组织是动态的，组织的流程也需要不断调整才能与组织相适应。流程需要改变的两个主要原因是：

- 流程难以持续满足目标；
- 商业环境中的变化。

下面任意一种方式都会使管理者明白流程需要进行调整。要么一直忽视流程和潜在的变化需求直到爆发危机；要么不断地监控流程，在问题出现之前先期做出改变。

采取流程管理的企业就是在采取后一种方法。它们根据流程目标创建一些关键指标，然后频繁地甚至持续不断地用这些指标去评价流程。

根据目标监测流程性能。正如前面谈过的，流程的目标有效用和效率两种。效用衡量的是流程帮助组织实现战略的程度。比如，在以高质量服务为差异化战略的组织中，送货部门会就按时发货比例、订单准确率、按订单送货准确率等设计较高目标。如果流程效用一直达不到这些目标，就需要对流程做修改。

与送货等运营流程相比，动态流程中效用指标的衡量方式会更加抽象，但还是存在的。比如，衡量团队协作流程的效用可以考虑下列指标：团队目标完成程度、团队本身的成长程度、团队合作过程中个人技术和能力的提升水平等。

为了了解信息系统对业务流程的支持作用，信息系统审计与控制协会创建了一套评价信息系统效用的操作标准——**COBIT**（Control Objectives for Information and related Technology，信息及相关技术控制目标）。此标准的解释已经超出本书主题，但是你们应该知道有这套标准存在。如果想要知道更多内容，可浏览www.isaca.org/cobit。

效率目标的评价主要衡量流程的资源利用水平。送货流程的效率评价指标包括送货装备的平均成本、装运需要的卡车数量、单件产品的包装成本等。对于动态流程来说，效率评价指标可能包括做出决策或完成项目所需要的员工小时数或者具体的时间成本等。

监控过程中的变化。FlexTime 拥有一套专门的流程，用来注册课程、登记新会员或让会员证到期的用户续期。我们先假设这套流程可以满足企业的目标。即便如此，正如本章开始介绍的，技术或者业务经营基础的改变都要求流程进行调整。

因此，业务流程需要对技术变化进行监控。比如像 iSomethings 之类手持装备的出现为顾客提供了接触 FlexTime 的新方式。正如开篇故事中尼尔所说，顾客希望能够用智能手机或个人电脑的浏览器来在线注册课程，所以企业都在不断地升级调整，以便能使用新的社交媒体比如 Facebook、Twitter 及 Foursquare。

流程环境中第二个变化源头是企业自身。任何下列因素的明显变化都意味着需要更改业务流程：

- 市场（比如新的顾客类别，顾客特征的变化）；
- 产品线；
- 供应链；
- 公司政策；
- 公司组织（例如，合并或者收购）；
- 国际化；
- 商业环境。

为了理解这些变化的影响，现在我们假设 FlexTime 又开设了两处新的健身房并决定设立两种不同的会员证：全球会员证可在 FlexTime 任何网点的健身房使用；定点会员证只能在某个 FlexTime 网店使用。图 12—1 所示的流程需要进行调整，以确保能够根据客户会员证的有效范围进行课程注册。

或者，假设 FlexTime 要推出一种新的会员证，只能参加某种特定课程。这样一来，出售会员证和新顾客注册的流程都需要调整，以适应新的类型。

◻ BPM 建模活动

某种情况出现后，比如无法满足绩效目标了或是商业环境变化了，流程必须进行更改。正如在第 5 章所述，流程变革有三种可能的类型：增加或减少流程的可用资源，如增加或者减少流程所用的人员；改变流程的结构；同时改变流程的资源和结构，如改变信息系统支持流程的方式。

如果流程变革只涉及人力资源的改变，就不需要创建新的流程模型。然而，如果流程的结构发生了变化，或者以一种新的方式使用信息系统，流程建模则是必需的。在建模活动中，拥有专业知识并且参与流程的企业用户（可能就是你们）要对模型进行调整和评估。通常团队会先创建一个记录当前情况的**已然模型**（as-is model），然后对该模型进行必要的调整，用来解决流程问题。

图 12—2 显示了 FlexTime 课程注册过程的已然模型。目前该流程包括四个角色：客户和前台服务员（由人担当的角色），会员证销售员和课程调度员（由计算机担当）。注意，如果某位顾客的会员证到期了，当他试图注册新课程时前台服务员会卖给他新的会员证。同样地，如果某个班级满员了或者不可用时，服务员会向顾客推荐其他课程。这就是凯丽所关心的面对面销售活动，一旦 FlexTime 转换为自动化系统后，这些事情将会消失。

在建立已然模型之后，流程管理团队接下来将创建备选模型。图 12—3 展示了一个可能的备选模型。在该模型中，销售人员的角色被一个计算机 Web 应用程序代替。这个备选模型的工作逻辑与图 12—2 的已然模型相同，值得注意的是销售活动已经由一个具有华丽图形和方便的续期表格的 Web 应用程序来实现。

因为凯丽和 FlexTime 的其他员工都担心这些自动化销售活动能否成功，所以顾客的所有反馈都会记录在会员证和课程安排数据库中。销售经理可以要求查看数据报表，如图 12—4 所示。

图 12—2 到图 12—4 代表了将要在建模活动中创建的典型图表。如果管理层决定将这些更改付诸实施，

团队工作便进入下一个活动——创建组件。

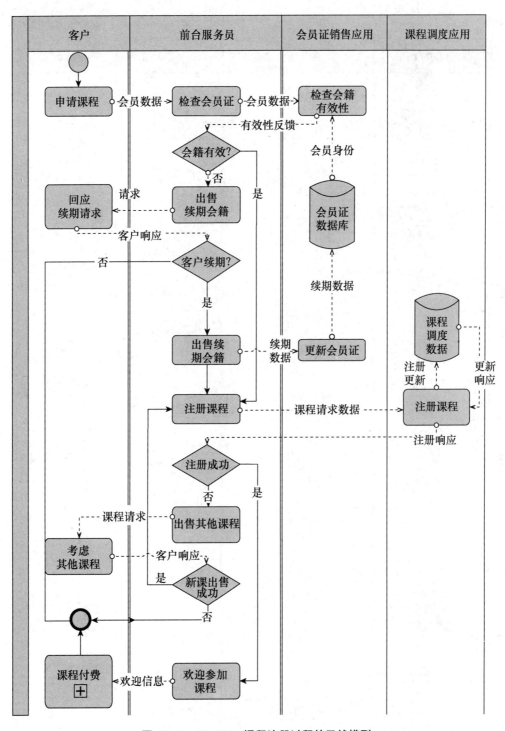

图 12—2 FlexTime 课程注册过程的已然模型

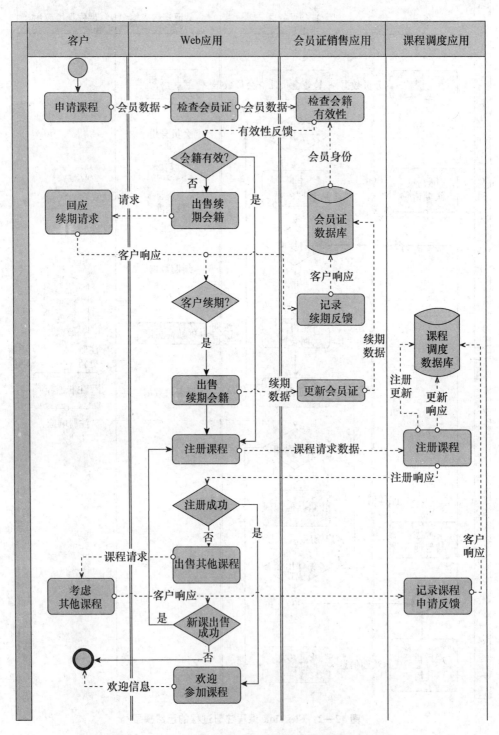

图 12—3　FlexTime 采用 Web 应用程序的课程注册过程

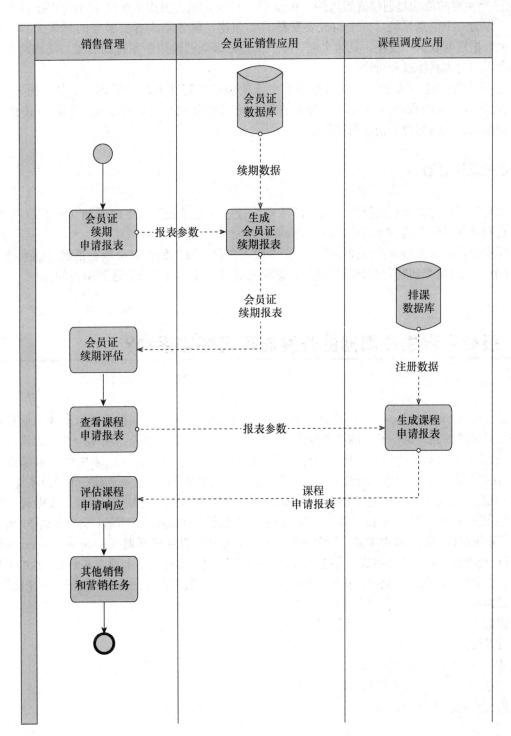

图 12—4　FlexTime 销售管理/销售评估流程

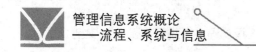

BPM 创建组件活动

BPM 第三个主要的活动是创建流程组件。比如 FlexTime，供会员用来在线注册的 Web 应用程序将在此活动中开发。作为一个信息系统，五个组成要素都需要创建：服务器或者云服务的具体内容、要创建的软件、存储相关数据后的数据库变化、具体实施程序、受过培训能够使用新系统的员工。我们将在问题 2 讨论系统开发生命周期时再具体展开讨论。

除了 IS 组件之外，还需要开展一些信息系统中未能包括的程序及培训活动。比如，图 12—4 中 Flex-Time 需要创建评估活动的程序。FlexTime 新的在线系统只涉及很小的流程变化。在新的协作性流程开发中，往往需要投入大量的努力来创建新的程序。

BPM 实施流程活动

实施活动会实际执行流程更改操作。这里的活动执行过程与系统开发生命周期（SDLC）中的实施活动是一样的，我们将在问题 2 的 SDLC 中详细讨论。

然而需要注意，如果新的业务流程中涉及员工的较大变化，员工们很有可能会抵触新的系统。我们已经在第 5～8 章中讨论过这个问题，在此不再重复。重要的是要记住，变革是会遇到阻力的。

问题 2　系统开发生命周期的开发流程有哪些活动？

系统开发（systems development）是创建和维护信息系统的过程。正如在第 2 章所述，业务流程和信息系统之间是多对多的关系。某个给定的业务流程可能使用不止一个信息系统（图 12—2 中的流程使用了两个信息系统）；同样，某个给定的信息系统可以用于多个流程（图 12—3 及图 12—4 中的流程都使用了会员证销售程序）。正因如此，企业组织既可以先从 BPM 开始做，再通过流程管理来创建一个信息系统；也可以先创建信息系统，然后再去建立使用该系统的流程。在问题 2 中，我们假设组织先从信息系统开发做起。在问题 3 中，我们将分别讨论先从流程起步（如问题 1 所示）和先从信息系统起步（如问题 2 所示）会有什么样的结果。

创建信息系统可以采用的流程很多，最常用的流程叫做**系统开发生命周期**（systems development life cycle, SDLC）。SDLC 流程由一系列活动组成。有些组织定义为五项活动，有些则是七项或者更多。这些不同版本里的活动内容或多或少是相同的，只是组合程度有所不同。在本书中，我们讨论的 SDLC 由下面五个活动构成：

（1）定义系统；
（2）确定需求；
（3）设计系统组件；
（4）创建、测试和实施系统；
（5）维护系统（评估流程的结果）。
下面我们讨论每一项活动。

定义系统

如图 12—5 所示，SDLC 的起步源于对新的信息系统有了要求；要求可能来自战略计划，可能来自高级管理层，也可能是要支持某个新的或者调整后的流程。

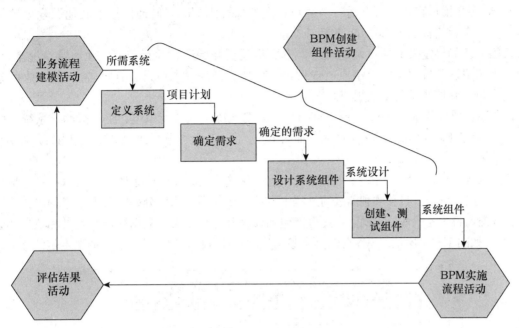

图 12—5　BPM 为系统开发提供需求

　　为了响应对新系统的要求，组织将指派一些员工抽出部分时间来定义新的系统、评估新系统的可行性并制定项目计划。在大型组织中，会由信息系统部派人领导初始团队，但是初始团队的成员中必须既有系统使用者，又有 IS 专家。对像 FlexTime 这样的企业来说，该团队的负责人很可能是具有一些 IS 专业知识的员工，比如尼尔，或者是外聘的咨询师。

　　定义系统目标和范围。如图 12—6 所示，定义系统的第一步是定义新信息系统的目标和范围。系统的目标是要支持一个还是两个流程？新系统是否在使用范围上更广？以 FlexTime 为例，新的 Web 应用程序是只考虑课堂注册和会员证续期，还是要把安排私人教练及其他课程设施也包括进来？这些问题的提出及解答都属于系统定义活动。

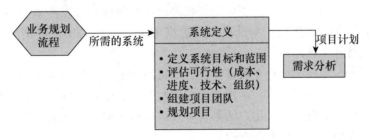

图 12—6　SDLC：定义系统活动

　　评估可行性。给定新系统的目标和范围后，需要评估它的可行性。"这个项目有意义吗？"评估的目标是在组建项目开发团队和投资高额劳动力之前，先行排除那些明显没有意义的项目。

　　可行性评估有四个维度：**成本可行性**（cost feasibility）、**进度可行性**（schedule feasibility）、**技术可行性**（technical feasibility）、**组织可行性**（organizational feasibility）。因为信息系统开发项目的预算及进度安排并不容易确定，所以只能粗略地分析成本和进度计划的可行性。分析目的是尽早地排除那些显然不可能做到的想法。

　　技术可行性指现有信息技术是否能够满足新系统的需要。FlexTime 想做的基于 Web 的课程注册系统利用现有技术能够很好地实现，而某些更先进的系统可不一定如此。

最后，组织的可行性主要指新系统是否能够适应组织的特点、文化、规章或法律需要等。比如在 Flex-Time 中，网上销售和招揽客户是否合适？当客户首选的课程满员时，向他们推销其他课程会被拒绝吗？这种招揽顾客的方式是否违背了 FlexTime 的精神？

组建项目团队。如果定义的项目确定可行，下一步就要开始组建项目团队。在通常情况下，团队由 IT 人员和用户代表组成。开发团队的典型成员包括：一名项目经理（大项目会有多名经理）、业务分析师、系统分析师、程序员、软件测试员以及用户。

如第 6 章所述，**业务分析师**（business analyst）不仅要熟练掌握波特模型、组织战略、系统匹配理论（如 COBIT），而且要能够准确理解技术应有的作用。如图 12—7 所示，业务分析师的主要工作内容是业务流程，但他们也参与系统开发。

系统分析师（systems analyst）由 IS 专家担任，他们既熟悉业务，也精通技术。他们将主导整个系统开发过程，在推动项目沿系统开发过程顺利前进的过程中发挥关键作用。系统分析师负责整合程序员、测试员以及用户的工作。依据项目本身的性质，团队中还可能包括硬件和通信专家、数据库设计人员和数据库管理员，以及其他 IT 专家。如图 12—7 所示，系统分析师会参与流程设计工作，但是他们工作的重点是信息系统开发。

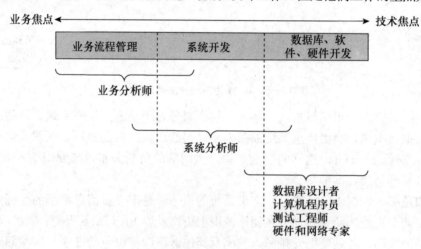

图 12—7　BPM 和系统开发过程中员工的工作重点

团队组成并非一成不变，而是随着时间变化的。在需求定义阶段，开发团队需要大量的业务分析师及系统分析师。在设计与实施阶段，程序员、测试员以及数据库设计人员的比重将增加。在集成测试和切换期间，团队中将增加测试人员和业务用户。

在整个系统开发过程中，用户参与是至关重要的。项目的规模和性质决定了用户是以全职还是兼职的形式参与项目。有时候用户被赋予审查职责，由用户组成的监管委员会要定期开会，特别是在项目的里程碑处及各个阶段完成之后都要履行监督职责。用户的参与方式可以多种多样，重要的是用户要采取积极的态度主动参与，并在整个开发过程中掌握项目的所有权。

成立后的团队的首要任务是进行项目规划。项目团队成员要明确所要完成的工作任务、分配人员、确定任务间的依存关系，并安排进程。

■ 确定需求

确定系统的需求是系统开发过程中最重要的活动。如果需求是错误的，那么整个系统必将是失败的。如果能够全面准确地确定需求，系统的设计与实施将变得更加容易，并且更有可能成功。

以图 12—4 以及图 12—5 为例，系统的需求是用户在申请课程时所输入的数据项，是系统如何告知顾客的会员证要续期并向其推荐其他课程的方式，是会员如何付费的适宜方式。比如，利用 Web 接受顾客付费是一种可行的方式，但是这必须考虑某些重要的安全条件；或者，FlexTime 可以在会员到课的现场收款；还有其他一些可行的备选方案。无论选择哪种方案，该方案的详细内容都需要在需求活动阶段确定。

在系统分析与设计的课程上，学生们会花好几周时间来学习确定需求的具体方法。在这里，我们仅仅对这个过程做个概述。在通常情况下，系统分析师会采取适宜的方式采访系统用户并记录访谈结果。最关键的是要有巧妙的谈话技巧，因为在大多数情况下用户们是无法准确描述自己需要什么的。在采访的时候，用户们往往只关注他们手头正在做的事情。如果采访在季度中期进行，那么季度结束时或者年底才做的任务往往会被他们遗忘。经验丰富的资深系统分析师知道如何进行采访，才能使这些深埋着的需求被发掘出来。

如图 12—8 所示，需求的来源不仅取自现有的系统，还包括新系统所需的各种格式、报表、查询、应用特性和功能。安全性也是一种很重要的需求范畴。

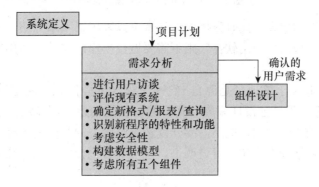

图 12—8　SDLC：需求分析活动

如果新系统中包含新的数据库，或者要对现有数据库做出很大改变，开发团队将会构建一个数据模型。正如你们在第 4 章所学的，这个模型必须反映出用户对自己的企业和业务活动的看法。因此，该数据模型要以用户采访为基础去创建，并经过这些用户的确认才行。

有时需求确定环节会过分地专注于软件和数据组件，以至于忽略了其他组件。经验丰富的项目经理会确保考虑到信息系统的所有组件而不仅仅是软件和数据。在硬件方面，开发团队可能会考虑：是否对硬件有特殊的要求或者限制？是否存在某种组织内部标准，决定了什么样的硬件能用或不能用？新系统必须使用现有的硬件吗？对通信和网络硬件有什么要求吗？

同样，团队也需要考虑程序和人员方面的要求：财务控制方面是否要求在程序设置上使职责和权限分开？是否需要限定某些活动只能由特定部门或者特定人员执行？是否有政策要求或工会规则规定某些活动只能雇用某类员工？系统是否需要与其他企业或组织的信息系统互通？总之，新的信息系统所有组成部分的要求都需要考虑。

上述问题均为需求分析阶段必须提出和解答的各类问题的示例。

设计组件

这项活动要对五个组件要素中的每一个进行设计。在通常情况下，开发团队设计组件的方式是：先开发不同的备选方案，比照需求对每个方案进行评估，从备选方案中选出最合适的方案。所以准确的需求在这里至关重要，如果需求不完整或出现错误，便会误导评估结果。

图 12—9 显示的设计任务适用于信息系统的所有五个组件。对于硬件，开发团队要决定他们所要的硬件的具体规格（这当然不同于建造一个 CPU 或磁盘驱动器）。软件程序的设计与软件的来源有关。如果是现成的商用软件，开发团队必须确定候选的软件产品并根据需求情况对它们做出评估；如果是需要改造的商用软

件，开发团队先要确定选择哪种软件，然后决定需要进行哪些改造；如果是定制开发的程序，开发团队需要创建设计文档，用来指导程序代码的编制。

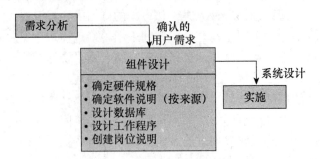

图 12—9　SDLC：组件设计活动

如果该项目包括了数据库的建设，此时数据库设计者可以采用第 4 章介绍的方法，将数据模型转换成数据库设计。如果项目采用的是现成的商用软件，则不需要做数据库的设计，商用软件程序编码是能够与已有数据库相衔接的。

工作程序设计上的差别取决于该项目是源自 BPM 流程（流程优先）还是源自系统开发流程（系统优先）。如果是前者，那么业务流程早已设计完成，剩下的仅仅是创建使用应用系统的步骤；如果是后者，那么不仅需要使用此系统开发的步骤，很可能还需要开发新系统所需的各种业务流程。

与人员有关的设计活动包括开发岗位职责说明书。说明内容包括详细的工作职责、技能要求以及培训需求，等等。

实施系统

实施在这里有两层含义：它可能仅仅意味着实施信息系统的各个组件，也可能意味着实施信息系统加上使用该信息系统的业务流程。当你阅读下列关于任务的说明时请记住，这些任务对两种解释下的实施活动都适用。

实施活动中的任务包括构建和检测系统组件，并将用户转到新的系统上，或许还是新的业务流程上（详见图 12—10）。开发人员要分别完成每一个组件的构建任务。他们要获取、安装、测试硬件；要购买和安装现有的商用软件，必要时还要编写接口或定制化的程序；要创建数据库并向里面填充数据；要记录、检验并测试工作程序，制定培训计划；最后，组织要聘用并培训出合格的人手。

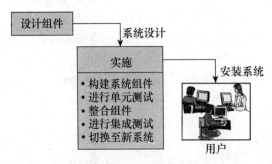

图 12—10　SDLC：实施活动

测试系统是一项很重要也很耗时且费用不菲的任务。要有书面的**测试计划**（test plan），用来详细地描述信息系统对各种正常使用和非正常使用情况的响应。企业会雇用专业的测试工程师来完成这项任务，他们通常被称作产品质量保证（PQA）测试工程师。通常专业测试工程师也会邀请用户加入到测试队伍中来。

系统切换。一旦通过了测试，组织就开始安装新系统。这一过程通常被称作**系统切换**（system conversion），因为它意味着业务活动从旧系统转到新系统的变换过程。同样地，切换过程既可以仅指换用新系统，也可以指换用新系统和相应的新业务流程。

有四种可能的切换类型：试点、分段、平行以及跳转。前三种类型都是有效的方式。在大多数情况下，企业应该避免用很冒险的第四种方式。

试点安装（pilot installation）意味着组织只需要在企业中某个局部有限安装整个系统或业务流程。举个例子说，FlexTime 的在线课程注册系统只提供给某些顾客，比如只特惠给长期会员做特殊的"测试性应用"。试点安装的优势在于，如果系统出现了失误，故障后果只会波及有限的范围。

分段安装（phased installation），顾名思义就是指新系统/业务流程被分阶段安装在组织中。待系统的某个部分安装完成并正常工作后，企业再开始安装和测试下一个部分，直到整个系统安装完成。某些系统的集成度很高，难以拆开做分段安装。对这样的系统必须采用其他方式安装。

平行安装（parallel installation）是指新系统/业务流程与旧系统并行工作，直到新系统测试通过并全面投入运行。平行安装代价高昂，因为组织需要同时承担现有系统以及新系统/业务流程两套运行成本。用户也要付出双倍的工作时间（如果他们愿意）来支持两个系统的运行。此外，协调新旧系统的结果也会耗费大量的工作。

最后一种切换风格是**跳转安装**（plunge installation）（有时叫做直接安装）。采取这种方式，企业会直接关闭旧系统/业务流程并启用新系统。一旦新系统或流程出现故障，组织就会陷入麻烦：只能坐以待毙，或者等到新系统/流程修复成功，或者等到旧系统/流程重新被启用。正是由于这种风险的存在，企业组织应当尽量避免采取这种切换方式，除非有这种例外情况，即新系统提供了一项新功能，能够保证系统失败时组织的运行不受其干扰。

图 12—11 总结了每个组件在设计和实施活动中的主要任务，可以用来测试你们对每个活动中具体任务的了解情况。

	硬件	软件	数据	程序	人员	
设计	确定硬件规格	选择商用软件，必要时设计修改和定制程序	设计数据库和相关结构	设计用户和运行规程	建立用户和运行岗位说明	各组件的单元测试
实施	获取、安装和测试硬件	购买和安装商用软件，编写修改和定制程序，测试程序	创建数据库，填充数据，测试数据	归档工作程序，建立培训计划，审查和测试程序	聘用和培训员工	
集成测试和切换						

注：灰色底纹的方格代表软件开发。

图 12—11　五个组件的设计和实施

维护系统

维护（maintenance）这个词可能有点用词不当，因为这项活动的工作内容要么是修复系统使其正常工作，要么是完善系统使之适应需求的变化。

图 12—12 显示了维护活动的主要任务。首先，需要建立一种跟踪方式，既能够跟踪系统的错误[1]，又能够及时发现为适应新需求要做的改善提升。对于小型系统来说，组织可以利用文字处理文档来跟踪其错误和

---

[1]　错误（failure）是系统实际做的与应该做的之间出现的差异，有时会被人称作缺陷（bug）而不是错误。作为未来用户，你们就该称其为错误，因为在用户眼中就是出错了。不要列什么"缺陷表"，只做"错误表"；不要说"未纠正的缺陷"，要说"未纠正的错误"。在一个受到了严重错误牵连的组织中待上几个月，你就会了解这一术语差异的重要性。

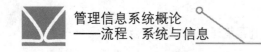
改善。然而，随着系统变大，系统的错误和需求改善的数量也随之增加，许多组织发现有必要开发一种跟踪数据库。这个数据库不仅包含对系统错误和改善要求的描述，而且会记录是谁报告了该问题，谁负责修复或改进，维护工作的状态如何，修复或改进是否经过了发起人的测试和验证。

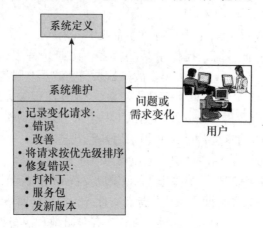

图 12—12　SDLC：系统维护活动

通常，IS 专业人员会根据问题的严重程度进行优先级排序。他们会尽快修复优先级高的项目，在有时间和资源条件时，再去修复优先级低的项目。

因为改善提升是对新需求的适应，开发人员通常会对改善类维护请求和纠错类维护请求分别做排序。是否改善其实是一个商业上的决策，即该项改善要能够给业务带来一定的回报率。

问题3　流程与系统开发哪个更优先？

当业务流程和信息系统到了需要创立或者重新设计的时候，这两者间多对多的关系为人们带来了难题。哪一个应该先行？我们应该先设定好一个或多个业务流程，然后再去建立所需要的信息系统，还是该先尝试着确定或概括描述出人们使用信息系统的所有可能方式，建起信息系统，再去围绕它构建业务流程？

如果你们思考了这种情况，就会了解为什么号称可执掌一切的 ERP 系统既美妙又可怕。其美妙之处在于它包含了组织需要的所有业务流程及全部的系统组件，至少是 ERP 厂商能够确定的一切；其可怕之处在于要实施 ERP 的组织必须尝试一次性地做完所有的事情。

但是，对于那些非 ERP 的业务流程和信息系统来说以及对 FlexTime 这样的小企业来说，应该先做哪个呢？可以做如下不同考虑。

业务流程优先

假设我们决定先设计业务流程，然后根据流程设计结果去构建 IS 组件。如果采取这种方式，我们将会遵循类似图 12—13 所示的开发过程。组织将参与到业务流程管理的进程中，并在 BPM 周期中的创建组件环节构建系统组件。

这种方法对那些正在建设过程中的业务流程非常适用，因为对系统的需求正是来自这些流程。但是，对于未来的其他流程呢？以图 12—4 中的会员证销售和课程调度应用程序为例，为了实现对会员续期和课程销售的评估流程，需要创建数据库结构和报表生成程序。但是，假设在几个月之后，FlexTime 需要评估其他类型的销售活动。这些应用程序将无法用来做其他评估，并且不得不花费额外的费用和精力重新设计。

因此，从流程和工作状态推进到信息系统的方法可能对在用的业务流程奏效，但是要把同一信息系统用到未来可能出现的其他流程上，就会遇到障碍。那么，如果我们从信息系统先开始，会如何？

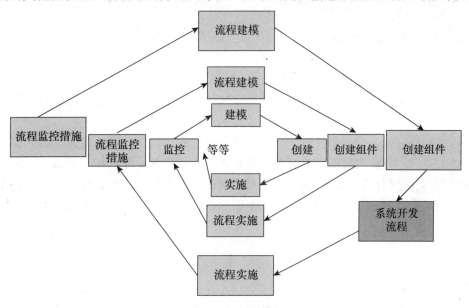

图 12—13　流程优先的开发

信息系统优先

假设我们决定先从信息系统入手。为了开展工作，开发团队会与系统的未来用户代表们沟通，尝试确定人们想要在网上注册 FlexTime 课程的所有方式。从这些需求入手，他们开始设计组件和构建系统。

如果先开发信息系统，其开发过程将与系统开发的生命周期（含有图 12—14 所示的五个步骤）类似。来自高层的业务规划流程决定建设一个系统来实现某种功能；在 FlexTime 中，所需的功能是对销售进行评估。知道要做什么样的系统之后，开发团队将细化系统功能定义，确定需求，设计系统组件并实施系统。

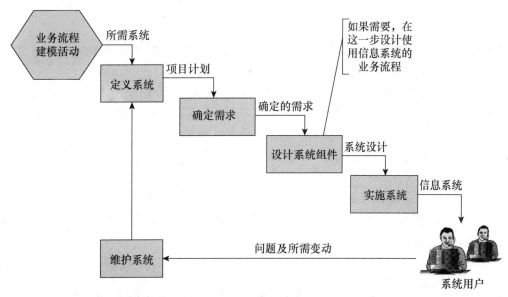

图 12—14　经典的系统开发生命周期的五个步骤

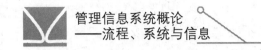

这样的开发流程使业务流程沦为了信息系统开发中的附属品，焦点都放在了构建硬件、软件、数据、程序（为使用系统）和用户培训上。虽然业务流程的某些方面将作为系统实施的一部分投入建设，但是正如图12—3所示，业务流程还包括许多不属于信息系统的活动。这些活动在建设系统时很可能被忽略。

另一个要素：现成的商用软件

讨论中所忽略的另一个要素是现成的商用软件。现在很少组织有能力自行开发计算机程序或自行设计数据库。大多数组织致力于购买许可证来获得现成的商用软件，然后调整软件来适应组织的要求，或者调整组织的要求来适应软件。

因此，如果组织知道它最有可能采取的方式是购买现成的商用软件，那么应该先设计流程，还是先开发信息系统呢？遗憾的是，不存在明确的正确答案。如果企业开始先做业务流程，那么很可能所选择的软件包比较适合正在开发中的业务流程，却不一定适合随后开发的其他流程。同理，如果先做信息系统并收集了方方面面的需求，很可能会找到一款所有用户都能用上的软件，业务流程却再一次受到冷遇。

结果会是……

从理论上讲，从业务流程开始更有利。如第1章讨论过的，业务流程更加接近组织的竞争战略及其他相关目标。从流程起步建设所需的系统，更有可能使最终的业务流程及信息系统与组织的战略和方向相吻合。

然而在现实中，结果却不一定如此。当今的组织在同时采用这两种方式。有时候同一家企业会在此时采用一种方式融合流程与系统，在彼时又采用另一种方式使二者融合。

不难想象，涉及业务流程和信息系统建设流程的知识还有很多。如果你们想要了解更多，可以去学系统开发课程。现在，我们将转向另一个重要的 MIS 管理流程——信息安全。

问题 4　什么是信息系统安全？

信息系统安全（information systems security）是指通过建立适当的保障措施保护信息系统的脆弱点，使之不受安全威胁的流程。我们将具体说明每一个关键术语。

在讨论之前，要知道信息系统安全是至关重要的。凡是拥有信息系统的组织都应该以适合组织战略的方式落实信息系统安全。2011 年，由于松懈的安全程序，7 700 万索尼游戏机用户的姓名、地址、信用卡号等数据遭到泄露。无独有偶，苹果公司的 iPhone 和 Facebook 的网页也发生了类似的安全事件。毫无疑问，在你们读到本段内容之前，还会有更多的信息安全灾难发生。

由于安全问题会带来财务上和声誉上的巨大损失，任何组织都不可以坐视安全事故发生之后才去顾及安全问题。恰恰相反，当今的企业必须建立安全性规划，我们将在问题 5 中讨论此问题。

我们将从讨论系统安全的脆弱点开始，首先概括说明脆弱点的来源，然后解释每个来源所产生的具体威胁。

脆弱点的来源

安全脆弱点（security vulnerability）是由三种来源所致的、对信息系统完整性的潜在挑战。这三种来源

374

是：人为错误及失误、人的恶意活动、自然事件和灾难。其中，人为错误及失误包括由员工或非员工引发的意外问题，比如某个员工对运行程序有误解，不小心删除了客户记录；质量不高的代码及设计不当的程序也属此类；最后，人为错误和失误还包括人身事故在内，比如开着叉车穿透了电脑室的墙壁。

安全问题的第二个来源是人的恶意活动。这类活动包括员工或前员工故意破坏数据或其他系统组件的行为；包括闯入系统的黑客，制作病毒和蠕虫感染计算机系统的人。恶意活动还包括来自外部的罪犯，他们为了发财而擅自闯入系统中盗窃，恐怖主义行为也包括在内。

安全隐患的第三个来源是自然事件和灾难。这类事故包括火灾、洪水、飓风、地震、海啸、雪崩以及其他一些自然灾难。此类问题的损失不止是灾难发生时被破坏的能力和服务，也包括从破坏中恢复的过程所导致的成本。

安全威胁的类型

威胁（threat）是指对信息系统安全的挑战。图 12—15 中列出了四种类型的威胁：未经授权的数据泄露、不正确的数据修改、拒绝服务及基础设施的损坏。下面将分别解释每一种类型。

未经授权的数据泄露。当有人在无意中违规公布了数据时，未经授权的数据泄露就会由人为失误所致。比如某大学中一个新的行政管理人员将学生姓名、学号以及成绩张贴了公共场所，这种泄露姓名和成绩的行为违反了州法律；再比如某个企业员工因疏忽大意，将企业专有数据泄露给了竞争对手或者媒体。

搜索引擎的普及和高效率成为数据不慎泄露的另一个来源。员工若把内部数据放到网页上，这些网页又能被搜索引擎检索到，就相当于通过网络错误地对外公布了这些专有的内部数据。

当然，专有数据及个人数据也会被恶意地泄露。**社会工程**（social engineering）是指这样一类威胁：故意操纵个人或者组织，使他们在不知道的情况下泄露机密信息。**仿冒**（pretexting）就是一种社会工程，指伪装成其他人进行诈骗。一个常见的骗局是：骗子假装成信用卡公司的员工打来电话，声称要检查信用卡号码的有效性："我正在检查您的万事达卡号，起始号码是 5491，您可以核实后面的号码吗？"所有万事达卡号码都以 5491 开始，呼叫者试图偷取一个有效的卡号。

网络钓鱼（phishing）也是一种社会工程技术，它主要通过仿冒电子邮件获取未授权的数据。钓鱼者会伪装成合法企业，通过向人发送电子邮件来收取机密数据，比如账号、社会保险号、账号密码，等等。网络钓鱼行为会损害到合法品牌和商标。详见本章的 MIS 课堂练习 12。

		来源		
		人为失误	恶意活动	自然灾害
威胁	未经授权的数据泄露	操作过程中出错	仿冒 网络钓鱼 假冒 窃听 计算机犯罪	恢复过程中泄露
	不正确的数据修改	操作过程中出错 程序错误 财务控制失灵 系统错误	黑客攻击 计算机犯罪	数据恢复不正确
	拒绝服务（DOS）	意外事故	DOS 攻击	服务中断
	基础设施的损坏	意外事故	盗窃 恐怖活动	财产损失

图 12—15　安全威胁及其来源

假冒（spoofing）是另一种伪装成他人的行为。比如你假装成自己的导师，就称作假冒导师。作假者用另一个站点的地址冒充某个网站 IP 地址的行为称为 **IP 地址欺骗**（IP spoofing）。**欺骗性邮件**（E-mail spoofing）是网络钓鱼的同义词。

社会工程通常会将信息系统中的人员要素牵涉进来。非授权数据泄露还与软件、硬件等其他要素有关。**窃听**（sniffing）是一种截取计算机通信信息的技术。在有线网络环境下，窃听需要用物理方式连入网络；而在无线网络中则不需要。**蹭网者**（drive-by sniffers）只需携带可连接无线网的计算机，搜索到所在地区未设密码保护的无线网络便可以连入该网络。他们可以随意监控和拦截无线网的流量。你们将会看到，即便是有保护的无线网络也很脆弱，我们随后会讨论间谍软件和广告软件这两种窃听技术。

其他形式的计算机犯罪包括入侵系统窃取数据，如客户名单、产品库存数据、员工数据和其他一些专有的机密数据。

最后，在自然灾难恢复过程中，人们可能无意间造成数据泄露。在数据恢复过程中，每个人都全力专注于还原系统的功能，可能会忽视正常的安全保障。在灾难恢复过程中对类似"我需要客户数据库备份的副本"这样的请求的审查，会比其他时候宽松得多。

不正确的数据修改。图 12—15 中的第二类威胁是不正确的数据修改。比如不当地增加了某位顾客的折扣，不正确地修改了某位员工的工资、带薪假期或年度奖金；再比如，在公司官网或门户网站上放置了不正确的信息，如错误的价格变化信息等。

一些人为失误也会造成不正确的数据修改，比如员工未按正常程序操作，或者操作程序设计有误。为了对处理财务数据和控制产品及设备等存货资产的系统进行适当的内部控制，企业应当确保权责分离，并建立多重监管和制衡机制。

由人为失误造成错误数据修改的最后一种类型是系统错误。比如第 4 章中讨论过的更新丢失问题。

黑客攻击是指人们访问了未经授权的计算机系统。虽然有些人做黑客纯粹是出于乐趣，但其他很多黑客是恶意入侵，进入系统是为了窃取或者修改数据。**电脑罪犯**通常为了获得经济利益而入侵计算机网络，会盗取重要数据或者操控计算机系统，比如减少账户余额、将货物运至非法地点或顾客。他们很可能会采用社会工程方式。

最后，灾难发生后的故障恢复操作可能会导致不正确的数据变化。行为错误有可能是无意的，也有可能是恶意的。

拒绝服务。程序操作时的人为失误或者某些程序的缺失都会导致**拒绝服务**（denial of service）。比如，当人们启动高密度大型计算程序时，往往会无意间关闭 Web 服务器或企业网关路由器；基于操作型 DBMS 的 OLAP 应用程序在运行时会占用大量的 DBMS 资源，从而导致订单录入交易无法通过。

恶意攻击行为也会导致拒绝服务。比如，恶意的黑客可以利用数百万的假服务请求淹没 Web 服务器，使得服务器不能够处理合法的请求。再如，计算机蠕虫病毒可以产生超大流量堵塞网络，使合法流量难以通过。除此之外，自然灾害可能会损毁系统，进而导致拒绝服务。

基础设施的损坏。人为事故会导致基础设施受损。例如，推土机在工作时切断了光纤电缆管道，或者地板打磨机撞坏了 Web 服务器的机架，等等。

盗窃及恐怖事件也会使基础设施受损。比如，心怀不满的离职员工可能会拿走企业的数据库服务器、路由器等关键设备；恐怖事件可致厂房或设备损毁。

自然灾难是导致基础设施受损的最大风险。火灾、洪水、地震等事件会损坏数据中心及所有内部设施。2011 年 3 月的日本海啸及同一年美国中西部龙卷风所带来的巨大破坏都是大自然引发风险的明显实例。

MIS 课堂练习 12

针对信用卡的网络钓鱼

钓鱼者（phisher）指假冒合法企业来非法套取私人数据的个人或者组织，被套取的数据通常包括信用卡号、电子邮箱账户、驾驶证号码等。一些钓鱼者还会在用户电脑中放置恶意的程序代码。

网络钓鱼通常是利用电子邮件开始的。钓鱼者盗取合法标识和商标，并刻意使用官方话语，企图欺骗用户透漏个人资料或点击链接。钓鱼者完全不理会有关商标使用的法律。他们会在自己的网页上随意放上 Visa、MasterCard、Discover 及 American Express 等信用卡公司的名称和标识，以此为诱饵。有些钓鱼者甚至会将某个合法公司的网站外观和风格完全复制过来。

在这个练习中，你和你的小组同学将要调查网络钓鱼行为。需要注意的是，如果你们在网络中搜索网络钓鱼（phishing），那么你们的搜索行为很可能会吸引活跃的钓鱼者的注意。因此，对于所有练习时浏览过的网站，千万不要提供任何数据！

1. 访问 www. microsoft. com/protect/fraud/phishing/symptoms. aspx，了解网络钓鱼的基础知识；访问 www. fraudwatchinternational. com/phishing/，查看最新的网络钓鱼攻击的案例。

a. 使用上述网站链接中的例子，说明网络钓鱼是如何运作的。

b. 解释为什么看起来像是合法的链接，实际上却有可能链接到钓鱼者的网站，比如 www. microsoft. mysite. com。

c: 列出网络钓鱼攻击的五种征兆。

d. 向某个对技术外行的朋友或亲戚发一封电子邮件，解释什么是网络钓鱼，以及该如何避免上当。

2. 假设你收到了一封如图 12—16 所示的邮件并且误点击了"查看更多细节"（See more details here），你点击后进入了如图 12—17 所示的网页。在这些图中查找网络钓鱼的蛛丝马迹，将其全部列出来并说明你的理由。

Your Order 1D: "17152492"
Order Date: "09/07/12"
Product Purchased: "Two First Class Tickets to Cozumel"
Your card type: "CREDIT"
Total Price: "$349.00"
Hello, when you purchased your tickets you provided an incorrect mailing address.
See more details here
Please follow the link and modify your mailing address or cancel your order. If you have questions, feel free to contact us account@usefulbill.com

图 12—16　网络钓鱼邮件

3. 假设你所在的工作单位正遭受网络钓鱼之苦。

a. 你如何知晓自己的组织遭到了攻击？

b. 你的组织应该采取什么措施来应对攻击？

c. 如果钓鱼者套用你单位的品牌和商标进行网络钓鱼攻击，导致客户利益受损，你的组织有责任吗？如果有的话，会有哪些责任？

4. 概述为什么网络钓鱼对当今的电子商务是一个严重问题。

5. 说明行业组织、公司、政府以及个人可以采取哪些措施以帮助减少网络钓鱼行为。

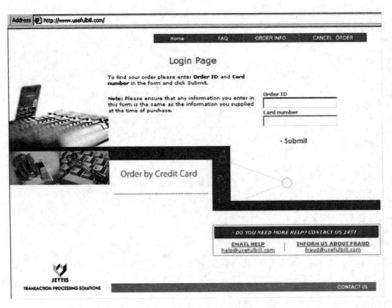

图 12—17　网络钓鱼屏幕

　　你们可能会疑惑为什么图 12—15 中没有包括病毒、蠕虫和木马。这是因为病毒、蠕虫和木马是造成图中这些威胁的技术手段。它们既能够引起拒绝服务攻击，也可以造成恶意使用、未授权的数据访问或者数据丢失。

　　计算机安全研究所（CSI）每年都会进行计算机犯罪调查。图 12—18 总结了 2009 年调查到的最为常见的犯罪行为，这是目前对外公布的最新数据。在接下来的问题中，你们将学会如何做才能有效地防范该图中的三种犯罪行为：通过运行恶意软件防护程序减少恶意软件的侵害；保护好笔记本电脑和移动设备不被盗窃；通过严格执行系统程序来防止金融诈骗。

类型	占受访者的百分比
恶意软件感染	64%
笔记本电脑和移动设备盗窃	42%
被钓鱼网站欺骗	34%
拒绝服务	29%
组织内的僵尸程序	23%
金融诈骗	20%

图 12—18　2009 年 CSI 计算机犯罪和安全调查

资料来源：http://www.pathmaker.biz/whitepapers/CSISurvey2009.pdf.

问题 5　组织安全性规划由哪些部分组成？

　　图 12—15 中列出的所有威胁都真实存在，其严重性并非危言耸听。因此，企业组织必须采取系统的方

式解决安全问题。**安全性规划**（security program）① 包括三个组成部分：高层管理参与、安全防护措施和事件响应机制。

第一部分是高层管理参与，它对安全的关键作用有两个：首先，高层管理必须确定安全策略，这一策略为组织确定如何处理系统安全的薄弱点奠定了基调。然而，并不存在完美的安全性规划，风险始终存在。因此，管理层的第二个作用是平衡安全性规划的成本与收益，实现对风险的管理。

安全防护措施是应对系统安全弱点的保护措施。结合信息系统的五个组件要素来了解安全措施是个不错的方式，如图 12—19 所示。有些安全措施涉及计算机硬件与软件，有些涉及数据，还有些涉及程序和人员。除了这些安全防护措施外，组织还要考虑到灾难恢复方面的安全措施。有效的安全性规划要平衡覆盖所有领域，使各种安全措施的保护水平相当。

硬件	软件	数据	程序	人员

技术安全措施：
身份识别及验证
加密
防火墙
恶意软件防护
应用程序设计

数据安全措施：
数据权利和责任
密码
加密
备份和恢复
物理安全

人员安全措施：
招聘
培训
教育
工作程序设计
管理
评估
承诺
问责

有效的安全性需要平衡关注全部五个组件！

图 12—19　覆盖五个 IS 组件的安全防护措施

安全性规划的最后一个部分是组织要制定对安全事故的响应计划。显然，不能等到计算机系统崩溃波及整个组织时才去思考应对策略。我们从高级管理层的责任开始讨论安全性规划。

高管的安全角色是什么？

高管层对信息系统安全具有至关重要的作用。他们负责设定安全策略，只有高管才能够对系统安全成本与系统漏洞风险做权衡。国家标准与技术研究院（NIST）出版了一本优秀的安全手册，专门规定了管理层的责任。它可以在线阅读（http：//csrc.nist.gov/publications/nistpubs/800-12/handbook.pdf），我们也将继续讨论这个问题。

NIST 的安全要素手册

图 12—20 列出了 NIST 手册中描述的计算机安全要素。首先，计算机安全必须支持组织的战略。对于安全威胁没有"放之四海而皆准"的解决方案，钻石开采企业的安全系统与小麦农场的安全系统并不一样。

根据图 12—20 中的第二点，当你管理某个部门时，即使没有人通知你，你也应该承担起该部门信息系统安全的责任。该部门有基本的安全措施吗？员工们都经过必要的培训吗？当计算机系统出现故障时，该部门知道如何处理吗？如果你所在部门对这些事情搞不清楚，就要将此问题向上级反映。

系统安全的花费很高。因此，图 12—20 的第三个要素是计算机安全应该考虑适当的成本收益率。成本

---

① 注意，这里所说的"规划"（program）是指一个管理上的规划，包含目标、策略、程序、指令等，不要将它与计算机程序（program）相混淆。

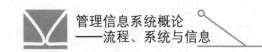

既可能是直接的，如劳动力成本；也可能是无形的，如员工或客户的失望。FlexTime 这类小企业绝对不可能达到培生教育集团或国税局那样的安全水平。但是，它们同样要关注安全问题并采取措施管理安全风险，正如我们下面要讲的。

图 12—20 的第四个要素说明，必须明确落实安全责任及义务。笼统地说"部门里每个人必须妥善保护公司财产"是难以奏效的。相反，管理者必须明确地阐明哪项具体任务分配给了哪一个人，或者属于哪个岗位职责。

由于信息系统整合处理多个部门的业务流程，源自某个部门的安全威胁往往会波及很远。一个部门中的某个员工没按规定做，在网络店面中输入了错误的产品价格，这个错误就会延伸到其他部门、其他公司，甚至影响到顾客。

身为计算机系统的所有者，知道自己对其他部门或外部组织的安全也负有责任是计算机安全的第五个要素。

图 12—20 中的第六个要素是说安全问题没有灵丹妙药。任何单一的安全防护措施，如防火墙、防病毒程序或增加员工培训等，均无法提供有效的安全保障。应对图 12—15 的安全威胁需要一个全面平衡的安全性规划。

> 1. 计算机安全应该支持组织的使命
> 2. 计算机安全是完善管理必备的内在要素
> 3. 计算机安全应该贯彻成本效益原则
> 4. 计算机安全的责任和义务要明确落实
> 5. 系统所有者对本组织外部的计算机安全负有责任
> 6. 计算机安全需要综合考虑，整合全盘
> 7. 计算机安全需要定期重新评估
> 8. 计算机安全受制于社会性因素

图 12—20　计算机安全要素

安全性规划出台之后，公司不能够简单地认为可以一劳永逸了。图 12—20 的第七个要素表明，系统安全是一项持续性需求，每个公司都要定期评估安全性规划。

最后，社会性因素为安全性规划添加了一些限制。员工对上下班时的人身检查感到反感；顾客也不喜欢在下订单之前要先做视网膜扫描。计算机安全与个人隐私之间存在着冲突，而且很难实现平衡。

问题 6　有哪些技术安全防护措施？

技术安全防护措施（technical safeguards）包括信息系统组件中的硬件、软件以及数据。图 12—21 列出了主要的技术安全防护措施，我们将分别加以介绍。

■ 身份识别和验证

现在，每个信息系统都应该要求用户注册用户名和密码。用户名用来识别该用户是谁［**识别**（identification）流程］，密码则用来验证是否真的是该用户［**验证**（authentication）流程］。

密码。密码是信息系统安全的关键组成部分，然而不少用户创建和使用密码非常随意。因特网安全专家约翰·波萨采兹（John Pozadzides）宣称，只需用几个简单的规则，就能够在几分钟内破解 20% 用户的密码。[1]

---

[1]　John Pozadzides，"How I'd Hack Your Passwords," MSN Money. 见 http://money. msn. com/identify-theft/how-i-would-hack-your-passwords. aspx。

380

微软公司曾谈到，合适的密码不应该包含任何词典中的单词，应同时包括大写和小写字母、数字以及特殊字符，如 $ 、% 和 &。除此之外，密码的设置要足够长。按照波萨采兹的说法，一名坚持不懈的黑客用普通的个人电脑两小时就能破解任何 7 个字符的密码，而破解 11 个字符的密码却要花上一个多世纪，破解 14 个字符的密码则要花上 2 000 多年。

　　尽管一再警告，许多用户使用密码时仍然粗心大意。比如，在许多公司里都能够见到电脑上贴着黄色便条，密码赫然写在纸上；还有的用户乐于与他人自由分享个人密码。虽然智能卡和生物特征识别可以用来弥补这些缺陷，但良好的安全应该从妥善地采用长密码做起。

　　智能卡。智能卡（smart card）。智能卡是类似于信用卡的塑料卡片。与磁条式信用卡、借记卡、ATM 卡不同的是，智能卡中含有微芯片。微芯片能够存储比磁条更多的数据，并被加载了身份标识数据。智能卡的用户需要输入**个人识别码**（personal identification number，PIN）来鉴别身份。

　　生物特征识别。生物特征识别（biometric authentication）利用个人的生理特征作为用户的身份鉴别方式，如指纹、面部特征及视网膜扫描。生物特征识别具备强大的身份验证功能，但所需的设备比较昂贵。另外，用户往往会抵制生物特征识别，他们感到这侵犯了个人权利。

图 12—21　技术安全防护措施

　　生物特征识别的应用刚刚起步不久。因为优势明显，其未来应用拓展的潜力很大。立法机构可能会通过立法手段规范生物数据的使用、存储以及保护。

　　要想理解和记忆身份验证的不同方式，只需区分下面三个范畴：你知道什么（密码或者 PIN），你有什么（智能卡），你是什么（生物识别）。

加密

　　图 12—21 中的第二项技术安全防护措施是加密。**加密**（encryption）是将含义清楚的明文转变成无法理解的密文，以便安全地存储或通信的过程。开发难以破解的**加密算法**（encryption algorithms）（加密数据的流程）的研究数不胜数。通常使用的方法有 DES、3DES 和 AES；若想了解更多，可以在网络上搜索这些关键词。图 12—22 概括介绍了五种加密技术。

　　密钥（key）是用来对数据进行加密的数字。它被称作钥匙是因为它能锁住一条信息。但是与房间的实物钥匙不一样，密钥是与加密算法一起使用的一个数字。

　　对信息进行编码时，计算机程序利用加密算法和密钥将未编码的明文信息转换成密码信息。编码后的密码信息看上去像是乱码。信息解码（解密）过程与之类似：利用密钥将密码信息恢复成最初的明文。在**对称加密**（symmetric encryption）中，加密和解密都使用同一个密钥（数字）。在**非对称加密**（asymmetric encryption）中要使用两个密钥：一个用来加密信息，另一个用来解密信息。对称加密比非对称加密更为简单和迅速。

　　公钥/私钥（public key/private key）是应用于互联网的一种非对称加密方式。利用这种方式，每个网站拥

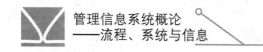

有一个公钥以用于加密信息，并拥有一个私钥以用于解密信息。为了解释它的工作原理，我们先来做个比喻。

技术手段	工作原理	特点
对称	发送者和接收者使用相同的密钥传送信息	迅速，但是双方较难得到相同的密钥
非对称	发送者和接收者使用两个密钥传送信息，一个公钥和一个私钥。使用一个密钥加密的信息可以由另一个密钥解密	公钥可以公开传播，但需要证书授权（见下文）。比对称加密慢
SSL/TLS	涉及 TCP-OSI 体系结构的第 4、5 层。发送者利用公钥/私钥发送对称加密密钥，双方都可以在有限的、短暂期间内用来做对称加密	被多数因特网应用程序采用，是对称和非对称加密的有效混合，实用性好
数字签名	发送者用 hash 函数处理消息，并用私钥签署消息摘要，生成数字签名；发送者传送明文消息和数字签名。接收者也用 hash 函数处理明文消息，用该用户的公钥解密数字签名。若消息摘要相一致，接收者便知信息未被篡改	确保明文未作改动的巧妙技术
数字证书	由可信的第三方认证机构（CA）提供公共密钥和数字证书。接收者可利用公钥（来自 CA）解密信息，并附有 CA 的数字签名	消除了公钥假冒行为。要求浏览器拥有 CA 的公钥

图 12—22 常用的加密手段

假设你把一个打开着的密码箱给了朋友（比如采用密码锁的健身房储物柜），但这个箱子的密码只有你本人知道。那么，当你的朋友把东西放到箱子里并锁上之后，无论是你的朋友还是其他人都打不开这个箱子了。他们将锁住的箱子送给你，你可以用密码打开箱子。

公钥就像是密码箱，而私钥就像是密码。你的朋友利用公钥给信息编码（锁上箱子），而你使用私钥给信息解码（使用密码来开箱）。

假设现在有两台普通的计算机，A 和 B。假定 A 要向 B 发送一条加密信息。为了这样做，A 先将自己的公钥发送给 B（好比 A 给 B 一个打开的密码箱）。B 就使用 A 的公钥给信息编码加密，再将加密后的信息发回给 A。此时，除了 A 之外没有人（包括 B）能够解码该信息，就像是被密码锁住的箱子一样。A 收到加密的信息后可用私钥（如同箱子的密码）来解码或解密信息。

再一次强调，公钥就像是打开着的密码箱，A 会把密码箱送给需要的人。但是 A 绝不会将私钥（密码）送给任何人。私钥必须是私有的。

互联网通信最安全的方式是采用所谓的 **HTTPS** 协议。使用 HTTPS 协议，数据将采用**安全套接层**（Secure Socket Layer，SSL）协议进行加密，也被称为**传输层安全协议**（Transport Layer Security，TLS）。SSL/TLS 采用了公钥/私钥和对称加密相结合的方式。

这种结合方式的基本思想是：对称加密迅速而且是优先选择。但是，通信双方（你和某网站）不会直接共享某个对称加密的密钥，必须使用公钥/私钥加密方式来获得相同的对称密钥。一旦双方都拥有了该密钥，就可以使用对称加密手段通信了。

图 12—23 显示了你借助 SSL/TLS 与网站间安全通信的方式。

（1）你的计算机获得了你想连入的网站的公钥。

（2）你的计算机生成一个用做对称加密的密钥。

（3）你的计算机利用该网站的公钥为此对称密钥加密，并将加密后的对称密钥发送给该网站。

（4）网站利用自己的私钥来解密收到的对称密钥。

（5）从那一刻开始，你的计算机和该网站就可利用对称加密方式通信了。

当会话结束时，你的计算机和该安全网站便丢弃所有密钥。利用这一策略，绝大部分通信都采用了更快的对称加密的安全方式。而且，密钥只用于短暂的瞬时传递，被破解的可能性也随之降低。

SSL/TLS 的应用使传送敏感数据变得更加安全，例如信用卡号码和银行账户数据。关键是务必确认你在浏览器中看到了 https://，而不仅是 http://。

382

1.你的计算机获得网站的公钥。

网站公钥

你

网站

2.你的计算机生成一个对称加密的密钥。

3.你的计算机利用网站公钥为对称密钥加密。

利用网站公钥加密后的对称密钥

4.网站用自己的私钥解密你的信息，获得你的对称加密密钥。

利用对称加密方式通信

5.你的计算机和网站之间的所有通信都利用了对称加密方式。

图 12—23　HTTPS（SSL 或 TLS）的原理

警告：在一般情况下，无论是电子邮件还是即时消息（IM）都没有使用加密手段。所以，你在教室、学生休息室、咖啡馆及任何无线网络覆盖区利用无线网发信息时，你的同学和老师都很容易看到你发的消息内容。发件人自己要当心一些！

数字签名和数字证书是图 12—22 中列出的最后两种加密技术手段，已超出了本书的范围。你们只需知道，**数字签名**（digital signatures）的用途是确保未经加密的明文在传输过程中未被篡改；**数字证书**（digital certificates）是一种用来防止公钥被假冒的加密手段。

防火墙

图 12—21 列出的第三项技术安全措施是防火墙。防火墙是用来阻止未授权的网络访问的计算装置。防火墙既可以是一台专用计算机，也可以是通用计算机或者路由器上的一个程序。防火墙会在 Windows 和 Macintosh 操作系统中设立，还可以通过另设专门的防火墙来加强对组织中网络的广泛保护。关于防火墙技术的讨论本书不再多做介绍。

恶意软件防护

图 12—21 列表中的下一项技术安全措施是恶意软件防护。**恶意软件**（malware）的定义不止一个。在这里我们将使用最为宽泛的定义：恶意软件指病毒、蠕虫、木马、间谍软件及广告软件等。

病毒、木马和蠕虫。病毒（virus）是一个能够自我复制的计算机程序。未加抑制的复制就像是计算机的癌症一般，病毒最终会消耗掉计算机的资源。而且，许多病毒会对计算机采取恶意和有害的行动。

造成有害活动的程序代码被称作**恶意载荷**（payload）。恶意载荷会以未被察觉到的方式私下删除程序或者数据，甚至随意修改数据，比如随便更改客户信用评级等。有些病毒会以有害的方式发布数据——比如将信用卡数据文件传递给未授权的网站。

病毒有很多不同的种类。**木马**（Trojan horses）是伪装成有用程序或文件的病毒。其名称的由来是在特洛伊战争期间，一匹装满了士兵的巨型木马被搬进了特洛伊城内。木马看上去很像计算机游戏、MP3 音乐文件或者其他无害的有用程序。

蠕虫（worm）是利用因特网或其他计算机网络进行自我繁殖的病毒。蠕虫比所有其他病毒传播得更迅速，因为它们是为传播扩散而专门编制的病毒程序。与非蠕虫病毒不同，蠕虫必须等到用户与另一台计算机共享文件时才传播，它可以主动利用网络来扩散。有时，网络被大量蠕虫拥塞后会变得无法使用。

383

　　间谍软件和广告软件。间谍软件（spyware）程序会在用户不准许或不知情的情况下安装到用户的计算机中。间谍软件驻留在计算机后台，以不被用户察觉的方式观察用户的操作和按键动作，监控计算机活动，并将用户活动报告给间谍软件机构。有些恶意间谍软件会通过捕捉击键行为获取用户名、密码、账号及其他一些敏感信息，还有一些间谍软件专门观察用户的行为（比如用户浏览的网站、查看和购买的产品等）来做市场分析。

　　广告软件（adware）与间谍软件类似，也是在没有获得许可的情况下安装，并且驻留在后台观察用户行为。许多广告软件是良性的，不会采取恶意行为或者偷取数据。然而，它会观察用户活动并生成弹出式广告。广告软件还会更改用户的默认窗口、修改搜索结果甚至切换用户的搜索引擎。在大多数情况下，广告软件只是有点恼人而已。但是任何情况下用户都应该关注自己的计算机上出现的功能不明的未知程序。

　　图12—24列出了一些广告软件和间谍软件的征兆。有时候这些迹象会随着恶意软件安装的逐渐增多而慢慢展现。一旦你的电脑出现这些迹象，要马上使用反恶意软件的程序删除间谍软件或广告软件。

> ● 系统启动迟缓
> ● 系统性能变慢
> ● 很多弹出式广告
> ● 浏览器主页被莫名其妙更改
> ● 任务栏和其他系统界面被莫名其妙更改
> ● 不寻常的硬盘活动

图12—24　间谍软件和广告软件的征兆

　　对恶意软件的防护措施。幸运的是，通过下面的一些恶意软件防护措施能够防范大多数的恶意软件。

　　（1）在电脑上安装反病毒和反恶意软件程序。企业的信息系统部会有一个这类程序的推荐（必须安装的）清单。在为自己选择程序时，要从有信誉的供应商处购买，并先在网上查看一下再去购买。

　　（2）设置反恶意软件程序，令其定期扫描计算机。每周至少扫描一次计算机，如果可能，最好增加扫描次数。当发现恶意软件代码时，要用反恶意软件程序清除。如果发现代码不能删除，要与信息系统部或者反恶意软件服务商联系。

　　（3）及时更新恶意软件清单。恶意软件清单指需要及时下载的恶意软件代码表。反恶意软件供应商会持续更新这类软件的定义清单，一旦有更新就应该立即下载。

　　（4）用电子邮件时不要打开陌生者的附件。其实，即使附件来自熟悉的人，打开时也要万分小心。根据安全专家Ray Panko教授的说法，大约有90%的病毒是通过电子邮件的附件传播的。[1]这个数据并不奇怪，因为大多数组织都安装了防火墙。在配置适当的防火墙面前，电子邮件是外部流量能够到达用户计算机的唯一方式。

　　大多数反恶意软件程序会对电子邮件附件做恶意代码扫描。然而，所有用户仍然需要养成这样的习惯：绝对不要打开陌生人发的电子邮件附件。此外，如果你意外收到了熟人的邮件，或者发现来自熟人的邮件主题怪异、拼写或语法错误，应该先向发件人核实邮件附件有无问题，而不要贸然打开附件。

　　（5）从合法来源及时安装软件更新。遗憾的是，世上不存在没有安全漏洞的程序。软件供应商一旦发现漏洞就会及时修复，但时间上都是不确定的。所以，要及时为操作系统和应用程序安装补丁。

　　（6）只浏览知名的互联网社区。当你什么都没做只是打开一个网页时，一些恶意软件也有可能会自行安装，所以不要碰有潜在危险的网页！

　　僵尸程序、僵尸网络和僵尸牧人。最近，计算机安全词汇表中引入了一些新的术语。**僵尸程序**（bot）是一种暗中安装的计算机程序，它能够在不为计算机所有者或管理员知晓或控制的情况下自动采取行动。僵尸程序是一个新的术语，用来泛指任何类型的病毒、蠕虫、木马、间谍软件、广告软件，以及其他不为计算

---

　　[1]　Ray Panko, Corporate Computer and Network Security（Upper Saddle River, NJ：Prentice Hall, 2004）, p. 165.

机所有者或管理员安装和控制的程序。有些僵尸程序是有危险和恶意的，会窃取信用卡数据、银行数据及电子邮件地址；有些会发起拒绝服务攻击；还有些只会弹出广告或做些恼人的干扰动作。

僵尸网络（botnet）是指个人或者组织创建和管理的、被僵尸程序感染后的网络。控制僵尸网络的个人或组织被称为**僵尸牧人**（bot herder）。僵尸网络和僵尸牧人不仅对商业来说是潜在的严重问题，对国家安全来说也是隐患。

> ● 数据权利和责任
> ● 给用户账户设置密码鉴别，保护其权利
> ● 数据加密
> ● 备份和恢复程序
> ● 物理安全

图 12—25　数据防护措施

各种恶意软件防护措施也是应对僵尸网络的最好保护措施。然而，关于僵尸程序的故事还远没有结束，值得我们继续关注。

安全应用程序设计

图 12—21 中最后一种技术措施是应用程序的设计。这种措施的重要性可以举例来说明：如果网页设计上有疏漏，则借助一种名叫**"代码注入"**（code injection）的技术便能不经许可地进入网站访问和操作。这项技术的本质是在网页文本框中输入程序代码而不是数据。使用 **SQL 注入攻击**（SQL injection attacks）能够泄露数据库中的数据，在这种攻击中，SQL 代码在未知情况下被 Web 网页加工处理。**跨站脚本**（cross-site scripting，XSS）也是一种类似的技术，在讨论区或某些用户论坛上引发了热议，主要指将网页脚本注入服务器上或访问服务器的用户的计算机中。如果正确地设计了应用程序，就能够防范这两种代码注入手段。

作为信息系统的用户，一般不必亲自设计程序。然而，应该确保为自己和你所在部门开发的信息系统都有安全性方面的保障。

数据防护措施

数据防护措施是用来保护数据库和其他组织数据的方式。图 12—25 总结出一些重要的数据防护措施。首先，组织应该明确用户对数据的权利和责任。其次，这些权利应该通过用户账户来管理，并通过密码鉴别来保护用户账户。

组织中的敏感数据应该使用加密形式存储。加密要使用一个或多个密钥，具体操作方式如前文对数据通信加密的描述。然而，存储数据的潜在问题是密钥可能会丢失，或者被不满或离职的员工损坏。正是由于这些隐患的存在，一旦数据被加密，应该由值得信任的一方掌握一个加密密钥的副本。这个安全流程有时也被称作**密钥托管**（key escrow）。

另一种数据防护措施是定期创建数据库内容的备份副本。组织应至少将部分副本存储在工作地点之外的某处，比如遥远的外地。此外，为了确保备份的有效性以及存在有效的恢复程序，IT 人员应该定期练习数据库的恢复过程，千万不要认为做了备份就保护到位了。

物理安全也是一种数据保护措施。运行 DBMS 的计算机以及所有存储数据库数据的设备都应该放置在上锁的机房内，不得让人随意进入，否则设备不仅容易失窃，也容易损坏。为了提高安全性，组织还应建立安全日志，对什么人、在什么时间、为了何种目的进入该设施进行记录。

385

问题7　有哪些人员安全防护措施？

人员安全防护措施涉及人以及信息系统的程序组件。在这一节我们将考虑下面四个防护措施：
- 人力资源；
- 账户管理；
- 系统程序；
- 安全监控。

☐ 人力资源

图12—26概括了各种人力资源方面的防护措施。这些防护措施同样适用于雇员和非雇员、兼职人员或合同工。

- 职位定义

  -权责分离

  -确定最小权限

  -确认职位敏感性

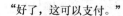
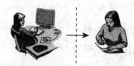

- 招聘过程

"你来之前在哪里工作？"

- 宣传和能力提升（责任、义务、规则）

"咱们讨论一下安全性吧……"

- 离职过程

  -友好的

"祝贺你找到了新工作。"

- 不友好的

"您的账户已经关闭，再见。"

图12—26　人力资源防护措施

职位定义。每个职位的工作任务和责任都要清晰定义，否则人力资源防护措施不可能奏效。通常来说，职位描述中应该将职责与权力分开。比如说，审批开支、开具支票以及支出报账不允许由同一个人单独完成，而是应该一个人审批开支，另一个人支付，第三个人做交易报账。同样，在库存部门中，库存提货授权、从库存中拿货、库存变动报账也不能够由同一个人完成。

每个职位的具体工作细则确定之后，用户的计算机账户应该仅仅给予每个用户完成其本职工作所需的最小授权。比如，对工作描述里不包括修改数据的员工的账户应该设为只读权限。同样，应该阻止员工账户去访问自己不需要的数据。

最后，签署文件明确每个职位的安全敏感程度。有些职位会接触到高度敏感的数据（如：员工赔偿金、销售人员配额、财产营销或者技术数据）；另一些职位则不涉及敏感数据。签署职位敏感性文件能够使得安全人员根据安全风险和损失情况安排和约束自己的活动。

招聘和筛选过程。安全性考察应该是招聘流程的一部分。当然，如果职位不涉及任何敏感的数据而且没有访问信息系统的权利，那么信息系统安全性审查会非常简略。然而，当招聘的是高敏感性职位的员工时，就要做大量的面试、参考和背景调查。需要注意的是，安全性筛选不只适用于新员工，也适用于即将晋升到敏感职位的员工。

宣传和能力提升。很显然，如果员工不了解安全程序，就别指望他们会遵守。因此，需要对员工进行培训，让他们了解安全策略、程序及自己的责任。

员工安全培训要在新员工入职培训时开始，主要介绍通用的安全策略和工作流程。培训一般要根据职位的敏感性和责任内容分别进行。新晋升的员工也要接受与新职位相匹配的安全培训。在员工完成必要的安全培训之前，公司不应该提供用户账号和密码。

能力提升由三个相互依存的因素组成：责任、义务、规则。首先，公司应该明确规定每个职位的安全责任。其次，安全性规划的设计还应该明确员工们应尽的安全义务，知道什么是不应该做的；还要建立相应的工作程序，万一有重要数据丢失，可以很快确定损失情况以及应该由谁负责。最后，安全性规划应该鼓励信守安全规则。应该定期监控员工的活动以保证安全性规则的执行，管理层应该明确违规行为将受到的处罚。

管理者的态度很关键。当管理者越是在言行上表现出对安全性高度关注时，员工遵守规则的程度就越高。如果管理者随意在员工公告栏上写密码，在走廊里大声说密码，或者忽视物理安全程序，那么员工的安全态度和遵守安全规则的自觉性必然变差。需要注意的是，有效进行安全管理是管理者持续的责任，对系统安全不断进行提醒至关重要。

离职程序。企业必须为员工的离职制定专门的安全策略和程序。大多数的离职都是友好型的，比如兼职人员完成了工作任务，或者员工晋升了、退休了或另选了其他工作等。标准的人力资源政策应该保证系统管理员在员工离职日到来之前得到通知，以便他们能够及时清除账户和密码。还原加密数据的密钥以及其他一些安全资产，也是员工离职时必须处理的工作程序。

不友好的离职处理起来比较难，因为员工（尤其是心存不满的员工）可能会想采取一些恶意的或有害的行为。在这种情况下，系统管理员需要在员工得到离职通知之前清除其账户和密码。为了保护公司信息资产，可能还需要采取其他一些措施。比如，一个离职的销售人员可能会尝试带走公司的机密客户以及预期销售的数据，以备将来在其他公司使用。企业应该在员工离职之前采取措施保护这些数据。

人力资源部门应当意识到员工离职要提前通知 IS 管理员的重要性。在这方面没有一定之规，信息系统部门必须根据每位离职员工的具体情况进行处理。

账户管理

人员安全防护措施的第二项是账户管理。用户的账户、密码以及服务台策略等都是构成安全系统的重要

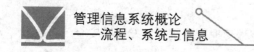
组件。

账户管理。账户管理的内容主要有新用户账户的创建、现有账户权限的修改以及不需要的账户的清除等。信息系统管理员负责执行所有这些任务，但是账户的使用者有责任通知管理员需要进行什么活动。信息系统部门应该创建一套标准程序来管理账户。作为未来用户，你可以通过尽早、及时地通知所需的账户变化来加强与信息系统人员之间的关系。

不需要的无用账户的存在是一个严重的安全漏洞。信息系统管理员不知道一个账户应该什么时候被清除，这完全取决于用户和管理者的通知。

密码管理。密码是身份鉴别的主要手段。它们不仅在用户访问自己的计算机时发挥重要作用，也是用户在访问其他网络和服务器时重要的验证工具。正是由于密码的重要性，NIST 提出建议，应该让员工签署如图 12—27 所示的声明。

> 我在此承认，我本人收到了与下列用户 ID 相对应的系统密码。我知道自己有责任保护该密码。我将遵守所有适用的应用系统安全标准，不会向任何人泄露我的密码。我还知道当我在使用密码时遇到问题，或者怀疑自己的密码遭到泄漏时，必须及时向信息系统安全管理人员报告。

图 12—27　账户确认书示例

资料来源：National Institute of Standards and Technology，*Introduction to Computer Security*：*The NIST Handbook*，Publication 800—12，p. 14.

当账户创建完成后，用户应该立即对自己的初始密码进行更改。事实上，设计良好的系统会在用户初次使用时要求其更改密码。

另外，用户应该在随后的使用过程中经常更换密码。有些系统会要求用户每三个月或更短期间内更改一次密码。用户可能会抱怨不断更改密码的麻烦，但是频繁改变密码不仅能够降低密码丢失的风险，而且能够降低现有密码泄露所带来的危害的程度。

有些用户会创建两个密码并在两者之间来回切换。这样的做法会导致安全性降低，而且某些密码系统不允许用户重复利用最近使用过的密码。虽然用户可能将这一策略视作麻烦，但经常设置新密码是十分重要的。

服务台策略。过去，服务台明显是一个安全风险的软肋。忘记密码的用户可以呼叫服务台，请求服务台代表把密码告诉自己或者重新设定一个密码。最常见的求助理由是"没有密码我赶不出报告来"。

显然，服务台代表面临的问题在于，他们无法确定与自己对话的人是真正的用户而不是其他人假冒的。此外，他们还面临着两难夹击，如果他们不设法提供帮助，服务台就会被人说成是"袖手旁观台"。

为了解决这类问题，许多系统为服务台员工提供了一种方法来验证用户的真伪。在通常情况下，服务台信息系统掌握着只有真实用户自己知道的问题答案，比如说用户的出生地、母亲的家族姓氏或者某重要账户的后四位数字。向用户发送电子邮件是一种常用的获取新密码的方式。然而你们已经了解到，电子邮件是直接用明文发送的，所以新的密码本身不应该经由电子邮件发送。如果你在没有要求做密码重置的情况下收到密码已重置的通知，说明有人侵入了你的账户，请立即联系信息系统安全中心。

所有这些服务台活动都会降低系统的安全防范能力。如果员工的职位是高度敏感的，这些活动的安全隐患会非常大。在这种情况下，用户只能凭运气了。一旦账户被盗，该账户会被直接删除，用户只能重新申请新的账户。

■ 系统程序

系统工作程序是人员防护措施的第三项。图 12—28 展示了工作程序的不同分类：正常运行、备份和恢复。每个信息系统都应该具备这三种类型的工作程序。比如，订单录入系统会安排这三种不同情况下的工作程序，网店、库存系统等也是如此。定义并采用标准化程序能够减少计算机犯罪的可能性，并减少内部人员的恶意行为，同时能够确保系统的安全策略的实施。

应该有分别针对用户以及操作人员的程序。企业应该为各种不同用户分别开发正常运行、备份和恢复的操作程序。作为未来用户，你们主要关注的是用户程序。正常使用的程序应该结合信息系统的敏感性提供合适的防护措施。

备份程序主要考虑创建数据备份，以便在发生故障时可以使用。操作人员有责任备份系统的数据库以及其他系统数据，而部门员工需要在自己的电脑上备份数据。值得员工思考的问题是："如果明天我的电脑或者 iPhone 丢了会怎样？"

	系统用户	操作人员
正常运行	贯彻适宜的岗位安全准则，使用系统完成工作任务	操作数据中心的设备，管理网络，运行网络服务器以及相关的操作任务
备份	为系统功能丧失做准备	备份网站资源、数据库、监管数据、账户和密码数据，以及其他数据
恢复	在出现故障期间履行岗位职责，在系统恢复期间知道自己该做的事	利用备份数据恢复系统，在系统恢复过程中提供帮助，类似服务台的角色

图 12—28　系统的程序类型

"如果在机场安检时有人不小心摔了我的电脑会怎么样？""如果我的电脑被偷了会怎么样？"员工应该确保他们将电脑上的关键业务数据备份到了一个安全的地方，比如 Microsoft SharePoint。信息系统部门可以通过设计备份程序和提供可用的备份设施来给予帮助。

最后，系统分析员应该开发出系统恢复程序。首先，当某个主要的系统不可用时，业务部门将如何管理自己的业务？即使主要的信息系统无法运行，顾客仍然要下订单，制造部门也仍然要从库存中提取物料。这些部门该如何应对呢？一旦系统恢复服务，在系统崩溃阶段所产生的业务活动记录又该如何输入系统？服务该如何恢复？系统开发者需要提出这些类似的问题并找到答案，并且为此制定出相应的工作程序。

安全监控

安全监控是我们要讨论的最后一种人员安全防护措施。重要的监控功能包括活动日志分析、安全性测试、调查和从安全事件中吸取教训。

许多信息系统程序会产生活动日志。比如防火墙会生成详细的活动日志，包括丢弃数据包的清单、系统渗透尝试、防火墙内部的未授权访问行为等；DBMS 产品会生成注册成功及失败的日志；Web 服务器会生成长篇的 Web 活动日志；个人电脑上的操作系统能够生成注册和防火墙活动日志。

这些日志只有在有人查看时才能够为组织提供价值。因此，一项重要的安全功能就是分析这些日志，尝试找到安全漏洞的模式、成功和不成功的攻击以及系统安全脆弱性的证据。

此外，企业应该对自己的安全性规划进行测试。无论是企业内部人员还是外部安全顾问都应该进行这样的测试。

还有一个重要的监控功能是调查安全事件。问题是怎么出现的？是否补建了防护措施以避免类似问题再次出现？事故是否表明防护系统的其他部分还存在安全漏洞？从事故中还可以学到什么？

安全系统处在动态环境中。组织结构会变化，比如企业可能被收购或者被出售；新系统需要新的安全措施；新的技术变动会改变安全态势，新的安全脆弱点也会随之出现。安全人员必须时刻监控有关情况，并确定现有的安全策略和保障是否足够。如果需要改变，安全人员需要采取适当的行动。

就像质量一样，安全也是个持续的过程。无论是系统还是公司都不可能达到一个安全的终极状态。相反，企业必须持续不断地进行安全监控。

■ 安全事故的组织应对

每个组织都需要有安全事故的准备。《萨班斯-奥克斯利法案》要求上市公司必须有这种准备，而其他管理良好的组织也应该做到有备无患。当安全事故发生时，无论是源自大自然的行为还是源自人为漏洞，抢时间都是最为重要的。员工们需要知道该做什么以及如何去做。在这一节我们将介绍备份、网站恢复及事故响应计划。

灾难恢复备份站点。计算机灾难是指由自然灾难、犯罪行为或恐怖活动引发的计算基础设施的重大损失。正如我们多次强调的，解决问题的最好方法是不让问题发生。抵御自然灾难的最好防护措施是地理位置的适当选择。如果可能的话，应将计算中心、大型 Web 站点和其他计算机设备放置在远离洪水、地震、飓风、龙卷风以及雪崩的地方。即使在这些地方，也要在组织管辖区域内选择不惹眼的安稳建筑物安置计算基础设施，如地下室、后楼等类似的地方，还可以专门建造防火性强的楼宇来安置比较昂贵或比较重要的关键设备。

然而，有时出于商业上的需要，企业会被迫将计算设施安置在不太理想的地点。况且，即使地点很合适，灾难仍有可能发生。因此，许多企业在远离主处理中心的异地另建了备份处理中心。

图 12—29 列出了灾难防范工作的主要任务。在选择了计算设施的安全放置地点之后，组织要确定所有至关重要的关键应用程序。没有这些程序组织就不能继续运转，一旦这些程序丢失一段时间，就可能导致组织的失败。下一步是要确定运行这些系统所需要的全部资源。这些资源包括计算机、操作系统、应用程序、数据库、管理数据、程序文档以及受过培训的人员。

- 将基础设施放置在安全地点
- 识别最重要的支持系统
- 确定运行这些系统所需要的资源
- 准备远程备份设施
- 培训和排练

图 12—29　防灾准备的要点

然后，组织要在遥远的异地处理中心为这些关键资源创建备份。**热站点**（hot site）是指这样的公共设施公司：它可以不用预警就直接接手其他公司的运作流程。热站点收费高昂，组织需要为其服务每月至少支付25 万美元。相反，**冷站点**（cold site）中只有计算机和办公场所，租用这样的设施会便宜些，但是客户需要自行安装和管理运营系统。加上顾客工资及其他开支之后，冷站点的总成本未必会比热站点低。

组织的备份系统就绪之后，必须培训和排练如何将业务流程从主中心切换到备份中心。在用热站点的情况下，员工们必须知道如何能够顺畅地转场，知道如何在热站点工作时运行业务系统，如何在主站点重新运行后使业务处理得到恢复。在用冷站点的情况下，员工们必须知道如何做备份，如何启动系统，以及如何通过冷站点来运行系统。与所有应急程序一样，这也需要定期复习排练才行。

备份设备十分昂贵，然而，这种设备的安装和维护会提供某种保障。高层管理人员在决定此类设备的安装之前，需要仔细平衡风险、收益和成本。

另外，选择信誉良好的云服务商来合作有一大优势，就是云服务商将承担数据中心的灾难防范规划和灾后恢复的责任。例如，Microsoft 为所有 Office 365 网站提供自动备份和恢复服务。

事故响应计划。我们考虑的安全计划的最后一个组成部分是事故响应。图 12—30 列出了事故响应的主要因素。首先，每个组织都应该把事故响应计划当作安全性规划的一部分。任何组织都不应该等到资产受损或者泄露问题出现之后才去考虑该做的事。计划的内容应该包括员工们该如何应对安全问题，出现问题时该联系谁，应该报告些什么，以及为了避免扩大损失应该如何采取行动。

- 制定了既定计划
- 集中报告
- 具体反应
  —速度
  —事前准备
  —不要使问题变得更糟
- 演练

图 12—30　事故响应的因素

以病毒为例。事故响应计划会规定当员工发现有病毒时该做什么，会明确说明此时员工该联系谁并怎样操作，比如可能会告诉员工此时应当关闭电脑并手动断开网络。该计划还会说明使用无线连接的电脑用户应该做些什么。

响应计划应要求集中报告所有的安全事故，这便于组织确定自身是否遭受了系统攻击或者某个事故是否是孤立的。集中报告还能够让组织学到有关系统安全漏洞的知识，采取一致的响应行动，并应用专业智慧解决所有的安全问题。

当事故真的发生时，快速反应至关重要。病毒和蠕虫能够在组织网络中迅速扩散，而快速反应有助于减轻不良后果——包括对组织内部以及组织之外造成的影响。要做到快速反应，事前准备必不可少。事故响应计划应该明确关键人员和他们下班后的联系方式。这些人员应该接受过专门培训，知道该到哪里去，到了地方之后该做些什么。如果事前准备不充分，人们一些好意为之的行为反而很有可能使问题变得更糟。此外，如果没有明确规定该做什么，人们便会乱想乱试，谣言也随之出现。一支见多识广、训练有素的员工队伍有助于抑制这类传言。

最后，组织应该定期演练对事故的响应。没有这样的演练，员工将对响应计划了解不足，而计划本身的缺陷或许只有经过演练才能暴露。

伦理问题讨论

安全隐私

法律上要求一些组织保护所收集和存储的客户数据，但是法律的威力可能不如你们想象的那么大。1999年美国国会通过《金融服务现代化法案》［Gramm-Leach-Bliley（GLB）Act］，要求保护金融机构存储的消费者财务数据，其所涵盖的金融机构包括银行、证券公司、保险公司，以及提供财务咨询、税务申报及类似金融服务的组织。

1974 年《隐私权法案》（Privacy Act of 1974）规定要保护美国政府机构所拥有的相关个人记录，1996年的《健康保险便携性与责任法案》（Health Insurance Portability and Accountability Act，HIPPA）规定个

人有权查看由医生或其他医疗卫生机构创建的个人健康数据。HIPPA 还对谁有权查看他人健康信息设置了规则和约束条件。

其他国家的法律规定更为严格。比如澳大利亚，1988 年《澳大利亚隐私权法》中的隐私原则不止针对政府和医疗机构中的数据，也把年收入 300 万澳元以上企业所收集的数据记录包括进来。

为了理解这些法律约束的重要性，可以想想常年存储着客户信用卡数据的网上零售店。法律规定了戴尔、亚马逊、航空公司和其他电子商务企业保护好其客户的信用卡数据了吗？显然没有，至少在美国没有这样要求。这些组织的活动并不在 GLB、1974 年《隐私权法案》及 HIPPA 的监管范围内。

然而多数消费者可能会说，网上零售商会出于道德保护消费者的信用卡等相关数据，绝大多数零售商也会赞同此观点。至少零售商们会认同自己有强烈的商业理由去保护数据。对任何大型在线零售商来说，大量丢失信用卡数据会对企业的销售和品牌声誉产生不利影响。

数据集成商的出现使个人隐私风险问题更为复杂，因为它们可以设法勾勒出家庭或个人的全貌。没有任何一条联邦法律会禁止美国政府从数据集成商手中购买信息产品。

我们还是主要讨论与家庭有关的话题。你们的大学在维护学生个人数据方面有什么要求吗？地方法律或校内政策可能会涉及学生记录的管理，但是联邦法律却没有。多数大学认为学校有责任向公众提供毕业生信息，任何人都可以获知学生毕业的时间、学位及专业（当你们写简历时也可以去查阅）。

许多教授致力于公布学生成绩时只提供学号而不提供名字，这种数据分离方式很可能会成为州法律的规定。但其他呢？比如学生的工作、撰写的论文、考试的答卷、发给教授的邮件等，这些数据不受联邦法律的保护，可能也不受州法律的保护。如果教师决定在研究中引用你们的工作，他要遵从的是版权法而不是隐私权法。学生写出来的东西已经不再是其个人数据，而是属于学术界共有。你可以去问你的老师打算用你的作业、电子邮件和办公谈话做些什么，但是这些数据并不受法律的保护。

底线就是：小心你的个人资料。信誉良好的大型组织可能在道德上更认同隐私保护政策，并采取有力的保障措施贯彻这项政策，但个人和小型组织可能不会这样做。如有疑问，请直接质询。

讨论题：

1. 当你在网上零售店下订单时，所提供的数据并不受美国隐私权法的保护。知道这个情况后，你还会在设立账户时把信用卡号也存进去吗？存入信用卡号能有什么好处？为此冒险值得吗？你认为有些公司值得你冒此风险，另一些公司不太值得冒此风险吗？理由是什么？

2. 假设你担任某个学生俱乐部的会计，你用数据库存储着俱乐部会员的付款数据。过去，会员们曾对付款账户有过质疑；因此，你每收到一笔款项，都会扫描支票或信用卡发票，并把扫描的图像存入数据库。

有一天，你在本地无线咖啡厅里使用电脑时，有个学生通过无线网络恶意闯入你的计算机并窃取了俱乐部的数据库。你对此毫无察觉，直到第二天有个俱乐部会员抱怨说所有给过你支票的人员的姓名、银行名称和账号都被公布在了一个非常受欢迎的学生网站上，你才知道这件事情。

在这个事件上你有什么责任？你会因为拿着学生们的钱而被归为金融机构吗？（可访问 www.ftc.gov/privacy/privacyinitiatives/glbact.html 查询 GLB。）如果是的话，你该有什么样的责任？如果不是，你又有什么责任？咖啡店有责任吗？

3. 假定你被要求填写一份调查问卷，需要你输入身份数据以及一些涉及个人问题的答案。你不太愿意提供这些数据。但是你看到问卷顶部有声明"所有答案将严格保密"，你才填了问卷。

遗憾的是，调研者和你一样去了那家无线咖啡厅（问题 2 中的），也被那个恶意的学生闯入电脑并窃取了问卷数据。你的名字和你的答案同样出现在了那个学生网站上。进行这项研究的人是否违法了？问卷上的保密承诺是否意味着研究者有义务保护你的个人数据？假定研究者的身份是学生、音乐教师或计算机安全教师，你的答案会有区别吗？

4. 实际上，只有天分很高并且欲望很强的黑客高手才能从连入公用无线网的电脑中盗取数据库。这种损失发生的可能性极小。然而，利用公用无线网发送电子邮件或者下载文件都很容易被窃取。了解这些之后，说明该如何安全地在公共无线网络环境中使用电脑。

5. 考虑你对上述问题的回答，概括三到五条数据传播和存储所要遵守的一般规则。

复习题

复习题用来帮助学生检测对本章知识的掌握程度。你可以先读完本章的全部内容，然后去完成所有的复习题；也可以读完与题目相关的内容后立即去做复习题，做完一道再做另一道。

问题 1 业务流程管理有哪些活动？

说明业务流程管理（BPM）的必要性，解释它为什么是一个循环。说出 BPM 过程的四项活动，简述每项活动的任务；解释 COBIT 的作用。总结流程需要改变的三个原因并分别举出例子。解释图 12—3 和图 12—4 在解除了本章开头部分凯丽最初的担忧的同时，如何满足了员工在线注册的需要。

问题 2 系统开发生命周期的开发流程有哪些活动？

说出五种基本的系统开发活动，解释这些活动与流程优先还是信息系统优先有什么联系。说明定义、需求和设计步骤所要完成的任务，解释业务分析师和系统分析师的作用。解释实施和维护系统及评估流程阶段需要完成的任务，描述四种流程/系统切换类型；说明流程优先开发或系统优先开发是如何影响最后两个阶段的活动的。

问题 3 流程与系统开发哪个更优先？

阐明信息系统和业务流程的不同之处。在书中的例子之外，举一个使用了两个或两个以上信息系统的业务流程的例子，再举一个适用于两个或两个以上业务流程的信息系统的例子。说明如果先开发业务流程，将信息系统作为组件，会出现什么问题；再说明如果先开发信息系统，把业务流程作为组件，会出现什么问题。概括说明图 12—13 和图 12—14 的不同之处，并说明在回答谁更优先时需要关注什么问题。

问题 4 什么是信息系统安全？

给出信息系统安全的定义，解释其中三个关键术语的含义。列出四种安全威胁并对每一种详细描述。针对图 12—15 中展示的 12 种安全脆弱点，分别举出实例。

问题 5 组织安全性规划由哪些部分组成？

概括描述高层管理的安全角色。阐述各类安全防护措施如何关联到信息系统的五个组件。解释图 12—19 中每个要素的含义。说出并解释组织安全性规划的三个组成部分。

问题 6 有哪些技术安全防护措施？

说明技术安全防护措施的定义，解释这些防护措施涉及五个组件中的哪些部分。简要描述图 12—21 中的每一种安全防护措施。说明身份识别与验证的作用，以及三种身份验证的方法。描述对称加密和非对称加密方法，解释它们怎样用于 SSL/TLS 协议。说出数字签名和证书验证的目的。定义什么是防火墙。说出本章所指的五种恶意软件并做简单描述。说出当前六种反恶意软件技术，定义僵尸程序、僵尸网络及僵尸牧人。说出数据防护措施的定义并给出四个实例，并对每一个实例进行解释。

问题 7 有哪些人员安全防护措施？

说出人员安全防护措施的组件。说出并描述四种人力资源防护措施。概述账户管理保障措施。描述系统用户和系统操作人员所用的六种程序类型。阐述三种安全监控功能。解释为什么组织要提前准备应对安全事故。描述避免自然灾难的方式；解释远程处理的作用；分别定义热站点和冷站点并解释其差别。说明使用信誉良好的云服务商的优势。阐述事故响应计划的重要性以及集中报告的必要性。说明为什么对事故要快速、

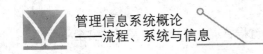
有序地做出反应，以及为什么需要演练。

概念及术语

广告软件	已然模型	非对称加密
验证	生物特征识别	僵尸程序
僵尸牧人	僵尸网络	业务分析师
业务流程管理（BPM）	COBIT	代码注入
冷站点	电脑罪犯	成本可行性
跨站脚本（XSS）	拒绝服务	数字证书
数字签名	蹭网者	欺骗性邮件
加密	加密算法	《金融服务现代化法案》（GLB）
黑客攻击	《健康保险便携性与责任法案》（HIPAA）	热站点
HTTPS（安全超文本传输协议）	识别	信息系统安全
IP 地址欺骗	密钥	密钥托管
维护	恶意软件	恶意软件定义
组织可行性	平行安装	恶意载荷
个人识别码（PIN）	分段安装	钓鱼者
网络钓鱼	试点安装	跳转安装
仿冒	1974 年《隐私权法案》	公钥/私钥
进度可行性	安全套接层协议（SSL）	安全性规划
安全脆弱性	智能卡	窃听
社会工程	假冒	间谍软件
SQL 注入攻击	对称加密	系统切换
系统分析师	系统开发	系统开发生命周期（SDLC）
技术可行性	技术安全防护措施	测试计划
威胁	传输层安全协议（TLS）	木马
病毒	蠕虫	

知识拓展题

1. 在 Google 或者 Bing 里搜索"什么是业务分析师"。分析你所找到的几个链接，并回答以下问题：

a. 业务分析师的主要工作职责是什么？

b. 业务分析师需要什么知识？

c. 业务分析师需要什么技能或者个人特质？

d. 你对业务分析师这个职位感兴趣吗？解释原因。

2. 重新阅读本章开篇案例，仔细看图 12—2、图 12—3 以及图 12—4。

a. 概括凯丽对会员上网预定课程的担忧。

b. 你认为这些担忧会成为事实吗？

c. 分析图 12—3、图 12—4 中的流程如何解决她的担忧。

d. 创建图 12—4 中系统所需的报告模型，说明凯丽或其他分析人员如何使用该报告解决自己的担忧。

e. 在你看来，拟建的系统能否彻底解除她的担忧？为什么？

3. 重新阅读第 7、8 章开头有关 CBI 的案例。以案例中的信息为背景，写一篇 2～3 页的文档，阐述 CBI 应该实施的安全管理活动。写文章时可参照图 12—15 中的每一种脆弱点，注意 CBI 必须在全面安全管理与成本之间取得平衡。说明风险管理对 CBI 意味着什么。CBI 之所以没有创建安全防护措施，或许是因为它没有想过这个问题，或许是出于风险管理决策方面的考虑，这两者有什么区别吗？

4. 考虑图 12—15 中的 12 个脆弱点，针对下述组织，分别说明其最严重的三种脆弱点所在。

a. CBI；

b. 你所在的大学；

c. 附近的会计师事务所。

5. 针对问题 4 中列出的每个脆弱点，描述可能的技术安全措施。

6. 针对问题 4 中列出的每个脆弱点，描述可能的数据安全措施。如果没有合适的数据安全措施，解释原因。

7. 针对问题 4 中列出的每个脆弱点，描述可能的人员安全措施。

8. 说明问题 4 中的不同组织该怎样做好安全事故防范。

9. 问题 4 中的威胁有可能发生吗？如果你是这些组织的所有人或高级经理，对于问题 4 到问题 8 中的措施你会实施哪些？说明理由。

协作练习题 12

找几个同学一起完成下面的作业。这部分练习不要用面对面交谈的方式去做，采用 SharePoint、Office 365、Google Docs 及 Google＋等类似的协作应用工具会更容易完成（参见第 9 章）。最终的结论要反映出团队的整体意见，而不是一两个人的见解。

2012 年 6 月，威尔玛·贝克、杰里·巴克和克里斯·比克尔都参加了一个度假村和旅游经营者会议。在等待大会发言的时候，他们恰好彼此是邻座，便相互做了介绍。碰巧的是三人的姓氏发音听起来非常接近，这让他们感到好笑且亲近。更不可思议的是他们发现三人做的业务也很相似。威尔玛·贝克住在新墨西哥州的圣塔菲，专门向圣塔菲的游客们出租住宅和公寓。杰里·巴克住在滑雪胜地不列颠哥伦比亚省的惠斯勒村，专门向滑雪者及到惠斯勒/黑梳山度假的游客们出租公寓。克里斯·比克尔住在马萨诸塞州的查塔姆，专门向到科德角度假的人出租住宅和公寓。

三人相约在发言之后共进午餐。在午饭期间，他们都谈到了目前面临新客户很难找的问题，当前的经济下滑更使这种困境雪上加霜。巴克最关注的是他在 2010 年奥运会期间扩建的设施怎样才能找到新客户。

随着谈话的深入，他们开始设想是否该想个办法彼此联合起来（他们正在寻求联盟的竞争优势）。后来他们决定不去听第二天的发言，而是要开个会专门讨论组建联盟的方式。他们想要进一步讨论的想法是如何共享客户数据、开发联合预订服务及交换客房清单。

通过讨论他们发现，三人明显不想将业务合并到一起，每个人都希望自己的企业保持独立。他们还发现，每个人都充满警惕，甚至近乎偏执地想要保护自己现有的客户群，唯恐被其他人挖走。尽管如此，冲突并不像表面看起来那么严重。巴克的业务主要是滑雪，所以冬季是他最忙的季节；比克尔的业务主要是科德角度假客户，她在夏季最忙；而贝克的业务旺季在夏秋时节。这样看上去，他们的业务高峰期恰好是错开的，所以向自己的客户销售其他人的度假产品不一定会损害自身业务。

这样一来问题就变成了该如何去合作。既然每个人都希望保住自己的客户，他们就不愿意开发公共的客户数据库。看起来最好的主意是分享客房数据，这样做他们既不会失去客户，又有机会向顾客出售其他时间的其他度假设施。

他们讨论了好几种备选方案。一种方案是三人各自开发自己的度假客房数据库，然后通过因特网共享这些数据库；另一种方案是集中开发一个客房数据库供所有人使用；还有一种方案是找到可以分享客房清单的其他方式。

由于我们不知道贝克、巴克和比克尔的详细需求，所以你们还不能制定具体的系统开发计划。但是一般来说，他们首先要决定怎样描述自己想要构建的信息系统。请考虑下面两种备选方案：

a. 基于电子邮件建立简单的沟通系统。也就是说，每家公司都把自己的客房设施说明用电子邮件发给其他公司。然后每个公司再用电子邮件将这些说明转发给自己的客户。当有客户想要预订某个客房时，就用电子邮件把客户的预定申请转发给客房管理者。

b. 基于 Web 的共享数据库构建比较复杂的系统，数据库中包含所有的客房和预订数据。因为追踪预订是非常普通的企业业务，他们很可能会直接购买现成的应用软件来实现订单追踪。

在回答问题 1 和问题 2 时，可以用 Microsoft Visio 和 BPMN 模板作图。如果没有这类模板，可采用跨部门模板和基本流程图模板。如果不能访问 Visio，也可使用 PowerPoint 制作。

1. 参照图 12—3，为备选方案 a 创建一个流程图。每家公司需要有个角色负责确定可用的客房，并用电子邮件把客房介绍发送给其他公司。他们还需要有个角色来接收电子邮件，有个角色向客户出租客房。假设这些公司中有三至五个代理可以担任这些角色。如果你认为合适，为电子邮件系统创建一个角色，标明角色、活动、信息存储和数据流。

2. 参照图 12—2，为备选方案 b 创建一个流程图。每家公司都需要有个角色负责确定可用的客房，并将数据添加到预订数据库中。他们还需要有个角色负责出租客房给访问共享数据库的人。假设这些公司中有三至五个代理可以担任这些角色，为客房数据库应用程序创建一个角色，标明角色、活动、信息存储和数据流。

3. 比较分析问题 1 和问题 2 中的答案，哪个系统更有可能带来租房收入？哪个系统开发起来比较昂贵？哪个系统运作成本较高？

4. 如果你们是贝克、巴克和比克尔的咨询顾问，会推荐哪个备选方案？说明该建议的合理性。

案例研究 12

总是学不会？

回溯一下信息系统的历史，1974 年，美国科罗拉多中部大学进行了一项对信息系统失败原因的研究。研究团队采访了几十个项目的参与者，又收集了另外 50 个项目的调查数据。数据分析揭示出导致信息系统失败的一个最重要的因素是缺少用户参与。第二个主要的因素是需求不明确、不完整且缺乏一致性。

其中一项调查研究是，某个大型食糖生产商想要实施一个新系统，用来向出售甜菜的农民付款。新系统将覆盖近 20 个甜菜收购站，这些收购站都位于小型农业社区中，靠近火车站。新系统的益处之一是可明显节约成本，其中很大一部分成本节约是由于新系统不再需要地方会计主管。这个新系统预计会裁掉约 20 个高级管理人员。

然而几十年来，都是由地方会计主管负责向当地农民付款的。他们不只是在公司内部德高望重，在社区也是一样。他们都是些备受爱戴和尊敬的重要人物。要用一个系统裁掉他们，用本章的术语说，至少是"在组织上不可行"。

尽管如此，系统还是构建起来了。但是有位知情的 IS 专家指出，"其实，这个新系统根本就没用上。数据要么输入不及时，要么是错的或者不完整的。有时数据根本就没有录入系统。在关键的收获季节，我们的业务却散架了。最终还是重新使用旧的系统。"如果系统用户积极参与，可能早在系统实施之前，就会明显看出该系统在组织上根本不可行。

你们或许会说这故事太老了，可能是吧。但是在 1994 年，斯坦迪什集团发布了著名的信息系统失败问题的研究结果，题目叫做"混沌报告"（The CHAOS Report）。该研究表明，信息系统失败的主要原因依次（降序）是：（1）缺少用户输入；（2）需求说明书不完整；（3）需求说明书变更。[1] 这个研究是在之前那个研究 20 年之后完成的。

2004 年，马里兰大学的约瑟夫·凯斯（Joseph Kasser）教授和他的学生分析了 19 个失败的系统以查找原因，然后将对原因的分析结果与参与过失败系统开发的专业人士的看法相关联。关联后的结果表明，系统失败的首要原因是"需求不清晰"，其次是"与客户沟通失败"（用 Google 或 Bing 搜索 Joseph Kasser 可了解更多）。

2003 年，国税局所开发的大规模、昂贵的新系统以失败告终。国税局监督委员会得出的结论是：造成失败的最主要的原因是"业务单元所有权和对项目的监管不当，导致业务内容不切实际，项目范围不断延伸"[2]。

近 40 年来，持续不断的研究一再表明，信息系统失败的主要原因是缺少用户参与、需求不完整和需求变更。然而，由这些失败原因所引发的失败数量却一直在攀升。

讨论题：

1. 使用本章学到的知识，概括说明用户应该在信息系统开发项目中担任的角色。用户应承担哪些责任？他们该如何与信息系统团队密切合作？应该由谁负责提出需求与约束条件？谁负责管理需求？

2. 如果问用户为什么不提出需求说明书，他们可能会这样回答：

a. "没人问过我。"

b. "我没有时间。"

c. "他们说的系统 18 个月之后才有，而我关心的是今天的订单怎么完成。"

d. "我不知道他们想要什么。"

e. "我不知道他们说的是什么。"

f. "他们开始做项目时我并不在这里工作。"

g. "他们来到之后一切都变了，自打 18 个月之前开始！"

对这些说法进行评论。作为未来用户和用户的管理者，看到这些说法你该采取怎样的策略？

3. 如果问信息系统专家为什么他们拿不到完整、准确的需求列表，他们可能会这样回答：

a. "这几乎排不到用户的日程上。他们总是很忙。"

b. "用户不能定期出席我们的会议。结果，这次会议上这群用户说需求该这样，下次会议上另一群用户

---

① The "CHAOS Report"，每年的更新参见网站 www. standishgroup. com。

② IRS Oversight Board，"Independent Analysis of IRS Systems Modernization," December 2003. 见 www. treas. gov/irsob/reports/special_report1203. pdf。

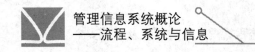
又说需求该那样。"

c. "用户对待需求开发过程的态度不认真。在评审会议召开之前他们也根本不会仔细审查详细的需求项目。"

d. "用户总是变来变去。我们这次见的是这个用户，下次见的又是另一个用户，他们想要的东西也不一样。"

e. "我们没有充足的时间。"

f. "需求总在变化。"

对这些说法进行评论。作为未来用户和用户的管理者，看到这些说法你该采取怎样的策略？

4. 如果大家都有共识，认为信息系统失败的主要原因之一是缺乏用户参与；如果这个问题在经过了 30 多年之后依旧存在，这是否意味着该问题根本无法解决？比如，每个人都知道，要想使个人收益最大化，应该在股票价格低时买进并在股票价格高时售出，但真要这么做却非常困难。系统问题也是如此吗？虽然大家都知道用户应该参与需求的描述和确定过程，并且需求应该是完整的，但实际上却做不到吗？理由是什么？

应用练习题

请从此网站下载所有练习文档：www. pearsonhighered. com/kroenke。

第一部分

第 1 章

1—1　图 AE—1 是一个 Excel 表，显示了图 1—9 的度假自行车租赁业务的价值，并分析了自行车库存情况。观察这张表并了解数据的含义，现在用 Excel 创建一个类似的工作表。注意下述要求：
- 大标题"度假自行车租赁"用 3 号黑体字，文字居中，A1 到 H1 单元格合并。
- 第二行副标题"自行车库存价值"用小三号黑体字，A2 到 H2 单元格合并，文字居中并倾斜。
- 列标题用五号加粗宋体字，居中，可自动换行。
- a. 照图 AE—1 制作表格的头两行，可自己设定背景和字体颜色。
- b. 在 C3、C4、C5 合并的单元格中输入当前日期，并居中。
- c. 做出外部框线，如图所示。
- d. 图 AE—1 使用了下列公式：

  当前库存成本 ＝单车成本×现有量

  单车收入＝租赁总收入/现有量

  收入与库存成本百分比＝租赁总收入/当前库存成本

参照图 AE—1 在自己的表中应用上述公式。

度假自行车租赁 自行车库存价值							
		Thursday,July28,2011					
自行车样式	单车成本	现有量	当前库存成本	租赁量	租赁总收入	单车收入	收入与库存成本百分比
Wonder Bike	$325	12	$3,900	85	$6,375	$531	163.5%
Wonder Bike II	$385	4	$1,540	34	$4,570	$1,143	296.8%
Wonder Bike Supreme	$475	8	$3,800	44	$5,200	$650	136.8%
LiteLift Pro	$655	8	$5,240	25	$2,480	$310	47.3%
LiteLift Ladies	$655	4	$2,620	40	$6,710	$1,678	256.1%
LiteLift Racer	$795	3	$2,385	37	$5,900	$1,967	247.4%

图 AE—1

- e. 照图设定单元格的格式。
- f. 自行车租赁机构可以利用这些数据做决策，请举出三个决策例子。
- g. 利用这些数据你还可以做出哪些对自行车租赁管理有用的计算？在你的软件中另建一个表把此计算包

括在内。

1—2 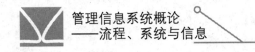在这个练习中，你将学会如何基于用户输入的数据创建查询，如何用该查询创建一个数据输入窗体。

a. 下载 Microsoft Access 文件 Ch01Ex02。打开文件，熟悉客户（Customer）表中的数据。

b. 点击菜单栏中的"Create"（创建），选择靠右侧的"Query Design"（查询设计），选择客户表做查询。将 CustomerName（客户名）、CustomerEmail（邮件）、DateOfLastRental（最近租赁日期）、BikeLast Rented（最近租赁车辆）、TotalNumberOfRentals（租赁总数）、TotalRentalRevenue（租赁总收入）字段拖到下面的查询结果框中。

c. 选 CustomerName（客户名）列，在 Criteria（条件）行中输入下述内容：

[输入客户名：]

准确键入上述文字和括弧，这些标志告诉 Access 你将通过客户名来做查询。

d. 在功能区中，点击红色的惊叹号（运行）。Access 将显示出一个对话框"Enter Name of Customer："（输入客户名：），这就是你在条件行输入的内容。输入值"Scott，Rex"，点击"OK"。

e. 存储该查询，它是一个参数查询，可起名为"Parameter Query"。

f. 点击菜单栏中的"Home"（开始）页签，点击左上角的"Design View"（设计视图），把客户名列中条件行的文字换成下面的内容，准确键入：

Like" * "&[输入部分客户名：]&" * "

g. 点击惊叹号运行该查询，会看到屏幕显示"Enter part of Customer Name to search by："（输入部分客户名：），输入"Scott"。此时将显示两个名为 Scott 的客户记录。如果没看到，需检查输入的字符是否正确。

h. 再次存储该查询"Parameter Query"。关闭查询窗口。

i. 在 Access 菜单栏选"Create"（创建）页签，在窗体组中点击"More Forms"（其他窗体）右侧的下拉箭头。选择"Form Wizard"（窗体向导），在对话框中的"Table/Queries"（表/查询）框中点击下拉箭头，选择"Parameter Query"。点击"＞＞"符号，所有查询的列都将移到"Selected Fields"（选定字段）列中。

j. 点击三次"Next"（下一步），在"What title do you want for your form?"（请为窗体指定标题？）文本框中，输入"Customer Query Form"后，点击"Finish"（完成）。

k. 在出现的对话框中输入"Scott"，Access 将会打开一个窗体界面，页面中显示了"Scott，Rex"的数据。在窗体底部点击向右翻页箭头，会看到"Scott，Bryan"页中的数据。

l. 关闭此窗体，在右侧的 Access 导航窗格中选择"Object Type"（对象类型）和"Forms"（窗体），双击"Customer Query Form"，在对话框中输入"James"，可以看到所有名字中含有 James 的六位客户。

第 2 章

2—1 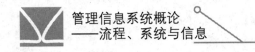Microsoft Excel 文件 Ch02Ex01 中包括特定项目的员工活动记录。打开这个工作簿，查看其中的三个表格。表中字段名为 Employee Name（员工姓名）、Dept（部门）、Plant（工厂）、Project（项目）、HoursWorked（工作小时）。从下述的人和问题出发，评价这些数据的准确性、相关性和充分程度。

a. 你负责管理 Denver plant（丹佛厂），想知道你的员工在特定的项目上花了多少时间。

b. 你负责管理 Reno plant（里诺厂），想知道你的员工在特定的项目上花了多少时间。

c. 你负责管理芝加哥的 Quota Computation（定额估算）项目，想知道你的员工在该项目上花了多少时间。

d. 你负责管理所有三个厂的 Quota Computation 项目，想知道员工们在你的项目上花费的时间总量。

e. 你负责管理所有三个厂的 Quota Computation 项目，想知道员工们在你的项目上花费的劳动成本的总值。

f. 你负责管理所有三个厂的 Quota Computation 项目，想知道你的项目的用工总量与其他项目用工总量的比较结果。

g. 从这个练习中你能得出什么结论？

2—2 在 Microsoft Access 文件 Ch02Ex02 中包含与上面的练习 2—1 题相同的特定项目员工活动记录。在处理之前，先打开数据库，看"Employee Hours"（员工工作时间）表中的记录。

a. 共有七个查询分别从不同的角度处理了这些数据。以准确性、相关性和充分程度为评价标准，选出一个能满足练习 2—1 中 a～f 的信息需求的最合适的查询。如果都不能满足，解释理由。

b. 从这个练习中你能得出什么结论？

c. 比较你对这两个练习的体验，字表软件和数据库软件各自的优点和缺点是什么？

第二部分

第 3 章

3—1 有时候你会想把一个办公应用程序中的数据移到另一个办公应用程序中，免得再输一次。出现这种情况往往是因为你出于某个目的创建了一套数据后，又想用它去做另外一件事。比如，图 AE—2 是 Excel 表中的部分，显示了员工的计算机分配情况。FlexTime 的尼尔可能会使用这样的表来追踪设备的去向。

假设你（或尼尔）想用这些数据帮你评估计算机的更新方案。比如你想把所有的计算机操作系统都升级到 Windows 7。进一步说，你想先更新那些最急需更新的计算机，但预算资金是有限的。鉴于这种情况，你想查询图 AE—2，找到那些没有安装 Windows 7 的计算机，再选出那些 CPU 速度慢、内存小的计算机先做更新。因此，你要将数据从 Excel 导入到 Access 中。

在分析完数据并确定了要更新的计算机之后，你打算制作一份报告。此时你又想将数据从 Access 搬回到 Excel 或者 Word 中。这个练习将让你学会这些操作。

a. 先将 Excel 文件 Ch03Ex01 下载到你的计算机子目录中，我们将会把这个文件中的数据转到 Access 中。但是你要先打开 Excel，熟悉其中的数据，注意此工作簿中有三个数据表。关闭 Excel 文件。

b. 创建一个空白的 Access 数据库，数据库名为 Ch03Ex01_Answer，将其放到某个子目录下；可以与 Excel 文件同一个子目录，也可以是其他子目录。把 Access 创建的默认表关掉并删除。

职位名称	员工数	计算机系统需求	计算机类型
产品经理	8	B	笔记本
电话销售员	12	A	台式机
部门主管	2	A	台式机
营销沟通经理	4	B	笔记本
营销分析师	4	C（台式机） B（台式机）	两台，每人配笔记本、台式机各一台
营销项目经理	6	B	台式机
你	1	???	???

图 AE—2

c. 现在你要把 Excel 文件 Ch03Ex01 中三个工作表的数据输入一个 Access 数据库表中。在菜单栏中选择 "External Data"（外部数据）页签，在导入组中选择 "Excel"，开启导入过程。对第一张表（Denver），应当选择 "Import the source data into a new table in the current database"（将源数据导入当前数据库的新表中）。在 Access 提供了数据时，确认勾选了 "First Row Contains Column Headings"（第一行包含列标题）选项。可以选择用默认字段名，并选择"让 Access 添加主键"，在"导入到表"对话框中给该表起名 "Employee"，点击 "Finish"（完成）按钮。不必保存导入步骤。

对第二张和第三张表再次点击"外部数据"，从 "Excel" 导入，但是这次要选择"向表中追加一份记录的副本"，并选定表 "Employee"，分别追加两张表中的全部数据。

d. 打开 "Employee" 表查看数据。你会发现 Access 在每个数据集的末端错误地将一些空行和 Primary Contact 数据行也加了进去。这些数据不属于员工的记录，应删除掉（共有三处，在每个工资表的末尾）。处理好后的员工表应该有 40 条记录。

e. 现在对员工数据创建一个参数查询。先把除 ID（主键）之外的所有字段都拖到查询栏中。选 OS 字段列，在其条件行中输入筛选规则 "：not Windows 7"。在 CPU（GHz）字段的条件行中输入 "：<＝[Enter cutoff value for CPU]"，在内存 Memory（GB）字段的条件行中输入 "：<＝[Enter cutoff value for Memory]"。测试运行该查询的效果，可以在 CPU 和内存中都输入 2，确认输出结果是否正确。

f. 运行该查询，分别调整 CPU 和内存的值，找出大约 15 台最需要更新的计算机。

g. 在你找到合适的 CPU 和内存值并筛选出大约 15 台要更新的计算机后，保持该查询为打开状态。点击菜单栏中的外部数据，在导出组中选 "Word"，可用 Word 文档输出查询结果。在 Word 文档中调整表的列宽以适应页面，在空白处写上文字，说明你认为这些计算机需要优先更新。

3—2 假定组织要研究其 Web 农场中的服务器是该购买还是租赁的问题，让你制作一个电子表格帮助决策分析。假定你考虑的服务器年限为 5 年，但你并不能确定究竟需要多少台服务器。在起步阶段你认为需要 5 台，但是也可能需要 50 台，这取决于组织的电子商务做得是不是很成功。

a. "购买"方案的计算：设计好电子表格，能够输入服务器硬件的价格、软件的价格和维护费（占硬件价格的百分比数）。假定每台服务器的生命周期是三年，三年之后残值为零。不满三年的计算机用直线法折旧，在第五年末可以按折旧价格出售未满三年的计算机，组织对资本费用需要支付 2% 的利息。假定每台服务器的成本是 5 000 美元，软件成本为 750 美元，维护费在 2%～7% 之间。

b. "租赁"方案的计算：假定租赁供应商能够出租同样的计算机硬件，也涵盖了所有你需要的软件和维护服务。设计好数据表软件，能够输入不同的租赁成本，租赁成本依据年限（1、2、3 年）的不同而有所变化。假定服务器三年租期的成本是每台每月 285 美元，两年租期的成本是每台每月 335 美元，一年租期的成本是每台每月 415 美元。如果租赁的计算机为 20～30 台，租赁供应商会提供 5% 的折扣；如果租赁台数为 31～50 台，折扣比率为 10%。

c. 利用该电子表格，考虑在下述情况下购买和租赁方案的对比结果（这里只考虑全部购买或全部租赁，不能部分购买或部分租赁）。必要时可以有假定前提，要标明这些前提是什么。

1）组织需要 20 台服务器，使用 5 年。

2）组织前 2 年需要 20 台服务器，后 3 年需要 40 台服务器。

3）组织前 2 年需要 20 台服务器，第 3～4 年需要 40 台服务器，第 5 年需要 50 台服务器。

4）组织第 1 年需要 10 台服务器，第 2 年需要 20 台服务器，第 3 年需要 30 台服务器，第 4 年需要 40 台服务器，第 5 年需要 50 台服务器。

5）如果每台服务器的成本降到了 4 000 美元，比较结果会发生变化吗？如果每台服务器的成本降到了 8 000 美元呢？

3—3 🌐 有许多网站可以测试你的因特网通信速度。其中一个不错的网站是 www. speakeasy. net/speedtest/。（如果该网站不工作，可以用 Google 或者 Bing 搜索"我的网络速度"找到其他测试网站。）

a. 在连入学校的网络之后，访问 Speakeasy 网站测试你的网速，可以先后选择位于 Seattle、New York City、Atlanta 的服务器进行测试。分别测试你的平均上传和下载速度，把你的速度和图 AE—3 中的速度做个比较。

b. 在家里或者在某个公共无线站点，再次运行 Speakeasy 网站测试。分别测试你的平均上传和下载速度，把你的速度和图 AE—3 中的速度做个比较。如果你是在家里，你测得的速度达到你购买的带宽的网速了吗？

c. 联系一个在其他州的亲戚或朋友，也请对方用上述三个站点的服务器来运行 Speakeasy 网站测试。

d. 比较 a、b、c 题的答案，你能从这些测试中得到什么结论？

类型	拓扑结构	传输线路	传输速度	设备	常用协议	特点
局域网	局域网	双绞线或光纤	一般情况下 10/100/1 000Mbps，可能 1Gbps	交换机，网卡，双绞线或光纤	IEEE 802.3（以太网）	用交换机连接设备，小型 LAN 使用多个交换机
	无线局域网	非无线连接用双绞线或光纤	可达 600Mbps	无线接入点，无线网卡	IEEE 802.11n	接入点连接有线 LAN（802.3）和无线 LAN（802.11）
因特网连接	DSL 调制解调器连入 ISP	DSL 电话	个人：上行 1Mbps，下行 40Mbps（一般 10M 以内）	DSL 调制解调器，DSL 电话线	DSL	常连接，可同时用计算机和电话
	电缆调制解调器连入 ISP	有线电视线连入电缆	上行 1Mbps，下行 300kbps～10Mbps	电缆调制解调器，有线电视电缆	有线网	与其他站点共享容量，性能取决于其他站点使用情况
	无线 WAN	无线连入 WAN	500kbps～1Mbps	无线 WAN 调制解调器	无线网标准之一	协议复杂，可使多个设备共享同一无线频率

图 AE—3

第4章

4—1 在业务中很常见的情况是混合使用微软的 Access 与 Excel 处理数据。举个典型的例子：用户用 Access 处理关系数据，然后将一些数据导入 Excel 中，再用 Excel 工具创建专业的图表和图形。这个练习正是与此有关的过程。

下载 Access 文件 Ch04Ex01。打开数据库，选择"Database Tools/Relationships"（数据库工具/关系），你会看到三个表：Product（产品）、Vendor Product Inventory（供应商产品库存）和 Vendor（供应商）。分别打开每个表，熟悉其中的数据。

这里我们定义了一个新字段 InventoryCost（库存成本），它等于 IudustryStandardCost（行业标准成本）与 QuantityOnHand（当前库存量）的乘积。在查询 InventoryCost 中，计算出了每个供应商的每件产品的产品库存成本值。打开这个查询，查看其中的数据，确保能够理解这个计算结果。再打开其他查询，确认都能理解其中的数据。

a. 按照供应商对数据求和并绘制如图 AE—4 所示的饼图展示结果。过程如下：

1）打开 Excel，创建一张新的电子表格。

2）在菜单栏中点击"data"（数据）页签，在"Get External Data"（获取外部数据）组中选择"Access"。

3）导航到存放 Access 文件 Ch04Ex01 的位置。

4）选择含有绘制饼图所需数据的查询。

5）将数据导出到一个工作表中。

6）将相应单元格的数据转换为货币格式。

7）选择包含数据的区域，利用菜单中的选项和按钮，创建该数据区的饼图。合理命名数据标签和饼图工作表中的各项。

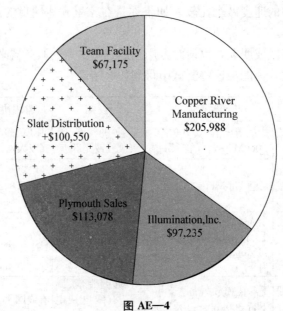

图 AE—4

b. 根据相似过程创建如图 AE—5 所示的柱状图。将数据和图表保存在各自的工作表中，并为它们合理命名。

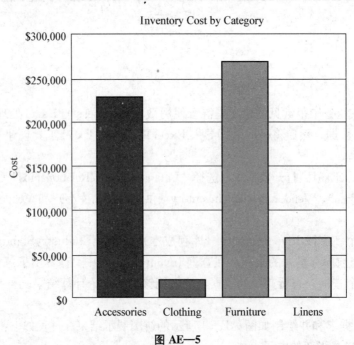

图 AE—5

4—2 假设你要为一个汽车经销商创建一个客户及其兴趣的数据库。销售人员过去用电子表格储存数据，而你现在需要将数据转换成数据库，因为经销商的数据结构不良，所以如你所见，这件事是个挑战。

a. 下载名为 Ch04Ex02 的 Excel 文件，打开电子表格检查数据，完全一团糟。

b. 下载文件名同样是 Ch04Ex02 的 Access 文件，打开数据库，选择"Database Tools"（数据库工具），点击"Relationships"（关系），查看四个表格及其之间的关系。

c. 无论如何，你必须将电子表格中的数据按数据库中表的结构放进去。因制作电子表格时毫无章法，所以转换起来比较费力。首先，在一个新建的数据库表中导入电子表格中的数据，表名称为 Sheet1 或其他。

d. 将 Sheet1 中的 Name 数据复制到剪贴板，然后打开 Customer 表，把 Name 列的数据粘贴过去。

e. 遗憾的是，下面的任务就变得很麻烦了。你可以将 Car Interests 一列复制到 Auto 表中的 Make 或 Model 字段中，但是需要手工整理各个数值；PhoneNumber 每次也只能复制一个。

f. 打开 Customer 表，将电子表格中的其余数据手工添加到每条客户记录中，将客户与其感兴趣的汽车相连。

g. 完成后数据库中的数据比电子表格中的更加结构化。解释为什么这样既是优点又是缺点。数据库更适合什么样的情况？什么情况不太适合呢？

4—3 在这个练习中需要创建一个含有两个表的数据库，定义表之间的关系，创建窗体和报表并用其输入数据、查看结果。

a. 下载 Excel 文件 Ch04Ex03，打开电子表格，查看 Employee 和 Computer 工作表中的数据。

b. 创建一个新的 Access 数据库，名为 Ch04Ex03 _ Solution。关闭 Access 自动创建的表格，并将其删除。

c. 将 Excel 中的数据导入该数据库中，将 Employee 工作表的数据导入名为 Employee 的数据库表中，注意勾选"First Row Contains Column Headings"（第一行包含列标题），选择自定义主键，并选 Employee-ID 字段作为主键。

d. 将数据从 Computer 工作表中导入名为 Computer 的数据库表中，注意勾选"First Row Contains Column Headings"（第一行包含列标题），但是让 Access 自动创建主键。

e. 打开关系窗口，在设计区域内加入 Employee 表和 Computer 表，从 Employee 表中拖动 ID 并将其放到 Computer 表中的 EmployeeID 处，勾选"Enforce Referential Integrity"（实施参照完整性）以及下面的两个复选框，确保知道这些步骤的意义。

f. 打开窗体向导对话框（点击"Create"/"More Forms"），将每个表中的所有字段列都添加到窗体中。选择"View your data by Customer"。将窗体命名为 Employee，子窗体命名为 Computer。

g. 打开 Computer 子窗体，删除 EmployeeID 和 ComputerID，这些数值由 Access 负责维护，留着只会干扰视线。最后完成的窗体应如图 AE—6 所示。

h. 用你的窗体为 Jane Ashley 添加两台新电脑，都是 Dell 的，都使用 Vista 系统，一台＄750，另一台＄1 400。

i. 删除 Rex Scott 的 Lenovo 电脑。

j. 应用报表向导（在"Create"页签下）创建一张报表，其中包含 Employee 和 Computer 两张表中的全部数据。尝试各种报表设计并选出满意的方案，必要时可修改和对齐标签。

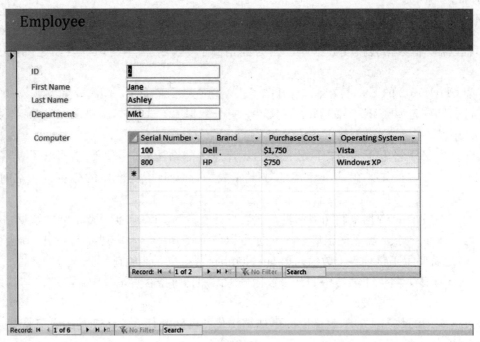

图 AE—6

第三部分

第 5 章

5—1 　假设你需要为第 3 章介绍的健身房 FlexTime 的设备预订系统开发一个 Access 数据库，需要执行下列设计：

FACILITY(FacilityID, FacilityName, Description, StandardRentalFee)

RESERVATION(ReservationNumber, *FacilityID*, Date, StartTime, EndTime)

其中 FacilityID 和 ReservationNumber 是自动编号的主键。RESERVATION. FacilityID 是 FACILITY 的外键，为其他的字段列定义合适的数据类型。

a. 在 Access 中创建这些表。

b. 在 Access 中创建合适的关系。

c. 将文件 Ch05Ex01. txt 中的数据导入 FACILITY 表中。

d. 创建一个预订窗体，以便添加和查看具体的预订数据。

e. 创建一个参数查询，可根据 ReservationNumber 的值查找预订数据。

f. 创建一个报表，展示全部设备的所有预订情况。

g. 创建一张参数报表，可以展现某一特定日期的预订情况。

5—2 　你是莎拉工作的科罗拉多中部大学附近的比萨店的经理。最近你向送货司机发放了有实时交通数据的手持 GPS 设备。连锁店老板让你向其他比萨店的经理介绍此设备的用处。为了说明情况，你收集了 2012 年 6 月应用该设备之前的 50 组送货数据，以及应用该设备之后的 50 组数据。这些数据可从文件 Ch05Ex02 中下载。

这张电子表格分为两部分，左侧是使用 GPS 设备之前的数据，右侧是使用 GPS 设备之后的数据。共有 4 位送货司机，每人都要向 A、B、C、D 四个区域送货。区域 A 中的顾客是住在学校宿舍内的学生，而其他三个区域分布在城市中的不同地区，两部分数据中还含有送货时间和送货价格数据。

    a. 修改顶部的标签格式，调整字体大小、颜色、填充色并合并单元格，使该表看上去更加专业。

    b. 将 Price 的单元格格式改为货币数据。

    c. 计算使用 GPS 设备之前和之后的平均送货时间和平均价格。

    d. 计算区域 A（学生宿舍）中使用 GPS 设备之前和之后的平均送货时间和平均价格。

    e. GPS 设备总共节约了多少时间（全部四个区域）？

    f. 在非学生区域中，GPS 设备为每个订单平均节约了多少时间？

    g. 如果你是一位正在考虑采用 GPS 设备的经理，你的餐馆与练习中的餐馆有哪些因素不同，从而影响你投资 GPS 设备的愿望？

第 6 章

6—1　　科罗拉多中部大学计划将所有的采购职能收归一个中心部门，为了评估这一措施带来的成本节约，学校收集了来自三个部门的采购成本数据，数据被存储在文件 Ch06Ex01 中。

数据中包含三个部门的订单数量和订购总额。文件中还包含采购部门运作的月度固定成本数据。固定成本包括当月的采购代理费、办公场所的使用费以及其他固定成本的大致费用，例如保险费和管理费等。之所以选择这三个部门的数据是因为它们代表了小型、中型和大型采购部门。

    a. 若学校每月支付每个部门的采购代理费是 7 500 美元，计算每个采购部门的固定成本。

    b. 分别计算三个部门单笔订单的平均固定成本。

    c. 创建一张柱状图，分别展示三个部门单笔订单的平均固定成本，包含标签和标题。

    d. 学校大体有 15 个小型部门、5 个中型部门和 3 个大型部门。如果这些部门分别与上述三个部门的订单数量和采购总额相同，计算整个学校的订单总数和订购总额。

    e. 学校估计其他部门的固定成本数据与上述三个部门相同，也就是每个小型部门与体育部相同、每个中型部门与学生部相同、每个大型部门与书店相同，计算整个学校的固定成本总值。

    f. 学校认为，一旦采购收归一个部门管理，每个订单的平均成本将与书店的每单的平均固定成本相同。使用 d 中的学校订单总数和 b 中的大型部门单笔订单的平均固定成本，学校通过对采购的统一管理可以节约多少成本？

6—2　　图 AE—7 是一个物料清单的范例，是用来展示构成产品所需的组件和零部件的窗体。这个实例中的产品是儿童旅行车，这个物料清单是制造流程运作和 ERP 应用的重要组成部分。

这个窗体是用 Microsoft Access 生成的。制作这样的窗体不太容易，因此本练习将分步骤展示它的制作过程，以便于你们运用所学知识做个类似的报表。你也可以应用 Access 对这张表进行拓展学习。

    a. 创建一张名为 PART 的新表，包含字段：PartNumber、Level、Description、QuantityRequired、PartOf，其中 Description 和 Level 是文本型，PartNumber 是自动编号型，QuantityRequired 和 PartOf 是数值型、长整型。将图 AE—7 中的数据添加到 PART 表中。

    b. 创建一个含有 PART 中所有字段的查询，只查看 Level 值为 1 的数据行，将这个查询命名为 Level1。

    c. 再创建两个查询，分别将 Level 值设置为 2 和 3，并将查询命名为 Level2 和 Level3。

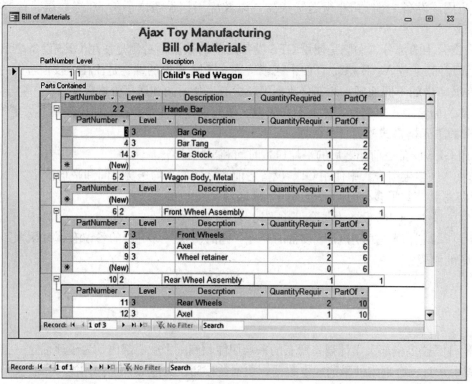

图 AE—7

d. 创建一个窗体包含 Level1 的字段 PartNumber、Level 和 Description，可以使用向导创建，将窗体命名为 Bill of Materials。

e. 应用工具栏中的子窗体工具，在 d 的窗体中创建一个子窗体，将这个窗体中的数据设置为 Level2 中的全部字段列。将子窗体的链接字段属性设置为 PartOf，主窗体链接字段属性设置为 PartNumber，关闭 Bill of Materials 窗体。

f. 打开 e 中创建的子窗体，在其中再创建一个子窗体，将这个窗体中的数据设置为 Level3 中的全部字段。将子窗体的链接字段属性设置为 PartOf，主窗体链接字段属性设置为 PartNumber，关闭 Bill of Materials 窗体。

g. 打开 Bill of Materials 窗体，应该呈现出图 AE—7 中的状态。打开再关闭窗体，同时添加新数据。应用这个窗体，添加一个自选产品的 BOM 数据。

h. 参照上述过程，创建一个展示全部产品的 Bill of Materials 报表。

i.（选做，挑战性练习）图 AE—7 中 BOM 的每个零件最多只能在一个装配过程中使用（只有一个 PartOf 值）。通过下述做法改变设计可以让零件在多个装配过程中使用：首先，从 PART 中删去 PartOf 字段；然后再创建一个表，其中包含两个字段：AssemblyPartNumber 和 ComponentPartNumber。第一个字段是装配用的 PartNumber，而第二个字段是组件用的 PartNumber，零件的每个组件都是表中的一行记录。应用这个表对前面描述的视图进行拓展，生成一个类似图 AE—7 的窗体。

第 7 章

7—1 **SAP** 你的公司是一家小型的自行车加工厂。目前公司正考虑在生产线上增加一个新产品，为两轮自行车加装一个带轮子的后挂车。这个与自行车连接的后挂车主要用来载小孩或者在不同的配置下载货物和设备。

如果组装挂车的人工费用低于直接采购组装好的现成挂车的费用，公司打算自行采购零部件来生产这种挂车。现在要求你估计生产这种新挂车的人工费用。你已经从 ERP 系统中下载了人工费用数据，形成了 Excel 数据表，该文件名为 Ch07Ex01。（本练习的末尾介绍如何从 SAP 系统中直接下载数据。）

挂车可以在两个车间中装配——东车间和西车间，每个车间的装配工人都有六种不同的小时工资率水平。工程部提供了几种不同的挂车装配方案，每种方案分别对应不同的小时工资等级，如下表所示。

工资等级	劳动小时数		
	方案 A	方案 B	方案 C
0	5	3	7
1	3	4	2
2	2	2	1
3	2	1	2

另外，公司有两种员工：工会员工和非工会员工。表上部是非工会员工的数据，下部是工会员工的数据。Local 112 代表东车间，Local 83 代表西车间。

a. 分别计算方案 A、B、C 中东、西两个车间非工会员工的总人工成本。哪个方案的成本最低？

b. 分别计算方案 A、B、C 中东、西两个车间工会员工的总人工成本。哪个方案的成本最低？

c. 创建一个图表，显示前两题计算出的 12 个方案的结果，为该表设计合适的标签和标题。

d. 公司还有一个方案是选择外包，把工资等级（pay scale）为 0 的工作外包出去。如果去掉了该最低工资等级，最低成本的方案会不会改变？

e. 类似 d 的分析很常见，这种交互式分析又称为"what-if"（假设）分析。在 d 中你要分析的是"假设工资等级为 0 的工作外包了会怎么样"。如果你想在工作表中做假设分析，该如何改变初始表格中数据、函数及公式的设置？

直接从 SAP 系统中下载数据①：

（1）登录 SAP 系统。

（2）在"SAP Easy Access"界面中选择：

Information Systems > General Report Selection > Human Resources > Personal Management > Compensation Management > Pay Structure > Display Pay Scale Structure

（3）在"Country Grouping"框中输入"10"（美国），点击"Key date"上方的执行按钮，如图 AE—8 所示。

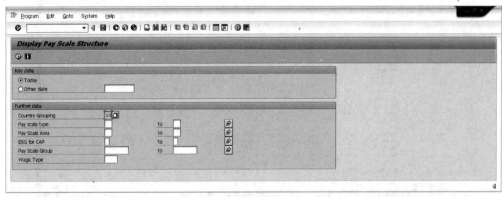

图 AE—8

---

① 这里使用了 GBI 公司 SAP 客户集中的例子。如何访问客户集请参见第 7 章附录。

（4）在"Display Pay Scale Structure"（显示工资等级结构）界面上，点击"Local"文件按钮（从左数第九个），指定一个文件名及保存到本地的文件位置，如图 AE—9 所示。

（5）打开 Excel，找到已下载的文件并打开，查看数据表，应当与图 AE—10 相同。

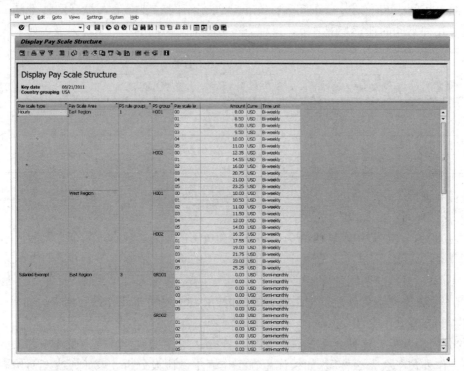

图 AE—9

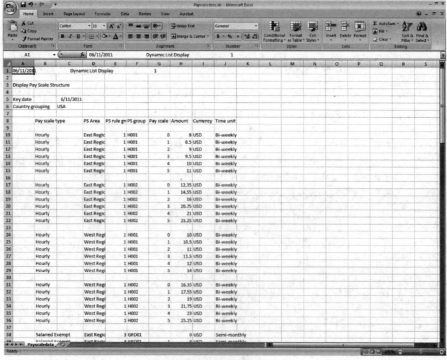

图 AE—10

7—2　假设你接受了一项任务，要编辑所有公司采购代表对其电子商务供应商的评估数据。每个月、每个采购代表都要对与之订过货的供应商进行评估，评估依据是最近一个月的价格、质量及响应能力三个因素。假设评估值在 1 到 5 之间，5 表示最好。因为公司有上百个供应商和几十位采购代表，你决定使用 Access 来编辑评估结果。

a. 创建一个数据库，包括三张数据表：VENDOR（VendorNumber，Name，Contact），PURCHASER（EmpNumber，Name，Email），RATING（EmpNumber，VendorNumber，Month，Year，Price Rating，QualityRating，ResponsivenessRating）。假设 EmpNumber 和 VendorNumber 字段分别是表 PURCHASER 和 VENDOR 的关键字，你认为 RATING 表的关键字应该是什么？

b. 创建适当的关系。

c. 将 Excel 文件 Ch07Ex02 中的数据导入 Access 数据库。注意 Vendor、Purchaser 和 Rating 的数据分别放在了三张不同的工作表中。

d. 创建一个查询，显示全部供应商的名称及其平均得分。

e. 创建一个查询，显示全部员工的姓名及其平均分。提示：在这里及 f 题中，需要在查询中使用 Group By（总计）功能。

f. 创建参数查询，以 VendorName（供应商名称）为参数，查询某位供应商在每个评价因素上的最低分、最高分及平均分。

g. 通过你的查询数据，你对供应商或采购员能得出什么结论？

■ 第 8 章

8—1　假设管理者要求你建立一个电子表格来做生产计划。该生产计划需要根据公司三个销售区域的销售经理提交的销售规划安排七种产品的生产量。

a. 为每个销售地区建一张独立的工作表。使用 Word 文件 Ch08Ex01 中的数据。这个文件中包括了每位经理去年每个月的计划销售数和实际销售数，以及下个季度中每个月的计划销售数。

b. 为每个销售经理创建独立的工作表，将 Word 数据导入 Excel。

c. 在每张工作表中，使用前四个季度的数据计算实际销售与计划销售之间的差异值。可用多种方法来计算差异值：可以用总体平均数、季度平均数或月平均数。也可以给近期差异以较大权重，给以往的数据以较小的权重。选择你认为恰当的方法，并解释为什么选择这种方法。

d. 使用差异因素修正工作表，并计算出下一季度的调整预测值。在每张工作表中都显示出下一季度每个月的原始预测值和调整后的预测值。

e. 创建第四张工作表，汇总所有地区的销售计划，显示每个地区所有未调整的预测值和已调整的预测值，做出全公司的汇总数据。显示所有月度和季度的汇总数据。

f. 创建一张柱状图，显示各月的生产总体情况，用不同的颜色显示调整前和调整后的预测值。

8—2　做此练习之前，应先完成应用练习 5—1。

a. 在 RESERVATION 表中添加一个 Status（状态）字段，状态字段可有三个取值：Not Confirmed（未确定）、Confirmed（已确定）和 Cancelled（取消）。预订能保证给客户一个更衣柜的锁，客户可以使用所有的健身设备。解释为什么 FlexTime 想要追踪预订的撤销情况。

b. 创建一个进行设备预订的数据输入窗体。

c. 创建一个确认设备预订的数据输入窗体。

d. 创建一个每日设备使用报表，假设报表会使用一个参数查询，能按输入日期显示所有的预订。

e. 输入数据并测试数据库，使用 Windows 7 的 Snipping Tool 或其他截图工具，抓取数据输入屏幕和报告窗口的结果。

第四部分

第 9 章

9—1　假设你要帮助进行这样一个管理决策：下一年度的工资该提高多少。假设你手中有公司所有部门的列表，以及行业内主要企业中各个部门员工的平均薪资水平。此外，还有公司三个部门各 10 名员工的名字和工资水平。

你需要创建一个电子表格，其中包含每个部门各 10 名员工的姓名、当前工资水平、当前工资水平与该部门行业平均水平的差异、达到行业平均水平需要提高的百分点。该表格还应该能计算出，为达到行业平均水平，每个部门工资的平均提升水平以及企业整体的平均提升水平。

a. 用 Ch09Ex01.doc 中的数据创建电子表格。

b. 如何通过这一分析帮助制定员工工资决策？根据这些数据，你能得出什么结论？

c. 假设其他小组成员需要使用你的表格。说出你可以与他们共享此表的三种方法，分别说明每种方法的优点和缺点。

9—2　假设你要帮助进行这样一个管理决策：下一年度的工资提高多少。尤其是，你还要判断公司内部各部门之间的工资水平是否存在显著差异。

你要用的是一个 Access 数据库，其中有一个员工表，该表的结构如下：

EMPLOYEE（Name，Department，Specialty，Salary）

Name 指某个部门员工的姓名，Department 指部门名称，Specialty 指员工的主要技能，Salary 指员工当前的工资水平。假设没有员工同名。你要解决以下问题：

（1）列出收入超过 100 000 美元的员工的姓名、部门和工资。

（2）列出营销部（Mkt）所有员工的姓名和专长。

（3）计算出公司所有员工工资的平均值、最大值和最小值。

（4）计算出营销部员工工资的平均值、最大值和最小值。

（5）计算出信息系统部（IS）员工工资的平均值、最大值和最小值。

（6）加分题：计算出每个部门的员工工资平均值，需使用 Group By（总计）功能。

a. 使用文档 Ch09Ex02.mdb 中的数据，设计并运行 Access 查询以获得以上问题的答案。

b. 说明你答案中的数据如何帮助制定提升工资的决策。

c. 假设其他小组成员要使用这个 Access 应用。举出你可以与他们共享此应用的三种方法，分别说明每种方法的优点和缺点。

第 10 章

10—1　对于以下练习，你们可以通过社交媒体平台和搜索引擎获得指导和帮助。

a. Facebook：用 Facebook 的标记语言应用为本地主页（你首先需要建一个本地主页）创建一个登录页面。通过搜索引擎查找使用 Facebook 标记语言应用的简要说明。

b. Twitter：注册一个账号并关注几个同学（并且让他们也关注你）。在 Twitter 上发帖子并给同学直接发消息。发一条包含＃hashtag（标签）的帖子，然后用 Twitter 的搜索功能查找该帖子。找到同学们的标签帖。在你感兴趣的领域中查找并关注流行的公共账号，或者个人或组织的账号。

c. LinkedIn：注册一个账号并填写个人信息。如果已有账号，创建或者扩展个人信息中的数据。与同学建立联系。查找并关注企业，浏览企业的网页并研究 Groups、Jobs 和 Contacts 中的新选项。

d. Blogger：注册一个关于小企业对社交媒体的使用的博客，或者其他你感兴趣的博客主题。在你的博客中插入一个 YouTube 视频。关注其他博客。

10—2　对于以下练习，你们可以通过社交媒体平台和搜索引擎获得指导和帮助。

a. Wikipedia（维基百科）：注册自己的用户账号。进入你的 my talk 页面并点击编辑。你将创建一个名为 User talk：Yourusername 的页面。写一段关于社交媒体的文字。找到同学的 user talk 条目并编辑对方写的段落。然后返回自己的 talk 页面，点击浏览记录，查看你的页面被如何编辑过。最后，在 Wikipedia 上找一个你自己可以贡献并编辑的条目。通过搜索引擎查找操作 Wiki Races 的说明（如：http://wikibin. org/articles/wiki-races. html）。

b. Delicious、Digg 及 StumbleUpon：在这些网站上注册账号。在 Delicious 上与同学分享你的书签列表。

c. Klout. com：进入 Klout. com 或其他社交媒体监控页面。用 Twitter 账户名登录，并查看你的 tweets 的影响。研究你的社交网络影响力是如何确定的。

d. Google Docs：注册或使用现有的 Gmail 账号。探究如何建立一个 Google 文档并与同学分享，与同学同时编辑这个文档。在 Google 账户中进入 RSS 阅读器，订阅几个有趣的网站。订阅同学的博客，注意他们创建的新的博客条目会显示在你的阅读器中。

第 11 章

11—1　OLAP 立方体与 Microsoft Excel 数据透视表（pivot table）很类似。在这个练习中，假设你公司的采购代理也用类似于练习 7—2 中的方式将供应商分了级。

a. 打开 Excel，从 Excel 文件 Ch11Ex01 中将数据输入名为 Vendors 的工作表中。该工作表中的列名称如下：VendorName、EmployeeName、Date、Year、Rating。

b. 在 Excel 的 "Insert"（插入）页签下，点击 "Pivot Table"，会打开一个向导。在第一个对话框中选择 "Excel" 和 "Pivot Table"，点击 "Next"。

c. 当要求提供数据范围时，在你输入数据的区域内拖动鼠标，以选择所有数据，请确认包括了列标题。Excel 会在对话框中添加值域。将你的透视表放在一个新表中。

d. Excel 会在工作表的右边创建一个字段列表。将 VendorName 字段拖放到 "Drop Row Fields Here"（行标签）处；将 EmployeeName 字段拖放到 "Drop Column Fields Here"（列标签）处；将 Rating 字段拖放到

413

"Drop Data Items Here"（数值）处。一个数据透视表就做好了。

e. 要了解这个表是如何用的，可以将更多的字段拖放到透视表的不同区域。比如，将 Year 字段拖放到 EmployeeName 字段上方，再将 Year 移到 EmployeeName 下方，再将 Year 移到 VendorName 下方。所有这些操作就像一个 OLAP 立方体。事实上，OLAP 立方体本身就能在 Excel 透视表中展示。主要的区别在于 OLAP 立方体通常包含几千行或更多数据。

11—2 **A**用 Access 表中的数据创建购物篮分析报告相当便捷。然而，这需要你将 SQL 语句输入到 Access 的查询器中。在这个练习中，你只需直接复制并输入 SQL 语句即可。在数据库课程上你将学会如何编写这些 SQL 语句的代码。

a. 创建一个 Access 数据库，其中的表名称为 Order_Data，包含三个字段：OrderNumber、ItemName、Quantity；数据类型分别为数值（长整型）、文本（50）和数值（长整型）。定义复合关键字为（OrderNumber，ItemName）。

b. 将 Excel 文件 Ch11Ex02 中的数据导入 Order_Data 表中。

c. 现在，要进行购物篮分析，你需要在 Access 中输入几个 SQL 语句。要这么做，先点击"Create"（创建）页签创建一个新查询，若出现展示表的对话框则点击"Close"（关闭）。在查询窗格上面的灰色区域中点击右键，选择"SQL View"（SQL 视图）。在出现的文本框中准确输入下述语句：

```
SELECT      T1. ItemName as FirstItem,
            T2. ItemName as SecondItem
FROM        Order_Data T1，Order_Data T2
WHERE       T1. OrderNumber=
            T2. OrderNumber
AND         T1. ItemName<>
            T2. ItemName;
```

点击工具条中的红色感叹号运行此查询。如有输入错误请更正，运行成功后保存该查询，名称为 Two ItemBasket。

d. 建立第二个 SQL 查询。再次点击"Create"（创建）页签创建一个新查询，若出现展示表的对话框则点击"Close"（关闭）。在查询窗格上面的灰色区域中点击右键，选择"SQL View"（SQL 视图）。在出现的文本框中准确输入下述语句：

```
SELECT      TwoItemBasket. FirstItem,
            TwoItemBasket. SecondItem,
            Count( * ) AS SupportCount
FROM        TwoItemBasket
GROUP BY    TwoItemBasket. FirstItem,
            TwoItemBasket. SecondItem;
```

如有输入错误请更正，运行成功后保存该查询，名称为 SupportCount。

e. 观察第二个查询的结果，核实这两个查询语句准确计算出了两类物品同时出现的次数。说明就数据的支持程度（support）你还能做怎样的运算。

f. 说明就数据的增益程度（lift）你还能做怎样的运算。虽然 SQL 可以进行这些运算，但还需要学习更多的 SQL 知识。这里暂时略过。

414

g. 用自己的话解释 c 中的查询做了些什么。d 中的查询做了些什么？在数据库相关课程上可以学会怎样编写这样的查询语句。但此练习可以使你们对 SQL 所能实现的运算有个大致的了解。

第五部分

第 12 章

12—1 假设你接受了一项任务，要跟踪人们在系统开发项目会议上投入的劳动工时。假设公司采用了图 AE—11 所示的传统的信息系统开发流程，系统开发生命周期（SDLC）中的每个步骤都要展开两类会议。一类是工作会议，参与者有用户、业务分析员、系统分析员、程序员和 PQA 测试工程师；另一类是评审会，除上述全部人员之外，用户部门和 IS 部门中的 1 级和 2 级管理人员也要参加。

a. 将 Word 文件 Ch12Ex01 中的数据导入电子表格中。

b. 编辑电子表格，计算出项目各个阶段的会议所用的劳动工时总数。在会议召开时，假设你输入的数据包括项目阶段、会议类型、开始时间、结束时间和参会的各类人员的数量。你用电子表格应该计算出所用的劳动工时数并汇总计算各个阶段的会议时间和该项目会议的总时间。

c. 编辑电子表格，添加各个阶段不同类型人员的劳动时间预算数（在源数据中）。用电子表格计算出劳动工时预算与实际消耗之间的差异。

d. 调整电子表格，使其包含劳动力的预算成本和实际成本。假设你曾输入过源数据中标明的每类人员的平均劳动力成本。

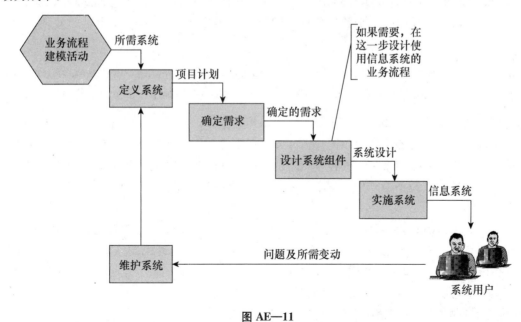

图 AE—11

12—2 用 Access 设计一个故障跟踪数据库应用。此练习使用 Excel 文件 Ch12Ex02 中的数据，该数据包括以下数据字段：

FailureNumber(故障编号)

DateReported(报告日期)

FailureDescription(故障描述)

ReportedBy(报告故障的 PQA 工程师姓名)

ReportedBy _email(报告故障的 PQA 工程师的电子邮箱地址)

FixedBy(负责故障维修的程序员姓名)

FixedBy _ email(维修程序员的电子邮箱地址)

DateFailureFixed(维修日期)

FixDescription(维修描述)

DateFixVerified(维修验收日期)

VerifiedBy(验收维修的 PQA 工程师的姓名)

VerifiedBy _ email(验收维修的 PQA 工程师的电子邮箱地址)

　　a. 电子表格中的数据没有实现规范化。创建一个 Failure 表、一个 PQA Engineer 表和一个 Programmer 表对数据进行规范化。在每个表中加入适当的字段，建立适当的表间关系。

　　b. 创建一个或多个窗体，分别用来报告故障、报告故障维修情况、报告故障维修验收结果。所建窗体中的 ReportedBy、FixedBy、VerifiedBy 字段都可以通过下拉框方式，选择输入 PQA 工程师或者程序员的姓名。

　　c. 建立一张报表，分别根据报告故障的 PQA 工程师和报告日期进行分类。

　　d. 建立一张已维修且通过验收的故障报表。

　　e. 建立一张已维修但尚未验收的故障报表。

12—3　　假设你刚被任命为 IS 部的服务台经理。刚刚上任一周，你惊讶地发现只有很少的信息可以辅助你管理员工。实际上，仅有的一份数据叫做 Tickets，里面记录了各种故障问题的处理情况。它保存了下述数据：

　　　　Ticket♯，Date_Submitted，Date_Opened，Date_Closed，Type(new or repeat)，Reporting_Employee_Name，Reporting_Employee_Division，Technician_Name，Problem_System，Problem_Description

你可以在 Excel 文件 Ch12Ex03 中看到 Ticket 的示例数据。

作为一个管理人员，你需要更多的数据。你需要数据来告诉你表现最好和表现最差的技术人员是谁，不同系统在故障报告数量和故障维修时间上有什么差别，不同部门在故障报告数量和故障维修时间上有什么差别，哪些技术人员最擅长或最不擅长解决某类系统故障，哪些技术人员最擅长或最不擅长解决某个部门的故障。

　　a. 使用 Access 或 Excel 或两者结合，设法利用 Excel 文件 Ch12Ex03 中的数据得到上述信息。在数据处理中，你可以用查询、公式、报表、窗体、图表、数据透视表、数据透视图或者其他展示方式，在 Access 或 Excel 中选择最合适的方式展示你的数据结果。

　　b. 解释你如何应用不同的数据来管理你的部门。

　　c. 指出你还需要哪些数据来辅助部门管理工作。

　　d. 使用 Access 或 Excel 或两者结合，设法生成 c 中的数据。

12—4　　制作一个病毒攻击成本的电子表格模型。受攻击的组织中有三种计算机：员工工作站、数据服务器和 Web 服务器。假设受攻击的计算机数量取决于病毒的恶性程度。在模型中假定病毒的恶性程度分为三个等级：低级攻击事件感染的用户工作站少于 30％，并且没有感染数据服务器和 Web 服务器；中级攻击事件感染了 70％的用户工作站和半数的 Web 服务器，但没有感染数据服务器；高级攻击事件则感染了组织中的全部计算机。

a. 假设 50％的攻击事件为低级，30％为中级，另外 20％为高级。

b. 假设员工可以将工作站中的病毒自行删除，而服务器的维修只有训练有素的技术人员才能做。从被感染的计算机上清除病毒的时间取决于计算机的类型。将各类计算机清除病毒所用的时间作为模型的输入。假设用户的生产率较低，因而要花两倍的时间才能清除病毒。将员工平均每小时的劳动成本和技术人员的平均成本作为模型的输入。最后，把用户计算机、数据服务器和 Web 服务器的总数都作为模型的输入。

c. 将该模型模拟运行 10 次，每次的输入相同，但是用一个随机数（所有随机数均匀分布）来决定攻击的恶性等级。根据前面列出的约束条件，再用随机数决定每种类型的计算机受感染的百分比。例如，如果是中级攻击，就用 0～70 之间的随机数表示被感染的用户工作站的百分比，用 0～50 之间的随机数表示被感染的 Web 服务器的百分比。

d. 每次运行时，计算员工花费的工时总数、员工付出的劳动成本总值、技术人员维修服务器的工时总数、技术人员付出的劳动成本总值，最后计算出成本总量。显示出每次运行的结果，以及 10 次运行的平均成本和时间。

3D 打印（3D printing）：也叫增材制造，是通过材料的逐层沉积来制作出产品的过程。常用的打印机只在二维平面上铺陈墨水，而 3D 打印要将打印材料铺陈到三维空间，通过材料逐层干燥形成了第三个维度。

10/100/1 000 以太网（10/100/1 000 Ethernet）：遵守 IEEE 802.3 协议的以太网，传输速率可有每秒 10M、100M 或 1 000M。

ABAP：一种用来提高 SAP 实施功能的高级应用设计语言，常常用来制作规范的报表数据。

抽象推理（abstract reasoning）：构建和操作模型的能力。

Access：微软发布的供个人和小型工作组使用的数据库管理系统软件产品名称。

无线接入点（access point，AP）：无线网络中的节点，用来支持无线设备之间的通信以及有线网与无线网之间的互联。无线接入点需同时支持 802.3 和 802.11 标准的通信协议；能够通过 802.11 协议收发无线信号，并使用 802.3 协议与有线网络通信。

活动（activity）：业务流程中的一项具体任务。

AdSense：Google 公司的 Web 2.0 产品名称。Google 会搜索企业的网站并插入与其内容相匹配的广告；如果有用户点击了广告，Google 便会给该企业付费。

广告软件（adware）：指在用户不了解或未加许可的情况自行安装至用户计算机的程序，它会在用户不知情的情况下在后台运行，观察用户的行为和按键操作，修改计算机的活动，将用户活动报告给监测方。绝大多数广告软件是良性的，没有恶意行为，也不窃取数据。但是，它的确会观察用户的一举一动并产生弹出式广告。

AdWords：Google 公司的 Web 2.0 广告产品名称。供应商会为某些搜索关键词付费，点击这些关键词便可链接到它们的网站。

分析师（analysts）：可称作系统分析师或业务分析师，这些人具有专业培训或教育背景，有能力在信息系统实施后支持、维护和修改系统。

应用软件（application software）：实现具体业务功能的应用程序。有些应用程序是通用性的，如 Excel 和 Word 软件；还有些是针对特定业务的，如应付账管理软件。

已然模型（as-is model）：展现目前所处局面和流程的模型。

非对称加密（asymmetric encryption）：信息的加密和解密分别采用不同密钥的加密方法，一个密钥负责对信息加密，另一个密钥负责解密。对称加密比非对称加密更为简单，速度也更快。

非同步通信（asynchronous communication）：指在工作团队中所有成员未同时到场的情况下进行的信息交换，比如人们分别处在不同地点或者不同时间段的情况。

属性（attribute）：（1）说明 HTML 标签功能的变量。每个属性都有一个标准名。例如某超链接的属性是 href，其取值为用户点击时所指向的具体网页。（2）某实体的特征。如订单的属性有订单号、订购日期、小计、税款、总额，等等；销售人员的属性有姓名、邮箱、电话，等等。

418

拍卖（auction）：一种电子商务版本的应用软件，支持买卖双方通过标准化的竞拍过程实现供需匹配。

增强现实（augmented reality，AR）：在计算机生成的物理环境的显示结果中进一步叠加数据或者图形的技术。

验证（authentication）：信息系统鉴别确认有效用户的过程。

物料清单（bill of material，BOM）：一种结构图或描述文本，用来说明制造某个产品所需要的原材料、数量和辅助材料。

生物特征识别（biometric authentication）：使用人的自然身体特征，如指纹、脸型和视网膜图像等来鉴别用户的技术。

位（Bits）：计算机表示数据的方法，即二进制位，可取值 0 或 1。

蓝牙（Bluetooth）：一种常用的短距离无线传输协议，可不用有线电缆实现数据传递。

僵尸程序（bot）：一种私下安装的计算机程序，会暗中执行用户或管理员不知情或不可控的活动。

僵尸牧人（bot herder）：操控僵尸网络的个人或组织。

僵尸网络（botnet）：由个人或组织创建和管理的、被僵尸程序感染的主机所形成的网络。

瓶颈（bottleneck）：指某种限制资源，它会极大地减少一系列集成活动或流程的产出结果。

牛鞭效应（bullwhip effect）：指这样一种现象：从客户到供应商，订单的时间和订货量等信息的失真程度会沿着供应链逐级放大。

商业智能系统（business intelligence system）：通过整合和分析大型数据库中的数据来帮助用户创造信息，对业务流程提供支持的信息系统。

Business Objects：分析商务智能数据的 SAP 软件名称。以前曾是一个独立的软件，后来被 SAP 收购。

业务流程（business process）：完成某项功能的一系列活动。

业务流程管理（business process management，BPM）：构建、创造、实施和评估业务流程的系统化管理过程。

业务流程建模符号标准（BPMN standard）：用于描述业务流程的一套标准化的术语和图形符号。

B2B：指公司之间的销售。

B2C：指公司与零散客户（消费者）之间的销售。

B2G：指公司与政府机构之间的销售。

低报价（Buy-in）：术语，特指以低于真实价格的价格出售产品或系统。

字节（bytes）：（1）一个字符数据；（2）一个八位的数据块。

线缆调制解调器（cable modem）：利用有线电视线路高速传送数据的调制解调器。有线电视公司装配了高容量、高速率的光缆线路，用来连入各个服务小区的转播中心。各个转播中心又利用光缆与家庭或企业用户的有线电视线缆相连接。线缆调制解调器工作时，其信号不会干扰电视信号。它像 DSL 调制解调器一样，总是处在开机状态。

资本（capital）：期望能在未来市场获得收益的资源投资。

中央处理器（central processing unit，CPU）：CPU 负责选择和执行指令，进行算术和逻辑运算，并将运行结果存储在内存中。

清算中心（clearinghouse）：以规定价格提供产品和服务，安排货品交割，但从未获取货物所有权的实体机构。

点击流数据（clickstream data）：反映客户点击行为的网站数据。这些数据包括客户在网站上的所有操作。

客户机（client）：提供文字处理、电子表和数据库访问并且连网的计算机。

客户机—服务器应用（client-server applications）：在客户机方和服务器方都需安装代码的软件应用，比

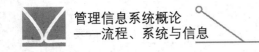

如常用的电子邮件。

闭源（软件）（closed source）：受到严格保护的源代码，只供可信的员工和经过认证的合作商使用。

云计算（cloud computing）：一种软硬件的外包形式，服务组织能以灵活的方式向客户提供软硬件设施的租赁方案。

聚类分析（cluster analysis）：无预设的数据挖掘分析方法，可找出特征相似的实体分组。聚类分析常被用来根据订单数据或客户统计数据查找购物特征相似的客户群。

COBIT：由信息系统审计与控制协会建立的一套"信息及相关技术控制目标"（COBIT）标准实践，用于业务流程管理周期评估活动，确定信息系统与组织战略的契合程度。

代码注入（code injections）：一种非法访问未授权网页的技术。它不是在网页的文本框中输入数据，而是直接输入程序代码。

冷站点（cold sites）：指一种只提供办公场所而没有电脑设备的远程处理中心，可供公司在灾后使用，以保证其业务维持运营。

协作团队（collaborative team）：采用反馈和迭代方式共同工作的群体。在协作团队中，个人贡献的成果会交由其他人审查，提供者或其他人也都可以做出修改。

数据列（columns）：也叫字段或字节组。一张数据库表会用多个列来表示实体的不同属性，如部门编码、员工姓名、销售日期等。

竞争战略（competitive strategy）：企业为在行业中成功而选择的策略。波特曾提出了四种基本的竞争战略，即跨行业的或特定行业内的成本领先战略以及跨行业的或特定行业内的产品差异化战略。

计算机信息系统（computer-based information system）：以计算机为工具的信息系统。

计算机罪犯（computer criminals）：侵入计算机网络盗取重要数据，或者操纵计算机系统获得经济利益的人。

计算机硬件（computer hardware）：能依据计算机程序指令进行数据输入、处理、输出、储存和通信的电子元件和外围设备。

电话会议（conference call）：与会者通过语音通信渠道同时参会的同步虚拟会议。

配置（configuration）：在不做编程的情况下，根据客户需要对 ERP 软件进行参数调配的过程。

内容管理（content management）：是提高协作效应的驱动因素之一，它能使多个用户在彼此互不干扰的环境下从事提供或修改文档、日程安排、任务列表、活动事项之类的工作。内容管理也有追踪和报告功能，用户可以知道谁在什么时候做了哪些改动以及为什么会改动。

转化率（conversion rate）：网站流量的衡量指标，即最终购买的客户数占访问客户数的比率。

合作团队（cooperative team）：为了完成某项任务而一起工作的群体，每个团队成员只是独立地完成自己的那部分工作。

成本可行性（cost feasibility）：信息系统是否可以在预算约束内完成开发。

准则（criteria）：人们在利用数据推知信息时所使用的评估要素。

交叉销售（cross-selling）：指关联产品的销售，销售人员会设法让购买产品 X 的顾客也购买产品 Y。

跨站脚本（cross site scripting）：通过将恶意脚本注入网页服务器中来攻击数据库中数据的技术。

鱼尾纹（crow's foot）：实体—联系图上的线条符号，表示两个实体之间有 1∶N 的关系。

鱼尾纹法作图（crow's-foot diagram）：一种实体—联系图，用鱼尾纹符号表示 1∶N 的关系。

众包（crowdsourcing）：指企业使用 Web 2.0 技术的流程，比如用户生成内容；企业可将以往由内部员工来做的任务外包给为数众多且非特定的一大群外人来做。

定制开发软件（custom-developed software）：按用户定制要求制作的软件。

客户关系管理（CRM）：覆盖所有客户接触流程和与客户互动的管理流程的集成系统。

数据（data）：记录的事实或数字。信息系统的五个基本要素之一。

数据不一致问题（data integrity problem）：指数据库中出现的数据项彼此冲突的情况，比如用两个不同的名字表示同一个客户。

数据挖掘（data mining）：是一种获知信息的过程，它使用复杂的统计方法分析大型数据库中存储的数据，以发现隐含的规则，改善人们的推测水平。

数据模型（data model）：数据库中数据的逻辑表示，描述了数据库中存储的数据及数据间的关系，类似于蓝图。

数据仓库（date warehouses）：一种信息基础设施，专门用来准备、储存和管理那些支持报表制作和数据挖掘的数据。

数据库（database）：由相关联的记录构成的、自描述数据的集合。

数据库管理（database administration）：为实现组织目标而对数据库进行的管理、开发、运行和维护。数据库管理员需要平衡冲突目标，既要保护数据库，又要保证其最大限度地合法使用。在小型组织中，此角色常由某个人承担，大型组织则会指派多个员工组成数据库管理部。

数据库应用（database application）：指窗体、报表、查询及实现数据库处理的应用程序。一个数据库可以由多个数据库应用来处理。

数据库应用系统（database application system）：应用系统由五个标准元素组成，使数据库容易访问和使用。用户所用的数据库应用包括窗体、格式化报表、查询和应用程序。所有这些应用都可以借助数据库管理系统（DBMS）来处理数据库中的表。

数据库管理系统（database management systems，DBMS）：负责创建、处理和管理数据库的程序。DBMS 庞大而复杂，像操作系统一样需要授权使用，如 Microsoft Access 和 Oracle。

数据库层（database tier）：在三层结构中，数据库层负责运行 DBMS，接受和处理 SQL 查询请求并检索和存储数据。

DB2：是 IBM 公司的企业级 DBMS 产品名称。

决策支持系统（decision support systems，DSS）：用于支持决策制定的信息系统。

决策树（decision tree）：无监督的数据挖掘方法，采用层次化的标准对客户、项目和其他业务对象进行分类。

Delicious：一个允许用户标记网站、创建网站列表并与其他用户共享列表的网站。

拒绝服务（denial of service，DOS）：一种网络安全隐患，用户无法访问信息系统，可能由人为错误、自然灾害或恶意攻击活动引起。

Digg：用户可与其他用户共享网上文章投票情况的网站。

数字证书（digital certificate）：由授权机构（CA）颁发的证书，包含实体的名称、公钥及其他数据。

数字仪表盘（digital dashboard）：为特定用户定制的电子显示屏，通常由雅虎、MSN 这样的供应商提供。

数字签名（digital signature）：一个加密的数字串，它使用散列函数算法来证明所接收的明文信息没有被篡改过。

数字用户线路（digital subscriber line，DSL）：与语音电话使用同一条通信线，但是其信号不会干扰语音电话服务的通信线路。

脏数据（dirty data）：不良的垃圾数据，比如顾客性别为"B"，年龄值为"213"，美国电话号码为"999-999-9999"，颜色为"干"等，这些值在进行数据挖掘时都会带来麻烦。

交流论坛（discussion forum）：一种异步通信的方式，团队中的某个成员发帖后会由其他成员回应。这是一种比电子邮件更好的团队沟通方式，讨论时不易偏离议题。

去中介化（disintermediation）：在供应链上去掉一个或多个中间层。

文档库（Document library）：是 SharePoint 上一个文档库的名称。

狗粮自吃（dogfooding）：指自己开发并宣传的产品或者想法自己也要采纳。该术语产生于 20 世纪 80 年代的软件业，有人发现企业并不使用自己开发出来的产品，即"它们并不吃自己做的狗粮"。

域名（domain name）：由公共 IP 地址机构所指派的全球唯一名称。域名解析是将域名转换为 IP 地址的过程。

向下钻取（drill down）：就 OLAP 报表而言，意味着对数据做更进一步的细分。

蹭网族（drive-by sniffers）：利用计算机和无线联网设备查找并连入未受保护的无线网络，以求能免费上网或非法采集隐私数据的人。

DSL 调制解调器（DSL modem）：将计算机的信号转化为满足 DSL 传输所需信号的装置。

双核处理器（dual processor）：装有两个中央处理器（CPU）的计算机。

动态流程（dynamic processes）：与结构化流程相反，动态流程的结构是不稳定的和动态变化的。比如协作是动态流程，SAP 指令的路径是结构化流程。

电子商务（E-commerce）：利用因特网技术购买和销售产品和服务的、集合多家企业的流程。

效用（effectiveness）：有助于实现组织战略的流程目标。

效率（efficiency）：资源导向的流程目标。若流程以同样投入提供了更多产出，或用较少投入提供了同样产出，都是有效率的流程。

电子交易所（electronic exchange）：帮助买卖双方匹配的网站，其业务流程类似于股票交易所。卖家给定价格在电子交易所出售商品，买家在交易所出价购买商品。价格匹配成功则发生交易，交易所将收取佣金。

欺骗性邮件（E-mail spoofing）：网络钓鱼的同义词，指一种通过仿冒邮件窃取未授权数据的手段。网络钓鱼者会伪装成合法公司发送邮件索要机密数据，如账号、社会保险号、账户密码等。网络钓鱼者会把对合法企业的访问诱导到其钓鱼网站上。

涌现（emergence）：是系统整体所具备的特性，系统中任何一个部分都不会具备。例如，一个供应链整体的质量（如高效率或者高流量等）是任何局部的质量都无法表现出来的。

封装（encapsulation，encapsulated）：把一个物体隐藏到另一个物体的内部。例如可将 SOA 逻辑封装到一项服务中。封装将服务的逻辑与使用该逻辑所实现的服务本身隔离开，使用该服务的客户不知道也不需要知道该服务是如何完成的。

加密（encryption）：为了存储或通信的安全性，对明文进行编码，将其转换成无法看懂的文本的过程。

加密算法（encryption algorithms）：为了存储或通信的安全性，将明文转换为密文的算法，常用的加密算法有 DES、3DES 和 AES。

企业 2.0（Enterprise 2.0）：Web 2.0 技术在商业企业中的应用。

企业应用集成（enterprise application integration，EAI）：借助上层软件使各个应用系统和系统的数据相互连接，实现现有系统集成的方法。

企业数据库（enterprise DBMS）：处理大型组织和工作团队的数据库产品，可支持成千上万的用户和多种多样的数据库应用。这些 DBMS 产品支持每周 7 天每天 24 小时不间断的运行，可以管理几十个磁盘（含有数百 GB 以上数据）的数据库。企业数据库产品有 IBM 的 DB2、微软的 SQL Server、甲骨文的 Oracle 等。

企业资源规划系统〔（enterprise resource planning，ERP）system〕：利用套装软件、数据库和内在的处理流程，实现企业业务整合运作的一套单一的、协调运行的信息系统。

实体（entity）：在 E-R 数据模型中，表示用户想要跟踪的某种东西。实体可以代表具体的物理对象，还可以代表某个逻辑构成或某种交易。

实体—联系（E-R）数据模型（entity-relationship data model）：是常用的数据建模技术，开发人员用来定义所要存储的东西，并标明它们之间的联系。

实体—联系（E-R）图（entity-relationship diagrams）：是数据库设计者用来记录实体和实体间关系的一种图。

Epicor：是一家以零售业 ERP 软件而知名的公司，目前正在扩大业务范围，向其他细分行业渗透。

以太网（Ethernet）：又叫做 IEEE 802.3 协议，属于 TCP/IP-OSI 结构的第一和第二层协议。以太网是全球最流行的局域网协议，也在广域网上使用。

E 字节（Exabyte，EB）：等于 1 024G 字节。

高管支持系统（executive support systems，ESS）：支持战略流程的信息系统。

实验法（experimentation）：对机会仔细考察并理性分析，对潜在产品、技术应用或解决方案进行展望，然后再视资源情况开发那些前景最好的创意。

XML 语言（eXtensible Markup Language）：一种重要的文档标准，它分隔了文档的内容、结构和展现方式，解决了 HTML 语言的不足之处，可用于 Web 服务和其他一些应用。

字段（fields）：又称为数据列，是数据库表中的字节分组。一个数据库表有多个数据列，表示实体的不同属性，如部门编号、员工姓名、销售日期。

文件（file）：由相似的行或记录组成的集合，在数据库中被称为表。

文件服务器（file server）：储存文件的计算机。

文件传输协议（file transfer protocol，FTP）：将文件从一台计算机复制到另一台计算机的五层协议。文件传输协议可以使用户方便地交换大文件，完成组织间事务的处理。

产成品库存（finished goods inventory）：尚未销售给消费者的已完工产品的库存。

五要素结构（five-component framework）：指信息系统的五个基本要素——计算机硬件、软件、数据、程序和人。所有信息系统都包含这五个要素，无论是最简单的系统还是最复杂的系统。

五力模型（five forces model）：由迈克尔·波特提出，可以通过下述五种竞争力量来评估行业特征及其盈利能力：供应商的议价能力、替代品的威胁、消费者的议价能力、企业间竞争强度、新进入者的威胁。

Flash：由 Adobe 公司开发的浏览器附件，可在浏览器中播放动画、电影和其他高级图形。

外键（foreign key）：表示关系的一个或一组数据列。外键的取值需与另一个表中主键的取值保持一致。

表单（form）：数据输入窗体，用于读取、插入、修改和删除数据库中的数据。

Foursquare：一种移动互联网应用的名称，注册用户可与朋友链接分享所在位置。

文件传输协议（FTP）：将文件从一台计算机复制到另一台计算机的五层协议。文件传输协议可以方便用户交换大文件，实现组织间的事务处理。

G 字节（Gigabyte，GB）：等于 1 024M 字节。

Google Analytics：Google 公司推出的 Web 2.0 程序名称，可以帮助商家收集自己网站上的访问流量数据。

Google Docs：共享文件和电子表格数据的版本管理系统名称。文件存储在 Google 的服务器上供用户访问，他们可同步查看和编辑文件。

Google Talk：Google 提供的会议应用产品名称，具备视频会议功能。

《金融服务现代化法案》[Gramm-Leach-Bliley（GLB）Act]：国会 1999 年通过的法案，它要求金融机构（包括银行、安全机构、保险公司，以及提供金融咨询、税务等金融服务的企业）对存储的消费者财务数据提供保护。

粒度（granularity）：数据的精细化水平。客户名及账户余额是大粒度数据；客户名、账户余额、每位客户的订货清单和支付历史是小粒度数据。

黑客攻击（hacking）：指个人非法访问未授权的计算机系统。有些人做黑客纯粹是出于个人兴趣，还有些黑客以窃取或篡改数据为目的而恶意地入侵系统。

《健康保险便携性与责任法案》（HIPAA）：这一 1996 年设立的法案在隐私条款中规定个人有权访问由医生及其他医疗机构创建的健康数据。该法案也对有权查阅和采纳个人健康信息的个人设置了规则和限制条件。

热站点（hot site）：由商业性的灾后恢复服务公司开设的远程处理中心，提供公司在灾难发生后保持业务继续进行所需要的应急设备。

超文本标记语言（HTML）：是对网页内容的结构和布局进行定义的语言，采用 HTML 标签来定义数据元素该如何显示或表述等。

安全超文本传输协议（HTTPS）：超文本传输协议的安全版本。

人力资本（human capital）：以获得未来的市场回报为目的而对人的知识和技能方面进行的投入。

人力资源（human resources）：组织中评估员工动机和技能、创建工作职位、调查员工抱怨，以及人员招聘、培训和评估的流程。

超文本传输协议（Hypertext Transfer Protocol，HTTP）：用来处理网页的第 5 层协议。

识别（identification）：信息系统通过注册的用户名和密码来识别合法用户的流程。

识别符（identifier）：取值只与唯一的实例相关联的一个（或一组）属性。

行业应用平台（industry-specific platform）：供某个行业使用的 ERP 系统，如适用于零售、制造或卫生行业用的系统。

Infor：是一家推行联合采购策略的公司，由一个销售和营销机构负责经销多种不同产品。Infor 公司的通用型 ERP 产品可供任何行业和任何人选用。

信息（information）：（1）指来自数据的知识，而数据只是指记录的事实或者数字；（2）指有着特定含义的数据；（3）指经过了汇总、排序、平均、分组、比较等加工处理的数据；（4）指引发了差异的差异。

信息孤岛（information silos）：自动化孤岛，多个信息系统之间没有建立联系，各自独立工作。

信息系统（information systems，IS）：是用来产生信息的、一组具有相互作用的元素构成的集合。

信息系统安全（information systems security）：通过建立适当的措施保护信息系统，免除其安全威胁的过程。

内部流程（inherent processes）：指 ERP 产品中的流程设计，该系统可能在某个组织实施。

内部控制（internal control）：组织中对员工活动和行为、流程和系统等做出的系统性约束，以保护资产并实现组织目标。

因特网名称和数字地址分配组织（ICANN）：是负责因特网上公共 IP 地址和域名分配的机构。因特网上所有的电脑都有唯一的公共 IP 地址。

因特网服务商（Internet service provider，ISP）：为用户提供互联网接入的服务商。它为用户提供合法的互联网地址，可作为用户进入互联网的网关，实现用户和互联网之间的彼此通信。网络服务商会为互联网而投资，并向客户收费，用户会支付入网费和其他各种活动费用。

组织间信息系统（interorganizational information system）：支持跨越两个或多个独立组织的流程和活动的信息系统。

库存周转率（inventory turnover）：一定时期内库存商品销售的次数，通常指一年内。

发票（invoice）：明细账单。

iOS：在 iPhone、iPad 和 iPod Touch 产品上使用的操作系统的名称。

IP 协议（IP）：第三层协议。IP 用在因特网上，但其他互联网也可以用。IP 的主要目的是为互联网上的数据包提供路由。

IP 地址（IP address）：用点分隔的一串十进制数字串，格式如 192.168.2.28，表示网络或互联网上的一台设备。IPv4 标准的 IP 地址为 32 位，IPv6 标准的 IP 地址为 128 位。目前常用的是 IPv4，未来它将被 IPv6 取代。在 IPv4 标准下，各个点之间的数字不能超过 255。

IP 地址欺骗（IP spoofing）：即仿冒地址，诈骗者使用其他站点的 IP 地址仿冒某个网站。

IPv4：最广泛使用的因特网协议。

IPv6：有更大的 IP 地址容量和更多优势的因特网协议。

适时制（just in time，JIT）：生产制造和物料供应同步的作业方式，所需的物料恰好在制造流程需要的时间点准时到达。

关键字/密钥（key）：（1）标识了数据库表中唯一的记录行的一个或一组数据列，也被称为主键。（2）密钥是用来加密数据的数字。加密运算是将密钥应用于原始信息，编码后形成密文；解密与之类似，用密钥解码，将密文恢复为原始信息。

密钥托管（key escrow）：是一种控制程序，将用来加密数据库数据的密钥的副本交由可信方保管。

K 字节（Kilobyte，KB）：等于 1 024 字节。

局域网设备（LAN device）：指交换机、路由器、DHCP 服务器及元件等重要的组网用计算设备。

共享库（Library）：是一种版本控制的协作系统，通过共享目录，可以经过授权访问各种文件。

许可证（license）：规定应用程序该如何使用的协议。大部分协议规定了可以安装该程序的计算机台数，有些协议规定了可以连接和使用程序的用户数。这些协议也对软件供应商因软件错误所致后果所承担的责任做了约定。

关联（linkages）：不同价值链流程间的联系。关联是提高效率的重要来源，往往是在信息系统的支持下实现的。

Linux：由开源社区开发的 Unix 版本的操作系统。开源社区享有 Linux 的所有权，使用它不需要付费。Linux 操作系统在 Web 服务器领域非常流行。

局域网（local area network，LAN）：由位于公司办公场所等单一地理位置的计算机联成的网络，连接的计算机数可以从 2 个到数百个。

适地营销（location-based marketing）：将消费者位置数据融入营销活动中的整合过程。

更新遗失问题（lost update problem）：是多用户数据库的处理过程会遭遇的问题。若两个以上的用户同时更改数据，数据库便不能接受全部的更改，因为它的设计流程不能处理多个用户的更改。

Mac OS：苹果公司开发的操作系统，用于 Macintosh 电脑系列。当前版本是 Mac OS X。Macintosh 系列电脑主要供图形设计师和艺术界人士使用。Mac OS 是为 PowerPC 开发的，2006 年后也支持英特尔处理器。

机器码（machine code）：经过编译后的源代码，能够由计算机进行处理。

主存储器（main memory）：一组单元集，每个单元保存一个字节的数据或指令；所有单元都有地址，CPU 通过寻址可找到数据。

维护（maintenance）：信息系统维护是指：（1）维修系统，使其恢复最初设计时的功能；（2）根据需求的变化对系统进行调整。

恶意软件（malware）：指病毒、蠕虫、木马、间谍软件和广告软件等。

MIS 的管理（management of MIS）：指对流程、信息系统和信息做出的创建、监控和调整。

管理信息系统（management information system，MIS）：帮助企业实现目标的信息系统。

管理流程（managerial processes）：与资源利用有关的流程，包括对企业实现战略目标所用资源的规划、评估和分析流程。

制造资源规划（manufacturing resource planning，MRP II）：安排设备排产和设施计划，对各种活动进

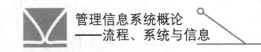
行财务追踪的制造信息系统。

多对多（N∶M）联系（many-to-many relationship）：指两个实体间具备这样的关系：A 实体中的一个实例可以关联到 B 实体中的多个实例，而且 B 实体中的一个实例也可以关联到 A 实体中的多个实例。例如：学生与课程的关系就是多对多。一个学生可以注册多门课程，并且一门课程可以有很多学生。这不同于"一对多"联系。

业务流程的利润（margin of a business process）：业务流程中的产出价值与该流程的成本之间的差额。

购物篮分析（market basket analysis）：用来帮助确定销售模式的无监督式数据挖掘分析，可显示消费者倾向于一起购买的产品。

杂糅（mashup）：将两个或多个网站的输出混搭糅合为单一的用户体验。

物料需求规划（material requirements planning，MRP）：用来有效管理库存、产品和工时的软件。

最大基数（maximum cardinality）：指一个联系所能包含的实体数的最大值。最大基数的常见例子有 1∶N、N∶M和1∶1。

评估指标（measures/metrics）：是与属性相关的数量值。就流程而言，评估指标用来评估流程目标的实现程度。

M 字节（megabyte，MB）：等于 1 024K 字节。

内存交换（memory swapping）：指程序及数据移入内存或移出内存的现象。如果计算机负荷过大而内存容量不足，内存交换会降低系统性能。

商业公司（merchant company）：在电子商务中，指那些对自己所销售的货物拥有所有权的公司。公司先买进货物然后再出售。

元数据（metadata）：描述数据的数据。

Microsoft Dynamics：微软公司发行的一套 ERP 产品的名称。这套产品共有四种 ERP 产品：AX、Nav、GP 和 SL，都是通过收购获得的。其中 AX 和 Nav 性能最全，GP 比较轻便且容易使用。尽管 Dynamics 已经有了 8 万多用户，但其 SL 产品的未来并不明朗。微软采用了维护外包的方式对现有客户提供持续性支持服务。

Microsoft Lync：一种提供即时通信、音频和视频会议、组群讨论用白板，以及其他共享应用的通信软件。

Microsoft SharePoint：一种协作支持功能非常强大的版本控制应用系统，包括文件的登入登出、调研问卷、讨论会和工作流管理等。

最小基数（minimum cardinality）：指联系中必须包含的最小实体数。

模块（modules）：ERP 系统中一套类似的应用系统，如制造模块、财务模块等。

摩尔定律（Moore's law）：由戈登·摩尔提出的定律。他提出每隔 18 个月，集成电路上每平方英寸所容纳的晶体管数目便会增加一倍。摩尔的预测在摩尔定律诞生后的 40 年间被证明是准确的。有时候该定律也被表述为计算机的效率每 18 个月增加一倍。虽然不很严谨，但的确再现了其主要思想。

多方文本聊天（multiparty text chat）：一种同步虚拟会议，参加者会在同一时间参会，利用通信网络传递文字评论进行交流。

诋毁活动（mutinous movement）：生产型消费者恶意地使用企业网站，诋毁企业并传播恶评。

MySQL：一种流行的开源数据库管理系统，绝大多数应用程序可免费使用。

NetWeaver：一种可将 SAP 系统与硬件、第三方软件及输出设备相连接的 SAP 应用平台。NetWeaver 提供了面向服务的界面（SOA），使 SAP 系统与非 SAP 应用的整合变得容易。

网络（network）：通过传输线路实现相互通信的多台计算机的组合体。

网卡（network interface card，NIC）：设备（计算机、打印机等）连网所用的元件，可将设备的线路与通信线路相互连接。网卡与设备中的程序相互配合，负责执行 TCP/IP-OSI 协议族中的第 1、2 层协议。

非商业公司（nonmerchant company）：只负责安排货物的买卖，却不曾拥有或者得到货物所有权的电子商务公司。

非易失性存储器（nonvolatile memory）：即使在不通电的情况下也能保存数据内容的存储器（如磁盘和光盘）。存入这种设备后，即使关机后再开机，存储内容也不会改变。

范式（normal forms）：根据表的特点和表中存在的问题，对表做出的分类。

规范化（normalization）：将结构不良的表转换为两个或多个结构良好的表的过程。

对象—关系数据库（object-relational database）：一种数据库类型，会同时储存面向对象编程中的对象和关系数据，在商业应用中很少使用。

目标（objective）：组织中个人选择追求的目标。在流程领域中，管理者要对每个流程设立目标并分别做出评价。目标可以分为两类：效用和效率。

Office 365：微软的一种新办公套件，包括 Lync、Exchange（电子邮件）、SharePoint Online 和 Office 2010。Office 365 作为一种服务方式，由微软的计算中心负责运营。

Office Web Apps：是 Word、Excel、PowerPoint 和 OneNote 的免费网络应用版本的名称，由 SkyDrive 提供云存储。*

OLAP：参见联机分析处理。

OLAP 立方体（OLAP cube）：一种多维度的 OLAP 度量结果的表述方法，也被称为 OLAP 报表。此术语源于一些结果会用三个维度进行描述和展示，如同几何立方体一样。

OLAP 维度（OLAP dimension）：指一个度量属性。维度示例有购买日期、客户类型、客户定位以及销售区域等。

OLAP 评估指标（OLAP measure）：指 OLAP 报告中关注的数据项。该数据项一般会进行求和、平均或其他处理。比如总销售量、平均销售量、平均成本等都是评估指标。

OMIS 模型（OMIS model）：用来改善业务流程的过程模型。该模型要求每个流程都要规定明确的目标，明确评估指标和改进情况，说明如何用信息系统来实现这些目标。

一对多（1∶N）联系（one-to-many relationship）：两个实体间具有这样的关系：A 实体中的一个实例可以关联到 B 实体中的多个实例，但是 B 实体中的一个实例只能关联到 A 实体中的一个实例。例如，部门和员工的关系是一对多。一个部门可以有多个员工，但是一个员工只能属于一个部门。

联机分析处理（online analytical processing，OLAP）：一种互动式的报表分析过程，可以对数据组进行求和、计数、平均及其他简单算术运算。这类报表是交互性的，用户可以根据看到的结果改变报表的格式。

联机事务处理（online transactional processing，OLTP）：利用信息系统对日常的运作事务进行处理和报告的运行流程，订单处理是最常见的 OLTP 的例子。

操作系统（operating system，OS）：控制计算机资源的程序。它管理主存储器中的内容，处理键盘和鼠标的活动，将信号发送到显示器，读写磁盘文件，并且控制其他程序的进程。

业务数据库（operational database）：一种数据存储，包含经营流程中生成和使用的数据。

运营层决策（operational decisions）：组织中与常规性活动有关的决策。

运营流程（operational processes）：每日常见的、规范性的业务流程，如采购和销售。

光缆（optical fiber cable）：连接局域网的计算机、打印机、交换机及其他设备的通信线缆。线缆中传递的是光信号，信号可在由光导纤维构成的玻璃缆芯内反射。缆芯由包含光信号的熔覆层包裹，熔覆层外面还有外套保护层。

---

* 2014 年 1 月，微软宣布 SkyDrive 更名为 OneDrive。——译者注

Oracle 数据库（Oracle Database）：Oracle 公司发布的一种广为流行的企业级数据库管理系统产品。

组织可行性（organizational feasibility）：指信息系统是否与组织的客户、文化或法律要求相适应。

应然图（ought-to-be diagram）：一种图示，描述了现有流程的改进建议。

输出硬件（output hardware）：显示计算机处理结果的硬件，包括视频显示器、打印机、音频扬声器、投影仪及其他专用设备，如大型平板绘图仪。

包（packet）：电子信息被分割成小的分组，各个分组单独发送并且在目的地重新组合。

平行安装（parallel installation）：是一种信息系统转换方式，新系统与旧系统同时运行一段时间。组织要担负两个系统的运行成本，因此平行安装比较昂贵。

并行工作流（parallel workflow）：指两个或更多的员工同时执行一项任务的情况，比如常见的同时评审文档。

恶意载荷（payload）：导致多余甚至有害行为的病毒程序代码，如恶意删除程序或数据，或者以未被用户察觉的方式私下篡改数据等。

人员（people）：信息系统的五个基本要素之一，是五要素中的一员。它包括操作和提供计算机服务的人、维护数据的人、支持网络服务的人以及使用系统的人。

个人数据库（personal DBMS）：比较小型、功能较简单的数据库产品。主要用来管理人员数据或不足百人的团队，往往是少于 15 人的工作组。Microsoft Access 是唯一的个人数据库产品。

个人识别码（personal identification number，PIN）：用户设立的仅有自己知道的数字，用做识别代码。

P 字节（petabyte，PB）：等于 1 024E 字节。

分段安装（phased installation）：一种系统转换方式，将新系统分为多个阶段安装到组织中。待一个部分安装成功后，再安装测试另一个部分，直到整个系统在组织中安装完毕。

钓鱼者（phisher）：伪装成合法公司试图非法获取个人数据的个人或组织，这些数据包括信用卡号、电子邮箱账号、驾驶证号码等。

网络钓鱼（phishing）：利用仿冒的电子邮件盗取未授权数据的手段。钓鱼者伪装成合法公司发送邮件索要私密数据，如账号、社会保障号、账户密码等。

试点安装（pilot installation）：一种系统转换方式，组织先在小的局部范围内实施整个系统。试点安装的优点是如果新系统失败了，也只会影响有限的范围。这会减少对业务的损害，使不利于新系统的负面效应不致扩散到整个组织。

跳转安装（plunge installation）：一种系统转换方式，组织直接停掉旧系统并启用新系统。但如果新系统失败了，组织会陷入困境：或者等待新系统修复或者重启旧系统，此外无计可施。由于存在这样的风险，组织应尽量避免采用这种方式转换。这种方式也被叫做直接安装。

过账（posting）：指已售出材料的法定所有权从卖方转移至买方。

仿冒（pretexting）：指伪装成他人盗取未授权信息的作案手段。一种常见的骗局是假装成信用卡公司的员工给人打电话，声称要检查信用卡号码的有效性。网络钓鱼也是仿冒的一种形式。

价格弹性（price elasticity）：衡量由于价格变动引起的需求变动的灵敏度指标，其含义是产品销量变化百分比与价格变化百分比的比率。

主要活动（primary activities）：在波特价值链模型中指创造价值的基本活动：进货物流、生产制造、出货物流、营销/销售、售后服务。

主键（primary key）：也叫做键。

1974 年《隐私权法案》（Privacy Act of 1974）：一部保护个人权利的法案，适用对象包括由美国政府负责存储的相关个人记录。

私有 IP 地址（private IP address）：指在专有网络和互联网络中使用的 IP 地址。它由经营私有网络或互联网络的公司负责分配和管理。

问题（problem）：是什么和应该是什么之间的感知差异。

程序（procedures）：给人发出的指令，是信息系统的五个基本组成要素之一。

过程蓝图（process blueprint）：在 ERP 应用中指一套全面概括了组织所有活动的内在流程的文档集，该文档采用一套标准化的图形描述了每个流程。

采购（procurement）：获得商品和服务。

采购流程（procurement process）：获得商品和服务的运作流程。

生产型消费者（prosumers）：指那些给网站贡献内容的网站用户。

协议（protocol）：协调两个或多个实体间活动的标准化工具。

公共 IP 地址（public IP address）：因特网所采用的 IP 地址。这种 IP 地址由 ICANN 分派给各地的大型机构，因特网上所有计算机的 IP 地址都是独一无二的。

公钥/私钥（public key/ private key）：互联网上普遍采用的一种非对称加密方式。采用该方法时，每个网站分别拥有一个为信息加密的公钥和用来解密信息的私钥。

采购订单（purchase order，PO）：申请交付特定数量的产品或服务，并承诺为之付款的书面文件。

采购申请（purchase requisition，PR）：表明购买意向的公司内部文件。审核通过后，采购申请的数据就会转到采购订单上。

查询（query）：查看数据库中数据的请求。

快捷菜单（Quick Launch）：指 SharePoint 网站提供的快速访问资源列表。

R/3：最知名的 SAP 软件版本，它是首个真正意义上的整合系统，可以支持组织中绝大部分主要的运营流程。

射频识别（radio-frequency identification，RFID）：帮助识别和追踪物体的计算机芯片。像邮票一样大小，很快也会如邮票般便宜。RFID 芯片可以发送数据，用接收器可以显示和记录它发送的数据。

随机存储器（random access memory，RAM）：用来保存数据和指令的主存储单元。每个存储单元都有地址，可供 CPU 读写数据。可以按照任意顺序来读写不同存储位置的数据，所以被叫做随机存储器。RAM 中存储的数据是易失的。

原料库存（raw materials inventory）：指从供应商处采购的零部件和辅助材料的库存，可用做产品的生产，产品将存储在成品库存中。

记录（record）：也叫做行，数据库表中一个数据列的组合。

回归分析（regression analysis）：一种有监督的数据挖掘分析方法，可估算线性方程中的参数取值，用来确定变量对结果的相对影响力，并预测结果的未来值。

关系（relation）：数据库表的正规名称。

关系数据库（relational database）：以表的方式保存数据，并用外键表示数据关系的数据库。

联系（relationship）：指 E-R 模型中实体之间或者实体中实例之间的关联性，或者关系数据库表中行与行之间的关联性。

报表（report）：用结构化的或其他简明方式表述的数据文档。

报表制作（reporting）：为了获得清晰的评估结果，使用简单的统计分析方法，展现数据库中大量数据所具特征的过程。

存储（repository）：记录的集合，通常用数据库方式实现。

退货管理流程（returns management process）：管理缺陷产品退回环节的流程。

RFM 分析（RFM analysis）：一种报告分析，根据客户近期购买情况（R）、购买频率（F）和购买价值（M）对客户进行排序。

角色（role）：业务流程中的一组活动；不同角色会配有相应资源。

分类汇总（roll up）：编制、累加和汇总数据，比如将日销售量汇总为月销售量。会计系统可以将日常业务交易分类汇总为通用的会计报表，如资产负债表和收入表。

路由器（router）：有特殊用途的计算机，负责将网络数据从一个节点传递到另一个节点。

数据行（rows）：也叫做记录，数据库表中一个数据列组合。

销售（sales）：指向外出货的运营流程，包括三项主要活动：货品卖出、货品运送和货款回收。

Salesforce：一家卓越的、基于云服务的 CRM 经销商的名称。

SAP AG：世界上最成功的 ERP 经销商，是世界排名第三的大型软件公司。SAP AG 的核心业务是出售 SAP 软件及服务的许可权，并提供与其软件方案相关的咨询、培训和其他服务。

SAP Business Suite：SAP 集成软件平台的新名称。该软件在 NetWeaver 上运行。

《萨班斯–奥克斯利法案》（Sarbanes-Oxley Act，SOX）：美国联邦政府的法规，要求公司对其财务流程实行更强的监控。

进度可行性（schedule feasibility）：指信息系统能否在既定时间内完成开发。

安全套接层协议（secure socket layer，SSL）：同时使用非对称和对称加密的协议。SSL 协议层在 TCP-OSL 框架的第 4 层（传输层）与第 5 层（应用层）之间运行。使用 SSL 协议时浏览器的地址栏会标以 https://。SSL 的最新版本叫做 TLS。

安全性规划（security program）：企业为处理安全问题所做的系统性计划，包括三个组成部分：高级管理层参与、各种安全措施和应急事件响应。

系统安全的脆弱点（security vulnerability）：指破坏信息系统集成性的潜在威胁，往往是由下述原因所致：人为错误和失误、人们的恶意活动、自然事件或灾害。

顺序工作流（sequential workflow）：当两个或多个工人同时执行一项任务时的工作安排，比如按顺序审阅一份文档。

服务器（servers）：用来提供某种服务的计算机，如存储数据库、运行博客、发布网站信息、销售商品等。服务器端的计算机比客户端的计算机更大、速度更快、功能更强。

服务器农场（server farm）：由海量服务器构成的庞大计算机群，各个服务器的活动彼此协调，通常以支持某种商业性应用为目标。

服务器层（server tier）：在三层体系结构中，服务器层特指运行 Web 服务器的计算机层，专门负责生成网页，并根据浏览器的请求提供数据。Web 服务器也会处理应用程序。

服务（service）：在 SOA 中，用来指企业需要执行的重复性任务。

SharedView：一种微软的程序，可以使人通过互联网与另一群人分享自己的桌面，常用于在线会议。

SharePoint 网站：可借助微软的协作工具 SharePoint 创建的工作流管理网站，小组成员可以用来定义小组内部的工作流。该网站会借助软件给团队成员发送电子邮件，提出合作任务要求，根据工作流设定创建任务列表，检查上传的文件，标记各项任务的完成情况，根据工作流的顺序给下一个人发送邮件，将反映任务进展的邮件副本发送给工作流的领导者，便于他掌握小组成员的情况，确保大家按要求完成了所有的工作。

Silverlight：微软开发的一个浏览器插件，可增强浏览器功能并改善用户交互界面，更好地使用不同网站上的电影、音频和动画，提高程序设计人员对用户活动的控制能力。

SMTP 通信协议（simple mail transfer protocol，SMTP）：用来发送邮件的第 5 层协议。一般用来与其他的第 5 层协议（POP3、IMAP）连接，以接收邮件。

六西格玛（Six Sigma）：广为流行的流程改进策略，通过消除流程缺陷的原因以及尽可能减少流程的变异来改善流程的结果。

小型办公室或家庭办公室（small office/home office，SOHO）：常指员工数不足 10 人的小企业的办公室，商务人士通常把家也作为办公室。

窃听（sniffing）：拦截计算机通信的技术。对有线网络的窃听，需要从物理上接入被窃听的网络，对无线网络的窃听并不需要这种物理上的连接。

面向服务的体系架构（service-oriented architecture，SOA）：在该架构中，每项活动都被构建为封装好的服务，服务间的交换均需按照标准方式进行。

SOA 标准（SOA standards）：用来实施面向服务的体系架构的流程标准，比如 XML、WSDL、SOAP 及其他一些标准。

社会资本（social capital）：对社会关系的投资，期望以其带来远期的市场收益。

社交 CRM（social CRM）：帮助企业从社交媒体收集客户数据，并将其在各个面向客户的流程之间共享的信息系统。

社会工程（social engineering）：指这样一类威胁，设法操纵一个人或一群人，使他们在不知情的情况下暴露机密信息。

社交图谱（social graph）：指人与人之间相互依存的网络，如社交媒体应用中的朋友、兴趣圈、亲属，等等。

社交媒体（social media）：依靠用户生成内容而存在的所有 Web 应用。

社交媒体监控（social media monitoring）：基于网络的信息系统，可用来监控和跟踪社交媒体平台对产品和品牌的关注情况。

源代码（source code）：由人来编制并且能够被人看懂的计算机代码。源代码必须先翻译成机器代码才能被处理。

假冒（spoofing）：指人们为了窃取未授权数据而伪装成他人的行为。如果你假装自己是老师，你就在假冒你的教授。

间谍软件（spyware）：在用户不知情或未允许的情况下安装在用户计算机上的程序。它会驻留在后台，暗自窥探用户的行为和按键，修改计算机的活动，并向窥探机构报告用户的活动。恶意间谍软件会通过用户输入的按键获得用户名、密码、账号等敏感信息。还有一些间谍软件用来支持营销分析，主要收集用户在做什么、访问的网站、浏览及购买的产品，等等。

SQL 注入攻击（SQL injection attacks）：一种攻击数据库数据的手段。利用网页提交 SQL 代码，不被察觉地由网站执行处理后，窃得所需的数据。

SQL Server：微软公司开发的很流行的企业级数据库产品。

战略性决策（strategic decision）：涉及的范围非常宽、对整个组织的问题有影响的决策。

战略性流程（strategic processes）：用来解决那些对组织有长远影响的重大问题的业务流程。这些流程的涉及面很宽，对企业的很多方面都会产生影响。

关系强度（strength of a relationship）：在社会资本理论中，特指关系中的某个人或某个组织设法做出对自己组织有利的事情的可能性。

结构化流程（structured processes）：正规确定下来的标准化流程，用来支持日常运作，如接受退货、订货、计算销售佣金等。

结构化查询语言（structured query language，SQL）：处理数据库数据的国际标准语言。

有监控的数据挖掘（supervised data mining）：一种数据挖掘形式，数据挖掘者先建立模型，再进行分析并采用统计方法处理数据，估计模型的参数值。

供应商评价（supplier evaluation）：确定供应商的选择批准，在供应商列表中增加或删除供应商的战略性流程。

供应商关系管理流程〔supplier relationship management（SRM）process〕：自动化、简化和加速多种供

应链流程的流程。SRM 流程主要用来帮助企业减少采购成本，建立供应商协作关系，妥善管理供应商选择，缩短产品进入市场的时间。

供应链管理（supply chain management，SCM）：所有供应链流程的设计、规划、执行和集成。SCM 可借助多种管理工具、技术和管理活动帮助企业开发集成式的供应链，支持组织战略的实现。

支持活动（support activities）：是指在波特价值链模型中，对价值创造有间接贡献的活动，包括采购、技术、人力资源和企业的基础设施。

代理主键（surrogate key）：数据库管理系统中唯一的识别符。

交换机（switch）：在网络中负责接收和发送数据的专用型计算机。

对称加密（symmetric encryption）：使用相同密钥对信息进行加密和解密的数据加密方法。

同步通信（synchronous communication）：团队中的所有成员同时到场进行工作信息交换的方式，如面对面会议或电话会议。

系统切换（system conversion）：将业务活动从旧系统切换到新系统的过程。

系统分析师（systems analysts）：既懂业务又懂技术的信息系统专业人员。他们在系统开发的全过程中表现积极，在项目从概念阶段到转换阶段，再到最终维护阶段都起到关键作用。系统分析师要负责整合程序员、测试人员和用户之间的工作。

系统开发（systems development）：创建和维护信息系统的过程，有时也叫做系统分析与设计。

系统开发生命周期（systems development life cycle，SDLC）：信息系统开发的经典流程。系统开发的基本任务被分为这样一些阶段：系统定义、需求分析、组件设计、项目实施和系统维护（修复或升级）。

系统思考（systems thinking）：指一种思考过程。要找出一个或多个系统组件的组成模式，使这些组件的输入和输出相互关联，成为一个有意义的整体，可以用来解释观察到的现象。

表（table）：也叫做文件，数据库中相似行或记录的集合。

标签（tag）：在标记语言 HTML 和 XML 中，是指用来定义数据元素显示效果等的符号标记。

团队调查（team survey）：异步通信的一种形式，某个团队成员创建出问题列表由其团队成员回应，微软的 SharePoint 内置了团队调查功能。

技术可行性（technical feasibility）：现有信息技术是否可以满足新的信息系统的需求。

技术安全防护措施（technical safeguard）：信息系统中具备的硬件和软件安全组件。

技术开发（technology development）：价值链中的支持活动，包括支持组织主要活动的技术设计、测试和开发活动。

T 字节（terabyte，TB）：等于 1 024G 字节。

测试计划（test plan）：用户在使用新系统时所要采取的一系列活动的组合。

胖客户端（thick client）：在用户计算机上除了有浏览器支持外，还要有其他程序才能使用的应用软件，即需要在客户端和服务器端同时安装程序代码。

瘦客户端（thin client）：安装在用户计算机上，仅需有浏览器的支持即可运行的应用软件。

威胁（threat）：对信息系统的安全挑战。

三层架构（three-tier architecture）：大多数电子服务器应用程序使用的体系结构。这三层分别指三种不同的计算机分类。用户层指用户所用的计算机，配有浏览器软件来查询和处理网页。服务器层由运行 Web 服务器程序的计算机构成，负责生成 Web 页面和响应浏览器请求的数据。Web 服务器也处理应用程序。第三层是数据库层，运行 DBMS 来管理数据库。

三单匹配（three-way match）：采购流程中的活动，保证发票数据、采购订单数据和收货收据相互匹配。

传统资本（traditional capital）：指为了获取未来的市场收益，而对工厂、机器、生产设备等类资源进行的投资。

培训师培训（train the trainer）：为了提高培训质量，减少培训成本，经销商会开设培训课程，把组织中的员工培养成内部培训师。

业务处理系统（transaction processing system，TPS）：支持日常运营决策过程的信息系统。

传输控制协议（transmission control protocol，TCP）：运输层最重要的协议。TCP 的一个最基本的功能就是将网络上的传输数据流分割成报文段，每个报文段各自独立传输。该协议与互联网中其他设备上的 TCP 程序相互配合，以确保所有的报文段都能到达目的地。

TCP/IP 协议结构［transmission control protocol/Internet protocal］（TCP/IP architecture）：一种四层协议构架，为因特网上通行的 TCP/IP-OSI 结构体系奠定了基础。

传输层安全协议（transport layer security，TLS）：同时使用非对称加密和对称加密的协议。在 TCP-OSI 结构的第 4 层（传输层）和第 5 层（应用层）之间运行。TLS 是较新版 SSL 的新名称。

木马（Trojan horse）：伪装成有用的程序或文件的病毒。典型的木马会伪装成计算机游戏、MP3 音乐文件以及其他有用的、无害的程序。

统一资源定位符（uniform resource locator，URL）：Web 上的文件地址。它自右向左排，最右边是顶级域名，向左是域名，再向左可能用定位数据指明该域名范围内的某个文档。

Unix：贝尔实验室在 20 世纪 70 年代开发的操作系统。自问世以来一直是科学和工程学界使用的主流操作系统。

无屏蔽双绞线（unshielded twisted pair cable，UTP）：用来连接计算机、打印机、交换机和其他局域网设备的有线电缆。无屏蔽双绞线中含有四对彼此缠绕的电线，可以用 RJ-45 连接头将双绞线连入网卡（NIC）。

无监控的数据挖掘（unsupervised data mining）：一种数据挖掘形式。分析师在分析之前并不建立模型或假设，而是采用数据挖掘技术挖掘数据并观察结果。分析师再通过事后分析建立假设以解释发现的模式。

用户生成内容（user-generated content）：由终端用户创建的、用来供人们公开查询的内容。

用户层（user tier）：在三层体系结构中，用户层计算机均配置了浏览器以便查询和处理 Web 网页。

价值（value）：根据波特的观点，价值是指客户愿意为某项资源、产品或服务所支付的金钱总量。

价值链（value chain）：价值创造活动的网络。

版本控制（version control）：用软件来控制对文档、设计和其他电子产品版本的访问和配置。

版本管理（version management）：指利用特定工具对并行开发的工作文件的变动进行跟踪。版本管理所用的工具与其选用的版本管理系统有关，比如下述三种系统：维基、Google Docs 和 Windows Live SkyDrive。

纵向市场应用（vertical-market application）：为特定行业需求服务的软件。具体应用如：牙科诊所用来安排预约和给病人记账用的软件；汽车修理工用来跟踪客户数据和客户汽车维修状况的软件；配件仓库用来跟踪库存、采购和销售的软件。

视频会议（videoconferencing）：结合了摄像机和电话会议的技术。

病毒式（传播）（viral）：用户生成内容（比如视频），通过社交媒体成员的助推共享，以不可思议的速度迅速扩散。

虚拟的（virtual）：表面上存在但实际上并不存在的东西。

虚拟会议（virtual meeting）：指这样一种会议：参会者分别位于不同地点，很可能还不能同时到会参与。

虚拟专网（virtual private network，VPN）：一种广域网连接方案，它基于因特网或者私有的互联网，创建起一种貌似专属的点对点连接网络。在 IT 界，虚拟意味着表面上存在但实际上并不存在的东西。VPN 利用了公共的因特网建立了貌似个人专用的连接。

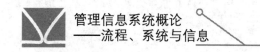
病毒（virus）：能自我复制的计算机程序。

可视化（visualization）：使用图像或者图表来传达信息的方式。简单的例子有条形图和信息图表。

易失性存储（volatile memory）：在计算机或设备断电时，数据也会丢失。

无线广域网（WAN wireless）：对广域网提供无线连接的通信系统。

万维网（Web）：因特网上由处理 HTTP 或 HTTPS 的服务器和浏览器构成的网络。

Web 2.0：因特网上商业应用的新趋势和新特征的体现——能力、技术、经营模式和理念可以非常松散地聚合。

WebEx：一种流行的商业研讨会应用软件，可用于虚拟销售展示。

Web 农场（Web farm）：指运行众多 Web 服务器的设施，Web 农场中的计算机会合理分配工作，以实现任务吞吐量的最大化。

网页（Web page）：在万维网中创建、传输和使用的 HTML 编码文档。

Web 服务器（Web server）：处理 HTTP 协议，并依据需求发送网页的程序，也负责处理应用程序。

网络店面（Web storefront）：电子商务中一种基于 Web 的应用，用于客户输入和订单管理。

网络会议（Webinar）：一种虚拟会议，参会者可在电脑屏幕上看到彼此。

广域网（wide area network，WAN）：将处于不同地理位置的计算机连接在一起的网络。

维基（Wiki）：由维基用户创建和管理内容的共享知识库。

WiMax：一种基于 IEEE 802.16 标准的新兴技术。WiMax 技术旨在传输无线宽带接入的"最后一公里"，可能最终会取代固定连接用的电缆和 DSL，并取代移动场合使用的手机和便携式设备。

Windows：微软公司设计和销售的操作系统，是使用最广泛的操作系统。

无线网卡（wireless NIC，WNIC）：用无线接入点实现用无线网络通信的设备。比如可插入 PCMA 插槽的卡，或者内置的板载网卡。WNIC 运行 802.11 协议。

工作流（workflow）：创建、编辑、使用和处置内容的流程或工作程序。

工作流控制（workflow control）：使用软件和信息系统监控工作团队流程的执行情况，以确保各种行动的时间是正确的，防止一些步骤或者任务被忽略。

蠕虫（worm）：利用因特网或其他计算机网络传播自身的病毒。蠕虫病毒代码的典型特点是可在最短时间内感染另一台计算机。

XML：参见"可扩展标记语言"。

图书在版编目（CIP）数据

管理信息系统概论：流程、系统与信息 /（美）克伦克，（美）麦金尼著；赵苹，李焱，姜祎译. —北京 ：中国人民大学出版社，2016.4

信息管理与信息系统引进版教材系列

ISBN 978-7-300-22666-8

Ⅰ. ①管… Ⅱ. ①克… ②麦… ③赵… ④李… ⑤姜… Ⅲ. ①管理信息系统-教材 Ⅳ. ①C931.6

中国版本图书馆 CIP 数据核字（2016）第 052326 号

信息管理与信息系统引进版教材系列

管理信息系统概论——流程、系统与信息

戴维·M·克伦克
小厄尔·H·麦金尼　　著
赵 苹 李 焱 姜 祎 译
Guanli Xinxi Xitong Gailun

出版发行	中国人民大学出版社	
社　　址	北京中关村大街 31 号	**邮政编码**　100080
电　　话	010 - 62511242（总编室）	010 - 62511770（质管部）
	010 - 82501766（邮购部）	010 - 62514148（门市部）
	010 - 62515195（发行公司）	010 - 62515275（盗版举报）
网　　址	http://www.crup.com.cn	
	http://www.ttrnet.com（人大教研网）	
经　　销	新华书店	
印　　刷	北京昌联印刷有限公司	
规　　格	215 mm×275 mm　16 开本	**版　　次**　2016 年 4 月第 1 版
印　　张	28.5 插页 1	**印　　次**　2016 年 4 月第 1 次印刷
字　　数	850 000	**定　　价**　69.00 元

Pearson

尊敬的老师：

您好！

为了确保您及时有效地申请培生整体教学资源，请您务必完整填写如下表格，加盖学院的公章后传真给我们，我们将会在 2～3 个工作日内为您处理。

请填写所需教辅的开课信息：

采用教材				□中文版　□英文版　□双语版	
作　者			出版社		
版　次			ISBN		
课程时间	始于　　年　月　日		学生人数		
	止于　　年　月　日		学生年级	□专　科　□本科 1/2 年级 □研究生　□本科 3/4 年级	

请填写您的个人信息：

学　校			
院系/专业			
姓　名		职　称	□助教 □讲师 □副教授 □教授
通信地址/邮编			
手　机		电　话	
传　真			
official email（必填） （eg: xxx@ruc.edu.cn）		email （eg: xxx@163.com）	
是否愿意接受我们定期的新书讯息通知：	□是　　□否		

系/院主任：＿＿＿＿＿＿＿（签字）

（系/院办公室章）

＿＿＿年＿＿月＿＿日

资源介绍：

——教材、常规教辅（PPT、教师手册、题库等）资源：请访问 www.pearsonhighered.com/educator；　（免费）

——MyLabs/Mastering 系列在线平台：适合老师和学生共同使用；访问需要 Access Code；　（付费）

100013 北京市东城区北三环东路 36 号环球贸易中心 D 座 1208 室

电话：（8610）57355003　　传真：（8610）58257961

Please send this form to: